# Teoria da Conduta na Realização Jurisdicional do Direito Penal

# Teoria da Conduta na Realização Jurisdicional do Direito Penal

## PRESSUPOSTOS E FUNDAMENTOS DO COMPORTAMENTO ILÍCITO-TÍPICO

Pedro Sá Machado
Advogado
Doutor em Direito

ALMEDINA

TEORIA DA CONDUTA NA REALIZAÇÃO
JURISDICIONAL DO DIREITO PENAL
PRESSUPOSTOS E FUNDAMENTOS
DO COMPORTAMENTO ILÍCITO-TÍPICO
AUTOR
Pedro Sá Machado
EDITOR
EDIÇÕES ALMEDINA, S.A.
Avenida Emídio Navarro, 81, 3D
3000-151 Coimbra
Tel.: 239 851 904 · Fax: 239 851 901
www.almedina.net · editora@almedina.net
DESIGN DE CAPA
FBA.
PRÉ-IMPRESSÃO
EDIÇÕES ALMEDINA, S.A.
IMPRESSÃO E ACABAMENTO

Janeiro, 2023
DEPÓSITO LEGAL



ALMEDINA | GRUPOALMEDINA

BIBLIOTECA NACIONAL DE PORTUGAL – CATALOGAÇÃO NA PUBLICAÇÃO
MACHADO, Pedro Sá
TEORIA DA CONDUTA NA REALIZAÇÃO JURISDICIONAL
DO DIREITO PENAL: Pressupostos e fundamentos do comportamento ilícito-típico. – 1ª ed. – (Teses de doutoramento)
ISBN 978-989-40-0944-3
CDU 343

# NOTA PRÉVIA

As páginas que se seguem reproduzem, com pontuais alterações, a dissertação em Ciências Jurídico-Criminais que foi discutida em provas públicas de doutoramento na Faculdade de Direito da Universidade de Coimbra. Realizaram-se no dia 5 de Janeiro de 2022, no Auditório da Faculdade, perante o Júri constituído pelos Senhores Professores Doutores José Manuel Aroso Linhares (Presidente), Anabela Miranda Rodrigues, Susana Aires de Sousa (Orientadora), Cristina Líbano Monteiro (Arguente), Luís Meneses Vale, Helena Mourão (Arguente) e Pedro Garcia Marques.

Cumpre agora olhar para trás e reconhecer, com gratidão, as entidades e as pessoas que me apoiaram neste percurso.

O facto de me ter sido atribuída uma bolsa de doutoramento pela Fundação para a Ciência e a Tecnologia foi determinante para que pudesse dedicar-me à escrita da tese, em exclusividade, nos últimos anos de trabalho. São de louvar todos os mecanismos públicos de apoio à investigação e ao conhecimento científico em Portugal. Tenho assim de agradecer à própria Fundação e também às generosas palavras de recomendação à candidatura das Senhoras Professoras Doutoras Maria João Antunes e Cláudia Cruz Santos – cujo apoio também senti ao longo do tempo. Neste contexto, a Prof. Doutora Susana Aires de Sousa merece uma especial palavra de agradecimento. Desde que iniciei o meu percurso em Coimbra, no ano de 2013, disponibilizou o seu tempo para ler os trabalhos, sugerir alterações e partilhar ideias e críticas. Para além de tudo isso, mostrou sempre uma honestidade intelectual que é inestimável a qualquer progresso científico. Deixo ainda os devidos reconhecimentos ao Instituto Jurídico da Faculdade de Direito da Universidade de Coimbra, na pessoa do Presidente do Conselho Coordenador, o Senhor Professor Doutor José Manuel Aroso Linhares, e à Faculdade de Direito da Universidade de Coimbra, na pessoa do então Director, o Senhor Professor Doutor Rui Manuel de Figueiredo Marcos.

São doutro género os agradecimentos com que termino, à minha querida mãe, aos meus irmãos David e Sílvia, à minha companheira Ana, ao Iesu e ao Ioan. Contribuíram, cada um à sua maneira, para a minha devoção ao trabalho e, mais importante ainda, para o meu bem-estar anímico.

Macau, Outubro de 2022

# RESUMO

O presente estudo tem por objectivo caracterizar, com base na realização jurisdicional do direito penal, o segmento da "teoria da conduta" que diz respeito ao comportamento ilícito-típico, procurando compreender quais são os pressupostos essenciais para identificar, descrever e comprovar um "comportamento", os pressupostos essenciais para converter um "comportamento" num "comportamento ilícito-típico" e, no geral, os fundamentos do "comportamento ilícito-típico". No seu conjunto, são pressupostos e fundamentos que contribuem para uma "teoria da conduta" com interesse para a ciência do direito penal porque também respondem, com suficiente claridade, a determinados problemas dogmáticos reconhecidos na doutrina do crime, especialmente o que questiona a autonomia do conceito de "conduta" como primeiro elemento para a existência do crime (à luz das funções de classificação, ligação e delimitação).

A imbricação da "teoria da conduta" na "realização jurisdicional do direito penal" implica convocar uma experiência prática e operativa que decorre dos tribunais, considerando, designadamente, o próprio sistema jurídico em vigor, as tarefas eminentemente práticas, os desempenhos focados no problema do caso concreto, os resultados práticos, o pensamento problemático, a renúncia aos conhecimentos irrefutáveis, as condições de eficácia do sistema, o carácter relacional e intersubjectivo da realidade humana, o carácter pessoal das decisões ou, ainda, os conhecimentos pré-determinados. No fundo, implica apelar a uma ciência eminentemente prática apoiada na experiência e vinculada aos mais diversos pressupostos formais e informais. Não significa contudo renunciar ao pensamento sistemático, ao conhecimento científico, aos problemas conceptuais, à teoria ou às reflexões críticas que possam contribuir para o desenvolvimento político-criminal que enforma o direito penal, antes significa tomar por princípio a vigência do sistema jurídico que realiza concretamente o direito penal, o mesmo sistema que pressupõe os mais variados pressupostos para tomar decisões concretas com indubitável importância para os interesses das pessoas e da própria sociedade. Para além da doutrina do crime, esses pressupostos incluem, p. ex., a função jurisdicional, o processo penal da cognição dos factos, a incriminação e os limites à criminalização de condutas, o sistema jurídico-constitucional valorativamente orientado com princípios de direito, o processo de motivação ou fundamentação das decisões, a força vinculativa do precedente jurisprudencial, ou, também, a força vinculativa das decisões de certos tribunais no âmbito do ordenamento jurídico português.

É altura de afirmar que, na realização jurisdicional do direito penal, ao conjugarmos direito substantivo, direito adjectivo e, dentro deste último, direito probatório, podemos identificar um *comportamento ilícito-típico* fundamentado na matéria de facto e na matéria de direito, admitindo que o processo penal estabelece as suas próprias regras quanto à forma como as pessoas podem conhecer e comprovar a realidade onde assumem os comportamentos, admitindo que o direito penal substantivo tem os seus próprios pressupostos, formais e informais, para qualificar os comportamentos, e admitindo, finalmente, objectivos práticos e operativos que visam renovar e actualizar o significado jurídico-criminal desses mesmos comportamentos processualmente adquiridos com base num sistema de orientação valorativa.

**Palavras-chave**: "teoria da conduta"; "realização jurisdicional do direito penal"; "comportamento ilícito-típico"; "processo penal da cognição dos factos"; "sistema de orientação valorativa".

# ABSTRACT

The purpose of this study is to characterize, based on the criminal law's jurisdictional or specific realization, the segment of the "theory of action" related to the illicit-typical behaviour, whilst seeking to comprehend its essential premises in order to identify, describe and determine a "behaviour", what the essential premises for converting a "behaviour" into an "illicit-typical behaviour" are and, furthermore, what the fundamentals of an "illicit-typical behaviour" are. As a whole, they consist of premises and fundamentals that are instrumental to a "theory of action" which is beneficial to the science of criminal law, seeing as they also provide an answer to the problems identified in the criminal doctrine with sufficient clarity, notably queries pertaining to the independent concept of "action" as the foundational element for the existence of a "crime" in light of the elements of classification, connection and delimitation.

The overlap between the "theory of action" over the "jurisdictional fulfilment of criminal law" invokes a practical and operative experience that ascends from the courts, namely considering the very legal system in effect, the predominantly practical assignments, the specific legal case's problem-focused activities, the practical results, the problem-solving mindset, the relinquishment of irrefutable understandings, the system's requirements for effectiveness, the relational and intersubjective nature of human reality, the personal nature of decisions or even predetermined knowledge. Ultimately, this means appealing to a predominantly practical science based on experience and connected to a wide range of formal and informal premises. On the other hand, this does not require the relinquishment of a systematic-oriented mindset, scientific knowledge, conceptual problems, theoretical perspectives, or critical thinking that may contribute to the political-criminal development that shapes the criminal law; rather, this implies, as a principle, accepting the validity of the system that specifically moves towards the realization of the criminal law, the same system that involves a wide range of premises in order to make specific decisions with unquestionable relevance for people's interests and society itself. In addition to the "criminal doctrine", these premises include, e.g., the jurisdictional capacity, the criminal procedure of factual knowledgeability, the incrimination and the limits to the criminalization of conducts, the legal constitutional system encompassed by principles of law, the process of motivation or reasoning of decisions, the enforceability of legal precedents, or, in addition, the enforceability of certain courts' decisions within the Portuguese legal system.

It is now moment to assert that in the jurisdictional realization of criminal law, when we combine substantive law, adjective law and, within the latter, evidential law, we can identify a "illicit-typical behaviour" which is based on factual and legal matters, admitting that the criminal procedure establishes its own rules as to how people can know and verify the reality where their behaviours are assumed, assuming that substantive criminal law has its own premises, formal and informal, directed towards qualifying behaviours, and, at last, admitting practical and operational purposes which aim to renew and to update the legal and criminal significance of these same procedurally acquired behaviours based on a value-oriented system.

**Keywords:** "theory of action"; "jurisdictional fulfilment of criminal law"; "illicit-typical behaviour"; "criminal procedure of factual knowledgeability"; "value-oriented system".

# ABREVIATURAS E SIGLAS

| | |
|---|---|
| AA. VV. | vários autores |
| Ac. | Acórdão |
| Al. | alínea |
| Art./arts. | artigo/artigos |
| BFDC | Boletim da Faculdade de Direito de Coimbra |
| cap. | capítulo |
| CC | Código Civil |
| CCCP | Comentário Conimbricense do Código Penal (Parte Especial) |
| CEDH | Convenção Europeia dos Direitos Humanos |
| Cfr. | conferir/conforme |
| CP | Código Penal |
| CPP | Código de Processo Penal |
| CRP | Constituição da República Portuguesa |
| CS | Conselho de Segurança das Nações Unidas |
| DL | Decreto-Lei |
| DUDH | Declaração Universal dos Direitos Humanos |
| ed. | edição |
| ELSJ | Espaço de Liberdade Segurança e Justiça |
| ERTPI | Estatuto de Roma do Tribunal Penal Internacional |
| JIC | Juiz de Instrução Criminal |
| JJ | Juiz de Julgamento |
| MP | Ministério Público |
| OPC | órgão de polícia criminal |
| *op. cit.* | *opus citatum* (a obra citada) |
| org. | organização |
| orig. | original |

| | |
|---|---|
| PE | parte especial |
| p. ex. | por exemplo |
| p./pp. | página/páginas |
| p. e p. | previsto e punido |
| PG | parte geral |
| PIDCP | Pacto Internacional de Direitos Civis e Políticos |
| proc. | processo |
| reimp. | reimpressão |
| RPCC | Revista Portuguesa de Ciência Criminal |
| s./ss. | seguinte/seguintes |
| STJ | Supremo Tribunal de Justiça |
| TC | Tribunal Constitucional |
| TEDH | Tribunal Europeu dos Direitos Humanos |
| TFUE | Tratado sobre o Funcionamento da União Europeia |
| TIJ | Tribunal Internacional de Justiça |
| TJUE | Tribunal de Justiça da União Europeia |
| trad. | tradução |
| TRC | Tribunal da Relação de Coimbra |
| TRE | Tribunal da Relação de Évora |
| TRG | Tribunal da Relação de Guimarães |
| TRL | Tribunal da Relação de Lisboa |
| TRP | Tribunal da Relação do Porto |
| TUE | Tratado da União Europeia |
| UE | União Europeia |
| *v.g.* | *verbi gratia* (por exemplo) |
| vol. | volume |

# Introdução

## 1. Enquadramento da "teoria da conduta" no modelo sistemático de análise do crime (como nota introdutória)

Há muito tempo que a "conduta do agente" tem sido pensada como o primeiro pressuposto para a existência do "crime". Não há crime sem haver uma conduta (*nullum crimen sine conducta*). A ideia parece simples e faz todo o sentido, mas revelou-se tão complexa que levou aos mais diversos desenvolvimentos teóricos. Primeiro pensou-se que essa "conduta" estaria numa dimensão naturalística, isenta de valorações, nos termos da qual o agente se movia numa dimensão exclusivamente física (F. V. Liszt). Depois, verificou-se que essa dimensão apenas seria adequada para explicar as condutas que implicavam um movimento, deixando de fora, por um lado, as condutas omissivas (em que o agente "nada faz") e, por outro, o estado subjectivo do agente representado pelo "dolo" ou pela "negligência". Surgiu então um conceito de "conduta" caracterizado a partir de uma dimensão "ontológica", com a ambição de encontrar o verdadeiro "ser" do agente, também numa realidade isenta de valorações. Um dos objectivos dessa teoria passava por introduzir pressupostos mentais ao agente, como parte da sua natureza, visto que qualquer pessoa pode actuar no seguimento de uma antecipação mental das suas próprias finalidades (H. Welzel). No entanto, verificou-se que o agente muitas vezes não antecipa mentalmente o resultado das suas actuações, como sucede na negligência inconsciente; e, mesmo nos casos em que essa antecipação se concretiza, o agente pode assumir um comportamento passivo ("nada faz") que não tem qualquer ligação causal com o aparecimento de certos resultados no mundo exterior. Por outras palavras: a dimensão ontológica não se afigurou adequada para estabelecer uma ligação relevante entre a conduta do agente e determinados acontecimentos da vida em sociedade. Quanto à conduta omissiva, para exemplificar, pensemos no agente que se depara com um acidente na estrada e decide seguir caminho, afastando-se do local de embate onde se encontravam pessoas carentes de assistência: sem uma valoração que julgue existir um dever de prestar assistência simplesmente não há qualquer conduta omissiva – pelo que, numa dimensão exclusivamente ontológica, não há conduta omissiva. Quanto à conduta negligente, pensemos no exemplo de um motorista que realiza uma manobra de marcha-atrás, junto a uma escola, e atropela uma criança: certamente que, tendo como finalidade exclusiva inverter o sentido da sua marcha, o agente não antecipa mentalmente aquele resultado em termos causais – pelo que, numa dimensão exclusivamente ontológica, não há uma "finalidade" em relação ao resultado. Surgiram então concepções de "conduta" que procuraram ultrapassar as dimensões naturalísticas e ontológicas fazendo acrescer certos juízos de valoração. Através de uma valoração seria possível interligar a conduta do agente, em qualquer uma das suas manifestações, e os resultados que se verificavam exteriormente. Foi esse o objectivo dos conceitos "pessoal" e "social" de conduta. A conduta do agente seria uma "manifestação da sua personalidade" (C. Roxin) ou, de outro modo, algo "socialmente relevante" (H. H. Jescheck/T. Weigend). Para além de englobar as condutas activas e dolosas, pretendeu-se assim incluir a omissão e a negligência na conduta do agente. Voltando aos exemplos: o agente que não é solidário com pessoas carentes de assistência está a "manifestar a sua personalidade"; ou o facto de o agente não auxiliar pessoas que estão carentes de assistência é um comportamento "socialmente relevante"; já o agente que atropela uma criança junto a uma escola, não assumindo certos deveres de cuidado ao realizar uma manobra de marcha-atrás, "manifesta a sua personalidade"; e o facto de uma criança ser atropelada é sempre um acontecimento "socialmente relevante". Ambos os critérios pareciam ser suficientemente amplos e válidos para caracterizar a natureza da "conduta" em termos pré-jurídicos. Contudo, por serem precisamente demasiado indeterminados, estes juízos apresentam um certo inconveniente: a sua própria relatividade perante os interesses protegidos pelo direito penal. Desde logo porque não se conhecem critérios suficientemente definidos ou uniformes que nos esclareçam, perante uma actuação do agente, o que é uma "manifestação da personalidade" ou o que é "socialmente relevante" – caindo num certo *relativismo valorativo*. Em princípio não basta avocar critérios gerais e abstractos, "anímico-espirituais" ou "ético-sociais", para encontrarmos ligações relevantes entre comportamentos e resultados no mundo intersubjectivo. Mais importante ainda, como se tratam de critérios extra-jurídicos ou pré-jurídicos, não significa que se afigurem ligações *criminalmente relevantes*. Por essa razão, em sentido diverso, havia todo um conjunto de autores que sugeria pensar a conduta do agente como uma valoração especificamente jurídico-criminal. Foram várias as concepções formuladas, parte da história do direito penal: desde a noção de conduta que tem uma origem "empírica" mas que põe em causa uma "ilicitude tipificada" (E. MEZGER), até à conduta que realiza a tipicidade (G. RADBRUCH), a "conduta típica", como primeiro pressuposto para a existência do crime. Com esta forma de ver o problema, a "conduta" perde a sua ambicionada autonomia pré-jurídica e passa a diluir-se noutros pressupostos presentes no sistema de análise do crime, como a tipicidade ou a ilicitude.

Perante este excurso muito resumido acabamos por levantar algumas importantíssimas questões teóricas que fazem parte, quanto a nós, da "teoria da conduta na doutrina do crime":

- O conceito de "conduta" é o primeiro pressuposto para a existência do crime?
- É possível delinear um conceito de "conduta", com relevância para o direito penal, a partir de uma realidade isenta de valorações (p. ex., uma realidade naturalística ou ontológica)?
- Sendo essencial proceder a um juízo de valoração, poderá afigurar-se um juízo de valoração pré-jurídico (p. ex., com base na "manifestação da personalidade" ou no considerado "socialmente relevante")?
- Admitindo, por outro lado, que se trata de um juízo de valoração jurídico-criminal, implica integrar a "conduta" na tipicidade ou na ilicitude (ou em ambas as categorias dogmáticas[1])?

[1] Podíamos ir mais além e questionar se também não implica integrar a "conduta" na categoria da "culpa" ("conduta culposa") ou da "punibilidade" ("conduta punível), no entanto, como veremos, o objecto do nosso estudo não se estende a essas outras categorias.

- No fundo, o conceito de "conduta" é um conceito pré-jurídico isento de valorações, um conceito axiológico e pré-jurídico ou um conceito jurídico-criminal?
- De uma forma mais geral, o conceito de "conduta" reclama uma autonomia própria ou uma diluição nos pressupostos dogmáticos do modelo sistemático de análise do crime?

Essencial, de momento, é ter presente que há uma ambição doutrinária que procura um conceito de "conduta" com autonomia suficiente para ser o primeiro pressuposto para o aparecimento do crime, (i) sem antecipar as restantes categorias dogmáticas (nomeadamente, a tipicidade, a ilicitude e a culpa), (ii) abrangendo todas modalidades de actuação (activa, omissiva, dolosa e negligente) e, ao mesmo tempo, (iii) excluindo tudo o que não deve ser considerado uma "conduta". Estão aqui implícitas, respectivamente, a (i) função de ligação, (ii) a função de classificação e a (iii) função de delimitação, comummente atribuídas a um conceito pré-jurídico de "conduta" que ambiciona ser um *supraconceito*. Tal ambição está bem patente nos conceitos "social" e "pessoal" de conduta, desenvolvidos com base numa crítica teórica aos conceitos "naturalístico" e "final" de conduta. Do outro lado estão posições doutrinárias que não pretendem satisfazer pretensões teóricas de harmonização sistemática, admitindo dissolver o conceito de conduta noutros pressupostos essenciais para a existência do crime, como sucede com o conceito de "conduta típica" – entre nós, trata-se de uma concepção representada por J. Figueiredo Dias.

As destacadas concepções de "conduta" no âmbito do direito penal implicam convocar diferentes influências ou orientações que estão na raiz dos diferentes pensamentos. Como veremos, F. V. Liszt ter-se-á inspirado nos movimentos de expansão das ciências naturais para formular um conceito "causal-naturalístico" e, mais tarde, H. Welzel nos fundamentos da psicologia do pensamento para formular um conceito "finalístico". Ambos os contributos foram incontornáveis para a evolução da própria noção de "conduta": F. V. Liszt representa o fim da "metafísica" e a teoria de H. Welzel permite, definitivamente, firmar o dolo na tipicidade, dando luz a um "tipo subjectivo" a partir do qual se exige uma manifestação exterior ou factual das intenções do agente. Também são conhecidas as ligações *neokantianas* ou filosófico-culturais que levaram E. Mezger a assumir uma visão crítica e valorativa a partir das finalidades do direito penal – e a influenciar, por sua vez, autores portugueses como Eduardo Correia. Mais recentemente, temos o exemplo de T. S. Vives Antón que formula um conceito "linguístico-significativo" fundado nas teorias filosóficas da linguagem (considerando autores como L. Wittgenstein e J. Habermas) e, também, o exemplo de G. Jakobs que formula um conceito "negativo" de conduta influenciado pela sociologia do direito de Niklas Luhmann. Todos eles, entre outros, contribuíram para a "teoria da conduta" com diferentes influências de raiz, procurando responder àquelas perguntas enquadradas no modelo sistemático de análise do crime. Mais além, contribuíram para importantes discussões político-criminais e respectivas alterações legislativas que ainda hoje vigoram maioritariamente na Europa continental e na América do Sul.

## 2. Para uma perspectiva da "teoria da conduta" a partir da *realização jurisdicional do direito penal* (ao encontro do problema-objecto da tese)

O que pretendemos com o nosso estudo não é revisitar exaustivamente todas aquelas posições doutrinárias acerca do conceito de "conduta". Voltaremos a fazer referência às mesmas de uma forma mais pormenorizada, em capítulo próprio[2], mas dessa vez enquanto pressuposto de uma perspectiva diferente, enquanto *pressuposto da realização jurisdicional do direito penal*. Com efeito, distinta da "teoria da conduta na doutrina do crime" deverá ser uma "teoria da conduta na realização jurisdicional do direito penal".

A realização jurisdicional ou concreta do direito penal implica convocar uma experiência prática e operativa que decorre dos tribunais. Implica apelar, designadamente, ao próprio sistema jurídico em vigor, às tarefas eminentemente práticas, aos desempenhos focados no problema do caso concreto, aos resultados práticos, ao pensamento problemático, à renúncia aos conhecimentos irrefutáveis, às condições de eficácia do sistema, ao carácter relacional e intersubjectivo da realidade humana, ao carácter

[2] Dada a sua relevância para o nosso estudo, dedicámos-lhe o capítulo IV, parte I, com as respectivas menções bibliográficas.

pessoal das decisões ou, ainda, aos conhecimentos pré-determinados; no fundo, *implica apelar a uma ciência eminentemente prática apoiada na experiência e vinculada aos mais diversos pressupostos formais e informais do sistema jurídico-criminal.* Talvez possamos dizer coloquialmente que se trata de um "direito penal aplicado" – cuja essência não se confunde com a "lei penal aplicada". Formalmente trata-se de uma "justiça penal" ou de um direito penal em sentido *topológico*, exclusivo do local onde a justiça é prestada[3]. Mas não significa renunciar ao pensamento sistemático, ao conhecimento científico, aos problemas conceptuais, à teoria, à dogmática, ou às reflexões críticas que possam contribuir para o desenvolvimento político-criminal que enforma o direito penal, antes significa tomar por princípio a vigência do sistema jurídico que realiza concretamente o direito penal, o mesmo sistema que pressupõe os mais variados *pressupostos* para tomar decisões concretas com indubitável importância para os interesses das pessoas e da própria sociedade. Para além da "doutrina do crime", esses pressupostos incluem, p. ex., a aquisição processualmente válida da matéria de facto, as próprias regras procedimentais do processo penal, os tipos de crime e o princípio da legalidade criminal, um sistema de orientação valorativa com princípios jurídico-constitucionais, o processo de fundamentação-argumentação racional e o precedente jurisprudencial.

Ora, partindo desta imagem global da "realização concreta do direito penal", podemos ver uma forma de, em termos académico-científicos, voltarmos a integrar o estudo do processo penal no estudo do direito penal substantivo[4]. A própria realização concreta ou jurisdicional é um "sistema integral do direito material, processual e probatório"[5]. Principalmente porque as exigências jurídico-substantivas dos tipos de crime devem ser conjugadas e moderadas pelas possibilidades jurídico-adjectivas que possibilitam a prova e a fundamentação da matéria de facto.

[3] Sobre esta acepção, cfr. Paulo Ferreira da Cunha, *Filosofia do Direito: fundamentos, metodologia e teoria geral do direito*, 2.ª ed. revista, actualizada e desenvolvida, Coimbra: Edições Almedina, 2013, p. 333

[4] Com referência à forma como o processo penal se autonomizou, Silvia Barona Vilar, *Proceso Penal desde la Historia: desde su origen hasta la sociedad global del miedo*, Valencia: Tirant lo Blanch, 2017, pp. 322-327

[5] Referindo expressamente esse sistema, Paulo de Sousa Mendes, *Causalidade Complexa e Prova Penal*, Lisboa: Edições Almedina, 2018, pp. 101 e ss.

Dentro da "teoria da conduta", esta é uma questão problemática especialmente devido aos estados subjectivos do agente relacionados com a "vontade", a "consciência", a "conformação", o "erro", os sentimentos, os motivos, e assim por diante, em todas as manifestações interiores vedadas ao terceiro observador. Está latente a dificuldade que existe em comprovar processualmente o "estado de espírito" do agente no momento em que o mesmo assume um determinado comportamento. Isto é, a dificuldade em produzir prova do "dolo" e da "negligência" face à própria natureza de um processo penal que não visa unicamente investigar o crime, mas também assegurar o respeito pelos direitos liberdades e garantias do agente-arguido. Aliás, como veremos, há um princípio associado ao próprio direito penal que pode ser repensado e aplicado à prova dos elementos subjectivos do agente: o princípio romano *cogitationis poenam nemo patitur*.

Isto para dizer que o discurso da realização jurisdicional, com uma pluralidade complexa de pressupostos formais e informais, é capaz de iluminar a perspectiva prático-existencial da "conduta do agente" considerada criminalmente relevante. É essa perspectiva que pretendemos conhecer, munidos de ideias de fundo relacionadas com a "realização concreta do direito". Ideias que encontramos em importantes autores da filosofia do direito (ou da "teoria do direito"), como são A. KAUFMANN, W. HASSEMER, L. CABRAL DE MONCADA e A. CASTANHEIRA NEVES. Com a chamada dessas ideias não pretendemos teorizar uma noção de "conduta" em termos gerais e abstractos, ao encontro do seu *dever-ser* – como fizeram muitos daqueloutros ilustres autores da doutrina do crime –, o que pretendemos é teorizar a "conduta" considerando as limitações que efectivamente existem, na prática, para o seu conhecimento, ao encontro do seu *ser vigente*. Portanto, o nosso objectivo e método são bem mais modestos: encontrar respostas para a "teoria da conduta", juntando todas as evidências empíricas que a caracterizam, na realidade onde se insere o ordenamento jurídico português, através dos pressupostos formais e informais do sistema penal vigente. Nesse aspecto, é algo diferente de uma tarefa primariamente teórico-abstracta que visa contribuir para uma alteração político-criminal de fundo, *lege ferenda*, com uma "nova" teoria da conduta eventualmente dotada de potencial para reformular o próprio sistema de análise do crime.

Podemos pensar, com razão, que será um paradoxo conjugar a "teoria da conduta" com a "realização jurisdicional do direito penal". Uma "teoria" formulada a partir da "prática"? Uma "teoria" que depende da "prática"? Uma práxis? Uma práxis com uma "teoria da conduta" válida para o direito penal?

Talvez o verdadeiro paradoxo esteja em formular uma "teoria" a partir de uma "lei". Mas não será esse o caso. Quanto a nós, a união entre a teoria e a prática, a práxis, também pode contribuir validamente para formular uma resposta àquelas perguntas levantadas pela "teoria da conduta na doutrina do crime". Pode esclarecer se a conduta do agente é ou não o primeiro pressuposto para a existência do crime, pode esclarecer se há ou não juízos de valoração essenciais para delinear uma noção de "conduta", pode esclarecer que tipo de juízos de valoração são realizados – extra-jurídicos, jurídicos ou jurídico-criminais? – e pode ainda tomar uma posição quanto à sua eventual autonomia no sistema de análise do crime. Estamos agora mais próximos de uma *teoria da conduta como teoria da decisão penal*[6].

Pretendemos, com isto, promover a sua autocompreensão. Como se a noção de "conduta" estivesse *vivificada* nos pressupostos formais e informais do sistema jurídico, permitindo encontrar o seu sentido prático-real. Uma abordagem dessa natureza é bem mais segura porque não nos aproximamos de uma discussão juncada com os destroços das teorias do conhecimento[7]. Será bem mais segura porque não se perde em distinções conceptuais no campo da filosofia, da sociologia, da psicologia ou de qualquer outra disciplina à escolha de quem a procura *re-conceptualizar*. Superamos o "transcendente", o "arbitrário", o "especulativo" e ficamos pela racionalidade do que está disponível, ao nosso alcance, na dimensão intencionalmente jurídico-criminal.

Estamos conscientes de que a imbricação da "teoria da conduta" na "realização jurisdicional do direito penal" remete para amplos problemas teóricos que ultrapassam a própria noção de "conduta", pois não basta

[6] De forma mais ampla ainda, repare-se a forma como Maria Fernanda Palma titula o seu manual: *Direito Penal, Parte Geral: a teoria geral da infração como teoria da decisão penal.*

[7] Penhorando uma expressão de Edward O. Wilson, *A Conquista da Terra* (trad. José Vala Roberto), Lisboa: Clube do Autor, 2012, pp. 17-18

uma conduta para haver crime. Podem discutir-se os conteúdos da conduta *típica*, da conduta *ilícita*, da conduta *culposa* e da conduta *punível*, dentro do mais amplo modelo sistemático de análise do crime, mas também não é esse o nosso objectivo. Daí o subtítulo que atribuímos: pressupostos e fundamentos do *comportamento ilícito-típico*. É tempo de formalizar o objecto de investigação e a razão de ordem da própria tese, seguindo-se alguns esclarecimentos de natureza terminológico-conceptual.

## 3. Delimitação do objecto de investigação e razão de ordem

O presente estudo tem por objectivo caracterizar, a partir da realização concreta do direito penal, o segmento da teoria da conduta que diz respeito ao *comportamento ilícito-típico*. Os nossos objectivos passam por compreender quais são *os pressupostos* essenciais para identificar e descrever um "comportamento", quais são os *pressupostos* essenciais para converter um "comportamento" num "comportamento ilícito-típico" e, no geral, quais são os *fundamentos* do "comportamento ilícito-típico". No seu conjunto, são pressupostos e fundamentos que contribuem para uma "teoria da conduta" com interesse para a ciência do direito penal porque também respondem, com suficiente claridade, aos problemas centrais reconhecidos e debatidos na doutrina do crime, especialmente o que questiona a autonomia do conceito de "conduta" como primeiro elemento para a existência do crime. Sendo assim, as respostas àquelas perguntas teóricas, levantadas pela doutrina do crime acerca da natureza do conceito de "conduta", também fazem parte dos nossos objectivos.

Ao dar uma perspectiva que decorre da prática jurisdicional, procuramos esclarecer o *status* do conceito de "conduta", *o que é*, no âmbito do seu próprio "ser", a partir de um realismo adequado aos juristas – e não aos filósofos, físicos, historiadores, sociólogos, neurocientistas, etc. –, tendo como pressuposto o sistema de orientação valorativa onde os mesmos se inserem. Importante reiterar que, no âmbito da nossa investigação, estamos enquadrados no *ordenamento jurídico português*.

Com a mesma perspectiva jurisdicional, procuramos também esclarecer como se associa a "conduta" à "tipicidade" e à "ilicitude". Ou seja, o estudo que se segue está delimitado pela conjugação reticular dessas categorias dogmáticas, deixando de fora a "culpa" e a "punibilidade" – que têm os seus próprios pressupostos e fundamentos. Apesar disso, não pretendemos desenvolver teoricamente as noções de "tipicidade" e de "ilicitude", nem enquadrar o problema nas formas especiais de aparecimento do crime (tentativa, comparticipação e concurso de crimes) ou nas situações normalmente associadas às causas de justificação da ilicitude.

Passamos a explicar melhor, a partir da razão de ordem, os nossos objectivos.

Dividimos a tese em duas partes: a primeira parte para os *pressupostos* e a segunda parte para os *fundamentos*.

Dentro dos "pressupostos" temos quatro capítulos que expressam os elementos que mais contribuem para compreender como se realiza o processo de determinação do comportamento ilícito-típico: os "factos", a "lei", o "direito" e a "doutrina". Respectivamente: no primeiro capítulo, a narrativa processual dos factos (os "factos"); no segundo capítulo, o tipo de conduta previsto ou implícito na norma jurídico-penal (a "lei"); no terceiro capítulo, o processo de determinação do comportamento ilícito-típico na realização jurisdicional do direito penal (o "direito"); e, no quarto capítulo, a teoria da conduta na doutrina do crime (a "doutrina"). Na verdade, o "direito" é um pressuposto aglomerador porque acaba por reunir todos os restantes pressupostos enunciados, uma vez que os "factos", a "lei" e a "doutrina" traduzem-se em "matéria prima" (A. KAUFMANN) essencial para uma decisão de direito.

É relevante referir que deixámos a "doutrina" (enquanto pressuposto ou vínculo informal) para o último capítulo da primeira parte porque acolhemos a ideia de que a prática dos tribunais segue naturalmente a doutrina que *renuncia* a um supraconceito geral e pré-jurídico de "conduta", preocupando-se, primeiramente, com a *realização do ilícito-típico*. Ou seja, podemos desde já adiantar que o modo de proceder da prática não procura um conceito geral e pré-jurídico de "conduta", procura sim conceitos tipificados e específicos que permitam dar um significado jurídico-criminal a comportamentos individuais e concretos, mesmo que isso implique dar um salto lógico ou conceptual[8]. Veremos se essa é a melhor forma de abordar o problema.

[8] No mesmo sentido, Tomás S. Vives Antón, *Fundamentos del Sistema Penal: acción significativa y derechos constitucionales*, 2.ª ed., Valencia: Tirant lo blanch, 2011, pp. 272-274 e p. 615

De qualquer forma, com esta primeira parte damos imediatamente conta de pressupostos universais e explicativos que não podem ser excluídos numa "teoria da conduta" que sirva propósitos especificamente jurídico-criminais num Estado de Direito: a função jurisdicional dos actores da justiça, o processo penal dos factos, a incriminação e os limites à criminalização de condutas, o sistema jurídico-constitucional valorativamente orientado com princípios de direito, o processo de motivação ou fundamentação das decisões, a força vinculativa do precedente jurisprudencial, ou, mais ainda, a força vinculativa das decisões de certos tribunais no âmbito do ordenamento jurídico português (STJ, TC, TJUE e TEDH).

Os "pressupostos" são importantes elementos formais ou informais do sistema jurídico vigente que condicionam qualquer juízo ou decisão de natureza jurídico-criminal. O desenvolvimento teórico dos mesmos ocupou grande parte da nossa investigação, com o objectivo de encontrar, na segunda parte, os "fundamentos" do comportamento ilícito-típico. Com um maior envolvimento crítico, procurámos classificar e integrar os referidos pressupostos em dois grandes fundamentos: "*matéria de facto*" e "*matéria de direito*". Por mais evidentes que se afigurem, são essas as duas principais fundações para a realização jurisdicional do direito penal e, consequentemente, para a "teoria da conduta". Assim, nos "fundamentos", com um discurso mais crítico-argumentativo, procurámos dar um sentido qualitativo ao discurso mais expositivo dos "pressupostos".

Ao nível da matéria de facto, o principal problema teórico levantado está relacionado com a narrativa e a prova dos elementos subjectivos do crime. A questão de saber *como é que se descrevem em termos estritamente factuais os estados interiores do agente que preenchem os elementos subjectivos do crime*, levou-nos inclusivamente a comentar a decisão de fixação de jurisprudência presente no Acórdão do Supremo Tribunal de Justiça n.º 1/2015.

Ao nível da matéria de direito, o principal problema identificado está relacionado com a natureza e a conjugação dos pressupostos de direito penal que exprimem o processo de determinação ou descoberta do comportamento *ilícito-típico* – repare-se, primeiro a "ilicitude" e depois a "tipicidade".

No geral, com compromisso de dizer *o que é* a "conduta" criminalmente relevante ao nível do ilícito-típico, encontrámos uma vertente necessariamente jurídico-factual e uma vertente necessariamente jurídico-criminal. As particularidades da "matéria de facto" são as próprias particularidades do processo penal, e as particularidades da "matéria de direito", cuja finalidade é qualificar ou imprimir um sentido à "matéria de facto", são as particularidades de toda a matéria que se manifeste como sendo intencionalmente jurídico-criminal na realização concreta do direito, especialmente a matéria que exprime o ilícito-típico. Veremos como isto se interpreta, nas conclusões, para o cumprimento das funções atribuídas ao conceito de "conduta".

## 4. Esclarecimentos terminológico-conceptuais

Em virtude do emprego indiscriminado das palavras "conduta" e "comportamento", como se fossem sinónimos, bem como da omissão deliberada da palavra "acção", parece-nos essencial proceder a esclarecimentos de natureza terminológico-conceptual. E assim também face às imensas possibilidades do vocabulário da "teoria da conduta": acção em sentido lato, acção em sentido estrito, omissão, conduta, conduta activa, conduta passiva, actividade, inactividade, iniciativa, passividade, abstenção, comportamento, actuação, acto, atitude, acontecimento, fenómeno ou facto, entre outras inúmeras possibilidades.

Olhando muito brevemente para a história da terminologia utilizada em Portugal, Pascoal J. Melo Freire privilegiou expressões como "actos", "actos externos" ou "facto" para se referir às formas de aparecimento do crime, em oposição à "cogitação". A "acção", de modo diferente, assumia um conteúdo conceptual alusivo à "acção criminal", isto é, ao processo penal[9]. Esta escolha de palavras será um sinal do tratamento integrado que, na época, se fazia entre direito penal substantivo e adjectivo. Por sua vez, Silva Ferrão, na sua "teoria do direito penal aplicada ao código penal português", empregava as expressões "acção" e "omissão" para se referir a uma forma de actuação activa ou passiva do agente[10].

[9] Cfr. Pascoal José de Mello Freire, *Instituições de Direito Criminal Português* (trad. Miguel Pinto de Menses), *Boletim do Ministério de Justiça*, n.ºs 155-156, 1966 [orig. 1784], pp. 59 ("actos externos") e 82 ("acção criminal").

[10] F. A. F. da Silva Ferrão, *Theoria do Direito Penal: applicada ao Codigo Penal Portuguez*, vol. 1, Lisboa: Typographia Universal, 1856, p. 7

No mesmo sentido, LEVY MARIA JORDÃO, de acordo com o seu próprio comentário ao CP, definiu "facto" como uma expressão que englobava a "acção" e a "omissão", ou seja, "cousas externas"[11]. Mais tarde, em autores como HENRIQUES DA SILVA e CAEIRO DA MATTA, estavam presentes as seguintes expressões: "factos", "actos" e "actos externos", para fazer referência à materialidade da infracção; "delitos de acção" e "delitos de omissão"; o termo "acção" com o sentido de "actividade" e, outras vezes, o termo "acção" com o sentido de "acção criminal"[12].

Até então, nas obras dos autores referidos, não encontrávamos quaisquer referências às palavras "conduta" e "comportamento". Num passado recente, a autonomização mais esclarecida do objecto de estudo do direito penal substantivo reflectiu-se na utilização recorrente da palavra "acção" em sentido lato, como forma de exprimir a *acção do agente* numa das suas modalidades. A "acção" passou a ser vista, no contexto significativo do vocabulário jurídico-material, como uma acepção mais geral e aglomeradora das formas de aparecimento do crime. Assim o fizeram comummente EDUARDO CORREIA e J. FIGUEIREDO DIAS[13]. Não obstante, ambos acabaram igualmente por empregar as palavras "conduta" e "comportamento" como sinónimos da "acção" em sentido lato, sem proceder a uma distinção conceptual formal[14]. J. FARIA COSTA parece favorecer o termo "conduta" nas suas "noções fundamentais de direito penal"[15], fazendo menções à "conduta", à "conduta típica", à "conduta ilícita" ou à

[11] Levy Maria Jordão, *Commentario ao Codigo Penal Portuguez*, tomo 1, Lisboa: Typographia José Baptista Morando, 1853, pp. 5-6

[12] Henriques da Silva, *Elementos de Sociologia Criminal e Direito Penal*, lições do anno lectivo de 1905-1906 na 14.ª cadeira da Faculdade de Direito na Universidade de Coimbra, Coimbra: Imprensa da Universidade, 1905, pp. 255 e ss.; e Caeiro da Matta, *Direito Criminal Português*, vol. II, Coimbra: F. França Amado, 1911, pp. 225 e ss.

[13] Eduardo Correia, *Direito Criminal*, tomo I, reimp., Coimbra: Livraria Almedina, 1971, pp. 231-234; e Jorge de Figueiredo Dias, *Direito Penal: Parte Geral*, tomo I: Questões Fundamentais, a Doutrina Geral do Crime, 2.ª edição, reimp., Coimbra: Coimbra Editora, 2011, pp. 251 e ss. e 261-262.

[14] P. ex., J. Figueiredo Dias titula o 6.º capítulo do seu manual ("*Direito Penal: Parte Geral*, tomo I: Questões Fundamentais, a Doutrina Geral do Crime") da seguinte forma: "o comportamento criminal e a sua definição: o conceito material de crime".

[15] Cfr. José de Faria Costa, *Noções Fundamentais de Direito Penal (fragmenta iuris poenalis)*, 3.ª edição, Coimbra: Coimbra Editora, 2012

"conduta culposa", mas não deixando de utilizar as expressões "facto" ou "acção" em sentido lato para se referir ao mesmo contexto de significação.

É preciso referir que no âmbito da lei penal substantiva *em vigor* há uma preferência pelo termo "facto" como uma expressão mais ampla que abrange a "acção" e a "omissão", conforme se verifica no artigo 10.º da PG do CP.

Chegados aqui, tendo presente diferentes razões de terminologia conceptual, não podemos, simplesmente, aderir a modos de comunicação enquadrados em diferentes contextos daquele que pretendemos investigar. Se o especial contexto que avocámos é o da "realização jurisdicional do direito penal", e se procuramos um estudo integrado dos direitos substantivo, adjectivo e, dentro deste último, probatório, é importante proceder a uma clarificação suficiente do que queremos dizer no âmbito de uma "teoria da conduta" sujeita a essa perspectiva.

Em primeiro lugar, tomamos os termos "facto", "acontecimento" e "fenómeno" da forma mais abrangente possível, podendo compreender "comportamentos", "resultados" ou qualquer outra ocorrência que se considere mais especificada. Mas fazemo-lo com uma particularidade: empregamos esses termos preferencialmente ao âmbito do *processo penal*, enquanto "pedaços de vida" que chegam ao processo por via das narrativas processuais. Do ponto de vista conceptual, são expressões representativas de conteúdos descritivos que não visam antecipar soluções de direito. E nenhuma das mesmas expressões se confunde com o significado da palavra "evento", associada, como é sabido, a uma noção de "resultado" enquanto efeito da "conduta"[16].

No exemplo que se segue estamos perante "factos", "acontecimentos" ou "fenómenos": (i) "Envolveram-se numa luta corpo a corpo"; (ii) "na sequência da qual, «A» deu um murro no nariz de «B»..."; (iii) "no seguimento, «B» desferiu um empurrão a «A»"; (iv) e "«A» foi projectado contra umas mesas, resultando na queda ao solo, onde permaneceu prostrado".

Em segundo lugar, damos prioridade à palavra "comportamento" para quando nos referimos à atitude do agente, activa ou passiva, inserida num

[16] Muito devido a influências italianas. Sobre as concepções de "evento", cfr. Ferrando Mantovani, *Diritto Penale: Parte Generale*, decima ed., MI: Wolters Kluwer Italia, 2017, pp. 133-135

contexto individual-concreto, espácio-temporal e histórico-social. Uma vez mais, trata-se de um termo que tem uma razão *jurídico-adjectiva* porque é a partir do processo penal dos factos que se levanta o "comportamento do agente". O termo inclui tanto os *comportamentos activos* como os *comportamentos passivos*. Quanto aos primeiros, os "actos", as "actuações", as "iniciativas" ou as "actividades" são sinónimos, porque se tratam de palavras que melhor traduzem o processo físico de movimento do agente. Quanto aos segundos, propomos também empregar termos como "passividade", "inactividade" ou "estático", para retratar a falta de movimento ou de actividade do agente. Novamente, porque nos encontramos em sede jurídico-processual, não estamos necessariamente perante comportamentos com relevância criminal. E isso é importantíssimo sublinhar. Aqui podem estar inclusivamente em causa comportamentos "inconscientes" e "involuntários". Por hipótese, numa fase posterior do processo pode-se concluir que o agente, quando actuou, se encontrava num estado de "sonambulismo", num estado de "hipnotismo", sob "força irresistível" ou dominado por "movimentos reflexos". Nada impede que se descreva processualmente a atitude das pessoas que se encontravam nessas mesmas circunstâncias – porque, como iremos argumentar, p. ex., o sonâmbulo ou o hipnotizado também assumem comportamentos. Agora, se são ou não criminalmente relevantes, se dizem respeito a um enquadramento no tipo objectivo, no tipo subjectivo ou na culpa, isso é uma discussão que diz exclusivamente respeito à matéria de direito.

Nos exemplos que se seguem estamos perante "comportamentos" no âmbito da matéria de facto: "desferiu", "obrigou", "agarrou", "pontapeou", "disse", "escreveu", "lançou mão", "molestou", "amarrou", "entregou", "deu" ou "deixou de".

Em terceiro lugar, é essencial referir a múltipla acepção do termo "conduta", talvez o termo mais versátil de todos ao longo da nossa investigação. No contexto da matéria de facto, o dinamismo expressivo da "conduta" poderá ser algo mais extensivo do que o "comportamento", como se estivéssemos a referir o conjunto dos comportamentos individuais e concretos assumidos pelo agente nas especificas circunstâncias de tempo e lugar. Não obstante, o termo "conduta" será preferencialmente tomado num *contexto de significação jurídico-substantivo*, abarcando a "acção em sentido estrito" e a "omissão". Assim, faremos referência às "condutas activas" ou às "condutas omissivas" como formas de qualificar ou de atribuir um sentido jurídico-substantivo ao comportamento do agente. Tal como iremos verificar, há narrativas processuais de comportamentos activos do agente (p. ex. "retomou a via de trânsito e prosseguiu a sua marcha") que se podem traduzir numa conduta omissiva em termos jurídico-substantivos (p. ex., numa "omissão de auxílio").

De notar ainda que faremos referência ao "tipo de conduta" – neste caso, repare-se, primeiro o "tipo" e depois a "conduta" – como um segmento ou elemento que decorre directamente da tipicidade dos crimes. Por exemplo, os "tipos de conduta" previstos no crime de "tráfico e outras actividades ilícitas" são os seguintes: "cultivar", "produzir", "fabricar", "extrair", "preparar", "oferecer", "puser à venda", "vender", "distribuir", "comprar", "ceder", "receber", "proporcionar a outrem", "transportar", "importar", "exportar", "fizer transitar" ou "detiver".

No âmbito do direito penal material, entendemos que o termo "conduta" é mais adequado do que o termo "acção" em sentido lato, mesmo sabendo que a maioria da doutrina portuguesa se refere ao "conceito de acção" ou à "teoria da acção" para mencionar o eventual primeiro elemento básico do sistema de análise do crime. A razão pela qual entendemos dessa forma está relacionada precisamente com a sua adequada feição expressiva nas formas de aparecimento do crime – conduta activa, conduta omissiva, conduta dolosa e conduta negligente – e, também, com a sua acertada expressão de ligação com as restantes categorias dogmáticas do sistema de análise do crime – conduta típica, conduta ilícita, conduta culposa e conduta punível. Não nos parece que a palavra "acção" se harmonize da mesma forma. Antes de mais porque a "acção", só por si, mesmo com um "sentido lato", parece significar intrinsecamente uma iniciativa ou algo que imprime um movimento. Em português, uma "acção activa" parece ser uma redundância e uma "acção omissiva" parece ser uma contradição. Mais importante ainda, a realização concreta do direito penal – que reúne o processo penal e o direito penal material – entrega a palavra "acção" a um mais genuíno sentido relacionado com a "acção penal", ou seja, relacionado com aquela "acção" cujo titular é o MP nos crimes públicos e que exige uma certa iniciativa processual das pessoas nos crimes semi-públicos e particulares.

Estamos agora mais próximos de compreender a razão pela qual titulámos o nosso trabalho como "teoria da conduta" e não como "teoria da acção". Resta agora confrontar essa ideia com o que se segue em termos de subtítulo: porquê "*comportamento* ilícito-típico" e não "*conduta* ilícita-típica"?

Conforme ficou dito, podemos utilizar indistintamente as palavras "comportamento" e "conduta" num plano pré-típico, enquanto sinónimos que representam a atitude assumida pelo agente no caso concreto, descrita no âmbito da matéria de facto do processo penal. Ora, é esse "comportamento" ou "conduta" do agente, com um conteúdo pré-típico, que será objecto de valoração dos pressupostos de direito penal, podendo ser considerado um "comportamento ilícito-típico" ou, se quisermos, por outras palavras, uma "conduta ilícita-típica". Elegemos a primeira expressão como mais adequada por várias ordens de razão.

Uma razão está relacionada com a distinção que deve haver entre o conteúdo conceptual daquilo que denominámos "comportamento ilícito-típico" e o conteúdo conceptual da "teoria da conduta típica" que tem G. Radbruch como um dos seus fundadores e, entre nós, J. Figueiredo Dias como um dos seus defensores. Corríamos o risco de ser indevidamente interpretados caso preferíssemos a expressão "conduta ilícita-típica", porque poderia parecer uma mera reformulação terminológica de uma concepção que já foi pensada há muito tempo.

Outra razão tem que ver com uma distinção igualmente terminológico-conceptual, agora mais evidente, que deve existir entre o "comportamento ilícito-típico" e o "tipo de conduta" que, de outro modo, faz parte da previsão geral e abstracta da lei. Na nossa opinião, poderia ser confuso utilizar o termo "tipo de conduta" juntamente com os termos "conduta ilícita-típica", "conduta típica" ou "conduta ilícita", podendo ser interpretado, pelos mais desatentos, como um mero jogo de palavras.

Uma razão final para defender a escolha da palavra "comportamento" neste contexto: com esta expressão estamos justamente a remeter para uma realidade que pretende ser o mais objectiva e concreta possível, uma *realidade processualmente válida* que não se perde em espaços de arbitrariedade ou em especulações gerais e abstractas acerca das atitudes do agente. Com a narrativa do "comportamento" através do processo penal, como veremos, não se descrevem, sequer, actos puramente psicológicos ou interiores do agente. Isso não é possível. Não será razoável, então, associar o termo a algo intoleravelmente amplo e relativo à personalidade do agente, com vista a argumentar que se trata de terminologia com conteúdo e ao serviço de um *direito penal do autor*.

PARTE I

# Pressupostos

# Capítulo I
# A narrativa processual penal dos factos e dos comportamentos

## 1. Pressupostos gerais: a função jurisdicional e o processo penal

A realização concreta do direito penal começa por se manifestar na *justiça dos factos relevantes para a existência ou inexistência de um crime*. Importa por isso perguntar como se concretiza a justiça penal dos factos, ou seja, como surgem os factos que acabam por incriminar uma pessoa e qual é a natureza desses "factos". Se quiséssemos adiantar uma resposta mais geral, começaríamos por afirmar que, actualmente, a índole prática da justiça penal dos factos é indissociável da *função jurisdicional* que os circunscreve e fundamenta no âmbito de um *processo penal*. Esta é uma afirmação que nos dá certas garantias no contexto de um Estado de Direito.

**i)** A primeira das quais é a *garantia jurisdicional na administração da justiça dos factos em matéria criminal*[17], isto é, a existência de autoridades judiciárias com poder para administrar os factos com relevância para a delimitação positiva ou negativa de um tipo de crime. Não se trata apenas de um poder de qualificar criminalmente os factos, mas também do

[17] A "função jurisdicional" é garantida pela actividade dos juízes, embora, especialmente no direito penal, pressuponha a actividade de outros actores da justiça, como o MP, indispensáveis ao exercício dessa função. Sobre o assunto, cfr. J.J. Gomes Canotilho/Vital Moreira, *Constituição da República Portuguesa Anotada*, vol. II, 4.ª ed. revista, Coimbra: Coimbra Editora, 2010, pp. 508-509. Preferindo o termo "jurisdição judicativa" por se afigurar mais amplo, Pedro Caeiro, *Fundamento, Conteúdo e Limites da Jurisdição Penal do Estado: o caso português*, Coimbra: Coimbra Editora, 2010, pp. 42-43.
Em termos legislativos, a lei da organização do sistema judiciário (Lei n.º 63/2013, de 26 de agosto, com posteriores alterações), faz referência expressa à "função jurisdicional" exercida pelos "tribunais", prevista no artigo 2.º, distinta da função do MP, prevista no artigo 3.º do mesmo diploma legal.

poder-dever de os levantar e de os enunciar em narrativas processuais[18]. A propósito, no ordenamento jurídico português, há uma separação de competências ou, mais precisamente, um *princípio da acusação* segundo o qual a autoridade que investiga e acusa, fixando o objecto do processo, é distinta da autoridade que julga[19]. Nos *crimes públicos* é o Ministério Público que investiga os factos, descreve-os em proposições e avalia-os como sendo suficientes ou insuficientes para proceder a um despacho de arquivamento ou de acusação – fixando, neste caso, o objecto do processo –, o que deverá fazer de acordo com critérios de legalidade e objectividade, concretizando o *princípio da oficialidade*. Diferentemente, quando estão em causa crimes *particulares e semi-públicos*, há uma limitação a este último princípio em virtude do poder de iniciativa que o legislador deu aos particulares na administração da justiça penal dos factos: nos primeiros, dando o poder de queixa-crime, o dever de constituição de assistente e o dever de acusação particular; nos segundos, dando apenas o poder de queixa-crime, deixando ao Ministério Público o poder-dever de acusar ou arquivar. Adiante da promoção processual e em qualquer tipo de crime – público, semi-público ou particular –, o juiz de instrução e o juiz de julgamento têm o poder de comprovar judicialmente os factos alegados pelos particulares ou pelo Ministério Público, de acordo com critérios de independência e imparcialidade. Na verdade, vigora uma verdadeira *administração judicial da justiça dos factos dentro dos limites do objecto do processo*, o que poderá redundar em poderes *judiciais* de investigação e

[18] É o que Luigi Ferrajoli, "Constitucionalismo principialista y constitucionalismo garantista", *Doxa Cuadernos de Filosofía del Derecho*, n.º 34, Madrid: Marcial Pons Ediciones Jurídicas y Sociales, 2011, pp. 44-45, entende serem espaços *"fisiológicos e insupríveis"* do poder judicial, traduzidos em poderes de verificação fáctica, de valoração dos factos comprovados e de qualificação jurídica.

[19] Sabemos que as coisas são mais complexas no modelo português, caracterizado como um modelo de estrutura acusatória integrada por um princípio da investigação – aprofundadamente em Jorge de Figueiredo Dias, *Direito Processual Penal*, primeiro volume, Coimbra: Coimbra Editora, 1981, pp. 239 e ss. –, nos termos do qual o juiz também assume poderes de investigação inseridos no âmbito do objecto do processo.

de fixação da matéria de facto dentro desse âmbito[20]-[21]. Isto significa que o Ministério Público e os particulares não têm nas suas mãos tal poder judicativo de dizer quais são os factos juridicamente relevantes para a existência do crime, ou, melhor, não têm a palavra final quanto à fixação dos factos, provados ou não provados, com relevância para a delimitação positiva ou negativa do tipo incriminador. E o mesmo se diga em relação ao poder legislativo e ao poder executivo[22], na concretização do *princípio da separação dos poderes*. Portanto, enquanto garantia contra a arbitrariedade do poder, ninguém será julgado oficialmente senão pela autoridade competente[23].

[20] No que diz respeito ao despacho de pronúncia ou não pronúncia do juiz de instrução, considere-se o sumário do Ac. do TRP de 28/11/2018, proc. n.º 626/13.2TAAGH.P1: "I – Pode considerar-se uniforme o entendimento jurisprudencial de que a decisão instrutória, seja de pronúncia ou de não pronúncia, tem de enunciar os factos considerados suficientemente indiciados e aqueles em relação aos quais não se verifica essa indiciação. II – Já é amplamente controversa a jurisprudência relativamente às consequências que deverão derivar da omissão no despacho de não pronúncia dessa especificação, sendo defensável considerar que nesses casos estamos perante uma nulidade sanável e dependente de arguição no prazo-regra de dez dias previsto no artigo 105º, nº 1 do CPP".

[21] Crítico em relação a todos os modelos de processo penal com dispositivos legais que atribuem poderes instrutórios ou investigatórios ao juiz, inclusivamente em relação ao modelo português, Aury Lopes Jr., *Fundamentos do Processo Penal: introdução crítica*, Lisboa: Rei dos Livros, 2016, pp. 151, 169, 179 e 180 e ss.. Para um enquadramento histórico, na Europa continental, do momento em que se percebe que as funções de acusar e de julgar não podiam estar juntas, Silvia Barona Vilar, *Proceso Penal desde la Historia... op. cit.*, pp. 561 e ss.

[22] Embora não possamos ignorar situações de amnistia, perdão, indulto e outras medidas de clemência ao longo da história do ordenamento jurídico português, enquanto decisões políticas – e não jurisdicionais – directamente relacionadas com a justiça criminal. Por exemplo, as amnistias e os perdões de pena que decorreram da Lei n.º 16/86, de 11 de Junho, da Lei n.º 23/91, de 4 de Julho, da Lei n.º 15/94, de 11 de Maio, ou da Lei n.º 29/99, de 12 de Maio, resultando na extinção dos efeitos jurídicos de certas infracções criminais e no perdão de determinadas consequências jurídicas sob determinadas condições. Mais recentemente, com as medidas de emergência de saúde pública ocasionadas pelo "COVID-19", foram também previstos "perdões parciais" e "indultos excepcionais", conforme resulta da Lei n.º 9/2020, de 10 de abril.

[23] Já assim nas lições de Basílio Alberto de Sousa Pinto, *Direito Público Constitucional*, 1839-1840, p. 35., em comentário ao artigo 18.º da Constituição de 1838 (Diário do Governo, de 24 de Abril de 1838, n.º 98), com a seguinte redacção: "*Ninguém será julgado senão pela autoridade competente*, nem punido senão pela lei anterior" (itálico nosso).

Recordemos ainda que a função jurisdicional pressupõe uma *organização do sistema judiciário* que conta com várias categorias de tribunais (*v.g.* tribunais judiciais de primeira instância), diferentes competências (*v.g.* juízos de instrução criminal) e diferentes áreas territoriais de influência (*v.g.* comarcas).

**ii)** O poder das autoridades judiciárias e dos particulares está condicionado, contudo, pela *garantia da aplicação de um procedimento legalmente estabelecido para a justiça penal dos factos: o processo penal.* É o que também podemos denominar princípio da necessidade do processo penal para a determinação dos factos que realizam concretamente o direito substantivo[24].

Com efeito, há todo um formalismo previsto para fixar a matéria de facto com relevância criminal, *num amplo quadro de vinculações legais e constitucionais*[25]. São normas de procedimento que, em prol da segurança jurídica – e, também, como forma de limitar o poder jurisdicional[26] –, contêm regras sobre o caminho necessário para chegar ao conhecimento dos factos, desde a notícia do crime aos meios recursais. Por exemplo, o dever de a acusação conter uma narração dos factos, o dever de constarem os factos provados e não provados na sentença, assim como o dever de se especificarem os concretos pontos factuais considerados incorrectamente julgados no âmbito do recurso que impugne a matéria de facto. E qualquer dúvida acerca do alcance desta garantia procedimental poderia ser desfeita pela análise das normas ou regras relativas à *prova dos factos*[27],

[24] Assim também denomina Aury Lopes Jr., *Fundamentos do Processo Penal... op. cit.*, p. 128

[25] Próximo, António Cortês, *Jurisprudência dos Princípios: ensaio sobre os fundamentos da decisão jurisdicional*, Lisboa: Universidade Católica Editora, 2010, p. 126

[26] Veja-se Jochen Schneider/Ulrich Schroth, "Perspectivas da aplicação da norma jurídica: determinação, argumentação e decisão", *in: AA.VV.*, *Introdução à Filosofia do Direito e à Teoria do Direito Contemporâneas* (trad. Marcos Keel/Manuel Seca de Oliveira), org. A. Kaufmann/W. Hassemer, 3.ª ed., Lisboa: Fundação Calouste Gulbenkian, 2015 [orig. 1994], pp. 520 e ss.; e, também, Silvia Barona Vilar, *Proceso Penal desde la Historia... op. cit.*, p. 523.

[27] Tal como afirma lapidarmente Gustav Radbruch, *Filosofia do Direito* (trad. L. Cabral e Moncada), Colecção *Studium*, 6.ª edição, reimp., Coimbra: Arménio Amado, 1997 [orig. 1932], p. 344: "...ao lado do preceito jurídico que exige a punição do criminoso, levanta-se um outro preceito não menos imperativo de só dever ser condenado o criminoso cujo crime foi provado.".

particularmente no que diz respeito às proibições de prova impostas às autoridades judiciárias e aos particulares.

Importa então sublinhar a seguinte ideia: *o poder judiciário e os particulares estão vinculados a pressupostos jurídico-procedimentais, legais e constitucionais, que permitem declarar e delimitar, legitimamente, os factos em cada caso concreto.* Sendo certo que há uma certa "desformalização" do procedimento e da prova dos factos para a pequena e média criminalidade, assim como uma certa "flexibilização" do procedimento no que diz respeito à investigação dos factos que indiciem "criminalidade violenta", "criminalidade especialmente violenta", "criminalidade altamente organizada" ou "terrorismo"[28].

No caso específico dos particulares, para além de poderem colaborar de forma constitutiva em todo o procedimento com vista ao bom esclarecimento dos factos – p. ex., na qualidade de testemunha ou de assistente –, têm também o referido poder de impulsionar o processo, num *processo penal de iniciativa privada*[29]. O direito de queixa, enquanto poder de accionar ou não a justiça penal quando estão em causa, exclusivamente, indícios de crimes particulares ou semi-públicos, é reflexo de um certo *poder de disponibilidade* quanto à matéria de facto[30]. A desistência da queixa ou da acusação particular são também exemplos desta mesma disponibilidade[31]. Mas repare-se que o particular com direito de queixa pode ter uma pretensão acusatória de factos com aparência de crime que

[28] Basta considerar as disposições legais sobre a matéria no CPP, p. ex., arts.º 143.º, n.º4 (primeiro interrogatório não judicial de arguido detido), 174.º, n.º5, al. a) (pressupostos das revistas e buscas), 177.º, n.º2, al. a) (busca domiciliária), 187.º, n.º2, al. a) (admissibilidade das escutas telefónicas), 202.º, n.º1, al. c) (prisão preventiva) e 215.º, n.º 2 (prazos de duração máxima da prisão preventiva). Com referência à "minimização" e ao "endurecimento" do processo penal, Silvia Barona Vilar, *Proceso Penal desde la Historia... op. cit.*, p. 472

[29] Com este termo, Aury Lopes Jr., *Fundamentos do Processo Penal... op. cit.*, p. 119

[30] Estão em causa *condições de procedibilidade*, facultando-se aos particulares a possibilidade de eles próprios ponderarem acerca da conveniência da acção penal, segundo António Castanheira Neves, *Sumários de Processo Criminal* (1967-1968), Coimbra, 1968, pp. 121-123

[31] Quando o ofendido ou quem o representa não efectiva o direito de queixa ou desiste sem oposição do arguido, opera uma ideia de "*mediação mitigada*", segundo terminologia de José de Faria Costa, "Diversão (Desjudiciarização) e Mediação: Que Rumos?", *BFDC*, vol. LXI, Coimbra: Universidade de Coimbra, 1985, pp. 111-112

se poderá revelar infundada no decurso do processo penal[32]-[33]. O que, de outro modo, também poderá suceder com a actuação do Ministério Público. Daí a importância de um procedimento formal que dê oportunidade de defesa a quem os factos estão a ser imputados.

O processo penal é também o meio próprio para garantir a inocência de uma pessoa[34]. Não se trata apenas de um instrumento de repressão ou de *ius puniendi* ao serviço das consequências jurídicas do crime – como muitas vezes é caracterizado –, *é também o procedimento próprio para o arquivamento, para a não pronúncia ou para a absolvição com base em factos juridicamente relevantes para a inexistência de um crime*. Por essa razão, as limitações ao poder jurisdicional não se concretizam somente com o contraditório, a igualdade de armas ou a publicidade[35], mas também garantindo que a dúvida razoável quanto à matéria de facto favoreça o arguido (princípio *in dubio pro reo*) ou garantindo que, por via de regra, não seja possível avocar factos já julgados e transitados em julgado (princípio *ne bis in idem*). É um complexo balanço entre a segurança do direito e a justiça material[36], mas reforça a ideia de que devem existir garantias previstas para o procedimento da averiguação e prova dos factos com relevância criminal, espe-

[32] Assim, Aury Lopes Jr., *Fundamentos do Processo Penal... op. cit.*, pp. 111 e ss.. De outra forma, sobre a "aparência da conduta", Tomás S. Vives Antón, *Fundamentos del Sistema Penal... op. cit.*, pp. 227-229.

[33] Considerem-se os limites ao que fica dito através do *crime de denúncia caluniosa*, p. e p. art. 365.º do CP, cujo bem jurídico passa justamente pela "realização da justiça".

[34] Sobre a protecção e o fortalecimento dos direitos do arguido, cfr. Silvia Barona Vilar, *Proceso Penal desde la Historia... op. cit.*, pp. 528 e ss., e Thomas Vormbaum, *Historia Moderna del Derecho Penal Alemán* (trad. Carlos Elbert), Valencia: Tirant Lo Blanch, 2018, pp. 386 e ss.

[35] Ver, na história, sobre a publicidade que torna o processo penal num "acontecimento público", Thomas Vormbaum, *Historia Moderna del Derecho Penal Alemán, op. cit.*, pp. 155-158

[36] Sobre o fundamento do caso julgado, Eduardo Henriques da Silva Correia, *A Teoria do Concurso em Direito Criminal: Unidade e Pluralidade de Infrações – Caso Julgado e Poderes de Cognição do Juiz*, reimp., Coimbra: Livraria Almedina, 1983, p. 302, pronunciava-se assim: "Verdadeiramente, pois, o fundamento central do caso julgado radica-se numa concessão prática às necessidades de garantir a certeza e a segurança do direito. Ainda mesmo com possível sacrifício da justiça material, quer-se assegurar através dele aos cidadãos a sua paz jurídica, quer-se afastar definitivamente o perigo de decisões contraditórias. Uma adesão à segurança com um eventual detrimento da verdade, eis assim o que está na base do instituto.".

cialmente neste âmbito onde existe um particular risco para os direitos e liberdades das pessoas[37].

O processo penal deverá ser, no fundo, o meio adequado para cumprir e realizar o projecto constitucional no que diz respeito aos direitos, liberdades e garantias *de todos* os participantes e sujeitos processuais, do ofendido ao arguido. Não é possível realizar a justiça dos factos com relevância criminal – justamente, com relevância para a existência ou inexistência do crime – sem o caminho obrigatório do procedimento que garante a realização concreta do direito penal: não há factos que delimitem tipos de crime sem processo penal[38]. O mesmo é dizer que os "factos", colhidos e firmados no processo penal, são o primeiro pressuposto para existir ou não, formalmente, crime.

**iii)** Aqui chegados, perante estas garantias publicistas – a existência de autoridades próprias que apuram, definem e comprovam factos com relevância criminal e, também, a existência de um procedimento legalmente reconhecido como legítimo para essa mesma averiguação –, seríamos tentados a afirmar que *a justiça penal dos factos é publicamente imposta à pessoa* (singular ou colectiva) e que, por essa razão, apenas se realiza, legitimamente, no âmbito jurisdicional do processo penal. O que seria importante, no geral, quer para a perspectiva dos interesses reclamados pelo Estado-comunidade, face ao interesse público em considerar o processo penal como o único instrumento susceptível de cumprir as garantias que realizam o direito criminal através de órgãos jurisdicionais, quer para a perspectiva oferecida aos cidadãos, enquanto único meio de obtenção de uma tutela jurisdicional efectiva no acesso à justiça penal dos factos – afastando qualquer pretensão de justiça (ou vingança) privada. Mas temos algumas dúvidas que assim seja. O processo penal poderá ser o meio jurídico-legal legítimo para conhecer e *comprovar* os factos do

[37] Nestes termos, António Cortês, *Jurisprudência dos Princípios*, *op. cit.*, p. 243

[38] Por isso, Francesco Carnelutti, *Teoria General del Delito* (trad. Victor Conde), Colecção Tratados Fundamentales de Derecho Privado y Publico, vol. XX, Madrid: Editorial Revista de Derecho Privado, 1952 [orig. 1933], p. 13, explica que a fase da comprovação do crime pertence ao processo penal, chamando-lhe "processo penal da cognição". No mesmo sentido, Aury Lopes Jr. repete várias vezes ao longo da sua obra, *Fundamentos do Processo Penal...op. cit.*, com razão, que o direito criminal não é autoexecutável e que não tem realidade concreta fora do processo.

crime – o "processo penal da cognição", segundo expressão de CARNELUTTI –, mas são conhecidos e cada vez mais discutidos os mecanismos de consenso e diversão processual que permitem contrariar a tal imposição oficiosa ou pública da justiça dos factos com relevância criminal. Aliás, para um determinado segmento dos conflitos de natureza criminal, a tramitação do processo e a prova dos factos são, de alguma forma, comprimidos, ao não alcançarem a decisão final do tribunal[39]. Algumas notas justificam-se a propósito.

**a)** Particularmente na pequena e média criminalidade, a justiça penal tem mecanismos próprios que *prescindem* das diversas fases do processo que visam um esclarecimento judicial quanto aos factos alegados – pensemos na fase de instrução ou de julgamento –, dando condições ao *consentimento* dos intervenientes processuais quanto à matéria de facto investigada em fase de inquérito. Assim sucede no âmbito do processo sumaríssimo ou da suspensão provisória do processo. Falamos de um processo penal mais *consensual*[40], em que há uma efectiva colaboração do arguido e do assistente com as autoridades judiciárias. Na perspectiva do arguido, é um consentimento – no fundo, uma confissão – de factos

[39] A "desformalização" do processo penal com um custo para as garantias processuais, em Silvia Barona Vilar, *Proceso Penal desde la Historia*, *op. cit.*, p. 355; e o facto de muitos litígios não chegarem a tribunal e de outros terminarem sem uma decisão judicial, referido em António Cortês, *Jurisprudência dos Princípios*, *op. cit.*, p. 118

[40] Veja-se o nosso Pedro Sá Machado, "A mediação penal-restaurativa e o processo penal-consensual: uma discussão acerca da verdade a partir da Lei n.º 21/2007, de 12 de Junho", *in Os Novos Atores da Justiça Penal* (coord. Maria João Antunes, Cláudia Cruz Santos, Cláudio do Prado Amaral), Coimbra: Edições Almedina, 2016, pp. 163-191. Pode-se dizer que o conceito "processo penal-consensual" ganha vida através do DL n.º 78/87, de 17 de Fevereiro, que aprova o Código de Processo Penal de 1987, considerando também o seu preâmbulo: "Por um lado, abundam no processo penal as situações em que a busca do consenso, da pacificação e da reafirmação estabilizadora das normas, assente na reconciliação, vale como um imperativo ético-jurídico. Expressões do eco encontrado no presente Código por tais ideias são, entre outras: o relevo atribuído à confissão livre e integral, a qual pode dispensar toda a ulterior produção da prova; o acordo de vários sujeitos processuais como pressuposto de institutos como o da suspensão provisória do processo, o do processo sumaríssimo, a competência do juiz singular para o julgamento de casos em abstracto pertinentes à competência do tribunal colectivo, bem como as numerosas disposições cuja eficácia é posta na dependência do assentimento de um ou de vários intervenientes processuais".

indiciados que se afiguram *desfavoráveis*, uma vez que resultam necessariamente em consequências jurídicas com carácter sancionatório (pena ou medida de segurança não privativa de liberdade e injunções ou regras de conduta). Por seu turno, na perspectiva do assistente, é mais do que poder concordar com os factos imputados no requerimento ou despacho do Ministério Público, é também a oportunidade de ser chamado a *participar* na decisão que pondera consequências jurídicas para o arguido, visto que as exigências de prevenção passam precisamente por acautelar os interesses (morais e ou materiais) que se fazem sentir no caso concreto. E note-se que arguido e assistente, para chegar a este consenso, prescindem eles próprios de certas garantias do processo penal, como o direito ao silêncio[41] ou o direito a uma investigação judicial dos factos indiciados, a favor de outras confluentes com uma justiça penal mais participativa e comunicacional. É uma decisão legitimada justamente por incidir numa escolha de todos os interessados e envolvidos, o que sublinha a importância da possibilidade de *consenso entre os sujeitos processuais com vista à distribuição da justiça*[42].

Numa perspectiva mais genérica, podemos elencar exemplos de diálogos no âmbito de um *processo penal-consensual*: o Ministério Público e o juiz de instrução, em acordo, podem arquivar o processo em caso de dispensa da pena; o Ministério Público, o arguido, o assistente e o juiz de instrução podem conjuntamente determinar a suspensão provisória do

[41] Direito ao silêncio que nunca poderá ser desfavorável ao arguido, mas que, também, por outro lado, como uma "não colaboração", não será creditada a favor do arguido.

[42] Sobre o assunto, cfr.: Günter Ellscheid, "O problema do direito natural. Uma orientação sistemática", *in:* AA.VV., *Introdução à Filosofia do Direito e à Teoria do Direito Contemporâneas* (trad. Marcos Keel/Manuel Seca de Oliveira), org. A. Kaufmann/W. Hassemer, 3.ª edição, Lisboa: Fundação Calouste Gulbenkian, 2015 [orig. 1994], p. 224; Fritjof Haft, "Direito e Linguagem", *in:* AA.VV., *Introdução à Filosofia do Direito e à Teoria do Direito Contemporâneas* (trad. Marcos Keel/Manuel Seca de Oliveira), org. A. Kaufmann/W. Hassemer, 3.ª edição, Lisboa: Fundação Calouste Gulbenkian, 2015 [orig. 1994], p. 316; António Cortês, *Jurisprudência dos Princípios, op. cit.*, p. 263, segundo o qual as decisões deverão resultar de "processos participativos e equitativos que potenciem a sua justiça e correcção". Também, Paul Ricouer, *O Justo ou a Essência da Justiça* (trad. Vasco Casimiro), Colecção Pensamento e Filosofia, n.º 10, Lisboa: Instituto Piaget, 1997, pp. 171-172, referindo o esquema de cooperação entre sujeitos com vista à distribuição da justiça, assim como o problema da esfera penal ("...a marca visível desta violência original que é a vingança".).

processo; o ofendido e o arguido podem consentir em participar em sessões de mediação penal; o Ministério Público, o juiz e o arguido podem consentir, em certos casos, com a decisão final em processo sumaríssimo; o Ministério Público, o arguido e o assistente podem estar de acordo em relação à continuação do julgamento relativamente a factos novos que determinem uma alteração substancial dos factos descritos na acusação ou na pronúncia; e o Ministério Público, arguido e assistente podem estar de acordo para a leitura, em fase de julgamento, de declarações do assistente, das partes e civis e de testemunhas.

Em todos estes casos, directa ou indirectamente, há um certo consenso quanto à matéria que diz respeito aos factos.

**b)** A realização concreta do direito penal no âmbito da pequena criminalidade também pode ser remetida, em certas situações, para uma *instância restaurativa*. A mediação penal é um bom exemplo da possibilidade de os sujeitos do conflito dialogarem, em sessões privadas e confidenciais, sobre os factos com eventual relevância criminal e de, em conjunto, chegarem a um "acordo" antes mesmo de haver acusação e intervenção judicial[43]. É um mecanismo de diversão processual legitimado por uma homologação do Ministério Público que redundará, em caso de sucesso, numa desistência de queixa por parte do ofendido – o que reflecte, igualmente, o poder de disponibilidade que certos participantes ou sujeitos processuais podem ter dos factos. Na verdade, uma vez que ambas as instâncias, penal e restaurativa, não são comunicáveis entre si ao nível probatório – em virtude da confidencialidade do diálogo –, há certamente vantagens em o arguido reconhecer a sua responsabilidade pela prática dos factos, numa verdadeira *autocensura*[44]. Eis, também, uma forma de se alcançar a justiça dos factos.

**c)** Finalmente, os *acordos de sentença em processo penal* também não podem ser ignorados, agora numa eventual perspectiva de *lege ferenda*.

[43] Embora se trate de um instituto com pouca aplicabilidade prática, veja-se o nosso Pedro Sá Machado, "Limites Legais da Mediação Penal «De Adultos» em Portugal", *in Os Novos Atores da Justiça Penal* (coord. Maria João Antunes, Cláudia Cruz Santos, Cláudio do Prado Amaral), Coimbra: Edições Almedina, 2016, pp. 23-37

[44] Em especial, cfr. Cláudia Cruz Santos, *A Justiça Restaurativa: um modelo de reacção ao crime diferente da justiça penal: porquê, para quê e como?*, Coimbra: Coimbra Editora, 2014, pp. 427 e ss.

Um importante estudo de J. Figueiredo Dias sobre a matéria, no ano de 2011, provocou a pergunta acerca da admissibilidade de acordos de sentença celebrados entre a autoridade judiciária e o arguido à luz do ordenamento jurídico português[45]: acordos fundados numa prometida confissão em julgamento de factos imputados na acusação ou em pronúncia, cabendo ao tribunal comprovar a validade dessa confissão e determinar a pena concreta dentro dos limites previstos no acordo conseguido. A discussão, mais tarde, levantou-se na prática judiciária quando a Procuradoria Geral Distrital de Lisboa emitiu uma orientação aos respectivos magistrados do Ministério Público em sentido favorável à realização de acordos sobre a sentença em processo penal, inclusivamente dando conta de que "...a vantagem da utilização deste mecanismo será visível nos casos em que o arguido não teria intenção de confessar os factos mas decide fazê-lo perante a possibilidade de obter uma «atenuação negociada» da pena" (...) "na realidade, face à confissão do arguido, pode prescindir-se da restante prova, nos termos legais, acelerando claramente a obtenção de uma decisão final no processo"[46]. Em sentido convergente, a Procuradoria Geral Distrital de Coimbra associou-se à ideia admitindo a conjugação da base legal do instituto da confissão com as normas jurídicas da atenuação da pena[47]. A partir de então surgiram decisões jurisprudenciais contraditórias[48] que, por fim, cessaram, em 2014, com uma directiva da Procuradora-Geral da República em *sentido negativo* à prática de acordos de sentença em processo penal: a ausência de solução legal inequí-

[45] Jorge de Figueiredo Dias, *Acordos sobre a Sentença em Processo Penal: o "fim" do Estado de Direito ou um novo "princípio"?*, Porto: Ordem dos Advogados Portugueses – Conselho Distrital do Porto, 2011

[46] Na "Recomendação" n.º 1/2012, subscrita por Francisca Van Dunem.

[47] No "Memorando" de 19 de Janeiro de 2012, subscrito por Euclides Dâmaso Simões.

[48] Entre as quais o Ac. TRC de 27/02/2013, proc. n.º 292/10.7GAMGL.C1, com o sumário: "Muito embora não exista regulamentação legal específica, é certo que a obtenção de acordos sobre a sentença em processo penal não é proibida por lei, podendo mesmo encontrar sustentáculo no regime do artigo 344º do Código de Processo Penal"; e o Ac. do STJ de 10/04/2013, proc. n.º 224/06.7GAVZL.C1.S1, com o sumário: "o direito processual penal português não admite os acordos negociados de sentença. Constitui uma prova proibida a obtenção da confissão do arguido mediante a promessa de um acordo negociado de sentença entre o Ministério Público e o mesmo arguido no qual se fixam os limites máximos da pena a aplicar".

voca determinou aos magistrados do Ministério Público a abstenção de os promover ou celebrar[49]. Desde então que o assunto parece encerrado na prática judiciária, aguardando eventuais novos contornos legislativos.

Concluindo, nesta parte: sem prejuízo da existência de mecanismos legais que visam o acordo e consenso entre os intervenientes[50], está presente, no actual Estado de Direito, uma *garantia jurisdicional na administração da justiça dos factos em matéria criminal de acordo com um procedimento – o processo penal – sujeito a vinculações legais e constitucionais.*

## 2. A narrativa dos factos em processo penal

A referida "fixação dos factos" que contribui para a realização concreta do direito penal remete para *narrativas processuais de acontecimentos relevantes para a existência ou inexistência do crime*[51]. Essas narrativas surgem ao longo do processo penal, designadamente no auto de notícia, no auto de inquirição de testemunha, no auto de interrogatório de arguido, no despacho de suspensão provisória do processo, nos despachos de arquivamento ou acusação, assim como na sentença quanto à matéria de facto provada ou não provada[52]. São descrições de factos mais próximas das *narrativas históricas* devido à pretensão de "reconstruir o passado", numa

[49] Na "Directiva" n.º 22/14, de 21/02/2014, subscrita por Joana Marques Vidal.

[50] Crítico em relação às soluções de consenso no processo penal, Aury Lopes Jr., *Fundamentos do Processo Penal, op. cit.*, pp. 58, 183 e ss. Veja-se, ainda, Paul Ricoer, *O Justo ou a Essência da Justiça, op. cit.*, p. 159, com referência ao âmbito institucional próprio (os tribunais), à deliberação submetida a regras de procedimento (o processo), e aos papéis desigualmente distribuídos (considerando que o acusado não está voluntariamente presente...), podendo culminar, ainda assim, num acordo.

[51] A própria lei processual penal utiliza a expressão "narração dos factos", especialmente no art. 283.º, n.º 3, al. b) ("acusação pelo Ministério Público"): "3- a acusação contém, sob pena de nulidade: b) A narração, ainda que sintética, dos factos que fundamentam a aplicação ao arguido de uma pena ou de uma medida de segurança, incluindo, se possível, o lugar, o tempo e a motivação da sua prática, o grau de participação que o agente neles teve e quaisquer circunstâncias relevantes para a determinação da sanção que lhe deve ser aplicada". Cfr., ainda, arts. 311.º, n.º 3, al. b) ("saneamento do processo"), do CPP.

[52] Parece ter razão Michele Taruffo, "Narrativas Processuais" (trad. Nuno de Lemos Jorge), *Revista Julgar*, n.º 13, Janeiro-Abril, Coimbra: Coimbra Editora, 2011, p. 120, quando afirma que "excluir a possibilidade de falar especificamente de «narrativas de factos» não tem qualquer sentido para quem tenha um mínimo de experiência da prática dos procedimentos judiciais".

retrospectiva com base em meios de prova[53]. Por estarem sujeitas a um processo com regras e garantias específicas, não constituem um tipo de texto, por exemplo, como o romance policial[54]. Vejamos então com mais cuidado algumas das suas particulares características no âmbito do processo penal.

## 2.1. Referência espácio-temporal

As narrativas processuais realizam uma descrição de factos com um enquadramento espácio-temporal. No espaço, a "violência doméstica" e os "maus tratos" poderão ser praticados no interior da casa de morada de família, o "homicídio negligente" na faixa de rodagem de uma determinada estrada, o "furto" ou "roubo" num estabelecimento comercial, enfim, o "incêndio" junto a certo terreno perto de um caminho florestal. A dimensão espacial, quando possível, será uma referência à rua, cidade, freguesia, distrito ou país em causa. Poderá ser relevante, em certos casos, a referência ao destino pretendido pelo agente ou a descrição das condições geográficas do terreno e do meio físico do próprio local. Basta pensar nas descrições pormenorizadas dos locais onde ocorrem os acidentes de viação. Existem também narrativas de factos em "locais não concretamente apurados", embora as perspectivas do espaço – do "aqui" e do "ali" ou do "onde"[55] – estejam de alguma forma delimitadas no caso concreto.

[53] Cfr. Peter Brooks, "Narrative in and of the Law", in: AA.VV., *A Companion to the Narrative Theory* (ed. James Phelan/Peter J. Rabinowitz) Oxford: Blackwell Publishing, 2005, p. 420 ("...narrative itself is retrospective...). Sobre as teorias da verdade, com referência às teorias puramente processuais, veja-se Arthur Kaufmann, *Filosofia do Direito* (trad. António Ulisses Cortês), 4.ª edição, Lisboa: Fundação Calouste Gulbenkian, 2010 [orig. 1997], pp. 420-424.

[54] Com referências às diferenças entre narrativas históricas e ficcionais, Paul Ricouer, *Da Metafísica à Moral* (trad. Sílvia Menezes), Colecção Pensamento e Filosofia, n.º 28, Lisboa: Instituto Piaget, 1997, pp. 122 e ss. Entre nós, com base neste mesmo autor, Maria Augusta Babo, "Considerações sobre a máquina narrativa", in: AA. VV., *Narrativa e Media: géneros, figuras e contextos* (ed. e org. Ana Teresa Peixinho/Bruno Araújo), Coimbra: Imprensa da Universidade de Coimbra, 2017, p. 84 e ss. Também, Michele Taruffo, "Narrativas Processuais", *op. cit.*, p. 118, "... não devem esquecer que o direito não é literatura, e que aquilo que pode ser uma boa narrativa na literatura pode simultaneamente ser uma má narrativa no direito.".

[55] Como refere Jürgen Habermas, *Fundamentação Linguística da Sociologia* (trad. Lumir Nahodil), Obras Escolhidas de Jürgen Habermas, vol. I, Lisboa: Edições 70, 2010, p. 68

Por seu turno, no tempo, a narrativa pode fazer referências ao minuto, hora, dia, mês e ano da prática do facto. Muitas vezes fazem-se menções à altura festiva do ano, à estação do ano, ao dia, à tarde, à noite ou ao próprio clima; na verdade, estamos perante a adaptação da vida em sociedade à natureza. Por vezes, no entanto, a narrativa refere uma "data não concretamente apurada do mês «x» do ano de «y»", uma "data não concretamente apurada anterior ao dia «x» do mês «y»" ou simplesmente "entre o período de «x» a «y»". No limite, há factos que não se conseguem localizar no tempo.

É evidente que todo este enquadramento, no espaço e no tempo, permite a adequada aplicação da lei penal, sendo também importante para as próprias regras da competência dos tribunais. Aliás, é um enquadramento que goza igualmente de uma certa positividade[56]: basta considerar a actuação prática dos órgãos de política criminal sob orientação do Ministério Público. Mas é o enfoque na referência espácio-temporal da narrativa que pretendemos, primeiramente, oferecer.

## 2.2. Referência histórico-social e "referência identificante" do agente

Os factos narrados, sujeitos ao complexo espaço-tempo, têm um determinado contexto histórico-social que avoca a vida das relações entre pessoas e com as coisas e animais em sociedade. Decerto que os enquadramentos espacial e temporal, já por si, proporcionam perspectivas sociais do mundo intersubjectivo[57]. Mas é a narrativa processual que descreve fac-

[56] Cfr. António Braz Teixeira, *Sentido e Valor do Direito: Introdução à Filosofia Jurídica*, 4.ª edição, Lisboa: Imprensa Nacional-Casa da Moeda, 2010, p. 162, com referências à positividade e à territorialidade, numa "realidade *posta* por uma autoridade". A discricionariedade da polícia e o "processo de selecção" em Jorge de Figueiredo Dias/Manuel da Costa Andrade, *Criminologia: o homem delinquente e a sociedade criminógena*, 2.ª reimp., Coimbra: Coimbra Editora, 1997, pp. 443 e ss. Veja-se, ainda, Pedro Caeiro, *Fundamento, Conteúdo e Limites da Jurisdição Penal do Estado, op. cit.*, pp. 31-34, sobre a esfera de aplicabilidade da lei penal.

[57] A "intersubjectividade" em Jürgen Habermas, *Fundamentação Linguística da Sociologia, op. cit.*, pp. 51 e ss.; Arthur Kaufmann, "A problemática da filosofia do direito ao longo da história", AA.VV., *Introdução à Filosofia do Direito e à Teoria do Direito Contemporâneas* (trad. Marcos Keel/Manuel Seca de Oliveira), org. A. Kaufmann/W. Hassemer, 3.ª edição, Lisboa: Fundação Calouste Gulbenkian, 2015 [orig. 1994], p. 151; e, entre nós, António Braz Teixeira, *Sentido e Valor do Direito... op. cit.*, p. 139.

tos que implicitamente se enquadram numa certa época histórico-social, admitindo várias e diferentes práticas sócio-culturais ao longo da história de um país[58]. As descrições são, assim, descrições de acontecimentos que decorrem da vida prática em comum. É, afinal, nesta realidade da vida social onde faz sentido que os interesses das pessoas e da própria sociedade – vida, integridade física, liberdade pessoal, autodeterminação sexual, propriedade, honra, vida privada, família, sentimentos religiosos, soberania nacional, etc. – se confrontem reciprocamente.

Ora, se toda a realidade narrada no processo é também uma referência histórico-social, toda a descrição deverá conter em si mesma, nesse caso, símbolos e qualidades com conteúdos e significação histórico-sociais: "dinheiro", "salário", "automóvel", "carta de condução", "computador", "correio electrónico", "telemóvel", "muro divisório", "armazém", "residência", "cheque", "eucaliptal", "relacionamento amoroso", "obras de construção", "cocaína", "álcool", "faca", "dores", e mil outras coisas[59]. É tudo matéria social, ou seja, é tudo o que é dado pela vida em sociedade numa determinada época. Presentes estão conceitos que se referem a dados mais ou menos empíricos ou teóricos, mas tudo faz parte da experiência quotidiana e de referências partilhadas no plano intersubjectivo da convivência, conversação e interacção[60]. Diríamos até que o eixo matricial da narrativa reside precisamente neste plano intersubjectivo:

[58] Os objectos culturais e a dimensão histórica da sociedade, Jürgen Habermas, *op. cit.*, p. 52; António Braz Teixeira, *op. cit.* p. 140; e L. Cabral de Moncada, *Filosofia do Direito e do Estado*, reimp., vol. 2.º, Doutrina e Crítica, Coimbra: Coimbra Editora, 1966, pp. 120-121

[59] Nas palavras de L. Cabral Moncada, *Filosofia do Direito e do Estado*, vol. 2.º, *op. cit.*, p. 51: "Todos os homens sabem o que querem dizer, o que significam, para que há tribunais, juízes, códigos, prisões, parlamentos e mil outras coisas jurídicas e políticas. Como sabem o que significam e para que existem museus, odeóns, igrejas, santuários, símbolos religiosos, etc. É esta a primeira forma que reveste a nossa experiência de tais coisas, enquadrada pelos respectivos conceitos...".

[60] Sobre a "experiência quotidiana", Jürgen Habermas, *Fundamentação Linguística da Sociologia, op. cit.*, p. 52. Vale a pena, mais adiante, considerar a perspectiva do filósofo alemão (p. 150): "Um mundo social consiste em ordens institucionais que estabelecem quais são as interacções que se inscrevem na totalidade das respectivas relações sociais autorizadas; e todos os destinatários de um tal complexo de normas encontram-se associados ao mesmo mundo social.".

uma *narrativa processual dos factos fundada na pessoa e nas suas relações perante os outros, as coisas e os animais.*

Como se trata da vida em sociedade, cada sujeito e destinatário do mundo social tem a sua própria identidade, ou seja, a pessoa assume uma "referência identificante"[61]. O que também se manifesta no comportamento em público do agente, numa perspectiva intersubjectiva ou do observador[62]: o domínio espacial que frequenta (cafés, locais de diversão, igreja, etc.), o conjunto de coisas que podem ser identificadas como próprias ou carregadas no seu corpo (veículo automóvel, chapéus, cachimbo, etc.), os dados disponibilizados ao público (fotografias ou vídeos nas redes sociais, etc.), os grupos de diálogo (as pessoas com quem conversa, amigos e conhecidos, etc.), os factos históricos e públicos conhecidos sobre o indivíduo (esteve na guerra, foi padre, sabe tocar piano, etc.) ou o perfil individual no cumprimento regras de interacção social (as saudações, as distâncias, os olhares, o estado de humor, o cheiro, etc.). Tal como explica Paul Ricoeur, uma pessoa, vista pelos outros, é nomeada como *indivisível* (foi a pessoa que "fez isto" e não a sua mão ou o seu pé), *idêntica* (é a mesma que "fez isto", "isto" e "aquilo") e *(re)identificável* (quem ontem "fez isto" é a mesma pessoa que hoje "fez aquilo")[63]. Trata-se de *alguém determinado* na sua "perfeita e inconfundível individualidade"[64] ou, por

[61] Segundo expressão de Paul Ricouer, *O Discurso da Acção* (trad. Artur Morão), reimp., Biblioteca de Filosofia Contemporânea, Lisboa: Edições 70, 2014 [orig. 1977], pp. 97-98

[62] Sobre as "impressões", representativo de uma perspectiva dramatúrgica, Erving Goffman, *The Presentation of Self in Everyday Life*, Edinburgh: University of Edinburgh Social Sciences Research Centre, 1956, pp. 14-15. Sublinhado as ideias do autor norte-americano, Jordão Horta Nunes, *Interacionismo Simbólico e Dramaturgia... op. cit.*, pp. 107 e ss.. Igualmente, Jürgen Habermas, *Fundamentação Linguística da Sociologia, op. cit.*, p. 146 e nota (5).

[63] Exactamente nestes termos, Paul Ricour, *O Discurso da Acção, op. cit.*, p. 87

[64] Para utilizar novamente as palavras de L. Cabral Moncada, *Filosofia do Direito e do Estado*, vol. 2.°, *op. cit.*, p. 52. Também importa sublinhar a perspectiva de António Cortês, *Jurisprudência dos Princípios, op. cit.*, p. 96: "...as pessoas na sua diferença, na heterógena fenomenologia da sua existência e das suas formas de pensamento e, ainda, na complexidade relacional das suas vidas, que escapa muitas vezes a qualquer método vigente ou dogma estabelecido.". Ainda, sobre a importância da "existência do homem" para o Direito, Werner Maihofer, "El Derecho Natural como Derecho Existencial" (trad. Luis G. San Miguel), *Anuario de Filosofía del Derecho*, IX, 1962, pp. 33-34.

outras palavras, daquele "...homem concreto que vive e comunitariamente convive os acontecimentos práticos... da inter-acção histórico-social."[65].

É sempre possível realizar uma caracterização social grosseira do papel que cada pessoa assume no facto com relevância criminal, como é realizada, por vezes, nas redes sociais ou nos meios de comunicação social[66]: as eventuais vítimas do crime são caracterizadas como "estrangeiros", "mulheres", "menores" ou "deficientes", e os eventuais agentes do crime, por sua vez, caracterizados como "terroristas", "pedófilos", "corruptos", "ladrões" ou "reincidentes". Na realização concreta do direito penal, pelo contrário, antes implica fazer uma caracterização mais ou menos formal e biográfica dos sujeitos intervenientes – principalmente do arguido –, importando as suas condições pessoais, sociais e económicas (a "referência identificante"): a alcunha, a idade, o género, a cor de pele, a nacionalidade, o estado civil, a integração no agregado familiar e no meio social de residência ou vizinhança, o processo de escolarização, a profissão, os laços com os eventuais co-arguidos ou vítimas (tio-sobrinho, pai-filho, comprador-vendedor, etc.), o estado de saúde ou emocional, a própria compreensão das normas e regras da vida em sociedade, os antecedentes criminais e, inclusive, a percepção relativamente generalizada que os representantes da comunidade (testemunhas) têm dessa pessoa. No fundo, o suspeito, o arguido, o ofendido, a "vítima" e, também, como veremos adiante, as próprias autoridades judiciárias, todos os intervenientes em processo penal, *não são apenas concebidos como indivíduos com personalidade, mas também como representantes de um contexto social próprio, no conjunto de relações perante os outros, as coisas e os animais*[67].

[65] Agora segundo António Castanheira Neves, "Entre o «Legislador», a «Sociedade» e o «Juiz» ou entre «Sistema», «Função» e «Problema» – os modelos actualmente alternativos da realização jurisdicional do direito", *Boletim da Faculdade de Direito*, vol. LXXIV, Coimbra: Universidade de Coimbra, 1998, p. 18

[66] Com referência à "rede colectiva de narrativas públicas", Luis G. Motta, "Análise Pragmática da Narrativa: Teoria da Narrativa como Teoria da Ação Comunicativa", *in:* AA. VV., *Narrativa e Media: géneros, figuras e contextos* (ed. e org. Ana Teresa Peixinho/Bruno Araújo), Coimbra: Imprensa da Universidade de Coimbra, 2017, pp. 46-47

[67] Por todos, colocando "a pessoa como referência fundamental do direito", Arthur Kaufmann, *Filosofia do Direito, op. cit.*, pp. 432-435

### 2.3. Perspectivas da realidade e selecção dos factos

Embora os factos possam ser "partilhados" numa dada realidade, há necessariamente diferentes perspectivas dessa mesma realidade. A própria narrativa processual dos factos é realizada por um sujeito *narrador*, o que implica um discurso realizado na *terceira pessoa do singular*[68]: "o arguido", "o ofendido", "munido", "desferiu", "premiu o gatilho", "assinou", "disse em voz alta", "retirou da gaveta", "conduzia", "iniciou a travessia", "dirigiu-se", "concordou", etc.. Esta narrativa, realizada no pretérito e na terceira pessoa gramatical, sucede assim ao longo de todo o processo penal, nomeadamente no auto de notícia, no auto de inquirição de testemunha, no auto de interrogatório de arguido, na acusação ou na sentença, quanto à matéria de facto provada ou não provada. Até mesmo a eventual confissão dos factos implica, depois de uma exposição na primeira pessoa, uma transcrição para a narrativa na terceira pessoa[69]. Não há uma "auto-referência directa" à perspectiva do arguido – como uma "carta de confissão" – porque, no processo penal, é sempre exigível a perspectiva e a comprovação dos outros[70].

Efectivamente, o comportamento do agente só pode ser julgado quando o descrevemos na terceira pessoa gramatical, como se estivéssemos a observar o acontecimento publicamente. E isto porque a descrição na primeira pessoa – "eu vi", "eu pensei", "eu queria", etc. – está fechada dentro de si mesma, numa verificação privada[71]. Antes se exige uma forma de expressão linguística não pessoal, pública, que contraponha o "eu" com o "ele"[72]. É como se o sujeito, participante de uma interacção – com

[68] No caso de se descreverem condutas de vários agentes, como é evidente, na terceira pessoa do plural.

[69] Porque, efectivamente, até mesmo a confissão tem um carácter narrativo que reconta uma experiência pessoal. Veja-se Jordão Horta Nunes, *Interacionismo Simbólico e Dramaturgia, op. cit.*, pp. 199-200

[70] Numa abordagem mais genérica ao "reconhecimento dos outros", Jürgen Habermas, *Fundamentação Linguística da Sociologia, op. cit.*, p. 247

[71] Segundo lógica de Tomás S. Vives Antón, *Fundamentos del Sistema Penal, op. cit.*, pp. 638 e ss.. Veja-se, também, a partir de Husserl, Jürgen Habermas, *Fundamentação Linguística da Sociologia, op. cit.*, p. 68: "O corpo vivo do outro co-apresenta uma vida de actos alheia que à partida me é inacessível.".

[72] Assim, com base em Émile Benveniste, Paul Ricouer, *O Discurso da Acção, op. cit.*, p. 115

outras pessoas, coisas e animais –, estivesse perante um público, transmitindo uma determinada imagem e impressão de si próprio e do seu comportamento, manifestando a sua subjectividade[73]. De tal forma que o narrador que descreve os factos com relevância criminal não é sujeito interveniente nos mesmos, de forma a garantir, particularmente no que diz respeito às autoridades judiciárias, uma determinada *independência* – razão pela qual existe um regime de impedimentos, recusas e escusas[74].

Os "narradores" são os próprios órgãos de polícia criminal, os oficiais de justiça, o defensor do arguido, o advogado do assistente, o Ministério Público, o juiz de instrução e o juiz de julgamento. Porquanto, todos eles propostos a narrar os factos tal como as fontes – ou, melhor, os meios de prova – os apresentam. É evidente que, na prática, pode haver diferenças pontuais entre a narração um pouco mais parcial do defensor ou do advogado, em comparação com a narração um pouco mais imparcial dos oficiais de justiça, dos órgãos de polícia criminal ou da autoridade judiciária[75]. Porém, salvo nos casos de flagrante delito, *os narradores não assistem na primeira pessoa aos factos que reconstituem em narrativas*[76]. O arguido, o assistente, a vítima, as testemunhas, os documentos, as perícias, a reconstituição do facto, enfim, qualquer meio de prova, são os únicos que

[73] Entramos no âmbito da "acção dramatúrgica" de Erving Goffman, bem presente em *The Presentation of Self in Everyday Life, op. cit.* Note-se que a manifestação da "subjectividade" (intenções, motivos, desejos, etc.) deve ser pensada com as devidas cautelas, sendo que o próprio E. Goffman dedica um segmento do seu estudo à "representação deturpada" ("misrepresentation") (pp. 37-44), admitindo que o agente pode manipular a imagem que dá ao terceiro observador, gerindo, assim, as impressões dos outros.

[74] Cfr. arts. 39.º a 47.º do CPP.

[75] O ideal seria estarmos perante o narrador "imparcial" de que nos fala Raymond Boudon, *O Relativismo* (trad. António Alfredo), Trajectos 76, Lisboa: Gravida Publicações, 2009, pp. 92-93, admitindo uma descrição de factos que escape aos seus interesses, às suas paixões, aos seus preconceitos, actuando com "bom senso".

[76] Pode-se colocar o problema, no ordenamento jurídico português, da utilização de fotografias ou filmagens de factos que eventualmente constituam crime, em virtude do tipo incriminador de gravação e fotografia ilícita previsto no art. 199.º do CP. Cada caso, consoante as circunstâncias concretas, irá ditar se estamos perante prova proibida no âmbito do processo penal, admitindo variantes como o local público ou privado onde as imagens são captadas. Sobre o assunto, Manuel da Costa Andrade, *Sobre as Proibições de Prova em Processo Penal*, reimp., Coimbra: Coimbra Editora, 2013, pp. 237 e ss.

podem dar uma perspectiva directa e aproximada da realidade passada: o arguido confessa; a testemunha viu com os seus próprios olhos; o assistente sofreu na sua própria pele; o documento contém declarações assinadas pelo autor; e a perícia dá uma explicação técnica ou científica de um facto. *A narrativa processual dos factos, idealmente, visa reproduzir, tão fiel quanto possível, esta perspectiva dos meios de prova.*

Portanto, admitindo que os factos se desdobram nas perspectivas dadas pela narrativa processual, tendo cada uma delas a pretensão de valer como "realidade dos acontecimentos", não podemos deixar de reafirmar, voltando ao início, que pode haver uma *multiplicidade de narrativas da mesma realidade.* A acusação do assistente ou do Ministério Público podem ter uma versão da realidade; o requerimento de abertura de instrução, a contestação ou as declarações do arguido podem ter outra; e a decisão instrutória do juiz de instrução ou a sentença do juiz de julgamento podem ter outra ainda. Tudo com base nos mesmos ou em diferentes meios de prova – não traduzindo, necessariamente, factos contraditórios entre si. São adequadas, neste contexto, as seguintes palavras de Paul Ricouer: "as histórias das vidas estão a tal ponto enredadas umas nas outras que a narração que cada qual faça ou receba da sua própria vida torna-se um segmento dessas outras narrações que são as narrações dos outros"[77]. Transversal a todas estas narrativas é a existência de um conflito ou de um "acontecimento disruptivo"[78] com aparência de crime.

Por outro lado, a hipótese de existirem "histórias concorrentes"[79], normalmente entre acusação e defesa, permite-nos aventar a possibilidade

[77] *In* Paul Ricouer, *O Justo ou a Essência da Justiça, op. cit.*, p. 31

[78] Com referência a vários autores e com referência ao "conflito", à "polémica", ao "acontecimento disruptivo" ou ao "nó da intriga" que "tudo convoca e tudo emaranha", Maria Augusta Babo, "Considerações sobre a máquina narrativa", *op. cit.*, pp. 78-79

[79] Veja-se Peter Brooks, "Narrative in and of the Law", *op. cit.*, p. 417, fazendo referência aos crimes de natureza sexual como exemplos comuns de histórias concorrentes com interpretações e resultados "dramaticamente" diferentes: ou era "sexo consensual" ou, noutras perspectiva, era "violação". Sobre a inoperância da justiça criminal neste tipo de crimes de natureza sexual, veja-se William S. Laufer/Robert C. Hughes, "Justice Undone", *American Criminal Law Review*, vol. 58, 2020, pp. 17 e ss. (disponível em *https://ssrn.com/abstract=3611042).*

de haver uma *selecção de factos*[80]. Os narradores e intervenientes processuais fazem necessariamente discernimentos acerca do que é relevante ou irrelevante para a existência ou inexistência do crime[81]. Esta operação permite caracterizar, com alguma evidência, a narrativa dos factos em processo penal como sendo *um acto discricionário* dos sujeitos processuais e um *acto judicativo* do magistrado judicial que, por fim, sentencia os factos como provados ou não provados[82]. Em nenhum dos casos se espera que exista uma descrição "completa" dos acontecimentos, admitindo também que há aspectos irrelevantes para a caracterização da "história"[83]. E mais ainda: havendo uma selecção da matéria de facto que aproveita a acusação, a defesa ou a decisão, não podemos excluir a hipótese de a narrativa processual estar *sujeita a situações de erro, fabricação e ou manipula-*

[80] Cfr. Jerome Bruner, "The Narrative Construction of Reality", *Critical Inquiry*, vol. 18, n.º1, Chicago: The University of Chicago Press, 1991, pp. 7 e ss. ("hermeneutic composability"), e Michele Taruffo, "Narrativas Processuais", *op. cit.*, p. 121, "os factos são selecionados e determinados com base na sua relevância para a controvérsia".
Esta conclusão, de que há uma selecção dos factos, por evidente que seja, fica bem ilustrada no romance policial de Agatha Christie, *Os Crimes do ABC* (trad. Mascarenhas Barreto), Círculo de Leitores, 1988, p. 103, quando Hasting começa por perguntar a Poirot:

" – O que é? – perguntei com cautela.
– Extrair aos amigos, parentes e criados das vítimas tudo quanto sabem.
– Desconfia, neste caso, de que eles escondam alguma coisa?
– Não intencionalmente. Mas você bem sabe que contar tudo implica sempre uma *selecção.* Se eu lhe dissesse: «Conte-me o que fez ontem», você provavelmente replicaria: «Levantei-me às nove, tomei o pequeno almoço às nove e meia, comi ovos com presunto, bebi café, fui ao clube», etc. Não incluiria: «Parti uma unha e cortei-a. Toquei a pedir água para a barba. Entornei uma chávena de café sobre a toalha da mesa. Escovei o chapéu e pu-lo na cabeça.» Não se pode contar *tudo.* Por conseguinte, seleccionam-se os factos. Na altura de um crime, as pessoas seleccionam o que *julgam* importante. Mas muito frequentemente julgam mal! (...)" (itálicos no próprio texto).

[81] Assim, em relação aos seres humanos em geral, Julian Baggini, *As Fronteiras da Razão: um céptico racional num mundo irracional* (trad. Daniela Moura Soares), Lisboa: Gravida Publicações, 2019, p. 121

[82] Noutro contexto, considerando a narrativa como *acto judicativo* que incorpora um juízo que se "distancia do mundo e o interpreta, avalia esse mundo que ele próprio fabrica no simbólico", Maria Augusta Babo, "Considerações sobre a máquina narrativa", *op. cit.*, p. 83.

[83] Também Paulo de Sousa Mendes, *Causalidade Complexa e Prova Penal... op. cit.*, pp. 230-233, faz a mesma observação no que diz respeito à descrição do resultado.

*ção da realidade*[84]. Os factos narrados podem aproximar-se mais ou menos da realidade histórica, mas com diferentes perspectivas e escolhas nunca serão reflexo de uma realidade única e completa.

## 2.4. Ligação sequencial dos factos

Pelo que se acaba de expor, os factos que se pretendem descrever nas narrativas têm um *aspecto dinâmico* inegável, não se afigurando "coisas" estáticas. Devido precisamente a esta característica, o processo penal tem mecanismos próprios dedicados à "flutuação" dos factos. Pensemos na matéria relacionada com o "objecto do processo" que garante, de certo modo, que os factos se mantenham os mesmos desde acusação até à sentença (princípio da identidade[85]); pensemos mais concretamente no problema da "alteração substancial" ou "alteração não substancial" dos factos – autonomizáveis ou não autonomizáveis – nas fases da instrução e do julgamento, cujos fundamentos disputam precisamente o aparecimento de factos novos; pensemos também no despacho de arquivamento do Ministério Público que está condicionado à superveniência de novos factos; ou pensemos finalmente no recurso extraordinário de revisão de sentença transitada em julgado que pode ter ser motivada, entre outros, pela descoberta de novos factos.

O aspecto dinâmico dos factos permite também verificar que uns são mais simples e outros mais intrincados, num conjunto narrado através de descrições mais curtas e simples ou mais longas e complexas[86] (ou vice-versa). Tudo encadeado de uma forma metódica e contínua em enunciados (articulados ou não). A narrativa é uma autêntica "cadeia de acontecimentos" ("*chain of events*"), nos termos da qual há uma *ligação sequencial*

[84] Uma ideia bem presente em Michele Taruffo, "Narrativas Processuais", *op. cit.*, pp. 115, 123, 139 e 144; e Jordão Horta Nunes, *Interacionismo Simbólico e Dramaturgia*, *op. cit.*, p. 172, alerta para a ideia de que "...muito do que nos parece natural é construído e manipulado, com boas ou más intenções e muito do que nos afigura como real se revela como articulando eventos concretos com constructos mentais transformados.", indo ao encontro de Gofmann, cfr., *supra*, nota 73.

[85] Veja-se Eduardo Henriques da Silva Correia, *A Teoria do Concurso em Direito Criminal*, *op. cit.*, pp. 305, 317 e ss.

[86] Cfr. Michele Taruffo, "Narrativas Processuais", *op. cit.*, p. 122

*dos factos*[87]. Basta olharmos para a ordem de sequência espácio-temporal da matéria de facto provada que consta numa qualquer sentença de um processo crime. Por exemplo:

> *"Na madrugada do dia...*
> *«A» e «B» saíram para o exterior... onde permaneceram...*
> *Decidiram descolar-se... junto de umas mesas de esplanada... e dirigiram-se à máquina de café...*
> *Por razões e circunstâncias que não foi possível apurar, mas, que tudo indica, terão por origem uma troca de palavras mais amargas...*
> *Envolveram-se numa luta corpo a corpo...*
> *Na sequência da qual ... «A» deu um murro no nariz de «B» ...*
> *No seguimento... «B» desferiu um empurrão a «A»...*
> *«A» foi projectado contra umas mesas... resultando na queda ao solo, onde permaneceu prostrado...*
> *Em consequência do empurrão resultou a morte de «A»...*
> *Mais resultaram...".*

É, pois, uma *narrativa que interliga os acontecimentos e representa a ordem diacrónica dos mesmos através de enunciados de factos*[88]. O que resulta igualmente "da necessidade racional de enquadrar a história causal de um modo apropriado" – nas palavras de Julian Baggini[89] –, em virtude da já referidas formas de selecção, enaltecimento e discernimento acerca dos factos considerados relevantes para a existência ou inexistência do crime. Assim, elaborar uma narrativa processual é mais do que seleccionar acontecimentos da vida, é também colocá-los de forma apropriada[90]. Tal conclusão tem uma estreita relação, como é manifesto, com o problema da causalidade entre o resultado e o comportamento do agente.

[87] Cfr. Peter Brooks, "Narrative in and of the Law", *op. cit.*, p. 421. Sobre o primeiro grau de narrativização que "...articula o relato através da preposição – depois, e depois, e depois... – numa sucessão infinita", Maria Augusta Babo, "Considerações sobre a máquina narrativa", *op. cit.*, pp. 72, 76 e ss.

[88] Neste sentido, Jerome Bruner, "The Narrative Construction of Reality", *op. cit.*, p. 6

[89] Julian Baggini, *As Fronteiras da Razão...*, *op. cit.*, p. 121

[90] Segundo Jerome Bruner, "The Narrative Construction of Reality", *op. cit.*, pp. 8 e ss.

É certo que não há apenas um enfoque na descrição dos factos que delimitam o tipo de crime. Poderá ser importante, para diferentes efeitos, considerar outros factos anteriores ou posteriores ao "acontecimento disruptivo", tal como a própria lei criminal prevê, por exemplo, para a determinação da medida da pena em função da culpa do agente[91].

## 2.5. A linguagem dos factos

É a partir da linguagem dos factos que se comunica e caracteriza a relação do agente com tudo o que o rodeia. A função do processo, para poder realizar adequadamente o direito penal, é também procurar as expressões mais apropriadas e compreensíveis – como uma espécie de "selecção natural"[92]– para a descrição dos factos no caso concreto. O problema passa pela diversidade da linguagem utilizada e pelo seu respectivo significado, considerando a variedade de situações e interesses que podem estar subjacentes às narrativas da vida em sociedade.

O ideal seria utilizar um meio de expressão acessível a todos os cidadãos, digamos, *uma linguagem de uso e sentido comum*[93]. Este poderia ser o ponto de partida da questão. O processo penal dos factos é precisamente um *processo comunicativo* que exige a cabal compreensão do seu significado[94]. A linguagem utilizada na descrição dos factos deveria ser dirigida à *esfera do leigo* e ter como função principal comunicar de forma simples e descomplicada as tais relações das pessoas com os outros, coisas e animais. Seriam assim narrativas de factos acessíveis à compreensão de todos os intervenientes processuais, isto é, narrativas com uma linguagem coloquial, menos visceral, partilhada por todos, publicamente, na experiência de um círculo cultural concreto[95]. Diríamos até que, nesta sede, poder-

[91] Em referência à disposição do artigo 71.º do CP que tem uma relevância prática incontornável.

[92] Como afirma Paul Ricouer, *O Discurso da Acção... op. cit.*, p. 44

[93] Cfr. Tomás S. Vives Antón, *Fundamentos del Sistema Penal, op. cit.*, pp. 637 e ss.

[94] "Todo o sistema de significação é elaborado a fim de produzir processos de comunicação", segundo Umberto Eco, *Semiótica e Filosofia da Linguagem* (trad. Maria de Bragança), Colecção Teoria das Artes e Literatura, n.º 7, Lisboa: Instituto Piaget, 2001, pp. 31 e ss.

[95] Cfr. Tomás S. Vives Antón, *Fundamentos del Sistema Penal, op. cit.*, p. 466, 468 e ss., e 634, com base numa "concepção de significado como uso" própria da filosofia de Wittgenstein; Jürgen Habermas, *Fundamentação Linguística da Sociologia, op. cit.*, p. 44 (referência ao "modelo da

-se-ia pensar, falar e escrever segundo os padrões da oralidade[96], porque importante é utilizar a linguagem dos factos em condições de a *reorientar para o entendimento*[97].

Porém, as palavras utilizadas devem ser suficientemente amplas e diversificadas para significar as *possibilidades da interacção humana em sociedade*, sem qualquer tipo de taxatividade. A linguagem comum pode descrever de várias formas o mesmo acontecimento[98]: "retirou da gaveta", "tirou da gaveta", "removeu da gaveta", "sacou da gaveta" ou "da gaveta levou", mas tudo, ainda, sem o significado jurídico de "subtrair" previsto no crime de furto e pensado pela doutrina. É uma linguagem que começa por ser, de alguma forma, pré-típica. Ou, melhor: é uma linguagem *depurada do seu significado jurídico-criminal-substantivo*[99]. Com esta linguagem tratamos de descrever as hipóteses da vida comunitária no mundo dos factos sem estarmos limitados por um princípio que determine que só esta ou aquela expressão podem ser utilizadas para descrever a realidade experimentada pelas pessoas.

Não obstante, há sempre expressões ou locuções que constam na matéria de facto que remetem para instituições, conceitos teóricos ou técnicos, costumes, etc.[100], que podem ter, neste caso, conteúdo e significado *jurídicos*. Isso é mais evidente na descrição de factos com aparên-

comunicação em linguagem coloquial (da fala e da interacção)", p. 70 (referência a "...quando já existe um conhecimento intersubjectivo de um acervo de signos e de um glossário."; também Bernd Schünemann, "Introducción al razonamiento sistemático en Derecho Penal", *in:* AA.VV. *El sistema moderno del Derecho penal: Cuestiones fundamentales*: estúdios en honor de Claus Roxin en su 50.º Aniversario (trad. Jesús-Maria Silva Sánchez), Madrid: Editorial Tecnos, 1991 [orig. 1984], pp. 33-34, confrontando a linguagem jurídica com a linguagem ordinária.

[96] Cfr. Fritjof Haft, "Direito e Linguagem", *op. cit.*, p. 309; entre nós, Maria Amélia Carreira das Neves, *Semiótica Linguística e Hermenêutica do Texto Jurídico*, 2.ª edição revista e aumentada, Colecção Direito e Direitos do Homem, n.º 25, Lisboa: Instituto Piaget, 2012, pp. 22 e ss., o código da escrita é diferente e mais exigente do que o código da oralidade.

[97] Seguindo o raciocínio, ainda que noutro contexto, de Jürgen Habermas, *Fundamentação Linguística da Sociologia*, *op. cit.*, p. 180

[98] De facto, "o ser é aquilo que a linguagem diz de muitos modos", como afirma na sua introdução Umberto Eco, *Semiótica e Filosofia da Linguagem*, *op. cit.*, p. 8

[99] Relembrando a regra de direito romano segundo a qual cabe ao acusador narrar *os factos* e ao juiz dizer *o direito* aplicável, segundo o brocardo latino *narra mihi factum dabo tibi jus.*

[100] As diferentes "classes de actos de fala" em Jürgen Habermas, *Fundamentação Linguística da*

cia de certos crimes cuja natureza reclama, justamente, descrições com conceitos e conteúdos jurídicos. São exemplos as expressões "sociedade por quotas", "sócio-gerente", "administrador", "funcionário", "estabelecimento comercial", "contribuições à Segurança Social", "I.V.A.", "declarações periódicas", "fiel depositário", "cheque", "património", "contrato de arrendamento" ou "credor".

Ao descrever factos com conceitos dotados de intencionalidade jurídica, ainda assim, não se pretende enunciar conclusões de direito ou antecipar a qualificação jurídica dos comportamentos. Uma coisa são as palavras com conteúdo jurídico utilizadas para *descrever* a matéria de facto, outra é a utilização dessas mesmas palavras de forma *conclusiva* com vista a antecipar a decisão de direito[101]. Por exemplo: "A" matou "B", "A" furtou a coisa "x" pertencente a "B", ou "A" sequestrou "B", não são factos, são conclusões de direito. Pelo contrário, "A" apontou o revólver a "B", premiu o gatilho e realizou um disparo na sua direcção, "A" retirou da gaveta da secretária de "B" a coisa "x", ou "A" trancou a porta da cabine do barco "y" onde se encontrava "B", procuram ser descrições de factos.

Portanto, não se pretende antecipar o ilícito-típico com a narrativa descritiva dos factos, embora possa haver uma "aparência de crime" nessa mesma descrição.

É preciso reforçar a ideia de que a linguagem utilizada pode descrever de várias formas o mesmo acontecimento, sobretudo porque os "narradores" não se exprimem todos de forma idêntica. Os diferentes estilos literários e as diferentes formas de pensar e de ser, naturalmente, traduzem diferentes descrições dos factos. A configuração linguística compete aos intervenientes processuais e a matéria de facto, que varia consoante o caso concreto, pode exprimir uma realidade já conhecida através de uma *linguagem nova*[102]. Será uma configuração aberta às "possibilidades do

*Sociologia, op. cit.*, especialmente p.115, com referência aos actos de fala que pressupõem certas instituições ou "conteúdos proposicionais".

[101] Decisivo e crítico, a propósito, António Cortês, *Jurisprudência dos Princípios, op. cit.*, p. 344

[102] Cfr. Maria Amélia Carreira das Neves, *Semiótica Linguística e Hermenêutica do Texto Jurídico, op. cit.*, p.102, "...a semiótica apresenta sempre a realidade numa linguagem nova, num processo de contínua aprendizagem do mundo cheio de significado.".

ser" e ao "renovado dizer"[103]. Ou seja, a linguagem utilizada na descrição dos factos não está limitada por uma singela forma de expressão acerca do que sucede no tempo e no espaço. Mais ainda: a linguagem está tal-qualmente sujeita a usos inadequados de palavras, momentos de confusão, erro e dissimulação[104].

Mesmo perante essas hipóteses, o sistema linguístico que decorre dos pressupostos do processo penal é o instrumento adequado para representar e comunicar a realidade dos factos[105]. Relembremos que o processo penal é concretizado, sobretudo, *por escrito*. As próprias declarações processadas por forma oral são depois reduzidas a escrito em enunciados que descrevem e transmitem factos. Mormente, a sentença dos factos é elaborada por escrito. Portanto, há uma base fixa quanto à descrição e comunicação dos factos em virtude da linguagem escrita, dando uma certa segurança jurídica quanto à interacção entre os intervenientes processuais, realizando, também, garantias de justiça criminal. Trata-se de uma característica que poderá encerrar, em caso julgado, a narrativa dos acontecimentos. O processo penal será, nesse aspecto, a *dimensão comunicacional* dos factos com relevância para a delimitação negativa ou positiva de um tipo incriminador[106].

No entanto, fica uma séria dúvida quanto à linguagem utilizada para descrever *realidades não observáveis do mundo interior das pessoas*. Há toda uma forma de expressão que nos remete para a descrição de aconteci-

[103] No mesmo sentido, Mafalda de Faria Blanc, *Introdução à Ontologia*, 2.ª edição, Colecção Pensamento e Filosofia, n.º16, Lisboa: Instituto Piaget, 2011, pp. 106-108 ("a palavra como figuração do ser"), com referência à narrativa e a autores como Ricouer e Heidegger.

[104] Convergente com Tomás S. Vives Antón, *Fundamentos del Sistema Penal*, p. 578

[105] Tal como ensina Umberto Eco, *Semiótica e Filosofia da Linguagem*, *op. cit.*, p. 13: "a ideia original de signo não se fundava na igualdade, na correlação fixa estabelecida pelo código, na equivalência entre expressão e conteúdo, mas na inferência, na interpretação, na dinâmica da semiose. Não responde ao modelo «a=b», mas ao modelo «se a, então»...". Veja-se, também, Fritjof Haft, "Direito e Linguagem", *op. cit.*, p. 309, segundo o qual uma representação perfeita da realidade através de modelos linguísticos é quase impossível. Ainda, a narrativa enquanto discurso ou ordem que não significa representação directa do mundo, Maria Augusta Babo, "Considerações sobre a máquina narrativa", *op. cit.*, p. 72 e ss.

[106] Podemos aproveitar o pensamento de António Cortês, *Jurisprudência dos Princípios*, *op. cit.*, p. 266, para concluir que o processo penal é a dimensão crítica e comunicacional do direito penal.

mentos psíquicos ou mentais, aparentando ser, numa primeira aproximação, uma linguagem *especulativa e abusiva*. Pergunta-se: como podemos descrever com infalibilidade, na terceira pessoa gramatical, processos internos de um agente que não são acessíveis à observação? As expressões "saber", "querer" ou "ter intenção", não são, elas próprias, matéria *conclusiva* com vista a antecipar a decisão de direito? Como podem, afinal, os "acontecimentos mentais" fazer parte da matéria descritiva dos factos?

São tudo questões confiadas à *matéria da prova* e, particularmente, à *fundamentação* da matéria de facto.

## 2.6. Da prova dos factos

Podemos avançar um pouco mais na caracterização da narrativa em processo penal. Entendemos até ao momento que estão em causa *descrições metódicas de factos concretos do mundo intersubjectivo que têm um necessário enquadramento espácio-temporal e cuja natureza admite diferentes linguagens e perspectivas*. Parece, no entanto, que muito pouco ficou dito acerca da natureza destes "factos concretos" que admitem uma multiplicidade de descrições. Será legítimo perguntar, em processo penal, o que é a "realidade dos factos"?

Procurando uma resposta pragmática, diríamos que a única "realidade" que o processo penal conhece é a dos *factos provados,* remetendo a discussão para a matéria da prova. O Ministério Público apenas investiga e procura comprovar a realidade do caso concreto. O juiz igualmente dá ou não como provados os factos dessa mesma realidade. Se existe uma "ordem natural" dos acontecimentos, dos relacionamentos ou das coisas, essa ordem nunca será objecto de prova no processo penal *porque não se afigura individual e concreta ou juridicamente relevante para preencher um tipo de crime específico*. Tudo o que foi considerado a respeito das narrativas processuais – nomeadamente as específicas referências espácio-temporais e histórico-sociais, as perspectivas dos narradores, a selecção e ligação sequencial dos factos, bem como a utilização de uma linguagem descritiva –, conjuntamente com os elementos probatórios, é susceptível de afastar *fontes de ambiguidade* em relação aos domínios da existência[107].

[107] Os quadros de interpretação, aqui, no processo penal, são as provas. Sobre outro tipo de

Como afirmámos, a narrativa processual dos factos concretos visa, idealmente, reproduzir a perspectiva dos meios de prova da forma mais fiel quanto possível. É verdade que as narrativas não são autênticas *fontes de precisão*, pois, como também vimos, estão sujeitas a equívocos, a artifícios, a insuficiências e, também, a um determinado prisma subjectivo relacionado com a descrição e a comprovação dos factos[108].

Isto para concluir que, no âmbito da realização concreta do direito penal, estamos longe de discutir a "natureza das coisas" ou de reconstruir em palavras um fenómeno "tal como ele foi". Vejamos bem.

Não é a realidade vista aos olhos de "Deus" – ou de qualquer divindade com pretensões de garantir uma "descrição dos acontecimentos tal como aconteceram" – que se procura captar nas narrativas processuais ou na matéria de facto dada como provada. O processo penal, embora inserido num Estado que defende a liberdade religiosa, deve apenas discorrer acerca das possibilidades da realidade humana – pressupondo a relação dos homens com outros homens, coisas e animais – e não enveredar por um discurso religioso acerca dos acontecimentos da vida em sociedade[109]. A averiguação de factos por via mística, inspiração angélica ou revelação divina, ultrapassa os limites da razão que devem prevalecer num procedimento público desta natureza[110]. Como refere T. S. Vives Antón, as proposições que descrevem a realidade dos factos, mesmo admitindo dife-

referências, independentes da validação dada pela experiência (como, p. ex., as crenças religiosas), cfr. Jordão Horta Nunes, *Interacionismo Simbólico e Dramaturgia*, *op. cit.*, p. 192

[108] Fazemos aqui nossas as palavras de Ingeborg Puppe, "Naturalismo y normativismo en la dogmática jurídico-penal moderna" (trad. Nuria Pastor Muñoz) [orig. 1994], *in: El Derecho Penal como Ciência: método, teoria del delito, tipicidad y justificación* (coordinación Nuria Pastor Muñoz), Colección: Estudios y debates en Derecho Penal, n.º 9, Montevideo/Buenos Aires: Editorial Bdef, 2014, p. 169, quando afirma que "não há uma descrição completa de um facto ou de um objecto, isto é, na realidade não há formas dadas previamente pela natureza, mas depende do arbítrio de quem fala dos dados que são utilizados na descrição das suas premissas" (tradução livre).

[109] Sobre aquilo que podemos denominar "isenção secular dos factos", juntamente com Julian Baggini, *As Fronteiras da Razão*, *op. cit.*, pp. 288-296, fazendo referência ao Estado neutro no que diz respeito à religião, estando o vocabulário religioso ausente do seu discurso.

[110] Neste sentido, António Braz Teixeira, António Braz Teixeira, *Sentido e Valor do Direito*, *op. cit.*, p. 27

rentes mundividências, não pertencem à mitologia[111]. Aliás, actualmente o processo penal antes pressupõe a *experiência científica* como sistema de referências válido para explicar e provar muitos desses acontecimentos concretos, tal como teremos oportunidade de verificar[112]. A relação do homem com as entidades da religião ficará para outras instâncias da sociedade, individuais ou colectivas.

Por outro lado, também não é a forma como *a filosofia* procura qualificar a realidade dos homens, nas suas mais diversas manifestações, que vai ocupar o centro das preocupações da narrativa processual do caso concreto[113]. Pergunta-se: fará sentido afirmar que os factos narrados em processo penal pertencem à epistemologia? Fará sentido dizer que essa narrativa têm um fundamento ontológico? Devemos ou não evitar dis-

[111] Cfr. Tomás S. Vives Antón, *Fundamentos del Sistema Penal... op. cit.*, pp. 956-958

[112] Muito relacionado com a evolução do processo penal e com elementos de racionalidade, humanização e secularização, próprios da idade contemporânea, segundo Silvia Barona Vilar, *Proceso Penal desde la Historia, op. cit.*, p. 259. Também, António Cortês, *Jurisprudência dos Princípios, op. cit.*, sobre um direito racional referido ao mundo que não se pode desligar da complexa "fenomenologia" da realidade humana, pp. 328-329.

[113] Não pretendemos com isto denegar a importância que a filosofia teve e tem para a teoria da conduta no direito penal. Basta pensar, p. ex., no campo da filosofia da acção. No contexto anglo-americano, filósofos como o americano Donald Davidson e a britânica Elizabeth Anscombe são responsáveis por importantes perspectivas *causalistas* que contribuíram para o estudo da natureza da conduta: a conduta *racionalizada* e a conduta enquanto acontecimento *intencional*, respectivamente. Racionalizar a conduta é procurar a razão ou a explicação aceitável para uma conduta, tornando-a inteligível, admitindo que os motivos reais do agente, em princípio, são desconhecidos. Por seu turno, para tornamos inteligível a conduta, segundo os mesmos autores, teremos que imputar ao agente uma intenção. Em sentido contrário, propostas como a do filósofo Hugh McCann, reduziram a conduta a um acontecimento mental (a "volição"), refutando o entendimento de que a conduta se traduza exclusivamente numa "história causal". Cfr. Donald Davidson, *Essays on Actions and Events*, second edition, Oxford: Clarendon Press: 2001, pp. 9 a 20; G. E. M. Anscombe, *Intention*, second edition, Cambridge--Massachusetts-London-England: Harvard University Press, 1963; e Hugh MacCann, "Volition and Basic Action", *Philosophical Review*, vol. 83, 1974, pp. 451-453. As conclusões destes e de outros filósofos da acção, também no âmbito europeu-continental – como por exemplo, Ludwig Wittgenstein –, têm sido indispensáveis para as várias noções de "conduta humana" adoptadas ao longo do tempo pela doutrina penal. Para uma síntese da filosofia da acção, Susana Cadilha/Sofia Miguens, "Filosofia da Acção", *in:* AA.VV., *Filosofia: Uma Introdução por Disciplinas* (org. Pedro Galvão) Lisboa: Edições 70, 2012, pp. 357-383, com extensas referências bibliográficas (p. 383).

cussões *metateóricas* acerca do conhecimento da realidade à luz das perspectivas filosóficas? Qual o interesse jurídico-prático das discussões filosóficas para a realização concreta do direito penal?

Na nossa perspectiva, devem ser consideradas *indisponíveis*, nesta sede praxiológica, as teses relacionadas com o tratamento especulativo e teorético que a filosofia dá aos "factos"[114]. Conceitos como, p. ex., ontologia, fenomenologia e existencialismo[115], cujos fundamentos têm a pretensão de valer prévia e absolutamente para todos os factos, são um "horizonte transcendente"[116]. Tais discussões não estão, nem devem estar, à disposição do processo penal dos factos. Não procuramos, com o saber prático e operativo, a correspondência dos enunciados da narrativa com uma realidade perfeita, absoluta ou única, nem procuramos saber se estamos verdadeiramente em contacto com "a realidade". A relação entre a existência e a consciência, a apreensão ou a criação da realidade dos factos, os limites da percepção ou do conhecimento, bem como todas as temáticas ou teorias que procuram a origem, o sentido ou a explicação da "realidade", vista como um todo geral e abstracto, não fazem parte do discurso que procura realizar concretamente o direito penal. Nem tão-pouco se pode argumentar que a decisão jurisdicional se resume ao cepticismo em caso de dúvida acerca dos contornos fácticos do caso concreto, no sentido de concluir um *non liquet*: existem fórmulas decisórias apoiadas, p. ex., nas "regras da experiência", na "livre apreciação da prova" ou

[114] Concordando com Michele Taruffo, "Narrativas Processuais", *op. cit.*, p. 121 quando, de forma peremptória, afirma que "não há necessidade em mergulhar numa espiral de questões filosóficas e epistemológicas" quando se pensa nos factos de que trata um processo. Considere-se, ainda, António Braz Teixeira, *Sentido e Valor do Direito, op. cit.*, p. 22, segundo o qual a filosófica é radicalmente ontológica e metafísica, com um saber especulativo e teorético e não um saber prático e operativo.

[115] Sobre o problema do "conhecimento", L. Cabral de Moncada, *Filosofia do Direito e do Estado, vol. 2.º, op. cit.*, pp. 104-107, nota (1) p. 107 e esquema da nota (1) p. 112; António Braz Teixeira, *Sentido e Valor do Direito, op. cit.*, pp. 29-30; Mafalda de Faria Blanc, *Introdução à Ontologia, op. cit.*, pp. 20-22; e, especialmente, Célia Teixeira, "Epistemologia", *in:* AA.VV., *Filosofia: Uma Introdução por Disciplinas* (org. Pedro Galvão) Lisboa: Edições 70, 2012, pp. 99-142, com referências bibliográficas (pp.140-142).

[116] Acerca de um conhecimento que não pode ser considerado definitivo, com base em Jaspers ("Existência e situação"), Nicola Abbagnano, *História da Filosofia* (trad. Conceição Jardim/ Eduardo Lúcio e Nuno Valadas), vol. 12, 4.ª edição, Lisboa: Editorial Presença, 2001, pp. 69-72

nas "presunções" que permitem tomar decisões acerca da realidade dos acontecimentos. Para além disso, o processo penal não serve apenas a realização da justiça ou a verdade material, mas também a *paz jurídica*. Por isso mesmo, nada obsta que transitem em julgado sentenças judiciais equivocadas em relação à "realidade" dos factos concretos[117].

Portanto, particularmente no âmbito do processo penal, *pode haver várias interpretações e explicações racionais da mesma realidade intersubjectiva que é experimentada no caso concreto*[118], valendo a narrativa dos factos que é dada como "matéria de facto provada" e, depois, transitada em julgado[119].

No que diz respeito à *abertura* que se deve ter em relação ao que fica por narrar ou ao que não pode ser narrado, bem se pode dizer que "o mundo não é um «facto consumado»"[120]. É evidente que há muitos factos – "pedaços de vida" – que não chegam ao conhecimento do processo

[117] O procedimento não deve servir apenas a verdade e a justiça, mas também a paz jurídica, razão pela qual as sentenças judiciais, incluindo as erradas, ganham força de caso julgado – tal como relembra Arthur Kaufmann, *Filosofia do Direito, op. cit.*, p. 287.

[118] Sobre o "pluralismo" que nega uma perspectiva única, completa, verdadeira e unificada, afirmando mais do que um modo legítimo de ver as coisas, Julian Baggini, *As Fronteiras da Razão, op. cit.*, p. 275. No contexto de um "projecto de uma teoria processual da justiça fundada na pessoa", com um "discurso real que exige um fundamento empírico", Arthur Kaufmann, "A problemática da filosofia do direito ao longo da história", *op. cit.*, p. 207. E, em definitivo, no contexto jurisprudencial, o pensamento de António Castanheira Neves, *Apontamentos Complementares de Teoria do Direito* (sumários e textos), p. 52: "Uma última palavra sobre a realidade referida por esta perspectiva jurisprudencial, e que se poderá dizer o seu referente normativamente problemático. Não se trata nem de uma realidade redutível a «factos» discretos e apenas empiricamente determináveis, nem da «realidade social» em termos especificamente sociológicos ou sociológico-políticos, mas da realidade correlativa à própria normatividade axiológico-materialmente jurídica – a realidade do encontro na interacção ou da convivência prática, que se vive em acontecimentos prático-sociais de que porventura emergem controvérsias e mesmo conflitos a imporem-se juridicamente como casos de histórico-concreta problematicidade prática e que exigem uma judicativa solução de validade normativa.".

[119] Seguindo-se, depois, a garantia *ne bis in idem* quanto aos mesmos enunciados, proporcionando uma relativa "oclusão" ou "paz" quanto à realidade dos acontecimentos; embora considerando a possibilidade de haver recurso de revisão dos factos, tal como possibilita o ordenamento jurídico português.

[120] Cfr., Paul Ricouer, *O Discurso da Acção..., op. cit.*, p. 65: "O mundo não é um «facto consumado». Se a ordem do conhecimento implica o encerramento do já feito, o mundo da ação implica a abertura do que ainda fica por tornar verdadeiro.".

penal e que, sem prejuízo, fazem parte de uma realidade histórica. Muitos desses factos até poderiam ser relevantes para firmar a existência de um crime, mas, por múltiplas razões, e até devido às próprias garantias legais e constitucionais, podem não ser considerados ou conhecidos processualmente. A matéria acerca das *proibições de prova em processo penal* é uma das mais características no que diz respeito aos limites do conhecimento dos factos. Por isso mesmo, só existe "realidade histórica" com importância para delimitar um tipo de crime quando os factos são dados como provados de acordo com as regras do processo penal – admitindo, p. ex., que podem ser desentranhadas do processo as provas colhidas que violem direitos fundamentais e, como consequência, ignorados os factos objecto dessa mesma prova. A realidade e a história da existência ou inexistência do crime é, pois, a realidade e a história dos factos provados, considerando apenas os *factos processualmente válidos* – pelo menos, assim será, no âmbito da realização jurisdicional do direito penal.

## 3. A prova da realidade dos factos em processo penal

Da análise realizada, reconhecemos que a única realidade que o processo penal admite como verdadeira é a dos factos provados com relevância para a existência ou inexistência de um crime no caso concreto. Chegados a este ponto do nosso estudo, faz sentido questionar como são demonstradas e admitidas as realidades descritas nas narrativas processuais. Na prática levantam-se problemas acerca da prova dos factos em duas "realidades" bem distintas: (1) *a prova da realidade objectiva* e a (2) *prova da realidade subjectiva*[121]. Com a primeira pretendemos provar a realidade sensorial do mundo exterior, com os seus aspectos físicos possíveis, onde são perceptíveis o agente, os seus comportamentos, os objectos (ou "coisas"), os animais, enfim, qualquer manifestação da realidade na sua revelação disponível para todos[122]; com a segunda, por sua vez, procura-

[121] Esta é uma forma comum de colocar o problema e que coincide naturalmente com a dualidade "tipo objectivo" e "tipo subjectivo" do crime.

[122] Segundo Jürgen Habermas, *Fundamentação Linguística da Sociologia, op. cit.*, p. 66, "...a objectividade do mundo significa que este existe para cada qual do mesmo modo com o constituo para mim; enquanto mundo objectivo, o mundo por mim constituído tem de ser o mesmo que o constituído por todos os outros.".

mos provar a realidade inteligível do mundo interior das pessoas, em cujo domínio fazem parte a "intenção", a "representação dos factos", a "conformação", a "consciência" ou ainda, por exemplo, a "vontade". Ambas as realidades devem ser cuidadas na *perspectiva de um terceiro observador* – porque, como mencionámos, decorrem de específicas narrativas processuais. Com estas duas imagens do mundo procuramos descrever e comprovar a vida das pessoas nas suas relações com outras pessoas, coisas e animais. É sobre ambas que passamos a teorizar.

### 3.1. A prova da realidade objectiva no caso concreto

Vamos começar por admitir o seguinte caso: oito testemunhas viram um sujeito outrora falecido e dado como morto a queixar-se de fome e a dizer que trabalhava intensamente nas lavras de uma determinada pessoa, acarretando água, caçando animais selvagens e pescando; o mesmo falecido foi depois visto, segundo as mesmas testemunhas, a carregar um balde na cabeça e a desaparecer[123]. Face ao sucedido, os familiares do falecido, com conhecimento do "facto" testemunhado, ficaram indignados e apresentaram uma queixa crime contra o proprietário daquelas lavras, acusando-o de reduzir o defunto à condição de escravo[124].

Pergunta-se: será que descrevemos, neste caso concreto, o "mundo objectivo dos factos" e as possibilidades da vida comum em comunidade? É fisicamente possível que um defunto reanime para a realidade dos homens? Oito testemunhas são suficientes para dar início a uma realidade sensorial antes desconhecida e agora, alegadamente, possível? As questões que se levantam podem ser consideradas absurdas à luz do ordenamento jurídico português e do respectivo contexto sócio-cultural, mas não devem ser desconsideradas como ponto de partida de uma reflexão acerca da prova da realidade objectiva em processo penal.

A primeira tendência de resposta, generalizando o problema, seria dizer que os homens supersticiosos que misturam as coisas humanas com

[123] Referimos o caso "Kamutukuleno", em Luzia Bebiana de Almeida Sebastião, "Os Problemas Penais do Sul e o Pluralismo Cultural", *Revista Portuguesa de Ciência Criminal*, ano 23, n.º 4, Coimbra: Coimbra Editora, 2013, pp. 493-498 ("os factos").

[124] O crime de "escravidão" também está previsto no ordenamento jurídico português, conforme o disposto no art. 159.º do CP.

as coisas sobrenaturais, admitindo "encantamentos", "espíritos diabólicos", "feitiçarias", "bruxarias", "maldição" ou "mal-olhado", simplesmente *não conseguem provar o que alegam* – como já observava há muito tempo, com alguma indignação, Pascoal Melo de Freire[125]. As visões supersticiosas da realidade fazem parte de fórmulas ancestrais do passado – por exemplo, da religião totémica[126] –, pelo que é naturalmente impossível ver um espírito defunto a trabalhar numa lavra. Não pode ser uma "verdade empírica" ou uma "realidade objectiva" porque não se trata de um *facto disponível para todos*, ou seja, um facto com antecedentes e indícios presentes que permitam qualquer pessoa – particularmente a autoridade judiciária – examinar e avaliar por si própria[127]. É, aliás, a experiência que a maioria tem no mundo dos factos, *a experiência das possibilidades físicas do mundo sensorial*, que permite julgar altamente improvável, ou mesmo impossível, a hipótese de se ver um defunto a trabalhar fisicamente numa lavra e a falar com vivos. Pergunta-se, então: quais são os limites racionais à narrativa dos factos[128]? Como é que oito testemunhas conseguem ver e ouvir o que mais ninguém consegue ver e ouvir? Poderá a autoridade judiciária admitir que se tratou de um fenómeno singelo no tempo e no espaço? Em que circunstâncias é que um juiz pode julgar como "provadas" eventuais novas possibilidades da experiência física?

O interesse teórico do caso em apreço reside precisamente no facto de o conhecimento dos factos emanar da suposta experiência sensorial de várias pessoas que dão lugar ao testemunho humano. As mesmas questões poderiam surgir se estivéssemos a admitir, por exemplo, a observação de seres extraterrestres com comportamentos aparentemente crimi-

[125] Pascoal José de Melo Freire, *Instituições de Direito Criminal Português* (trad. Miguel Pinto de Menses), *Boletim do Ministério de Justiça*, n.ºs 155-156, 1966 [orig. 1784], p. 94, sobre "fanatismo e hipocrisia", em crítica ao passado que constava, p. ex., nas Ordenações Filipinas no Livro 5, tit. 3: Dos Feiticeiros.

[126] Veja-se o "estádio prévio dos ordenamentos", com a visão supersticiosa ou "extraterrena", em Silvia Barona Vilar, *Proceso Penal desde la Historia, op. cit.*, pp. 30 e ss.

[127] Cfr. Arthur Kaufmann, *Filosofia do Direito, op. cit.*, pp. 99-100, e Julian Baggini, *As Fronteiras da Razão, op. cit.*, p. 22.

[128] Sobre o "problema dos contrafactuais", com referências bibliográficas, Paulo de Sousa Mendes, *Causalidade Complexa e Prova Penal, op. cit.*, pp. 147 e ss.

nosos[129]. Repare-se que não estamos a falar dos "jogos de prova"[130] que no passado medieval se realizavam para comprovar a verdade dos factos, considerando, por exemplo, a tortura[131], os juízos por juramento[132] ou os juízos de Deus ou de qualquer outra divindade[133]. Está ultrapassada a parte histórica que diz respeito à tortura ou à vinculação supersticiosa ou mítica da prova. Falamos de testemunhas oculares de acontecimentos que supostamente ocorreram na "realidade objectiva", isto é, na realidade sensorial disponível para todos. O problema parece estar nos limites da prova e do conhecimento de uma realidade pública acessível a qualquer pessoa. São conhecidas diversas crenças acerca das possibilidades da realidade que, pelo menos no presente, não têm forma de ser cientificamente provadas, como por exemplo os casos de menores que relatam supostas vidas passadas, citando nomes e acontecimentos, assim como os casos de alguns seres humanos que alegam conseguir ver ou ouvir

[129] Michio Kaku, *A Física do Impossível: uma exploração científica do mundo dos fasers, campos de forças, teletransporte e viagens no tempo* (trad. Luís Leitão), 2.ª edição, Lisboa: Editorial Bizâncio, 2014, considera que a existência de extraterrestres é uma "impossibilidade de classe I", entre outras "impossibilidades" (como os campos de forças, a invisibilidade, as estrelas da morte, o teletransporte, a telepatia, a psicocinese, as naves espaciais e a antimatéria), ou seja, hoje é impossível admitir a sua existência mas no futuro pode ser possível uma vez que essa possibilidade não viola as leis da física, química e biologia conhecidas.

[130] A expressão é de Michel Foucault, *A Verdade e as Formas Jurídicas* (trad. Roberto Machado/Eduardo Morais) 3.ª edição, Rio de Janeiro: NAU Editora, 2002 [orig. 1973], p. 32 e ss., em palestra sobre a prova da verdade na tragédia de Édipo.

[131] Uma realidade bem presente na crítica de Cesare Beccaria, *Dos Delitos e das Penas* (trad. José de Faria Costa), 4.ª edição, Lisboa: Fundação Calouste Gulbenkian, 2014 [orig. 1766], pp. 92-99. Na história, a tortura como uma forma eficaz de obter a confissão, em Silvia Barona Vilar, *Proceso Penal desde la Historia, op. cit.*, p. 169

[132] "És capaz de jurar diante dos deuses que não fizeste o que eu afirmo?", em Michel Foucault, *A Verdade e as Formas Jurídicas, op. cit.*, p. 53. No juramento, tal como hoje, está presente o valor "honra". Era um bem jurídico significativo no direito penal germano, conforme explica Silvia Barona Vilar, *Proceso Penal desde la Historia, op. cit.*, p. 82

[133] Os ordálios ou juízos de Deus, realizados através dos desafios, do duelo, do azar, da sorte, do fogo ou da água. Sobre o assunto, no direito penal grego, germânico e na *common law*, Silvia Barona Vilar, *Proceso Penal desde la Historia, op. cit.*, p. 50 (direito grego), p. 83 (direito germânico) e p. 178 (*common law*). Sobre a importância do direito romano para a busca da verdade material e para superar as formas medievais de prova dos factos, Thomas Vormbaum, *Historia Moderna del Derecho Penal Alemán, op. cit.*, pp. 141-144.

espíritos ("mediunidade")[134], tal como terá sucedido no caso acima descrito. Tais crenças podem ser objecto de investigações científicas sérias, mas tendem a ser consideradas, de forma apodítica, como realidades "transcendentais", "especulações", "falsas consciências" ou "irracionais". E isto porque não fazem parte do "empírico", do "concreto-positivo", do "mundo do *ser*", ou porque não são, verdadeiramente, "fenómenos cognoscíveis"[135]. Vejamos como pode ser tratado o problema à luz do processo penal português.

### 3.1.1. Experiência científica

Lançando novamente a dúvida: será que faz sentido procurar as impressões digitais dos espíritos defuntos? Será que os espíritos não estão sujeitos às nossas leis da natureza? É sequer conhecido algum registo credível de vídeo ou imagem que reproduza a existência de pessoas falecidas em estado de espírito?

A evolução das ciências, da tecnologia e da técnica pressupõem precisamente uma negação do "transcendental" e o desenvolvimento de uma actividade probatória apoiada em conhecimentos empíricos (admitindo as variáveis espaço-tempo e as leis causais) adquiridos ao longo da história, especialmente no contexto europeu-ocidental[136]. A explicação científica da realidade dos factos concretiza-se através de uma rigorosa avaliação que, actualmente, pode ser objecto de múltiplas disciplinas, como a genética molecular, a biologia, a ecologia, a matemática, a física ou a química[137]. É certo que a realidade objectiva, cientificamente comprovável, poderá não estar acessível *a olho nu*. Mas o espaço e o tempo, enquanto perspectivas da vivência humana, são também explorados em *microrrea-*

[134] A propósito, não deixa de ser interessante a legitimidade científica que procura Luís Portela, *Ser Espiritual:Da evidência à ciência*, 26.ª edição, Lisboa: Gravida Publicações, 2018, pp. 53 e ss. (vidas passadas) e pp. 103 e ss. (transcomunicação instrumental).

[135] Ver esquema acerca do "ser" em Arthur Kaufmann, "A problemática da filosofia do direito ao longo da história", *op. cit.*, p. 139

[136] Sobre a "evolução explosiva das ciências naturais e da técnica, Thomas Vormbaum, *Historia Moderna del Derecho Penal Alemán*, *op. cit.*, pp. 185 e ss.; sobre o "positivismo jurídico-científico", Arthur Kaufmann, "A problemática da filosofia do direito ao longo da história", *op. cit.*, pp. 118 e ss.

[137] Considerar, por todos, Edward O. Wilson, *A Conquista da Terra... op. cit.*, p. 18

*lidades* e *macrorrealidades*, bem como na relação de uma com a outra[138], considerando a análise experimental e a utilização da tecnologia como forma de desvendar e explicar essas mesmas realidades (p. ex. através do microscópio ou do telescópio). A prova em processo penal parece obedecer a esta disposição que visa explicar a realidade sensorial de acordo com um caminho mais "científico, objectivo e racional"[139].

Se considerarmos, por exemplo, os exames de clínica médico-legal que dizem respeito a eventuais crimes de ofensas à integridade física, violação ou aborto, às explicações acerca das mortes (por submersão, enforcamento, sufocação, envenenamento, etc.) e aos exames de laboratório (tendo por objecto documentos, manchas de sangue, impressões digitais, projécteis, estupefacientes ou substâncias psicotrópicas, etc.), damos conta de uma pequena parte da ciência usufruída pelo processo penal[140]. Há inclusivamente grupos especializados que realizam exames a locais de hipotéticos crimes e que aplicam um conjunto de procedimentos de natureza científica para analisar e identificar, por exemplo, incêndios, explosões (nucleares, radiológicas, biológicas ou químicas), resíduos de disparos ou fragmentos têxteis[141]. Os próprios meios tecnoló-

[138] Cfr. Luís Portela, *Ser Espiritual: Da evidência à ciência, op. cit.*, p. 26, "uma qualquer realidade macro (por exemplo, a pedra quando comparada com os seus átomos constituintes) não é senão uma microrrealidade de uma outra macrorrealidade (por exemplo, a pedra quando vista a partir de uma aeronave voando a uma baixa altitude), que é uma parte mais pequena de uma realidade ainda maior (o respectivo continente), e assim por diante (o planeta Terra), até ao infinito.". Também, Edward O. Wilson, *Diversidade da Vida* (trad. Carlos Afonso Malferrari), São Paulo: Companhia das Letras, 1994, p. 48, "os átomos se unem em moléculas, que se juntam em núcleos, mitocôndrias e outras organelas, que se agregam em células, que se associam em tecidos. Os níveis continuam progredindo até os órgãos, organismos, sociedades, espécies e ecossistemas. O procedimento inverso é a decomposição, o desmembramento de ecossistemas em espécies, de espécies em sociedades e organismos, e assim por diante. Na ciência, tanto a teoria quanto a análise experimental estão baseadas no pressuposto – na confiança, na fé – de que sistemas complexos podem ser divididos em sistemas mais simples.".

[139] Na evolução do processo penal, Silvia Barona Vilar, *Proceso Penal desde la Historia, op. cit.*, pp. 197 e ss.

[140] Considere-se, para uma visão geral, Carlos Ribeiro da Silva Lopes, *Guia de Perícias Médico-legais*, 7.ª edição actualizada, Lisboa: Livraria Petrony, 1982

[141] Mais aprofundadamente, veja-se o *Laboratório de Polícia Científica* e a Instrução Permanente de Serviço n.º 2/2016 que colige e sistematiza as competências, o enquadramento orgânico e

gicos permitem identificar pessoas (p. ex. por sobreposição craniofacial) e registar a realidade sensorial utilizando câmaras instaladas em locais públicos, computadores que processam dados ou escutas telefónicas que gravam conversas. No geral, para além de outras possibilidades, é possível encontrar vestígios no local do crime e no caminho deste, vestígios no ofendido, vestígios na pessoa suspeita e vestígios nas coisas ou nos instrumentos do crime[142].

Portanto, através dos meios de obtenção de prova podemos ter acesso a dados da realidade empírica – a meios de prova – que dão condições para sustentar o que é alegado nas narrativas processuais. Ou seja, a prova em processo penal, particularmente *a prova pericial*, dá um *fundamento empírico* às narrativas que, deste modo, passam a configurar um discurso sobre experiências reais, e não sobre experiências religiosas, supersticiosas, filosóficas ou ficcionais[143]. Procurando concretizar em exemplos:

- Os vestígios lofoscópicos recolhidos em determinado local (por exemplo, no vidro de uma janela) podem corresponder à palma da mão e aos dedos de uma certa pessoa suspeita da prática de um crime contra a propriedade.
- Os vestígios de sangue humano recolhidos em determinado local podem corresponder aos vestígios biológicos recolhidos através de zaragatoa bocal, no contexto de uma análise “DNA”, que pode identificar uma pessoa suspeita da prática de um crime contra a integridade física.
- Confrontando a caligrafia inscrita num auto de recolha de autógrafos, onde um certo sujeito escreve o que lhe é ditado, com a caligra-

a sua estrutura organizacional.

142 Veja-se Ary de Almeida Elias da Costa, *Manual Elementar do Delegado do Procurador da República*, 2.ª edição (actualizada e aumentada), 1.º volume, Coimbra: Livraria Almedina, 1960, pp. 150 e 151

143 Arthur Kaufmann, “A problemática da filosofia do direito ao longo da história”, *op. cit.*, p. 207. Sobre a diferença entre narrativas históricas e narrativas de ficção, Maria Augusta Babo, “Considerações sobre a máquina narrativa”, *op. cit.*, pp. 85 e ss. Considere-se, em Portugal, a Lei n.º 45/2004, de 19 de Agosto, que estabelece o regime jurídico das perícias médico-legais e forenses, na qual está implícita a actividade e os tipos de perícia realizados pelo Instituto Nacional de Medicina Legal e Ciências Forenses, I.P.

fia inscrita num determinado cheque, é possível saber com alguma precisão se uma assinatura é ou não forjada pelo suspeito da prática de um crime de falsificação.

- O cálculo da velocidade de um veículo pode ser realizado com base em variantes como o coeficiente do atrito do pavimento, a força da gravidade, a distância dos rastos de travagem e a massa do veículo, pressupondo a aplicação de certas fórmulas científicas da física que determinam se um suspeito da prática de um crime circulava ou não em excesso de velocidade.
- Através de uma perícia de natureza sexual, ao nível genital ou peri-genital, é possível identificar vestígios físicos compatíveis com uma suspeita da prática de um crime contra a liberdade e autodeterminação sexual.

Em causa estão procedimentos minimamente confiáveis e seguros cujos resultados sujeitam os factos alegados a "regras de probidade"[144]. Esta é também uma exigência de um Estado de Direito: o processo penal como um fim das ciências empíricas e da interdisciplinidade[145]. Caso assim não seja, se não houver abertura à *avaliação científica*, muitos dos factos alegados pelas narrativas permanecem no domínio do especulativo. A *avaliabilidade* é também uma garantia de que os factos estão disponíveis e podem ser partilháveis com todos os intervenientes processuais, sujeitos à revisão e considerados suficientemente públicos – e não um assunto exclusivamente privado. Nesse caso, são certamente mais objectivos ou empíricos do que aqueles que baseiam exclusivamente na expe-

[144] Enrique Cáceres Nieto, "Epistemologia Jurídica Aplicada", *Enciclopedia de Filosofía y Teoría del Derecho* (org. Jorge Luis Fabra Zamora/Ezequiel Spector), vol. 3, Colección Doctrina Jurídica 712, Universidad Nacional Autónoma de México, Instituto de Investigaciones Jurídicas, 2015, pp. 2198 e ss., faz menção, quanto a este assunto, a uma "justificação epistémica" e a uma "epistemologia jurídica" com vista a encontrar resultados de processos confiáveis para a descoberta da verdade a partir, neste caso, do direito.

[145] Cfr. António Cortês, *Jurisprudência dos Princípios*, *op. cit.*, pp. 109 e 344; Aury Lopes Jr., *Fundamentos do Processo Penal...*, *op. cit.*, pp. 44-45; Gustav Radbruch, *El Concepto de Acción: y su importância para el sistema del derecho penal* (trad. José Luis Guzmán Dalbora), Colección Maestros del Derecho Penal, n.º 36, Montevideo/Buenos Aires: Editorial Bdef, 2011 [orig. 1904], pp. 57-58; e Cáceres Nieto, "Epistemologia Jurídica Aplicada", *op. cit.*, pp. 2277-2278

riência subjectiva de uma pessoa[146] (p. ex., admitindo exclusivamente a prova por confissão ou a prova testemunhal). Os indícios provados através das ciências auxiliares do processo penal permitem, assim, dar uma certa convicção à autoridade judiciária que, depois, é expressa na fundamentação da matéria de facto em conclusões. Por exemplo, permitem afirmar que "a certeza científica do exame pericial afasta qualquer dúvida sobre a participação do arguido no facto relatado". Em princípio, trata-se de uma prova subtraída ao princípio da livre apreciação da autoridade judiciária[147].

Da experiência científica decorre também o poder de afirmar *factos impossíveis* em virtude da condição humana e das próprias limitações da ciência. Não é possível afirmar, face aos pressupostos das leis da física, que um homem saltou, pelos seus próprios meios físicos, 4 metros em altura para entrar numa janela de uma habitação alheia, considerando também os registos olímpicos de saltos que apenas podem chegar aos 2,45 metros. Não é igualmente possível afirmar, nos dias de hoje, que uma pessoa se teletransportou para dentro de uma residência alheia segundos depois de se encontrar a mais de cem quilómetros[148]. Parece também absurdo afirmar que uma pessoa utilizou uma "capa de invisibilidade" para se introduzir em habitação alheia sem a possibilidade de ser detectada[149]. Podem ser factos inseridos numa narrativa da ordem do imaginário ou de ficção científica, mas que não podem ser tema de prova na actual "realidade objectiva" cientificamente comprovada, disponível para todos e presumida pelo processo penal.

[146] Seguimos, no tema da "objectividade", Julian Baggini, *As Fronteiras da Razão*, *op. cit.*, pp.148-173, com cinco características do que é considerável "objectivo": "compreensibilidade", "avaliabilidade", "revogabilidade", "neutralidade em relação aos interesses" e "convencimento".

[147] Há casos duvidosos que iremos considerar mais adiante. Entretanto, veja-se, com uma abordagem prática da forma como decide o juiz, designadamente no processo penal, Luís Filipe Pires de Sousa, "A valoração da prova pericial", *Revista Portuguesa do Dano Corporal*, ano XXV, n.º 27, Coimbra: Imprensa da Universidade de Coimbra, 2016, pp. 17-24

[148] Ainda que seja uma impossibilidade hodierna, Michio Kaku, *A Física do Impossível... op. cit.*, pp. 71 e ss., entende que o teletransporte poderá existir no futuro, visto que a ciência de hoje já consegue teletransportar partículas subatómicas.

[149] Igualmente Michio Kaku, *A Física do Impossível... op. cit.*, pp. 37 e ss.

De qualquer forma, não há certezas absolutas nesta *ciência das perícias* que se apoia na observação, na experimentação e na causalidade. As verdades científicas também se desenvolvem ao ponto de convergirem, concorrerem ou contradizerem umas às outras – com soluções "criticamente provisórias e revisíveis"[150]. Não diríamos que vigora uma "epistemologia da incerteza" - como afirma AURY LOPES JNR[151] –, mas temos de concordar que o espírito científico decorre precisamente da capacidade de questionar as supostas certezas instituídas na vida em sociedade. O concurso entre teorias é o mais comum no mundo científico, prevalecendo, normalmente, o conjunto de teses convergentes ou a tese que melhor se adequa aos factos em concreto[152]. Esta lógica também se aplica ao processo penal.

Várias hipóteses ou teorias podem ser aventadas quando não há certezas acerca de um determinado resultado ou do que causou esse mesmo resultado. É comum assim suceder, por exemplo, nos acidentes de viação, em que há vítimas mortais, mesmo existindo prova das causas em concurso: o excesso de velocidade por parte do condutor do veículo interveniente; a indevida posição de marcha dos peões no momento em que foram colhidos; as deficiências no sistema de travagem do veículo; o facto de a via se encontrar em mau estado de conservação; as condições meteorológicas; e o encandeamento provocado pelas luzes do veículo que circulava em sentido contrário. Se admitirmos que, para além de intérprete da lei, o juiz deve também assumir o papel de "intérprete da vida", concluímos que a "ciência das causas" requer igualmente uma certa interpretação e uma tomada de posição crítica para determinar, da forma mais objectiva possível, qual das teses se encontra mais adequada ao caso concreto[153].

[150] Nestes termos, sobre a ciência, António Castanheira Neves, *Apontamentos Complementares de Teoria do Direito* (sumários e textos), p. 12

[151] Aury Lopes Jr., *Fundamentos do Processo Penal... op. cit.*, pp. 94 e ss.

[152] Sobre a congruência de fundamentos, num sistema que não é fechado: Arthur Kaufmann, *Filosofia do Direito, op. cit.*, p. 99; Julian Baggini, *As Fronteiras da Razão, op. cit.*, p. 58; Enrique Cáceres Nieto, "Epistemologia Jurídica Aplicada", *op. cit.*, p. 2197; e António Castanheira Neves, *Apontamentos Complementares de Teoria do Direito* (sumários e textos), p. 11

[153] A tomada de consciência crítica que exige o juízo de causalidade em Marc Bloch, *Introdução à História* (trad. Maria Manuel Miguel/Rui Grácio), Colecção Saber, 3.ª edição, Mem Martins:

É verdade que o método científico inspirou o desenvolvimento do processo penal dos factos, libertando-o das superstições e das vinculações míticas da prova, tornando-o, assim, mais objectivo, preciso e racionalmente convincente[154]; mas também é reconhecida a inviabilidade de observar e julgar todos os factos exclusivamente segundo critérios científicos ou de acordo com uma fundamentação que se possa classificar como "absolutamente objectiva"[155]. Ao positivismo metódico ou ao cientismo formalista acresce um certo subjectivismo e um "racionalismo crítico"[156]. Vejamos.

### 3.1.2. Regras da experiência e livre convicção

Dentro desta última ideia está precisamente uma esfera da experiência pré-científica que decorre da prática quotidiana do mundo social partilhado[157]. Tal esfera, segundo Habermas, encontra o seu fundamento na experiência do indivíduo integrado numa realidade intersubjectiva. Em processo penal, parece-nos que poderá ser convergente com as intervenções práticas das "regras da experiência" e da "livre convicção", expressas, sobretudo, na *fundamentação concreta da matéria de facto.*

A matéria de facto deve estar fundamentada num discurso racional e lógico que exprima o estado de convicção da autoridade judiciária face ao que foi considerado provado ou não provado. A fundamentação em processo penal constitui um processo de comunicação racional e uma demonstração pública de juízos que se almejam oportunos e justos –

Publicações Europa-América, 1976, pp. 164-166; ver, ainda, L. Cabral de Moncada, *Filosofia do Direito e do Estado, vol. 2.º, op. cit.*, p. 79, sobre o facto de o juiz se afigurar, também, um "intérprete da vida" e não apenas um "intérprete da lei".

[154] Assim, Silvia Barona Vilar, *Proceso Penal desde la Historia, op. cit.*, p. 218. Sobre o "realismo jurídico escandinavo" e o que daí se pode retirar para o pensamento jurídico actual, António Braz Teixeira, *Sentido e Valor do Direito, op. cit.*, pp. 78 e ss.

[155] Cfr. Arthur Kaufmann, "A problemática da filosofia do direito ao longo da história", *op. cit.*, pp. 57-58; António Castanheira Neves, *Apontamentos Complementares de Teoria do Direito* (sumários e textos), p. 44; Tomás S. Vives Antón, *Fundamentos del Sistema Penal, op. cit.*, p. 875; e Julian Baggini, *As Fronteiras da Razão... op. cit.*, pp. 151-152

[156] Cfr. António Castanheira Neves, *Apontamentos Complementares de Teoria do Direito* (sumários e textos), pp. 11-13; António Braz Teixeira, *Sentido e Valor do Direito... op. cit.*, p. 235; e António Cortês, *Jurisprudência dos Princípios... op. cit.*, p. 264.

[157] Cfr. Jürgen Habermas, *Fundamentação Linguística da Sociologia, op. cit.*, pp. 49-53

ou "equitativos, razoáveis e aceitáveis", nas palavras de CHAÏM PERELMAN[158] – e que sinalizam o *estado psicológico* das autoridades judiciárias quanto à *certeza ou incerteza* da realidade dos factos alegados nas narrativas processuais[159].

Por um lado, é bastante comum estarmos perante expressões que manifestam a *certeza* quanto à matéria da prova dos factos (importante, por exemplo, para o despacho de acusação, a decisão de pronúncia ou para a sentença condenatória): "não há dúvida", "ficou demonstrado", "essa possibilidade mostrou-se perfeitamente desprovida de sentido", "tratou-se de uma tentativa, vã, de escamotear a verdade dos factos" ou "levou-nos a concluir, com segurança". Por outro, é possível que a *incerteza* quanto à matéria de facto também se manifeste no momento de proferir uma decisão (importante, por exemplo, para o despacho de arquivamento, a decisão de não pronúncia ou para a sentença absolutória): "está instalada a dúvida", "dúvidas subsistem quanto ao facto", "controversidade das declarações", "desconhecemos qual a sua origem", "não se encontra evidenciada", "nada nos permite fazer crer da veracidade de uma versão em detrimento da outra" ou, ainda, "não se verifica um conjunto de elementos convincentes".

Tudo indica que há uma experiência pré-científica – um "saber empírico"[160] – e um racionalismo crítico utilizados para fundamentar a matéria de facto alegada nas narrativas processuais, pois nem sempre a prova do crime resulta das certezas científicas da prova pericial. É interessante, a propósito, a distinção que outrora se fazia entre "crimes de facto permanente" e "crimes de facto transitório", entretanto caída em desuso nos manuais de direito penal. PASCOAL MELO FREIRE, entre nós, explicava que *os primeiros deixam algum tipo de vestígio depois do acontecimento,*

[158] Chaïm Perelman, *Lógica Jurídica: Nova Retórica* (trad. Vergínia K. Pupi), São Paulo: Martins Fontes, 1998 [orig. 1979], p. 184

[159] Crítico em relação às expressões que constam na fundamentação da matéria de facto que traduzam os estados psicológicos subjectivos dos julgadores (p. ex., "mais além da dúvida razoável", "convicção íntima", "altamente provável", etc.), Enrique Cáceres Nieto, "Epistemologia Jurídica Aplicada", *op. cit.*, p. 2200. E a favor de um modelo de fundamentação de decisões que apresente "razões", António Cortês, *Jurisprudência dos Princípios... op. cit.*, pp. 337-359

[160] Cfr. a referência ao "saber empírico" no contexto das ciências em L. Cabral de Moncada, *Filosofia do Direito e do Estado, vol. 2.°, op. cit.*, pp. 57-58

permitindo a inspecção ocular e a examinação de peritos[161], ao passo que *os segundos não deixam quaisquer vestígios depois do acontecimento*, apoiados em "indícios próximos e próprios" do tipo de crime em causa, considerando sobretudo a veracidade do depoimento de testemunhas[162]. É sobretudo nestes últimos, nos "crimes de facto transitório", que o "saber empírico" e o espírito crítico da autoridade judiciária serão mais patentes na fundamentação da matéria de facto, particularmente no que diz respeito à análise da prova testemunhal.

A prova testemunhal, dada a sua própria natureza, está sujeita ao falso testemunho, ao esquecimento, à confabulação ou à falsa memória[163], exigindo uma tomada de posição crítica por parte da autoridade judiciária que analisou, com imediação, a atitude da testemunha e os factos por si narrados. As testemunhas têm diferentes formas de se exprimir no momento em que estão a depor sobre um facto com aparência de crime – ou sobre a personalidade do arguido, condições pessoais ou comportamento anterior e posterior –, umas mais assertivas, outras com mais dificuldade de expressão, outras, ainda, mais nervosas, mas todas com o dever de responderem com verdade às perguntas que lhes são dirigidas[164]. Compete depois à autoridade judiciária realizar uma apreciação crítica dos depoimentos de forma a motivar os factos considerados provados. No limite, podemos afirmar – juntamente com António Cortês – que "não é possível apresentar todas as razões pelas quais se acreditou numa

[161] Por exemplo, os crimes de homicídio, por via de regra, permitem a inspecção ou exame do cadáver, dos ferimentos ou da qualidade da arma, assim como os crimes de furto permitem a inspecção ou exame do arrombamento de portas, da utilização de escadas ou da designação, valor e qualidade da coisa.

[162] Pascoal José de Melo Freire, *Instituições de Direito Criminal Português, op. cit.*, pp. 57 e 97

[163] Sobre todos estes "desvalores" da prova testemunhal, na abordagem de José Manso Rainho em "Prova testemunhal: prova-rainha ou prova mal-dita?: algumas considerações ajurídicas acerca da prova testemunhal", comunicação apresentada no âmbito da celebração do 8.º aniversário do Tribunal da Relação de Guimarães, 2010, pp. 7-16.

[164] Dever que consta no art. 132.º do CPP, sob pena de se cometer o crime de falso testemunho p. e p. no art. 359.º CP. Como é sabido, na prática, quando se entende que a testemunha prestou falsas declarações, é possível requerer a extracção de certidão (da acta e ou da sentença) com o objectivo de o MP instaurar o respectivo procedimento criminal.

testemunha"[165], embora seja comum que essa apreciação judicial da prova testemunhal resulte em observações do seguinte género: "sem convicção referiu..."; "revelando grande hesitação..."; "ambos relataram de forma coincidente..."; "apresentou umas injustificadas falhas de memória..."; "revelou preocupação de rigor e sinceridade"; "realçam-se alguns sinais de imaturidade sobretudo face à forma convulsiva como chorou durante todo o período em que decorreu a audiência"; "o depoimento vacilou pois nunca conseguiu explicar as razões para..."; ou "descreveu com elevado pormenor e previsão...".

Com efeito, a autoridade judiciária também procura interpretar a veracidade e objectividade dos factos depostos pela testemunha a partir da sua expressão comunicacional – verbal e não verbal –, o que poderá depender do que acontece em tribunal. Presente está igualmente a dificuldade em saber o que faz parte ou não das "convicções pessoais" da testemunha, decorrentes da sua cultura ou personalidade, considerando depoimentos que associam, intencionalmente ou não, "factos" com "ficção" – "ficção", no sentido de revelarem algo que seria possível no domínio do factual, com "pretensão de verdade"[166], mas que nunca aconteceu na realidade histórica. As regras da experiência e a livre convicção da autoridade judiciária são mais clarividentes face a estes casos que não podem ser testados em laboratório com critérios científicos[167], pois, como é notório, há muitos casos que não deixam vestígios no mundo exterior[168].

O que fica dito a propósito da prova testemunhal também se desdobra, naturalmente, às declarações de assistente ou à confissão do arguido. A lei processual acautela a este último respeito a possibilidade de o tribu-

[165] António Cortês, *Jurisprudência dos Princípios... op. cit.*, p. 341, no contexto da "densidade e estrutura da fundamentação da decisão jurisdicional".

[166] Adentro das possibilidades do sujeito, do tempo e do espaço. Nestes termos, Maria Augusta Babo, "Considerações sobre a máquina narrativa", *op. cit.*, p. 85

[167] Relembra Julian Baggini, *As Fronteiras da Razão, op. cit.*, p. 50, que a veracidade do amor entre companheiros ou o mérito de um poema ou de um fragmento de uma música não podem ser descobertas de laboratório, ainda que, na verdade, a psicologia cognitiva procure dar muitas respostas a estes problemas.

[168] Que vestígios ficam no mundo exterior face a injúrias, difamações ou ameaças verbalmente cometidas? Assim questiona, também, Ary de Almeida Elias da Costa, *Manual Elementar do Delegado do Procurador da República, op. cit.*, p. 137.

nal "suspeitar do carácter livre da confissão". No geral, a veracidade dos factos alegados pelos participantes processuais está dependente da interpretação conjunta que a autoridade judiciária faz do próprio processo de comunicação (verbal e não verbal) e do conteúdo factual da narrativa em confronto com outros meios de prova. E aqui referimo-nos inclusivamente à interpretação realizada pelo Ministério Público no momento em que decide acusar ou arquivar o processo crime, uma vez que tal despacho também deverá ser fundamentado no que diz respeito à matéria de facto. De resto, caso haja dúvidas, visto que muitas vezes a confissão ou a prova testemunhal não têm uma sustentação ou corroboração noutro meio de prova, há mecanismos jurídico-legais que permitem decidir em sentido favorável ao arguido. É por isso comum verificar, num despacho de arquivamento, numa decisão de não pronúncia ou numa sentença absolutória, a referência ao princípio probatório *in dubio pro reo*.

As regras de experiência e a livre convicção da autoridade judiciária são identicamente convocadas nos crimes que possibilitam um comportamento mais oculto ou secreto para a perspectiva intersubjectiva. Pode assim suceder face ao cuidadoso planeamento do agente que procura não deixar prova directa da sua presença no espaço e no tempo. Neste contexto faz-se referência à *prova indirecta* ("indiciária", "circunstancial", "por presunções", etc.). Podemos dizer que a prova indirecta tem um especial significado enquanto processo de descoberta, racional e crítico, dos factos com relevância criminal[169]. São importantes exemplos os crimes de tráfico de droga ou de branqueamento. Para ilustrar, não é a experiência científica que dá relevância criminal ao conjunto dos seguintes indícios – que devem, aliás, constar no elenco da matéria de facto[170]: o aumento

[169] Daí António Cortês, *Jurisprudência dos Princípios... op. cit.*, p. 263 e ss. defender que a razão jurídica não pode deixar de ser procedimental e crítica, considerando conteúdos que devem ser revistos na dinâmica dos seus processos de descoberta. Mais concretamente, sobre a prova indirecta e as categorias conceptuais que a mesma convoca (designadamente a "base da presunção", o "juízo de inferência", as "regras da normalidade" e o próprio "facto presumido") em Susana Aires de Sousa, "Prova indireta e dever acrescido de fundamentação da sentença penal", *Homenagem ao Professor Doutor Germano Marques da Silva*, volume IV, Lisboa: Universidade Católica Editora, 2020, pp. 2754-2757

[170] O caso que se segue foi julgado em Espanha e está sumariado em Euclides Dâmaso Simões, "Prova Indiciária (contributos para o seu estudo e desenvolvimento em dez sumários e um

desmedido do património, traduzido na aquisição de veículos, motociclos e uma embarcação; a inexistência de negócios lícitos que justifiquem tal aumento; a potência da embarcação, semelhante às utilizadas comumente no tráfico de droga; o relacionamento social com pessoas ligadas e já condenadas pelo crime de tráfico de drogas; e as viagens realizadas na embarcação através do Estreito de Gibraltar.

Estamos perante uma pluralidade de indícios que, conjuntamente, permitem realizar certos juízos de inferência a favor da existência de factos criminalmente relevantes. A questão é exactamente essa: com excepção dos casos de flagrante delito, não é possível fazer *prova directa* do comportamento que, no preciso momento do tempo e do espaço, vendeu ou comprou ilicitamente estupefacientes, nem tão-pouco do comportamento que dissimulou a origem ilícita do dinheiro. Somente é possível, na grande maioria dos casos, fazer prova dos comportamentos anteriores ou posteriores ao próprio "acontecimento principal" que preenche o tipo de crime, com base, por exemplo, nos testemunhos dos próprios órgãos de polícia criminal que procederam à investigação, registaram os movimentos dos arguidos e lavraram os respectivos documentos que traduzem relatos de vigilância, autos de busca, revista ou apreensão. Assim, faz sentido que no âmbito dos factos provados constem frases que transmitam margens temporais e espaciais mais ou menos determinadas: "a partir de data não concretamente apurada, mas pelo menos desde... o arguido dedicou-se, com regularidade, à venda e cedência de estupefacientes a terceiros... o que fazia na freguesia ..., em..., nomeadamente e por via de regra, junto ao estabelecimento comercial denominado...". Seguindo-se uma descrição mais pormenorizada, por exemplo, em relação às coisas traficadas (heroína, cocaína, canábis, etc.), ao valor de cada uma delas e à identificação dos restantes sujeitos intervenientes nos factos (consumidores, co-arguidos, etc.). Fora dos casos de flagrante delito, a precisão das datas e das horas apenas costuma suceder no momento em que há uma efectiva apreensão das coisas. Portanto, a fundamentação crítica da matéria de facto com base nas regras da experiência e na livre convicção da autoridade judiciária permite, neste tipo de crimes, afirmar

apelo premente)", *Revista Julgar*, n.º 2, Maio-Agosto, Coimbra: Coimbra Editora, 2007, p. 208

com alguma segurança – dentro do "conhecimento circunstancial" – que houve tráfico e que o dinheiro tem uma proveniência ilícita, superando, desse modo, o princípio *in dubio pro reo*. E a mesma lógica poderia ser aplicada em relação a outros crimes com dificuldades probatórias análogas, como é o caso iminente dos crimes de corrupção.

Um outro exemplo que sublinha o que se acaba de expor decorre da análise valorativa e crítica do extrato bancário de um suspeito da prática de um crime[171]. Não está apenas em causa o historial numérico de um estado económico-financeiro, mas também a identificação, no espaço-tempo, de transacções relacionadas com refeições, roupas, livros, viagens, portagens, estadias, negócios, entre muitas outras, envolvendo a personalidade do sujeito e a sua relação com as coisas e com os familiares, amigos, instituições ou quaisquer outros terceiros.

As regras da experiência e a livre convicção, neste contexto, são processos lógicos, racionais e confiáveis para a determinação da verdade dos factos. E assim podem ser considerados devido ao *dever de fundamentação* que apresenta abertamente as boas razões ou as razões suficientes, referidas directamente ao caso concreto, para tomar uma decisão num determinado sentido quanto à matéria de facto[172]. É verdade que, também neste âmbito, não são regras de experiência ou convicções livres de subjectividade[173]. A forma como se descrevem ou como se provam os factos no processo penal admite necessariamente um *pluralismo de experiências ou convicções pessoais*. As magistraturas judicial e do Ministério Público têm membros com diferentes personalidades, temperamentos, sensibilidades ou capacidades que, nestes ou noutros termos, redundam em decisões que transparecem mais ou menos criatividade, conservadorismo, minúcia

[171] Veja-se o nosso Pedro Sá Machado, "Sigilo Bancário e Conhecimentos de Investigação em Processo Penal (anotação ao Acórdão do Tribunal da Relação do Porto de 19 de Fevereiro de 2014)", *Revista Portuguesa de Ciência Criminal*, ano 24, n.º 1, janeiro-março, Coimbra: Coimbra Editora, 2014, pp. 129 e ss., com referências bibliográficas.

[172] Neste sentido, António Cortês, *Jurisprudência dos Princípios... op. cit.*, pp. 337 e ss.; cfr., ainda, sobre o dever acrescido de fundamentação da decisão, Susana Aires de Sousa, "Prova indireta e dever acrescido de fundamentação da sentença penal", *op. cit.*, pp. 2765-2771

[173] Assim, Arthur Kaufmann, "A problemática da filosofia do direito ao longo da história", *op. cit.*, p. 57

ou paciência – entre outras características[174]. Já fizemos referência, além do mais, aos diferentes estilos literários e às diferentes formas de pensar que, naturalmente, traduzem diferentes formas de descrever e fundamentar os factos. O próprio modelo judiciário reconhece, com naturalidade, a hipótese de haver equívocos, insuficiências ou erros nas decisões. O que não contraria, de qualquer forma, a natureza de um modelo vinculado a critérios de objectividade e legalidade ou de independência e imparcialidade. Percebe-se por que motivo as *decisões acerca da matéria de facto*, seja no despacho de arquivamento ou acusação, na decisão instrutória ou na sentença, devem ser passíveis de uma "revalidação discursiva"[175], afigurando-se impugnáveis (por reclamação ou recurso).

### 3.2. A prova da realidade subjectiva no caso concreto

No ano de 1895, Navarro de Paiva escrevia assim no seu "Tratado Theorico e Pratico das Provas no Processo Penal"[176]:

> "Em materia criminal a prova desempenha uma ardua e difficil missão... esclarece circunstancias, que não podem ser apreciadas pelos órgãos sensoriais e que se passam no fôro intimo: taes como a imputação moral do agente, a situação do seu espirito no momento da perpetração do crime, a lucidez da sua consciência, a sua intenção culposa ou dolosa, em uma palavra, toda a moralidade do acto sujeito ao exame e apreciação do juiz".

Volvido mais de um século, o problema poder-se-ia colocar de forma semelhante. Continuamos com dificuldades em descrever e comprovar o que se passa no mundo inteligível dos outros. Como podemos narrar com segurança os factos psíquicos do agente no momento em que o próprio decidiu praticar ou abster-se de praticar um determinado comportamento no caso concreto?

[174] Em observações parecidas quanto aos cientistas, referindo que não são "computadores frios", Julian Baggini, *As Fronteiras da Razão... op. cit.*, p. 80

[175] Penhorando a locução de Jürgen Habermas, *Fundamentação Linguística da Sociologia*, *op. cit.*, p. 120

[176] José da Cunha Navarro de Paiva, *Tratado Theorico e Pratico das Provas no Processo Penal*, Coimbra: Livraria Portugueza e Estrangeira: 1895, pp. 6-7

As dificuldades parecem ter início nos pressupostos legalmente previstos para a existência do crime. As normas substantivas presumem uma realidade subjectiva nos termos da qual o agente pode, por exemplo, "representar um facto", "actuar com a intenção de realizar o facto", "conformar-se com a realização de um facto", "nem chegar a representar a possibilidade de representar um facto" ou "tomar consciência da ilicitude do facto". E para haver crime devem estar preenchidos todos os elementos subjectivos do tipo de crime, não apenas os gerais, mas também os elementos especiais. Em rigor, trata-se de uma conjugação entre as normas da PG do CP, que admitem o "dolo" e a "negligência", e os elementos do tipo de crime, objectivos e subjectivos, previstos na PE. É, contudo, no âmbito do processo penal que se deve produzir prova sobre todos esses pressupostos mentais do agente categoricamente previstos nas normas substantivas. Uma conjuntura que permite lançar observações complementares.

Primeiro: actualmente, o direito penal substantivo não se cinge a um género de "naturalismo" que limita a existência da realidade dos homens aos sinónimos do mundo físico[177]. Ou seja, os factos com relevância para a delimitação do tipo de incriminação admitem também a existência do mundo psíquico do agente e não se resumem unicamente às descrições da realidade objectiva e das coisas sensíveis[178]; caso contrário, o agente seria um autêntico "fantasma dentro de uma máquina"[179]. Segundo: perante a natureza geral e abstracta das normas jurídico-penais, as possibilidades da realidade inteligível são admitidas para todas as pessoas que vivem e

[177] Afastando aqui o "positivismo" que, nas palavras de António Braz Teixeira, *Sentido e Valor do Direito... op. cit.*, p. 23, visa "reduzir todo o conhecimento ao conhecimento experimental e científico, concebido este segundo o modelo da ciência natural – o que levava, por um lado, a excluir a psicologia do quadro das ciências e, por outro, a conceber a sociologia como simples «física social»...". Tal conclusão acaba por ter uma relevância incontornável na teoria da conduta da doutrina do crime de F. V. Liszt, conforme se verá *infra*, (2.) cap. IV, Parte I.

[178] Cfr. L. Cabral de Moncada, *Filosofia do Direito e do Estado*, vol. 2.º, *op. cit.*, pp. 49-50, 107, nota (1) e 108. Relembrando também que a realidade objectiva pode não ser perceptível a "olho nu" e que os objectos poderão estar inacessíveis à sensação. Cfr., *supra*, nota 138

[179] Expressão que consta em Tomás S. Vives Antón, "Primer Seminario: Lady Macbeth y la doctrina de la acción", *in:* AA.VV., *Acción Significativa, Comisión por Omisión y Dogmática Penal*, Valencia: Tirant lo Blanch, 2017, p. 23

pensam no mundo intersubjectivo. É o reconhecimento, em absoluto, da "condição mental" dos outros[180]. Não se trata de um ponto de vista exclusivamente jurídico-penal. Se as nossas mentes são reais, se nós podemos representar ou não um facto, ter ou não uma intenção, conformarmo-nos ou não como uma realização, sofrer ou não com um dado acontecimento – e assim por diante no mundo da mente e dos sentimentos –, então a nossa experiência é um indício seguro e bastante de que as outras pessoas se encontram na mesma condição humana. Daí, porventura, a legitimidade para descrever, na terceira pessoa gramatical, a realidade intelectual e volitiva dos outros em narrativas processuais, mesmo enquanto conteúdos que têm uma origem exclusivamente interna. Terceiro: o processo penal não visa comprovar as "representações", "intenções" ou "conformações" gerais e abstractas de um homem-pessoa cuja natureza é representativa de todos os seres humanos, antes visa identificar as manifestações subjectivas de um agente determinado em relação aos pressupostos de um crime específico, na qualidade de suspeito ou arguido, num contexto individual e concreto. É o "mundo interno" de um certo agente que importa averiguar e demonstrar, à luz de factos concretos, tendo em consideração os elementos de um tipo legal de crime. Aqui chegados, fica por saber como se produz prova deste "mundo interno" desse agente concreto.

O problema parece resumir-se às *inevitáveis limitações da análise e da prova dos estados intelectuais e volitivos a partir do exterior e na perspectiva do terceiro observador*, diferentes do ponto de vista interno de quem os experimenta[181]. Já tivemos oportunidade de afastar a "auto-referência directa" à perspectiva do arguido, visto que é sempre exigível, em processo penal, uma narrativa e uma comprovação por parte de terceiros. O mundo inteligível do agente concreto – radicalmente pessoal, singular e intransmissível[182] – é objecto de uma narrativa realizada na terceira pessoa gramatical, como se fosse acessível ao próprio narrador. Estamos a falar de descrições

[180] Cfr. Paul Ricouer, *O Discurso da Acção, op. cit.*, pp. 110-111

[181] Decisivo, Émile Durkheim, *As Regras do Método Sociológico* (trad. Eduardo Lúcio Nogueira), 10.ª ed., Lisboa: Editorial Presença, 2007 [orig. 1895], p. 62

[182] Neste sentido, António Braz Teixeira, *Sentido e Valor do Direito... op. cit.*, p. 142, e Tomás S. Vives Antón, *Fundamentos del Sistema Penal...op. cit.*, pp. 263-266

que, na prática judiciária, procuram preencher todos os elementos subjectivos do tipo de crime, com fórmulas do seguinte género: "o arguido agiu livre e conscientemente..."; "o arguido agiu com a intenção de..."; "o arguido tinha consciência que tal conduta era proibida e punida por lei"; "o arguido agiu de uma forma desatenta e descuidada, agindo sem observar a prudência e diligência a que estava obrigado e de que era capaz".

A questão, reiteramos, é que estas fórmulas partem do exterior, de um certo observador, como se houvesse "acesso directo" à realidade subjectiva do agente, deixando de ser, digamos assim, indevassável. Mais ainda: estamos confrontados – pelo menos aparentemente – com *matéria conclusiva* e não com matéria descritiva, contrariamente ao que sucede com os enunciados da realidade denominada "objectiva". Estaremos nós perante matéria conclusiva de uma realidade subjectiva que, afinal, decorre da matéria descritiva da realidade objectiva? Ou, melhor: é possível fazer *prova directa* da realidade subjectiva do agente no caso concreto[183]?

### 3.2.1. Experiência científica

A primeira tendência de resposta às nossas dúvidas seria afirmar que as narrativas da realidade subjectiva são apenas plausíveis com base em provas directas e científicas. Contudo, os próprios cientistas *ainda não têm o poder de ler a mente do agente suspeito da prática de um crime* – como poderia ter uma personagem de ficção científica habilitada como "mentalista" ou "telepata". É verdade que um neurocientista pode dar noções válidas acerca das "emoções" ou dos "sentimentos", mas sempre as dará com "uma palavra de cautela" em relação aos limites actuais do estudo da consciência[184]. Tendo presente as limitações científicas e o próprio direito penal, podemos levantar diferentes perspectivas em relação ao mundo subjectivo do agente: uma primeira relacionada com a dificuldade em provar as *formas de praticar* o crime que possam envolver o "poder da mente"; uma segunda perspectiva, que particularmente nos interessa,

[183] Pergunta que já não era estranha, p. ex., em Émile Durkheim, *As Regras do Método Sociológico*, *op. cit.*, pp. 22 e ss. no prefácio à segunda edição.

[184] A consciência retratada como "filme-no-cérebro" em António Damásio, *Ao Encontro de Espinosa: as emoções sociais e a neurologia do sentir*, Colecção Forum da Ciência, Mem Martins: Publicações Europa-América, 2003, com uma "palavra de cautela".

relacionada com as *formas de comprovar* o mundo subjectivo do agente – p. ex. a consciência e a vontade; e outra, ainda, especialmente relacionada com o problema da prova da *inimputabilidade* do agente[185].

**i)** No que diz respeito às formas de praticar o crime, o professor de física teórica Michio Kaku aventa nas suas obras várias possibilidades científicas e tecnológicas que, aplicadas ao direito penal, podem fazer parte, em breve, dos problemas probatórios da realidade subjectiva do agente. Por exemplo:

- A possibilidade de o sujeito "A" comunicar mentalmente com computadores através da radiação eletromagnética ("ondas rádio") que o cérebro liberta e que certas máquinas poderão decifrar – excluindo assim os comandos de voz, teclado e rato[186]. Abrem-se as possibilidades de o agente usar o "poder da mente" para praticar crimes ao comando, p. ex., de um veículo automóvel, de um *drone* ou de um robô.
- A possibilidade de ser implementado no cérebro do sujeito "A" um emissor "interface cérebro máquina" que, através de um certo receptor informático capaz de captar os seus sinais e de identificá-los, permita a comunicação telepática com o sujeito "B"[187]. Seriam aqui evidentes os problemas relacionados, p. ex., com a comparticipação criminosa em determinados tipos de crime.
- A possibilidade de ser implantado no cérebro do sujeito "A" uma sonda que realize impulsos eléctricos capazes de se sobreporem à sua vontade e de controlarem os seus músculos[188]. O agente do

[185] Porque a inimputabilidade, naturalmente, também se trata de uma realidade que não é directamente observável, conforme afirma Ulrich Schroth, "Hermenêutica filosófica e jurídica", *in: AA.VV., Introdução à Filosofia do Direito e à Teoria do Direito Contemporâneas* (trad. Marcos Keel/Manuel Seca de Oliveira), org. A. Kaufmann/W. Hassemer, 3.ª ed., Lisboa: Fundação Calouste Gulbenkian, 2015 [orig. 1994], pp. 404-405

[186] Michio Kaku, *O Futuro da Mente: a demanda científica para compreender, aperfeiçoar e reforçar o poder da mente* (trad. Fernanda Barão/Isabel Fernandes), Lisboa: Editorial Bizâncio, 2014, p. 96

[187] Michio Kaku, *O Futuro da Mente... op. cit.*, pp. 101 e ss., sobre o eletrocorticograma como uma melhoria em relação aos eletroencefalogramas (*brain-computer interface*).

[188] Michio Kaku, *O Futuro da Mente... op. cit.*, pp. 253-255

crime "B" controlaria o corpo do sujeito "A" que, nesse contexto, apenas seria um instrumento ou um meio de praticar um facto com relevância criminal.

A *transmissão do pensamento* de um sujeito para outro sujeito ou para um aparelho informático, à distância e sem utilizar nenhum meio material de comunicação, parece ser pura especulação para o direito penal de hoje[189]. É impossível praticar um crime de furto subtraindo a coisa com a força da mente ou um crime de homicídio empurrando uma pessoa utilizando as "ondas-rádio" do cérebro. A abordagem desta temática relacionada com as eventuais "futuras formas de perpetrar um crime" não é um problema para o contexto e realidade em que nos encontramos. Fica por responder se é possível ou não produzir *prova directa* do mundo subjectivo do agente no caso concreto.

**ii)** Ao longo da história foram consideradas as mais diversas formas de obter uma versão verdadeira dos acontecimentos encapsulados na mente humana. Desde as mais primitivas, como a tortura[190], às mais insidiosas, como as que implicavam o "soro da verdade", as substâncias psicotrópicas, a hipnose ou o detector de mentiras, este último enquanto teste básico de "leitura da mente"[191]. Também poderíamos examinar as "consciências" e as "vontades" através da eventual origem genética das tendências criminosas[192], ou, de uma forma mais adâmica, através da própria anatomia descritiva do agente suspeito da prática do crime – considerando, por exemplo, as tatuagens do suspeito, o tamanho do seu crânio ou da

[189] Ainda assim, admitida por alguns investigadores – p. ex., da *parapsicologia* – como algo verosímil para a capacidade dos seres humanos. Veja-se, entre nós, Luís Portela, *Ser Espiritual: Da evidência à ciência, op. cit.*, pp. 97-101

[190] Cfr., *supra*, nota 131.

[191] No processo penal, com referência ao "*lie-detector*", Manuel da Costa Andrade, *Sobre as Proibições de Prova em Processo Penal op. cit.*, p. 78. Sobre o assunto, Michio Kaku, *O Futuro da Mente... op. cit.*, pp. 243-244, sobre os projectos americanos (C.I.A.) para obtenção da verdade e controlo do comportamento com base no "soro da verdade", hipnose, drogas, medicamentos, métodos de interrogatório e excisão de memórias (!).

[192] Sobre a "Genética e o Crime", Francis Fukuyama, *Our Posthuman Future: consequences of the biotechnology revolution*, London: Profile Books, 2003, pp. 32-35, com referências incontornáveis a Charles Darwin e Cesare Lombroso.

sua testa[193]. Mas nenhum dos métodos, entre muitos outros já abundantemente refutados, tem potencial para comprovar ou reproduzir o que verdadeiramente se passou na mente do agente aquando da prática do facto. Este é um problema que, actualmente, também relaciona as neurociências com o direito penal[194].

Hoje, o mais óbvio e fidedigno método para obter uma versão cabal e directa dos acontecimentos subjectivos, continua a ser a *confissão realizada de livre vontade*[195]. A própria pessoa dirá qual era a intenção, a consciência, a conformação e assim por diante. Num futuro próximo, quem sabe, será possível ler a mente através de eletroencefalogramas capazes de obter versões pormenorizadas do pensamento de um indivíduo, ou, mais adiante no tempo, através de uma gravação em vídeo dos pensamentos que orbitam na mente de uma pessoa[196]. No limite, a autoridade judiciária, dada a gravidade de um crime – nas tais áreas da "criminalidade violenta", "criminalidade especialmente violenta", "criminalidade altamente organizada" ou "terrorismo" –, estará autorizada a ler os pensamentos de um agente – isto ignorando, como é evidente, os problemas relacionados

[193] São referências presentes na conhecida obra de Cesare Lombroso, *O Homem Delinquente* (trad. Sebastião José Roque), Colecção Fundamentos de Direito, São Paulo: Ícone Editora, 2010 [orig. 1876]. Entre nós, considere-se a análise da "escola criminal anthropologica" realizada por Caeiro da Matta, *Direito Criminal Português*, vol. I, Coimbra: F. França Amado, 1911, pp. 39 e ss.

[194] Sobre o assunto, Helena Moniz, "Neurociências e Direito Penal: novos e velhos problemas", *Revista Jurídica Luso-Brasileira*, ano 1, n.º 2, Lisboa: CIDP da FDUL, 2015, pp. 911-928

[195] A confissão já era considerada na história a *optima regina probarum* e, por essa razão, a tortura era o método mais eficiente de a obter. Assim, Silvia Barona Vilar, *Proceso Penal desde la Historia... op. cit.*, pp. 169 e 181.

[196] Ainda que as coisas estejam a evoluir rapidamente, colocando-se novos problemas no âmbito do processo penal (nacional e transnacional), considerando, por exemplo, a "imagem por ressonância magnética funcional" (fMRI) e o método neurocientífico "onda P-300" (EEG). Sobre o assunto, Susana Aires de Sousa, "Neurociências e Processo Penal: verdade *ex machina*?", *Estudos em Homenagem ao Prof. Doutor Manuel da Costa Andrade*, vol. II, Boletim da Faculdade de Direito, Coimbra: Instituto Jurídico, 2017, pp. 886-893. Também, com referências aos EEG, aos ECOG (electrocorticografia) e aos "vídeos da mente", Michio Kaku, *O Futuro da Mente... op. cit.*, pp. 96 e ss.

com o consentimento, proibição de auto-incriminação, direito à privacidade e outros direitos, liberdades e garantias de processo penal[197].

No presente, os cientistas podem não ter o poder de ler a mente de uma pessoa, mas têm peritos que permitem chegar a conclusões importantes acerca do mundo subjectivo do agente através dos dados disponíveis da realidade objectiva no caso concreto. É como uma reconstrução histórica de um acontecimento subjectivo através da análise de indícios objectivos. São vários os exemplos: uns podem constituir uma verdadeira prova pericial em processo penal, uma vez que integram verdadeiros juízos técnicos ou científicos; outros podem ser apenas depoimentos "qualificados", com conclusões não vinculativas para o julgador, mas de interesse para influenciar a sua decisão[198].

Por exemplo, em situações de morte, os médicos, ao avaliar a vítima, podem ter a sua própria opinião acerca das intenções de quem a causou[199]. Segundo um certo guia de perícias médico-legais do ano de 1982, "a intenção de matar é avaliada médico-legalmente pela natureza das lesões (instrumento empregado), sede e número de lesões, violência com que foram produzidas, curta distância a que são disparadas as armas de fogo, etc."[200]. Nesse caso, podemos ter vários dados comprovados da realidade objectiva, como o instrumento utilizado, a sua sucessiva utilização, a curta distância e a zona do corpo atingida, enquanto manifestações de uma realidade subjectiva, a intenção de matar. Outro exemplo comum decorre dos exames e perícias realizados no âmbito da psiquia-

[197] Com referência à "privacidade mental" e aos limites legais e constitucionais, Susana Aires de Sousa, "Neurociências e Processo Penal: verdade *ex machina*?", *op. cit.*, pp. 898-907

[198] Há um regime jurídico próprio das perícias médico-legais e forenses previsto na Lei n.º 45/2004, de 19 de Agosto. Na prática, sobre a perspectiva do juiz, veja-se Luís Filipe Pires de Sousa, "A valoração da prova pericial", *op. cit.*, p. 20, sublinhando que o juízo sobre a intenção de matar não está sujeito ao valor probatório das provas periciais, não sendo um juízo técnico, científico ou médico.

[199] Regressando ao romance de Agatha Christie, *Os Crimes do ABC*, p. 24, Poirot dirige-se à "mortuária" para ver o cadáver da vítima e o médico dá-lhe importantes pistas acerca dos eventuais factos que levaram ao respectivo resultado: "O médico fez-nos uma descrição cuidadosa da posição da vítima. Na sua opinião, esta estivera de costas viradas para o balcão (e, por conseguinte, para o assaltante) quando o golpe fora desferido. Devia ter caído no chão por trás do balcão, subtraída à vista de alguém que entrasse na loja".

[200] Carlos Ribeiro da Silva Lopes, *Guia de Perícias Médico-legais*, *op. cit.*, p. 49

tria e psicologia forenses. Num relatório de perícia psicológica forense, com a entrevista de uma eventual vítima de um crime contra a liberdade e autodeterminação sexual, é possível tecer conclusões acerca da normalidade do funcionamento cognitivo, do padrão de interacção, da expressão linguística, dos indicadores psicopatológicos (que podem remeter para a psiquiatria) ou da sintomatologia decorrente da alegada situação. Tudo como forma de conceder credibilidade e consistência ao depoimento da alegada vítima. Mesmo não existindo lesões permanentes, o facto de a vítima sofrer de depressão, isolamento, não comer bem e apresentar alterações no sono (enquanto dados da realidade objectiva), podem indiciar que as descrições por si realizadas acerca dos factos com natureza criminal, que imputam a outrem condutas dolosas de natureza sexual, são indicativas dos supostos elementos intelectual, volitivo e emocional do agente (enquanto dados da realidade subjectiva).

Para concluir: nem mesmo as ciências auxiliares do processo penal têm conhecimentos suficientes para comprovar *directamente* a realidade subjectiva da liberdade, da consciência ou da intenção de um indivíduo no momento em que o próprio decide ou não actuar num determinado sentido. Portanto, *não se podem comprovar os factos mentais ou psíquicos, como aqueles alegados nas narrativas processuais, sem comprovar, primeiro e anteriormente, os factos objectivos que lhes sirvam de fundamento*[201]. Esta parece ser uma conclusão determinante para o nosso estudo.

[201] Na jurisprudência nacional são várias as decisões nesse sentido, p. ex.: Ac. TRC de 08/11/2017, proc. n.º 60/16.2GCSCD.C1, "Em qualquer caso, o dolo é sempre um facto da vida interior do agente, um facto subjectivo, não directamente apreensível por terceiro. Por assim ser, a sua demonstração probatória, sobretudo, quando não existe confissão, não pode ser feita directamente, designadamente, através de prova testemunhal. Nestes casos, a prova do dolo tem que ser feita por inferência, terá que resultar da conjugação da prova de factos objectivos – particularmente, dos que integram o tipo objectivo de ilícito – com as regras de normalidade e da experiência comum [onde a premissa maior é composta pela ou pelas regras da experiência comum convocadas e a premissa menor é composta pelo facto ou pelos factos objectivos provados].". Ac. TRG de 06/10/2004, proc. n.º 1245/04-1, "De facto, chegado o momento de julgar, o Juiz confronta-se com as perguntas sobre a existência ou não de dolo (ou de negligência, se for o caso) e de consciência da ilicitude e, para lhes responder, não pode deixar de apreciar os factos em que a acção se traduziu e que lhe permitem, no seu todo, concluir pela afirmativa ou pela negativa. Aliás, como é sabido, nunca há produção de prova – mesmo quando, por qualquer razão, nomeadamente por existirem factos objectivos sobre tais

**iii)** Uma nota ainda acerca da prova da inimputabilidade em razão de anomalia psíquica[202]. Aqui revelam especialmente os *exames de psiquiatria forense* realizados por peritos, sendo o método utilizado o exame do estado mental do visado e a consulta de peças processuais. Por via de regra[203], realiza-se um histórico dos antecedentes pessoais e familiares, um histórico da doença (se houver) e um resumo dos factos com relevância criminal em causa. Segue-se, então, o exame do estado mental que implica analisar o discurso, as funções cognitivas, o juízo crítico, sintomas de ansiedade, alterações patológicas de humor, ideações delirantes ou, enfim, qualquer actividade alucinatória. É também possível assinalar níveis de deficiência mental, que poderá ser ou não de natureza congénita. Por fim, a perícia médico-legal conclui pela inimputabilidade ou imputabilidade do examinando. Por exemplo, num crime de incêndio florestal, o agente poderá ser considerado perigoso e inimputável devido a uma deficiência mental classificada de moderada a grave, de natureza congénita, por ser incapaz de realizar uma mediação cognitiva do seu comportamento e de

aspectos, houver produção de prova, ela recai sobre esses factos concretos, havendo sempre que se proceder a raciocínios lógico-dedutivos para se responder a tais questões – sobre esses dois aspectos, sendo através de operações dedutivas que se encontram as respostas".
Para um elenco de decisões de jurisprudência sobre a mesma matéria, veja-se Teresa Quintela de Brito, *A Tentativa nos Crimes Comissivos por Omissão: um problema de delimitação da conduta típica*, Coimbra: Coimbra Editora, 2000, p. 64, nota (69), em que a autora confirma que "...A nossa jurisprudência desde há muito vem afirmando que a prova do dolo do agente, elemento do seu foro íntimo, tem de fazer-se por recurso a dados ou índices externos.".

[202] A "normalidade" também não é sempre atestada de forma absoluta pela ciência e pelos factos. O romance de Machado de Assis, *O Alienista*, Porto Alegre: L&PM, 2016, representa bem a busca incessante pela "normalidade" perante a pergunta "Quem é louco?", na estória de um médico que decide construir um hospício para doentes mentais numa pequena cidade do Brasil. O resultado final levou *todos* os habitantes da cidade ao hospício, justamente porque ninguém foi considerado "normal", inclusivamente o próprio médico alienista: "Agora, se imaginais que o alienista ficou radiante ao ver sair o último hóspede da Casa Verde, mostrais com isso que ainda não conheceis o nosso homem. *Plus ultra!* Era a sua divisa. Não lhe bastava ter descoberto a teoria verdadeira da loucura; não o contentava ter estabelecido em Itaguaí o reinado da razão. *Plus ultra!* Não ficou alegre, ficou preocupado, cogitativo; alguma coisa lhe dizia que a teoria tinha, em si mesma, outra e novíssima teoria. «Vejamos, pensava ele; vejamos se chego enfim à última verdade»" (p. 84).

[203] Aqui "uma regra" de acordo com o que pode constar em autos de processo, no âmbito do ordenamento jurídico português, relacionados com a prova da inimputabilidade.

entender as suas consequências, o que implica o risco de reincidência de um comportamento da mesma natureza. A verdade é que as perícias desta natureza também podem ser complementadas com a realização de *exames ao cérebro* (p. ex. TAC ou eletroencefalogramas) como forma de comprovar possíveis anomalias (p. ex. tumores).

### 3.2.2. Regras da experiência e livre convicção

Se é certo que os meios científicos mais rigorosos não têm uma perspectiva directa do mundo interno do agente, dificilmente terá o julgador no processo penal. A (in)consciência, a intenção, a vontade, a conformação, ou qualquer outra realidade subjectiva do agente, são efectivamente *deduzidas em certas manifestações exteriores do caso individual-concreto, num enquadramento espácio-temporal e histórico-social*[204]. É no mundo objectivo, nas relações com pessoas, coisas e animais que se comprova o mundo subjectivo do agente. Até porque somente ali, na realidade exterior ou empírica, temos a possibilidade de examinar, por nós próprios, o que de outro modo nos é inacessível enquanto observadores. Eis, também, a exigência de um processo penal que garanta a verificação, a comprovação e a impugnação, entre outras garantias, que afastem decisões categóricas ou *arbitrárias* acerca da realidade dos factos[205]. Voltamos à ideia de que é essencial um discurso racional e lógico, conjugado com os meios de prova disponíveis, que *fundamentem* o que parecem ser autênticas conclusões e não descrições de factos: "o arguido agiu livre e conscientemente..."; "o arguido agiu com a intenção de..."; "o arguido tinha consciência que tal conduta era proibida e punida por lei"; "o arguido agiu de uma forma desatenta e descuidada, agindo sem observar a prudência e diligência a que estava obrigado e de que era capaz".

Importa saber, na prática, como se concretiza tal desiderato.

A narrativa processual começa por fazer uma descrição de todos os acontecimentos que dizem respeito ao mundo exterior, deixando para

[204] Segundo lógica de Paul Ricouer, *O Discurso da Acção*, *op. cit.*, p. 129, "não explicamos o pensamento mencionando as coisas que temos no espírito, mas mencionando as que fazemos (ou as que nos são feitas).".

[205] É diferente da discricionariedade judicial segundo a qual a valoração das provas se deve basear. Cfr. Silvia Barona Vilar, *Proceso Penal desde la Historia... op. cit.*, pp. 263 e 413

o final, em jeito de conclusão, este tipo de afirmações peremptórias acerca do mundo interior e subjectivo do agente. É como se estivéssemos perante a fórmula "se «x» então «y»", em que "x" é a realidade objectiva e "y" a realidade subjectiva do agente. O que poderá significar que "y" é uma inferência de "x", ou seja, que a realidade "y" decorre da ligação com a comprovada realidade "x". Reiteramos a ideia de que não se podem comprovar os factos mentais ou psíquicos sem comprovar, primeiro, os factos objectivos que lhes sirvam de fundamento. De resto, se as coisas são assim, faz sentido que se conjuguem as regras da experiência, a livre convicção e os meios de prova – que abarcam a experiência científica – para chegar a tais conclusões acerca do mundo interior do agente. Também será importante considerar o que decorre da oralidade e imediação das declarações e depoimentos em audiência, dos quais podem resultar hesitações, contradições, tendências, coincidências, etc. São diversas as conjugações possíveis, dependentes do caso concreto, que podem estar à disposição do julgador. Vamos a exemplos.

Em certos casos, como nos casos de *roubo ou furto*[206], é possível conjugar os elementos documentais – como fotografias retiradas do sistema de videovigilância, autos de busca, revista e apreensão, autos de exame de comparações lofoscópicas, etc. – com a prova testemunhal ou com a confissão. Mesmo sem a confissão, na perspectiva do observador, estes crimes deixam vestígios objectivos evidentes da "mão humana", uma vez que determinadas coisas desaparecem ou são "retiradas à força" de um certo local para outro. Pelo contrário, nos crimes de *detenção e tráfico de estupefacientes*, determinadas coisas "existem" e "aparecem" em certos locais. A prova documental que decorre dos autos de busca, revista e apreensão tem aqui um papel determinante, juntamente com os testemunhos dos órgãos de polícia criminal. Por exemplo, no quarto da residência do agente são encontrados, no interior de caixas, dentro de um armário, embalagens em plástico com cocaína; no interior da gaveta da mesa de cabeceira é encontrado um papel com indicação dos meses, dias e quantias das vendas; e na sala da residência são encontrados canivetes de abertura automática com resíduos de haxixe na lâmina. O facto de

[206] Segundo o Relatório Anual de Segurança Interna de 2018, os crimes contra o património representaram o maior número de participações em Portugal.

as coisas se encontrarem no âmbito de um espaço controlado exclusivamente pelo agente, sendo o local adequado para as esconder de terceiros, também poderá ser determinante para comprovar as suas intenções no caso concreto. Poderíamos aventar outros argumentos que permitem admitir o *conhecimento* (elemento subjectivo) da presença e da natureza de uma coisa em determinado local[207]: o argumento da *proximidade física* com a coisa, sobretudo em casos de flagrante delito; o já referido argumento da propriedade ou do *controlo exclusivo do espaço*, que também se estende, por exemplo, a viaturas, a cacifos ou até aos espaços de um jardim público (p. ex., enterrando a coisa); o facto de se encontrarem vários objectos pessoais do agente juntos com a própria coisa; ou o facto de existirem precursores de drogas ou outros produtos essenciais ao seu fabrico (p. ex., vasos, terra, sistema de rega e iluminação, para o caso de plantação de *cannabis sativa*). O juiz, face a estes elementos objectivos, pode ainda questionar se o agente tem os meios ou o dever de conhecer a presença ou a natureza da coisa que se encontra na sua esfera de disponibilidade; ou ainda questionar se o agente foi suficientemente diligente e cumpriu com os deveres que o homem médio, nas mesmas circunstâncias de tempo e lugar, teria tomado para ter o conhecimento da presença ou da natureza da coisa que está na sua esfera de disponibilidade[208]. Avocando as regras da experiência e a livre convicção chegará certamente a uma conclusão lógica e fundamentada acerca da realidade subjectiva do agente no caso concreto.

Caso semelhante sucede com os crimes de contrafacção, em que podem ser encontradas, na esfera de disponibilidade do agente (p. ex., na sua posse, na habitação, arrecadação ou garagem), coisas com especial aptidão para concretizar as condutas em causa (p. ex., resmas de papel, placas de acrílico, cunhos metálicos, prensas artesanais ou lupas). E são precisamente os indícios incontestáveis da realidade objectiva que per-

[207] Aprofundadamente, veja-se o nosso Pedro Sá Machado, *Crimes de Detenção e Detenção de Coisa Móvel no Direito Penal Português: problemas terminológicos, dogmáticos e politico-criminais*, Colecção Teses M6, Coimbra: Instituto Jurídico da Faculdade de Direito da Universidade de Coimbra, 2016, pp. 87 e ss. (elemento intelectual da detenção).

[208] Ainda, Pedro Sá Machado, *Crimes de Detenção... op. cit.*, pp. 92-93, com citações bibliográficas nas notas (225) e (226).

mitem chegar a conclusões análogas em relação aos crimes de *homicídio*, muitas vezes associados também a crimes de detenção e uso de arma proibida: o corpo da vítima (relatórios de autópsia) e o instrumento utilizado (exames directos às armas e munições) são os elementos principais da história que fundamenta os elementos subjectivos do agente do crime, tal como já fizemos referência.

Esta valoração crítica e conjugada da prova produzida em audiência vale para todos os tipos de crime. Há crimes mais complexos ou sofisticados que deixam menos "rastreio objectivo", assim como há outros crimes mais simples que deixam mais "rastreio objectivo", sendo os primeiros mais difíceis de comprovar, por inferência, os elementos subjectivos do agente. Logo, a comprovação da realidade inteligível do mundo interior das pessoas está dependente dos meios de prova da realidade objectiva e da livre convicção e regras da experiência do julgador. Mas há ainda outros importantes factores que não podemos ignorar.

Um dos factores poderá ser o enquadramento espácio-temporal dos factos, o "onde" e o "quando" da realidade que se pretende comprovar. Não é novidade quando se afirma que o local e a hora onde uma pessoa se encontra podem dizer muito sobre as suas intenções. O facto de o agente se encontrar num local deserto ou isolado, na sua própria residência ou em propriedade alheia, bem como o facto de ser noite ou madrugada, podem ser indicadores do "ânimo de delinquir"[209].

Um outro factor igualmente importante parte do próprio suspeito ou arguido, enquanto pessoa "determinada", com uma "referência identificante" e "inconfundível na sua individualidade"[210]. A perspectiva do observador, designadamente da autoridade judiciária, terá sempre presente a caracterização social do visado. Desde logo considerando a consulta do seu registo criminal, as singularidades sociofamiliares e os depoimentos dos próprios familiares e das pessoas da comunidade vicinal. Os mais diversos dados identificantes podem ter relevo para o processo de caracterização do agente no caso concreto: o agregado familiar

[209] Já num outro tempo, António Vanguerve Cabral, *Epilogo Juridico de Varios Casos Civeis, e Crimes Concernentes ao Espcutativo, e Practico*, Lisboa: Officina Antonio Pedrozo Galram, 1729, p. 163, chegava a tal conclusão.

[210] Cfr., *supra*, notas 61, 64 e 65.

(*v.g.* é casado? tem filhos?), a situação habitacional (*v.g.* vive numa moradia, num apartamento, numa pensão, numa barraca?), as condições de habitabilidade (*v.g.* tem saneamento?), a vizinhança (*v.g.* com problemas sociais e criminais?), o nível de formação escolar ou académica, o enquadramento profissional (*v.g.* está desempregado?), a situação económica (*v.g.* apresenta dificuldades?) ou o estado de saúde (*v.g.* sofre de abusos de álcool ou de estupefacientes? Tem antecedentes psiquiátricos?).

Afiguram-se dados que, juntamente com uma caracterização realizada à luz do princípio da imediação, permitem dar um "corpus" à figura do suspeito ou arguido no enquadramento dos indícios do caso concreto. Não permitem, é certo, comprovar directamente a intenção, a vontade ou a consciência, mas podem contribuir para um juízo global, crítico e valorativo que conta com os meios de prova e com as referidas regras da experiência e livre convicção da autoridade judiciária.

Para os crimes dolosos, será ainda importante, nesta conjuntura, fazer uma referência ao *factor motivo* que poderia levar o agente a praticar o crime pelo qual está indiciado – enquanto elemento "extra-típico". Os motivos fazem parte de uma realidade anterior ao "nó-da-intriga" e podem ser relacionáveis com tudo o que se passa no mundo das intenções do agente. Por vezes, aliás, os comportamentos afiguram-se algo estranhos e incompreensíveis quando não têm um motivo que lhes dê sentido[211]. Claro que, no mundo dos motivos, tudo pode ser uma razão para animar o agente à prática de um crime: o consumo de drogas, a traição, a raiva, a inveja, a propriedade, as necessidades económico-financeiras,

[211] Assim, Paul Ricouer, *O Discurso da Acção, op. cit.*, pp. 77 e ss., afirmando que a função do motivo é tornar inteligível a intenção. Os motivos estão bem ilustrados na obra do escritor Max Aub, *Crimes Exemplares* (trad. Abel Prazer), Lisboa: Antígona 1982, que, ao longo de vinte anos e até ao ano de 1956, decidiu colher confissões dos motivos da prática de crimes perpetrados em Espanha, França e México, especialmente no que diz respeito ao homicídio. O resultado quanto à natureza dos motivos é tão diverso quanto as circunstâncias dos agentes. "Mataste porquê"? "Matei-o"... porque dizia mal do meu melhor amigo e tenho a certeza que é mentira; porque era homossexual; porque se estava a rir de mim; porque não gostava dele e tinha a certeza que ninguém estava a ver; porque me insultou; porque estávamos casados há doze anos e ela não valia nada; porque as prendas da noite de natal foram todas para ela; porque era mais inteligente, mais alto, mais bonito e mais rico do que eu; porque queria ocupar o lugar dele na Faculdade; ou porque me deram duzentos paus para o fazer (!).

o poder, a vaidade, a lascívia, a moral, o ódio racial, político e religioso, a orientação sexual e a nacionalidade, entre muitos outros[212]. Pode também suceder um género de um "não motivo" ou motivo fútil. A própria lei faz referência à qualificação de um homicídio quando é "determinado por avidez, por prazer de matar ou de causar sofrimento, para excitação ou para satisfação do instinto sexual ou por qualquer motivo torpe ou fútil", neste caso enquanto elemento típico[213]. A relevância jurídica dos motivos pode ser importante não apenas para qualificar um crime como também para *determinar uma ligação lógica e racional ao que se segue em termos de consciência e vontade do agente no momento da prática do crime*. Tal como observa INGEBORG PUPPE, os motivos podem fazer parte das circunstâncias objectivas globais com um peso decisivo para, em certos casos, afastar o dolo eventual e afirmar a negligência[214]. É mais um argumento no sentido de que a comprovação processual da realidade objectiva poderá ser importante para delimitar o mundo inteligível do agente. Por exemplo, se ficar comprovado que o agente tinha na sua habitação cartazes e literatura abundante que representem neonazismo, homofobia, terrorismo, violência desmedida ou um fanatismo de qualquer natureza, mais facilmente se compreendem os motivos e os elementos subjectivos de um crime perpetrado com uma ligação aos mesmos.

Discordando deste ponto de vista, a motivação do agente, mesmo não fazendo parte do tipo de crime, como elemento "extra-típico", não deve ser ignorada como circunstância que pode ser considerada a favor ou contra o agente para efeito da determinação da medida da pena[215].

[212] Cesare Lombroso, *O Homem Delinquente, op. cit.*, pp. 111 e ss., faz referência aos afectos, à vaidade, à vingança, à crueldade, ao vinho e ao jogo, cuja natureza também podemos associar aos motivos para a prática de um crime.

[213] Há casos em que as motivações do agente também se podem traduzir numa "intenção" prevista num elemento subjectivo específico do tipo de crime, como parece suceder no tipo legal de tomada de refém, p. e p. 162.°, n.° 1, do CP, com a "...intenção de realizar finalidades políticas, ideológicas filosóficas ou confessionais...".

[214] Fazendo referência à jurisprudência alemã, Ingeborg Puppe, "Perspectivas conceptuales del dolo eventual" (trad. Ramón Ragués) [orig. 2006], *in: El Derecho Penal como Ciência... op. cit.*, p. 310.

[215] Tal como resulta do art. 71.°, n.° 2, al. c) do CP. Também Rolf Dietruch Herzberg, "Reflexiones sobre la Teoria Final de la Acción" (trad. Sergi Cardenal Montraveta), *Revista Electrónica*

Sublinhamos a ideia de que, na perspectiva do observador, tudo pode ser importante para traçar um perfil subjectivo: o domínio espacial frequentado no dia-a-dia, o conjunto de coisas que podem ser identificadas como próprias ou carregadas no corpo, os dados livremente disponibilizados ao público, os grupos de diálogo, os factos históricos e públicos conhecidos sobre o indivíduo ou, também, o perfil individual no cumprimento regras de interacção social. Apenas considerando todas estas variáveis do mundo objectivo e social, somadas à prova produzida em audiência e à livre convicção e regras de experiência do julgador, é possível assegurar, para além da dúvida razoável, que o arguido agiu livre e conscientemente, com intenção, sabendo que a sua conduta era proibida e punida por lei; ou, de outro modo, assegurar que o arguido agiu sem observar a prudência e diligência a que estava obrigado e de que era capaz.

## 4. A nomeação de comportamentos na narrativa processual dos factos

Até ao momento temos evitado destacar os "comportamentos" do agente no âmbito dos factos narrados em processo penal. Porém, as narrativas processuais devem também ser pensadas *sob a perspectiva dos comportamentos dos sujeitos intervenientes nos factos*[216]. A descrição dos factos realizada na terceira pessoa gramatical implica a nomeação de comportamentos no contexto espácio-temporal, uma vez que estão em causa enunciados que incidem sobre as relações intersubjectivas das pessoas e com as coisas e

*de Ciencia Penal y Criminologia*, n.º 10, 2008, p. 19, faz referência à motivação e aos objectivos do agente, enquanto parte do conteúdo da vontade, como algo a tomar em conta para efeitos da determinação da pena. Dá o exemplo da diferença entre alguém que circula em excesso de velocidade para perseguir uma mulher com vista a coagi-la sexualmente e alguém que se dirige ao hospital para visitar o seu progenitor doente. Por todas estas razões, não podemos concordar com José de Faria Costa, "Artigo 203.º (Furto)", *in*: *CCCP*, Parte Especial, tomo II, Coimbra: Coimbra Editora, 1999, pp. 33-34, §27, quando afirma que "As motivações são, como se sabe, absolutamente irrelevantes para discursividade jurídico-penal. Mesmo que o agente esteja animado das mais nobres motivações – por exemplo, furtar para dar a um pobre – é isso totalmente – e bem – indiferente para o direito penal.".

[216] Próximo, Jürgen Habermas, *Fundamentação Linguística da Sociologia*, p.41 "todos os fenómenos sociais têm, portanto, de poder ser analisados sob a forma de enunciados sobre condutas de sujeitos individuais.".

os animais. É uma questão de nos focarmos nos *verbos de comportamento*[217]. Ora, vejamos agora com mais atenção o mesmo exemplo acima transcrito:

> *"Na madrugada do dia...*
> *«A» e «B» saíram para o exterior... onde permaneceram...*
> *Decidiram descolar-se... junto de umas mesas de esplanada... e dirigiram-se à máquina de café...*
> *Por razões e circunstâncias que não foi possível apurar, mas, que tudo indica, terão por origem uma troca de palavras mais amargas...*
> *Envolveram-se numa luta corpo a corpo...*
> *Na sequência da qual ... «A» deu um murro no nariz de «B» ...*
> *No seguimento... «B» desferiu um empurrão a «A»...*
> *«A» foi projectado contra umas mesas... resultando na queda ao solo, onde permaneceu prostrado...*
> *Em consequência do empurrão resultou a morte de «A»...*
> *Mais resultaram...".*

A partir desta *cadeia de acontecimentos*, mesmo admitindo a sua incompletude, podemos "isolar" determinados comportamentos e nomeá-los: "saíram" de um local para o outro; "permaneceram" neste outro local; "deslocaram-se" para junto de umas mesas de esplanada; "dirigiram-se" à máquina de café; "trocaram" umas palavras mais amargas; "envolveram-se" numa luta; "deu" um murro no nariz; e "desferiu" um empurrão. São verbos de comportamento que podem assumir natureza diversa: ao saírem ou ao deslocarem-se de um local para outro estão a adoptar uma expressão física de movimento no espaço; ao permanecerem num local, pelo contrário, persistem no mesmo espaço, sem qualquer sinal de mudança; por sua vez, ao "trocarem" umas palavras os agentes exprimem, reciprocamente, um "comunicar"; mas o mesmo já não se passa em relação ao "envolverem-se" numa luta, ao "dar" um murro ou ao "desferir" um empurrão, em virtude de assumirem, nesse caso, uma certa expressão física. Em todos os casos estamos a nomear comportamentos

[217] Os "verbos de acção" e a "atribuição a alguém de uma acção" em Paul Ricouer, *O Justo ou a Essência da Justiça, op. cit.*, p. 26. O mesmo autor fala em "isolar acções como se isolam proposições", em Paul Ricouer, *O Discurso da Acção, op. cit.*, p. 64

na perspectiva do observador. Há comportamentos que estão descritos de uma forma mais precisa, como é o caso de "dar um murro no nariz", o que poderá implicar um movimento do braço de um sujeito, de punho cerrado, em direcção ao nariz do outro; há, de outra forma, comportamentos que se encontram menos descritos de uma forma menos precisa, como é o caso de "trocaram umas palavras mais amargas", não se sabendo quais palavras ao certo, sabendo-se apenas que estão adjectivadas como "amargas"[218]. Há também comportamentos mais compostos e outros mais simples: uma troca de palavras pode significar uma conversa com um conjunto de frases e argumentos que podem durar vários minutos, ao passo que um murro ou um empurrão pode significar um singelo movimento executado em segundos. E muitas outras classificações seriam possíveis, nomeadamente a partir de expressões verbais, físicas e artísticas[219].

A principal questão a retirar deste exemplo é que *não nos encontramos, ao narrar e ao nomear os comportamentos do agente, na fase da sua qualificação jurídico-penal*. Estamos ainda limitados ao ponto de vista do narrador dos factos, enfocando os comportamentos dos agentes. O narrador não descreve o acto de "desferir um murro no nariz" como se pretendesse dar uma explicação jurídica (*v.g.* "movimento do braço e da mão que ofendeu a integridade física do nariz...") ou sequer uma explicação física (*v.g.* "contracção do músculo do braço..."), mas fá-lo de uma forma frugal, simples e directa, que associa uma terceira pessoa ("ele") a um certo comportamento numa descrição de acontecimentos no mundo intersubjectivo. A narrativa processual, pela forma como é orientada para o entendimento, com uma linguagem de contexto, gera assim uma certa *imagem pública do*

[218] Com referência às descrições "ambíguas" e às descrições "definidas", Bertrand Russel, *Os Problemas da Filosofia* (trad. Desidério Murcho), reimp., Biblioteca de Filosofia Contemporânea, Lisboa: Edições 70, 2013 [orig. 1912], pp. 112-118

[219] Paul Ricouer, *O Discurso da Acção, op. cit.*, p. 66, dá exemplos de "acções compostas" (dançar) e de "acções interpretadas" (gesto de bênção). A expressão extraverbal é referida por Jürgen Habermas, *Fundamentação Linguística da Sociologia, op. cit.*, p. 30, como uma forma de expressão física (expressão facial ou um gesto,) ou representação artística (música). Igualmente, tendemos a concordar com Jordão Horta Nunes, *Interacionismo Simbólico e Dramaturgia, op. cit.*, p. 199, quando refere que "boa parte de nossas solicitações, ordens, ofertas, decisões, não necessitam de palavras faladas para serem expressas; bastam gestos, como acenos de cabeça, ou gestos verbais e interjeições.".

*comportamento do agente no específico contexto da vida em sociedade.* A pessoa "fez isto" ou "deixou de fazer isto", sendo a mesma que "fez isto e aquilo", tendo no passado "feito aqueloutro"[220]. E para o efeito utilizam-se os referidos verbos de comportamento.

No quadro que se segue fazemos um levantamento redutivo de verbos de comportamento (com base em decisões de jurisprudência da matéria de facto) que podem estar associados ao "acontecimento disruptivo" da realidade objectiva de certos tipos de crime previstos no CP.

| *Tipos de crime* | *Verbos de comportamento* |
|---|---|
| Dos crimes contra as pessoas | "desferiu", "infligiu", "obrigou", "encetou", "impediu", "apertou", "puxou", "disse", "apodou", "escreveu", "deixou de" |
| Dos crimes contra o património | "retirou", "apropriou-se", "tirou", "assenhorou-se", "agarrou", "lançou mão", "forçou", "arrancou", "pontapeou", "exigiu" |
| Dos crimes contra a identidade cultural e integridade pessoal | "publicou", "divulgou", "expôs", "disse", "escreveu", "molestou", "amarrou", "atingiu" |
| Dos crimes contra a vida em sociedade | "celebrou", "levou", "assinou", "redigiu", "declarou", "reproduziu", "clonou", "ateou", "conduziu", "comungou" |
| Dos crimes contra o Estado | "declarou", "difundiu", "entregou", "ofereceu", "recebeu", "aceitou", "solicitou", "exigiu", "trocou", "deu". |

Começamos por verificar que a referida imagem intersubjectiva do comportamento do agente tanto se pode traduzir, nestes casos levantados, num "comunicar" (p. ex., "disse", "apodou", "declarou", "solicitou" ou "escreveu"), num "agir" (p. ex. "desferiu", "tirou", "amarrou", "forçou" ou "entregou") ou, também, num "não agir" (p. ex. "deixou de...")[221]. Fica patente a ideia de que, na realidade objectiva, nada ocorre no espaço

[220] Regressamos à ideia de que a pessoa é socialmente identificada e narrada como *indivisível, idêntica* e *(re)identificável,* seguindo Paul Ricour, *O Discurso da Acção, op. cit.*, p. 97

[221] Veja-se Jürgen Habermas, *Fundamentação Linguística da Sociologia, op. cit.*, p. 171, separando o "falar" do "agir", no sentido mais lato das "acções".

interno ou privado do agente, uma vez que faz tudo parte de uma ordem de comportamentos observados e descritos por terceiros. Verificamos, depois, que os verbos de comportamento têm sempre potencial para exprimir *formas de interacção socialmente relevantes*[222]. Reduzindo as palavras ao seu uso e significado quotidiano, completando também o sujeito e o predicado com uma certa interacção (o "objecto do comportamento"), damos conta da função significativa dos verbos de comportamento[223]. Por exemplo: "«A» *apertou* o pescoço de «B» com as suas próprias mãos"; "«A» *lançou mão* na carteira de «B»"; «A» *pontapeou* o veículo automóvel de «B»" ou "«A» *ateou* fogo a um eucaliptal". Numa perspectiva pré-típica, estamos perante práticas constitutivas de significado para a vida em sociedade. Outro exemplo: o verbo de comportamento "apertar", seguido do predicado "o pescoço", não tem o mesmo sentido de contexto social, naturalmente, como aquele seguido do predicado "os cordões das sapatilhas". O mesmo verbo de comportamento pode ser utilizado em sentidos e contextos diferentes, porque, naturalmente, "as potencialidades semânticas do termo estão presentes no próprio termo"[224]. O significado dado pelo verbo de comportamento à proposição é determinante nesse aspecto. Seria, aliás, outro contexto significativo se o alterássemos completamente na narrativa dos factos: "«A» *aliviou* o pescoço de «B» com as suas próprias mãos»"; "«A» *encontrou* a carteira de «B»"; "«A» *limpou* o veículo automóvel de «B»"; ou "«A» *apagou* o fogo a um eucaliptal".

No que diz respeito à nomeação dos "comportamentos da *realidade subjectiva*", presentes também nas narrativas processuais, há certos verbos transversais a todos os tipos de crime[225]; por exemplo, "sabia", "queria", "conhecia", "deliberou", "representou" ou "conformou-se". A grande diferença destes verbos perante aqueloutros é o facto de estar em causa a vivência privada de uma pessoa, o que parece afastar a imagem pública da

[222] Veja-se Émile Durkheim, *As Regras do Método Sociológico, op. cit.*, pp. 37 e ss. ("o que é um facto social?"). Cfr., mais adiante, (5.) cap. IV, Parte I, o conceito "social" de conduta.

[223] Cfr. Tomás S. Vives Antón, *Fundamentos del Sistema Penal, op. cit.* p. 634, com base em Wittgenstein.

[224] Assim afirmam António Fidalgo/Anabela Gradim, *Manual de Semiótica*, Portugal: Ubi, 2004/2005, p. 184

[225] Cfr. Paul Ricouer, *O Discurso da Acção, op. cit.*, p. 110, o "acto mental" enuncia-se num "verbo de desejo" ou num "verbo de crença".

realidade subjectiva dessa mesma pessoa. Diríamos que estamos perante autênticos *verbos de metacomportamentos*, por exprimirem, precisamente, uma *noção de transcendência em relação ao terceiro observador*. Noutra perspectiva, se entendermos que está apenas em causa uma qualificação dos comportamentos da realidade objectiva que, desse modo, servem de fundamento àqueloutros mentais ou psíquicos, podemos estar perante os seguintes enunciados: "agiu *com vontade*"; "agiu *com o propósito*", "agiu *de forma livre e consciente*", "agiu *de uma forma desatenta e descuidada*" ou "agiu *sem observar a prudência e diligência a que estava obrigado e de que era capaz*". Em todo o caso, sobeja uma proposição da matéria de facto mais conclusiva do que descritiva, tal como já havíamos referido: não podemos observar e descrever os processos internos do agente do mesmo modo que podemos observar e descrever os seus comportamentos no mundo externo e sensorial.

## 5. Síntese e conclusões do capítulo

**i)** A realização concreta do direito penal é indissociável do trabalho jurisdicional das autoridades judiciárias e do processo penal. Isto significa que há órgãos e procedimentos específicos para delimitar os "factos" que incriminam alguém, não estando entregues à justiça privada dos cidadãos. Em última instância, um "facto" é o que resulta da declaração judicial no âmbito de um processo penal, vigorando uma autêntica administração judicial da justiça dos factos dentro dos limites do objecto do processo fixado pela acusação. Ainda assim, as próprias autoridades estão vinculadas a pressupostos legais e constitucionais que permitem declarar, com legitimidade, os factos em cada caso concreto. A matéria que diz respeito às proibições de prova é a mais característica deste vínculo. Não se trata, pois, de um poder arbitrário de dizer o que aconteceu nas relações entre as pessoas, com as coisas e com os animais em sociedade. Por outro lado, os próprios particulares têm certos e determinados poderes de disponibilidade em relação aos factos de que têm conhecimento, especialmente quando se tratam de factos com aparência de crimes particulares ou semi-públicos. Mas a justiça penal dos factos, mesmo sendo tendencialmente pública, não é imposta em todos os casos ou situações de vida em sociedade. Particularmente no âmbito da pequena e média criminalidade, há diversos mecanismos legais que permitem abrir portas ao consenso entre intervenientes processuais com vista a uma justiça mais participativa ou consensual, seja através dos próprios institutos inscritos no processo penal, seja através de institutos da justiça restaurativa, antes mesmo de haver acusação ou intervenção judicial. É importante sublinhar que estamos a falar de um procedimento que também é próprio para o arquivamento, para a não pronúncia ou para a absolvição com base em factos juridicamente relevantes para a inexistência de um crime, procurando assegurar o projecto constitucional dos direitos, liberdades e garantias de todos os intervenientes processuais. Sendo assim, os factos que realizam concretamente o direito penal inscrevem-se no âmbito do processo penal e não são diferentes do processo em si mesmo, mesmo quando, em casos específicos e seleccionados, são remetidos para os mecanismos de consenso e diversão processuais. Por essa razão, neste primeiro capítulo, focamo-nos na importância das *narrativas processuais dos factos.*

**ii)** As narrativas processuais dos factos surgem efectivamente ao longo do processo penal, desde a fase de inquérito até à fase de recurso. Tais narrativas, por estarem sujeitas às regras do processo penal, têm características muito próprias.

Em primeiro lugar, realizam uma descrição de factos com um enquadramento espácio-temporal e histórico-social, proporcionando uma perspectiva individual e concreta do mundo das relações entre as pessoas e com as coisas. É, afinal, no desenho dessa realidade específica onde faz sentido identificar os interesses mais relevantes das pessoas e da própria sociedade – interesses esses denominados, na perspectiva do direito, "bens jurídicos". A narrativa dos factos tem o seu eixo referencial precisamente no plano da convivência, da conversação e da interacção entre pessoas, coisas e animais. Como se trata da vida em sociedade, cada sujeito interveniente nos factos tem a sua própria identidade (uma "referência identificante" (Paul Ricouer)), o que também se manifesta no seu comportamento em público e na forma como é visto pelos outros, numa perspectiva intersubjectiva ou do terceiro observador. O processo penal não ignora o perfil dos sujeitos que fazem parte da "história" da narrativa processual, como forma de os conceber como indivíduos com uma personalidade singela e representantes de um contexto social próprio.

Em segundo lugar, a narrativa processual dos factos admite diversas perspectivas da realidade e diferentes formas de a descrever. E isto sobretudo porque as próprias regras do jogo admitem diferentes sujeitos narradores com poder para selecionar e descrever os factos considerados relevantes para a existência ou inexistência do crime, aproveitando a acusação, defesa ou decisão judicial, de acordo com uma realidade que admite uma multiplicidade de narrativas, tendo por base os mesmos ou diferentes meios de prova. É uma descrição que cada um dos narradores realiza na terceira pessoa gramatical, como se estivesse a observar o acontecimento publicamente, com a referida perspectiva intersubjectiva ou do terceiro observador. Assim, está em causa uma forma de expressão focada no "ele" e não no "eu", transmitindo uma determinada imagem do "ele" perante um público observador dos acontecimentos com aparência de crime. Esta perspectiva é importantíssima porque afasta uma narrativa pessoal realizada na primeira pessoa – p. ex., "eu vi", "eu fiz", "eu pensei" ou "eu queria" –, fechada dentro de si mesma ou com uma "auto-referência directa" (JÜRGEN HABERMAS), pois os factos exigem sempre um acesso plural e uma comprovação das autoridades judiciárias, o que está muito relacionado com as exigências probatórias de processo penal no actual Estado de Direito.

Em terceiro lugar, dada a selecção dos factos realizada pelos narradores, é inegável que existe um aspecto dinâmico dos acontecimentos que permite encadeá-los de uma forma metódica e contínua, numa autêntica "cadeia de acontecimentos" (ou ligação sequencial dos factos). É o que resulta da própria necessidade de enquadrar a história com aparência de crime de uma forma apropriada e lógica. Há narrativas mais simples e outras mais intrincadas, todavia, em todo o caso, o processo penal tem mecanismos próprios dedicados à flutuação dos factos que permitem estabilizá-los do início à decisão final (o "objecto do processo"), dando importantes garantias aos sujeitos processuais.

Em quarto lugar, como característica incontornável, temos a própria linguagem utilizada para descrever os factos. Parece essencial que se afigure uma linguagem orientada para o entendimento e que seja suficientemente diversificada para exprimir todas as possibilidades da interacção humana em sociedade, estando também aberta a novas "possibilidades do ser" e ao "renovado dizer" (M. FARIA BLANC). Mesmo que se caracterize como uma linguagem marcadamente pré-típica ou depurada de um significado jurídico-penal-substantivo, temos que admitir que há sempre expressões que remetem para instituições, conceitos teóricos, técnicos ou até jurídicos. Este sistema linguístico concretiza-se sobretudo por ser *escrito,* oferecendo uma certa segurança quando à comunicação entre intervenientes processuais, realizando, assim também, as garantias da justiça criminal.

Aqui chegados, pode-se dizer que o principal problema identificado neste primeiro capítulo começou neste segmento dedicado à linguagem dos factos. Resultaram sérias dúvidas quanto ao facto de se utilizar uma linguagem na terceira pessoa gramatical para descrever *realidades não observáveis do mundo interior das pessoas*: "ele sabia", "ele queria", "ele tinha a intenção", "ele conformou-se", etc. E isto porque, aparentemente, a narrativa dos processos internos de um agente, não acessíveis à observação, afigura-se *especulativa, abusiva e conclusiva.* A pergunta que se levantou foi a seguinte: como podem os "acontecimentos mentais" fazer parte da linguagem e da matéria descritiva dos factos?

O princípio de resposta passou pelo problema da *prova dos factos,* mais uma das características das narrativas processuais. Para o efeito, assumimos uma disposição maniqueísta ao separar a realidade objectiva da realidade subjectiva. A primeira seria aquela a partir da qual se narra a realidade sensorial do mundo exterior, com todos os seus aspectos físicos possíveis, onde são perceptíveis o agente, os seus comportamentos, as coisas ou qualquer manifestação externa de uma realidade social disponível para todos. A segunda, pelo contrário, já seria a realidade inteligível, pertencente ao mundo interior das pessoas, onde vivem todas as manifestações internas que passam pelas suas cabeças: a "consciência", a "intenção", a "vontade", o "motivo", a "conformação" e assim por diante. Ambas as realidades, porque decorrentes de uma narrativa processual dos factos, foram representadas como individuais, concretas e agregadoras de todas as restantes características já elencadas, não havendo pretensões de descrever os acontecimentos "tal como aconteceram" – aos olhos de um "Deus" ou de uma filosofia da realidade-verdade absoluta. Sendo certo que a prova da realidade que chamamos "objectiva" está dotada de processos de verificação mais confiáveis e acessíveis do que a prova da realidade "subjectiva".

**iii)** No que diz respeito à realidade objectiva, não há dúvida que a experiência científica, particularmente a prova pericial, oferece um substrato mais científico, objectivo e racional às alegações dos acontecimentos do mundo exterior. Com a avaliação e experimentação científicas, muitos dos factos alegados das possibilidades do mundo sensorial deixam de pertencer ao domínio do especulativo-subjectivo e passam a ser partilháveis e a estar disponíveis para todos, conferindo-lhes um *fundamento empírico* – e não religioso, filosófico ou ficcional. Foram dados vários exemplos a respeito. A explicação científica, interdisciplinar, apoiada na tecnologia e na possibilidade de analisar macrorrealidades e microrrealidades, tem potencial para afastar a dúvida da autoridade judiciária acerca de um acontecimento passado da realidade sensorial. Portanto, a ciência é um incontestável sistema de referências válido para explicar e comprovar o que acontece no mundo exterior.

Sem embargo da validade das ciências das perícias, é sabido que as verdades científicas também se desenvolvem ao ponto de convergirem, concorrerem ou contradizerem uma às outras, estando também sujeitas a uma escolha que melhor se adeque aos factos em concretos – o que poderá depender de uma tomada de posição crítica de quem as pretende comprovar. Não há uma verdade única e absoluta enquanto a prova da realidade depender de hipóteses ou teorias científicas. O processo penal, nesse aspecto, está aberto à argumentação, à fundamentação e à impugnação. Mais do que isso: *está aberto às transformações e aos fenómenos sociais que determinam as relações intersubjectivas entre pessoas, com coisas e animais.* Assim, a comprovação processual da realidade objectiva, na realização concreta do direito penal, não se afigura uma comprovação absolutamente dependente de um positivismo metódico ou de um cientismo formalista. Em muitos casos, é necessário avocar as regras da experiência e a livre convicção, baseadas num certo "saber empírico" que decorre da prática quotidiana do mundo intersubjectivo, como forma de comprovar e fundamentar, com um "racionalismo crítico", a matéria de facto alegada. Particularmente nas situações em que não há vestígios depois dos acontecimentos, o saber prático poderá depender, nomeadamente, da fundamentação crítica à prova indirecta e à prova testemunhal, como forma de dar como provados ou não provados os factos da realidade do mundo exterior. Significa isto que, mesmo a realidade que denominamos "objectiva", intersubjectiva e disponível sensorialmente para todos, não está isenta de dificuldades de comprovação.

**iv)** Por outra parte – e aqui está o epicentro do principal problema do capítulo primeiro da primeira parte da nossa tese –, surgem sérias dificuldades na forma como se comprovam as manifestações inteligíveis das pessoas, no seu mundo interior. E isto, também, porque a perspectiva do processo penal é uma perspetiva do exterior ou do terceiro observador, inversamente ao ponto de vista interno de quem experimenta os estados intelectuais e volitivos. Ora, a questão principal é justamente o facto de o mundo interior do agente, "radicalmente pessoal, singular e intransmissível" (António Braz Teixeira), não ser directamente acessível ao narrador-observador. A experiência científica ainda não tem o poder de ler a mente do suspeito da prática de um crime, havendo sérias limitações em relação ao estudo da consciência. São conhecidas, particularmente no processo penal, as fórmulas inaceitáveis que foram sendo utilizadas ao longo do tempo para procurar obter uma versão dos acontecimentos encapsulados na mente humana – p. ex., a tortura, o soro da verdade, a hipnose, o detector de mentiras, a anatomia do agente ou, ainda, a eventual origem genética das tendências criminosas. Hoje temos poucas dúvidas em afirmar que a confissão realizada de livre vontade, nos casos pontuais em que é realizada e depois de judicialmente comprovada, será a forma mais privilegiada de saber o que se passou no caso concreto à luz do mundo interior do agente. O que também está estreitamente relacionado com as restrições impostas pelos *métodos proibidos de prova*. É verdade que podemos olhar para o futuro e admitir que a ciência e a técnica terão instrumentos ou fórmulas capazes de obter versões aproximadas dos processos internos de uma pessoa. Mas, não obstante, a natureza do processo penal – pelo menos, considerando a sua actual natureza – não deixará de levantar problemas relacionados com o consentimento, com o direito ao silêncio ou com outros direitos, liberdades e garantias próprios dos suspeitos ou arguidos em Estado de Direito. Resta, então, para delimitar a realidade subjectiva do agente, a perspectiva que mais caracteriza o processo penal: *a perspectiva publicista e intersubjectiva do terceiro observador*.

É efectivamente a partir dos dados ou factos exteriores da realidade objectiva que se chegam a importantes conclusões acerca dos processos internos de uma pessoa, especialmente em relação aos elementos subjectivos de um específico tipo legal de crime. Não se podem comprovar os factos mentais, como os alegados nas narrativas processuais, sem comprovar, primeiro e anteriormente, os factos da realidade objectiva que lhes sirvam de fundamento. Ou seja: o mundo interno do agente é deduzido a partir de certas manifestações exteriores do caso concreto, num enquadramento espácio-temporal e histórico-social. É como se estivéssemos perante a fórmula "se «x» então «y»", em que "x" é a realidade objectiva e "y" a realidade subjectiva do agente. O que poderá significar, no fundo, que "y" é uma inferência de "x" e que a realidade "y" decorre da ligação com a realidade comprovada "x".

Aí está o cerne da questão. No prisma do processo penal, a "intenção", a "consciência", "vontade", a "conformação", o "motivo", entre outras manifestações subjectivas, não são, nem podem ser, manifestações na primeira pessoa ou "factos mentais" encapsulados no interior do agente. Não é o acesso privilegiado do agente aos fenómenos "mentalísticos" que está em causa (não obstante a possibilidade de confissão). São as manifestações dos estados mentais, vistas na óptica da terceira pessoa, que devem estar de alguma forma exteriorizadas nas descrições dos factos, como *manifestações externas*. São as próprias exigências do processo penal que assim determinam. Caso assim não entendêssemos, as proposições subjectivas que constam normalmente na matéria de facto seriam proposições inadmissíveis por se afigurarem meramente *conclusivas*: "o arguido agiu livre e conscientemente..."; "o arguido agiu com a intenção de..."; "o arguido tinha consciência que tal conduta era proibida e punida por lei"; "o arguido agiu de uma forma desatenta e descuidada, agindo sem observar a prudência e diligência a que estava obrigado e de que era capaz".

Com o que fica dito, poder-se-á dizer com segurança que *a comprovação daquilo que denominámos realidade subjectiva do agente depende directamente do que o próprio desvenda no mundo exterior das interacções com outras pessoas, coisas e animais, onde se estabelecem os contextos individuais-concretos, espácio-temporais e histórico-sociais*. Portanto, os verdadeiros "factos", os únicos que têm uma natureza acentuadamente *descritiva* dos acontecimentos, estão circunscritos às narrativas das manifestações externas da realidade objectiva, social, intersubjectiva, sensorial ou física, porque apenas essa realidade pode ser descrita de uma forma relativamente directa. A partir daqui podemos admitir que essas mesmas manifestações exteriores podem ter várias camadas de significado, inclusivamente relacionadas com o mundo interior de uma pessoa.

É certo que ao concluir neste sentido corremos o risco de olhar para o agente como um fantasma dentro de uma máquina, entrando na metáfora mecanicista, em que o comportamento descrito do agente seria sempre um reflexo do seu estado mental e interior. Além do mais, ao concluir neste sentido estaríamos – aparentemente – a retroceder no tempo e a denegar o estudo dos problemas que foram surgindo na história do direito penal substantivo e que contribuíram marcadamente para a sua evolução[226]. Mas, reiteramos, o *processo de fundamentação* dos factos e dos comportamentos, no âmbito do processo penal, é um dos pressupostos específicos que permitem rejeitar aquela metáfora mecanicista. É no capítulo terceiro que vamos procurar esclarecer como se conjugam as narrativas processuais dos factos com os restantes pressupostos de direito. Para já vamos olhar para um desses pressupostos: a tipicidade e, mais especificamente, o tipo de conduta.

[226] Cfr., *infra*, cap. IV, Parte I.

# Capítulo II
# O tipo de conduta previsto ou implícito na norma jurídico-penal

## 1. Pressupostos gerais: a incriminação e o legislador

Como já defendemos, a realização concreta do direito penal, que começa por depender da função jurisdicional das autoridades judiciárias e do processo penal para averiguar os factos, é também o meio próprio para decidir *a inocência de uma pessoa*. O Código Penal, na prática judiciária, não é apenas um instrumento que se caracteriza pelas normas de sanção ou pela aplicação das consequências jurídicas do crime[227]. O despacho de

[227] No lado oposto aos "factos", no horizonte da incriminação prevista na lei, podemos questionar a razão pela qual o "Código Penal" não se denomina "Código Criminal". A questão é meramente teórica: naquela designação parece haver um especial enfoque nas "penas" e não nos "crimes", como se estivéssemos perante legislação cujo conteúdo das normas se caracteriza sobretudo a partir da estatuição-repressão do poder punitivo do Estado, ao serviço exclusivo das consequências jurídicas do crime. Poder-se-ia argumentar que, com o "Código Penal", as normas jurídicas exprimem-se e diferenciam-se das outras através da tipicidade das penas, deixando para segundo plano a tipicidade das condutas e, mais importante ainda, o tipo de *ilícito*. Uma questão que pode ser ultrapassada se considerarmos que a leitura do termo "penal" não pode ser a mesma de há uns séculos. As finalidades das penas passam hoje por proteger bens jurídicos e reintegrar o agente na sociedade, ficando mais claro que a perspectiva "penal" não impõe somente consequências jurídicas ao crime, como a pena de prisão ou a pena de multa, mas também se encarrega da *prevenção do crime*. Com a tipicidade das penas não se resolveu apenas um problema dogmático, mas também se realizou um importante objectivo de política criminal: *a dissuasão da prática de certas condutas* (nestes termos, António Manuel Hespanha, "A evolução da doutrina e do ensino do direito penal em Portugal, C. 1800-C.1910", *in: Quaderni Fiorentini per la storia del pensiero giuridico moderno: principio di legalità e diritto penale* (per Mario Sbriccoli), tomo I, Milano: Giuffrè Editore, 2007, p. 441). Por essa razão, o direito de punir e os fins das penas sempre fizeram parte das preocupações dos filósofos, políticos ou juristas, numa discussão que tem efectivamente um longo

arquivamento, o despacho de não pronúncia ou a sentença de absolvição são exemplos derradeiros de que as *normas penais podem ser delimitadas a favor de quem não praticou um crime, não se lhes impondo qualquer pena ou medida de segurança*. O tipo incriminador é também, digamos assim, o tipo absolvedor, pois permite dizer o que é crime e o que não é crime. São inúmeras as decisões de jurisprudência no sentido de que, no caso concreto, certos comportamentos não constituem crime à luz da demarcação específica da previsão de uma norma jurídico-penal: "não constitui um crime de..." ou "não comete o crime de..." o arguido que actuou ou não actuou

percurso histórico. Bem patente nas obras de ilustres como Cesare Beccaria, *Dos Delitos e das Penas... op. cit.*, e Michel Foucault, *Vigiar e Punir. Nascimento da Prisão* (trad. Pedro Elói Duarte), Lisboa: Edições 70, 2013 [orig. 1975].

Também de interesse para a realidade histórica portuguesa das penas é a "Introdução ao Ensaio de Código Criminal" em Pascoal José de Mello Freire, *Ensaio do Codigo Criminal: a que mandou proceder a Rainha Fidelissima D. Maria I.*, Lisboa: Typ. Maigrense, 1823, com um "humanismo" próprio e sem precedentes em Portugal. Os princípios de um tal "filosofia", mais tarde, estavam presentes no espírito de Basílio Alberto de Sousa Pinto, *Lições de Direito Criminal Portuguez: redigidas segundo as prelecções oraes...*, Coimbra: Imprensa da Universidade, 1861, p. III: " Em logar de se empregar em escogitar penas para intimidar e affligir a humanidade, como em outro tempo, emprega-se em as proporcionar ao delicto, e em os escolher taes, que possam conseguir, não só a repressão, senão tambem a moralisação do delinquente, restituindo á sociedade, em logar d'um inimigo, um cidadão, que lhe póde pagar em serviços uteis o prejuízo, que lhe causou com acções nocivas e prejudiciaes.".

Por outro lado, também está afastado o problema de a expressão "penal" não abarcar as "medidas de segurança" – razão pela qual Eduardo Correia, *Direito Criminal*, tomo I, reimp., Coimbra: Livraria Almedina, 1971, pp. 1-2, terá optado no seu manual pela expressão "Direito Criminal" ao invés da expressão "Direito Penal" – uma vez que, pelo menos materialmente, é possível reconhecer-lhes uma natureza penal. Aprofundadamente, Maria João Antunes, *Medida de Segurança de Internamento e Facto de Inimputável em Razão de Anomalia Psíquica*, Coimbra: Coimbra Editora, 2002, pp. 91-101. A ideia de que o "penal" deve prevalecer face ao "criminal" é decisivamente sublinhada a partir das *valorações político-criminais* de um sistema que actualmente se orienta e exprime nas próprias consequências jurídicas ("no resultado"), conforme Jorge de Figueiredo Dias, *Direito Penal: Parte Geral*, tomo I, Questões Fundamentais, a Doutrina Geral do Crime, 2.ª edição, reimp., Coimbra: Coimbra Editora, 2011, p. 5. Não há dúvida que faz sentido que chamemos "Código Penal" a um conjunto de *normas de conduta* que foram valoradas político-criminalmente com uma estatuição que implica uma pena ou medida de segurança – e não, p. ex., uma coima –, sendo por isso caracterizadas como normas "penais" com finalidades, também elas, preventivas (gerais e especiais) em relação a determinadas condutas.

"neste" ou "naquele" determinado sentido, considerando ou não "este" ou "aquele" resultado. Na prática, aliás, o princípio da presunção de inocência terá de se conciliar com a legislação do Estado que se caracteriza e distingue das restantes pelas "penas disponíveis". Uma tensão que nos remete, de alguma forma, para o confronto entre a tarefa de investigar e o respeito pelos direitos, liberdades e garantias pessoais, assim como para o confronto entre a busca da verdade e a protecção do indivíduo, enquanto antinomias próprias do sistema penal[228]. Isto para relembrar que os tipos de crime tratados pela práxis judiciária começam por ser, num primeiro momento, *normas de conduta* fundamentadas na ilicitude e nos próprios bens jurídicos protegidos[229] ("Código Criminal"). Só depois, no caso eventual de os factos constituírem crime, é que o juiz procura aplicar a pena ou medida de segurança, isto é, as *normas de sanção* fundamentadas em certas consequências ("Código Penal").

É precisamente naquele primeiro momento que se encontram disposições cuja tipicidade prevê *a incriminação de condutas*. São condutas às quais lhes podemos atribuir um sentido formal por se encontrarem previstas ou pressupostas pelo tipo de crime, isto é, fechadas numa abstrata normatividade delimitada pelo legislador. Vamos denominá-las, doravante, "tipos de conduta".

O tipo de conduta faz parte do sistema geral e abstracto das normas. Se procurarmos destacá-lo e isolá-lo dos restantes elementos objectivos do tipo, podemos deparar-nos com as mais diversas modalidades: "matar", "ofender", "prender", "injuriar", "se introduzir", "abrir", "subtrair", "danificar", "fabricar" ou "provocar". Teremos oportunidade de verificar que a incriminação pressupõe sempre uma conduta, não obstante a sua qualificação como crime de mera actividade (p. ex. "quem se introduzir") ou como crime de resultado (p. ex. "quem matar"[230]). Caso acrescentemos

[228] Uma tensão que estudámos e comentámos em concreto no caso do sigilo bancário e dos conhecimentos de investigação em processo penal, em Pedro Sá Machado, "Sigilo Bancário e Conhecimentos de Investigação em Processo Penal", *RPCC, op. cit.*

[229] Veja-se o raciocínio em José de Faria Costa, *Noções Fundamentais de Direito Penal (fragmenta iuris poenalis)*, 3.ª edição, Coimbra: Coimbra Editora, 2012, pp. 177-178

[230] Como ilustra Julian Baggini, *As Fronteiras da Razão..., op. cit.*, pp. 30-31, se a vítima tem uma bala no coração, pressupomos que foi morta a tiro, a menos que tenhamos muito boas razões para pensar de outro modo.

àqueles exemplos o "objecto da conduta", previsto nas mesmas normas, o tipo de conduta ganha outro sentido literal: "matar *outra pessoa*", "ofender o corpo *de outra pessoa*", "prender *outra pessoa*", "injuriar *outra pessoa*", "se introduzir *na habitação de outra pessoa*", "abrir *carta que se encontra fechada*", "subtrair *coisa móvel alheia*", "danificar *coisa alheia*", "fabricar *documento falso*" ou "provocar *incêndio em terreno ocupado com floresta*". Aos tipos de conduta e ao objecto de conduta somam-se outros elementos objectivos e subjectivos presentes na tipicidade.

Em geral, encontramo-nos novamente com um discurso na terceira pessoa gramatical, com a substancial diferença, em relação à narrativa processual dos factos, de se tratar de um *discurso intencionalmente normativo realizado pelo legislador*[231]. É em virtude do princípio da legalidade que o tipo de conduta se encontra cristalizado na norma legal, o que sugere prontamente uma certa segurança jurídica[232]. As narrativas dos factos flutuam constantemente nas várias possibilidades da vida em sociedade, ao passo que o tipo de conduta, *lege lata*, encontra-se relativamente firme e seguro nas expectativas escritas do sistema normativo, como um "quadro de referência" (Umberto Eco[233]). Na perspectiva da realização concreta do direito, estamos perante a "matéria prima" de que nos falava A. Kau-

[231] Confluindo numa "justiça protectiva", cfr. António Castanheira Neves, *Digesta: escritos acerca do direito, do pensamento jurídico, da sua metodologia e outros*, vol. 1.º, Coimbra: Coimbra Editora: 1995, p. 406 ("o princípio da legalidade criminal"). Para uma abordagem acerca da narrativa, agora, no mundo da juridicidade, veja-se José de Faria Costa, "O Direito Penal, a Linguagem e o Mundo Globalizado. Babel ou Esperanto Universal?", *Direito Penal e Política Criminal no Terceiro Milênio: Perspectivas e Tendências* (org. Fabio Roberto D´Avila), Porto Alegre: Edipucrs, 2011, pp. 11 e ss.

[232] O que não implica, como veremos, a suficiência da normatividade legal para realizar o direito. Sobre a segurança realizada através das normas, António Cortês, *Jurisprudência dos Princípios, op. cit.*, pp. 274-277; e Winfried Hassemer, "Sistema jurídico e codificação: a vinculação do juiz à lei", *in:* AA.VV., *Introdução à Filosofia do Direito e à Teoria do Direito Contemporâneas* (trad. Marcos Keel/Manuel Seca de Oliveira), org. A. Kaufmann/W. Hassemer, 3.ª edição, Lisboa: Fundação Calouste Gulbenkian, 2015 [orig. 1994], pp. 281-301

[233] Seguindo a lógica de Umberto Eco, *Semiótica e Filosofia da Linguagem, op. cit.*, p. 55: "A questão é evidente, a acumulação de signos ostensivos não esclarece por mera indução o significado do termo, se não houver um quadro de referência, uma metalinguística (ou melhor, metassemiótica) de certa forma expressa, que diga segundo qual regra se de entender a ostensão.".

FMANN. Esta "matéria prima" está legitimada por um importante fundamento político decorrente do princípio da reserva de lei. Comecemos por aí.

## 2. Limites à criminalização de condutas[234]

Ficou explícito nas considerações anteriores que é o legislador que tem o poder de tipificar as condutas gerais e abstractas na incriminação da norma jurídico-penal. No plano vertical em que se encontra o poder legislativo, surge naturalmente uma primeira e importante questão relacionada com os limites impostos à criminalização de condutas. Em Portugal, é um facto que a definição dos crimes é da exclusiva competência da Assembleia da República. Poderíamos assim pensar que o princípio da reserva de lei e as trocas eleitorais estão associadas ao alargamento quantitativo das condutas criminosas, ao ideologicamente difuso, ao simbólico, ou, no extremo, ao intoleravelmente autoritário para a autonomia e liberdade das pessoas[235]. As normas jurídico-penais seriam, nesse caso, permeáveis aos fins políticos, admitindo um *funcionalismo político* com um programa orientado "por uma intenção expressa de politicização da juridicidade" – nas palavras de A. Castanheira Neves[236]. Importa então perguntar quais são, afinal, os limites à criminalização das condutas. O problema disposto nestes termos tem depois potencial para se agudizar perante o desafio em articular as políticas criminais portuguesa, da União Europeia e do Conselho da Europa. Fica uma segunda pergunta: há limites à intervenção legislativa europeia que salvaguardem a legislação penal e os interesses fundamentais do Estado português em matéria criminal?

[234] Uma versão anterior do que se expõe neste segmento de estudo consta no nosso Pedro Sá Machado, "Dos limites à política criminal no contexto jurídico-penal português: algumas questões fundamentais", *in:* AA. VV., *Direito Penal e Constituição: diálogos entre Brasil e Portugal* (org. Maria João Antunes/Fabio Roberto D'Avila/Cláudia Cruz Santos/Nereu Giacomolli), Boutique Jurídica, Cdg Edições e Publicações, 2018, pp. 359-396

[235] Cfr. Massimo Donini, *Il volto attuale dell'illecito penale: la democrazia penale tra differenziazione e sussidarietà*, Quaderni di diritto penale comparato, Internazionale ed europeo, Milano: Giuffre Editore, 2004, p. 70; e Francesco Palazzo, "Direito Penal e Constituição na experiência italiana", *RPCC*, n.º 9, Coimbra: Coimbra Editora, 1999, p. 44

[236] António Castanheira Neves, "Entre o «Legislador», a «Sociedade» e o «Juiz»...", *op. cit.*, p. 26.

## 2.1. Limites à política criminal portuguesa

No que diz respeito em exclusivo à política criminal portuguesa, há duas matérias incontornáveis que devem ser tratadas para compreender os limites à incriminação de condutas: a "Constituição" e os "bens jurídicos".

Desde há muito se reconhece que a política criminal portuguesa está subordinada a um *princípio da constitucionalidade*[237]. Os "princípios fundamentais", os "direitos, liberdades e garantias" e as mais diversas disposições legais de "direito constitucional penal"[238], são limites escritos da CRP que devem ser respeitados pelo legislador. Depois, para além das normas jurídicas expressas, o TC português admitiu e adoptou, entre outros princípios, o "princípio jurídico-constitucional do direito penal do bem jurídico" como um dos parâmetros fundamentais de controlo da constitucionalidade de normas penais[239]. É uma noção de "bem jurídico" com objectivos críticos, materiais ou político-criminais, como forma de avaliar a legitimidade das normas jurídico-penais e da própria criminalização de condutas[240].

[237] Cfr. o disposto no Artigo 3°, n. 3, da CRP.

[238] Cfr., p. ex., a disposição dos artigos 24.°, n.° 2, 25.°, n.° 2, 29.°, n.°s 1 a 4, 30.° e 164.°, n.° 1, al. c), CRP.

[239] Para além de ter adoptado também o princípio jurídico-constitucional da culpa e o princípio jurídico-constitucional da proporcionalidade das sanções penais. Com jurisprudência constitucional para fundamentar cada princípio, Maria João Antunes, "Direito Penal, Direito processual penal e Direito da execução das sanções privativas da liberdade e jurisprudência constitucional", *Revista Julgar*, n.° 21, Coimbra: Coimbra Editora, 2014, pp. 90-98. Cfr., ainda, Jorge de Figueiredo Dias, "O «Direito Penal do bem jurídico» como princípio jurídico-constitucional: da doutrina penal, da jurisprudência constitucional e das suas relações", *in:* XXV *Anos de Jurisprudência Constitucional Portuguesa: Colóquio comemorativo do XXV aniversário do Tribunal Constitucional*, Coimbra: Coimbra Editora, 2009, pp. 36 e ss.

[240] Diferente de uma noção de "bem jurídico" qualificada como formal, dogmática e imanente ao sistema, como forma de expressar o objecto imediato de protecção da norma penal. Assim, Juan Antonio Lascuraín, "Bem jurídico e objecto protegível" (trad. Pedro Sá Machado), *in:* AA.VV., *Estudos em Homenagem ao Prof. Doutor Manuel da Costa Andrade*, vol. I, Boletim da Faculdade de Direito, Coimbra: Instituto Jurídico, 2017, pp. 717-718, com referências bibliográficas nota (2). Cfr., também, sobre a autonomia do princípio do bem jurídico-penal, Anabela Rodrigues, "Direito Penal e Constituição – o que resta do conceito de bem jurídico-penal?", *Homenagem ao Professor Doutor Germano Marques da Silva*, volume I, Lisboa: Universidade Católica Editora, 2020, pp. 161-163

Um exemplo bem elucidativo destes limites explícitos e implícitos de ordem constitucional resultou do regime – que até ao momento não entrou em vigor – do *crime de enriquecimento ilícito ou injustificado*. O TC entendeu o seguinte, perante o tipo de conduta "adquirir, possuir ou detiver" e o objecto da conduta "...património, sem origem lícita determinada, incompatível com os seus rendimentos e bens legítimos...":

> "...a construção do tipo não permite a identificação da acção ou omissão que é proibida, com o que fica violada a exigência de determinação típica do artigo 29.º, n.º 1 da Constituição, que é do seguinte teor, na parte relevante: «Ninguém pode ser sentenciado criminalmente senão em virtude de lei anterior que declare punível a acção ou omissão...»"[241].

Numa segunda decisão, face a uma diferente proposta do legislador, o TC avocou limites *implícitos* à Constituição através do princípio jurídico-constitucional do direito penal do bem jurídico:

> "... perante esta formulação do tipo incriminador torna-se igualmente impossível divisar qual seja o bem jurídico digno de tutela penal que justifica a incriminação. Particularmente, torna-se manifestamente impossível nele (no tipo) divisar a prossecução daquele bem, dotado da mais intensa dignidade porque da mais intensa refração na ordem axiológica da Constituição, que o próprio legislador, no caso, diz ter prosseguido"[242].

Admitindo a existência de limites explícitos e implícitos de ordem constitucional à criminalização de condutas, podemos prever um legislador português mais ou menos comprometido com a sua discricionariedade, antevendo uma atitude puramente procedimental, uma atitude puramente material ou, ainda, uma atitude mais moderada face ao ordenamento jurídico-constitucional.

**i)** Uma atitude *puramente procedimental* perante a Constituição, a partir da qual o legislador unicamente se assegura das suas competências formais decorrentes do princípio da reserva de lei, oferece uma extensa

[241] Acórdão do Tribunal Constitucional n.º 179/2012, proc. n.º 182/12

[242] Acórdão do Tribunal Constitucional n.º 377/2015, proc. n.º 658/2015

margem de discricionariedade político-criminal[243]. Nesse caso, a Constituição e, particularmente, os direitos fundamentais, não vinculam de forma alguma a decisão de configurar o ordenamento jurídico-penal. O legislador terá uma substancial autonomia para definir os crimes e os tipos de conduta, justamente devido ao seu mandato democrático que comporta o dinamismo próprio das exigências de política criminal quotidiana, com todas as vicissitudes políticas, institucionais, conjunturais, sociais ou culturais[244]. Poder-se-á falar num "dualismo" entre a ordem jurídico-constitucional e a ordem jurídico-penal. No fundo, *da constituição não se deduz nenhum conteúdo pré-determinado das normas jurídico-penais*. Com esta posição legislativa, poderá ser importante pôr mão na fiscalização preventiva e sucessiva da constitucionalidade, para quem de legitimidade processual activa – Presidente da República, Provedor de Justiça, Ministério Público, juiz, etc.

**ii)** Uma atitude *puramente material* perante a Constituição, no extremo oposto, limitará a margem de discricionariedade ao legislador[245]. Nesse sentido, especialmente através dos direitos fundamentais, seriam interpretáveis proibições de criminalização, obrigações constitucionais expressas de tutela penal (mandatos de criminalização) e obrigações constitucionais implícitas de tutela penal. A margem de acção político-criminal estaria expressa ou implicitamente mandatada na Constituição, variável consoante a dimensão axiológica dos bens jurídico-constitucionais em causa, susceptíveis ou não de reclamar tutela penal. A partir daqui a ordem jurídico-penal não terá autonomia e verificar-se-á uma unidade substancial ou um "monismo" com a Constituição[246]. Por assim

[243] Raciocínio a partir do "modelo puramente procedimental" de Constituição pensado por Robert Alexy, "Epílogo a la teoria de los derechos fundamentales" (trad. Carlos Bernal Pulido), *Revista Española de Derecho Constitucional*, ano 22, n.º 66, Madrid: Centro de Estudios Políticos y Constitucionales, 2002, pp. 19-20

[244] Cfr. Francesco Palazzo, "Direito Penal e Constituição...", *op. cit.*, pp. 31-32 e 34, quando menciona a experiência Italiana e as "exigências contingentes da política criminal quotidiana".

[245] Raciocínio a partir do "modelo puramente material" explanado por Robert Alexy, "Epílogo a la teoria de los derechos fundamentales", *op. cit.*, pp. 20-21

[246] Cfr. Francesco Palazzo, "Direito Penal e Constituição...", *op. cit.*, p. 31

ser, com esta forma de ver as coisas, *da Constituição deduz-se todo o conteúdo das normas jurídico-penais*[247].

Com o que estamos perante dois extremos.

### 2.1.1. Dualismo entre a ordem jurídico-penal e a ordem jurídico--constitucional

Argumento a favor de um "dualismo" entre ordem jurídico-penal e ordem jurídico-constitucional, é o facto de o legislador ordinário assumir uma determinada autonomia para definir os critérios de configuração próprios das normas penais, cujas opções são relativamente estranhas às directivas constitucionais. Basta pensar nas possibilidades do legislador no momento de escolher os tipos de conduta adequados a tutelar o bem jurídico, interrogando-se: "crime de dano ou crime perigo?", "crime de execução vinculada ou crime execução livre?", "crime de mera actividade ou crime de resultado?", "crime doloso ou crime negligente?", e assim por diante. Pode-se dizer que o legislador português tem alguma *margem discricionária para a fixação dos meios* a partir dos quais pretende tutelar um determinado bem jurídico[248].

Um outro sinal que nos aproxima de um "dualismo" decorre do próprio dinamismo legislativo. A "estabilidade" da Constituição da República Portuguesa é visível nas sete revisões realizadas desde o ano de 1976, ao passo que actualmente vigora a 51.ª versão do CP de 1995 – uma *"realidade criminológica em constante mutação"*[249]. Acresce depois a visível expansão do direito penal secundário, tradicionalmente associado aos direitos económicos, sociais e culturais, cujas pretensões parecem,

[247] Considere-se António Castanheira Neves, *Teoria do Direito*, Lições proferidas no ano lectivo de 1998-1999, Coimbra: Universidade de Coimbra, 1998, p. 120: "À Constituição caberia hoje definir o projecto-social-jurídico das sociedades independentes (politicamente independentes) e o direito não seria mais do que o global sistema normativo em que esse projecto se assumiria e se haveria de realizar."

[248] Aquilo que Robert Alexy, "Epílogo a la teoria de los derechos fundamentales", *op. cit.*, pp. 24-25, denomina "margem para a eleição dos meios" no âmbito da "margem de acção estrutural" do legislador.

[249] Como consta no próprio preâmbulo do Código Penal de 1995.

de igual forma, extravasar o positivismo constitucional[250]. Com ritmos diferentes, o quadro de valores tenderá, naturalmente, a afastar-se. Os direitos fundamentais mantêm-se relativamente "rígidos" e só uma nova dimensão polissémica ou um espírito constituinte desdobrado acompanha a proliferação dos bens jurídico-penais.

Por outro lado, é inegável que quando nos debruçamos sobre os tipos de crime de homicídio, ofensas à integridade física, sequestro ou dano, por se afigurarem evidentes quanto ao objecto de protecção, encontramos uma coincidência com certos direitos fundamentais. E muitos outros exemplos seriam igualmente evidentes. Mesmo assim, podemos defender que é a doutrina, *a posteriori*, a primeira responsável pelo esforço de fazer convergir os bens jurídicos protegidos pela lei penal com a ordem jurídico-constitucional, e não o legislador no momento em que decide criminalizar. Dado o generoso catálogo de direitos fundamentais disponibilizado pela Constituição, inclusivamente promovendo a analogia[251], haverá congruência dos interesses que merecem protecção, na óptica da política criminal, com os interesses constitucionalmente relevantes, explícitos ou implícitos. Nesta ordem de ideias, difícil é encontrar interesses do indivíduo ou da sociedade que não sejam relacionáveis, de alguma forma, com os bens constitucionalmente protegidos.

No entanto, mais aproximados da posição "dualista", dir-se-á que o mandato democrático do legislador penal decorre das exigências político-criminais quotidianas e não implica uma tutela de interesses com importância fundamental-constitucional, nem mesmo de uma forma implícita ou indirecta. O que não significa uma actuação ilegítima à luz dos interesses dos indivíduos ou da comunidade, precisamente por haver um *consenso generalizado acerca da desaprovação das condutas* que o legisla-

[250] P. ex., só no Código de Propriedade Industrial (aprovado pelo DL n.º 36/2003, de 5 de Março) estão presentes oito tipos de crime diferentes (cfr. 321.º a 328.º) com mais de vinte tipos de conduta diferentes.

[251] Veja-se, J. J. Gomes Canotilho/Vital Moreira, *Constituição da República Portuguesa Anotada*, vol. I , 4.ª edição revista, Coimbra: Coimbra Editora, 2007, p. 376, na anotação artigo 17.º, "Afigura-se, porém que, havendo direitos fundamentais fora da Constituição, nada impede que aqueles que detenham natureza análoga aos direitos, liberdades e garantias constitucionais possam beneficiar do respectivo regime constitucional, naquilo que não seja incompatível justamente com a usa qualidade infraconstitucional".

dor ordinário, na interpretação do seu mandato democrático, entendeu criminalizar[252]. Em causa estão determinados bens jurídicos interpretados por uma política-criminal conjuntural – de acordo com os contextos sociais, culturais, globais, etc. – cuja legitimidade resulta de uma autêntica permuta do consenso constitucional, plasmado nos direitos fundamentais, pelo consenso democrático decorrente dos interesses públicos ou privados socialmente relevantes num determinado momento histórico. Poderá ser um bom exemplo a criminalização das condutas contra os animais de companhia.

Estas aparentam ser razões a favor de um legislador que não está vinculado ao âmbito dos direitos fundamentais aquando da escolha dos bens jurídico-penais a tutelar e das respectivas condutas a criminalizar.

Não obstante a falta de referentes axiológico-fundamentais desta última forma de ver o problema, alguma doutrina tem vindo a admitir uma tal perspectiva de forma relativamente moderada[253]. Particularmente representativa, entre nós, é a posição de J. Faria Costa. Na sua óptica, não há necessariamente uma coincidência de valores protegidos entre a ordem jurídico-constitucional e a ordem jurídico-penal, pelo que o legislador não tem de ficar "acorrentado" à ordem de valores consti-

[252] Em sentido próximo, Klaus Tiedemann, "Constitucion y derecho penal" (trad. Luis Arroyo Zapatero), *Revista Española de Derecho Constitucional*, año 11, n.º 33, Madrid: Centro de Estudios Políticos y Constitucionales, 1991, p. 168

[253] Em Espanha, Santiago Mir Puig, *Bases Constitucionales del Derecho Penal*, Biblioteca Básica de Derecho Penal y Ciencias Penales, Madrid: Iustel, 2011, pp. 114-115, "Esto no significa que sólo los derechos fundamentales reconocidos en la Constituición puedan constituir bienes merecedores de tutela penal", dando o exemplo do valor probatório dos documentos públicos (fé pública) que tem relevância penal, mas que não tem uma relação com a Constituição. Em Itália, Emilio Dolcini/Giorgio Marinucci, "Constituição e escolha dos bens jurídicos" (trad. José de Faria Costa), *RPCC*, ano 4, n.º 2, Coimbra: Coimbra Editora, 1994, pp. 169-170, "a nossa conclusão vai, portanto, no sentido de que a Constituição não impõe um limite geral ao legislador ordinário na escolha discricionária dos bens a tutelar penalmente: o legislador não está vinculado nesta escolha ao âmbito dos bens constitucionalmente relevantes". Na Alemanha, Klaus Tiedemann, "Constitucion y derecho penal", *op. cit.*, pp. 167-168, com a mesma posição, relembrando o âmbito do direito penal económico e do direito penal do ambiente. Em Portugal, é sabido, especialmente a questão do direito do ambiente não se coloca nos mesmos termos do que na Alemanha uma vez que o mesmo direito está previsto no artigo 66.º da CRP e integrado nos direitos e deveres sociais.

tucionalmente protegida, estando *excepcionalmente* autorizado a demarcar bens jurídico-penais sem correspondência imediata no texto constitucional[254]. Com isto sobeja alguma discricionariedade na ponderação dos interesses ou valores a tutelar: a política criminal não se encontra exclusivamente vinculada aos direitos fundamentais para escolher bens jurídicos com dignidade penal.

Em abstracto, faz sentido interrogar um "direito penal do bem jurídico" independente da ordem jurídico-constitucional de valores, ou seja, admitir um bem jurídico penalmente relevante que não se afigura constitucionalmente relevante. No entanto, pelo contrário, fará pouco sentido questionar uma lei penal desguarnecida da noção de "bem jurídico", *sobretudo enquanto padrão crítico do objecto que o legislador pretende proteger à luz dos interesses públicos ou privados reclamados pelo princípio democrático*[255]. Daí, também, a importância de uma definição clara e evidente do bem jurídico-penal concreto que se intenta tutelar. Se a nossa ideia passa por um legislador disciplinado em relação à criminalização das condutas – com vista a depurar a lei penal das imoralidades, do arbitrário, do exclusivamente ideológico ou do metafísico[256] –, então, teremos sempre que nos debruçar sobre a relevância social dos interesses da pessoa ou da comunidade candidatos a "bem jurídico-penal". Com isto pretendemos convergir, num primeiro desfecho, com as palavras de Klaus Tiedmann: "a ordem de valores jurídico-constitucional e a ordem legal jurídico-penal são espaços relativamente autónomos, que têm seus pressupostos respectivos em diferentes objectivos e finalidades do actuar humano, que mostram regulações diferenciadas e, em todo o caso, que a Constituição

[254] Assim, em José de Faria Costa, *O Perigo em Direito Penal (contributo para a sua fundamentação e compreensão dogmáticas)*, reimp., Coimbra: Coimbra Editora, 2000, pp. 189 e ss.; e José de Faria Costa "O princípio da igualdade, o direito penal e a constituição", *Revista de Legislação e de Jurisprudência*, ano 141, n.º 3974, Coimbra: Coimbra Editora, 2012, p. 284

[255] Essencial a leitura de Claus Roxin, "O conceito de bem jurídico como padrão crítico da norma penal posto à prova" (trad. Susana Aires de Sousa), *Revista Portuguesa de Ciência Criminal*, ano 23, n.º1, janeiro-março, Coimbra: Coimbra Editora, 2013

[256] Cfr. Manuel da Costa Andrade, "Constituição e Legitimação do Direito Penal", *in:* AA. VV., *Diálogos Constitucionais Brasil/Portugal* (org. António J. Avelãs Nunes/N. de Miranda Coutinho), Rio de Janeiro: Editora Renovar, 2004, p. 54

concede ao legislador ordinário uma ampla margem de liberdade para a configuração do ordenamento penal..."[257].

### 2.1.2. Monismo entre a ordem jurídico-penal e a ordem jurídico--constitucional

Para uma aproximação ao "monismo" entre a ordem jurídico-penal e a ordem jurídico-constitucional, a política criminal tem na Constituição uma importante base positivista que incontestavelmente a limita. Ao lado de princípios expressamente previstos, como a legalidade da intervenção penal, temos princípios ético-jurídicos como a igualdade e a proporcionalidade que se afiguram imprescindíveis para o cidadão no momento de se restringir o conteúdo de determinados direitos fundamentais[258]. Daí, também, a doutrina comummente referir-se a *proibições de incriminação constitucionais* ou a limites intransponíveis de natureza constitucional. Parece ter razão Massimo Donini quando assevera que o principal objectivo da aproximação constitucionalista é a redução do criminalmente relevante, com vista à efectivação do *princípio da última ratio* ou da *subsidiariedade*[259]. A partir desse raciocínio podemos retirar uma simples ilação: quanto mais nos aproximamos das garantias constitucionais dos cidadãos menos espaço discricionário adjudicamos à política criminal.

O ideal parece ser uma intervenção penal ancorada na protecção de bens jurídicos fundamentais da pessoa ou da comunidade, com uma validade ético-jurídica de natureza constitucional[260]. Entre nós, J. Figuei-

[257] (tradução livre) Klaus Tiedemann, "Constitucion y derecho penal", *op. cit.*, p. 148

[258] Cfr. o princípio da igualdade como limite à criminalização em José de Faria Costa, "O princípio da igualdade, o direito penal e a constituição", *op. cit.*, pp. 290-291

[259] Cfr. Massimo Donini, *Il volto attuale dell'illecito penale...*, *op. cit.*, pp. 72-73

[260] Convergente com Manuel da Costa Andrade, "Constituição e Legitimação do Direito Penal", *op. cit.*, p. 54: "o direito penal de uma sociedade secularizada e plural... não vergada ao peso de transcendentes e fechadas mundivisões religiosas, metafísicas, moralistas ou ideológicas – *só está legitimado a intervir para proteger bens jurídicos fundamentais da pessoa ou da própria comunidade*". No mesmo sentido, Paulo Ferreira da Cunha, *A Constituição do Crime: da substancial constitucionalidade do direito penal*, Argumentum 10, Coimbra: Coimbra Editora, 1998, p. 89, "E os bens jurídico-penais acabam por ser aqueles que os penalistas retiram como pedra de toque do conjunto da ordem constitucional vigente, já que, não podendo pautar-se, numa sociedade pluralista e a rondar o anósmico, por autónomos valores de pura axiologia, têm de arrimar-se ao apoio constitucional: isto é, terão de ver tais valores pelo óculo ou pelo filtro da

REDO DIAS terá sido o principal representante de um direito penal do bem jurídico expressa ou implicitamente ligado aos direitos e deveres fundamentais, conferindo uma "analogia material" ou um "princípio da congruência" à relação entre as ordens jurídico-penal e jurídico-constitucional[261]. De facto, se assegurássemos a natureza jurídico-constitucional de todos os bens jurídico-penais, teríamos um modelo político-criminal substancialmente mais garantístico por vincular o legislador a um modelo desenhado pela própria Constituição. Em primeiro lugar, um modelo garantístico que, de algum modo, comprime o princípio partidário e o instrumentalismo político em virtude de a grande maioria dos direitos fundamentais fazerem parte dos limites materiais da revisão constitucional. Isto é, o legislador ordinário, sem poder democrático para os alterar, teria que subtrair os bens jurídicos merecedores de tutela penal dos existentes direitos fundamentais. Em segundo lugar, uma garantia por se discutir um bem jurídico comunicável com um direito, liberdade e garantia ou com um direito fundamental de natureza análoga, justamente devido ao regime constitucional português de protecção que os sujeita a uma restrição necessária, adequada e proporcional (tutela subsidiária e fragmentária). Em terceiro e último lugar, um modelo garantístico por admitir, na protecção do núcleo essencial dos direitos fundamentais, a intervenção do Tribunal Constitucional.

Contudo, a fronteira positivista da Constituição poderá terminar nas chamadas obrigações constitucionais *implícitas* de criminalização[262]. Em

sua recepção ético-jurídica na Constituição". Também, a construção do "conceito material de crime" de Maria Fernanda Palma, "Conceito material de crime e reforma penal", *Anatomia do Crime*, n.º 0, julho-dezembro, Coimbra: Edições Almedina, 2014, p. 18, inclui a exigência de congruência entre o fim de protecção das normas penais e os direitos e valores constitucionais, estando em causa a "dignidade punitiva" da conduta.

[261] A "analogia material" em Jorge de Figueiredo Dias, "O «Direito Penal do bem jurídico»... *op. cit.*, pp. 34-35; o "princípio da referência constitucional", em Jorge de Figueiredo Dias, *Direito Penal Português. Parte Geral. II: as consequências jurídicas do crime*, Lisboa: Editorial Notícias, 1993, p. 72; ainda, já em 1983, referindo-se a uma "...analogia substancial, fundada numa essencial correspondência de sentido...", Jorge de Figueiredo Dias, "Os novos rumos da política criminal e o direito penal português do futuro", *Revista da Ordem dos Advogados*, ano 43, vol. I, janeiro-abril, Lisboa, 1983, p. 16.

[262] No que diz respeito às obrigações constitucionais *expressas* de tutela penal (ou mandatos de criminalização), não se traduziram numa técnica legislativa comum do legislador consti-

Portugal, entre a doutrina portuguesa, não são raras as posições *metapositivas* à luz do ordenamento jurídico-constitucional[263]. Isto porque, de facto, poder-se-á entender que o texto constitucional é mínimo e não resolve os problemas de ponderação mais controversos relacionados com a criminalização de determinadas condutas[264] (numa "zona cinzenta"). Pensemos nas decisões políticas de criminalizar ou não as condutas relacionadas com o incesto, a morte assistida, o aborto, o lenocínio, o enriquecimento injustificado, o consumo de estupefacientes ou com os maus tratos a animais de companhia. O problema passa por determinar o conteúdo variável da "Constituição material" – cujos contornos, de todo o modo, não podem ter o mesmo significado e segurança jurídica da "Constituição formal" – e perceber se contribui ou não para uma relação de estabilidade com a política criminal e com o sistema jurídico-penal vigente.

### 2.1.3. Conclusões intermédias

Talvez seja redutor ver o problema dos limites à criminalização das condutas através do confronto binómio entre as posições puramente procedi-

tuinte português. Quer dizer, ao nível constitucional não se procuraram antecipar valorações político-criminais de modo a mandatar, expressamente, o legislador ordinário à criminalização. O disposto no n.º 3 do artigo 117.º da CRP é visto como uma excepção. Sobre essas obrigações, Emilio Dolcini/Giorgio Marinucci, "Constituição e escolha dos bens jurídicos", *op. cit.*, pp. 170-178.

[263] Representativo, de forma expressiva, Paulo Ferreira Cunha, *A Constituição do Crime... op. cit.*, pp. 95 e 103, com vista a uma "relação de estabilidade" entre direito constitucional e direito penal: "Tal significa que apenas uma consideração jusconstitucional baseada numa ordem de valores, acima do simples texto constitucional, isto é, uma consideração da Constituição material e não apenas da Constituição formal, pode legitimar as opções valorativas do Direito Penal."; mais adiante, o autor elabora a ideia: "De facto, não nos custaria a aceitar que a necessidade e a subsidiariedade da intervenção penal ganharam foros de princípios jurídicos fundamentais, constituindo direito natural secundário, adquirido, mas irreversível. E, por isso, insusceptível de negociação ou pressão ao sabor da ditadura mediática ou da disposição de política-criminal do concreto legislador".

[264] No sentido de que o texto constitucional é mínimo por "...insuficiência normativo-reguladora crónica para a solução de problemas jurídico-penais", pronuncia-se Maria Fernanda Palma, *Direito Constitucional Penal*, Coimbra: Edições Almedina, 2011, p. 26, resultando numa actividade interpretativa intensificada, dado que "...as condições materiais de validade do Direito numa perspectiva não positivista são conteúdo necessário da Constituição" (p. 61).

mental e puramente material do legislador, ou entre um modelo dualista e um modelo monista das ordens jurídico-penal e jurídico-constitucional. Na prática, quanto a nós, não é fácil fundamentar a intencionalidade axiológico-constitucional nas "zonas cinzentas" da criminalização. Pendemos para defender a ideia de que a Constituição não permite deduzir um conteúdo pré-determinado das normas jurídico-penais, mas permite impor *limites* formais e materiais à incriminação de condutas. Numa fronteira por vezes tão difícil de determinar, fica sobretudo a "orientação" ou o "horizonte" constitucional mapeado com importantes referências para a produção político-criminal[265]. A proporcionalidade, a igualdade e os direitos fundamentais fazem certamente parte desses referentes[266]. No caso de entrarmos na tal zona cinzenta das condutas criminalizáveis, ameaçando a autonomia, a liberdade ou o livre desenvolvimento da personalidade do indivíduo, o essencial seria reclamar uma *especial fundamentação social do desvalor jurídico-penal atribuído*[267]. Se o legislador não tem o dever de fundamentar o bem jurídico protegido ou o juízo de proporcionalidade que o levou a criminalizar num determinado sentido[268], a

[265] A "orientação" em José de Faria Costa, *Direito Penal Especial. Contributo para uma sistematização dos problemas "especiais" da Parte Especial*, reimp., Coimbra: Coimbra Editora, 2007, p. 33, e o "horizonte" em Manuel da Costa Andrade, "Constituição e Legitimação do Direito Penal", *op. cit.*, pp. 53-54,

[266] Veja-se, ainda assim, a crítica presente em Anabela Rodrigues, "Direito Penal e Constituição – o que resta do conceito de bem jurídico-penal?", *op. cit.*, pp. 162-163, acerca da "desvirtuação" da questão penal.

[267] Seguimos, em relação às situações de restrição da liberdade que englobam as restrições justificadas pela proteção legislativa dos indivíduos contra si próprios, José Carlos Vieira de Andrade, *Os Direitos Fundamentais na Constituição portuguesa de 1976*, 4.ª edição (reimp.), Coimbra: Edições Almedina, 2010, p. 299: "neste domínio, é de exigir ao legislador uma especial fundamentação social do desvalor atribuído às actividades restringidas, já que as restrições põem em causa medularmente o livre desenvolvimento da personalidade".

[268] É verdade que por vezes está minimente retratado no preâmbulo dos actos legislativos. Para uma adequada fundamentação social do desvalor penal atribuído, podemos reclamar um critério de intervenção conforme o *princípio da proporcionalidade em sentido amplo.* O legislador, sendo assim, gozará de uma intervenção penal legítima caso supere os testes da idoneidade, da necessidade e da proporcionalidade em sentido estrito. Ou seja, a protecção de bens jurídicos será legítima caso seja *idónea* e *necessária* face a outros meios menos lesivos, tudo na medida de um juízo de *proporcionalidade* que coteje a gravidade da limitação atribuída e a importância da vantagem que da mesma se espera. Presentes, entre outros, estão princípios tão diversos

jurisprudência constitucional poderá ter – ou terá mesmo, como veremos mais adiante – um papel fundamental na *racionalização* e *fundamentação* do criminalizável no âmbito da "relação de estabilidade" entre a ordem jurídico-penal e a ordem jurídico-constitucional.

Deixando em aberto a discussão entre o mais ou menos *juspositivista*, podemos chegar a uma conclusão provisória: se de um lado temos o pragmatismo do legislador que procura normalizar o envolvente social recorrendo à criminalização de condutas, no limite reafirmando bens jurídicos cada vez menos definidos (p. ex., qual é o bem jurídico protegido pelos maus tratos aos animais de companhia?) ou cada vez mais amplos (p. ex., a "segurança" ou a "saúde pública"), do outro lado temos importantes referentes constitucionais que animam a intervenção penal para a ponderação das finalidades preventivas conformadoras da dignidade dos bens jurídicos e da necessidade de tutela penal, sob pena de uma declaração fundamentada de inconstitucionalidade por parte de um poder de fiscalização. Eis a balança que pesa a criminalização das condutas e as garantias jurídico-constitucionais dos cidadãos.

Neste sistema de equilíbrio de poderes, o problema, não apenas teórico, é que *não se pode garantir que o legislador esteja vinculado à tutela de um determinado direito fundamental no momento em que confere dignidade penal aos interesses das pessoas ou da comunidade socialmente relevantes.* Confrontamo-nos com dificuldades logo no primeiro momento em que se procura identificar o bem jurídico protegido e a correspondência (ou não) com um direito fundamental. É importante identificar o bem jurídico a proteger porque *a sua identificação legitima um modelo racional de actuação legislativa*[269]. O próprio parâmetro fundamental de controlo da constitucionalidade de normas incriminatórias utilizado na jurisprudência do Tribunal

como a ofensividade, a subsidiariedade e a proporcionalidade. Cfr. Santiago Mir Puig, *Bases Constitucionales del Derecho Penal*, *op. cit.*, pp. 96 e ss., 116, 119, 121, baseado na "margem de ponderação" de Robert Alexy, "Epílogo a la teoria de los derechos fundamentales", *op. cit.*, pp. 25 e ss.. São, aliás, parâmetros de controlo da constitucionalidade de normas incriminatórias utilizados por parte do Tribunal Constitucional português. Cfr., neste sentido, com jurisprudência constitucional, Maria João Antunes, "Direito penal, Direito processual penal e Direito da execução das sanções privativas da liberdade e jurisprudência constitucional", *op. cit.*, pp. 90 e ss.

[269] Nestes termos, Klaus Tiedemann, "Constitucion y derecho penal", *op. cit.*, p. 168

Constitucional português, sustentado no "princípio do direito penal do bem jurídico", começa justamente por questionar a *dignidade do bem jurídico*. Apesar disso, ficam as lições da história dizem que adoptar este princípio não significa adoptar uma concepção intrinsecamente liberal ou democrática[270]. E isto porque a valoração ou ponderação feita pelo legislador é, também, por definição, *política* e não apenas jurídica[271].

Com efeito, não devemos excluir o sentido político dado à lei penal e aos próprios bens jurídicos protegidos, especialmente a ponderação dos interesses políticos que, antes de decidirem criminalizar determinada conduta, privilegiam bens jurídicos enformadores de um certo *individualismo* ou, em sentido contrário, privilegiam bens jurídicos enformadores de um certo *comunitarismo*[272]. Ao que se pode juntar a decisão política acerca da natureza dos tipos de crime, em virtude da distinção entre crimes particulares, semi-públicos ou públicos[273]. Isto significa também que a *dignidade* e a *necessidade* de tutela penal dos bens jurídicos, democrati-

[270] Como é sabido, na Alemanha, aplicou-se a doutrina dos bens jurídicos ao "fascismo", fazendo uma ponderação axiológica de acordo com a ideologia política em poder, passando o bem jurídico supremo a residir na manutenção do partido nacional-socialista e na vida do "Füher". Veja-se Esteban Mizrahi, *Los pressupostos filosóficos del derecho penal contemporâneo: conversaciones con Günther Jakobs,* Buenos Aires: Universidad Nacional de La Matanza, 2012, p. 46. Com diferenças residuais, particularmente no que diz respeito ao processo democrático, semelhante história passou-se em Itália. Veja-se Emilio Dolcini/Giorgio Marinucci, "Constituição e escolha dos bens jurídicos", *op. cit.*, pp. 154-155: "Como mostra a experiência italiana sob o fascismo, as normas incriminadoras podem de facto ser construídas segundo a forma liberal da ofensa a bens jurídicos, mas, simultaneamente, ter os conteúdos mais iliberais". Cfr., ainda, *infra*, nota 398, para uma noção de "fascismo".

[271] Em sentido próximo, Robert Alexy, "Epílogo a la teoria de los derechos fundamentales", *op. cit.*, p. 59: "Confiar al Legislador la «valoración de la situación en que se encuentram los interesses en juego» implica aceptar que su «apreciación», dado que lleva a cabo dentro del margen de acción estrtuctural, por definición no es una valoración jurídica, sino política".

[272] "Comunitarismo *versus* liberalismo" em António Castanheira Neves, "A crise actual da filosofia do direito no contexto da crise global da filosofia: tópicos para possibilidade de uma reflexiva reabilitação", Stvdia Ivridica 72, *Boletim da Faculdade de Direito*, Universidade de Coimbra: Coimbra Editora, 2003, pp. 93-96

[273] O crime de violência doméstica é um bom exemplo: no CP em 1995 (DL n.º 48/95, de 15 de Março) o procedimento criminal dependia de queixa; no CP em 1998 (Lei n.º65/98, de 2 de Setembro) o procedimento criminal dependia de queixa, embora o MP pudesse dar início ao procedimento caso o interesse da vítima o impusesse e não houvesse oposição do ofendido

camente legitimados ou não, constitucionalmente significativos ou não, reclama uma vigilância – um controlo, uma fiscalização, como entendermos – não proveniente do próprio órgão político criador das leis penais. Está então presente a importância harmonizadora do princípio da separação de poderes e do próprio Tribunal Constitucional[274].

## 2.2. Limites à política criminal europeia

Até ao momento procuramos circunscrever o problema dos limites à política criminal na realidade do ordenamento jurídico português, fazendo também referência à criminalização de condutas tradicionalmente reservadas à política interna e ao património penal histórico português. No entanto, há um conjunto de "regras mínimas" de natureza jurídico-criminal atribuídas à União Europeia e ao Conselho da Europa[275]-[276]. A convergência de objectivos na Europa em relação ao combate aos domínios de criminalidade de dimensão transfronteiriça – *v.g.* terrorismo, tráfico de droga e de armas, criminalidade económico-financeira, branqueamento de capitais, corrupção, contrafacção de meios de pagamento, criminalidade informática e organizada, tráfico de seres humanos e exploração sexual de mulheres e crianças – determinou um certo *mandato político-*

antes de ser deduzida acusação; e somente a partir do CP em 2000 (Lei n.º7/2000, de 27 de Maio) passou a considerar-se o crime, previsto no artigo 152.º, como de natureza pública.

[274] Cfr., *infra*, (1.8), cap. III, Parte I.

[275] Cfr. o disposto nos artigos 82.º, 83.º e 86.º do TFUE, considerando o *princípio da atribuição,* de acordo com o previsto no artigo 5.º, n.º 2, do TUE. Não se ignoram, contudo, as posições que foram especialmente assumidas pelo Reino Unido, Irlanda e Dinamarca no ELSJ, prevista nos Protocolos n.ºs 21 e 22, anexos ao TFUE e ao TUE. Sobre o assunto, no espaço da União Europeia, cfr. André Klip, *European Criminal Law. An Integrative Approach,* Ius Communitatis Series, vol. 2, Antwep-Oxford-Portland: Intersentia, 2009, pp. 151-156

[276] Por outro lado, os vários Conselhos da Europa ao longo dos anos têm sido igualmente decisivos para identificar a direcção político-criminal europeia. Muito resumidamente, no programa de Tampere (1999) dispusemos de referências ao reconhecimento mútuo das decisões judiciais e ao combate ao tráfico de droga e de seres humanos; no programa de Haia (2005) a menção à cooperação judiciária, ao terrorismo e à criminalidade organizada; e no programa de Estocolmo (2010) alusões ao combate contra crimes contra a liberdade e autodeterminação sexual das crianças, criminalidade económica e contrafacção.

*-criminal europeu*[277]. É desde terreno que se nutre a questão dos limites à intervenção legislativa europeia como forma de salvaguardar o direito penal nacional e os interesses fundamentais dos Estados[278].

Notoriamente, o modelo europeu de integração penal é cada vez mais complexo. É um modelo que varia consoante os diferentes níveis de integração pretendidos e atribuídos ao direito primário europeu[279]: a *cooperação*, como primeiro nível que parte de uma interacção horizontal, sem hierarquia e não vinculativa; o *reconhecimento mútuo*, enquanto segundo nível, igualmente numa lógica horizontal, mas baseado numa (relativa) confiança recíproca; um terceiro nível, envolvendo já uma verticalidade, com a imposição de "regras mínimas", a *harmonização*; e num último nível, com a autonomização do direito penal numa esfera exclusivamente europeia, a *unificação*[280]. Estamos perante um *modelo europeu de integração penal se afigura complexamente metódico e multinível*. Vejamos bem: no plano nacional as disposições penais são harmonizadas, no plano transnacional há cooperação multilateral e reconhecimento mútuo, e no plano propriamente europeu procura-se unificar e autonomizar o direito penal (*lato sensu*)[281]. Vamos particularmente estudar a harmonização europeia das

[277] Porém, o mandato político-criminal europeu pode sofrer alterações "consoante a evolução da criminalidade", tal como previsto no artigo 83.º do TFUE.

[278] Também podemos falar nos "interesses fundamentais dos Estados" e num "príncipe du dépassement par les États des precriptions européennes" por via de Jean Pradel, "Droit penal européen et droits pénaux nationaux", *Revue Pénitentiaire et de Droit Pénal*, n.º1, janvier-mars, Paris: Éditions Cujas, 2015, pp. 20-24. Teremos oportunidade de volver a estes limites. Cfr., ainda, Roberto E. Kostoris, "Processo Penale, Diritto Europeo e nuovi paradigmi del pluralismo giuridico postmoderno", *Revista Italiana di Diritto e Procedura Penale,* Fasc. 3, Luglio-Settembre, Milano: Giuffre Editore, 2015, p. 1184.

[279] Doravante acompanhamos a macro-perspectiva de Mireille Delmas-Marty, "Cours: Un Pluralisme Ordonné", *Études Juridiques Comparatives et Internationalisation du Droit,* 2005, pp. 476-479

[280] A "unificação" tem sérios indícios de efectivação a partir do já referido artigo 86.º do TFUE.

[281] Aqui, o que chamamos de "metodologia" deverá restringir-se à "metodologia da integração", embora saibamos que podem ser várias as perspectivas ou interpretações da "metodologia" e do processo de "integração" do direito penal europeu. Por exemplo, vislumbramos uma metodologia e uma interpretação, em sentido estrito, de "integração", em Daniel Flore/ Serge de Biolley, "Des Organes juridictionnels en matière pénale pour l'union européene", *Cahiers de droit europeen,* vol. 39, nº 5-6, Bruxelles: Bruylant, 2003, pp. 597-637: um primeiro

normas jurídico-penais nacionais por estar implícita a criminalização de certas condutas.

### 2.2.1. Harmonização europeia das normas jurídico-penais nacionais

Se tivéssemos que apontar uma das mais significativas formas de intervenção legislativa europeia, na perspectiva de um Estado-Membro como Portugal, daríamos conta da *intensificação dos mecanismos de harmonização da legislação penal nacional*. Num passado recente, falamos de Convenções e Directivas cujos objectivos passam, p. ex., pelo combate ao tráfico de órgãos humanos, à violência contra as mulheres, à violência doméstica, ao terrorismo, à contrafacção do euro e de outras moedas, à prática de condutas contra a autodeterminação sexual e a liberdade sexual do menor, ou à prática de condutas contra o ambiente. Poderá ser aqui, no âmbito das "regras mínimas" de conformação típica, que vislumbramos um programa político-criminal europeu com pretensões *securitárias* em relação ao combate à criminalidade transfronteiriça, especialmente ao procurar antecipar a tutela penal através de uma técnica legislativa que implica formular crimes de perigo abstrato (em relação ao bem jurídico protegido) e crimes que punem actos preparatórios ou a tentativa (em relação à conduta).

Das influências da legislação europeia no ordenamento jurídico português, resultam os seguintes exemplos e condutas incriminatórias: o perigo abstracto e a tentativa de *aliciamento* ou *recrutamento* de dador ou receptor para fins de extracção ou transplantação de órgão humano[282]; o perigo abstracto e os actos preparatórios da *constituição* de organização terrorista[283]; o perigo abstracto e a tentativa de *viajar* para um território

nível, o nível interno ou nacional, harmonizado com normas comuns através de um "modèle de l'exemplarité" que acaba por conformar garantias processuais e vários tipos de crime; um segundo nível, transnacional, baseado num "modele de l'opérationnalité", no combate à criminalidade transfronteiriça e com mecanismos de cooperação multilateral e reconhecimento mútuo; um terceiro nível, propriamente europeu, parte do "modèle de l'intégration", implicando já uma autonomia no plano da União, com "crimes europeus", um procurador europeu e, eventualmente, no futuro, um Tribunal Penal Europeu.

[282] Cfr. art. 144.º-B, n.º3, do CP.

[283] Cfr. art. 2.º, n.º 2 da lei de combate ao terrorismo (cfr. lei n.º 52/2003, de 22 de agosto, com posteriores alterações).

com vista a dar, receber ou adquirir conhecimentos sobre o fabrico ou a utilização de explosivos, armas e substâncias nocivas ou perigosas em certas circunstâncias[284]; o perigo abstracto e a tentativa de *aliciar* menor de 14 anos a assistir a abusos sexuais ou a actividades sexuais[285]; o perigo abstracto e os actos preparatórios de *mutilar* genitalmente pessoa do sexo feminino por razões não médicas[286]; o perigo abstracto e a tentativa de *perseguir* ou *assediar* outra pessoa[287]; e o perigo abstracto e os actos preparatórios de *constranger* outra pessoa a contrair casamento ou união equiparável à do casamento[288].

Este fenómeno europeu de harmonização da legislação penal deverá acontecer perante provas evidentes da sua necessidade[289]. Afinal, é precisamente essa a natureza do *princípio da subsidiariedade* à luz de competências jurídico-criminais que, relembre-se, não são exclusivas da União Europeia (ELSJ[290]) ou do Conselho da Europa. Para além do mais, as directivas parecem não ter o mesmo significado "democrático" perante as Convenções, visto que estas são directamente aprovadas e ratificadas pelos parlamentos nacionais, ao passo que aquelas acabam transpostas obrigatoriamente para o ordenamento jurídico interno. A Comissão pode inclusivamente dar início a um processo por incumprimento de transposição das directivas por parte de um Estado-Membro e intentar uma acção junto do TJUE contra o país em causa, resultando, eventualmente, na aplicação de sanções pecuniárias[291]. Um contexto que leva a

[284] Cfr. art. 4.º, n.º 10 da lei de combate ao terrorismo (cfr. lei n.º 52/2003, de 22 de agosto, com posteriores alterações).

[285] Cfr. art. 171.º, n.º3.º, al. c) e n.º 5 do CP. V. também 176.º-A do CP

[286] Cfr. art. 144.º-A do CP

[287] Cfr. art. 154.º-A, n.ºs 1 e 2, CP

[288] Cfr. arts. 154.º-B e 154.º-C, CP

[289] No espaço da UE, cfr. 67.º, n. º3 do TFUE, parte final, *"...e, se necessário, através da aproximação das legislações penais"*.

[290] Princípio da subsidiariedade definido no artigo 5.º do Tratado da União Europeia. Está aqui em causa o Protocolo n.º 2 relativo à aplicação dos princípios da subsidiariedade e da proporcionalidade. No que diz respeito à União Europeia, o espaço de liberdade, segurança e justiça faz parte das competências partilhadas previstas no artigo 4.º do TFUE.

[291] Desde o dia 1 de Dezembro de 2014. Isto porque as disposições transitórias previstas no artigo 10.º do Protocolo n.º 36 do Tratado de Lisboa deixaram de produzir efeitos precisamente nos termos do n.º3 do mesmo preceito.

pensar que, por um lado, a esfera pública portuguesa está excluída da discussão no âmbito do processo legislativo europeu e que, por outro, a criminalização europeia das condutas está numa relação assimétrica com as decisões tomadas no plano nacional. Porém, este é um contexto que pode ser interpretado de uma forma diferente.

Não devemos ignorar que existe um *mandato* atribuído pelos Estados ao legislador europeu. Particularmente no espaço da União Europeia, os Estados-Membros definiram e consentiram com o programa político-criminal ao subscrever o Tratado de Lisboa, cabendo agora ao legislador europeu densificar, através do direito derivado, esse mesmo programa. Aliás, *a identificação taxativa dos crimes transfronteiriços a combater legitima um modelo racional de actuação legislativa europeia*[292]. Nesse caso, as normas penais substantivas resultantes da transposição de uma directiva de harmonização penal exprimem a vontade inicial das democracias (ou das maiorias parlamentares) dos Estado-Membros, caso contrário estaria em crise a legitimidade do Tratado de Lisboa e o correspondente projecto penal europeu na luta contra a criminalidade transfronteiriça. Portanto, se há uma atribuição no direito primário europeu de finalidades político-criminais bem delimitadas, nada parece apontar no sentido de um modelo "irracional" ou ilegítimo de actuação europeia através do direito derivado, com a pretensão de imperar e vigorar por si mesma, extravasando o programa político-criminal prescrito. Um mandato político-criminal europeu democraticamente atribuído e devidamente definido contribui para as ideias nacionais de previsibilidade e controlabilidade, assim como para um modelo mais racional de actuação legislativa europeia em matéria criminal.

Por outro lado, o Parlamento Europeu também tem um importante papel na definição dos próprios limites à política criminal da União Europeia. O Parlamento Europeu tem poder de *emenda* das escolhas de fundo da Comissão (órgão de iniciativa legislativa), podendo resultar em propostas de modificação que coincidem, efectivamente, com as versões finais das directivas penais (o que é notório quando pomos mão nos tra-

[292] Actuação essa por via do direito derivado, mormente, Convenções e directivas. No contexto do direito penal nacional, com semelhante conclusão, referindo-se à identificação dos bens jurídicos a proteger, Klaus Tiedemann, "Constitucion y derecho penal", *op. cit.*, p. 168

balhos preparatórios da própria legislação). Assegura-se o cumprimento de princípios fundamentais do direito penal e o respeito pelos direitos fundamentais[293]. Para além desse poder, o Parlamento Europeu goza também de um significativo *poder de veto* e de um mecanismo legal que permite, por maioria dos membros que o compõem, *solicitar uma iniciativa legislativa* sobre questão que se afigure adequada[294]. Assim – e como estamos somente a falar da discricionariedade para a fixação de conteúdos de harmonização penal, pois o fim político-criminal está pré-determinado e democraticamente legitimado pelos Estados-Membros –, *o Parlamento Europeu tem poder para conferir uma outra legitimidade ao direito derivado da União Europeia.*

A atribuição de competências específicas à Comissão pelos Estados-Membros através do Tratado de Lisboa, bem como a significativa intervenção do Parlamento Europeu no processo legislativo, indiciam que a criminalização de condutas por via europeia não se encontra numa relação assimétrica com as decisões no plano nacional. Coisa diversa seria afirmar que o Parlamento Europeu não preenche os contornos da democraticidade em virtude de não ter os seus membros dos agrupamentos partidários eleitos por sufrágio directo dos cidadãos nacionais dos Estados-Membros. Mas temos sérias dúvidas que se possa colocar o eixo referencial do problema na legitimidade democrática do Parlamento Europeu: as suas atribuições integram-se no quadro institucional da União, actuando dentro dos limites conferidos pelo Tratado de Lisboa, competindo-lhe salvaguardar e fiscalizar a integridade da lei penal europeia, no âmbito das suas funções legislativa e de controlo político, *e não salvaguardar a integridade do conteúdo das várias legislações penais nacionais.* O fortalecimento do papel da intervenção legislativa europeia através do direito derivado poderá ser resultado da passividade dos parlamentos nacionais que não vigiam o cumprimento dos princípios da subsidiariedade e da

[293] Seguimos Ciro Grandi, "Il ruolo del parlamento europeo nell'approvazione dele direttive di armonizzazione penale", *Revista Italiana di Diritto e Procedura Penale,* fasc. 2, Aprile-Giugno, Milano: Giuffrè Editore, 2015, pp. 714-715. A importância do processo de negociação está igualmente presente no Regimento da 8.ª legislatura (2014-2019) que dá conta de um "Código de conduta para a negociação do processo legislativo ordinário" (Anexo XX)

[294] Cfr. o disposto nos arts. 294.º e 225.º do TFUE

proporcionalidade, enfraquecendo, desse modo, as democracias dos respectivos Estados-Membros em domínios que, na verdade, não são da exclusiva competência da União Europeia ou do Conselho da Europa. Ao mesmo tempo, e não só da responsabilidade dos parlamentos nacionais, concorre a passividade na aposição de reservas e no acionamento dos "freios de emergência" previstos. Ora, vejamos.

### 2.2.2. Imposição concreta de limites à política criminal europeia

Os limites à política criminal europeia são realizáveis, em primeiro lugar, com a aposição de reservas ao direito primário, concretamente nas Convenções do Conselho da Europa (quando admissíveis) e no Tratado de Lisboa. P. ex., em particular no Espaço de Liberdade, Segurança e Justiça, nenhuma disposição do TFUE ou decisão do TJUE vinculou o Reino Unido, a Irlanda ou a Dinamarca, justamente porque esses países asseguraram um estatuto especial, previsto nos protocolos n.ºs 21 e 22, aquando da subscrição do Tratado de Lisboa, em 2007. E isso não significa que não tenham a faculdade de, a todo o tempo, notificar o Conselho e a Comissão da sua intenção de aceitar as medidas que conformam o direito penal europeu[295]. *A aposição de reservas pode, então, nessa sua indissociável relação com a soberania, fortalecer a democracia nacional nas decisões em matéria criminal.*

Em segundo lugar, face à relativa discricionariedade na determinação do conteúdo do direito derivado, nenhum parlamento nacional deve prescindir de fiscalizar a fundamentação dada aos princípios da subsidiariedade e da proporcionalidade, obrigatória em todos os projectos legislativos europeus. A Assembleia da República pode dirigir um parecer fundamentado às instituições da União Europeia ou, até, interpor recurso para o TJUE com fundamento em violação do Tratado[296]. Por exemplo, a proposta de Regulamento do Conselho que pretendia instituir a Procuradoria Europeia foi objecto de catorze pareceres fundamentados sobre

[295] Mais recentemente, como é de conhecimento público, foi aprovado o acordo sobre a saída do Reino Unido da União Europeia (vulgo, "Brexit"), no seguimento dos efeitos do accionamento do artigo 50.º do TUE. Acordo esse publicado no Jornal Oficial da União Europeia L29 de 31/01/2020, pp. 7-187, com posterior alteração publicada no Jornal Oficial da União Europeia L225 de 14/07/2020, pp. 53-54

[296] Cfr. protocolos 1.º e 2.º do TL e art. 263.º do TFUE.

a inobservância do princípio da subsidiariedade, o que levou a acionar o mecanismo de controlo nos termos do qual o projecto foi reanalisado. A Assembleia da República portuguesa, pelo contrário, esteve entre os quatro pareceres que consideraram a proposta compatível com o princípio da subsidiariedade[297].

Em terceiro lugar, os "freios de emergência" podem ser accionados por um membro do Conselho quando se entenda que um projecto de directiva pode prejudicar aspectos fundamentais do correspondente sistema de justiça penal nacional[298]. Aqui estaria em causa o poder de actuação do Primeiro-ministro português.

Em quarto lugar, a salvaguarda do direito penal nacional pode traduzir-se na liberdade de conformar o ordenamento nacional para além das "regras mínimas" europeias[299]. É aquilo que Jean Pradel denomina *princípio da superação das prescrições europeias.* Os parlamentos nacionais podem favorecer a realização dos objectivos da União e do Conselho da Europa por deliberação própria, tudo dependendo da interpretação que os façam do binómio *integração-contenção.*

Existem ainda importantes garantias legais no processo de conformação ou harmonização legislativa europeia que asseguram uma espécie de *direito constitucional europeu-penal*[300]. São disposições legais adequadas ao "espírito" da pluralidade de ordens jurídico-penais envolvidas, materializadas na CDFUE e na CEDH. É a abertura normativa das ordens jurídicas nacionais a tais disposições legais europeias que traduz os suportes axiológicos comuns e a racionalidade jurídica transversal a todos os envolvidos, o que resulta num relacionamento mais estreito entre a pluralidade de ordens jurídico-penais quanto aos valores mínimos e essenciais

[297] Cfr. Parecer da Comissão de Assuntos Europeus da Assembleia da República sobre essa matéria, da autoria de João Lobo, que conclui: "A presente iniciativa não viola o princípio da subsidiariedade, na medida em que o objectivo a alcançar será mais eficazmente atingido através de um acção da União".

[298] Previstos nas disposições dos artigos 82.º, n.º 3, e 83.º, n.º3, do TFUE

[299] Jean Pradel, "Droit penal européen et droits pénaux nationaux", *op. cit.*, p. 24

[300] Num passado recente procurou-se legislar um "Tratado que estabelece uma Constituição para a Europa" (2004), com um preâmbulo com referências a "valores universais", "actuar em prol da paz, da justiça e da solidariedade no mundo", "forjar o seu destino comum", "Unida na diversidade" e a um "espaço privilegiado de esperança humana".

para a ideia de um *direito penal comum europeu*[301]. Temos, portanto, limites intransponíveis de natureza europeia impostos ao direito penal interno dos Estados que estão comprometidos com o respectivo projecto penal europeu comum. Ou seja, da CDFUE e da CEDH, diplomas que conformam o *dever-ser* atribuído ao direito europeu, deduzem-se importantes limites e referências teleológico-materiais não só para a política criminal europeia como também para a política nacional dos Estados. É sobretudo o trabalho jurisprudencial do TJUE e do TEDH que, à luz daquele âmbito normativo, tem potencial para realizar concretamente o direito penal europeu – como teremos oportunidade de verificar mais adiante[302].

## 3. O tipo de conduta enquanto tipo indeterminado e aberto às possibilidades do caso concreto

De facto, o discurso intencionalmente jurídico-criminal do legislador nacional, comunitário ou europeu encontra-se expresso, por escrito, nas normas jurídicas. E o tipo de conduta faz parte dessas normas enquanto elemento formal imanente ao sistema abstrato da lei, tal como referimos anteriormente. Enquanto "quadro de referência" ou "matéria prima", representa uma especial garantia - um "tipo de garantia"[303] - por se encontrar no plano da mera legalidade da norma criminal positiva, estabelecendo-se como um importante elemento da incriminação. É justamente no conteúdo textual da lei criminal que encontramos o tipo de conduta como "objecto formal" do sistema normativo, e não ainda como

[301] Inevitavelmente associa-se esta ideia tanto ao velho projecto de um *Corpus Juris* penal europeu, com uma parte geral e especial, assim como à obra de Mireille Delmas-Marty que intensificou muitas dessas ideias, em *Por un Droit Commun* (1994), incitando à ordem e às condições favoráveis para um direito comum a todos, no limite a um "direito dos direitos" que não signifique o domínio de um sistema sobre o outro, mas o esforço na integração e compatibilização de cada família jurídica. Cfr., em português, Mireille Delmas-Marty, *Por um direito comum* (trad. Maria Prado Galvão), São Paulo: Martins Fontes, 2004, pp. 3 e 306. Sobre a discussão do *Corpus Juris*, cfr. Enrique Bacigalupo, "Existem condições para um direito penal europeu?", *Revista Julgar*, n.º 6, set.-dez., Coimbra: Coimbra Editora, 2008

[302] Ver, *infra*, (1.9) cap. III, parte I.

[303] Jorge de Figueiredo Dias, *Direito Penal: Parte Geral*, tomo I, *op. cit.*, p. 284; António Castanheira Neves, *Digesta...*, vol. 1.º, *op. cit.*, pp. 352-353; e António Cortês, *Jurisprudência dos Princípios, op. cit.*, p. 137.

"problema normativo" suscitado pelo caso concreto na realização jurisdicional do direito[304]. Estamos longe de concretizar o seu particular significado no processo decisório de qualificação do caso concreto – naquilo que vamos denominar "processo de descoberta do comportamento típico na realização jurisdicional do direito". Mas isso não quer dizer que a decisão legislativa de conferir positividade à conduta seja um pressuposto prescindível para a realização do direito. Até porque, devido ao princípio da legalidade, a autoridade judiciária não pode ignorar a lei escrita no momento em que é chamada a tomar uma decisão acerca da natureza dos comportamentos que decorrem no caso concreto. Esta é uma certeza incontestável: o *elemento literal do tipo de crime como limite garantístico mínimo*[305]. O texto da lei será sempre a primeira tentativa de conformar a incriminação com um "Estado de Direito material"[306], e não apenas com um "Estado Democrático de leis"[307].

Por outro lado, as normas jurídico-criminais são concebidas para um número indefinido de casos, numa lógica que deverá ser comunicável aos seus próprios elementos típicos. Nesse sentido, podemos dizer que o tipo de conduta pretende ser uma "expressão unitária"[308], ou seja, uma

[304] É essencial considerar o pensamento jurídico que supera o positivismo legalista, especialmente ao distinguir a "lei" do "direito". A propósito, considerem-se as breves mas elucidativas palavras de António Castanheira Neves, *Teoria do Direito...* p. 62: "o direito não pode ser compreendido pura e simplesmente como um objecto, já que se mostra, ao contrário, como um problema (problema normativo) sempre em aberto".

[305] Neste sentido, António Cortês, *Jurisprudência dos Princípios, op. cit.*, p. 62. Como é sabido, também se levanta o problema da analogia. Sobre assunto, enquadrado no problema da "*lege stricta*", cfr. António Castanheira Neves, *Digesta...* vol. 1.º, *op. cit.*, pp. 385-389. Cfr., ainda, Arthur Kaufmann, *Filosofia do Direito, op. cit.*, pp. 119-122 ("...a analogia é o modo pelo qual se efectua toda a determinação do direito"), com referências bibliográficas p. 119, nota (21).

[306] Inclusivo de "...considerações axiológicas de justiça na promoção e realização de todas as condições –sociais, culturais e económicas – de livre desenvolvimento da personalidade de cada homem", de acordo com a noção de Jorge de Figueiredo Dias, "Os novos rumos da política criminal e o direito penal português do futuro", *op. cit.*, p. 10

[307] Veja-se o raciocínio de Eduardo Vera-Cruz Pinto, *O Futuro da Justiça*, Colecção O Futuro, Lisboa: Nova Veja e Autor, 2015, pp. 92-93

[308] Expressão utilizada por Ingeborg Puppe, "Sobre el uso de definiciones en el derecho. Definiciones creativas, o por qué los juristas disputan sobre conceptos" (trad. Pablo Sánchez-Ostiz) [orig. 1981], *in: El Derecho Penal como Ciência, op. cit.*, p. 9

expressão que visa abarcar um número indefinido, geral e abstracto de comportamentos. Com efeito, uma vez enquadrados exclusivamente num tipo de conduta – como, p. ex., "matar", "ofender", "prender", "injuriar", "se introduzir", "abrir", "subtrair", "danificar", "fabricar" ou "provocar" –, é importante reconhecer a sua abertura normativa às possibilidades da vida em sociedade[309]. Perante as hipóteses ilimitadas da vida em sociedade – nas relações entre pessoas, coisas e animais –, relatadas nas narrativas processuais dos factos, *o tipo de conduta deve ser interpretado como um tipo indeterminado e aberto às possibilidades do caso concreto, na qualidade de objecto formal, geral e abstracto do sistema normativo*[310]. Podemos apontar razões para assumirmos uma posição metodológica desta natureza, directamente relacionadas com (3.1.) a técnica legislativa, (3.2.) os elementos objectivos do tipo, (3.3.) os elementos subjectivos do tipo, (3.4.) os bens jurídicos protegidos e (3.5) a própria narrativa processual dos factos.

## 3.1. Relação do tipo de conduta com a técnica legislativa

### 3.1.1. Crimes de execução livre enquanto crimes de resultado

*A relação do tipo de conduta com a técnica legislativa* poderá ser uma primeira razão válida para se adoptar a posição metodológica referida. Nos denominados "crimes de execução livre" levanta-se desde logo o problema de não existir nenhum tipo de conduta expresso na lei. É o caso paradigmático do crime de homicídio, cuja tipicidade apenas faz constar o resultado "matar" ("quem *matar* outra pessoa") e não um elenco das condutas idóneas a causar a morte ou a proteger o bem jurídico em causa. Seria, aliás, estranho que o bem jurídico "vida" estivesse apenas protegido por um conjunto restrito de condutas e não perante *todas as condutas*. E talvez fosse redundante uma previsão que salientasse expressamente a execução livre do resultado, como poderia ser "quem, *por qualquer forma*,

[309] Essencial, António Castanheira Neves, *Digesta...*, vol. 1.°, *op. cit.*, p. 433 ("...incerteza ou indeterminação dos limites dos sentidos que haviam de ser delimitivos só poderá ser superada por uma determinação interpretativa...", p. 435 ("«textura aberta»"); e Arthur Kaufmann, "A problemática da filosofia do direito ao longo da história", *op. cit.*, p. 151.

[310] "Indeterminado" no sentido que lhe dá especialmente António Castanheira Neves, *Digesta...*, vol. 1.°, *op. cit.*, pp. 378-385, no contexto da "*lege certa*".

matar outra pessoa..."[311], ainda que o legislador procure fazê-lo em muitos outros tipos de crime que se afiguram crimes de resultado. Como por exemplo: "...de qualquer forma privar a liberdade..." (crime de sequestro); "...por qualquer forma deles de apropriar ilegitimamente..." (crime de apropriação ilegítima); "...provocar explosão por qualquer forma..." (crime de incêndios, explosões e outras condutas especialmente perigosas); "...por qualquer forma degradar as qualidades destes componentes ambientais..." (crime de poluição); ou "...por qualquer forma, auxiliar a evasão de pessoa legalmente privada da liberdade..." (crime de tirada de presos).

A partir destes exemplos verificamos igualmente que *todos os crimes de execução livre são crimes de resultado*[312], ou seja, a execução livre pressupõe sempre um resultado previsto e objectivamente determinado no tipo legal de crime: um "tipo de resultado"[313]. Diz-se então que o crime de homicídio é um crime de execução livre porque a tipicidade não vincula o resultado "morte" a uma determinada conduta, embora presuma sempre um comportamento idóneo a produzir a morte. O que nos remete para a ideia de um *tipo de conduta indeterminado e aberto a todos os possíveis comportamentos que causem o resultado "morte"*. Só assim se tutela devidamente o bem jurídico "vida". É uma fórmula que se aplica aos restantes crimes de execução livre por analogia e que permite aproximá-los seriamente do problema da imputação do resultado ao comportamento[314].

[311] Ainda que o legislador por vezes procure sublinhar a execução livre com a locução "por qualquer forma", como sucede por exemplo no crime de ofensa à memória de pessoa falecida (artigo 185.º CP).

[312] Nem faria sentido, numa perspectiva teórica, uma "mera actividade de execução livre", uma vez que o crime de mera actividade pressupõe sempre uma conduta expressamente prevista no tipo, excluindo a execução livre.

[313] Um "resultado" que teoricamente se pode definir como "alteração externa espácio-temporalmente distinta da conduta", de acordo com Jorge de Figueiredo Dias, *Direito Penal: Parte Geral*, tomo I, *op. cit.*, p. 306. Mas note-se que isto não significa que os crimes de resultado se consumam com essa modificação do mundo exterior, consequência do comportamento do agente, uma vez que se pode interpretar o "resultado" dos crimes de "resultado" como um "resultado normativo", a partir da forma como se compromete o bem jurídico protegido pelo crime em causa. Sobre o assunto, mais adiante, nota 329 e (2.3.1.) cap. III, parte I.

[314] Ver, *infra*, (2.3.), cap. III, parte I.

Portanto, de acordo com o que ficou dito, os crimes de execução livre permitem ampliar a noção de "tipo de conduta". Quando nos referimos aos elementos do tipo objectivo "matar", "ofender" e "prender", não só estamos a referir explicitamente o "resultado" quanto à forma de consumação ou ataque ao "objecto da conduta" (naqueles casos, "o corpo de uma pessoa"), como também, implicitamente, todos os comportamentos, distintos espácio-temporalmente, que sejam susceptíveis de produzir esses mesmos resultados. Sendo assim, nos chamados crimes de execução livre, o "tipo de conduta" está implícito no "tipo de resultado", estando a liberdade de execução da conduta limitada pela tipicidade do resultado: na verdade, trata-se de *uma execução livre que está vinculada ao tipo de resultado.*

### 3.1.2. Crimes de execução vinculada enquanto crimes de resultado e crimes de mera actividade

Já nos designados "crimes de execução vinculada", nos termos dos quais, pelo contrário, as condutas estão objectivamente determinadas e expressamente elencadas no tipo de crime, poder-se-ia pensar que o problema não se coloca nos mesmos termos. É o caso paradigmático dos crimes de tráfico de estupefacientes e substâncias psicotrópicas, com a previsão dos mais variados *tipos de conduta alternativos*: "cultivar", "produzir", "fabricar", "extrair", "preparar", "oferecer", "puser à venda", "vender", "distribuir", "comprar", "ceder", "proporcionar a outrem", "transportar", "importar", exportar" "fizer transitar" ou "detiver".

Não há dúvida que podemos discutir cada um destes conceitos e tratá-los como entidades pré-existentes com um sentido dogmático formal, provocando um discurso analítico em que se realizam diferentes classificações e distinções[315]. Porém, também nestes casos, estamos perante diferentes conceitos gerais e abstractos que, embora objectivamente determinados na lei, permitem várias leituras e reclamam uma concretização

[315] Cfr. Ingeborg Puppe, "Sobre el uso de definiciones en el derecho. Definiciones creativas, o por qué los juristas disputan sobre conceptos", *El Derecho Penal como Ciência... op. cit.*, p. 4, sobre a "definição conceptual"; e Paul Ricouer, *O Discurso da Acção, op. cit.*, p. 53, sobre o "discurso analítico".

à luz do caso concreto. O próprio legislador, por vezes, salienta *a execução livre da execução vinculada*, digamos assim, através das locuções "por qualquer meio" ou "por qualquer forma". Assim sucede em casos diversos, por exemplo: "...por qualquer forma, ofender gravemente a memória de pessoa falecida..." (crime de ofensa à memória de pessoa falecida), "...por qualquer meio... denunciar ou lançar sobre determinada pessoa a suspeita da prática de crime..." (crime de denúncia caluniosa), "... por qualquer meio, facultar ou detiver documento falsificado ou contrafeito" (crime de falsificação ou contrafacção de documento), ou "por qualquer meio, preparar, preservar, armazenar, transportar, transferir, receber, importar ou exportar órgão humano..." (crime de tráfico de órgãos humanos).

É, pois, legítimo questionar se faz sentido uma técnica legislativa desta natureza que visa destacar, através daquelas locuções, as livres possibilidades das condutas expressamente previstas no tipo de crime de mera actividade.

Mesmo pendendo para uma resposta em sentido negativo, peguemos nos exemplos "transportar" e "detiver". É possível "transportar" de várias formas, por exemplo, o transporte terreste na bagageira do automóvel ou no porta-volumes do comboio, o transporte aéreo no porão do avião ou o transporte marítimo num barco ou numa lancha de alta velocidade. O tipo de conduta "transportar" não é um conceito descritivo de factos – pois não descreve o acto de transportar –, é antes um conceito normativo indeterminado e aberto a todas as possibilidades concretas de "transporte", considerando que é possível transportar por todo e qualquer meio, desde que adequado a mover a coisa do ponto "x" para o ponto "y". No passado, "transportar" estava comummente associado à força dos animais e, porventura, no futuro, teremos outras formas de transportar que hoje não se vislumbram. A mesma lógica se pode aplicar em relação ao tipo de conduta "detiver". As hipóteses da "detenção" são incalculáveis nas mais diversas esferas de controlo[316]: o agente pode ser portador da coisa (p. ex., nos bolsos do casaco), pode estar numa relação de proximidade com a coisa (p. ex., dentro do porta-luvas do automóvel conduzido

[316] Sobre o assunto, veja-se o nosso Pedro Sá Machado, "Detenção de coisa móvel na doutrina do crime", *Revista do Ministério Público,* ano 38, n.º 151, jul.-set., Lisboa: Sindicato dos Magistrados do Ministério Público, 2017, pp. 197-224

pelo agente), ou pode controlar uma determinada área, distante, onde se encontra a coisa (p. ex. na residência, no terreno vedado, no armazém ou no cofre). Se admitirmos que a "detenção" é um conceito indeterminado e aberto às hipóteses do caso concreto, então uma pessoa pode deter por todo e qualquer meio, desde que adequado ao domínio ou controlo sobre a coisa.

Com estas perspectivas poderá ser desnecessário, por redundância, prever expressões como "qualquer meio" ou "qualquer forma", visto que, *nos crimes de execução vinculada, o tipo de conduta pressupõe, dentro dos seus próprios limites objectivamente determinados, toda e qualquer forma de execução.* É certo que existem casos em que o legislador opta por delimitar expressamente o seu alcance, tal como sucede no regime jurídico das armas e munições – voltando aos exemplos –, nos termos do qual a "detenção de arma" está definida como "o facto de ter em seu poder ou disponível para uso imediato pelo seu detentor". Há ainda outros casos em que o legislador opta por utilizar expressões que podem ter o mesmo significado, um significado próximo ou um significado mais restrito, como é o caso de "deter", "possuir", "armazenar", "ter em depósito para venda", "reter", "mantiver" ou "ocultar". Mas há sempre o risco de cair num conceptualismo restritivo quando se procura realizar uma definição taxativa de um tipo de conduta previsto num crime de execução vinculada, limitando (intencionalmente ou não) as possibilidades de incriminação. Mesmo os tipos de conduta que, por si só, se encontram aparentemente mais delimitados, como "vender" ou "comprar", podem assumir vários e diferentes contornos nas narrativas processuais dos factos, face às diferentes circunstâncias e formas de entregar a coisa e de pagar o preço – pois não se resumem a uma descrição factual do género "«A» vendeu... e «B» comprou", uma vez que tal traduzir-se-ia em matéria de facto conclusiva. Logo, ao tipo de conduta expressamente previsto nos crimes de execução vinculada não compete descrever comportamentos concretos, antes compete ser um *quadro de referência indeterminado e aberto a todas as possibilidades de comportamento que decorram do caso concreto.* O que obriga a procurar o seu significado para além da letra da lei[317].

[317] Continuando na linha de António Castanheira Neves, *Digesta...*, vol. 1.º, *op. cit.*, p. 378; igualmente, Winfried Hassemer, "Sistema jurídico e codificação: a vinculação do juiz à lei", *op. cit.*,

Apesar do que fica dito, repita-se, está sempre implícito o facto de o legislador poder limitar o alcance do significado de um tipo de conduta, não apenas com as definições legais, mas também com a técnica da previsão de condutas alternativas no mesmo tipo incriminador. Ao prever no mesmo crime, por exemplo, "cultivar", "produzir" ou "fabricar", presume-se que o significado de uma conduta exclua esse mesmo significado das outras, e assim reciprocamente, de forma a não existir confusão ou sobreposição de conceitos. Qualquer tipo que compreenda um elenco expresso de condutas alternativas procede, de certa forma, a uma exclusão recíproca de significados, caso contrário o seu desdobramento não fará sentido ou será redundante.

Cabe acrescentar que os crimes de execução vinculada podem afigurar-se, em simultâneo, "crimes de resultado" ou "crimes de mera actividade".

No primeiro caso, a tipicidade prevê conjunta e expressamente a conduta e o resultado que deverão ser realizados. São exemplos o crime de coacção, que prevê o tipo de resultado "constranger", concretizável por meio "de violência" ou por meio "de ameaça com mal importante"; e o crime de burla, com a previsão do tipo de resultado "determinar outrem...", realizado por meio de "erro" ou de "engano que astuciamente provocou". O significado e o alcance do tipo de conduta, nestes casos, está necessariamente delimitado pelo tipo de resultado: por opção normativa, as condutas tipificadas devem ser idóneas a produzir o resultado tipificado, pelo que não basta provocar um "erro" ou praticar uma mera conduta de "violência", é sempre exigível que as condutas se associem aos resultados "determinar outrem" ou "constranger". É evidente que no âmbito da sua realização concreta também se coloca a questão da imputação do resultado à conduta[318].

No segundo caso, por sua vez, a tipicidade simplesmente estabelece uma "execução vinculada" da "mera actividade". Ou seja, a norma não prevê qualquer resultado, porquanto se basta com o elenco expresso das condutas para o seu preenchimento. O mencionado crime de tráfico de estupefacientes e substâncias psicotrópicas tem essas mesmas caracterís-

p. 299; e, ainda, Ulrich Schoroth, "Hermenêutica filosófica e jurídica", *op. cit.*, p. 390

[318] Cfr., *infra* (2.3.), cap. III, parte I.

ticas, sendo possível executar as respectivas condutas por todo e qualquer meio, dentro dos seus próprios limites objectivamente determinados.

Apesar disso, sempre se diga que algumas condutas podem deixar dúvidas acerca do seu alcance e natureza enquanto "meras actividades". Lembrando a propósito o tipo de conduta "cultivar", não podemos deixar de perguntar: em causa está apenas a mera actividade de criar as condições necessárias para que a terra produza uma planta ou, também, o resultado "planta", distinto no tempo e no espaço[319]?

Outro exemplo que demostra a dificuldade que pode haver, na prática, com a interpretação de certas "meras actividades", decorre do crime de organizações terroristas, particularmente o segmento que incrimina quem *aderir* a organização terrorista[320]. Se admitirmos que o tipo de conduta "aderir" se restringe ao momento em que o agente passa a pertencer à organização terrorista, é possível distinguir dois momentos cronológicos bem distintos: um primeiro em que o agente *adere*, instantâneo, seguido de um segundo, prolongado no tempo, a partir do qual o agente *faz parte* da organização terrorista. Repare-se que não está em causa, nem o tipo de crime incrimina, quem "fizer parte" da organização terrorista, contrariamente ao que sucede, por exemplo, com o crime de associação criminosa[321]. Nesse caso, dificilmente podemos realizar um discurso analítico-dogmático que entenda a *adesão* como um acontecimento com carácter duradouro, isto é, como um "fazer parte" ligado a

[319] O Ac. STJ de 13/11/2014, proc. n.º 249/11.0PECBR.C1.S1, tomou a seguinte decisão: "IV – Na dicotomia entre crime de mera atividade e crime de resultado, isto é, entre os casos em que a conduta é logo punida independentemente da verificação (ou não) de um resultado, e os casos em que só é punida a conduta que produza um resultado espaço-temporalmente distinto da ação. Podemos concluir que, tendo em conta a abrangência de condutas típicas do crime de tráfico de estupefacientes, haverá casos em que se pode entender que existe um resultado distinto da simples conduta – como no ato de cultivar a planta, em que da conduta, cultivar, surge um resultado, a planta, distinto quer no tempo, quer no espaço, daquela – e outros em que o tipo pune a conduta independentemente da verificação do resultado e, por isto, se tem entendido que se trata de um crime de mera atividade".

[320] Cfr. art. 2.º, n.º 2 da lei de combate ao terrorismo. Seguimos, quanto a esta matéria, Susana Aires de Sousa/Inês Fernandes Godinho/Pedro Sá Machado, "Artigo 2.º – Organizações Terroristas", in: *Terrorismo: Legislação Comentada, Textos Doutrinais* (org. José Aroso Linhares/ Maria João Antunes), Coimbra: Instituto Jurídico, 2019

[321] Cfr. crime de associação criminosa p. e p. no art. 299.º, n.º 2, do CP.

um elemento temporal de permanência. Porém, se defendermos que se trata de uma *adesão temporalmente prolongada*, cujo significado permite dizer que o agente outrora, no passado, aderiu à organização terrorista – até pelas actividades exteriorizadas pelo agente com vista à concretização do escopo criminoso da organização –, então, teremos uma adesão como um autêntico "resultado duradouro", distinta da mera actividade instantânea de adesão. Enfim, são questões não somente relevantes para efeitos de flagrante delito e prescrição do procedimento criminal, como ainda para *efeitos probatórios* da conduta, no limite dizendo respeito à "prova diabólica" – em que momento, no tempo e no espaço, o agente *aderiu* à organização terrorista[322]?

Tal como afirmámos, há sempre o risco de cair num conceptualismo restritivo quando se procura realizar uma definição taxativa prévia de um tipo de conduta, conferindo-lhe uma pré-determinação formal. De resto, é possível contra-argumentar que, muitas vezes, o legislador opta nos crimes de mera actividade por uma "execução vinculada" com limites escritos que se podem considerar excessivamente dinâmicos ou variáveis, colocando em segundo plano, ao delegar o poder incriminador no poder jurisdicional, o princípio da determinação criminal[323].

### 3.1.3. Crimes próprios de omissão enquanto crimes de mera inactividade e crimes de execução vinculada

Sob o ponto de vista típico-formal, uma técnica legislativa que é importante salientar decorre dos chamados "crimes de omissão próprios". São casos em que o legislador descreve expressamente nos tipos de crime uma conduta que implica uma *inactividade* do agente perante determinadas circunstâncias. É o que resulta dos conhecidos pressupostos do crime de violação de domicílio, quando alguém "permanecer depois de intimado a retirar-se", do crime de omissão de auxílio, por "deixar de lhe prestar o auxílio necessário ao afastamento do perigo", e do crime de recusa de médico, quando o médico "recusar o auxílio da sua profissão

[322] Ou será que se faz *prova indirecta* de que o agente aderiu à organização, outrora no tempo, através das actividades exteriorizadas que concretizam o escopo criminoso da organização?

[323] Sobre o problema dos limites de uma determinação ao nível da legalidade criminal, cfr. António Castanheira Neves, *Digesta...*, vol. 1.°, *op. cit.*, pp. 380-381.

em caso de perigo para a vida ou de perigo grave para a integridade física de outra pessoa...". Os *tipos de conduta omissivos* são, respectivamente, "permanecer", "deixar de lhe prestar o auxílio" e "recusar o auxílio", caracterizáveis como crimes de *mera inactividade* e crimes de *execução vinculada*. Afiguram-se "meras inactividades", por um lado, porque são distintas das "meras actividades" ou condutas activas – no âmbito do problema da distinção entre "acção" e "omissão" em termos estritamente formais-legais – e, por outro, porque não envolvem a realização de qualquer resultado, distinto espácio-temporalmente, ausente da previsão legal deste tipo de crimes[324]-[325]. Depois, afiguram-se crimes de execução vinculada porque, tal como foi salientado, o próprio tipo descreve expressamente a conduta em causa, contribuindo para a sua determinabilidade objectiva.

O alcance do tipo de conduta nos crimes próprios de omissão está necessariamente limitado pelos restantes elementos do tipo objectivo: não basta permanecer numa habitação, é necessário ainda que o agente seja intimado a retirar-se; não basta deixar de prestar auxílio, é necessário ainda que o auxílio seja necessário ao afastamento do perigo à vida, integridade física ou liberdade de outra pessoa; e não basta haver uma recusa de auxílio, é necessário que seja um auxílio no âmbito da profissão de médico em caso de perigo para a vida ou de perigo grave para a integridade física de outra pessoa que não possa ser removido de outra maneira. Por isso mesmo, não estamos a falar de uma mera inactividade enquanto inércia do agente perante o "nada", estamos a falar de uma *mera inactividade em relação a uma conduta que é esperada em certas e determinadas*

[324] Considerando que o ilícito, em princípio, esgota-se na mera conduta omissiva, não podemos concordar com Paulo Pinto de Albuquerque, *Comentário do Código Penal: à luz da Constituição da República e da Convenção Europeia dos Direitos do Homem*, Lisboa: Universidade Católica Editora, 2008, p. 729, anotação ao artigo 284.º (§3), quando qualifica o crime de "recusa de médico" como um crime de resultado quanto à forma de consumação do ataque ao objecto da conduta.

[325] Note-se que isto não significa que o resultado da mera inactividade seja ignorável para efeito das consequências jurídicas do crime, principalmente porque a determinação da medida da pena implica também que o tribunal atenda a todas as circunstâncias que, não fazendo parte do tipo de crime, sejam desfavoráveis ao agente (cfr. art. 71.º do CP).

*circunstâncias tipicamente previstas*[326]. As condutas esperadas são, naqueles exemplos, em geral e abstracto, *não permanecer* no domicílio depois de intimado a retirar-se, *não deixar de prestar auxílio* em certas situações de perigo e *não recusar o auxílio* da sua profissão de médico em certas situações de perigo. A conduta esperada há-de resultar assim, nos crimes próprios de omissão, de um tipo de conduta formulado na negativa. Aliás, podemos afirmar que o tipo de conduta omissivo – *v.g.* "permanecer", "deixar de lhe prestar o auxílio" e "recusar o auxílio" – formulado na negativa – *v.g.* "não permanecer", "não deixar de lhe prestar o auxílio" e "não recusar o auxílio" – determina *um dever jurídico de actuar e uma posição de garante em relação ao seu cumprimento*, considerando os restantes pressupostos do tipo de crime em causa e admitindo que é possível levar a cabo a conduta esperada.

De qualquer forma, o tipo de conduta nos crimes próprios de omissão – que se afiguram, simultaneamente, crimes de mera inactividade e crimes de execução vinculada –, não deixa de ser, dentro dos seus próprios limites objectivamente determinados, um *quadro de referência indeterminado e aberto a todas as possibilidades de comportamento que decorrem do caso concreto.*

### 3.1.4. Crimes impróprios de omissão enquanto crimes de resultado e crimes de execução livre

Bem mais complexa é a técnica legislativa dos denominados "crimes impróprios de omissão". Como é sabido, nestes crimes, o tipo de conduta omissiva já não se encontra expressamente previsto nas normas jurídico-penais, contrariamente ao que sucede com os crimes próprios de omissão, mas decorre agora de uma *cláusula geral* prevista na PG do CP[327]:

[326] Esta ideia não é nova na doutrina. Encontramos considerações semelhantes em autores clássicos como Franz Von Liszt, *Tratado de Direito Penal Allemão* (trad. José Hygino Duarte Pereira), vol. I, Colecção História do Direito Brasileiro, Brasília: Senado Federal/Supremo Tribunal de Justiça, 2006 [orig. 1881], p. 208

[327] Cfr. art. 10.º do CP com a epígrafe "comissão por acção e por omissão".

"1 – Quando um tipo legal de crime compreender um certo resultado, o facto abrange não só a acção adequada a produzi-lo *como a omissão da acção adequada a evitá-lo*, salvo se outra for a intenção da lei" (itálico nosso).

Ao que deve acrescer, segundo a mesma norma:

"2 – ...um dever jurídico que pessoalmente o obrigue a evitar esse resultado".

Ou seja, acresce uma *posição de garante* do agente em relação ao resultado típico[328].

Como não pretendemos fazer aqui uma análise exaustiva às características particulares destes crimes, voltamos a sublinhar a abertura que o tipo de conduta pode ter em relação às possibilidades de comportamento que decorrem da vida em sociedade. E no caso dos crimes impróprios de omissão temos várias razões para o sublinhar. Desde logo, a cláusula geral em causa afasta uma conduta omissiva objectivamente determinada na lei, isto é, afasta um tipo de conduta expresso legalmente. É através do *tipo de resultado* que podemos conceber as condutas activas adequadas a evitá-lo e, no seguimento, concluir que a omissão da prática das mesmas constitui um crime de omissão. O que implica afirmar, pelo menos formalmente, que *todos os crimes impróprios de omissão são crimes de resultado*[329]. Mas também implica questionar o seguinte: as condutas adequadas a evitar o resultado estão *expressamente* previstas nas normas jurídico-penais?

[328] Uma vez que não se trata de um mero "dever cristão de solidariedade" que possa comprometer a própria segurança e liberdade do agente, como resultava da discussão presente nas "Actas das Sessões da Comissão Revisora do Código Penal", Parte Geral, I volume, *Separata do Boletim do Ministério de Justiça*, Lisboa: Minsitério da Justiça, 1965, pp. 105-106.

[329] Considerando que o "resultado" pode ser interpretado a partir da forma como o bem jurídico protegido pelo tipo de crime em causa é afectado pelo comportamento do agente, e não necessariamente pela modificação do mundo exterior. Sobre este assunto, Susana Aires de Sousa, *A Responsabilidade Criminal pelo Produto e o Topos Causal em Direito Penal: contributo para uma protecção penal de interesses do consumidor*, Coimbra: Coimbra Editora, 2014, pp. 329-337; Teresa Quintela de Brito, *A Tentativa nos Crimes Comissivos por Omissão... op. cit.*, pp. 148-151; e, também, Jorge de Figueiredo Dias, *Direito Penal: Parte Geral*, tomo I, *op.cit.*, 916. Mais adiante chegamos à mesma conclusão a partir de exemplos práticos, no (2.3.) cap. III, parte I.

A resposta é evidentemente negativa em virtude da própria técnica legislativa. Se estivermos perante crimes de resultado que se afiguram também crimes de execução livre, como é o caso clássico do crime de homicídio, a questão nem se coloca porque não há qualquer conduta compreendida ou objectivamente determinada no tipo legal de crime. Sendo assim, apenas de uma forma implícita, a partir do resultado, poderíamos vislumbrar uma abertura a todos as possíveis condutas activas adequados a evitá-lo. Se estivermos perante crimes de resultado que se afiguram, em simultâneo, crimes de execução vinculada, como é o caso da coação ou da burla, não se encontram expressamente previstas as condutas adequadas a evitar os respectivos resultados, mas unicamente as condutas adequadas a produzi-los. Neste caso, parece até incompatível conciliar a execução vinculada das condutas que produzam um resultado com a execução livre das condutas esperadas que o evitam[330]. Portanto, não é claramente a técnica legislativa de vincular as condutas esperadas ao resultado que está associada à incriminação da omissão através da cláusula geral estabelecida. O que obriga a procurar o tipo de conduta omissiva imprópria *para além da letra da lei.*

Postas assim as coisas, a conduta nos crimes impróprios de omissão traduz-se na *inactividade do agente em relação a uma conduta que seria esperada e adequada a evitar um determinado tipo de resultado.* E isto considerando que a técnica legislativa não passa por vincular o tipo de resultado a um elenco expresso ou típico de condutas esperadas. Estas observações, a *contrario sensu*, podem querer dizer que *todos os crimes impróprios de omissão são crimes de execução livre em relação à conduta esperada e adequada a evitar o tipo de resultado.* É possível evitar o resultado por todo e qualquer meio que se afigure adequado, traduzindo-se num dever jurídico de execução livre. Assim, os crimes impróprios de omissão seriam caracterizáveis como crimes de resultado e como crimes de execução livre em relação à conduta esperada.

Avançando um pouco mais, com os mesmos pressupostos seria viável assegurar, teoricamente, que *todos os crimes de resultado que são de execução livre podem ser praticados por omissão através da cláusula geral e da formulação do*

[330] Cfr., *infra*, nota 333.

*próprio tipo de crime*, desde que seja viável identificar uma conduta possível e adequada a evitar o resultado, por um lado, e que exista efectivamente um dever jurídico que pessoalmente obrigue o agente a evitar esse resultado, por outro. E com isto estão presentes importantes pressupostos que limitam o alcance do tipo de conduta omissiva imprópria, de forma a *não convertê-la em algo intoleravelmente amplo e indeterminado*, a saber: a possibilidade de se evitar o resultado através de uma conduta, a capacidade para realizar a conduta considerada possível e, ainda, a identificação dos deveres de garantia que determinam a posição de garante do agente[331]. Será certamente uma tarefa aberta às possibilidades do caso concreto.

Nada do que fica dito exclui o facto de existirem outros tipos de crime que dispensam o recurso à cláusula geral porque eles próprios, pela forma como estão formulados, estabelecem um tipo de resultado que tanto pode ser realizado como evitado pelo conduta activa adequada[332]. É o caso do crime de infidelidade, nos termos do qual ao tipo de resultado "causar a esses interesses... prejuízo patrimonial importante" está implícita a possibilidade de haver uma conduta activa que cause esse prejuízo ou uma omissão da conduta activa suceptível de evitar esse prejuízo. Assim, o facto de não termos de recorrer à cláusula de equiparação parece assegurar, de alguma forma, uma outra certeza ao nível da determinabilidade típica.

Uma palavra final para destacar as dificuldades em admitir uma omissão imprópria nos crimes de resultado que são simultaneamente crimes de execução vinculada, como sucede na coação ou na burla. Se o tipo de crime prevê expressamente como elemento do tipo objectivo certas condutas activas adequadas a produzir o tipo de resultado, dificilmente conseguimos conciliar essas mesmas condutas, em simultâneo, com outras condutas activas adequadas a evitá-lo[333]. Ou seja, como poderemos ter

[331] Em Espanha, veja-se Santiago Mir Puig, *Derecho Penal: Parte General*, 10.ª edición actualizada e revisada, Barcelona: Editorial Reppertor, 2015

[332] Sobre o "tipo comum", Teresa Quintela de Brito, *A Tentativa nos Crimes Comissivos por Omissão... op. cit.*, pp. 111-112

[333] Embora possamos considerar as palavras de Teresa Quintela de Brito, *A Tentativa nos Crimes Comissivos por Omissão... op. cit.*, p. 109 "...quanto àqueles que revistam uma forma vinculada, só será possível descortinar tal duplo mandato, depois de se ter apurado, com independência da posição de garantia, a compatibilidade do peculiar modo de comissão de resultado, tanto

uma execução livre da conduta adequada a evitar o resultado se o tipo prevê uma execução vinculada de certas e determinadas condutas adequadas a produzir esse mesmo resultado? Parece ser impraticável preencher todos os pressupostos em simultâneo quando apenas está em causa o poder de actuação de um agente. Possivelmente entramos aqui no segmento da cláusula geral da omissão imprópria que exclui a sua própria aplicação quando *for outra a intenção da lei* ("salvo se outra for a intenção da lei"), afastando-a de todos os crimes de resultado que se afigurem ao mesmo tempo crimes de execução vinculada. Até porque o legislador pode pôr mão na técnica legislativa dos crimes próprios de omissão quando a intenção for justamente outra: incriminar a *mera inactividade* do agente, objectivamente determinada na lei, perante certas e determinadas circunstâncias.

### 3.2. Relação do tipo de conduta com elementos objectivos do tipo

Conforme se sugeriu, as condutas podem estar previstas ou elencadas de forma alternativa (através da conjunção "ou") no mesmo tipo incriminador, assim como sucede nos crimes de execução vinculada; demos como exemplos o crime de tráfico de estupefacientes e os crimes próprios de omissão. Quando não há um elenco expresso e taxativo de condutas, então estamos perante um crime de execução livre, nos termos do qual as possibilidades do tipo de conduta estão implícitas no tipo de resultado; demos como exemplos o crime de homicídio e os crimes impróprios de omissão. Em qualquer caso, a conduta tem uma necessária relação com os restantes elementos do tipo objectivo do crime. Na verdade, *é possível realizar uma limitação à abertura do tipo de conduta através dos elementos objectivos do tipo de crime.* Vamos tomar novamente como exemplo o crime de tráfico de estupefacientes, enquanto ponto de partida para considerações mais gerais. A disposição legal em causa é a seguinte:

com um comportamento activo como omissivo"; esclarecendo, mais adiante, "sempre que a conduta típica seja descrita com base em elementos necessariamente inerentes a um comportamento activo, deverá entender-se que o legislador pretendeu excluir, originária e definitivamente, a relevância jurídico-penal de uma autoria omissiva, aliás impossível, desse facto.".

> "Quem, sem para tal se encontrar autorizado, cultivar, produzir, fabricar, extrair, preparar, oferecer, puser à venda, vender, distribuir, comprar, ceder ou por qualquer título receber, proporcionar a outrem, transportar, importar, exportar, fizer transitar ou ilicitamente detiver, fora dos casos previstos no artigo 40.º, plantas, substâncias ou preparações compreendidas nas tabelas I a III é punido..."[334].

Primeiramente, o tipo de conduta é delimitado pelo próprio "objecto da conduta", neste caso pelas coisas pressupostas pelo segmento normativo "plantas, substâncias ou preparações compreendidas nas tabelas I a III". Não são quaisquer coisas que estão em causa, são apenas as coisas especificadas e previstas na lei[335]. O que vale, por indução, para qualquer outro tipo incriminador: *o objecto da conduta delimita necessariamente o alcance e o significado do tipo de conduta.* Para o crime de homicídio não basta "matar" um ser vivo qualquer, é necessário que se mate "outra pessoa" – e, como é evidente, a conduta que serve para matar uma pessoa pode não servir para matar outro ser vivo qualquer; para o crime de furto não basta "subtrair" uma coisa qualquer, é necessário que se subtraia "coisa móvel alheia"; enfim, para o crime de devassa por meio de informática não basta "manter" um qualquer ficheiro, é necessário que seja mantido "um ficheiro automatizado de dados individualmente identificáveis e referentes a convicções políticas, religiosas ou filosóficas, à filiação partidária ou sindical, à vida privada, ou à origem étnica". Com isto vemo-nos obrigados, muitas vezes, a procurar o significado do objecto da conduta, ao nível do direito, para compreendermos o próprio alcance do tipo de conduta. O que é uma "pessoa"? Antes do parto há "pessoa"? Depois da morte cerebral há "pessoa"? O que é uma coisa "móvel"? E uma coisa

[334] Cfr. art. 21.º, n.º1, da legislação de combate à droga (DL n.º 15/93, de 22 de janeiro, com posteriores alterações).

[335] É verdade, contudo, que a realidade e a constante mutação das coisas permitem o surgimento constante de *novas substâncias* que obrigam a uma actualização das tabelas em causa por parte do legislador, o que também acontece por transposição das directivas europeias. Assim sucedeu, por exemplo, na última alteração às tabelas por via da lei n.º 8/2019, de 01 de fevereiro, que procedeu à transposição da Directiva (UE) 2017/2103, de Parlamento Europeu e do Conselho, de 15 de novembro de 2017.

"alheia"? Qual o significado de "ficheiro automatizado"? E a noção de "dados individualmente identificáveis"?

Todas as questões colocadas pelo objecto da conduta, quando não são directamente resolvidas pela própria lei[336], vão sendo exaustivamente debatidas pela doutrina e pela jurisprudência. Importante é reter a ideia de que a conduta, activa ou omissiva, tem sempre um objecto para a qual se dirige, pressupondo, ao nível normativo, a relação entre as pessoas, coisas e animais no mundo intersubjectivo, assim como certos objectivos político-criminais de protecção de bens jurídicos[337].

Por outro lado, o tipo objectivo pode prever outros pressupostos que são necessariamente *cumulativos* com o tipo de conduta. Volvendo ao tráfico de estupefacientes ou substâncias psicotrópicas, para além das condutas alternativas que estão previstas no tipo, é essencial que o agente, cumulativamente, *não se encontre devidamente autorizado pelas autoridades competentes para o exercício dessas mesmas actividades.* Sendo assim, estamos perante um segmento do tipo objectivo que impõe legalmente uma actuação ou um dever jurídico de levar a cabo uma certa conduta (o processo de autorização junto das autoridades competentes) com um determinado resultado (a própria "autorização"), pelo que a omissão da respectiva conduta que efectivamente obtém o resultado "autorização" é também um elemento objectivo da incriminação. Portanto, uma pessoa que se encontre autorizada administrativamente para o cultivo e exportação de *cannabis sativa*, não preenche o segmento do tipo objectivo "sem para tal se encontrar autorizado" e, nessas condições, pratica condutas *lícitas* e *atípicas* de cultivo e exportação da coisa concreta. O mesmo poderia ser dito, *mutatis mutandis*, em relação aos crimes de detenção de arma proibida ou qualquer outro crime que requeira o cumprimento de autorizações, condições legais ou prescrições de autoridade competente para a prática de certas condutas.

[336] P. ex., através das definições legais, como sucede no caso de "ficheiro automatizado" e de "dados individualmente identificáveis", de acordo com o exemplo dado, ou como sucede com a noção de "documento" prevista para os crimes de falsificação.

[337] Embora não se confunda o "objecto da conduta" com o "bem jurídico", como é sobejamente sublinhado pela doutrina. Veja-se, *infra*, (3.4.), cap. II, parte I, a relação do tipo de conduta com os bens jurídicos protegidos.

A relação do tipo de conduta com os restantes elementos do tipo objectivo não se esgota nestas situações, uma vez que são inúmeras as possibilidades de conjugar determinados pressupostos objectivos da incriminação. Na prática, a narrativa processual dos factos, particularmente a realizada na acusação, deverá nomear *todos* os comportamentos que conformam *todos* os elementos objectivos do tipo.

Por fim, relembramos que o tipo de conduta e, em geral, o tipo objectivo do crime têm uma necessária relação com outras normas jurídico-penais. Estamos a pensar não somente nas normas da PG do CP que, no caso da "tentativa" ou da "comparticipação", permitem ampliar a incriminação do tipo de conduta, como também nos restantes tipos de crime previstos na PE do CP ou em legislação extravagante, já no âmbito do problema do "concurso de crimes". No caso específico da disposição legal em causa do "tráfico e outras actividades ilícitas", há mesmo uma exclusão expressa da sua aplicação perante determinados casos de "consumo", nos termos do segmento típico "fora dos casos previstos no artigo 40.º".

### 3.3. Relação do tipo de conduta com elementos subjectivos do tipo

Uma outra forma de delimitar o alcance do tipo de conduta (e da própria incriminação) pode resultar da sua relação formal com os elementos subjectivos da tipicidade. Sem prejuízo de voltamos ao assunto mais adiante, é preciso relembrar que o tipo de conduta, enquanto elemento do tipo objectivo, pode-se configurar como um tipo de conduta *doloso* ou como um tipo de conduta *negligente*, na convergência com os elementos subjectivos do tipo. Tudo poderá depender da forma como o legislador formula a incriminação: há tipos de crime que admitem apenas o dolo, como é o caso do "furto", há tipos de crime que apenas estão configurados para admitir a negligência, como é o caso da "insolvência negligente", e há ainda tipos de crime que admitem ambas as possibilidades, como acontece com os "danos contra a natureza". E isto pressupondo a interacção com as normas previstas na PG do CP que precisamente dizem respeito ao dolo e à negligência. O importante é recordar que o tipo de conduta, enquanto elemento do tipo objectivo, está subordinado à conjugação com um elemento do tipo subjectivo, dolo ou negligência, com vista à "congruência" entre um e outro[338]. Isto significa que, nos termos da lei, não basta haver uma conduta que nos remeta a um acontecimento exterior, é necessário ainda que essa mesma conduta nos remeta, cumulativamente, para o mundo subjectivo do agente, seja na forma de "conhecimento" ou "vontade", seja na forma de uma qualquer "representação" ou "conformação". Isto, ainda, na perspectiva formal do normativismo.

Igualmente ao nível estritamente normativo, não podemos ignorar que o tipo de crime pode estabelecer os chamados "especiais elementos subjectivos do tipo" que se cumulam, com independência, a todos os outros. Significa que *não são* elementos do tipo objectivo, precisamente porque não requerem qualquer correspondência com o mesmo, afastando qualquer ideia de "congruência". São, na verdade, um acréscimo ou um pressuposto adicional ao tipo de ilícito que traduz um *efeito de transcendência*, uma vez que a intenção do agente transcende os pressupostos do tipo objectivo. É o caso paradigmático da "intenção de apropriação" do crime de furto, cuja natureza não se confunde com o tipo de conduta "subtrair", nem com o dolo do tipo de conduta "subtrair", afigurando-se uma intenção autónoma e concorrente com os restantes pressupostos do tipo de ilícito. O mesmo sucede com o crime de contrafacção de moeda no que diz respeito à "intenção de a pôr em circulação como legítima". A estes crimes que estabelecem uma intenção de realizar um determinado resultado que, no mundo exterior, não tem de se verificar, bastando assim a *mera intenção* no mundo subjectivo do agente, costumam-se designar "crimes de resultado cortado"[339].

[338] A "congruência" entre tipo subjectivo e tipo objectivo tem subentendida toda a evolução histórica do direito penal, considerando importantes contributos de autores alemães como E. Mezger, Hans Welzel e Claus Roxin, como veremos, *infra*, cap. IV, parte I ("teoria da conduta na doutrina do crime"). No campo do "ilícito pessoal", entre nós, a reflexão de António Manuel de Almeida Costa, *Ilícito Pessoal, Imputação Objectiva e Comparticipação em Direito Penal*, tomo II, reimp. Coimbra: Coimbra Editora, 2017, pp. 574-580. Cfr., ainda, posição de Jorge de Figueiredo Dias, *Direito Penal: Parte Geral*, tomo I... op. cit., p. 271, §59

[339] Na prática, porém, terá de haver uma forma de comprovar as *meras intenções* do agente, não se podendo resumir, exclusivamente, à sua atitude interior. Esta é uma ideia que está presente ao longo do nosso estudo.

### 3.4. Relação do tipo de conduta com os bens jurídicos protegidos

Se tivermos presente uma noção de "bem jurídico" de natureza formal, enquanto algo que expressa o objecto imediato de protecção de um tipo de crime, vamos entender melhor os interesses que o direito positivo do ordenamento jurídico em causa pretende tutelar[340]. Mas, se tivermos presente o tipo de conduta previsto (nos crimes de execução vinculada) ou implícito (nos crimes de execução livre e de resultado) num determinado tipo de crime, vamos entender melhor como é que esse mesmo sistema jurídico pretende proteger um certo bem jurídico[341]. Sendo assim, próximo de todas as anteriores relações – com os crimes de execução livre, crimes de execução vinculada, crimes de omissão, elementos objectivos e elementos subjectivos do tipo – está a *relação do tipo de conduta com o bem jurídico protegido.*

Com efeito, a abrangência da conduta geral e abstracta desenhada no tipo legal de crime poderá estar relacionada com o seu potencial para tutelar o bem jurídico em causa. Nos crimes de execução livre isso é evidente. Olhando para crimes de execução vinculada, há casos que também apontam no mesmo sentido.

Pensemos no exemplo do conceito de "acto sexual de relevo", presente em vários tipos de crime contra a liberdade e autodeterminação sexual. Trata-se de um conceito normativo que apenas se concretiza à luz da "gravidade objectiva" do comportamento que decorre do caso concreto[342]. Os bens jurídicos protegidos através do "acto sexual de relevo" não estão apenas associados à protecção da esfera sexual das pessoas adultas, como

[340] Contrariamente a uma noção de "bem jurídico" de natureza material, com pretensões político-criminais, cuja natureza procura conformar o ordenamento jurídico num "dever-ser". Neste sentido e sobre este assunto, Juan Antonio Lascuraín, "Bem jurídico e objecto protegível", *op. cit.*, pp. 717-720.

[341] Relacionado com a margem discricionária para a fixação dos meios a partir dos quais o legislador pretende tutelar um determinado bem jurídico. Cfr. Robert Alexy, "Epílogo a la teoria de los derechos fundamentales", *op. cit.*, pp. 24-25, fazendo referência à ponderação que é necessária de forma a pôr na balança os meios que favorecem ou prejudicam outros fins ou princípios (neste caso, também, outros bens jurídicos).

[342] Aqui, no sentido de uma posição objectivista, Jorge de Figueiredo Dias, "Artigo 163.º (Coacção sexual)", *in*: *CCCP*, Parte Especial, tomo II, Coimbra: Coimbra Editora, 1999, p. 448, §9

também à protecção da esfera sexual das pessoas inconscientes, incapazes, internadas, crianças e menores, ou seja, todos os comportamentos de natureza sexual, neste âmbito, podem ser importantes. Em traços largos, a natureza do bem jurídico a proteger determina a natureza do tipo de conduta.

No exemplo do crime de tráfico e outras actividades ilícitas relacionadas com substâncias estupefacientes e psicotrópicas, estamos perante um bem jurídico suficientemente amplo, a "saúde pública", que permite ao legislador incriminar as mais variadas e possíveis formas de tráfico, até mesmo as anteriores ao próprio tráfico ("cultivar", "produzir", "fabricar", "extrair", "preparar" ou "detiver"). São condutas que, *uma vez elencadas no mesmo tipo de crime de forma alternativa*, em comum têm o facto de se afigurarem idóneas a proteger certos interesses dos indivíduos ou da sociedade convertidos em "bens jurídicos" com dignidade jurídico-criminal. Na prática, sabe-se que há coisas que se associam e que se complementam (p. ex. estupefacientes e armas) em determinados núcleos ou tipos de criminalidade (p. ex. altamente organizada)[343], pelo que a protecção da "saúde pública" através do combate ao tráfico poderá ser também, indirectamente e por associação, uma política criminal de protecção da "segurança pública". Na verdade, o mesmo tipo de crime pode elencar um conjunto de condutas que se afigurem idóneas a proteger, não um, mas vários bens jurídicos (na qualidade de "crimes complexos") –, sendo relevante identificá-los, também, de forma a resolver eventuais problemas relacionados com o concurso de crimes[344].

Desta relação entre o tipo de conduta e o bem jurídico a proteger resulta igualmente uma importante distinção entre "crimes de perigo" e "crimes de dano". Particularmente nos chamados *crimes de perigo abstracto*, levanta-se a questão teórica de saber se a verificação do perigo faz ou

[343] Falamos do assunto em Pedro Sá Machado, *Crimes de Detenção... op. cit.*, pp. 117-118

[344] Veja-se o critério dos juízos de valor jurídico-criminais em Eduardo Henriques da Silva Correia, *A Teoria do Concurso em Direito Criminal... op. cit.*, pp. 84-91. Mais recentemente, Cristina Líbano Monteiro, *Do Concurso de Crimes ao «Concurso de Ilícitos» em Direito Penal*, reimp., colecção teses de doutoramento, Coimbra: Edições Almedina, 2018, pp. 338-339 (nas conclusões), segundo a qual não deve haver um critério formal e uno para resolver em abstracto o problema, defendendo um critério material e concreto determinado a partir do "mundo da vida".

não parte do tipo – na prática, se o perigo deve ou não ser provado –, uma vez que o comportamento do agente pode nem sequer constituir perigo concreto para o bem jurídico protegido[345]. A condução de veículo em estado de embriaguez é um daqueles casos que responde inequivocamente à questão: no que diz respeito ao tipo de conduta, basta haver uma "condução", independentemente do perigo concreto para a "segurança da circulação rodoviária". O problema está depois em definir o conceito geral e abstracto de "condução", também ele indeterminado e aberto às possibilidades do caso concreto[346].

[345] Questão sobejamente debatida na doutrina, com diferentes posições: Eduardo Correia, *Direito Criminal*, vol. I, *op. cit.*, pp. 287-288 (perigo é suposto *iuris et de iure)*; Jorge de Figueiredo Dias, *Direito Penal: Parte Geral*, tomo I, *op. cit.*, 309-311 (*presunção inelidível* de perigo); José de Faria Costa, *O Perigo em Direito Penal... op. cit.*, pp. 620 e ss. (valoração que pertence ao "reino da política criminal"); Blanca Mendoza Buergo, "La configuración del injusto (objectivo) de los delitos de peligro abstracto", *Revista de Derecho Penal y Criminologia*, 2.ª Época, n.º 9, Bogotá: Universidad Externado de Colombia, 2002, p. 39-82 (propõe a produção de prova da "perigosidade efectiva *ex ante*"); Claus Roxin, *Derecho Penal, Parte General*, Tomo I, Fundamentos, La estrutuctura de la teoria del delito (Traducción de Diego-Manuel Luzón Peña & Miugel Díaz y Garcia Conlledo/Javier de Vicente Remesal), Madrid: Editorial Civitas, 1997 [orig. 1994], pp. 407-411 (propõe fazer depender de uma "lesão do cuidado devido"); e José Cerezo Mir, "Los delitos de peligro abstracto en el âmbito del derecho penal del riesgo", *Revista de Derecho Penal y Criminologia*, 2.ª Época, n.º10, Bogotá: Universidad Externado de Colombia, 2002, pp. 47-72 (entende que há crimes em que se deve punir a simples realização da conduta descrita no tipo, por serem acções que geralmente põe em perigo o bem jurídico).

[346] Problema que se nos remete novamente para a interpretação do tipo de conduta. No Ac. do TRC de 16/02/2011, proc. n.º 16/10.9PTFIG.C1, considerou-se o seguinte comportamento, preenchedor do tipo de conduta "condução": "A condução é, na verdade um acto complexo, que comporta várias operações para manter o carro em circulação. Mas o primeiro acto de condução é, sem dúvida, ao acto de introduzir a chave na ignição é aí que se começa a ter o controlo da máquina, logo seguido do acto de destravar o carro. São todos estes actos que vão levar à condução propriamente dita. O arguido quando se dirigiu ao seu veículo sabia que ía conduzi-lo para se deslocar para casa e, para tal tinha que começar por pôr a chave na ignição, destravá-lo, pôr a mudança e iniciar a marcha. Todo este conjunto de actos fazem parte da condução e não podem ver-se de forma isolada. Por isso e como muito bem vem referido na sentença recorrida, «a circunstância do arguido, porventura, não ter accionado o motor do veículo, nem se ter sentado no banco da mota, não invalida que se considere que o mesmo executou actos próprios do exercício de condução e aptos a permitir a condução do veículo finalidade última da sua conduta. Na verdade, foi o acto voluntário do arguido de colocar a chave na ignição e accionar o mecanismo de destravagem da mota (ainda que auxiliado

A relação do tipo de conduta com os bens jurídicos protegidos é ainda mais notória perante a existência de "exemplos-padrão" ou "normas penais em branco". Essas técnicas legislativas devem-se muito, novamente, à forma como se pretende proteger um bem jurídico. Portanto, a forma como se tutela um bem jurídico está muito relacionada com o que se entende ser, em termos gerais e abstractos, *a conduta considerada ilícita para os bens jurídicos protegidos.*

Note-se que não estamos aqui a discutir se estas opções são ou não político-criminalmente legítimas – o problema dos limites já foi por nós abordado anteriormente –, estamos a sublinhar a relação entre as condutas previstas ou implícitas no tipo legal de crime ("o tipo de conduta") e o objecto de protecção ("bem jurídico"). Essa mesma relação implica também um determinado *discurso ético-político* subjacente ao normativismo[347], sobretudo em virtude de se encontrar focado em práticas que *não devem ser adoptadas* (nos crimes activos[348]) ou em práticas que *devem ser adoptadas* perante determinadas circunstâncias (nos crimes omissivos[349]). Tal discurso que chamamos de "ético-político" não é mais do que, formalmente, um fim político-criminal de prevenção geral que deriva da própria tipicidade.

pelo facto de não estar engatada e se encontrar num plano inclinado, independentemente do motor estar em funcionamento ou não), que fez com que esta avançasse para a via pública, assim dando início a um processo de movimento e dinâmica no trânsito, através do qual o arguido veio a colocar em causa a segurança da circulação rodoviária». Assim, bem andou o Tribunal ao dar como provado os factos constantes do ponto 1 e 2.".

347 Ou, digamos, "ético-formal". Veja-se o sistema teleológico de G. Jakobs, *infra*, nota 726 e (6.) cap. IV, parte I.

348 Sobre o discurso ético relacionado com a norma, valor, prescrição e obrigação, Paul Ricouer, *O Discurso da Acção, op. cit.*, p. 56. É verdade que o discurso do tipo de conduta tem uma relação estreita com um discurso ético, p. ex.: "...ninguém deve tirar *a vida* a outra pessoa...independentemente da forma como se mata uma pessoa..."; ou "a sinistralidade rodoviária é um problema público... ninguém deve conduzir embriagado... independentemente de colocar em perigo concreto a *segurança rodoviária*"; ou, ainda, "...as substâncias psicotrópicas são um problema de *saúde pública*... ninguém as deve produzir...". E se quiséssemos aditar a outra parte do discurso, *político-preventivo*, estaria em causa o remanescente "...sob pena de...".

349 P. ex., vamos imaginar, "por razões de *privacidade*, ninguém deve permanecer na residência de alguém depois de intimado a retirar-se".

### 3.5. Relação do tipo de conduta com a narrativa processual dos factos

Uma outra razão para se interpretar o tipo de conduta como um elemento aberto e indeterminado decorre forçosamente das hipóteses ilimitadas da vida em sociedade, mais concretamente das inúmeras narrativas dos factos que chegam todos os dias ao processo penal. O tipo de conduta representado na lei não se pode enclausurar na sua determinabilidade objectiva ou numa expressão abstracta da realidade, nem tão-pouco num pensamento lógico-abstracto que ambicione uma aplicação "automática" do respectivo conceito legal[350]. Pelo contrário, o tipo de conduta terá de permanecer aberto às inúmeras possibilidades dos factos e às próprias características das narrativas processuais, considerando o contexto jurisdicional e as referências histórico-sociais.

De facto, um tipo de conduta que se encontre em vigor, expresso nos crimes de execução vinculada ou implícito nos crimes de execução livre, tem potencial para ser ponderado em diferentes épocas histórico-sociais de um país. Ninguém contesta que as práticas de uma vida em sociedade variam no tempo e no espaço, admitindo diferentes experiências quotidianas no plano da interacção entre as pessoas e com as coisas ou animais. A evolução da tecnologia, por exemplo, será sempre um factor de releitura dos contornos de um tipo de conduta em virtude de um renovado *modus operandi* na realidade intersubjectiva, inclusive no âmbito dos crimes considerados "clássicos". Como já referimos, o "transportar" de hoje pode não ser o "transportar" de amanhã. E a mesma lógica aplica-se a qualquer outra conduta. Ora, *o tipo de conduta, mesmo enquanto "objecto formal" do normativismo, não pode deixar de englobar, ao longo da sua vigência, cada um dos contextos sociais e históricos que vão sendo concretamente pressupostos pelas narrativas processuais dos factos.* O que vai ao encontro, em passos largos, de um "sistema aberto"[351]. É nessa realidade da vida social onde se praticam os comportamentos, onde se encontram os interesses das pessoas e da

[350] Uma nota sobre a "conceptologia" em L. Cabral de Moncada, *Filosofia do Direito e do Estado...* vol. 2.°, *op. cit.*, pp. 69-71

[351] Com uma referência a um "sistema aberto", Arthur Kaufmann, "A problemática da filosofia do direito ao longo da história", *op. cit.*, p. 51; Bernd Schünemann, "Introducción al razonamiento sistemático en Derecho Penal", *op. cit.*, pp. 35-36; e, ainda, com a mesma lógica, António Braz Teixeira, *Sentido e Valor do Direito... op. cit.*, p. 140

sociedade – vida, integridade física, liberdade pessoal, autodeterminação sexual, propriedade, honra, vida privada, família, sentimentos religiosos, soberania nacional, etc. –, e onde se encontra em vigor a própria lei penal que se propõe a proteger esses mesmos interesses.

Como se tratam, afinal, de narrativas de comportamentos de pessoas determinadas que agem ou não neste ou naquele sentido e que convivem, conversam e interagem, estamos igualmente a incluir aqui *a personalidade do agente*. Ou seja, o tipo de conduta é também um conceito unitário e indeterminado porque *visa abranger, ao longo da sua vigência, diferentes manifestações da personalidade*[352]. Diferentes pessoas têm diferentes comportamentos no espaço e no tempo que podem ser descritos das mais variadas formas. Por via de regra, o tipo de conduta está aberto à autoria de qualquer pessoa ("quem"), por isso se designam *crimes comuns*, mas há determinados crimes que exigem uma qualidade ou condição especial do agente para serem cometidos (p. ex. o "funcionário"), nos designados crimes *específicos*.

Por outra parte, as normas penais carecem de uma abertura em relação à linguagem e ao discurso das narrativas processuais dos factos. O tipo de conduta terá de ser dotado de uma *metalinguagem* suceptível de englobar a diversidade não taxativa da linguagem dos comportamentos que são descritos na narração dos factos[353]. Temos que insistir na ideia de que a pretensão de ser um "quadro de referência" está dependente de uma metalinguística – ou, como Umberto Eco lhe chama, "metassemiótica"[354] – que estabeleça uma regra de entendimento. Por esse motivo, o tipo de conduta, embora limitado pelo princípio da legalidade, pretende ser unitário ou ecuménico no sentido de procurar uma

[352] A "manifestação da personalidade" é a ideia base da teoria da acção de Claus Roxin, *Derecho Penal, Parte General*, tomo I, *op. cit.*, pp. 252 e ss. Ainda que levante alguns problemas, como veremos mais adiante, em relação ao facto de não abranger as pessoas colectivas. Cfr., *infra*, (7.), cap IV, parte I.

[353] E por isso convoca problemas tantas vezes associados, na doutrina, aos "tipos abertos", aos "exemplos-padrão", ou às "normas penais em branco". Cfr. José de Faria Costa, "O Direito Penal, a Linguagem e o Mundo Globalizado...", *op. cit.*, p. 17; e António Castanheira Neves, *Digesta... op. cit.*, vol. 1.º, pp. 371-372. Mais além, convoca igualmente problemas relacionados com a analogia (cfr., *infra*, nota 438).

[354] Umberto Eco, *Semiótica e Filosofia da Linguagem, op. cit.*, p. 55

unidade entre as várias possibilidades em que se manifestam os factos processualmente descritos. E daí afigurar-se indeterminado e aberto às inúmeras formas de se exprimir o caso concreto. É como se a linguagem normativa, com o "compromisso prático da sua intencionalidade"[355], não comunicasse um conteúdo mas uma forma, ou seja, não comunicasse as suas premissas mas unicamente as conclusões. Podendo porventura afirmar-se que a linguagem normativa é naturalmente *conclusiva* em comparação com a linguagem *descritiva* dos comportamentos que constam nas narrativas processuais dos factos. No processo de determinação do direito, "matar", "ofender", "prender", "injuriar" e "se introduzir", entre todos os outros exemplos previstos nos tipos incriminadores, são meras *conclusões*. De outro modo, os enunciados "premiu o gatilho", "disferiu um pontapé", "trancou a porta", "chamou-lhe «burro»" ou "entrou no jardim", decorrentes da narrativa processual dos factos, podem ser *conteúdos ou premissas* para aquelas mesmas conclusões. Portanto, daqui também se pode deduzir que os tipos de conduta, na qualidade de "conclusões" sem "premissas", têm um significado algo incompleto por não terem um sentido independente que dependa exclusivamente da metalinguagem e da letra da lei[356].

O que fica dito acerca da "metalinguagem normativa" não significa que os tipos de conduta estejam dotados de uma forma de expressão que transcende a sua incontornável função de comunicação. Temos até dúvidas que se possa dizer que em causa está o cotejo entre uma linguagem comum, orientada para o entendimento de todos os cidadãos ou interve-

[355] Expressão de António Castanheira Neves, *Digesta...*, vol. 1.º, *op. cit.*, p. 378

[356] Uma conclusão que vai ao encontro da pergunta retórica de Tomás S. Vives Antón, "Segundo Seminario: *nullum crimen sine lege.* Comisión por omisión y dogmática penal", *in:* AA.VV., *Acción Significativa, Comisión por Omisión y Dogmática Penal*, Valencia: Tirant lo Blanch, 201, p.115: se as leis penais têm um sentido independente, expresso no seu texto, de onde se podem extrair esse sentido? Considerar, também, Winfried Hassemer, "Sistema jurídico e codificação...", *op. cit.*, pp. 292-294, admitindo o carácter "vago" e "poroso" dos conceitos legais; e, ainda, Ulrich Schroth, "Hermenêutica filosófica e jurídica", *op. cit.*, p. 404, sobre o facto de os critérios de interpretação só se tornarem aplicáveis mediante regras para situações factuais identificáveis. E, finalmente, António Castanheira Neves, *Digesta... op. cit.*, vol. 1.º, p. 463, fazendo depender o sentido e o conteúdo da incriminação legal do juízo incriminatório concreto.

nientes processuais, e uma linguagem técnico-jurídica, orientada principalmente para o entendimento da autoridade judiciária[357]. Para se cumprir uma parte do significado do princípio da legalidade, a linguagem das normas – e a própria construção dogmática do tipo incriminador – terá sempre que se orientar para o entendimento dos cidadãos através de uma certa determinabilidade objectiva – seja da conduta e ou do resultado nos crimes de execução vinculada, seja do resultado nos crimes de execução livre –, em proveito da segurança e certeza jurídicas[358]. Caso contrário não será possível identificar, com meridiana clareza, um conjunto de comportamentos incluídos ou excluídos pelo tipo de crime, até para efeitos preventivos. Está subjacente a ideia de que a "moldura semântica" do tipo de incriminação, a base normativa e comunicativa, deve ser entendida como um limite garantístico mínimo.

## 4. Síntese e conclusões do capítulo

**i)** Diferentemente do primeiro capítulo em que estivemos enquadrados na função jurisdicional, no processo penal e, especialmente, na narrativa processual dos factos, neste segundo capítulo tomamos a perspectiva do legislador, do tipo incriminador e do tipo de conduta. Por outras palavras: se no primeiro capítulo estivemos focados nos "factos", neste segundo capítulo estivemos focados na "lei". Mas não nos referimos a qualquer "lei", referimo-nos à "lei penal" que incrimina determinadas condutas e cuja natureza se exprime nas suas próprias consequências jurídicas. É a mesma lei que tem as mais nobres finalidades, procurando proteger cer-

[357] Ainda que António Castanheira Neves, *Digesta...*, vol. 1.°, *op. cit.*, p. 446, diga o seguinte: "... se deve compreender é que o legislador não usa nas leis palavras e expressões que tenham porventura um sentido linguístico-gramatical comum para enunciar esse sentido comum, e sim para prescrever uma *intenção jurídica* através dessas palavras e expressões – e então um *sentido jurídico* é o imediato referente do texto legal, pois só na relação referencial a esse sentido o texto legal é prescritivo de uma intenção jurídica e, portanto, ele próprio *texto jurídico*" (itálicos no texto). Sobre o assunto, também, António Castanheira Neves, *Metodologia Jurídica: problemas fundamentais*, reimp., Studia Iuridica 1, Boletim da Faculdade de Direito, Universidade de Coimbra: Coimbra Editora, 2013, pp. 116 e ss.

[358] Neste sentido, Jorge de Figueiredo Dias, *Direito Penal: Parte Geral*, tomo I, *op. cit.*, p. 186; e também, certeira, Teresa Quintela de Brito, *A Tentativa nos Crimes Comissivos por Omissão... op. cit.*, p. 129.

tos bens jurídicos considerados valiosíssimos no contexto histórico-social de uma sociedade e que, ao mesmo tempo, procura reintegrar o agente na sociedade sempre que necessário. Por isso mesmo, foi de suma importância começar por olhar para o papel do responsável pela promulgação da lei, particularmente para a questão relacionada com os limites impostos à criminalização de condutas, no plano vertical onde se encontra o poder legislativo.

**ii)** No que diz respeito aos limites à política criminal portuguesa, o essencial passou por circunscrever os limites explícitos e implícitos de ordem constitucional à criminalização de condutas. A discussão, a respeito, tem tendência para se alongar na defesa da polarização ou da união entre a ordem jurídico-penal e a ordem jurídico-constitucional, admitindo que é possível assumir argumentos a favor de um "dualismo" ou a favor de um "monismo", com consequências na atitude do legislador face às suas próprias competências formais decorrentes do princípio da reserva de lei. A verdade é que as exigências de política criminal quotidiana, com todas as vicissitudes políticas, institucionais, conjunturais, sociais ou culturais, reclamam uma certa margem discricionária para o legislador fixar os meios a partir dos quais pretende tutelar um bem jurídico – numa "realidade criminológica em constante mutação". Se pensarmos até nas possibilidades que o próprio tem para determinar, *ab initio*, a criminalização pretendida, deparamo-nos com as mais variadas perguntas: "crime de dano ou crime de perigo?", "crime de execução vinculada ou crime de execução livre?", "crime de mera actividade ou crime de resultado"?, "crime doloso ou crime negligente?", "crime particular, semi-público ou público?", entre outras. Esta liberdade para gizar a natureza do tipo de crime decorre também do próprio mandato democrático, tendo em vista os consensos sociais e os interesses dos indivíduos ou da comunidade acerca da desaprovação de certas condutas num contexto histórico-social concreto[359]. Não se trata de uma "desaprovação" qualquer, é algo intrinsecamente público-político – e não apenas jurídico – que valida a sua cri-

[359] O papel da comunicação social, por exemplo, é primordial para transmitir e denunciar os acontecimentos que traduzem interesses públicos e privados que estão ou devem estar no centro da discussão pública.

minalização, pelo menos na perspectiva do princípio democrático. Ora, é precisamente essa a questão: nem todas as "desaprovações" que partem do legislador democraticamente legitimado são legítimas à luz do princípio jurídico-constitucional do direito penal do bem jurídico, enquanto padrão crítico e parâmetro fundamental de controlo da constitucionalidade de normas penais adoptado pelo Tribunal Constitucional. Um exemplo bem elucidativo decorreu do crime de enriquecimento ilícito ou injustificado que, na verdade, nunca entrou em vigor no ordenamento jurídico português. Outros exemplos são visíveis na "zona cinzenta" do criminalizável, face às decisões políticas de criminalizar ou não condutas relacionadas com o incesto, a morte assistida, o aborto, o lenocínio, o consumo de estupefacientes ou os maus tratos a animais de companhia. Assim, a definição clara e evidente do bem jurídico-penal concreto que se intenta tutelar com a criminalização de certas condutas, de forma, também, a poder confrontá-lo com outros bens jurídicos protegidos, é primordial para legitimar um *modelo racional de actuação legislativa*, não só depurando a lei penal das imoralidades, do arbitrário, do manifestamente ideológico ou do metafísico, como também exigindo uma fundamentação que se debruce sobre a relevância social dos interesses da pessoa ou da comunidade em causa. Ou melhor, exigindo uma *especial fundamentação social* do desvalor jurídico-penal atribuído. Se o legislador não o faz – embora o faça, muitas vezes, por exemplo, nos trabalhos preparatórios ou nos preâmbulos dos actos legislativos –, a jurisprudência constitucional poderá fazê-lo de forma a contribuir para a "relação de estabilidade" entre a ordem jurídico-criminal e a ordem jurídico-constitucional.

Portanto, fazendo definitiva uma conclusão provisória: se de um lado temos o pragmatismo do legislador que procura normalizar o envolvente social recorrendo à criminalização de condutas, no limite proclamando bens jurídicos cada vez menos definidos ou cada vez mais amplos, no outro lado temos importantes referentes e limites constitucionais – p. ex. a proporcionalidade, a igualdade e os direitos fundamentais – que reclamam, sob pena de uma declaração fundamentada de inconstitucionalidade, a dignidade dos bens jurídicos e a necessidade de tutela penal, procurando um equilíbrio entre a criminalização das condutas e os direitos dos cidadãos. Definitivamente, a criminalização de condutas exige uma vigilância, um controlo ou, melhor, uma fiscalização não proveniente do próprio órgão político criador das leis penais, o que efectivamente sucede, no ordenamento jurídico português, através dos poderes do Tribunal Constitucional – num sistema de equilíbrio de poderes.

**iii)** Admitindo que não estamos longe de uma caracterização do cerne do problema ao nível nacional, a verdade é que a discussão tem depois potencial para se agudizar face ao desafio em articular a política criminal portuguesa com as políticas criminais da União Europeia e do Conselho da Europa. É que, de facto, existe um mandato político-criminal atribuído pelo Estado português ao legislador europeu. O que daí resulta é um combate aos crimes de dimensão transfronteiriça que ditam, entre outros mecanismos de integração, uma *harmonização europeia de certas normas jurídico-penais* por via das Directivas e das Convenções. Num passado recente, isso traduziu-se na identificação taxativas dos crimes transfronteiriços a combater, com matérias relacionadas com o tráfico de órgãos humanos, a violência contra as mulheres, a violência doméstica, o terrorismo, a contrafacção do euro, a autodeterminação e liberdade sexuais do menor ou o ambiente. São assim decretadas "regras mínimas" que devem ser tipicamente conformadas no plano nacional, mesmo que impliquem pretensões algo securitárias por via da antecipação da tutela penal dos crimes de perigo abstracto (em relação ao bem jurídico protegido) e dos crimes que punem actos preparatórios ou a tentativa (em relação à conduta). A questão aqui colocada, perante o programa político-criminal europeu, estava em saber como é que se salvaguarda a integridade do conteúdo da legislação penal nacional – o "património jurídico-criminal histórico-português" –, considerando que não estamos a falar de competências exclusivas da União Europeia ou do Conselho da Europa.

A resposta poderá ser diferente consoante estejamos a falar do Conselho da Europa ou da União Europeia. No primeiro caso, o problema dissolve-se no próprio poder democrático de aprovar e ratificar directamente as Convenções. No segundo caso as coisas são um pouco diferentes: as directivas devem ser obrigatoriamente transportas para o ordenamento jurídico interno, sob pena de a Comissão poder dar início a um processo por incumprimento, junto do TJUE, que poderá resultar, no limite, na aplicação de sanções pecuniárias. A verdade é que o mandato político-criminal europeu existe e foi consentido com a subscrição do Tratado de Lisboa, cabendo agora ao legislador europeu densificar, através do direito derivado, esse mesmo programa. Os limites formais poderiam ter sido impostos, logo de início, com a oposição de reservas ao direito primário, fortalecendo a democracia nacional nas decisões em matéria criminal. Ainda assim, não está excluída a possibilidade de os parlamentos nacionais fiscalizarem a fundamentação dada aos princípios da subsidiariedade e da proporcionalidade, obrigatória em todos os projectos legislativos europeus, no que diz respeito às directivas que visam criminalizar determinadas condutas – reiterando a ideia de que não estamos a falar de competências exclusivas. Ao mesmo tempo, os "freios de emergência" podem ser accionados – no caso, pelo Primeiro-ministro português – quando se entenda que um projecto de diretiva pode prejudicar aspectos fundamentais do sistema de justiça penal nacional. E, ademais, existem garantias mínimas legais no processo de harmonização legislativa que asseguram uma espécie de direito constitucional penal europeu, especialmente materializadas na CDFUE. Nesta conjuntura, parece que a salvaguarda do direito penal nacional depende muito da *interpretação nacional do processo europeu de integração*, considerando que não estamos perante um "determinismo" europeu que aponta no sentido de um modelo "irracional" ou ilegítimo de actuação europeia através do direito derivado, com a pretensão de imperar e vigorar por si mesma, extravasando o programa político-criminal prescrito e mandatado. Numa outra perspectiva, é possível ir para além das "regras mínimas" europeias, favorecendo a realização dos objectivos europeus e *superando* os mesmos – naquilo que se pode denominar "princípio da superação das prescrições europeias" (JEAN PRADEL) – no que concerne à criminalização de condutas que têm tendência para assumir uma dimensão transfronteiriça.

**iv)** Aqui chegados, o que resulta dos programas político-criminais nacionais e europeus, com os devidos limites, é a disposição legal cuja tipicidade prevê a incriminação de condutas. São condutas que estão fechadas numa abstracta normatividade delimitada pelo legislador – nacional, comunitário ou europeu – e às quais lhes podemos atribuir um sentido formal por se encontram *previstas ou pressupostas* pelo tipo de crime. Assim, alcançámos a principal temática deste capítulo: o denominado "tipo de conduta", admitindo que *toda a incriminação estabelece uma* *conduta*. Relembramos, agora, algumas possibilidades da técnica legislativa do legislador penal.

Em primeiro lugar, nos crimes de execução livre, mesmo não existindo nenhuma conduta expressa na lei – como é o caso paradigmático do crime de homicídio, "quem *matar* outra pessoa" –, podemos defender que o tipo de conduta está *implícito* no tipo de resultado, estando a liberdade de execução da conduta limitada pela tipicidade do resultado. Ou seja, trata-se de um *tipo de conduta indeterminado e aberto a todos os possíveis comportamentos que causem o tipo de resultado*. Sendo assim, quando nos referimos a um tipo de resultado – p. ex. "matar", "ofender" ou "prender" –, não só estamos a referir explicitamente o "resultado" quanto à forma de consumação ou ataque ao "objecto da conduta" – naqueles exemplos, o corpo de uma pessoa –, como também, implicitamente, todos os comportamentos, distintos espácio-temporalmente, que sejam susceptíveis de produzir esses mesmos resultados[360].

Em segundo lugar, caso o legislador tenha optado por descrever expressamente as condutas e o resultado no mesmo tipo incriminador, como é o caso dos crimes de execução vinculada que em simultâneo sejam crimes de resultado – p. ex. o crime de coacção ou o crime de burla –, não há dúvida que ficam mais delimitadas as hipóteses de incriminação, embora seja possível dizer que o *tipo de conduta pressupõe, dentro dos seus próprios limites objectivamente determinados na lei, todo e qualquer meio de execução susceptível de realizar o tipo de resultado*[361].

Em terceiro lugar, já quando o legislador opta por não prever qualquer resultado no tipo de crime – o que sucede nos chamados crimes de mera actividade que são sempre, em simultâneo, crimes de execução vinculada –, a noção de "tipo de conduta" deve ser interpretada com a mesma lógica, ou seja, como um *quadro de referência que, embora objectivamente determinado no tipo incriminador, se afigura indeterminado porque aberto a qualquer meio de execução nas possibilidades do caso concreto*[362]. Um dos exemplos que demos foi o "transportar": é possível transportar por todo

[360] Levantando, na realização concreta do direito penal, problemas na definição do significado de "resultado" e no juízo de imputação objectiva. Veja-se, *infra*, (2.3) cap. III, parte I.

[361] *Idem*.

[362] Ainda que, neste caso, sem o problema da imputação objectiva.

e qualquer meio, desde que seja adequado a mover a coisa do ponto "x" ao ponto "y", reconhecendo também que a noção de "transporte" pode variar ao longo do tempo.

Em quarto lugar, a problemática específica dos crimes de omissão, próprios ou impróprios. Nos primeiros, como são exemplos o crime de violação de domicílio e o crime de omissão de auxílio, o legislador descreve expressamente uma inactividade do agente em relação a uma conduta esperada em certas e determinadas circunstâncias – como "permanecer depois de intimado a retirar-se" ou "deixar de lhe prestar o auxílio necessário ao afastamento do perigo" –, configurando-se como um *crime de mera inactividade e de execução vinculada*, não envolvendo a realização de qualquer resultado. Nos segundos, com uma técnica legislativa mais complexa, por implicar a interpretação de uma certa cláusula geral prevista na PG do CP, a incriminação é gerada "ad hoc" – por assim dizer – e caracterizada pela inactividade do agente em relação a um comportamento que seria esperado e adequado a evitar um determinado tipo de resultado – o que implica afirmar, pelo menos formalmente, que *todos os crimes impróprios são crimes de resultado*. A dificuldade suscitada por estes últimos decorre do facto de a técnica legislativa, consequente da cláusula geral, não vincular o tipo de resultado a um elenco expresso ou típico de condutas esperadas, obrigando a uma análise casuística, muito para além da letra da lei. Nesse caso, parece que todos os crimes impróprios de omissão *são crimes de resultado e de execução livre* em relação à conduta esperada e adequada a evitar o tipo de resultado. Tal conclusão, por outro lado, parece afastar os crimes de omissão impróprios dos já referidos crimes de resultado que se afigurem simultaneamente crimes de execução vinculada – tal como sucede na coação ou na burla –, uma vez que poderá ser incompatível, para as "intenções da lei"[363], conciliar, na mesma incriminação, a execução livre da *conduta adequada a evitar o resultado*, demonstrada "ad hoc", com a execução vinculada da *conduta adequada a produzir esse mesmo resultado*, enquanto elemento normativo "permanente" do tipo de crime. Nada do que fica dito exclui o facto de existirem outros tipos de crime que dispensam o recurso à cláusula geral porque, eles próprios,

[363] Relembre-se que é essa a expressão que consta no segmento da cláusula geral da omissão imprópria que exclui a sua própria aplicação quando for "outra a intenção da lei".

pela forma como estão formulados, estabelecem um tipo de resultado que tanto pode ser realizado como também evitado pela conduta adequada – como é o caso do "prejuízo" no crime de infidelidade, em que está implícita a possibilidade de haver uma conduta que cause o prejuízo ou uma omissão da conduta susceptível de evitar esse prejuízo.

Com estas diferentes perspectivas típico-formais, em qualquer dos casos, estamos perante uma *noção de tipo de conduta que não visa descrever factos* – pois não descreve os comportamentos em si mesmos, tal como sucede nas narrativas processuais dos factos – *mas que visa ser um "quadro de referência" ou uma "expressão unitária" para um número indefinido de comportamentos, reconhecendo a abertura normativa às mais variadas hipóteses da vida em sociedade.* Esta posição metodológica obriga necessariamente a procurar o seu significado para além da letra da lei. É neste sentido que interpretámos o tipo de conduta: como um "objecto formal" do sistema normativo que *reclama uma concretização jurisdicional e uma contínua determinação ao longo da sua vigência* – em cada um dos contextos sociais e históricos que vão sendo concretamente pressupostos pelas narrativas processuais dos factos – e que representa uma especial garantia, um "tipo de garantia", por se encontrar, implícita ou explicitamente, no plano da mera legalidade da norma criminal positiva. Eis, também, o elemento literal como *limite garantístico mínimo* que faz parte do discurso normativo – de base prévia, escrita, estrita e certa – dos legisladores nacional, comunitário e europeu. É em virtude do princípio da legalidade que o tipo de conduta se encontra cristalizado na norma criminal, o que sugere uma certa segurança jurídica.

Por fim, não podemos ignorar a relação do tipo de conduta com os restantes elementos objectivos do tipo (como o "objecto da conduta"), com os elementos subjectivos do tipo (como o dolo, a negligência ou os especiais elementos subjectivos do tipo), com os bens jurídicos protegidos e, ainda, com as próprias narrativas processuais dos factos. É a *perspectiva formal do normativismo*, com todos os limites de política criminal (nacional e transnacional), que começa por delimitar o alcance e o significado do tipo de conduta, o que não exclui um "sistema normativo aberto", não apenas em relação à realidade onde se encontram os interesses das pessoas e da comunidade, mas também em relação a outros *pressupostos para a realização concreta do direito penal*, como o sistema de orientação valorativa, os princípios de justiça, a "pré-compreensão" da autoridade judiciária, o processo de fundamentação-argumentação, a doutrina, o precedente jurisprudencial, as decisões nacionais do Tribunal Constitucional e as decisões transnacionais do TJUE e do TEDH – pressupostos sobre os quais nos debruçaremos de seguida.

# Capítulo III
# O processo de determinação do comportamento ilícito-típico na realização jurisdicional do direito penal

## 1. Pressupostos gerais: a "matéria prima"

A investigação levada a cabo nos capítulos anteriores permitiu dar conta dos mais importantes pressupostos para a existência de crime: as situações da vida descritas nas narrativas processuais dos factos e a incriminação de condutas previstas ou implícitas nos tipos de crime. Estamos perante "matéria prima" – voltando à expressão de A. KAUFMANN – que permitirá determinar, juntamente com outros pressupostos fundamentais, o comportamento ilícito-típico do agente. Vamos seguidamente procurar elencar e esclarecer a natureza destes e doutros pressupostos utilizados para o *processo de determinação do comportamento ilícito-típico na realização jurisdicional do direito penal.*

### 1.1. O comportamento do agente

É essencial voltar a recordar que as narrativas processuais dos factos implicam a *nomeação de comportamentos* enquadrados num contexto espácio-temporal e histórico-social, pressupondo as relações de interacção entre as pessoas e com as coisas e animais. Resumidamente, podemos-lhes atribuir as seguintes características:

i) são individuais e concretos;
ii) foram inicialmente seleccionados como sendo relevantes para a existência do crime;
iii) foram descritos numa narrativa de uma realidade que admite diferentes perspetivas;
iv) encontram-se inseridos e interligados, de um modo apropriado, numa ordem de sequência ("cadeia de acontecimentos") dum conjunto de proposições de facto;

v) são expressos em linguagem não taxativa, de uso e sentido comum, que se encontra orientada para o entendimento;
vi) e, ainda, fazem parte do elenco dos factos provados e processualmente válidos.

Um comentário complementar justifica-se em relação ao facto de os comportamentos serem inicialmente seleccionados como relevantes para a existência do crime. Temos vindo a insistir na ideia de que o processo penal não pode ser visto apenas como um processo do "crime" ou como um processo das "penas", admitindo que até ao momento do trânsito em julgado de uma sentença condenatória não há, formalmente, "crime" nem "penas". Estamos a falar de um procedimento que também é próprio para o arquivamento, para a não pronúncia ou para a absolvição com base em factos considerados relevantes para a *inexistência de um crime* (ou para a delimitação negativa de um tipo de crime). Nesse caso, os mesmos comportamentos que inicialmente são seleccionados como relevantes para a existência do crime, podem a final não o ser, dependendo da qualificação jurídico-penal que lhes é conferida pelas autoridades judiciárias. Em casos mais duvidosos, diferentes instâncias podem deparar-se com os mesmos factos e, fundamentadamente, chegar a conclusões diferentes acerca da natureza típica ou atípica, lícita ou ilícita, dos comportamentos[364]. Aliás, já afirmámos que a pretensão acusatória do particular ou do Ministério Público poderá relevar-se infundada no decurso do processo, o que determina, desde o início, uma *mera pretensão acusatória de comportamentos com aparência de crime*[365].

Isto para relembrar que, em primeiro lugar, estamos perante um processo que somente é conclusivo acerca da natureza ilícita-típica dos comportamentos do agente aquando do trânsito em julgado da decisão.

[364] Numa lógica geral, Julian Baggini, *As Fronteiras da Razão... op. cit.*, p. 21, afirma que "...os outros podem deparar-se com o mesmo grupo de inferências e, no entanto, justificadamente, chegar a uma conclusão diferente."; e, sobre os diferentes significados que se podem dar ao mesmo fenómeno, Umberto Eco, *Semiótica e Filosofia da Linguagem, op. cit.*, p. 27

[365] A própria "notícia do crime" não é mais, na verdade, do que uma "notícia com aparência de crime". Sobre a questão da aparência, é essencial Tomás S. Vives Antón, *Fundamentos del Sistema Penal... op. cit.*, pp. 227-229

Portanto, *nem todos os comportamentos levantados pelo processo penal são ilícitos-típicos ou juridicamente relevantes para a existência de crime.* Há comportamentos dados como provados que acabam por se traduzir juridicamente relevantes para determinar a *inexistência do crime* e fundamentar decisões de arquivamento, não pronúncia ou absolvição, cuja natureza, também ela, transita em julgado.

Em segundo lugar, mesmo admitindo que estão em causa situações da vida atípicas no que diz respeito ao seu enquadramento jurídico-penal, isso não significa que estejamos perante situações irrelevantes do ponto de vista social. Ou seja, toda a matéria factual que é narrada no processo penal deve ter como ponto de partida certos *comportamentos que têm uma carga valorativa socialmente relevante para os interesses das pessoas ou da sociedade e que, por essa razão, justificam a abertura de inquérito.* A denúncia e a queixa que dão início ao processo são mecanismos que, por si só, pressupõem uma determinada valoração dos factos e dos comportamentos. Assim deverá ser também em virtude da finalidade de protecção de certos bens jurídicos que incumbe ao direito penal. Ora, toda a qualificação jurídico-penal tem o seu suporte e incide precisamente sobre esse pressuposto, o pressuposto de que é no mundo da realidade humana, espácio-temporalmente determinado, onde ocorrem e a partir do qual se relatam os comportamentos individuais e concretos com relevância social para os interesses *mais valiosos* das pessoas e da sociedade – vida, integridade física, liberdade pessoal, autodeterminação sexual, propriedade, honra, vida privada, família, sentimentos religiosos, soberania nacional, etc. –, assim considerados num determinado momento histórico-cultural[366]. Nesse sentido, estamos a falar de comportamentos revestidos de uma importante significação prática – e não de puras construções do pensamento[367] –, precisamente porque *envolvem um momento da experiência particular ou pública com impacto para as relações entre as pessoas, com as coisas e os*

[366] Eis a dimensão social, situacional e relacional do próprio direito. Ver Arthur Kaufmann, *Filosofia do Direito, op. cit.*, p. 69; António Cortês, *Jurisprudência dos Princípios... op. cit.*, pp. 328-329; e António Braz Teixeira, *Sentido e Valor do Direito... op. cit.*, p. 162

[367] L. Cabral de Moncada, *Filosofia do Direito e do Estado...* vol. 2.º, *op. cit.*, p. 122, sublinha um sistema jurídico valido e eficaz quando referido aos factos, às condutas, à vida dos homens, isto é, nas suas palavras, "a carne e o sangue da positividade".

*animais*[368] – e não um momento da experiência teórica, ética, metafísica, religiosa, etc..

Em terceiro lugar, quando se procura o significado desses comportamentos inicialmente selecionados no processo penal como relevantes para a existência do crime, *não se procura elencar ou descobrir comportamentos novos*. Uma observação que vai ao encontro das certeiras palavras de G. Radbruch: "A classificação ou qualificação não serve para descobrir novos factos mas somente para analisar factos já conhecidos"[369]. Nesta ordem de ideias, sempre se diga que o processo de descoberta ou de determinação do comportamento ilícito-típico não é um processo de descoberta ou de determinação de novos comportamentos, mas um *procedimento de análise crítica do significado de comportamentos já levantados e fixados no âmbito da matéria de facto dada como provada no âmbito do processo penal*. É uma instância analítica que procura atribuir um significado jurídico-penal a comportamentos previamente descritos na narrativa processual dos factos provados[370]. Isto também significa e sublinha a ideia de que os comportamentos narrados, que são depois objecto de uma valoração jurídico-substantiva, devem ter uma natureza vincadamente pré-típica em relação aos pressupostos de direito penal substantivo.

### 1.2. As normas jurídico-penais

É inegável que o processo de determinação do comportamento típico tem como especial "quadro de referência" a própria lei de onde deriva a tipicidade. Dada a importância do princípio da legalidade para o direito penal, as normas jurídico-penais serão sempre o critério-referência (o "tipo de garantia") mais importante para o procedimento de valoração de comportamentos. O próprio vínculo da autoridade judiciária às normas é, certamente, um pressuposto para a segurança jurídica das decisões.

Não obstante, o "comportamento ilícito-típico" é uma *conclusão de direito penal* e não apenas uma conclusão da lei penal[371]. Logo à partida

[368] Neste sentido, António Braz Teixeira, *Sentido e Valor do Direito... op. cit.*, p. 117

[369] Gustav Radbruch, *El Concepto de Acción... op. cit.*, p. 47

[370] Cfr. Tomás S. Vives Antón, *Fundamentos del Sistema Penal... op. cit.*, p. 547

[371] É uma "concepção ingénua" pensar que o juiz deduz a decisão jurídica da lei, subsume o caso na norma e tem a codificação como fonte única que garante uma correcta decisão. Veja-

porque os elementos do tipo não remetem automaticamente para os comportamentos, individuais e concretos, descritos nas narrativas processuais dos factos. Como vimos, em virtude da técnica legislativa que visa proteger bens jurídicos, os elementos do tipo são concebidos para um número indefinido, geral e abstracto de casos, afigurando-se indeterminados e abertos às possibilidades das narrativas processuais dos factos. Voltamos à ideia de que os pressupostos do tipo de crime não se encontram num compartimento estanque e imune aos movimentos da sociedade, *exigindo uma contínua determinação*[372]. São as situações de vida relatadas através do processo penal que dão fecundidade e intencionalidade prática à lei penal, e não o contrário[373].

Por sua vez, os comportamentos descritos nas narrativas processuais dos factos também não remetem automaticamente para as normas jurídico-penais ou para os elementos do tipo de crime (como o tipo de conduta e o tipo de resultado). Todo o processo de descoberta do comportamento ilícito-típico é, como teremos oportunidade de verificar, bastante complexo. Entre outras possibilidades, um só comportamento inserido em determinadas circunstâncias de facto pode preencher, simultaneamente, elementos do tipo objectivo e elementos do tipo subjectivo de ilícito; assim como um conjunto de comportamentos do mesmo agente, valorados globalmente de acordo com as circunstâncias do caso concreto, podem preencher um ou vários elementos objectivos ou subjectivos de um ou vários tipos de crime, entre os quais o tipo de conduta. É um processo de qualificação em que também está implícita, entre outros pressupostos, a conjugação entre normas jurídico-penais, como são exemplo as normas que constam na PG do CP e os tipos de crime que constam na PE do CP ou em legislação extravagante. Significa isto que *um comporta-*

-se Winfried Hassemer, "Sistema jurídico e codificação: a vinculação do juiz à lei", *op. cit.*, p. 282; e, para uma evolução histórica da metodologia jurídica, Arthur Kaufmann, "A problemática da filosofia do direito ao longo da história", *op. cit.*, pp. 160-207. Para uma síntese, entre nós, cfr. A. Santos Justo, *Nótulas de História do Pensamento Jurídico (história do direito)*, Coimbra: Coimbra Editora, 2005

[372] Cfr. António Castanheira Neves, *Digesta...* vol. 1.º, *op. cit.*, p. 437; e Aury Lopes Jr., *Fundamentos do Processo Penal... op. cit.*, p. 44

[373] Veja-se o contributo da "jurisprudência dos conceitos" para tal entendimento em Arthur Kaufmann, "A problemática da filosofia do direito ao longo da história", *op. cit.*, p. 168

*mento ou um conjunto de comportamentos descritos nas narrativas processuais dos factos podem ter várias camadas de significado à luz do ilícito-típico e dos restantes pressupostos de direito penal*, assim como podem não ter significado algum – justificando, então, uma decisão de arquivamento, não pronúncia ou absolvição. Cada decisão jurisdicional, no caso concreto, que se debruça acerca da natureza ilícita-típica de um comportamento, irá acrescentar uma nova informação aos elementos do tipo de crime[374]. E por isso se afirma, com razão, que a leitura do texto da lei se modifica com novas experiências e ao longo da história da sua vigência[375].

### 1.3. Um sistema de orientação valorativa com princípios de justiça

O processo de determinação do comportamento ilícito-típico, no âmbito da realização jurisdicional do direito penal, remete-nos para um diferente paradigma do pensamento jurídico, mais centrado na solução justa do caso concreto – enquanto *prius* metodológico[376] –, mais centrado num *pensamento problemático com uma orientação valorativa*. Não se trata de renunciar ao pensamento sistemático, trata-se de orientar o pensamento sistemático para o problema[377]. Pode-se dizer que a monografia de Claus Roxin, escrita em 1970, *Kriminalpolitik und Strafrechtssystem*[378], foi determinante para compreender como é como que o sistema jurídico-criminal se pode "abrir" a uma *orientação valorativa de índole político-criminal*, dife-

[374] Com a mesma lógica, Fritjof Haft, "Direito e Linguagem", *op. cit.*, p. 322

[375] Cfr. Ulrich Schroth, "Hermenêutica filosófica e jurídica", *op. cit.*, p. 386; e António Braz Teixeira, *Breve Tratado da Razão Jurídica*, Sintra: Zéfiro, 2012, p. 141

[376] Por todos, António Castanheira Neves, *Metodologia Jurídica: problemas fundamentais... op. cit.*, p. 129

[377] Tal como afirma Francisco Muñoz Conde, "Introducción", *in* Claus Roxin, *Política Criminal y Sistema del Derecho Penal* (trad. Francisco Muñoz Conde), 2.ª ed., 1ª reimp., Colección Claves del Derecho Penal vol. 2, Buenos Aires: Editorial Hammurabi, 2002, p. 18. Nesse sentido, o próprio Claus Roxin, *Política Criminal y Sistema del Derecho Penal... op. cit.*, p. 102. Ideias mais tarde desenvolvidas em Claus Roxin, *Derecho Penal, Parte General... op. cit.*, pp. 206-215 ("pensamento sistemático") e pp. 215-216 ("pensamento problemático"), com vista a conjugar ambos os tipos de pensamento.

[378] Aqui utilizamos a versão traduzida *Política Criminal y Sistema del Derecho Penal* (trad. Francisco Muñoz Conde), 2.ª ed., 1ª reimp., Colección Claves del Derecho Penal vol. 2, Buenos Aires: Editorial Hammurabi, 2002

rentemente de um eventual sistema considerado "autossuficiente"[379], fechado nos limites estritos e lógico-dedutivos da lei. Vale a pena revisitar alguns dos principais tópicos presentes naquela obra[380]:

- o trabalho sistemático do direito penal não pode ser alheio e contrário às finalidades político-criminais[381];
- a esfera jurídico-penal não pode alienar as dimensões sociais e políticas[382];
- a unidade sistemática entre política criminal e direito penal deve também incluir a estrutura e os elementos da teoria do crime[383];
- os elementos do crime devem encontrar-se sistematizados, desenvolvidos e interpretados a partir da sua função político-criminal[384];
- a tipicidade serve os propósitos da determinação legal e do princípio da legalidade criminal, ao passo que a ilicitude (considerando, mormente, as causas de justificação) é uma categoria que procura soluções para os conflitos, num espaço onde os interesses se confrontam[385];
- as características concretas do tipo devem ser interpretadas, do ponto de vista teleológico, a partir do bem jurídico protegido,

[379] Ou, no limite, "autopoietico", segundo Gunther Teubner, *O Direito como Sistema Autopoietico* (trad. José Engrácia Antunes), Lisboa: Fundação Calouste Gulbenkian, 1993 [orig. 1989], numa lógica bem presente nas seguintes palavras (p. 84): "a *autopoiesis jurídica* apenas pode emergir caso as relações auto-referenciais circulares dos componentes do sistema sejam constituídas por forma a permitirem a sua própria articulação e interligação num hiperciclo auto-reprodutivo".

[380] Deixamos de fora do nosso estudo o problema e o desenvolvimento da *culpa*, enquanto pressuposto fundamental para a existência do crime.

[381] Aqui numa crítica directa à concepção clássica de F. V. Liszt – famosa por propor uma "barreira intransponível" entre a política criminal e o direito penal –, cfr. Claus Roxin, *Política Criminal y Sistema del Derecho Penal... op. cit.*, p. 33

[382] Aqui numa crítica à herança do positivismo, em Claus Roxin, *Política Criminal y Sistema del Derecho Penal... op. cit.*, pp. 41-42

[383] Claus Roxin, *Política Criminal y Sistema del Derecho Penal... op. cit.*, p. 51

[384] Claus Roxin, *Política Criminal y Sistema del Derecho Penal... op. cit.*, p. 58

[385] Claus Roxin, *Política Criminal y Sistema del Derecho Penal... op. cit.*, pp. 58-59

fazendo acrescer "auxiliares interpretativos" como o princípio da adequação social (H. WELZEL) ou o princípio da insignificância[386];
- a missão sistemática da ilicitude é combinar, do modo mais completo possível, um conjunto de princípios presentes no ordenamento jurídico – como os princípio da autoprotecção, o princípio da ponderação de bens, o princípio da autonomia pessoal, ou, em geral, o princípio da proporcionalidade – e esclarecer a sua relação[387];
- e, ainda, os vetores político-criminais permitem ter em conta toda a matéria jurídica, possibilitando soluções mais justas e adequadas à "especialidade" do caso concreto[388].

Estas ideias podem ser condensadas numa só frase: *devemos olhar cuidadosamente para a teoria do crime e seus respectivos elementos a partir das transformações e do desenvolvimento dos conteúdos político-criminais, considerando, nomeadamente, conteúdos político-sociais, princípios de justiça, questões de ordem metodológica e, no geral, toda a intencionalidade do sistema jurídico em causa*[389]. Assim é possível dar uma direcção conformada ao direito penal, quer dizer, é possível desenvolver os seus elementos determinantes para a existência do crime – nomeadamente, tipicidade, ilicitude, culpa e punibilidade – a partir de uma orientação valorativa que está para além da positividade da lei e que, ao mesmo tempo, cumpre com finalidades de um Estado de Direito.

Num passado mais recente, C. ROXIN adoptou um discurso direccionado para um *direito penal que tem por fim principal a protecção de bens jurídicos*[390] – e não, p. ex., a reafirmação da vigência da norma[391]. Ao nível da teoria do crime, o sistema denominado de "teleológico-funcional", defendido, entre nós, por J. FIGUEIREDO DIAS, conjuga tipicidade e ilicitude numa unidade "axiológico-funcional", pressupondo que *os bens jurídicos*

[386] Claus Roxin, *Política Criminal y Sistema del Derecho Penal... op. cit.*, pp. 72-74

[387] Claus Roxin, *Política Criminal y Sistema del Derecho Penal... op. cit.*, pp. 77-80

[388] Claus Roxin, *Política Criminal y Sistema del Derecho Penal... op. cit.*, p. 102

[389] Conjunto de ideais presente em Claus Roxin, *Política Criminal y Sistema del Derecho Penal... op. cit.*, pp. 106-107 e pp. 111-112 (no "epílogo").

[390] Uma ideia bem sintetizada no escrito de Claus Roxin, "O conceito de bem jurídico como padrão crítico da norma penal posto à prova", *op. cit.*

[391] Sobre uma tal concepção, cfr., *infra*, nota 719.

*constituem a materialidade do ilícito*, ou seja, pressupondo que são os bens jurídicos que permitem qualificar, concretamente, os comportamentos individuais como sendo *ilícitos-típicos*[392]. Nesse aspecto, estamos perante um sistema em que as incriminações se legitimam à luz de um *direito penal do bem jurídico*[393]. Uma tal concepção é sublinhada, por outro lado, com os já referidos poderes constitucionais de controlo das normas penais, inclusivamente com a adopção de um "princípio jurídico-constitucional do direito penal do bem jurídico" (não escrito ou implícito), admitindo que a noção de "bem jurídico" conforma o sistema jurídico-criminal e orienta-o para um determinado "dever-ser"[394]. A partir daqui é possível encontrar uma convergência das finalidades do sistema do crime com as finalidades político-criminais que decorrem de um Estado de Direito, ambas viradas, afinal, para um direito penal do bem jurídico[395].

[392] Para uma síntese, Jorge de Figueiredo Dias, "A doutrina geral do crime em perspectiva sistemática", *Lusíada Revista de Ciência e Cultura*, Série de Direito, n.ºs 1-2, Porto: Universidade Lusíada Editora, 2010, p. 34

[393] Continuando com o raciocínio de Jorge de Figueiredo Dias, "A doutrina geral do crime em perspectiva sistemática", *op. cit.*, p. 40

[394] Cfr. Juan Antonio Lascuraín, "Bem jurídico e objecto protegível", *op. cit.*, pp. 740 e ss.

[395] Sobre o conceito de bem jurídico na história do direito penal alemão, com influências decisivas no direito penal português, cfr. Thomas Vormbaum, *Historia Moderna del Derecho Penal Alemán... op. cit.*, pp. 92, 102, 214-215 e 242. Assumir uma tal concepção não significa excluir uma função complementar ou secundária de reafirmação da vigência das normas, presente na teoria de G. Jakobs, conforme conclui Jorge de Figueiredo Dias, "A doutrina geral do crime em perspectiva sistemática", *op. cit.*, pp. 36-37: "Uma última observação desejaria fazer ainda a propósito da categoria em análise do ilícito típico. Na dogmática jurídico-penal dos últimos anos ganhou especial actualidade a questão de saber se o ilícito deve ser perspectivado como lesão de bens jurídicos (como insistentemente acentuam, por ex., Claus Roxin e os seus seguidores) ou antes (como querem Jakobs e os seus discípulos) como lesão do dever e consequentemente da norma de ilicitude. Já há muito exprimi a ideia de que não é indispensável ver neste binómio uma contradição necessária; podendo razoavelmente afirmar-se que o ilícito penal se exprime materialmente, enquanto directa decorrência da função social do direito penal, como ordem de protecção subsidiária de bens jurídico-penais; e que esta realidade se pode exprimir formalmente como estabilização contrafáctica das expectativas comunitárias na vigência da norma violada.".

Quanto a nós, a orientação valorativa do sistema jurídico-criminal não se trata de uma fórmula vazia de construção teórica[396]. Pelo contrário, trata-se de uma fórmula realista, empírica, presente na realização concreta do direito penal, a partir da qual o julgador encontra as finalidades político-criminais e os princípios ordenadores dedutíveis do próprio sistema jurídico onde se enquadra, pois não está em causa uma orientação valorativa privatística ou pessoal[397]. É evidente que tanto depende da actividade do órgão jurisdicional, aplicador do direito, como da actividade do órgão político, fazedor das leis penais. É também evidente que, numa perspectiva mais geral ainda, depende da forma com se estrutura a intencionalidade axiológica do próprio Estado de Direito, p. ex., orientado para os valores de um regime autoritário (num passado recente, em certos países, um regime "fascista"[398]), ou orientado para os valores democráticos e constitucionais fundados na dignidade da pessoa humana e na vontade popular[399]. Essa orientação tem uma influência decisiva não apenas nos conteúdos de direito penal substantivo como também nos conteúdos de direito penal adjectivo, especialmente ao nível do direito probatório.

[396] Como entende ser criticamente Minor E. Salas, "Ni Roxin Ni Jakobs: ¿necesita la dogmática jurídica otro repertorio más de fórmulas vacías?", *Doxa Cuadernos de Filosofía del Derecho*, n.º 38, Madrid: Marcial Pons Ediciones Jurídicas y Sociales, 2015, pp. 349-352

[397] Neste sentido, Claus Roxin, *Derecho Penal, Parte General... op. cit.*, p. 225

[398] Tendo presente um conceito de "fascismo" enquanto regime político ou poder institucionalizado (e não como ideologia ou movimento) com características muito próprias, tal como sucedeu na Alemanha ou em Itália. Sobre o assunto, cfr. L. Cabral de Moncada, *Filosofia do Direito e do Estado*, reimpressão, vol. 1.º, 2.ª ed., reimp., Parte Histórica, Coimbra: Coimbra Editora, 1955, pp. 385-396; e Jaime Nogueira Pinto, "Fascismo", *in:* AA.VV., *Polis Enciclopédia Verbo da Sociedade e do Estado*, vol. 2, 2.ª ed. revista e actualizada, Lisboa/S. Paulo: Editorial Verbo, 1998, pp. 1329-1342. Cfr., ainda, *supra*, nota 270.

[399] Da forma como, em Portugal, a CRP procurou orientar valorativamente todo o ordenamento jurídico, a partir do artigo 1.º, com uma base antrópica que acaba por influenciar os limites dos mais diversos bens jurídicos tutelados pelo direito penal substantivo, designadamente, a vida, a integridade psíquica e física, a liberdade, o desenvolvimento da personalidade, a liberdade religiosa e artística, a liberdade de expressão, entre muitos outros. Cfr., por todos, J. J. Gomes Canotilho/Vital Moreira, *Constituição da República Portuguesa Anotada...* vol. I, *op. cit.*, pp. 198-201

### 1.4. A "pré-compreensão" da autoridade judiciária

Em momentos anteriores deste estudo fomos deixando claro que, na realização concreta do direito penal, a autoridade judiciária, como qualquer outro interveniente processual, teria de ser concebida como uma pessoa concreta, dotada de uma personalidade singela e com um contexto social próprio. É preciso admitir que a comparação entre as pessoas que assumem o papel de autoridades judiciárias admite diferenças no processo de decisão, por exemplo, quanto aos estilos literários, à organização, ao temperamento, à experiência, à capacidade de trabalho, às convicções pessoais ou, no geral, quanto às formas de pensar e de ser. Esta "humanização" da autoridade judiciária permite sujeitá-la, de igual forma, a momentos de confusão, erro ou insuficiência, o que, na verdade, justifica a naturalidade com que o próprio sistema judiciário admite a impugnação das suas decisões em sede de reclamação ou recurso. Assim, relembramos que as autoridades judiciárias não são "computadores frios" – na expressão utilizada por J. Baggini – fabricados em série, todos iguais, que resolvem os problemas do caso concreto de forma automática e sempre com os mesmos resultados, aproveitando a lógica formal da matemática e dos cálculos meramente aritméticos.

Se olharmos para a caracterização sociográfica dos auditores de justiça dos cursos de formação de magistrados para os tribunais judiciais, verificamos outras diferenças naturais entre as autoridades judiciárias, nomeadamente no que diz respeito ao género, idade, naturalidade, local de residência, estado civil, grau académico, sucesso académico, tempo decorrido entre a conclusão da licenciatura e o ingresso na magistratura, classificação final obtida no concurso de ingresso e actividade profissional exercida antes do ingresso[400]. Eis algumas boas razões para se entender que cada uma das personalidades tem uma experiência singela que não garante uma igualdade nos resultados decisórios. Perante diferentes passados, experiências, formas de pensar e sentimentos de justiça,

[400] Cfr. "Quem são os futuros magistrados?: Caracterização Sociográfica dos Auditores de Justiça do 34.º Curso de Formação de Magistrados para os Tribunais Judicias (2018-2020)", *Coleção Estudos Sociográficos*, Centro de Estudos Judiciários, 2019

é mais evidente a importância histórica que se dedica às qualidades dos magistrados[401].

A propósito, fizemos referência, em certo momento, à chamada *esfera da experiência pré-científica*, cujo fundamento reside numa experiência social intersubjectiva com as pessoas e em relação às coisas e animais. Não tenhamos dúvidas que esta experiência – em particular, uma experiência centrada na própria realidade portuguesa, que não será mais do que um "saber empírico"[402] – pode influenciar a perspectiva do intérprete que é chamado a compreender as expressões e o contexto de vida das outras pessoas. Faz sentido pensar que parte das decisões judiciárias têm um carácter estritamente pessoal em virtude de um certo "sentimento de justiça", especialmente nos casos mais complexos ou duvidosos[403]. Mais: faz sentido pensar que a "livre convicção", as "regras de experiência" e os "juízos de valor pessoais", à luz de um contexto jurisdicional, são sobretudo reflexo de um sentido de justiça e de uma pré-compreensão da sociedade e do direito no seu todo[404]. Na prática, esta pré-compreensão deverá ser um "saber anterior" que tem certamente uma influência fundamental, perante o caso concreto, na interpretação, escolha e conjugação das normas jurídicas, na articulação com princípios jurídicos, na concretização doutrinal ou na selecção dos precedentes jurisprudenciais

[401] Assim, António Cortês, *Jurisprudência dos Princípios... op. cit.*, p. 292

[402] L. Cabral de Moncada, *Filosofia do Direito e do Estado...* vol. 1.°, p. 57, bem afirma que a ciência também contribui para a reelaboração do saber empírico.

[403] O que, também, convoca um eventual problema de "arbitrariedade". Neste sentido, Fritjof Haft, "Direito e Linguagem", *op. cit.*, p. 322; e, ainda, sobre a valoração do resultado de acordo com o sentimento de justiça, Ingeborg Puppe, "Perspectivas conceptuales del dolo eventual", *El Derecho Penal como Ciência...op. cit.*, p. 299

[404] Uma posição que deriva da corrente "hermenêutica" (Heidegger). Cfr. Karl Larenz, *Metodologia da Ciência do Direito* (trad. José de Sousa e Brito/José António Veloso), Lisboa: Fundação Calouste Gulbenkian, 1978 [orig. 1969], p. 583; Arthur Kaufmann, "A problemática da filosofia do direito ao longo da história", *op. cit.*, p. 185; Ulrich Schroth, "Hermenêutica filosófica e jurídica", *op. cit.*, pp. 382-384; Jochen Schneider/Ulrich Schroth, "Perspectivas da aplicação da norma jurídica...", *op. cit.*, pp. 538-541; António Cortês, *Jurisprudência dos Princípios... op. cit.*, pp. 291 e ss.; e, por fim, papel inegável que desempenham a personalidade do juiz, o sentido de justiça e os juízos de valor, António Braz Teixeira, *Sentido e Valor do Direito... op. cit.*, p. 157; e, também, António Braz Teixeira, *Breve Tratado da Razão Jurídica... op. cit.*, pp. 65-66 (aqui especificamente sobre a filosofia hermenêutica de M. Heidegger).

mais adequados, entre outros factores essenciais para a realização concreta do direito penal. Portanto, o processo de determinação do comportamento ilícito-típico é seguramente *influenciado pela pré-compreensão dos contextos sociais e do direito*, o que ficará no mais das vezes explícito, como veremos de seguida, no momento em que se procede à fundamentação de direito.

### 1.5. A fundamentação de direito

O processo de descoberta do comportamento ilícito-típico encontra-se materializado na *fundamentação de direito* que é realizada pela autoridade judiciária, especialmente no momento da sentença ou do acórdão. É com a atitude prática da fundamentação e em sede judicativo-decisória que se desenvolve o poder activo da autoridade judiciária para renovar e actualizar o direito penal. E como estamos a falar de juízos acerca de comportamentos individuais e concretos, o objectivo é justamente *renovar e actualizar o significado e o sentido jurídico-penal dos comportamentos* no preciso momento do presente em que se profere a decisão – servindo de exemplo para casos futuros e cumprindo com os objectivos preventivos próprios do direito penal.

Ora, a chamada *lógica material* – contraposta à lógica formal[405] – é elementar para este processo de fundamentação[406]. Uma lógica referida ao modo como, perante o caso-problema, a autoridade judiciária, com uma pré-compressão e sensibilidade próprias, procura soluções de qualificação (*função heurística*) através dos mais diversos argumentos ou pressupostos de direito[407]. Falamos de decisões motivadas nos mais variados tópicos, designadamente: a natureza dos princípios e das normas jurí-

[405] Ainda que a lógica formal também faça parte do processo de fundamentação. Veja-se François Martineau, *Tratado de Argumentação Jurídica* (trad. Jorge de Abreu), Lisboa: Tribuna da História, 2006 [orig. 2004], pp. 104-107; e o nosso Pedro Sá Machado, "Supremo Tribunal Federal, racionalidade jurídica e garantias processuais penais", *Revista Julgar online*, março, 2018, pp. 12-13, com referência ao argumento *a minori ad maius* e ao argumento *ad absurdum*.

[406] Cfr. Chaïm Perelman, *Lógica Jurídica: Nova Retórica, op. cit.*, 242-243; e, entre nós, António Braz Teixeira, *Breve Tratado da Razão Jurídica, op. cit.*, p. 150

[407] Cfr. Arthur Kaufmann, *Filosofia do Direito, op. cit.*, p. 427 (valor heurístico das teorias procedimentais); e L. Cabral de Moncada, *Filosofia do Direito e do Estado...* vol. 2.°, *op. cit.*, p. 63, nota (1) ("arte de extrair de um conhecimento outros conhecimentos").

dico-penais, que incluem os tipos de crime, os respectivos bens jurídicos, os tipos de conduta e os tipos de resultado; a posição da doutrina maioritária quanto aos problemas jurídicos e quanto ao conteúdo teórico dos conceitos; o precedente jurisprudencial quanto às matérias em discussão; o próprio discernimento acerca do conjunto da ordem jurídica (infraconstitucional, constitucional, comunitária, europeia e internacional); a pré-compreensão do funcionamento da sociedade portuguesa, onde os comportamentos são praticados, admitindo valores próprios que exigem certas ponderações empíricas[408]; e, mais além, a pré-compreensão do funcionamento da União Europeia, da Europa e da comunidade internacional. É tudo reflexo de um *raciocínio prático-jurídico alargado* que visa precisamente, com a fundamentação, demonstrar publicamente os juízos mais justos, razoáveis e aceitáveis[409]. Para concretizar, em exemplos, o raciocínio dialético-prático e o esquema de fundamentação utilizado pelas autoridades judiciárias na realização concreta do direito penal, basta dar conta dos tais argumentos ou pressupostos de diversa natureza que constam nas sentenças judiciais, sempre que se procura qualificar um comportamento como sendo ou não criminalmente relevante ao nível do ilícito-típico. Vejamos então três casos relativamente simples quanto à matéria de facto, mas suficientemente controversos e fundamentados quanto à natureza jurídico-penal dos comportamentos na perspectiva do *tipo objectivo do ilícito*.

[408] É possível ilustrar este pressuposto através da controvérsia e da fundamentação dos Acórdãos do Tribunal Constitucional relativamente ao crime de lenocínio. Por exemplo, o Ac. do TC n.º 144/2004, proc. n.º 566/2003, refere que a incriminação está fundamentada "...na história, na cultura e nas análises sobre a sociedade segundo a qual as situações de prostituição relativamente às quais existe um aproveitamento económico por terceiros são situações cujo significado é o da exploração da pessoa prostituída..."; e mais adiante: "É claro que a esta perspectiva preside uma certa ideia cultural e histórica da pessoa e uma certa ideia do valor da sexualidade, bem como o reconhecimento do valor científico das análises empíricas que retratam o «mundo da prostituição»". Sobre a discussão da legitimidade da incriminação do lenocínio, com referências à jurisprudência, Maria João Antunes, "Direito Penal, Direito processual penal e Direito da execução...", *op. cit.*, pp. 95-96

[409] Cfr. Chaïm Perelman, *Lógica Jurídica: Nova Retórica, op. cit.*, p. 184; e também António Cortês, *Jurisprudência dos Princípios... op. cit.*, p. 358,

### 1.5.1. Aparência de injúria no decurso de uma reunião[410]

No caso em apreço, a agente, professora de profissão, interrompeu o decurso de uma reunião e dirigiu-se a uma educadora de infância e disse-lhe: "tu pensas que mandas", "tu és desumana", "tratas mal as funcionárias". Foi por essa razão condenada pelo tribunal de primeira instância por um crime de injúrias agravado (face à vítima "funcionário público"), com o entendimento de que se tratavam de expressões ofensivas da honra da pressuposta vítima. Porém, o tribunal da Relação do Porto entendeu de forma diferente.

O tribunal de recurso começou por proferir um *argumento sistemático* que enquadrou e identificou o bem jurídico "honra" no contexto do ordenamento jurídico português, considerando a DUDH (internacional), a CEDH (europeu), a CRP (constitucional), o CP (infraconstitucional) e o CC (infraconstitucional). Seguiu-se uma caracterização do bem jurídico "honra" e do tipo de crime "injúria" sustentada na doutrina de CAPELO DE SOUSA e num Acórdão do Tribunal Constitucional. Face a essa caracterização, afastou-se de imediato a natureza criminal das afirmações "tu pensas que mandas" e "tratas mal as funcionárias", por não serem consideradas objectivamente ofensivas e ilícitas. Restou, assim, uma discussão centrada na expressão "tu és desumana". A partir daqui fez-se um indispensável *juízo de ponderação e de colisão entre o direito à honra da pressuposta vítima e o direito à liberdade de expressão da agente*, enquanto direitos que não se afiguram absolutos e que, em determinadas circunstâncias, podem sofrer limitações de acordo com o *princípio da proporcionalidade*. O tribunal de recurso, por fim, defendeu que a expressão "tu és desumana" traduz uma "...opinião negativa (desprimorosa e depreciativa)...", uma "...afirmação forte, porventura excessiva...", mas, no entanto, "... não tem idoneidade para atingir o essencial do direito à honra e consideração da assistente...", sendo por isso "...legítima no contexto em que se expressou, enquanto manifestação de indignação/desabafo...". No seguimento, foram proferidos *argumentos de precedente* avocando dois acórdãos do Tribunal da Relação de Guimarães, dois acórdãos do Tribunal da Relação de Coimbra, um acórdão do próprio Tribunal da Relação do Porto e uma

[410] Ac. TRP de 10/01/2018, proc. n.º 1073/14.4GBPNF.P1

"afirmação recorrente" do Tribunal Europeu dos Direitos do Homem, como forma de reforçar a linha de decisão quanto à ausência de "carga depreciativa" das expressões.

A solução de qualificação do comportamento, neste caso, traduzido em expressões verbais, passou assim pelos mais diversos argumentos e pressupostos: o enquadramento sistemático do bem jurídico da vítima no conjunto da ordem jurídica global que diz respeito ao contexto português; a caracterização doutrinal e jurisprudencial desse mesmo bem jurídico; a colisão e a ponderação entre os bens jurídicos do agente e os bens jurídicos da vítima, à luz do princípio da proporcionalidade; e o levantamento de argumentos de precedente, nacionais e internacionais, como forma de sublinhar a falta de relevância jurídico-criminal do comportamento em causa.

### 1.5.2. Aparência de furto em supermercado[411]

Neste caso, o agente dirigiu-se a um supermercado e, nos termos dos factos provados, "...aí, apoderou-se, contra a vontade do dono, de três embalagens de desodorizante roll-on..., no valor de €17,34, fazendo deles coisa sua, bem sabendo que não lhe pertenciam, e agia contra os interesses do seu legítimo proprietário". Foi depois aditado à matéria de facto que "o arguido foi intercetado por elementos da segurança, afetos ao estabelecimento, antes de passar a «linha das caixas»".

Face à confissão dos factos por parte do arguido, a questão de direito aqui em causa estava em saber se o seu comportamento no supermercado – "apoderou-se... de três embalagens de desodorizante roll-on" –, naquelas específicas circunstâncias – "... foi interceptado por elementos da segurança... antes de passar a «linha das caixas»" –, consubstanciava ou não uma "subtracção" *consumada* nos termos do crime de furto. Por outras palavras, a questão estava em saber se o furto se chegou a realizar ou se, de outro modo, estávamos perante uma *tentativa* de furto.

Para tomar uma decisão fundamentada, o Tribunal da Relação do Porto começou por citar as posições doutrinárias sobre a noção de "subtracção" com base em autores como EDUARDO CORREIA, J. FARIA COSTA

[411] Ac. TRP de 16/05/2012, proc. n.º 5017/10.4TAMTS.P1

e PAULO SARAGOÇA DA MATA. O tribunal fez assim apelo a *argumentos de autoridade* geralmente aceites, válidos e confiáveis quanto a esta matéria. Depois, como forma de reforçar a sua fundamentação, elencou um conjunto de casos anteriores, semelhantes, na jurisprudência, que terminaram com uma decisão no sentido da tese pretendida: três acórdãos do Supremo Tribunal de Justiça, um acórdão do Tribunal da Relação de Lisboa, um acórdão do Tribunal da Relação de Guimarães e dois acórdãos do próprio Tribunal da Relação do Porto – eis, também, o *argumento dos precedentes* que se junta àqueloutro argumento. A tese defendida foi no sentido de que o comportamento de "apoderamento" da coisa naquelas circunstâncias não poderia traduzir-se num "subtrair" consumado porque o agente "não logrou deter os bens com um mínimo de tranquilidade – uma estabilidade que lhe assegura uma possibilidade plausível, ainda que não absoluta (posse pacífica), de fruição e disposição da coisa...". Com esta tese, fortalecida com os argumentos de autoridade e do precedente – ambos *argumentos psicológicos*[412] –, ficou demonstrado que nem todo o comportamento que envolve retirar uma coisa alheia de um determinado local – descrita factualmente, neste caso, como um "apoderou-se" –, preenche o resultado "subtracção" na forma consumada.

### 1.5.3. Aparência de dano na parede de um viaduto público[413]

Finalmente, temos factos provados no sentido de que dois agentes pintaram a seguinte frase numa das paredes de um viaduto: "8.º Congresso – Transformar o Sonho em Vida, 20 e 21 de Maio, V. N. Gaia, ABC..."; causando assim prejuízos efectivos à Câmara Municipal responsável pela construção e manutenção do viaduto em causa.

No início da fundamentação de direito, os juízes analisaram o tipo de crime de dano, eventualmente em causa, invocando a doutrina teleoló-

[412] O argumento de autoridade e o argumento do precedente são considerados argumentos psicológicos, na medida em que fazem apelo a "elementos de carácter emocional" (*phatos*) e ao carácter do orador ou do seu adversário (*ethos*). Cfr., António Braz Teixeira, *Breve Tratado da Razão Jurídica*, *op. cit.*, pp. 218-220

[413] Ac. TRC de 20/05/2009, proc. n.º 3404/06.1TAVIS.C1

gico-racional do crime (*argumento teleológico*[414]) para afirmar que os quatro elementos típicos – "destruir, no todo ou em parte, danificar, desfigurar ou tornar não utilizável..." – não se preenchem com quaisquer comportamentos, considerando, sobretudo, os princípios da proporcionalidade, dignidade penal e subsidiariedade, nos termos dos quais *o direito penal só deve intervir face a comportamentos de perigosidade ou danosidade social.* Para chegar a tais conclusões, foram levantadas as posições doutrinárias de argumentos de autoridade como M. Costa Andrade e J. Figueiredo Dias. Uma vez caracterizado o tipo de crime e as modalidades típicas à luz da doutrina teleológico-racional do crime, os juízes identificaram igualmente a importância, para o caso concreto, do regime legal da afixação e inscrição de mensagens de publicidade e propaganda, dando conta da disposição contra-ordenacional pela sua violação.

Debruçados sobre o caso decidendo, o problema foi restringido ao conceito de "desfiguração", visto que a simples pintura da frase no viaduto não se traduziu em "qualquer destruição, ruptura ou afectação material da coisa ou da sua substância... muito menos qualquer afectação da função do viaduto", apenas podendo representar, segundo a mesma decisão, uma "modificação na aparência do objecto". Ainda assim, a fundamentação que se seguiu acabou por qualificar os comportamentos dos agentes como *atípicos* em relação à "desfiguração".

Nos termos do acórdão, para que a pintura da frase no viaduto pudesse preencher uma "desfiguração", teria que estar expressamente referido na descrição dos factos, pela acusação, qualquer alteração relevante da aparência ou do aspecto visual do viaduto, qualquer efeito corrosivo ou danoso da tinta utilizada ou, também, algum aspecto especial de interesse urbanístico ou paisagístico que teria sido posto em causa com a pintura no betão da parede. Não estando presente na acusação a caracterização factual da "desfiguração", entendeu o tribunal de recuso que "não é a defesa que tem que provar a sua inexistência... sob pena de violação de

[414] Trata-se de um argumento "quase-lógico" porque tem um carácter não formal e retórico, impondo-se apenas condicionalmente, contrariamente aos argumentos "lógicos" que têm carácter absoluto e demonstrativo. Cfr. António Braz Teixeira, *Breve Tratado da Razão Jurídica, op. cit.*, pp. 214-218.

princípios fundamentais como a estrutura acusatória do processo penal e presunção de inocência".

Parece que, de facto, a acusação ignorou que a "desfiguração" se afigura um *tipo de resultado* e que o próprio crime de dano é um *crime de resultado*, o que implica alegar e fazer prova não apenas do comportamento idóneo a causar o resultado – o acto de pintar uma frase num muro –, como também alegar e fazer prova do resultado fáctico que traduz a "desfiguração". Estamos perante mais um exemplo da forma como os juízes de um tribunal superior – dotados individualmente de uma singela pré-compreensão e sensibilidade jurídica –, procuram as soluções mais razoáveis através de uma lógica material suficiente dinâmica para fundamentar, com base em doutrinas, normas, princípios e outros pressupostos de direito, a natureza jurídico-criminal dos comportamentos.

## 1.6. A doutrina

A suma importância do trabalho da doutrina para o processo de descoberta do comportamento típico está subentendida na fundamentação das decisões jurisdicionais. A doutrina não procura somente analisar o significado dos conceitos jurídicos enquanto entidades pré-existentes com um sentido dogmático formal, nem resume o seu discurso analítico a diferentes classificações e distinções que contribuem para o mundo geral e abstrato da teoria do crime[415]. Isso poderia significar um método científico formalista e com potencial para perder o contacto com a realidade que decorre da realização concreta do direito[416]. Cada vez mais a doutrina procura dar uma solução de direito aos casos mais complexos ao nível da matéria de facto e aos casos mais duvidosos quanto ao âmbito de interpretação das normas jurídico-penais, o que implica, também, olhar para os contornos fácticos dos comportamentos individuais e concretos que estão no centro de controvérsias jurisprudenciais. Os pareceres, comentários ou anotações a sentenças ou acórdãos, traduzem exactamente isso,

[415] Cfr. Ingeborg Puppe, "Sobre el uso de definiciones en el derecho. Definiciones creativas, o por qué los juristas disputan sobre conceptos", *El Derecho Penal como Ciência... op. cit.*, p. 4; e Paul Ricouer, *O Discurso da Acção... op. cit.*, p. 53 (com referência ao "discurso analítico")

[416] Veja-se os "perigos do pensamento sistemático" em Claus Roxin, *Derecho Penal, Parte General... op. cit.*, pp. 210 e ss. (§7, n.º 36 e ss.).

uma pretensão para dar soluções a problemas reais de índole prático-normativa. Até porque estes são os únicos problemas que reclamam *o direito*, aqueles que se levantam na experiência prática e que pressupõem as relações intersubjectivas entre pessoas, com as coisas e animais num contexto histórico-social e espácio-temporal concreto[417]. Sendo certo que a doutrina tende a discuti-los igualmente quando procura delimitar o âmbito de aplicação de um tipo de crime, como é visível nos comentários ou anotações ao CP ou a qualquer legislação extravagante[418]. Aí são discutidos e ponderados cientificamente os principais problemas levantados ao longo da vigência de um tipo de crime, não ignorando o enquadramento típico ou atípico, lícito ou ilícito, de certos comportamentos. Por exemplo, os casos clássicos como a subtracção de energia elétrica, a colagem não autorizada de cartazes ou a falsa declaração de extravio de um cheque pré-datado ou pós-datado, são identificados, analisados e ponderados com recuso à própria ciência nacional (p. ex. artigos de revista, dissertações de mestrado ou teses de doutoramento), à doutrina estrangeira (*idem*), aos trabalhos preparatórios e legislativos, à legislação nacional e transnacional ou à jurisprudência nacional e transnacional. Ao clarificar, classificar e diferenciar diferentes problemas concretos, procede-se à redução do círculo de possíveis decisões dentro da natureza ilícita-típica dos comportamentos[419]. Posto isto, é um facto que a autoridade judiciária tende a seguir a posição da *doutrina maioritária* quanto aos problemas dogmáticos e iminentemente conceptuais que vão sendo levantados pelos contornos do caso concreto.

É natural que existam diferentes posições teóricas, devidamente fundamentadas, sobre o mesmo assunto. Cada autor ou escola pode ter o seu próprio entendimento ou pensamento sistemático acerca dos pressupostos necessários para haver crime[420], embora exista hoje um relativo con-

[417] Neste sentido, António Cortês, *Jurisprudência dos Princípios, op. cit.*, pp. 89-90

[418] Em Portugal, por exemplo, o *Comentário Conimbricense do Código Penal* é um especial argumento de autoridade quanto a esse aspecto.

[419] Nestes termos, Winfried Hassemer, "Sistema jurídico e codificação...", *op. cit.*, p. 297

[420] Nas palavras de Frederico de Lacerda da Costa Pinto, *A Categoria da Punibilidade na Teoria do Crime*, tomo I, colecção teses de doutoramento, Coimbra: Edições Almedina, 2013, pp. 21-22, "Apesar de vigorar em direito penal o princípio da legalidade e de a teoria do facto punível se destinar a aplicar a lei penal substantiva, esta não indica (pelo menos de forma

senso, europeu-continental, quanto à importância tripartida da *tipicidade, ilicitude e culpa* para a concretização do direito penal substantivo. Exemplo disso é justamente o facto de existirem *várias doutrinas e conceitos de conduta* dentro do sistema penal categorial-classificatório europeu-continental[421].

Autores como G. RADBRUCH, G. MARINUCCI e, entre nós, J. FIGUEIREDO DIAS, renunciaram a um conceito geral e pré-jurídico de conduta e distribuíram o seu significado pelos vários conceitos de conduta tipicamente previstos nas normas jurídico-penais, passando o ilícito-típico a afigurar-se como conceito fundamental para determinar os comportamentos criminalmente relevantes[422]. E isto perante posições contrárias e

expressa) quais as categorias sistemáticas que podem ser usadas, a ordem pela qual devem surgir e ser conhecidas na decisão penal, nem estabelece os critérios da integração dos vários elementos das normas penais nessas categorias".

[421] Diferentemente se passam as coisas à luz do pensamento anglo-americano, até pela separação básica que tradicionalmente é realizada entre *actus reus* e *mens rea*. Por exemplo, Paul H. Robinson, "Should the Criminal Law Abandon the Actus Reus-Mens Rea Distinction?", *Action and Value in Criminal Law*, Oxford: Clarendon Press, 1993, p. 211, defende que as condutas activas requerem uma vontade, as condutas omissivas uma capacidade física de acção e a detenção (de uma coisa) um conhecimento por tempo suficiente para terminar com o estado de coisas. Isto num conceito que tem por base a necessidade de existir sempre uma conduta ("act requeriment") e que é visto como sendo uma posição ortodoxa, na mesma linha da importante obra de Michael S. Moore, *Act and Crime: The Philosophy of Action and Its implications for Criminal Law*. Por outro lado, os "progressistas", que divergem desta forma de pensar a conduta, preferem falar num "mínimo de controlo" ou num pressuposto de controlo, num "control requeriment", para as acções, omissões e detenção de coisas. Nas palavras de Douglas Husak, "Rethinking the act requirement", *Cardozo Law Review*, vol. 28:6, 2007, p. 2455, "liability is imposed for something over which the agent has control, even though it is not an act". Assim, também, R. A. Duff, "Strict Responsibility, Moral and Criminal", *The Journal of Value Inquiry*, n.º 43, Springer Science, 2009, p. 303, "if a person had no control over an event or result, no capacity to make a difference to whether the event or result occurred or not, he cannot be held responsible for it or be called to answer for its occurrence".

[422] Cfr. Gustav Radbruch, "Sobre el Sistema de la Teoría del Delito" (trad. José Luis Guzmán Dalbora), *Revista Electrónica de Ciencia Penal y Criminologia*, n.º 12-r1, 2010 [orig. 1930], p. 5: "Es mérito de Ernst Beling haber abierto el camino hacia un sistema que reemplaza el concepto de acción, en su función de concepto básico de la teoría del delito, por el de realización del tipo y haberlo incluido como parte estructural de éste"; Giorgio Marinucci, *El delito como «acción»: crítica de un dogma* (trad. José Eduardo Sáinz-Cantero Caparrós), monografías jurídicas, Madrid: Marcial Pons, 1998, pp. 33: "Quien aspire a construir un concepto unitario de acción "válido" para el Derecho Penal debe por ello atenerse a una regla metodológica

críticas a essa forma de ver as coisas, em virtude de um trabalho teórico e doutrinário com vista à elaboração de um *supraconceito comum* e pré-jurídico de "conduta"[423].

Porém, na realização jurisdicional do direito, são praticamente inexistentes as referências que se fazem a um tal supraconceito, muito devido à metodologia adoptada pelas autoridades judiciárias para resolver os problemas concretos. Estamos a falar de *um método pragmático que parte directamente de um específico tipo de crime como principal meio de examinar e de qualificar os comportamentos individuais e concretos noticiados e fixados na matéria de facto provada*; muito diferente de um método que parte de um conceito geral e "unitário" de conduta com o objectivo de satisfazer pretensões teóricas de harmonização sistemática. O modo de proceder da prática não procura um conceito científico comum a todos os comportamentos que podem surgir na realidade da vida em sociedade, antes procura conceitos típicos e específicos – como o tipo de conduta ou o tipo de resultado – que permitam dar uma luz ao significado dos comportamentos que decorrem de um caso concreto, mesmo que isso implique dar um salto lógico ou conceptual[424]. Nesse aspecto, parece que faz sentido concluir que a prática jurisdicional segue naturalmente a doutrina que *renuncia* a um conceito geral de conduta e que se preocupa, primeiramente, face aos contornos do caso concreto, com a *realização do ilícito-típico*[425]. A este assunto voltaremos, de forma mais aprofundada, no capítulo que se segue.

negativa: debe, esto es, abandonar completamente la pretensión de anteponer a la búsqueda, oculta o palpablemente, cualquier concepto "prejurídico" de acción"; e Jorge de Figueiredo Dias, *Direito Penal: Parte Geral*, tomo I, *op. cit.*, pp. 259-260, "... nos resultados de uma excessiva abstracção generalizadora e classificatória que vai implicada na aceitação de um qualquer conceito pré-jurídico geral de acção... deve renunciar-se a colocar como elemento básico do sistema um conceito geral de acção...".

[423] Cfr., *infra*, cap. IV, parte I.

[424] Neste sentido, Tomás S. Vives Antón, *Fundamentos del Sistema Penal, op. cit.*, pp. 272-274 e p. 615

[425] Como veremos mais adiante, isso não implica pôr de parte algumas funções do conceito de conduta que são habitualmente apontadas pela doutrina.

### 1.7. O precedente jurisprudencial

A fundamentação das decisões de direito destaca normalmente a importância da *prática jurisprudencial anterior* para o momento qualificativo dos comportamentos. É inegável que a experiência que decorre dos casos concretos semelhantes ou análogos anteriormente decididos em sede judicial – particularmente os decididos em tribunais superiores – não é desatendida no processo de realização do direito[426]. Primeiramente, o contexto dos comportamentos praticados e julgados no passado é posto *em* correspondência e em comparação com o contexto dos comportamentos que, no presente, devem ser objecto de uma decisão qualificativa[427] – não se prescinde, assim, de realizar uma analogia entre as situações do passado e do presente. Depois, os pressupostos de direito utilizados para decidir o caso concreto passado são reanalisados e revalidados para o caso presente, pressupostos esses que são dotados de uma presunção de acerto ou correcção, acolhendo assim a existência de um verdadeiro *sistema de precedentes quanto à matéria de direito*[428]. A fundamentação, ao dar uniformidade à jurisprudência e mantendo o sentido das decisões de direito anteriores, implementa uma certa *segurança jurídica*. A actividade dos tribunais passa a ser mais previsível e controlada[429], num género de uma *cultura de precedentes*. Para o direito penal, sem dúvida, esta forma de ver as coisas é também indispensável para efeitos preventivos.

No entanto, a realização do direito admite sempre um novo processo de descoberta do comportamento ilícito-típico à luz do caso concreto –

[426] Assim, debruçado sobre a teoria norma-caso, Ulrich Schroth, "Hermenêutica filosófica e jurídica", *op. cit.*, pp. 390-392

[427] Daí que Jochen Schneider/Ulrich Schroth, "Perspectivas da aplicação da norma jurídica...", *op. cit.*, p. 541, no que diz respeito às teorias descritivas da decisão, entendam que o juiz encara um caso que lhe seja apresentado como "igual, comparável, semelhante ou dissonante em pontos consideráveis em relação a um esquema mental de decisão.".

[428] Sobre o assunto, António Cortês, *Jurisprudência dos Princípios... op. cit.*, pp. 70-72, 254-255, 282-284 e 345-347.

[429] Sobre a segurança jurídica da jurisprudência, Winfried Hassemer, "Sistema jurídico e codificação...", *op. cit.*, p. 285; o mesmo autor, Winfried Hassemer, *Crítica al Derecho Penal de Hoy: norma, interpretación, procedimiento; límites de la prisión preventiva* (trad. Patricia S. Ziffer), 2.ª ed., 1.ª reimp., Buenos Aires: Ad-hoc, 2003, p. 43, no âmbito da proibição da analogia, faz referência aos "vínculos informais" da "opinião dominante" que evitam modificações espontâneas na interpretação das normas penais.

afinal, cada caso reclama uma decisão nova e uma demonstração nova de direito[430] –, e não apenas um processo de confirmação de decisões anteriores acerca da natureza de comportamentos semelhantes ou análogos. Isto significa, naturalmente, que é possível discordar da corrente jurisprudencial em vigor e fundamentar num outro sentido considerado justo e adequado aos contornos do caso concreto. A propósito, o regime processual penal do recurso extraordinário de fixação de jurisprudência, que pressupõe dois acórdãos com soluções de direito opostas relativamente à interpretação do mesmo problema, prevê precisamente que "a decisão que resolver o conflito não constituiu jurisprudência obrigatória para os tribunais judiciais, mas estes devem fundamentar as divergências relativas à jurisprudência fixada naquela decisão"[431]. Eis um verdadeiro ónus de contra-fundamentação para quem pretenda divergir de uma decisão de direito anterior com contornos fácticos semelhantes ou análogos[432]. O que só é possível devido à própria dinâmica na realização do direito – na "contínua determinação do direito..." –, designadamente face a novas ou diferentes informações técnicas e científicas que permitem ir mais além quanto à descrição dos factos, face a novas ou diferentes abordagens doutrinais e face a novas ou diferentes perspectivas político-criminais do problema jurídico em mão[433].

## 1.8. As decisões do Tribunal Constitucional[434]

O poder de jurisdição constitucional também poderá ser um importante pressuposto para o processo de determinação do comportamento ilícito-típico. No capítulo precedente, no que diz respeito às considerações político-criminais, vimos que o princípio da legalidade penal, com abrigo normativo-constitucional, reclama uma incriminação limpida-

[430] Winfried Hassemer, "Sistema jurídico e codificação...", *op. cit.*, p. 286

[431] Cfr. 445.°, n.°3, CPP

[432] Segundo Winfried Hassemer, "Sistema jurídico e codificação...", *op. cit.*, p. 296, quem se afasta dos precedentes é obrigado a um maior esforço argumentativo para justificar a sua decisão divergente. Sobre o problema das mudanças de orientação da jurisprudência estabilizada, aprofundadamente, António Castanheira Neves, *Digesta...*, vol. 1.°, *op. cit.*, pp. 363-370

[433] Neste sentido, António Cortês, *Jurisprudência dos Princípios, op. cit.*, p. 353

[434] Uma versão anterior deste segmento encontra-se em Pedro Sá Machado, "Dos limites à política criminal no contexto jurídico-penal português...", *op. cit.*, pp. 390-396

mente definida ("lei certa"), assim como o princípio do "direito penal do bem jurídico", adoptado pelo Tribunal Constitucional, reclama uma clara apreensão do bem jurídico-penal que se pretende tutelar.

Sucede que, na prática, para materializar estas pretensões, são atribuídos *poderes de fiscalização constitucional* às autoridades judiciárias e aos sujeitos processuais que poderão dar início a um processo de censura jurídico-constitucional às normas incriminadoras que estão em causa, considerando a importância da lei para o processo da realização concreta do direito penal. Não se trata simplesmente de uma incriminação considerada "injusta" para a consciência moral daquele que enquadra a lei no caso concreto, trata-se do problema da legislação penal em vigor que é "imperfeita" designadamente porque não define a incriminação de forma precisa e clara, porque é obscura quanto aos interesses dos cidadãos ou da sociedade que visa tutelar, ou porque é interpretada de forma inovadora e simultaneamente desfavorável ao arguido. Tudo com potencial para restringir injustificadamente a liberdade dos comportamentos do cidadão nas relações intersubjectivas, com as coisas e os animais no contexto da vida em sociedade.

Com efeito, a todo o tempo, é possível promover a fiscalização concreta da norma penal com fundamento em inconstitucionalidade, *num controlo jurisdicional difuso,* com vista a impulsionar uma decisão do Tribunal Constitucional[435]. É certo que neste âmbito vigora o *princípio de presunção da não inconstitucionalidade dos actos do poder político,* segundo o qual se presume que toda a norma incriminadora está conforme os pressupostos da Constituição até à decisão de inconstitucionalidade[436].

[435] No ordenamento jurídico português, "as decisões do Tribunal Constitucional são obrigatórias para todas as entidades públicas e privadas e prevalecem sobre as dos restantes tribunais e de quaisquer outras autoridades", conforme lei orgânica do Tribunal Constitucional (Lei n.º 28/82, de 15 de novembro, com posteriores alterações).

[436] Um princípio invocado sobretudo na doutrina e jurisprudência brasileiras como "princípio da presunção de constitucionalidade dos actos do poder político". Mesmo não sendo um princípio expresso na lei, é comummente aceite em Portugal a existência de uma fórmula de contenção ("self-restraint") na atitude dos juízes do Tribunal Constitucional. Assim, na "desejável contenção perante a fundamental prerrogativa de decisão do legislador ordinário", Jorge de Figueiredo Dias, "O «direito penal do bem jurídico»...", *op. cit.*, p. 46; e menções ao "self-restraint" do Tribunal Constitucional em outros ordenamentos jurídicos europeus-con-

A natureza deste princípio, numa primeira aproximação, sugere que a zona cinzenta do criminalizável pertence "democraticamente" ao juízo político do legislador penal e não ao juízo jurídico das autoridades judiciárias – falamos, nos casos limite, da criminalização do enriquecimento ilícito, do consumo de *cannabis*, da protecção da vida em gestação nas diferentes fases de gravidez, do favorecimento de prostituição com intenção lucrativa, da eutanásia, dos maus tratos aos animais, do incesto, e assim por diante. Mas isso não impede que, num segundo momento, o mesmo princípio seja posto à prova, por quem de legitimidade processual activa, através da *fiscalização constitucional das próprias normas jurídico-criminais que se presumem não inconstitucionais.*

Como é sabido, a noção de "norma", no âmbito do ordenamento jurídico português, abrange não apenas um mero conceito formal de norma (geral e abstracta), como também um conceito funcional de norma (individual e concreta), sendo possível proceder à fiscalização de uma norma aplicada no caso concreto, à fiscalização de segmentos de uma norma aplicada no caso concreto ou à fiscalização de uma norma tal como interpretada pelo tribunal de primeira instância[437]. Reiteramos que é um controlo normativo que se estende ao *critério interpretativo inovador* sempre que este seja susceptível de alcançar uma incriminação relevante para a solução do caso concreto. E isto por estar em causa o princípio da legalidade penal que não admite o recurso à analogia em sentido desfavorável ao arguido[438]. Faz todo o sentido que assim seja: o processo interpretativo

tinentais, p. ex., Enrique Bacigalupo, *Principios constitucionales de derecho penal*, Buenos Aires: Editorial Hammurabi, 1999, p. 18; e Francesco Palazzo, "Direito Penal e Constituição...", *op. cit.*, p. 39

[437] Cfr. Maria João Antunes, "Direito penal, direito processual penal...", *op. cit.*, pp. 99-100

[438] Em geral, sobre a proibição da analogia, Jorge de Figueiredo Dias, *Direito Penal: Parte Geral*, tomo I... *op. cit.*, pp. 187-193, com uma posição teleológica ou com apelo à *ratio legis*, considerando a natureza do ilícito-típico e a função político-criminal do princípio da legalidade. De forma aprofundada, António Castanheira Neves, *Digesta...*, vol. 1.°, *op. cit.*, pp. 385 e ss., com referência ao problema metodológico, pp. 448 e ss., com referência à distinção entre interpretação e analogia, e pp. 460 e ss., com referência à realização do direito «secundum legem» e realização do direito «praeter legem». E, ainda, sobre a analogia, temos uma conhecida influência em Arthur Kaufmann, *Filosofia do Direito, op. cit.*, pp. 119-122 e 184-191, segundo o qual a determinação do direito consiste num processo analógico; referindo, também, a *ratio iuris,* no círculo entre a situação de facto e a norma; e concluindo que a proibição da analogia,

de obtenção da norma incriminadora afigura-se constitucionalmente sindicável porque, um tal processo, particularmente a parte inovadora, é da exclusiva competência do legislador, sob pena de se subverter a natureza do princípio da separação de poderes.

De uma maneira geral, então, não só a jurisprudência constitucional limita a discricionariedade do legislador com uma fiscalização direcionada às normas incriminadoras produzidas, como também limita a discricionariedade do julgador com uma fiscalização à interpretação e à aplicação dessas mesmas normas, censurando, no limite, o processo de obtenção de normas incriminadoras por recurso à analogia *mala partem*. Portanto, é teoricamente possível afastar um juízo de incriminação de um comportamento através de uma decisão de inconstitucionalidade do Tribunal Constitucional.

Como é evidente, estas decisões não dependem de silogismos ou raciocínios meramente aritméticos. Identificar o bem jurídico protegido pela norma penal em causa[439], ajuizar a ponderação dos valores ou interesses pressupostos pela própria norma[440], ou, ainda, a partir de uma verificação empírica, saber em que medida determinado comportamento afecta outros bens jurídicos essenciais à vida em sociedade[441], entre outros critérios de controlo, exigem processos de *argumentação, razoabilidade e fundamentação*. A actividade dos juízes do Tribunal Constitucional, para oferecer critérios de solução jurídico-constitucionais, tem necessariamente que passar por práticas susceptíveis de julgar todos os interesses dos indivíduos e da sociedade em conflito[442], sobretudo porque esses mesmos interesses têm vários graus de certeza e não estão todos ao mesmo nível no âmbito de uma "ponderação axiológica"[443].

por não significar uma estrita proibição, encontra os seus limites no tipo de ilícito subjacente à previsão legal.

[439] P. ex., qual o bem jurídico protegido pelo crime de maus tratos a animais de companhia?

[440] P. ex., autonomia privada *versus* saúde ou segurança pública.

[441] P. ex., o consumo de *cannabis*.

[442] É o que Luigi Ferrajoli, "Constitucionalismo principialista y constitucionalismo garantista", *op. cit.*, p. 23, chama criticamente "constitucionalismo principalista ou não positivista".

[443] Cfr. José de Faria Costa, *O Perigo em Direito Penal...op. cit.*, pp. 254-255; e Robert Alexy, "Epílogo a la teoria de los derechos fundamentales", *op. cit.*, p. 54

### 1.9. As decisões do Tribunal Europeu dos Direitos do Homem e do Tribunal de Justiça da União Europeia[444]

Uma vez esgotadas todas as vias de recurso nacionais e invocada a violação dos direitos reconhecidos na CEDH, o cidadão português pode ainda accionar um *amparo europeu* através do recurso ou do mecanismo das "petições individuais" dirigidas ao TEDH. A decisão final desta jurisdição europeia tem força vinculativa na ordem jurídica portuguesa[445]. O TEDH actua em última instância, realiza concretamente a CEDH (diploma legislativo infra-constitucional[446]) e vincula o Estado português[447].

Por outra parte, não podemos ignorar os significativos poderes do Tribunal de Justiça da União Europeia. É clarividente a forma como Nicholas Barber resume a questão, relembrando as três, interligadas, "reivindicações de soberania" desse Tribunal[448]: decidir definitivamente todas as questões de direito da União Europeia[449]; determinar o que constituiu uma questão de direito da UE[450]; e declarar a primazia do direito da UE sobre todo o direito nacional conflituante[451].

É a primeira reivindicação que possibilita toda a articulação entre o sistema de justiça interno dos Estados-Membros e o sistema de justiça

[444] Uma versão anterior deste segmento encontra-se em Pedro Sá Machado, "Dos limites à política criminal no contexto jurídico-penal português...", *op. cit.*, pp. 363-378

[445] O TEDH tem competência para resolver todas as questões relativas à interpretação e à aplicação da respectiva Convenção e dos respectivos protocolos. Cfr. Protocolo n.º 11 à Convenção, particularmente artigos 32.º, 34.º e 35.º. Cfr., ainda, artigo 46.º da CEDH

[446] Assim deverá ser entendida a CEDH por via do artigo 8.º, n.º 2, da CRP. Cfr. J. J. Gomes Canotilho/Vital Moreira, *Constituição da República Portuguesa Anotada*, vol. I, *op. cit.*, p. 258

[447] Inclusivamente, o próprio Código de Processo Penal, no artigo 449.º, prevê como fundamento para a revisão *de sentença transitada em julgado* "uma sentença vinculativa do Estado Português, proferida por uma instância internacional, for inconciliável com a condenação ou suscitar graves dúvidas sobre a sua justiça".

[448] N. W. Barber, "Legal Pluralism and the European Union", *European Law Journal*, vol. 12, n.º 3, Oxford: Blackwell Publishing, 2006, p. 323

[449] Cfr. o disposto no artigo 267.º TFUE

[450] Cfr. Ac. TJUE de 22 de outubro de 1987, proc. n.º 314/85 ("Os tribunais nacionais não são competentes para declarar a invalidade dos actos das instituições comunitárias.").

[451] Cfr. Ac. TJUE de 15 de julho de 1964, proc. n.º 6/64 ("...é uma norma comunitária susceptível de atribuir aos particulares direitos que os órgãos jurisdicionais nacionais devem salvaguardar.").

externo da UE, a título prejudicial[452]. As duas restantes reivindicações abrem toda uma outra discussão, no mais das vezes relacionada com a legitimidade do poder do TJUE face ao direito constitucional dos Estados-Membros[453]. Fica patente a importância *do primado do direito da União Europeia* não só para a interpretação e cumprimento do programa penal europeu plasmado no Tratado de Lisboa e no direito derivado, mas também para superar o nódulo problemático das fontes de direito penal. Problema, aliás, que pode ser levantado pelo juiz nacional num autêntico *controlo difuso* do direito da União Europeia em matéria penal – basta pensar nas directivas que acabam transpostas para o direito nacional, mas ainda assim interpretadas de acordo com um parecer jurisprudencial do TJUE.

Neste caso, a actividade dos juízes europeus, para oferecer critérios de solução consensuais à pluralidade de ordens jurídico-penais envolvidas, tem necessariamente de passar por práticas interpretativas e argumentativas susceptíveis de ponderar todos os interesses em conflito, do cidadão, dos Estados e da própria "Europa" vista como um todo – porque esses mesmos interesses também não estão todos ao mesmo nível no âmbito de uma ponderação axiológica (por exemplo, liberdade *versus* segurança). O juiz tem efectivamente um papel activo na concretização do direito penal[454].

## 2. Comportamentos que preenchem o tipo objectivo do ilícito

Tendo presente este conjunto de pressupostos que perfazem a "matéria prima" da realização concreta do direito penal, voltamos ao início. Verificámos que o comportamento do agente é nomeado e descrito na narrativa processual dos factos num plano prévio à sua qualificação jurídico-penal-substantiva. É nos termos do aspecto dinâmico destas narrativas, na ligação sequencial dos factos ("cadeia de acontecimentos"), que há uma ordem de sequência espácio-temporal que permite interligar os fac-

[452] Cfr. Roberto E. Kostoris, "Processo Penale, Diritto Europeo...", *op. cit.*, pp. 1185 e ss.

[453] Veja-se o tratamento do problema em Fausto de Quadros, *Direito da União Europeia*, 3.ª edição, Coimbra: Edições Almedina, 2013, pp. 515 e ss.

[454] Cfr., com mais pormenor, Roberto E. Kostoris, "Processo Penale, Diritto Europeo...", *op. cit.*, pp. 1191 e ss.

tos de uma forma lógica e diacrónica num determinado contexto histórico-social. Nessa mesma ordem são atribuídos determinados comportamentos ao agente, na terceira pessoa gramatical, como se estivéssemos a observar o acontecimento publicamente, transmitindo uma determinada imagem das circunstâncias numa perspectiva, digamos, mais objectiva.

Com efeito, é importante ter presente que todas as narrativas processuais têm em comum a *nomeação de comportamentos* que se podem descrever independentemente da sua própria capacidade para causar um determinado resultado[455]. Com uma linguagem orientada para o entendimento, o agente é associado fisicamente a um determinado comportamento: "ele disse...", "ele apoderou-se", "ele pintou", "ele exigiu", "ele escreveu", "ele dirigiu-se...", "ele ficou parado", "ele empunhou...", "ele desferiu...", "ele retirou", etc.. Comportamentos que podem também implicar um gesto, como o aceno da cabeça, uma certa atitude, como o tom de voz, ou um acto "composto", como quando uma pessoa se benze[456], mas sempre atribuídos directamente ao agente em virtude de uma forma de expressão intersubjectiva que permite uma leitura ao terceiro observador[457]. É a referida perspectiva segundo a qual o agente fez "isto", sendo o mesmo que, de seguida, deixou de fazer "aquilo", tendo ontem feito "aqueloutro". Exemplifiquemos com as descrições dos factos provados nos três casos concretos acima mencionados:

> Exemplo 1 (aparência de injúria no decurso de uma reunião)[458]: *"1 – No dia 5 de Dezembro de 2014, cerca das 10.00, no interior do D1..., sito em ..., Penafiel, onde a assistente C..., desempenhava as suas funções como educadora de infância, com vínculo ao Ministério da Educação, a arguida, professora ..., interrompeu uma reunião e dirigindo-se de forma agressiva à assistente disse-lhe: "tu pensas que mandas" "tu és desumana", "tratas mal as funcionárias"... "A assistente sentiu-se humilhada e enxovalhada.".*

[455] Veja-se Paul Ricouer, *O Discurso da Acção, op. cit.*, pp. 78 e 84;

[456] Cfr., *supra*, nota 219

[457] Essencial, Paul Ricouer, *O Discurso da Acção, op. cit.*, pp. 87-88. Também, como afirma Francesco Carnelutti, *Teoria General del Delito, op. cit.*, p. 58, fisicamente não se pode separar o homem do movimento, logicamente sim.

[458] Ac. TRP de 10/01/2018, proc. n.º 1073/14.4GBPNF.P1

Exemplo 2 (aparência de furto em supermercado)[459]: *"No dia 20 de setembro de 2010, pelas 20h00m, o arguido dirigiu-se ao supermercado "C...", sito na ..., na ..., nesta comarca. Aí, apoderou-se, contra a vontade do dono, de três embalagens de desodorizante roll-on D..., no valor de € 17, 34, fazendo deles coisa sua..."..."O arguido foi intercetado por elementos da segurança, afetos ao estabelecimento, antes de passar a 'linha das caixas'".*

Exemplo 3 (aparência de dano em parede de um viaduto público)[460]: *"No dia 11 de Abril de 2006, cerca das 23 horas e 10 minutos, os arguidos, agindo de comum acordo e conjugação de esforços e intentos, pintaram numa das paredes do Viaduto, sito na Estrada da Circunvalação, junto à Universidade Católica, em Viseu, a seguinte frase: "8.º CONGRESSO-TRANSFORMAR O SONHO EM VIDA, 20 E 21 DE MAIO, V.N. GAIA, ABC..."*

No primeiro caso, a agente encontrava-se no interior de um estabelecimento de ensino, interrompeu uma reunião e dirigiu certas e determinadas palavras a uma outra pessoa. No segundo caso, o agente encontrava-se no interior de um estabelecimento comercial, apoderou-se de três coisas e foi interceptado antes de passar a linha das caixas de pagamento. No terceiro caso, dois agentes encontravam-se num viaduto público onde pintaram numa das paredes uma determinada frase. As três situações, servindo de exemplo para quaisquer outras, reclamam a mesma pergunta: qual é o significado jurídico-criminal dos comportamentos?

## 2.1. O plano pré-típico dos comportamentos do agente

Se começarmos por analisar cada um dos casos concretos num plano pré-típico, ou seja, antes mesmo de considerar a sua qualificação criminal-substantiva, podemos concluir, a partir da narrativa dos factos, que estão em causa descrições mais ou menos precisas de certos comportamentos, fisicamente indissociáveis dos próprios agentes, enquadrados num determinado contexto espácio-temporal e histórico-social. A grande particularidade é que, especialmente na fase da sentença, tratam-se de factos indiciados ou provados com base na convicção das autoridades judiciárias

[459] Ac. TRP de 16/05/2012, proc. n.º 5017/10.4TAMTS.P1

[460] Ac. TRC de 20/05/2009, proc. n.º 3404/06.1TAVIS.C1

e que resultam da apreciação crítica e conjugada da prova. Significa isto que o plano anterior à qualificação jurídico penal substantiva dos factos *não é um plano completamente depurado das formalidades legais que o processo penal dá aos factos*, com todas as particularidades que já foram apontadas às narrativas processuais e à forma como se comprova, com certas limitações legais, o que é alegado[461]. Será também o resultado da soma dos meios de prova com outros elementos relativos à situação pessoal do agente[462] (p. ex., os relatórios sociais ou o registo criminal) que motiva as proposições da decisão de facto anteriores à qualificação de direito. Pode-se dizer, assim, que as proposições da matéria de facto são reflexo de uma convicção judiciária em relação às versões das diversas narrativas processuais que começam no auto de notícia, ganham forma na acusação e que depois podem ser discutidas em fase de instrução ou na audiência de julgamento. Toda esta conjuntura é muito própria e acaba por ser determinante para o que se segue em termos do seu enquadramento jurídico-penal-substantivo.

Por outro lado, estamos defrontados com o plano das imensas possibilidades da vida em sociedade, o plano em que se faz uma selecção dos factos e o plano em que se descrevem e nomeiam, com mais ou menos pormenor, os comportamentos considerados, à partida, relevantes para uma discussão de direito penal. Basta pensar que é a *notícia com indícios da prática de crime,* a partir da qual se mencionam os intervenientes e as particulares circunstâncias de tempo e lugar dos acontecimentos, que justifica a abertura de inquérito. Logo aqui temos necessariamente um certo *juízo valoração* – e uma pré-compreensão – acerca da matéria socialmente relevante para a existência de um crime, pois somente determinam a abertura

[461] P. ex., admitindo o recurso ao princípio *in dubio pro reo.*

[462] No "Exemplo 1" (aparência de injúria no decurso de uma reunião), esses elementos de facto relativos à situação pessoal da agente fundamentam as seguintes proposições: "(...) 5. A arguida não tem antecedentes criminais. 6. A arguida é professora ..., encontrando-se em situação de licença sem vencimento. 7. Encontra-se a residir na Suíça, onde vive com o marido e um filho menor. 8. A arguida não trabalha sendo que o seu marido aufere cerca de 3056 francos suíços. 9. Na Suíça pagam 645 francos a título de renda e 840 francos de segurança social. 10. A arguida tem ainda mais dois filhos, que residem em Portugal e se encontram a estudar, sendo que um deles é trabalhador-estudante.".

de inquérito os factos e os comportamentos com *aparência de crime*[463]. São as referências factuais ao "acontecimento disruptivo", ocorrido no plano da interacção entre as pessoas, coisas e animais, numa versão inicial dos acontecimentos, que se afiguram determinantes para um tal juízo.

No terreno, perante casos de reduzido alarme social – e até para evitar o congestionamento desnecessário do aparelho judicial –, os OPC's e os funcionários de justiça procuram muitas vezes realizar o referido juízo de valoração acerca da natureza dos comportamentos. Sendo oportuno, são eles próprios que medeiam o conflito com aparência de crime, enquanto entidades especialmente interessadas na restauração da paz social[464]. Referimo-nos a práticas desvinculadas de puros critérios de legalidade que visam solucionar directamente um litígio enquadrável, indiciariamente, na "pequena criminalidade"[465].

Essa forma directa ou imediata de resolver o problema é mais evidente no que diz respeito aos OPC's. O seu papel é de aproximação, conciliação e pacificação, tendo, por ofício, a função de salvaguardar os interesses das pessoas e da sociedade em geral. A intervenção policial pode ter lugar em escolas, estabelecimentos comerciais, bairros sociais, ou até junto da família, onde os factos com aparência de crime assumem contornos mais privados. Com uma prática dissuasora, com soluções de consenso e com recurso ao tratamento informal, privilegiando a manutenção da ordem em relação à aplicação da lei, resolvem-se muitas situações que

[463] O que formalmente determina a abertura de inquérito no caso de denúncia anónima são os "indícios da prática de crime". Também no âmbito da mediação penal bastam "indícios" de se ter verificado crime. Sendo certo que, nos termos do CPP, para acusar são necessários "indícios suficientes", sempre que "resultar uma possibilidade razoável de ao arguido vir a ser aplicada, por força deles, em julgamento, uma pena ou uma medida de segurança". Para arquivar, pelo contrário, basta (1) não terem sido obtidos "indícios suficientes" ou (2) tiver sido recolhida "prova bastante" de que o crime não se verificou ou de que o arguido não praticou a nenhum título, ou, ainda, em termos formais, (3) ser legalmente inadmissível o procedimento. Em qualquer caso, estão em causa diligências que visam averiguar a existência de um crime, e para tal parece ser necessário ter uma "pré-compreensão" do direito penal.

[464] Sendo assim, o que fica dito acerca da pré-compreensão do direito também se estende aos OPC e aos funcionários de justiça.

[465] Sobre a "diversão simples", José de Faria Costa, "Diversão (Desjudiciarização) e Mediação...", *op. cit.*, p. 109

poderiam de outro modo suscitar a abertura de inquérito[466]. É, contudo, um *poder discricionário* que tende a reduzir-se com a gravidade dos comportamentos.

O mesmo sucede com os funcionários justiça, admitindo que os magistrados do MP podem delegar-lhes funções que no âmbito do inquérito competem aos OPC's, nomeadamente a tomada de declarações e a inquirição de testemunhas[467]. Isto tem tendência para acontecer, naturalmente, em comarcas com grande movimento processual, quando o MP, confrontando com o que valora e julga ser uma "bagatela penal", fará o que entender mais conveniente para dar resposta a outros processos mais complexos. Assim, também, as tentativas informais de mediação acontecem e, quando bem-sucedidas, há mesmo uma tendência para aceitar de forma passiva os resultados do inquérito[468]. O desfecho prático, em qualquer caso, poderá traduzir-se numa homologação da desistência de queixa[469].

[466] Seguimos, Jorge de Figueiredo Dias/ Manuel da Costa Andrade, *Criminologia... op. cit.*, p. 454

[467] Com a sobrecarga de processos, não poderá, com certeza, o MP inteirar-se de todos inquéritos, interrogatórios, audições policiais ou outras diligências investigatórias, sendo necessário a delegação da actividade de investigação e prevenção. Neste sentido, Alberto Esteves Remédio, "Sobre o inquérito e o projecto de código de processo penal", *Jornadas de Processo Penal* (coord. Mário Torres), Cadernos da Revista do Ministério Público 2, Lisboa: Sindicato dos Magistrados do Ministério Público, 1987, pp. 121-122. Considere-se que faz parte das competências do técnico de justiça auxiliar, do técnico de justiça-adjunto e do técnico de justiça principal, desempenhar, no âmbito do inquérito, as funções que competem aos órgãos de polícia criminal. Cfr. Mapa I do Estatuto dos Funcionários de Justiça (DL n.º 343/99, de 29 de Agosto, com posteriores alterações).

[468] Neste sentido, Jorge de Figueiredo Dias/ Manuel da Costa Andrade, *Criminologia... op. cit.*, p. 497, na referência à polícia, mas com aplicação análoga aos funcionários de justiça. Para uma noção geral de "mediação" no âmbito criminal, considerar, p. ex., a Recomendação R (99) 19, do Comité de Ministros do Conselho da Europa: "any process whereby the victim and the offender are enabled, if they freely consent, to participate actively in the resolution of matters arising from the crime through the help of an impartial third party (mediator).".

[469] José de Faria Costa, "Diversão (Desjudiciarização) e Mediação...", *op. cit.*, pp. 109-110 denomina "diversão encoberta... sempre que o infractor tiver consciência de que se praticar certos actos, por exemplo, indemnizar voluntariamente a vítima, o ministério público não acusará ou, talvez melhor, não prosseguirá com o processo".

A valoração de comportamentos aliada à tentativa de mediação também é efectuada pelo próprio Magistrado do MP. A situação é mais solene quando os intervenientes do conflito são chamados ao seu gabinete para prestarem declarações, admitindo a possibilidade de se proceder a *uma acareação* entre o agente e o presumível ofendido[470], com vista à tentativa informal de conciliação e à desistência da queixa-crime. Os eventuais acordos que encaminham a uma desistência, como aqueles que implicam uma compensação pecuniária ou uma conversa capaz de satisfazer moralmente o ofendido[471], são eximidos de qualquer formalidade legal, levantando o problema da *desistência de queixa condicionada*[472]. Na verdade,

[470] Não no sentido dado pelo 146.° do CPP. Esta prática é confirmada por João Conde Correia, "O papel do Ministério Público no regime legal da mediação penal", *Revista do Ministério Público*, ano 28, n.° 112, out-dez, Lisboa: Sindicato dos Magistrados do Ministério Público, 2007, p. 71, nota (29), com referência, também, à praxis alemã.

[471] Nos termos do artigo 458.° n.°1 do Código Civil, o *reconhecimento de dívida*, sem indicação da respectiva causa, faz presumir que a dívida existe e que tem uma causa. Um reconhecimento que terá que ser reduzido a escrito, nos termos do n.° 2 da mesma disposição legal. Note-se que das injunções previstas para a suspensão provisória do processo, a indeminização e a satisfação moral adequada parecem ser as únicas que vão garantir que o agente cumpra, no momento, um acordo informal perante o ofendido. Ainda assim, é certo que dificilmente se suprem as expectativas da *justiça restaurativa* se considerarmos, por exemplo, danos invisíveis de carácter individual ou relacional, não se tratando, sempre, "...de pagar uma certa quantidade de dinheiro e de articular alguns pedidos de desculpa feitos à pressa", como afirma, com razão, Cláudia Cruz Santos, *A Justiça Restaurativa... op. cit.*, p. 371. Considerar, também, a "diversão encoberta" em José de Faria Costa, "Diversão (Desjudiciarização) e Mediação...", *op. cit.*, pp.109-110, "sempre que o infractor tiver consciência de que se praticar certos actos, por exemplo, indemnizar voluntariamente a vítima, o ministério público não acusará ou, talvez melhor, não prosseguirá com o processo".

[472] A jurisprudência tende a não admitir que a desistência de queixa, como direito subjectivo do ofendido, esteja dependente de alguma *condição*. No Ac. do TRL de 05/06/2007, proc. n.° 2534/2007-5, estava em causa a expressão "pretende desistir da queixa, caso o arguido lhe pague a quantia de 1000€, que este disse estar na disposição de pagar em prestações de 250€". O Tribunal entendeu estar perante uma declaração de desistência de queixa subordinada a condição suspensiva e, por essa razão, sem qualquer eficácia jurídica. Já no Ac. do TRG de 28/01/2008, proc. n.° 2416/07-2, discutiu-se o seguinte segmento da declaração de desistência de queixa da ofendida: "desde que o acusado não me volte a provocar e não ronde a minha residência". Condicionou-se a desistência a um comportamento futuro do arguido, "mais concretamente a um *non facere* bem explícito", como contrapartida de se fazer extinguir o procedimento criminal, pelo que foi acordado que tal condição resolutiva não podia ser

não se evitam práticas duvidosas ou ilícitas com eventuais implicações para a segurança jurídica, para o princípio da legalidade e, no fundo, para a realização concreta do direito no âmbito da "pequena criminalidade".

Se repararmos nos três exemplos mencionados – que caracterizámos como "aparência de injúria no decurso de uma reunião", "aparência de furto em supermercado" e "aparência de dano em parede de um viaduto público" –, damos conta, pelo que está socialmente em causa, de que poderiam muito bem fazer parte deste elenco de casos que reclamam uma conciliação extrajudicial. No primeiro caso, a agente dirigiu a outra pessoa três frases com significados diferentes: "tu pensas que mandas" "tu és desumana", "tratas mal as funcionárias". Ou seja, a agente comunicou em voz alta três mensagens que se distinguem no plano da comunicação e que têm um receptor específico. No segundo caso, o agente apoderou-se de três coisas da mesma qualidade e de valor diminuto num estabelecimento comercial. E no terceiro caso está descrito que dois agentes pintaram uma determinada frase na parede de um viaduto público. A partir do plano prévio da matéria de facto dada como provada, os comportamentos podem estar descritos com mais pormenor, como sucede no primeiro exemplo, em que sabemos ao certo o que foi dito, ou podem estar descritos com menos pormenor, como sucede no segundo e terceiro casos, em que não sabemos, por um lado, quantos movimentos concretos foram necessários para o "apoderamento" ou onde foram colocadas as coisas apoderadas, nem, por outro, quem pintou o quê entre os dois agentes que, nos termos dos factos provados, "pintaram" a parede. Em todos estes casos há *juízos de valoração* acerca da natureza das palavras ou dos movimentos do agente que se afiguram essenciais para efectuar a selecção da matéria de facto, quer no plano da conversação em que é possível dirigir palavras a outros, quer no plano da interacção em que é possível retirar objectos que se encontram num determinado local ou pintar as paredes de um certo lugar.

Mesmo admitindo que as práticas conciliatórias informais podem não acontecer regularmente no quotidiano – como sucedeu nestes exemplos

válida e que o arguido teria que ser submetido a julgamento. Foi ainda concluído que uma condição desta natureza traria "problemas insolúveis", nomeadamente a não determinabilidade do prazo da condição e o renascimento, *contra legem*, do procedimento criminal.

que, não obstante a simplicidade dos factos, chegaram ao tribunal de segunda instância –, existe decerto uma constante *valoração de comportamentos* que determina uma "selecção natural" daqueles que justificam a abertura de inquérito. Para os factos com aparência de crimes particulares ou semi-públicos, são as pessoas individuais que começam por fazer esse *juízo de selecção dos comportamentos e da matéria socialmente relevante para a existência do crime*. Caso entendam exercer o seu direito de queixa, considerando que existe um poder de disponibilidade, esse juízo há-de estar plasmado na própria matéria de facto que consta na queixa-crime e ou na acusação particular – tendo ou não um advogado ou um OPC como narrador formal. Para os factos com aparência de crime público, compete já ao Ministério Público realizar todas as diligências probatórias consideradas necessárias para chegar a uma conclusão acerca dos contornos fácticos do caso concreto, de modo a proceder, posteriormente, à respectiva selecção dos comportamentos que justificam um despacho de arquivamento ou de acusação[473]. Seguem-se, depois, outras oportunidades, nas diferentes fases do processo penal, para apresentar e seleccionar os factos considerados relevantes para a existência ou inexistência do crime dentro do objecto do processo. Todo este plano anterior à qualificação jurídico-substantiva dos comportamentos remete inevitavelmente para as diferentes narrativas processuais dos factos. Os ofendidos ou assistentes podem descrever uma versão dos acontecimentos, os suspeitos ou arguidos podem descrever outra, e as testemunhas podem descrever outra ainda. Estas narrativas, conjugadas com os meios de prova colhidos, podem contar diferentes versões dos acontecimentos que, no seguimento, podem ser objecto de diferentes descrições factuais por parte do Ministério Público, JIC ou juiz de julgamento[474].

[473] Admitindo que não são aplicados mecanismos de diversão processual Cfr., *supra*, (1., iii)) cap. I, parte I.

[474] É importante relembrar que este plano também se caracteriza por descrições que podem ou não englobar conceitos jurídicos, sendo mais recorrente a sua inclusão quando o tipo de crime reclama, justamente, certas descrições com pressupostos jurídicos. Por exemplo, uma descrição de factos com aparência de fraude fiscal, abuso de confiança fiscal, abuso de confiança contra a Segurança Social, burla ou falsificação de documentos, pode implicar referências a contratos previstos na lei, aos regimes do código do IVA, às funções formais que

Portanto, é essencial concluir que, para a realização jurisdicional do direito penal, *não existe um plano puramente pré-jurídico dos comportamentos*. E isto porque todos os comportamentos são descritos, valorados, nomeados e comprovados com base na dinâmica própria do processo penal. Uma dinâmica que implica remeter para o poder de actuação dos actores da justiça criminal e para tudo o que ficou dito a propósito das narrativas processuais dos factos, particularmente para as diferentes perspectivas da realidade, para a selecção dos factos e para a matéria dos métodos proibidos de prova, todos determinantes para darmos conta de que se trata de um *plano jurídico e pré-típico que ambiciona ser processualmente válido*.

## 2.2. Ausência de comportamento ou ausência de comportamento ilícito-típico?

No plano prévio à qualificação jurídico-penal substantiva, vimos que o saber prático e operacional das autoridades judiciárias – e, também, dos OPC's e funcionários de justiça – realiza juízos de valoração e de selecção da matéria socialmente relevante para a existência do crime, de forma a enquadrar os factos num tipo de crime específico (e no respectivo tipo de conduta e ou tipo de resultado). Como estamos a falar de um método que parte directamente de um específico tipo de crime como forma de examinar e de qualificar os comportamentos narrados na notícia com aparência de crime – diferente de um método doutrinal que possa partir de um conceito pré-jurídico, geral e abstracto de "conduta" –, coloca-se a questão de saber como se lida com os casos em que, pela própria narrativa dos factos, *há dúvidas em relação à natureza ilícita-típica dos comportamentos logo ao nível do tipo objectivo de um crime*. Esta poderá ser uma questão prévia – ou prejudicial – à abertura de inquérito, mas também poderá ser uma questão levantada numa fase posterior do processo penal, especialmente pela defesa do próprio agente.

Repare-se que, na prática, *o eixo referencial desloca-se do problema da existência ou da ausência de comportamentos* – porque os mesmos "existem", em termos factuais, a partir do momento em que possam ser narrados e comprovados pelo terceiro observador a partir do processo penal – *para o pro-*

o agente tinha numa sociedade ou a qualquer outra expressão dotada de intencionalidade jurídica. Mas, com isto, evidentemente, não se pretende antecipar a solução de direito.

*blema da sua tipicidade ou atipicidade, ilicitude ou licitude, ao nível da matéria de direito*[475]. Portanto, a dúvida não está centrada na discussão doutrinária se há ou não uma conduta, *a dúvida tem por base um comportamento narrado pelo terceiro observador que possa ser relevante para os bens jurídicos protegidos pelo direito penal*[476]. Esta forma de colocar o problema implica também reafirmar que estão em causa comportamentos descritos na perspectiva do terceiro observador, e não na perspectiva da primeira pessoa ou da mente do próprio agente. A verdade é que as narrativas processuais dos factos podem descrever comportamentos de pessoas singulares que actuam de forma inconsciente ou involuntária, comportamentos executados por animais, comportamentos imputados à esfera de autonomia das pessoas colectivas, comportamentos condicionados por forças irresistíveis, comportamentos que são considerados movimentos reflexos e, entre outros, comportamentos praticados sob efeito de hipnotismo, sonambulismo ou embriaguez letárgica, sempre que forem considerados perigosos ou lesivos de bens jurídicos protegidos pelo direito penal[477]. Parece ter razão G. Marinucci quando afirma que "os «problemas práticos» gerados pela teoria da acção – apesar das perenes aspirações ontológicas dessa teoria, tendendo a ver outros tantos problemas pré-jurídicos de fronteiras entre

[475] Na separação realizada, por razões analíticas, entre as causas de exclusão de condutas (comuns a todos os tipos de crime) e as causas de exclusão de tipicidade. Cfr. Jesús-Maria Silva Sánchez, *Consideraciones sobre la Teoria del Delito*, Buenos Aires: Ad-Hoc, 1998, p. 34. As "causas de exclusão da conduta" seriam aquelas relacionadas com os comportamentos praticados sob força irresistível, por movimentos reflexos ou, entre outros, sob efeito do hipnotismo ou do sonambulismo; já as "causas de exclusão da tipicidade" estariam relacionadas, p. ex., com o dever de garante nos crimes de omissão, com o risco permitido nos crimes negligentes ou com o risco criado para o bem jurídico protegido nos crimes dolosos.

[476] Neste sentido, Santiago Mir Puig, *Derecho Penal: Parte General, op. cit.*, p. 212

[477] A definição de Urs Kindhäuser, "Acerca del concepto jurídico penal de acción" (trad. Orlando Humberto de La Vega Martins), *Cuadernos de Derecho Penal*, n.º7, Bogotá: Universidad Sergio Arboleda, 2012, p. 14, pode ser aqui aproveitada: "En este sentido siempre puede identificarse fácilmente una conducta: son los movimientos ejecutados (o no ejecutados) por un ser humano entre dos momentos. Aquí no juega ningún rol que el movimiento tuviera lugar conscientemente. También un movimiento durante el sueño, un movimiento reflejo o el llanto de un recién nacido puede designarse como conducta. Por esta razón no se diferencia la conducta humana, considerada en su pura dimensión espácio temporal, de la conducta vegetal o animal.".

«acções» e «não-acções» – representam única e exclusivamente problemas de «imputação»"[478]. Ora, vejamos.

### 2.2.1. Comportamentos de animais?

Saber se um animal pode responder criminalmente pelas suas condutas é uma discussão totalmente afastada da actual realização jurisdicional do direito penal[479]. Não obstante, a relevância que se pode atribuir aos comportamentos executados pelos animais, especialmente no que diz respeito aos "animais de companhia"[480], não deve ser ignorada para efeitos jurídico-criminais. E isto porque os animais podem assumir comportamentos susceptíveis de afectar pessoas, coisas e outros animais, por responsabilidade imputável aos seus detentores. Basta olharmos para os deveres especiais de vigilância e formalidades legalmente exigidas às pessoas físicas para a detenção de cães – *v.g.*, de raça "rottweiler" ou "pit bull terrier" – considerados "perigosos" ou "potencialmente perigosos" para a integridade física ou para a vida de pessoas e animais[481]. O próprio

[478] (tradução livre) Giorgio Marinucci, *El delito como «acción»... op. cit.*, p. 164. Também admite ser assim, na prática, Jesús-Maria Silva Sánchez, *Consideraciones sobre la Teoria del Delito... op. cit.*, p. 36, examinando-se apenas os comportamentos que põe em perigo ou lesam um bem jurídico.

[479] Mesmo se quisermos discutir se o animal actua de forma "voluntária" ou com capacidade para "escolher os fins", (cfr. Claus Roxin, *Derecho Penal, Parte General... op. cit.*, p. 258, §54). Como observa Franz Von Liszt, *Tratado de Direito Penal Allemão*, vol. I, *op. cit.*, p. 189, é verdade que desde os mais remotos tempos que se procurou responsabilizar, de alguma forma, os comportamentos dos animais, impondo-lhes, também a eles, "penas". No Antigo Testamento, na *Bíblia Sagrada*, 44.ª ed., São Paulo: Edições Paulinas, 1987, em Êxodo 21:28-29, isso é evidente: "Se um boi ferir com os chifres um homem ou uma mulher, e morrerem, será apedrejado, e não se comerão as suas carnes; mas o dono do boi será (declarado) inocente. Mas se o boi já marrava há algum tempo, e o dono, avisado, não o guardou, e ele matar um homem ou uma mulher, o boi será apedrejado e o seu dono será morto". Ainda hoje há consequências para os animais que causem ofensa ao corpo ou à saúde de uma pessoa. Em Portugal, para o regime dos animais perigosos e potencialmente perigosos, enquanto animais de companhia, há procedimentos próprios a cumprir em caso de agressão causada pelo animal, podendo resultar, caso sejam "ofensas graves" à integridade física, no próprio abate – "é eutanasiado" –, tal como prevê a lei (cfr., *infra*, nota 482).

[480] Com a noção pressuposta pelo art. 389.º do CP ("conceito de animal de companhia").

[481] Veja-se a portaria n.º 422/2004, de 24 de Abril, que considerou "cães potencialmente perigosos os que, devido às características de espécie, comportamento agressivo, tamanho

regime jurídico que regula a detenção de animais perigosos e potencialmente perigosos tem uma secção dedicada a crimes relacionados com a "luta entre animais", as "ofensas à integridade física dolosas", as "ofensas à integridade física negligentes" e com o "detentor sob efeito de álcool ou de substâncias estupefacientes ou psicotrópicas"[482].

Isto para garantir que é possível e será sempre socialmente relevante a hipótese de uma pessoa *incitar* um animal a ofender o corpo ou a saúde de outra pessoa ou animal. E mesmo que o agente não o faça dolosamente, bastando para tal não observar os deveres de cuidado ou vigilância, pode estar em causa matéria socialmente relevante para a existência de um crime negligente. Poderá ser significativo o facto de, no caso concreto, o portão da residência se encontrar aberto, permitindo que um animal vagueie livremente na via pública, ou o facto de o agente não ter colocado um açaime ou uma trela num animal de raça perigosa ou potencialmente perigosa[483].

De resto, é certo que o próprio animal não é capaz de manifestar uma "consciência" e uma "vontade" perante os interesses das pessoas e da sociedade. Ou seja, dificilmente se pode defender que um animal, ainda que seja um animal de companhia, reconhece a existência material de certos "valores", mormente aqueles que correspondem aos bens jurídico-penais e jurídico-constitucionais protegidos, da mesma forma como uma pessoa os deverá reconhecer num determinado contexto histórico-social. E outras conclusões seriam possíveis: os animais permanecem fechados no seu mundo instintivo, diferente da capacidade das pessoas para "controlar" os seus instintos e dirigir as decisões para a razão, para os valores

ou potência de mandíbula, possam causar lesão ou morte a pessoas ou outros animais.", com referência às raças "Cão de fila brasileiro", "Dogue argentino", "Pit bull terrier", "Rottweiller", "Staffordshire terrier americano", "Staffordshire bull terrier" e "Tosa inu".

[482] O regime jurídico da criação, reprodução e detenção de animais perigosos e potencialmente perigosos, enquanto animais de companhia, está previsto no DL n.º 315/2009, de 29 de outubro, com posteriores alterações.

[483] Antes da entrada em vigor da última alteração ao regime da detenção de animais perigosos (DL n.º 82/2019 de 27/06), o Ac. TRP de 10/05/2017, proc. n.º 124/13.4GBOAZ.P1, condenou pelo crime de ofensa corporal simples, por negligência, as ofensas causadas por um cão de raça rottweiler, pelo facto de o detentor não ter tido o cuidado de o vigiar.

e para as normas[484]; ou os animais não têm "manifestações de personalidade", no sentido de que estão ausentes daquela substância psíquico-espiritual que é própria das pessoas[485]. Enfim, é evidente que as condutas dos animais não se confundem com as condutas dos seres humanos para efeitos da sua relevância ilícita-típica, por muito que os queiramos humanizar. Mas isso não impede que a narrativa processual dos factos proceda a descrições (não *orwellianas*[486]) dos comportamentos executados pelos animais com relevância para a vida em sociedade. Repare-se, p. ex., nas seguintes proposições da matéria de facto do Acórdão do Tribunal da Relação do Porto de 10/05/2007[487]:

> *"(...) 8. Subitamente, o animal, revelando-se enraivecido, abeirou-se da ofendida, atirou se sobre o corpo da mesma, projectando-a para o chão, onde esta caiu desamparada, e mordeu-lhe a perna direita. 9. Deitada no solo, aos gritos, a ofendida foi rebolando pelo chão, tentando fugir do animal, que a perseguiu, continuando a morder-lhe a perna direita. 10. A ofendida acabou por se imobilizar na valeta da via, onde se encolheu e colocou as mãos sobre a cabeça para se proteger do animal, que permanecia com as patas dianteiras sobre si, continuando a morder-lhe a perna direita. 11. Tal actuação do animal, que perdurou por vários minutos, terminou com a intervenção de M..., que se aproximou do mesmo e o puxou pelo cachaço na sua direcção, sendo que após vários puxões, logrou que o "L..." libertasse a ofendida e se afastasse dela. (...)".*

Como é que se pode afirmar, perante uma narrativa desta natureza, que as atitudes dos animais "não guardam nenhuma relevância social"[488]? Coisa diversa, quanto a nós, seria afirmar que não guardam nenhuma

[484] Sobre essa capacidade das pessoas, Hans-Heinrich Jescheck/Thomas Weigend, *Tratado de Derecho Penal: Parte General* (trad. Miguel Olmedo Cardenete), 5.ª ed. renovada y ampliada, Granada: Editorial Comares, 2002 [orig. 1996], p. 440

[485] Cfr. Claus Roxin, *Derecho Penal, Parte General... op. cit.*, p. 258, §54

[486] Considerando o romance de George Orwell, *O Triunfo dos Porcos* (trad. Maria Antunes), 3.ª edição, Lisboa: Editora Perspectivas e Realidades, 1980, em que até seria possível imputar a "Napoleão" (porco da raça Bershire), pelos "factos" narrados, o crime de escravidão, p. e p. art. 159.º do CP, entre outros possíveis.

[487] Ac. TRP de 10/05/2007, proc. n.º 124/13.4GBOAZ.P1

[488] Não podemos concordar com Paulo César Busato, *Direito penal e Acção Significativa: análise da função negativa do conceito de ação em direito penal a partir da filosofia da linguagem*, 2.ª ed. revista

relevância ilícita-típica, logo ao nível do tipo objectivo, para efeitos da imputação de um crime ao próprio animal. Os animais podem assumir comportamentos ao nível da matéria de facto, mas o direito não lhes imputa, a eles próprios, qualquer responsabilidade jurídico-criminal quando são lesados ou postos em perigo determinados bens jurídicos.

Em conclusão: admitindo que os animais praticam comportamentos e que esses mesmos comportamentos, quando têm relevância jurídico-social – por afectarem pessoas, coisas ou outros animais –, podem ser objecto de uma narrativa processual dos factos, em nenhum caso se devem afigurar ilícitos-típicos, à luz dos pressupostos de direito, para efeitos da imputação de um crime ao próprio animal.

### 2.2.2. Comportamentos de pessoas colectivas?

Mais difícil do que admitir um poder de actuação dos animais é a afirmação de que as pessoas colectivas assumem determinados comportamentos. Ao nível do direito, há um princípio defendido desde há muito tempo: *societas delinquere non potest*[489]. Mas, actualmente, existem argumentos jurídico-legais que apontam no sentido de que uma pessoa colectiva pode ser responsabilizada através da actuação de pessoas singulares. Assim sucede, pelo menos, no ordenamento jurídico português[490]. Nesse sentido, em certos casos, a responsabilização das pessoas colectivas pode acontecer independentemente da condenação ou absolvição criminal dos agentes representantes ou órgãos que actuam em nome e no interesse dessa mesma pessoa colectiva. A principal questão passa

e ampliada, Rio de Janeiro: Editora Lumen Juris, 2010, p. 226, quando afirma, em relação aos animais, "suas atitudes não guardam nenhuma relevância social".

[489] Porém, é visível, p. ex., em Franz Von Liszt, *Tratado de Direito Penal Allemão*, vol. I, *op. cit.*, p. 190, que desde há muito existem posições derrogatórias: "Entretanto deve-se affirmar que o reconhecimento da responsabilidade criminal do corpo collectivo, até onde vae a sua capacidade de obrar, e a punição de tal entidade, em tanto quanto figura como sujeito independente de bens jurídicos, é não só possivel, como conveniente. Esta these encontra numerosas confirmações, tanto na legislação allemã como na estrangeira.", remetendo para referências históricas, a cfr., na nota (1).

[490] Veja-se art. 11.º do CP. Sobre os modelos de imputação, cfr. Susana Aires de Sousa, *Questões Fundamentais de Direito Penal da Empresa*, reimp., Coleção Monografias, Coimbra, Edições Almedina, 2019, pp. 89-97; especialmente sobre o modelo português, cfr. pp. 105-108

por saber como fica legitimada, nesse caso, a argumentação comum de que as pessoas colectivas não têm "capacidade de actuar", sabendo que, elas mesmas, "não têm braços nem pernas" e que lhes falta um "substrato psíquico-espiritual"[491]?

A narrativa processual dos factos ultrapassa esse problema, digamos, "ontológico", com *descrições que atribuem directamente os comportamentos à pessoa colectiva*, ficcionando a sua capacidade de actuar na realidade da vida em sociedade – sem embargo de se encontrarem implícitas, é certo, actuações de pessoas singulares[492]. Aqui vislumbramos novamente as especificidades das narrativas processuais dos factos, cuja natureza, embora marcadamente pré-típica, pode ser influenciada pelos pressupostos de direito penal substantivo. Vejam-se as seguintes proposições da matéria de facto do Acórdão do Tribunal da Relação de Lisboa de 11/12/2018[493]:

> *"1 – A sociedade arguida M... – hotelaria, SA, com o NIPC ..., com o NISS ..., é uma sociedade anónima que tem por objeto social "a exploração de estabelecimentos hoteleiros e similares e, complementarmente a gestão de imóveis próprios ou alheios sob forma de arrendamento ou outras (...) ",como resulta do teor da certidão de matrícula junto aos autos que se dá por integralmente reproduzido(...) 8-No período de Agosto de 2011 a Maio de 2015 a sociedade-arguida teve ao seu serviço pelo menos, e em média, pelo menos 60 trabalhadores, cujo pagamento dos vencimentos dos trabalhadores foi sempre asseverado, bem como aos membros estatutários da sociedade, e nesses pagamentos foi determinado que fossem feitos os descontos a título de contribuição legalmente devida à segurança social, consoante o regime em que se enquadrassem, mas que não fossem, como não foram entregou tais valores à Segurança Social, como resulta discriminado no mapa de cotizações junto a fls. 7 e 595 e ss, cujo teor se dá por integralmente reproduzido. (...) 12-As contribuições não foram entregues nem até ao dia 10 e 20 do mês seguinte àquele a que respeitavam nem nos 90 dias imediatos após o decurso daquelas datas, nem após terem sido realizadas as notificações à sociedade, e aos arguidos EM...*

[491] Aqui, especialmente, na posição de Claus Roxin, *Derecho Penal, Parte General... op. cit.*, pp. 258-259

[492] Como a própria lei prevê nas alíneas do n.º 2 do artigo 11.º CP. Cfr. Susana Aires de Sousa, *Questões Fundamentais de Direito Penal da Empresa, op. cit.*, pp. 90-92.

[493] Ac. do TRL de 11/12/2018, proc. n.º 364/14.4T9SNT.L1-3

*e AC..., nos termos do artigo 105 n° 4, al. b) do RGIT. 13-A sociedade arguida quis e conseguiu apropriar-se das quantias retidas a título de cotizações acima referidas, no valor total de € 392.508,01 devidas à Segurança Social, no período acima referido, integrando-as no seu património, e delas dispondo, em proveito da sociedade arguida. 14-A sociedade arguida obteve benefícios patrimoniais indevidos, estando consciente que desse modo lesava, como lesou, patrimonialmente, em idêntico montante a Segurança Social e seus beneficiários, pondo em causa os interesses por aquela prosseguidos, nomeadamente na área da proteção social. 15-A sociedade arguida agiu com a intenção de apropriação das cotizações deduzidas em nome da Segurança Social e manteve a resolução de apropriação das cotizações retidas dos vencimentos dos trabalhadores como descrito, que se prolongou durante 04 anos, aproveitando-se do facto de se manterem as circunstâncias inalteráveis, designadamente por não terem sido sujeitos a qualquer fiscalização, por não terem sido interpelados, designadamente pelos trabalhadores sobre a efetiva entrega das cotizações retidas. 16-A sociedade arguida agiu livre, voluntária e conscientemente, bem sabendo ser a mesma proibida e punida por lei penal.".*

Podemos sintetizar os contornos desta matéria de facto, particularmente ao nível das capacidades de actuação que são "ficcionadas" à própria pessoa colectiva: capacidade para ter ao seu serviço sessenta trabalhadores; capacidade para realizar descontos a título de contribuição legalmente devida à segurança social; capacidade para entregar ou não as respectivas contribuições à segurança social; capacidade para receber notificações; capacidade para querer e conseguir apropriar quantias retidas a título de cotizações; capacidade para ter consciência de que está a lesar patrimonialmente a segurança social; e tem capacidade para agir livre e voluntariamente, sabendo que a sua conduta é proibida e punida por lei!

Afinal, não só podemos estar perante descrições de comportamentos atribuídos à esfera de autonomia da pessoa colectiva, como, em simultâneo, perante comportamentos com potencial para se afigurarem ilícitos-típicos – ao nível do tipo objectivo e do tipo subjectivo do ilícito – de acordo com os pressupostos de direito penal.

### 2.2.3. Força irresistível

Dentro dos casos clássicos de exclusão de condutas criminalmente relevantes costuma estar a "força irresistível" (ou "*vis física absoluta*") susceptível de determinar, por completo, uma actuação activa ou passiva do agente. Tal estímulo externo é visto como uma força física que suprime totalmente a vontade pessoal de quem *actuou* (activamente) ou de quem *não actuou* (passivamente)[494]. No primeiro caso, é o exemplo de uma pessoa que é empurrada para uma piscina e que tomba sobre um banhista, causando-lhe ferimentos; no segundo caso, é o exemplo de uma pessoa que deixa de socorrer um banhista por força humana ou por força da natureza[495].

A referência à "força física", que faz com que o corpo do agente se traduza numa "massa mecânica"[496], afasta, por um lado, a denominada força moral ou "*vis compulsiva*" deste grupo de casos[497]; mas também afasta, por outro, situações de perturbação, medo ou susto que levem o agente a actuar ou não[498].

A referência à "força irresistível", por seu turno, permite afastá-la da força resistível, porque efectivamente podem existir diferentes níveis de força física[499]. O problema, como está bem de ver, está na própria quantificação das forças que se imprimem no caso concreto: é por vezes essencial uma perspectiva analítica ou um juízo valorativo – em termos da matéria de facto – que permita concluir pela irresistibilidade ou resistibilidade das forças físicas.

Os casos de força irresistível parecem ser aqueles que mais reclamam um esclarecimento da sua própria natureza logo ao nível da matéria de facto, tendo como principal critério a irresistibilidade ou resistibilidade das forças físicas determinadoras. Porém, não podemos deixar de recentrar o problema para *o eixo do ilícito-típico*: não está em causa um aconteci-

[494] Esta vontade "pessoal" suprimida estende-se também aos casos em que a força é indirecta, ou seja, quando a força irresistível é exercida sobre uma coisa que estava sob controle do agente (p. ex. o veículo automóvel). Neste sentido, Santiago Mir Puig, *Derecho Penal: Parte General, op. cit.*, p. 219 (§30).

[495] Os mesmos exemplos em Santiago Mir Puig, *Derecho Penal: Parte General, op. cit.*, pp. 216 e 220, e Hans-Heinrich Jescheck/Thomas Weigend, *Tratado de Derecho Penal... op. cit.*, pp. 240- 241

[496] Com essa expressão, Claus Roxin, *Derecho Penal, Parte General... op. cit.*, p. 261

[497] Associada comummente aos casos de coacção ou aos casos de hipnotismo.

[498] Associadas aos casos de exclusão da culpa (inexigibilidade de comportamento diferente).

[499] Santiago Mir Puig, *Derecho Penal: Parte General, op. cit.* pp. 217-218.

mento sem indícios da prática de um crime, pelo contrário, devem estar em causa bens jurídicos protegidos pelo direito penal. Não é uma força irresistível que simplesmente levou o agente a actuar neste ou naquele sentido, é uma força irresistível que, p. ex., levou o agente a ofender a integridade física de outrem ou que o levou à passividade perante uma vida em perigo, estando subjacentes interesses de conteúdo jurídico-criminal. Aliás, a análise da quantidade da força poderá ser posterior à notícia que relata o que parece ser um comportamento de uma pessoa que põe em perigo ou lesa bens jurídico-penais. Em qualquer fase do processo, até ao trânsito em julgado da decisão, pode ser decidida esta questão analítica relacionada com as forças físicas, cuja natureza não visa afastar a atitude (activa ou passiva) do agente, como se nada tivesse acontecido, mas que visa afastar a relevância criminal desse mesmo comportamento.

Na verdade, admitir que há um comportamento involuntário ao nível da matéria de facto pode ter repercussões ao nível da matéria de direito. É essencial tomar uma posição doutrinária em relação ao preenchimento do *tipo objectivo* de um crime de forma a perceber, p. ex., se o agente que se encontra sob força irresistível pratica ou não uma "conduta" na forma de "agressão actual e ilícita". Admitindo que sim, esses casos possibilitam a legítima defesa de terceiro. No que diz respeito ao preenchimento do *tipo subjectivo* de um ilícito, poderá ser considerado *atípico*, por falta de vontade, aquele comportamento que ofendeu a integridade física ou que deixou uma pessoa morrer sempre que se afigurar objectivamente determinado por uma força física irresistível.

### 2.2.4. Movimentos reflexos

A análise dos movimentos reflexos é também a análise dos "actos impulsivos", das "reacções automáticas", dos "actos instintivos" ou dos "movimentos espontâneos", tudo depende da noção dada a cada uma das locuções[500]. A partir de cada uma delas, teoricamente, poderíamos saber se estamos ou não perante um comportamento do agente, ao nível da matéria de facto, delimitando o *conteúdo mental* do agente aquando da prática

[500] Com diferentes conceitos, Jesús-Maria Silva Sánchez, *Consideraciones sobre la Teoria del Delito... op. cit.*, pp. 31 e ss. ("sobre los movimentos «impulsivos» y el concepto jurídico-penal de acción").

desses "actos", "reacções" ou "movimentos". O que faria sentido se tivéssemos acesso, na primeira pessoa, às suas manifestações interiores, permitindo distingui-las umas das outras com minúcia e segurança suficientes. Até para não as confundir com os movimentos não reflexos, na zona fronteira onde o estímulo externo não será suficiente para excluir a vontade ou a consciência do agente, como poderá suceder – como entende alguma doutrina – no caso das "reacções primitivas", "reacções explosivas" ou "reacções em curto circuito"[501].

No entanto, a análise imposta pela perspectiva publicista do processo penal, como temos insistido, há-de-se basear no que o agente manifesta externamente e não nos processos internos enclausurados na sua realidade interior-subjectiva[502]. Por força desta perspectiva garantística, o papel do jurista, nos casos duvidosos, não passa por identificar a fronteira onde se encontram os graus mínimos da vontade ou da consciência, como forma de perceber se existe ou não um comportamento ao nível da matéria de facto[503]. Esse será, eventualmente, o papel do perito. Como é evidente, o jurista não tem acesso à mente do agente para saber, no caso concreto, se há ou não uma "vontade consciente", um "controlo planificado", uma "activação dos nervos motores sob influência psíquica" ou um "estímulo corporal que se transmite mentalmente"[504] – entre outras formas de expressar o mundo interior das pessoas. O jurista apenas tem

[501] Neste sentido, Santiago Mir Puig, *Derecho Penal: Parte General, op. cit.*, p. 221. Também Luiz Regis Prado, *Curso de Direito Penal Brasileiro,* vol. 1, Parte Geral, 9.ª ed., São Paulo: Editora Revista dos Tribunais, 2010, p. 303, considera os actos "instintivos" e "automáticos", como p. ex., as reações impulsivas ou em "curto circuito", passíveis de controle pelo "querer" do agente, pelo que não excluem a conduta.

[502] Para sublinhar esta ideia, também, Elena M. Górriz Royo, "Primer Seminario: Lady Macbeth y la doctrina de la acción", *in:* AA.VV., *Acción Significativa, Comisión por Omisión y Dogmática Penal,* Valencia: Tirant lo Blanch, 2017, p. 86

[503] Segundo Kai Ambos, "Dogmática jurídico-penal y concepto universal de hecho punible" (trad. Rafael Alcácer Guirao), *Política Criminal,* vol. 3, n.º 5, 2008, p. 9, com referências bibliográficas, nota (35), as mais actuais investigações sobre a consciência vêm referir, p. ex., vários "graus de consciência" ou o facto de as pessoas "não planearem conscientemente os seus comportamentos". Daí a complexidade, desde início, desta discussão, logo ao nível da matéria de facto.

[504] Por essa razão, não podemos concordar com uma discussão doutrinária, de natureza jurídico-criminal, acerca da zona limite entre "vontade" e não "vontade" numa perspectiva

acesso aos factos numa perspectiva intersubjectiva ou do terceiro observador (inclusive os factos anteriores e os posteriores).

Por outro lado, teriam sempre de estar em causa "actos", "reacções" ou "movimentos" com relevância para os bens jurídicos protegidos pelo direito penal. Pois só chegam ao conhecimento do processo penal aqueles cujos indícios podem implicar a prática de um crime. Voltamos à ideia de que, na prática, não estamos centrados na discussão se existe ou não um comportamento, porque comportamentos há sempre – independentemente de se considerarem, depois, "involuntários" ou "inconscientes" – a partir do momento em que se descrevem e comprovam os "actos", "reacções" ou "movimentos" na perspectiva intersubjectiva dos factos. Não negamos, como veremos mais adiante, que a partir das manifestações externas podemos chegar a importantes conclusões acerca do que o agente pode ou não conhecer, pode ou não querer, pode ou não dominar ou controlar. E, neste conjunto de casos, devem constar na matéria de facto os tais "estímulos externos" que determinam decisivamente o comportamento "inconsciente" ou "involuntário" do agente.

Sendo assim, o facto de a luz ofuscante do sol não permitir que um condutor veja adiante (obrigando a fechar os olhos), levando-o a atropelar alguém, *não exclui* o acto de condução e a colocação em causa um bem jurídico protegido pelo direito penal[505]; assim como o facto de alguém ter estremecido e pontapeado outrem por ter entrado em contacto com a corrente eléctrica ou ter reagido a uma queimadura inesperada, *não exclui* a existência de um movimento corporal da perna que pôs em causa um bem jurídico protegido[506]. Todo o processo de indagação da natureza consciente ou inconsciente, voluntária ou involuntária, por influência dos "estímulos externos", não se confunde com o próprio comportamento do

exclusivamente "internalista", como faz Claus Roxin, *Derecho Penal, Parte General... op. cit.*, pp. 261-265

505 E o mesmo se diga em relação ao exemplo "do automobilista que por causa de um movimento defensivo relativamente a um inseto que entrou pela janela orientou, subitamente, o carro numa outra direção e provocou um acidente", referido em Maria Fernanda Palma, *Direito Penal, Parte Geral: a teoria geral da infração como teoria da decisão penal*, 3.ª ed. Lisboa: AAFDL Editora, 2017, p. 61

506 Exemplo em Hans-Heinrich Jescheck/Thomas Weigend, *Tratado de Derecho Penal... op. cit.*, p. 240-241. Também, Paulo César Busato, *Direito penal e Acção Significativa... op. cit.*, p. 228 e ss.

agente, narrável em processo penal por um espectador terceiro. Todo o processo de indagação pericial, p. ex., do historial médico do agente, determinante para a proposição de facto "o agente tem ataques epiléticos recorrentes" ou o "agente agiu sob crise epilética", não se confunde com a expressão comportamental do agente, vista e descrita pelo terceiro observador. Por outras palavras ainda: toda a *perspectiva valorativa* que classifica o comportamento como "reflexo" ou não "reflexo" com base em certos "estímulos externos", não se confunde com a efectiva prova do comportamento assumido pelo agente.

Portanto, procurar saber se os movimentos são "reflexos" ou, pelo contrário, "controláveis", de uma forma definitiva e conclusiva, *não excluiu os próprios comportamentos relevantes para os bens jurídicos protegidos pelo direito penal e que motivam a notícia com aparência de crime.* Novamente, ao nível da matéria de direito, é preciso debater, consoante o caso concreto, o preenchimento do tipo objectivo de um ilícito, de forma a admitir ou não, p. ex., situações de legítima de defesa. Mais pacífico será admitir, por falta de consciência ou vontade, a exclusão do preenchimento do tipo subjectivo de um crime, assim como, noutros casos ainda, a exclusão do preenchimento da culpa[507].

### 2.2.5. Sonambulismo

Num passado recente, discutiu-se num certo seminário de direito penal a seguinte passagem da obra "Macbeth" de W. Shakespeare[508]:

> "Entra Lady Macbeth, com uma vela na mão
> Vede, aí vem ela. Tal qual como é costume e, por minha fé, profundamente adormecida. Escondei-vos e observai-a.
> MÉDICO

[507] Segundo Santiago Mir Puig, *Derecho Penal: Parte General... op. cit.*, p. 222, os casos da "zona intermédia" relacionados com as "reacções primitivas", "actos em curto circuito" ou "reacções explosivas", devem ser tratados ao nível da culpa.

[508] O resultado da discussão do seminário e os artigos constam em "Primer Seminario: Lady Macbeth y la doctrina de la acción", *in:* AA.VV., *Acción Significativa, Comisión por Omisión y Dogmática Penal,* Valencia: Tirant lo Blanch, 2017, pp. 17-111. Aqui utilizamos a tradução para português, William Shakespeare, *Macbeth* (trad. José Miguel Silva), Lisboa: Relógio D´água, 2016, do original *Macbeth* do ano de 1605.

Onde arranjou aquela vela?
DAMA
Tinha-a ao pé de si. Deu ordens para que houvesse sempre uma vela acesa a seu lado.
MÉDICO
Vede como os seus olhos estão abertos.
DAMA
Sim, mas os sentidos estão fechados.
MÉDICO
Que está ela a fazer agora? Vede, esfrega as mãos uma na outra.
DAMA
É costume fazê-lo, como se as lavasse. Já a vi fazer isso durante um quarto de hora.
LADY MACBETH
Ainda há aqui uma mancha.
MÉDICO
Ouvi: ela está a falar. Vou tomar nota do que ela disser, para servir de apoio à minha memória.
LADY MACBETH
Sai, maldita mancha. Sai, desaparece. Uma, duas... está na hora de o fazer. O inferno é sombrio. Ora, meu senhor; vós, um soldado, com medo? Porque havemos de ter medo de que outros o saibam, se ninguém pode pedir contas ao nosso poder? Quem diria, porém, que o velho tinha tanto sangue dentro dele?

A primeira questão – extensiva a todas as anteriores, a propósito da existência ou inexistência de comportamentos[509] – é que *estamos a descrever comportamentos na perspectiva do terceiro observador, e não na perspectiva da mente do próprio agente*; o que obriga a afirmar, efectivamente, a existência de um comportamento[510]: Lady Mcbeth caminhou com uma vela na mão,

[509] E extensiva a outras situações comummente trabalhadas na doutrina a este propósito, como o comportamento praticado sob efeito hipnotismo, drogas ou álcool.
[510] Neste sentido, Tomás S. Vives Antón, "Primer Seminario: Lady Macbeth y la doctrina de la acción", *op. cit.*, pp. 17-18. Não podemos concordar com Fábio André Guaragni, *As Teorias da Conduta em Direito Penal: um estudo da conduta humana do pré-causalismo ao funcionalismo pós-*

esfregou as mãos e, ainda, falou em voz alta, mesmo que se possa comprovar que o fez num estado profundo de sonambulismo. Aliás, como poderíamos afirmar, perante o descrito, que Lady Macbeth não assumiu nenhum comportamento ou "nada fez"?

Com efeito, na perspectiva intersubjectiva, é possível descrever um comportamento de um sonâmbulo na sua relação com as pessoas, coisas ou animais, assim como também é possível que esse mesmo comportamento se afigure perigoso ou danoso para os bens jurídicos protegidos pelo direito penal[511]. E nada impede que, pela própria relevância social que possam assumir, sejam noticiados e autuados processualmente pela justiça penal. Seria contraproducente afirmar que não existe comportamento algum, até para efeitos do que se pode e deve discutir ao nível da matéria de direito. A principal questão passa por admitir que, factualmente, *os sonâmbulos também praticam comportamentos*[512]. Coisa diversa é a discussão, também ao nível da matéria de facto, se existe ou não sonambulismo e qual é a noção clínica de "sonambulismo"[513].

Outra questão, admitindo que na matéria de facto estão descritos comportamentos com aparência de crime e que o agente agiu efectivamente em estado de sonambulismo, está em saber qual é o enquadramento ao nível da matéria de direito: estamos perante uma inconsciência que afasta o preenchimento do tipo subjectivo? Ou estamos antes perante um acto involuntário que afasta igualmente o preenchimento do tipo subjectivo?

*-finalista*, 2.ª ed. revista e actualizada, Colecção Direito e Ciências Afins (coord. Alice Bianchini/Luiz Flávio Gomes/William Terra de Oliveira), vol. 2, São Paulo: Editora Revista dos Tribunais, 2009, p. 196, quando afirma que os movimento praticados sob o estado de sonambulismo "não caracterizam conduta humana".

511 Não encontramos nenhum caso de jurisprudência em Portugal, sendo uma questão com pouca relevância prática. Porém, nos Estados Unidos da América, são noticiados diversos casos que chegaram ao tribunal. P. ex., o conhecido Bradley v. State (277 S.W. 147, 148), tendo o tribunal de recurso (Court of Criminal Appels of Texas, Nov. 4, 1925) decidido que uma pessoa em estado de sonambulismo não goza de um livre e racional exercício da sua compreensão e está mais ou menos inconsciente do exterior, não lhe podendo ser imputado um crime.

512 Caso contrário, poderíamos ser forçados a concluir que a noção de "movimentos corporais" é mais ampla do que a noção de "comportamento".

513 Como é evidente, o que a ciência entende ser "sonambulismo" diz respeito à matéria de facto e à prova do facto alegado.

Ou será, de outro modo, uma inimputabilidade – p. ex. uma "anomalia psíquica transitória"[514] – que afasta o preenchimento da culpa? Quem está em melhor posição para classificar o acto como sendo inconsciente, involuntário ou culposo, o perito ou a autoridade judiciária? Ambos?

Procurando uma resposta a este respeito, ELENA ROYO extrai as devidas consequências em defesa de uma "anomalia psíquica transitória"[515]: sendo uma causa de inimputabilidade e admitindo o preenchimento dos elementos objectivos e subjectivos do tipo de ilícito, não se poderiam excluir casos de comparticipação (p. ex. cúmplices do comportamento do sonâmbulo), casos de legítima defesa de terceiros, casos de responsabilidade civil pelos danos causados e, ainda, casos de eventual aplicação de uma medida de segurança ao agente.

Parece que o comportamento de um sonâmbulo pode efectivamente preencher os elementos do *tipo objectivo* de um crime, designadamente o tipo de conduta e o tipo de resultado. A questão é precisamente essa: não está em causa saber se há ou não um comportamento, pois a actuação de uma pessoa sonâmbula é narrável e processualmente comprovável numa perspectiva intersubjectiva, está sim em causa saber se o comportamento descrito preenche ou não os elementos de um tipo de crime específico, saber se se trata ou não de um comportamento ilícito-típico de acordo com a teoria do crime e restantes pressupostos de direito penal. Lady Mcbeth, com aquela actuação narrada – ou, melhor, romanceada –, não parece cometer crime algum, nem sequer preencher os elementos do tipo objectivo de um crime.

Por fim, com esta perspectiva delineada, sempre se diga que uma eventual matéria de facto que nos remeta para as regras da *actio libera in causa* em nada contribui para determinar a existência ou inexistência de comportamento[516]. Quem caminha durante o sono já assume um com-

[514] Com esta posição, Tomás S. Vives Antón, "Primer Seminario: Lady Macbeth y la doctrina de la acción", *op. cit.*, pp. 33-34.

[515] Elena M. Górriz Royo, "Primer Seminario: Lady Macbeth y la doctrina de la acción", *op. cit.*, pp. 73 e ss.

[516] Considere-se Maria Fernanda Palma, *Direito Penal, Parte Geral... op. cit.*, p. 66: "Mas já serão, indiscutivelmente, acções os comportamentos praticados nesses estados em que os agentes procurar utilizar a situação. Assim, se os agentes se submeterem a hipnose para poder praticar certas condutas nesse estado ou, sendo sonâmbulos, criarem a possibilidade, com elevada

portamento; não será pelo facto de Lady Macbeth colocar uma arma na mesa de cabeceira – em vez de uma vela –, criando a possibilidade de matar uma determinada pessoa em estado de sonambulismo, que constitui critério determinante para afirmar a existência de um comportamento. Poderá ser, isso sim, critério determinante para a realização do *tipo subjectivo* do crime. Como já afirmava B. A. SOUSA PINTO, se uma pessoa sabe que tem disposição para o sonambulismo deve-se acautelar[517].

### 2.2.6. Hipnotismo

O caso do hipnotismo diverge suficientemente do sonambulismo porque não está em causa um comportamento governado pelo próprio estado sonâmbulo, mas, por via de regra, um comportamento governado pela vontade alheia. Poderíamos também voltar aqui aos exemplos "futuristas" que demos a propósito das formas de praticar um crime, vaticinando a possibilidade de ser implantado no cérebro do agente uma sonda que realize impulsos eléctricos capazes de se sobreporem à sua vontade e de controlarem os seus músculos, acabando por transformar uma pessoa num mero "instrumento" para a prática de um facto com relevância criminal[518]. Tão futurista parece ser o facto de a hipnose não necessitar, sequer, de uma implantação para surtir igual efeito sob o agente.

No clássico filme de cinema alemão, o *Gabinete do Dr. Caligari*[519], retrata-se precisamente essa possibilidade: um médico psiquiatra, o Dr. Caligari, que hipnotiza um rapaz, Cesare, para a prática de diversos crimes de homicídio. A questão que colocamos acaba por ser a mesma das anteriores: faz sentido dizer que Cesare pratica comportamentos com relevância para os bens jurídicos-penais, apesar de o mesmo se encontrar

probabilidade, de realizarem uma certa conduta, por exemplo, colocando uma arma perto da mesa de cabeceira".

517 Cfr. Basílio Alberto de Sousa Pinto, *Lições de Direito Criminal Portuguez... op. cit.*, pp. 67-68 (§16.º)

518 Cfr., *supra*, (3.2.1) cap. I, parte I, com base em ideias de Michio Kaku.

519 (*Das Cabinet des Dr. Caligari*, 1920) com referências acerca do roteiro e do filme, David Robinson, *O gabinete do Dr. Caligari* (trad. José Laurenino de Melo), Rio de Janeiro: Rocco, 2000. Filme que é referido, também, em Tomás S. Vives Antón, "Primer Seminario: Lady Macbeth y la doctrina de la acción", *op. cit.*, pp. 28-32

sob um estado profundo de hipnose, ou cumpre dizer, *ab initio*, que não há comportamento?

Assumir esta segunda posição não deixa de ser algo estranho para a vida comum em sociedade, pois seria o mesmo que afirmar "Cesare *não matou*", quando, na perspectiva do terceiro observador, foi a figura de Cesare que objectivamente determinou a morte de uma pessoa ao espetar um instrumento pontiagudo no seu corpo. A narrativa processual dos factos, a existir, neste caso, teria sempre de incluir o comportamento de Cesare perante a vítima. Para a perspectiva intersubjectiva, o comportamento do hipnotizado, quando tem consequências perigosas ou danosas para os bens jurídico-penais tutelados, não deixa de ser um comportamento pelo facto de uma outra pessoa controlar, de alguma forma, a sua vontade ou consciência. Uma coisa não excluiu a outra, devendo ambas fazer parte da matéria de facto, pressupondo a narrativa e a prova não apenas do comportamento do hipnotizador, como também do comportamento do hipnotizado.

Ao nível do direito, uma parte significativa da doutrina tende a considerar que estamos efectivamente perante uma "conduta" do agente hipnotizado, admitindo que os estados hipnóticos são transmitidos psiquicamente e que, em princípio, estão condicionados pela própria personalidade ou consciência do hipnotizado. De modo que os comandos estranhos à consciência, como poderia ser "mata aquela pessoa!", não seriam executados[520]. A questão é assim remetida para o pressuposto da culpa[521].

Difícil será sempre, quanto a nós, assumir uma posição definitiva enquanto o próprio estado da ciência e das avaliações periciais não lograrem mensurar os "níveis de consciência e de vontade" do agente concreto que actuou sob efeito da hipnose, o que redunda numa diversidade de soluções dependentes do caso concreto.

[520] Nestes termos, Claus Roxin, *Derecho Penal, Parte General... op. cit.*, p. 264 (65). Com referências bibliográficas a essa doutrina, Santiago Mir Puig, *Derecho Penal: Parte General... op. cit.*, p. 223, nota (34).

[521] Enquadrando o problema nos estados de "alteração profunda da consciência", Claus Roxin, *Derecho Penal, Parte General... op. cit.*, p. 825 (5); e Hans-Heinrich Jescheck/Thomas Weigend, *Tratado de Derecho Penal... op. cit.*, p. 471

Fazendo, por fim, alusão a situações típicas de *actio libera in causa*: caso o agente hipnotizado tenha procurado o estado de hipnose para delinquir, poderá resultar no preenchimento de um tipo subjectivo doloso; caso o pudesse representar como possível, antes poderá resultar, sendo legalmente possível, no preenchimento de um tipo subjectivo negligente[522].

### 2.3. A qualificação jurídico-penal dos comportamentos à luz do tipo objectivo dos crimes de resultado

Ao longo deste capítulo temos levantando alguns exemplos de jurisprudência suficientemente talhados para a discussão centrada na teoria da conduta, especialmente os que foram por nós titulados como "aparência de injúria no decurso de uma reunião", "aparência de furto em supermercado" e "aparência de dano em parede de um viaduto público". Não há dúvida que estão descritos certos e determinados comportamentos na matéria de facto destes três exemplos. Também não há dúvida que esses mesmos comportamentos podem assim ser considerados, como *comportamentos*, independentemente de se afigurarem ou não criminalmente relevantes. As proposições de facto "ela disse...", "ele apoderou-se..." e "eles pintaram...", uma vez dadas como provadas, pressupõem a descrição de *um agir*, como se estivéssemos a observar um comportamento de alguém que tomou uma iniciativa ou que imprimiu movimento a alguma coisa[523]. A dúvida está em saber se, na realização concreta do direito penal, tais comportamentos podem ser considerados *ilícitos-típicos*. Para o efeito, temos de fazer uma separação, lógica e analítica, entre a descrição factual do comportamento e o significado ilícito-típico desse mesmo comportamento. Como vimos, a problemática da qualificação jurídico-penal dos comportamentos não prescinde da "matéria prima" que elencámos como sendo pressupostos para o seu processo de determinação, designadamente a própria narrativa processual dos factos, as normas

[522] Cfr., Santiago Mir Puig, *Derecho Penal: Parte General... op. cit.*, p. 223, §42

[523] Assim, no contexto da "revelação do agente no discurso e na acção", com referências à noção de "agir", Hannah Arendt, *A Condição Humana* (trad. Roberto Raposo), Lisboa: Relógio D'Água Editores, 2001 [orig. 1958], pp. 225-226. Cfr, ainda, Paul Ricouer, *O Justo ou a Essência da Justiça, op. cit.*, p. 49, "acção" enquanto iniciativa e intervenção, com a qual se podem realizar mudanças no mundo.

jurídico-penais, os princípios de justiça, a pré-compreensão da autoridade judiciária, o processo de fundamentação-argumentação, a doutrina e o precedente das decisões jurisprudenciais nacionais e transnacionais. Em especial, para que possamos classificar o comportamento descrito na matéria de facto, é fundamental começar por enquadrá-lo nos elementos objectivos de um tipo de ilícito – seguindo a metodologia adoptada pelas autoridades judiciárias para resolver os problemas concretos. O principal problema com que nos deparamos neste segmento de estudo está relacionado com a *qualificação dos comportamentos na perspectiva do tipo objectivo de ilícito dos crimes de resultado*, visto que, para além do tipo de conduta, também se exige o preenchimento do tipo de resultado. Sendo assim, perguntamos agora se devemos incluir o "tipo de resultado" no conceito de "comportamento ilícito-típico". E para um princípio de resposta tomemos como exemplos os mesmos três casos concretos de jurisprudência referidos.

*a) exemplo 1: aparência de injúria no decurso de uma reunião*

Ora, no primeiro exemplo, no caso em que uma pessoa diz a outra, oralmente, "tu pensas que mandas", "tu és desumana" e "tratas mal as funcionárias", a questão estava em saber se essas frases, no plano da conversação e nas circunstâncias de tempo e lugar em que foram proferidas, tinham ou não potencial para ofender a honra ou consideração da receptora das mesmas. A discussão está centrada no tipo de crime "injúria", previsto no artigo 181.º do CP, entendido como um crime de execução vinculada contra a honra, considerando os tipos de conduta alternativos *imputar factos* (mesmo sob a forma de suspeita) ou *dirigir* palavras, e o pressuposto típico de que sejam *ofensivos da honra ou consideração.*

As possibilidades de solução, no caso concreto, são relativamente evidentes quando se procede ao mero enquadramento dos três diferentes comportamentos nos dois tipos de conduta alternativos: o comportamento que ditou a frase "tu pensas que mandas" preenche o tipo de conduta "dirigir palavras"; o comportamento que ditou a frase "tu és desumana" preenche o tipo de conduta "dirigir palavras"; e o comportamento que ditou a frase "tratas mal as funcionárias" preenche o tipo de conduta "imputar factos" (mesmo sob a forma de suspeita). Pelo contrário, a solução já não é tão evidente quanto à efectiva ofensa à honra ou consideração.

Independentemente da resposta, a verdade é que os elementos típicos do crime de injúria reclamam mais do que um mero comportamento de conversação do emissor, traduzido normativamente em "dirigir palavras" ou "imputar factos", sendo necessário ainda que se verifique um especial resultado, *a ofensa da honra e consideração do receptor das palavras*. Isto é: nos termos do tipo objectivo, apenas são comportamentos ilícitos-típicos aqueles que ofendam a honra e consideração do receptor das palavras. Por exigência da tipicidade, parece que estamos perante um crime de execução vinculada que também se afigura, simultaneamente, um crime de resultado[524]. E isto sem prejuízo de se tratar de um tipo de resultado – a ofensa à honra ou consideração – cuja natureza transcende o mundo físico[525]. Não será então de estranhar a razão pela qual consta na matéria de facto provada que *"a assistente sentiu-se humilhada e enxovalhada."*, como resultado distinto das meras palavras da agente.

Na verdade, caso se entenda que uma, duas ou todas as frases proferidas, que fizeram a receptora sentir-se humilhada e enxovalhada, são susceptíveis de ofender a sua honra e consideração – de acordo com uma certa noção que se possa dar à "honra e consideração"[526] –, então estamos perante um comportamento típico, na perspectiva do tipo objectivo, em virtude do preenchimento de *todos* os elementos objectivos da tipicidade do crime em causa, inclusive o tipo de conduta e o tipo de resultado. Caso assim não se entenda, particularmente em relação ao tipo de resultado,

[524] Temos dúvidas que se possa qualificar o crime de injúria como um crime de mera actividade como faz Paulo Pinto de Albuquerque, *Comentário do Código Penal... op. cit.*, p. 500, uma vez que o tipo incriminador não se preenche apenas com a verificação de um dos tipos de conduta alternativos, sendo necessário, ainda, ofender a honra e consideração (como resultado).

[525] O que, afinal, não é de estranhar perante, p. ex., a possível *ofensa à saúde psíquica* no crime de ofensa à integridade física – crime esse que é visto comummente como um crime de resultado. Cfr. Paula Ribeiro de Faria, "Artigo 143.º (ofensa à integridade física simples)", *in CCCP*, Parte Especial, tomo I, Coimbra: Coimbra Editora, 1999, p. 204, §6

[526] Este parece ser um dos casos, menos comuns, em que o objecto da conduta coincide com o bem jurídico protegido. Sobre as várias noções de honra e consideração, cfr. José de Faria Costa, "Artigo 180.º (Difamação)", *in*: *CCCP*, Parte Especial, tomo I, Coimbra: Coimbra Editora, 1999, pp. 602-607, §3-15

estamos perante um comportamento atípico por não ser susceptível de ofender a honra e consideração, independentemente de a receptora das palavras se ter sentido humilhada e enxovalhada[527]. Então, admitindo que se trata de um crime de resultado, *o conceito de comportamento ilícito-típico abrange, inclusivamente, o preenchimento do tipo de resultado.* O juízo de qualificação vai depender, naturalmente, de todos os pressupostos de direito disponíveis e mais adequados à justiça do caso concreto.

*b) exemplo 2: aparência de furto em supermercado*

Focados no segundo exemplo acima descrito – o caso em que o agente, no interior de um estabelecimento comercial, "apoderou-se" de três coisas e foi interceptado antes de passar a linha das caixas de pagamento –, verificamos novamente que a solução de direito pode variar perante os mesmos factos. O crime aqui em causa e no centro da discussão é o "furto", previsto no artigo 203.º do CP, considerado comummente como um crime de execução livre quanto ao resultado "subtrair" coisa móvel alheia. Com efeito, o elemento típico "subtrair" é visto como um "tipo de resultado", na medida em que o crime de furto é considerado um crime de resultado e de execução livre, e não um crime de mera actividade e de execução vinculada. Ora, vejamos.

Caso entendêssemos que, para haver "subtracção", bastava ao agente tocar na coisa, segurar a coisa com as mãos ou simplesmente deslocar a coisa do seu local original[528], à revelia do seu original detentor ou proprietário, então, aquele comportamento, descrito como um "apoderou-se" de uma coisa móvel alheia no interior do supermercado, teria potencial para preencher e consumar imediatamente o elemento do tipo objectivo "subtrair"[529]. Seria, pois, um crime consumado que dispensava qualquer

[527] Obrigando a concluir, implicitamente, que nem todo o sentimento de humilhação se traduz numa ofensa à honra e consideração.

[528] Presentes estão as teorias da mera *contrectatio* da coisa, da *apprehentio* da coisa e da *amotio* da coisa. Cfr. José de Faria Costa, "Artigo 203.º (Furto)", *in*: *CCCP*, tomo II, *op. cit.*, pp. 43-44, §54-55

[529] O que não dispensaria, como é evidente, o preenchimento do tipo subjectivo correspondente e do especial elemento subjectivo "intenção de apropriação".

juízo valorativo ou análise crítica adicional à luz do tipo objectivo. Sucede, no entanto, que a "subtracção" é pensada pela maioria da doutrina e da jurisprudência – enquanto pressupostos para a solução de direito – como um *resultado que possibilita ao agente o gozo e a fruição da coisa móvel alheia, com um mínimo de tranquilidade, à revelia do poder de facto de quem a detinha anteriormente*. É indiferente, portanto, a forma como se realiza esse resultado, nos termos de uma execução livre e aberta os todos os possíveis comportamentos que assegurem a "subtracção". Nesse caso, debruçados sobre o problema concreto em apreço, o comportamento do agente de "apoderamento" não logrou concretizar o resultado, uma vez que isso só seria possível, a efectiva fruição e disposição da coisa com um mínimo de tranquilidade, se o agente passasse a linha das caixas de pagamento do supermercado com as coisas móveis alheias. Estamos perante mais um caso em que o comportamento, para se afigurar ilícito-típico, pressupõe o preenchimento de um tipo objectivo de resultado.

Em geral, a qualificação do comportamento exige uma análise dos contornos do caso concreto (neste caso, era importante o facto de o agente se encontrar no interior de um supermercado, com uma linha divisória entre as caixas de pagamento e o exterior), presentes na matéria de facto provada, tendo como pano de fundo não apenas os pressupostos do tipo objectivo de crime, mas todos os pressupostos de direito que se possam entender mais justos e razoáveis no momento em que se profere uma decisão (como sucede quanto à noção presente de "subtracção" dada pela doutrina e pela jurisprudência).

*c) exemplo 3: aparência de dano na parede de um viaduto público*

Finalmente, no que diz respeito ao caso em que dois agentes pintaram uma frase na parede de um viaduto público, o problema foi enquadrado no crime de "dano". Este tipo de crime é outro exemplo, a par dos anteriores, em que se exige um resultado para além do comportamento, mas com a especial particularidade de estarmos perante quatro tipos de resultado alternativos: destruir (no todo ou em parte), danificar, desfigurar ou tornar não utilizável. Daí que se afigure um crime de resultado e de execução livre, sendo possível realizar cada um dos resultados através de todo e qualquer comportamento. Por outras palavras: daí estarmos perante um meio de execução livre e aberto a todas as possibilidades de comportamento que realizem um dos tipos de resultado. Eis a razão pela qual o crime de dano, enquanto crime de resultado, *reclama uma noção de comportamento ilícito-típico que englobe também o tipo de resultado.* Sendo assim, nunca seria suficiente a descrição de um mero comportamento na narrativa processual dos factos, exigir-se-ia sempre e também a descrição de um resultado. No caso em concreto, o Ministério Público apenas descreveu os comportamentos na narrativa processual dos factos – "*pintaram numa das paredes do Viaduto*" –, ignorando qualquer referência factual a um eventual resultado que, normativamente, se traduzisse num "destruir", "danificar", "desfigurar" ou "tornar não utilizável".

### 2.3.1. Causalidade e imputação

As questões antecedentes levantadas pelos crimes de resultado remetem para o problema da causalidade e da imputação do resultado ao comportamento. Diríamos que o problema começa na narrativa processual dos factos e termina na interpretação das normas jurídico-penais de acordo com os pressupostos de direito. São dois planos bem distintos: o plano da causalidade e o plano da imputação[530].

#### *a) A causalidade na narrativa processual dos factos*

Como já verificámos, as narrativas processuais dos factos não estão limitadas à mera nomeação de comportamentos, podendo também nomear os resultados dos comportamentos. Teoricamente, toda a "alteração externa" que se afigure distinta espácio-temporalmente do comportamento do agente é considerada como um "resultado"[531]. O narrador,

[530] Essencial, Susana Aires de Sousa, *A Responsabilidade Criminal pelo Produto e o Topos Causal em Direito Penal... op. cit.*, pp. 328-329

[531] Muito embora, por vezes, esta "alteração externa" se possa traduzir numa "alteração interna" do mundo psíquico ou subjectivo de uma pessoa. Sobre a possibilidade de infligir "maus tratos psíquicos" através de uma "violência patrimonial", veja-se o nosso Pedro Sá Machado, "Dano e violência doméstica em concurso efectivo de crimes? (Comentário ao Acórdão do Tribunal da Relação de Coimbra de 09 de janeiro de 2017)", *Revista Portuguesa de Ciência Criminal,* ano 27, n.º 3, setembro-dezembro, Coimbra: Coimbra Editora, 2017, pp. 629 e ss.

com a faculdade para eleger determinados elementos de facto em prejuízo de outros, faz uma descrição sucessiva – *uma articulação cronológica e histórica*[532] – dos acontecimentos considerados determinantes para representar a "história causal". Assim, a ligação entre os comportamentos e os resultados advém não apenas de uma determinada selecção, mas também da tendência para expor ou narrar uma ordem sequencial apropriada e logicamente enquadrada no espaço e no tempo[533]. Na verdade, exige-se um certo discernimento – especialmente por meio dos juízos técnicos e científicos[534] – para decidir qual alteração ou alterações externas devem ser escolhidas e associadas ao discurso como efeito do comportamento[535].

Por exemplo, o simples acto de premir o gatilho de uma arma de fogo pode reclamar uma descrição pormenorizada dos acontecimentos que convergem no resultado "morte"[536]. A gravidade, a trajetória ou as dispo-

[532] Cfr., *supra*, (2.4.) cap. I, parte I. Para Jürgen Habermas, *Fundamentação Linguística da Sociologia... op. cit.*, pp. 112-113, a causalidade é um conceito fundamental que faz encaixar objectos da experiência na ideia de uma "articulação" que obedece a uma determinada lei. O *critério cronológico e histórico* que facilita a apensação da causalidade como categoria explicativa dos acontecimentos é referida por Susana Aires de Sousa, *A Responsabilidade Criminal pelo Produto e o Topos Causal em Direito Penal... op. cit.*, p. 281

[533] Sobre o discernimento do que escolhemos "enaltecer", Julian Baggini, *As Fronteiras da Razão...* op. cit., pp. 119 e ss.; e sobre as "acções complexas", Paul Ricouer, *O Discurso da Acção, op. cit.*, pp. 87-88

[534] Para um enquadramento histórico da causalidade, cfr. Susana Aires de Sousa, *A Responsabilidade Criminal pelo Produto e o Topos Causal em Direito Penal... op. cit.*, pp. 280-321

[535] Em Marc Bloch, *Introdução à História, op. cit.*, p. 166, diz-se assim: "A realidade apresenta-nos uma quantidade quase infinita de linhas de força que convergem todas num mesmo fenómeno: a escolha que fazemos entre elas pode muito bem basear-se em caracteres dignos de atenção; mas é uma escolha". Também, Cfr. Émile Durkheim, *As Regras do Método Sociológico, op. cit.*, pp. 151-152, sobre a inteligibilidade do vínculo causal, dando o exemplo dos crimes.

[536] Veja-se o seguinte segmento da matéria de facto do Ac. do STJ de 30/10/2014, proc. n.º 32/13.9JDLSB.E1.S1: "(...) 5- Então, o arguido, quando se encontrava entre 1 a 2m de BB, empunhou uma pistola de calibre 6.35mm, com as inscrições "STAR trade mark" "B.Echeverria – Eibar – España – 712764", classe B1, propriedade de EE, e efetuou sete disparos na direção daquele, atingindo-o, com quatro projéteis, na região cervical lateral à esquerda, na face lateral da região terço média da coxa esquerda, na face posterior junto ao joelho direito e na região glútea do lado direito, após o que abandonou o local. 6- Como consequência direta e necessária da conduta do arguido, veio BB a falecer pelas 21h45 no Hospital...., em..., para onde foi transportado em virtude dos ferimentos sofridos. 7- A morte do referido BB deveu-se

sições fisiológicas dos órgãos da vítima, sem as quais o projéctil não causaria os ferimentos mortais, estão implícitos na discursividade da "história causal"[537]. É uma discursividade que está dependente das regras do processo penal dos factos e, especialmente, das exigências probatórias. Aliás, é uma discursividade que levanta hipóteses que podem estar dependentes da ciência das perícias e das regras da experiência – o "saber empírico" (L. Cabral de Moncada) –, dentro das possibilidades do mundo sensorial e do mundo psíquico, afastando, prontamente, o carácter oculto dos efeitos dos comportamentos e a "metafísica da causalidade"[538]. Logo, a relação causal não pode ser vista como uma descrição pura de acontecimentos que se sucedem uns aos outros, representados numa linguagem meramente observacional, uma vez que se exige uma prévia tomada de posição – lógica, racional, crítica, empírica, analítica, técnica, científica, pericial, etc. – como forma de associar os resultados aos comportamentos[539]. O problema, constantemente debatido e renovado em cada caso concreto, está em saber quais são os "resultados" que se podem interligar

a traumatismo cervical por arma de fogo provocado por um dos projéteis da arma disparada pelo arguido, e que em concreto foi disparado da esquerda para a direita e com uma ligeira inclinação de cima para baixo, que penetrou a face lateral esquerda do pescoço, atravessou os tecidos moles imediatamente atrás da parede torácica e perfurou a porção inicial da traqueia imediatamente abaixo da epiglote com consequente entrada de sangue para a árvore respiratória, vindo a alojar-se nos músculos peitorais direitos.(...)".

[537] Assim, Marc Bloch, *Introdução à História, op. cit.*, p. 165

[538] Como refere Raymond Boudon, *O Relativismo, op. cit.*, p 40, procura-se evitar o carácter oculto de muitas das causas evocadas pelas teorias irracionais e, através da razão, explicar o comportamento observado. Também, Marc Bloch, *Introdução à História, op. cit.*, p. 164 a determinação de relações de causa efeito exige uma tomada de "consciência crítica", estando a metafísica da causalidade fora do horizonte. Ainda, Julian Baggini, *As Fronteiras da Razão... op. cit.*, pp. 37 e 173-75, com a referência às conexões estabelecidas com base em inúmeros estudos e no entendimento dos mecanismos biológicos, com referência as fronteiras do racional e a questões que não podem ser resolvidas por meios científicos. Por fim, as palavras de Pascoal José de Mello Freire, *Instituições de Direito Criminal Português... op. cit.*, p. 81: "De facto, quem não se rirá hoje do que se acha escrito na Ord. Liv.5 tit3 acerca de feitiçarias, encantamentos, filtros e predição do futuro?".

[539] Cfr. Tomás S. Vives Antón, *Fundamentos del Sistema Penal... op. cit.*, pp. 744-755. Como observa Émile Durkheim, *As Regras do Método Sociológico, op. cit.*, p. 30, muitas vezes não se pode saber se a própria sociedade é ou não a causa de um facto ou se esse facto tem efeitos sociais, a não ser quando a ciência já está avançada.

aos poderes de iniciativa ou de passividade narrados que podemos designar como "comportamentos". E aqui não podemos ignorar que podem existir, entre a acusação, a defesa e a decisão judicial, diferentes perspectivas em relação às causas e aos efeitos na ligação sequencial dos factos[540].

Voltando novamente ao "Exemplo 1" acima descrito, ficou dado como provado que *"a assistente sentiu-se humilhada e enxovalhada"*, no seguimento das palavras que lhe foram dirigidas naquelas circunstâncias de tempo e lugar. Pergunta-se: pode-se dizer que está aqui em causa, factualmente, um "resultado"? Há uma alteração "externa" que se distingue espácio-temporalmente do comportamento da agente? Há uma ligação causal entre as palavras da agente e os sentimentos da receptora dessas palavras?

As respostas não podem deixar de ser positivas. Os sentimentos de humilhação e de enxovalho, embora parte do mundo psíquico ou subjectivo, *estão objectivados na narrativa processual dos factos como uma alteração, na perspectiva do observador, ao estado emocional da receptora das palavras*[541]. Uma "alteração" que, no limite, poderia ter repercussões corporais traduzidas num qualquer mal-estar físico, como dores de cabeça, dores de estômago, ansiedade, dificuldades respiratórias ou agitação motora. Mesmo sem essas repercussões, no plano dos factos, parece ser admissível estabelecer uma ligação causal entre a expressão verbal da emissora e os sentimentos da receptora.

Já quanto ao "Exemplo 2", porque o agente "apodera-se" de determinadas coisas no interior do supermercado, com meridiana clareza se entende que há uma deslocação espacial da coisa e, portanto, uma "alteração externa" que se pode afigurar um resultado naturalístico decorrente do comportamento.

Pelo contrário, no "Exemplo 3", em termos do que se encontra estritamente descrito na matéria de facto, estamos perante um mero comportamento assumido pelos agentes que "pintaram" uma frase numa parede

[540] Cfr., *supra*, (2.3) (2.4) cap. I, parte I.

[541] Cfr. o nosso, Pedro Sá Machado, "Dano e violência doméstica em concurso efectivo de crimes?...", *op. cit.*, em que estava em causa uma "violência patrimonial" através da destruição ou danificação de coisas, causada por um dos cônjuges contra o património (bem comum) usufruído pelo outro, como forma de infligir *maus tratos psíquicos*.

de um viaduto público, ainda que esteja implícito um qualquer resultado, não descrito processualmente, proveniente dessa mesma pintura.

*b) A imputação de acordo com os pressupostos de direito penal*

Mesmo que em termos estritamente factuais possa existir uma relação causal comprovada pela ciência ou pelo saber empírico, devidamente fundamentada num discurso que interliga comportamentos e resultados numa ordem sequencial e espácio-temporal, isso *não significa que*, na realização concreta do direito penal, *se traduza numa relação causal com relevância ilícita-típica para o direito penal*[542].

Temos um exemplo em que ficou comprovado, de acordo com a matéria de facto, que a receptora de determinadas palavras, num certo contexto, sentiu-se humilhada e enxovalhada: não obstante, o tribunal de recurso entendeu que faltava a essas mesmas palavras uma "carga depreciativa" suficiente para ofender o núcleo essencial do direito à honra e consideração, enquanto pressuposto típico do crime de injúria. Ou seja, implicitamente concluiu-se que nem todas as frases que causam o resultado "sentimento de humilhação e enxovalho" preenchem o tipo de resultado "ofensa à honra e consideração". O que só pode querer dizer que *o plano da normatividade e dos pressupostos de direito*, nos termos dos quais a autoridade judiciária formula os seus próprios juízos de imputação, *não é o mesmo que o plano da relação causal estabelecida e comprovada pela narrativa processual dos factos*. A questão é mesmo essa: a comprovação de um nexo de causalidade entre um comportamento e um resultado a partir da narrativa processual dos factos não significa, por si só, ao nível do direito, um juízo de imputação no sentido do preenchimento dos elementos típicos de um crime de resultado.

É efectivamente ao nível do tipo de crime e dos restantes pressupostos de direito que se realizam as valorações dos comportamentos e dos resultados factualmente comprovados, conferindo-lhes um sentido e um significado próprios, admitindo que existem premissas distintas que devem

[542] Com a mesma lógica, Susana Aires de Sousa, *A Responsabilidade Criminal pelo Produto e o Topos Causal em Direito Penal... op. cit.*, pp. 406-409: e Santiago Mir Puig, *Derecho Penal: Parte General... op. cit.*, pp. 245-247

ser consideradas, *como é o caso do bem jurídico protegido pelas normas penais*. Repare-se: temos um segundo exemplo em que o agente se "apoderou" de certas coisas no interior de um supermercado. Contudo, para a doutrina e jurisprudência maioritárias, o tipo de resultado "subtrair" apenas se poderia verificar quando o agente ultrapassasse as linhas da caixa de pagamento, no momento em que possibilitasse o gozo e a fruição das coisas móveis alheias com um mínimo de tranquilidade. Eis o "resultado" reclamado pelo elemento do tipo "subtrair", decisivamente influenciado pela relação entre os interesses tutelados pela norma e os contornos específicos do caso concreto[543]. Portanto, quanto a nós, é possível afirmar que *nem todo o "resultado" exigido pelos crimes de resultado se consuma com o evento que determina a modificação exterior no mundo empírico dos factos*. Ou seja, o "resultado" pressuposto pelos designados "crimes de resultado" não deve partir apenas da ideia de "resultado naturalístico", enquanto modificação ocorrida na realidade exterior, mas também da ideia de "resultado normativo", enquanto afectação do bem jurídico protegido[544], podendo implicar, para a consumação do tipo de crime, não só uma modificação ou transformação externa (um "resultado naturalístico", como decorre do acto de retirar uma coisa de um determinado lugar para outro), como também um mero comportamento (um "resultado normativo", como o acto de ultrapassar a linha das caixas de pagamento num supermercado). Na verdade, tudo poderá depender da posição analítica, plasmada na fundamentação da matéria de direito, que incide sobre a relação entre o caso concreto e a norma incriminadora interpretada à luz dos mais variados pressupostos de direito.

[543] No caso em apreço, aparenta ser um género de um "resultado normativo", uma vez que a realidade dos factos apenas reclama um comportamento ou uma mera actividade e não uma "modificação do mundo exterior". Sobre o problema do conceito de "resultado", cfr., *supra*, notas 313 e 329

[544] De acordo com Susana Aires de Sousa, *A Responsabilidade Criminal pelo Produto e o Topos Causal em Direito Penal... op. cit.*, pp. 334-335: "o resultado pressuposto pelos delitos material há-de compreender-se a partir da ideia de causa enquanto realidade ontológica, porém integrada no facto típico. Esta afirmação impõe um duplo esclarecimento: o resultado ou evento pressuposto por estes delitos há-de ser um evento de natureza material, isto é, uma modificação exterior do objecto material da acção; porém, esta alteração do estado das coisas não surge desligada do objecto jurídico protegido, ou seja, do bem jurídico penal.".

Cremos que a relevância dos comportamentos, dos resultados e das relações causais dispostas na matéria de facto estão dependentes da matéria de direito e da própria fundamentação de direito, o que determina uma dimensão própria para determinar e fundamentar o seu significado e sentido ilícito-típico. Diríamos que esta é a *dimensão processual das imputações*[545]. Nessa mesma dimensão até podemos pôr mão em teorias conformes às leis da natureza que se servem das ciências para comprovar factualmente um certo nexo de causalidade entre o comportamento e o seu efeito[546], como também podemos fazer outro tipo de juízos de imputação de resultados[547], por exemplo, apoiados no que seria normal e previsível acontecer face à prática do comportamento, ou apoiados no risco criado ou potenciado pelo comportamento na perspectiva do bem jurídico protegido por um tipo de crime específico. Enfim, independentemente do nexo causal factualmente estabelecido na descrição dos factos, os critérios substantivos-valorativos utilizados para determinar a natureza dos comportamentos podem ser os mais variados e até podem ser conjugados[548], considerando todos os pressupostos de direito disponíveis para a realização do tipo objectivo de ilícito – especialmente, nesta sede, as elaborações doutrinárias que se debruçam sobre a forma mais justa e razoável de imputar resultados normativos.

[545] Cfr. Paulo de Sousa Mendes, *Causalidade Complexa e Prova Penal, op. cit.*, pp.73-75, referindo a "dimensão retórica e processual das imputações".

[546] Caso em termos estritamente factuais não se possa comprovar o nexo de causalidade entre um comportamento e um resultado, parece restar uma decisão *in dubio pro reo.*

[547] Portanto, analisar o resultado relevante não apenas de acordo com as ciências naturais. Aprofundadamente, sobre as diversas teorias da causalidade, Susana Aires de Sousa, *A Responsabilidade Criminal pelo Produto e o Topos Causal em Direito Penal... op. cit.*, pp. 337 e ss.; Paulo de Sousa Mendes, *Causalidade Complexa e Prova Penal, op. cit.*, pp. 195 e ss.; e, ainda, com uma referência à influência do neokantismo, Thomas Vormbaum, *Historia Moderna del Derecho Penal Alemán, op. cit.*, p. 244.

[548] Pensemos ainda nos problemas relacionados com a "causalidade alternativa", a "preempção causal", a "interrupção de processos causais salvadores", a "causalidade probabilística" ou a "causalidade virtual". Sobre o assunto Paulo de Sousa Mendes, *Causalidade Complexa e Prova Penal, op. cit.*, pp. 239-414

## 2.4. A qualificação jurídico-penal dos comportamentos à luz do tipo objectivo dos crimes de omissão

No que diz respeito aos crimes de omissão, próprios ou impróprios, o problema da qualificação dos comportamentos é distinto dos anteriores e também deve ser pensado a partir das duas principais perspectivas para a realização concreta do direito penal: a perspectiva da narrativa processual dos factos e a perspectiva da normatividade que, como temos verificado, comporta vários pressupostos de direito.

### *a) A omissão nas narrativas processuais dos factos*

Embora a "omissão" se associe com naturalidade a uma "inactividade", a um "poder de passividade" ou a um "não fazer" – porque efectivamente a palavra gera a suposição de que estamos perante uma ausência de movimento corpóreo[549] –, a verdade é que a narrativa processual dos factos pode descrever uma "actividade", um "poder de iniciativa" ou um "fazer" com relevância para a qualificação de um tipo de crime omissivo. As particulares características das narrativas processuais, ao descrever os acontecimentos na terceira pessoa gramatical, permitem transmitir as imagens da vida intersubjectiva, com as coisas e animais, como se estivessem a ser assistidas por um público[550], afastando a descrição de alguém que "não está a fazer nada" perante "contexto nenhum" (*ex nihilo nihil*). Assim, reiteramos, estão *sempre* presentes certos comportamentos, que se podem traduzir num poder de iniciativa ou de passividade do agente, enquadrados em determinadas circunstâncias de facto. Vejamos os dois seguintes exemplos:

Exemplo 4 (aparência de omissão de auxílio na estrada)[551]: *(...) 27 – Com o estrondo do embate, o arguido acordou; 28 – Apercebeu-se de que se encontrava na berma e não na via de trânsito; 29 – E que, na berma, seguiam várias pessoas; 30 – E*

[549] Assim, Gustav Radbruch, *El Concepto de Acción... op. cit.*, pp. 167-168

[550] O "desempenho" do agente, assumindo um determinado "papel social", num determinado "cenário", perante um "auditório", em Erving Goffman, *The Presentation of Self in Everyday Life*, pp. 10-46.

[551] Ac. TRC de 05/04/2017, proc. n.º 75/13.2GTCBR.C1

*que tinha embatido em uma ou em mais de uma delas; 31 – As quais teriam sofrido traumatismos que necessitavam de socorro médico imediato; 32 – O arguido não parou; 33 – Retomou a via de trânsito e prosseguiu a sua marcha; 34 – Procurando afastar-se do local do embate o mais depressa possível, ali deixando E... e F... entregues ao seu destino (...);*

Exemplo 5 (aparência de homicídio por omissão de progenitor)[552]: *"(...) No dia 12 de Abril de 1998, a B foi encontrada cadáver no interior da sua residência; (...) O arguido deixou de alimentar a sua mãe B durante aproximadamente 12 dias, encontrando-se esta acamada e incapacitada de se movimentar e de, por si só, prover à sua alimentação (...) – Durante tal período, o arguido ausentou-se da casa onde ambos viviam, tendo permanecido com uma cidadã de nacionalidade brasileira, que conheceu num bar, em casa de um conhecido, de quem se encontrava enamorado (...)".*

No primeiro caso, o agente, condutor de um veículo automóvel ligeiro, embateu em pessoas que se encontravam na berma da estrada, retomou a via de transito, prosseguiu a sua marcha e afastou-se do local de embate. Trata-se de uma descrição focada em comportamentos que imprimem um processo de movimento a um veículo automóvel, e não em comportamentos que aparentemente se caracterizam pela inactividade ou passividade, tal como acaba por suceder no segundo caso, em que se descreve que o agente deixou de alimentar a sua mãe durante aproximadamente doze dias. O facto de alguém ter ou não ter actuado em determinadas circunstâncias faz parte do próprio discurso das narrativas processuais, mas determinar se está em causa um crime por omissão já depende também do *significado* dado ao comportamento pela pauta do ilícito-típico e dos restantes pressupostos de direito penal[553]. Como veremos de seguida, o comportamento do agente, cristalizado na descrição da matéria de facto, pode ser interpretado como uma conduta activa na perspectiva da realização de um certo tipo de crime, ou como uma conduta omissiva na perspectiva da realização doutro[554].

[552] Ac. STJ de 20/03/2003, proc. n.º 03P1677

[553] Cfr. Tomás S. Vives Antón, *Fundamentos del Sistema Penal... op. cit.*, pp. 556-557 e 598 e ss.

[554] Assim, Tomás S. Vives Antón, *Fundamentos del Sistema Penal... op. cit.*, pp. 257-258.

*b) A omissão de acordo com os pressupostos de direito penal*

O que acaba de se afirmar pode ser comprovado a partir do "Exemplo 5". O caso em que o agente deixou de alimentar a sua mãe durante vários dias, resultando na sua morte, pode ser enquadrado – como efectivamente foi – no crime de homicídio por omissão. Mas também pode ser enquadrado, com a devida fundamentação de direito, no crime de abandono, considerando o segmento típico "abandonando-a sem defesa, sempre que ao agente coubesse o dever de a guardar, vigiar ou assistir". A perspectiva normativa do "abandono" é precisamente uma perspectiva mais próxima dos poderes de iniciativa – a iniciativa de abandonar –, poderes esses que também resultam da descrição do comportamento do agente que se ausentou da casa onde vivia com a mãe, deixando-a sozinha durante aproximadamente doze dias. Foi esse, aliás, o enquadramento que resultou da declaração de voto de vencido de Henriques Gaspar no âmbito do acórdão em causa[555]:

> "A ausência, altamente censurável, do arguido – numa palavra, o abandono da mãe – saindo de casa e não regressando durante doze dias, sem providenciar pelo auxílio, social, médico, familiar ou mesmo de solidariedade vicinal que a sua mãe necessitava e que o arguido não estaria em condições de prestar, traduz e integra um comportamento activo, a caber, sem dificuldade típica, em todos os seus elementos, na previsão do artigo 138.º, nºs 1, alínea b), 2 e 3, alínea b), do Código Penal.".

É verdade que a forma como está descrito o comportamento, pela negativa, remete para uma imagem de alguém que não fez algo. Porém, a omissão, tal como a acção, não se interpreta exclusivamente a partir da perspectiva dos factos, mas *a partir da relação entre os factos e o ilícito-típico*[556]. É nesta relação, na qual estão subentendidos os restantes pressupostos

[555] Ac. STJ de 20/03/2003, proc. n.º 03P1677

[556] Conclusão que resulta das posições próximas de Franz Von Liszt, *Tratado de Direito Penal Allemão*, vol. I, *op. cit.*, p. 208; e Gustav Radbruch, *El Concepto de Acción*, op. cit., pp. 164-166. Mais recentemente, Tomás S. Vives Antón, *Fundamentos del Sistema Penal... op. cit.*, pp. 290-291

de direito, que se determina o sentido do comportamento processualmente descrito do agente.

Já o "Exemplo 4", em que a descrição do comportamento do agente está vinculada à acção, isto é, aos poderes de iniciativa de quem pôs um veículo automóvel em movimento e se afastou de um local de embate onde se encontravam pessoas carentes de assistência – ou, no mínimo, carentes de uma chamada de socorro[557] –, é um caso clássico enquadrável na omissão de auxílio, entendida como um crime próprio de omissão. Estamos perante mais um caso comprovador de que o sentido jurídico-penal do comportamento do agente não depende necessariamente da forma como o mesmo se encontra formulado ou descrito factualmente na positiva ou na negativa – ele "fez isto" ou ele "deixou de fazer aquilo" –, uma vez que *determinante para o seu significado é a relação de todas as circunstâncias de facto com o ilícito-típico e, em geral, com os pressupostos de direito penal.*

## 3. Comportamentos que preenchem o tipo subjectivo do ilícito

Das conclusões do primeiro capítulo identificámos uma questão decisiva para o âmbito em que agora nos encontramos: *a perspectiva publicista do terceiro observador narra e descreve proposições de facto,* caracterizadas como manifestações externas do mundo intersubjectivo, *sem ter acesso ao mundo interior ou subjectivo do agente.* Assim, não há forma de descrever, no caso concreto, os processos internos ou mentais do agente no momento em que o próprio decide tomar uma iniciativa ou abster-se de a tomar. Se o procurássemos fazer, de uma forma directa e com o pormenor e a minúcia que comummente se dedica à realidade do mundo exterior, então teríamos de admitir possível efectuar narrativas do mundo inacessível e privado do agente, relacionadas designadamente com pensamentos, emoções, sentimentos, motivos, intenções, estados de consciência ou desejos, que apenas se manifestam num espaço interno vedado aos outros[558]. Por

[557] Como dá a entender a própria decisão em Ac. TRC de 05/04/2017, proc. n.º 75/13.2GTCBR. C1

[558] Nestes termos, Tomás S. Vives Antón, *Fundamentos del Sistema Penal... op. cit.*, pp. 638 e ss. Cfr., ainda, a referência à filosofia da acção em Maria Fernanda Palma, *Direito Penal, Parte Geral... op. cit.*, p. 130, especialmente o que é "intencional": "...apreensão dos sentidos comuns do agir que impedem a redução da intencionalidade a estados privados de consciência, difi-

isso mesmo, o que se procura fazer, na prática judiciária, é *corresponder as manifestações externas com certos e determinados estados mentais definidos a partir dos pressupostos de direito penal, nomeadamente os que se encontram previstos nas normas jurídico-criminais*. É como se o agente mostrasse, aparentemente, o "dolo" ou a "negligência" através da história do seu comportamento visto pelos outros, num ângulo intersubjectivo. Percebe-se a razão pela qual, a certo momento, se incluem na matéria facto proposições ou fórmulas pré-determinadas do seguinte género: "o arguido agiu livre e conscientemente..."; "o arguido agiu com a intenção de..."; "o arguido tinha consciência que tal conduta era proibida e punida por lei"; "o arguido agiu de uma forma desatenta e descuidada, agindo sem observar a prudência e diligência a que estava obrigado e de que era capaz".

Todas estas fórmulas da matéria de facto que nos remetem para o tipo subjectivo de um crime específico não podem deixar de ser alegadas como parte dos pressupostos pertinentes para a existência de crime. É o direito penal substantivo que assim o exige. Contudo, *o problema é que a matéria de facto deve ser pensada como matéria descritiva que apenas discorre sobre o mundo das relações entre pessoas e com as coisas e os animais*, o que não parece ser o caso. Posto isto, resta saber qual é a verdadeira natureza daquelas proposições ou fórmulas que constam na matéria de facto e qual é a sua relação com o tipo subjectivo do crime.

### 3.1. Dolo

Num prisma estritamente normativo, a "condição mental" das pessoas está reconhecida e faz parte dos comportamentos da vida em sociedade, afastando um género de "naturalismo" que limita as relações intersubjectivas aos sinónimos do mundo físico. Na PG do CP, a disposição legal que define "dolo" é reflexo disso mesmo, admitindo que uma pessoa pode "representar" um facto, actuar com "intenção", "representar" a realização de um facto como consequência "necessária" ou "possível" da sua conduta e, também, "conformar-se" com uma realização. Foi o que

cilmente acessíveis e constatáveis. O afastamento da filosofia da ação relativamente à psicologia da consciência e à tradição cartesiana bem como a sua aproximação da orientação behaviorista vieram permitir a objectivação jurídica da definição dos modos de comportamento voluntário.".

igualmente verificámos a partir da relação do tipo de conduta com elementos subjectivos do crime[559]. Agora, se as coisas são assim de acordo com o ponto de vista do normativismo, falta saber *como é que, na realização jurisdicional do direito penal, se conjuga esse ponto de vista com a dinâmica das narrativas processuais que descrevem os factos na perspectiva publicista do terceiro observador, sem acesso ao mundo interior ou subjectivo do agente.* Pois é nesta sede que vamos procurar elencar os comportamentos que preenchem os elementos do tipo subjectivo do ilícito. Na verdade, o conceito teórico e substantivo de "dolo" não parece ser separável, pelo menos na realização concreta do direito, do problema das narrativas processuais dos factos e dos limites da prova[560]: ainda não é possível, nos dias que correm, descrever fielmente o que se passou na primeira pessoa em termos do que, no caso concreto, foi interiormente "representado", "conformado", "querido", "sabido", etc., nem tal seria completamente desejável para um processo penal de estrutura acusatória em que são salvaguardadas certas e determinadas garantias processuais de defesa dos arguidos. Começando, novamente, pelos exemplos, vamos retomar os casos de jurisprudência dados até ao momento e selecionar a matéria de facto habitualmente atribuída aos elementos subjectivos do agente:

> Exemplo 1 (aparência de injúria no decurso de reunião[561]): *"(...) 2. Ao proferir tal expressões dirigindo-se a C... que sabia estar no desempenho das suas funções de funcionária pública como educadora de infância num organismo público, a arguida tinha perfeita consciência da sua natureza ofensiva à idoneidade pessoal e profissional da ofendida. 3. Agiu livre, voluntária e conscientemente, bem sabendo que a sua conduta era proibida e punida por lei (...)".*

[559] Cfr., *supra*, (3.3), cap. II, parte I.

[560] Sobre a interligação do dolo com o a prova do dolo, essencial a leitura de José Luis González Cussac, *Dolus in re ipsa* (trad. Luiza Borges Terra/Paulo César Busato), *Revista Justiça e Sistema Criminal*, vol. 7, n.º 13, Curitiba: FAE Centro Universitário, 2015, pp. 112-114 (introdução). Incitando ao tratamento integrado do direito material, direito processual e do direito probatório, Paulo de Sousa Mendes, *Causalidade Complexa e Prova Penal*, *op. cit.*, p. 22 e pp. 101 e ss.

[561] Ac. TRP de 10/01/2018, proc. n.º 1073/14.4GBPNF.P1

Exemplo 2 (aparência de furto em supermercado[562]): *"(...) 2- ...bem sabendo que não lhe pertenciam, e agia contra os interesses do seu legítimo proprietário. 3- O arguido agiu consciente e voluntariamente (...)".*

Exemplo 3 (aparência de dano em viaduto público[563]): *"(...) 4. Ao actuarem da forma supra descrita, os arguidos agiram com o propósito de danificar e causar prejuízos na parede do Viaduto, o que conseguiram, bem sabendo que o mesmo não lhes pertencia e que agiam contra a vontade e em prejuízo do respectivo dono; 5. Os arguidos sabiam que, com tal comportamento, desfiguravam e danificavam a parede do Viaduto, causando necessariamente prejuízos á Câmara Municipal, que é a responsável pela construção e manutenção do mesmo. E, cientes de tal, agiram querendo proceder dessa forma; 6. Os arguidos agiram sempre livre, voluntária e conscientemente, procedendo de comum acordo e em conjugação de esforços e intentos, em execução de plano traçado por ambos, bem sabendo ser a sua conduta proibida e punida por lei (...)".*

Exemplo 4 (aparência de omissão de auxílio na estrada[564]): *"(...) 39 – O arguido quis manter a condução do veículo sabendo-se exausto e sonolento, carecendo de descansar; 40 – O arguido conhecia as características daquela via e das proximidades de locais onde habitualmente seguem pessoas a pé e na berma, com intenso trânsito de viaturas e pessoas; 41 – Sabendo que, daquele modo, poderiam resultar riscos de embate com outros utentes da via e, assim, para as suas vidas, mas confiando que tal não sucederia; 42 – O arguido agiu de modo livre, deliberado e consciente, querendo deixar E... e F... no local, sem ajuda, sem pedir ou se certificar que alguém chamava o socorro médico necessário, nem sinalizando o local do embate, a fim de minimizar riscos de novos acidentes; 43 – O arguido sabia que a sua conduta era proibida e punida por lei (...)".*

Exemplo 5 (aparência de homicídio por omissão de progenitor[565]): *"(...) Sabia o arguido que, ao não fornecer alimentação à sua mãe durante tal período, tal poder-lhe-ia causar a morte, aceitando e conformando-se com esta; – O arguido agiu de forma voluntária e consciente, tendo previsto a morte da sua mãe como resultado*

[562] Ac. TRP de 16/05/2012, proc. n.º 5017/10.4TAMTS.P1

[563] Ac. TRC de 20/05/2009, proc. n.º 3404/06.1TAVIS.C1

[564] Ac. TRC de 05/04/2017, proc. n.º 75/13.2GTCBR.C1

[565] Ac. STJ de 20/03/2003, proc. n.º 03P1677

*da ausência da prestação de cuidados alimentares, nos termos expostos, aceitando e conformando-se com tal resultado; – Agiu o arguido sem constrangimento, e com a sua vontade livre e esclarecida, apesar de saber que o seu comportamento era legalmente proibido (...)"*

A partir destes cinco exemplos é possível retirar importantes ilações.

A questão principal é que estas narrativas que incidem sobre o "estado mental" do sujeito – como temos vindo a afirmar desde o primeiro capítulo – não são manifestações internas ou subjectivas que se encontram encapsuladas na mente do agente, pois *não é possível descrever os acontecimentos mentais que sucedem no interior do agente.* Insistimos na ideia de que os estados mentais, em si mesmos, enquanto manifestações internalizadas, são inverificáveis[566]. Ora, é precisamente por não estar em causa o acesso privilegiado que o agente tem aos seus próprios fenómenos psíquicos (não obstante a possibilidade de confissão), que a "consciência de algo" e a "vontade de fazer algo" se verificam e comprovam a partir do que se encontra manifestado exteriormente. É através dessa realidade empírica, acessível e racionalizável, que podemos atribuir – ou *imputar* – um sentido cognitivo e volitivo ao comportamento do agente. Além disso, apenas deste modo podemos estar perante proposições de facto que se afigurem válidas para as garantias publicistas decorrentes da realização jurisdicional do direito penal, afastando algo de metafísico, transubjectivo, arbitrário, não comprovável judicialmente ou intolerável para o que deve ser considerado processualmente válido[567].

Ainda assim, há questões que ficam por resolver. A primeira questão relacionada com o risco de entrarmos na metáfora mecanicista, olhando para o agente como um fantasma dentro de uma máquina, em que a imagem do seu comportamento físico será sempre reflexo do seu

[566] Influente, aqui, Tomás S. Vives Antón, *Fundamentos del Sistema Penal... op. cit.*, p. 232

[567] No nosso estudo Pedro Sá Machado, "A mediação penal-restaurativa e o processo penal-consensual...", *op. cit.*, pp. 190-191 (nas conclusões), referimos diferentes concepções que permitem o acesso à verdade e à realização da justiça, diferenciando uma verdade consensual privada (entre ofendido e arguido) – ainda que homologada por uma entidade pública – e a verdade material (ou judicial) que decorre das diligências probatórias e de uma decisão judicial.

estado mental. Aqui entramos no problema dos *indicadores externos que nos remetem para a inconsciência ou para o erro no momento intelectual do dolo*. A segunda questão relacionada com o risco de nos encontrarmos, ao gizar estas proposições comummente atribuídas aos elementos subjectivos do agente, a proceder a um tipo de qualificação que poderá antecipar, no âmbito da matéria de facto, uma determinada solução de direito. Ou seja, o problema de *não se tratarem de proposições completamente depuradas do seu significado jurídico-penal substantivo*, contrariamente ao que sucede com as verdadeiras proposições descritivas de factos.

Vamos admitir, doravante, de acordo com uma posição prático-jurisprudencial de maioria, que o dolo exige o preenchimento dos elementos intelectual, volitivo e emocional[568]. Pergunta-se, então: como estão descritos esses elementos em termos factuais ou comportamentais nas referidas narrativas?

### 3.1.1. Elemento intelectual

Para se verificar o elemento intelectual do dolo, o que se exige é o "conhecimento" ou a "consciência" do agente. Na perspectiva unilateral do normativismo, não é um qualquer conhecimento perdido nos fluxos dos estados de consciência transitórios[569], é um conhecimento dos factos que preenchem os elementos objectivos de um tipo de crime específico – justificando a referência ao "dolo do tipo"[570]. Sucede que, tendo em vista uma posição prática e operacional, não é possível gizar proposi-

[568] Será assim, em Portugal, muito devido à posição dogmática da doutrina do crime defendida por J. Figueiredo Dias, particularmente no que diz respeito ao *elemento emocional*, traduzido em elementos integrantes da consciência da ilicitude – relativo ao *tipo de culpa* e não ao tipo de ilícito. Cfr. Jorge de Figueiredo Dias, *Direito Penal: Parte Geral*, *op. cit.*, p. 350 (§6) e pp. 529-530 (§2)

[569] Com referência ao "fluxo dos transitórios estados de consciência", Jordão Horta Nunes, *Interacionismo Simbólico e Dramaturgia... op. cit.*, p. 47

[570] Considerando que o tipo subjectivo de ilícito doloso não se esgota no "dolo do tipo", como é sabido, em virtude dos especiais elementos subjectivos. E, também, tendo presente a "valoração paralela na esfera do leigo", ou seja, o grau de conhecimento em relação aos elementos do tipo não se traduz num conhecimento perfeito ou cabal do significado dos conceitos. Sobre o assunto, Hans-Heinrich Jescheck/Thomas Weigend, *Tratado de Derecho Penal... op. cit.*, p. 316, nota (19), com referências bibliográficas da origem desta posição.

ções acerca do que acontece na "cabeça do agente" no momento ou nos vários momentos em que o próprio decide ou não actuar num ou noutro sentido, *precisamente porque o agente não mostra a sua "consciência", mostra apenas o seu comportamento individual e concreto na sua relação com as pessoas, coisas e animais na vida em sociedade.* Desde há muito tempo que esta questão vem sendo levantada pela doutrina na delimitação do *caminho para o crime.* Primeiro a cogitação, a lembrança ou a resolução, na qualidade de actos internos, depois os actos preparatórios, a tentativa ou o crime consumado, como actos externos. O princípio romano *cogitationis poenam nemo patitur* (atribuído a Ulpiano) foi particularmente sublinhado nos livros de direito penal português a partir do século XVII, em que se generalizou a ideia de que *os comportamentos hão-de ser sempre manifestações externas*[571]. E isso implica afastar da justiça penal dos homens, entre outras manifestações internas, a "simples cogitação", a "resolução maléfica", o "desejo de delinquir", a "lembrança ruim", os "actos psicológicos" ou a "má moral"[572]. Assim, um comportamento é apenas constituído pelas circunstâncias exteriores que são susceptíveis de serem descritas pelo terceiro observador nos termos das regras processuais. O que aproxima também a noção substantiva de "elemento intelectual" – e, no geral, de "dolo" – da perspectiva publicista e intersubjectiva do terceiro observador que se exige a partir do processo penal.

Admitindo que as coisas são assim no âmbito da realização jurisdicional do direito penal, *a "consciência" deixa de ser uma categoria descritiva de*

[571] Na literatura jurídico-criminal "clássica" portuguesa, cfr. Pascoal José de Mello Freire, *Ensaio do Codigo Criminal... op. cit.*, p. 19; Joaquim José Caetano Pereira e Sousa, *Classes dos Crimes: por ordem systematica, com as penas correspondentes, segundo a legislação actual*, Lisboa: Regia Officina Typografica, 1803, pp. 4-5 (§7), nota (7); F. A. F. da Silva Ferrão, *Theoria do Direito Penal: applicada ao Codigo Penal Portuguez*, vol. 1, Lisboa: Typographia Universal, 1856, pp. 7 e 29; Levy Maria Jordão, *Commentario ao Codigo Penal Portuguez*, tomo 1, Lisboa: Typographia José Baptista Morando, 1853, pp. 6 e 21; Basílio Alberto de Sousa Pinto, *Lições de Direito Criminal Portuguez... op. cit.*, p. 38; Henriques da Silva, *Elementos de Sociologia Criminal e Direito Penal*, lições do anno lectivo de 1905-1906 na 14.ª cadeira da Faculdade de Direito na Universidade de Coimbra, Coimbra: Imprensa da Universidade, 1905, p. 255; e, ainda, Caeiro da Matta, *Direito Criminal Português*, vol. II, Coimbra: F. França Amado, 1911, p. 225

[572] Deixando-a para a justiça de "Deus", como afirmam muitos destes autores "clássicos", especialmente até ao século XIX.

*puros actos mentais* – até por razões de incerteza científica[573] – *passando a ser uma categoria qualificativa de comportamentos descritos e enquadrados em certas e determinadas circunstâncias de facto.* É como se a consciência estivesse integrada no próprio comportamento que decorre do contexto do caso concreto, como um "comportamento consciente". Próximo da ideia de PAUL RICOER quando afirma que "é preciso mencionar a conduta para mencionar as ditas sensações cinestéticas", considerando os gestos, a atitude, o olhar, os movimentos corporais activos ou passivos, o tom de voz, etc. susceptíveis de transmitir informação sobre o mundo interior de uma pessoa[574]. Quer dizer: *a comunicação do mundo intelectual do agente será realizada através da narrativa do seu próprio comportamento que se encontra enquadrado nas circunstâncias particulares do caso concreto.*

Do mesmo modo, estamos confrontados novamente com a tal perspectiva dramatúrgica (E. GOFFMAN) em que o agente, perante um público, revela a sua consciência através do contexto dos vários actos passivos ou activos que constituem a história do seu comportamento, transmitindo uma determinada imagem e impressão dos seus elementos intelectuais[575]. Contrariamente ao "conhecimento como processo interno", trata-se da reivindicação processual do "carácter público do conhecimento"[576]. O que ocorre no mundo exterior, suscetível de ser processualmente narrado, esgota-se nele, não existindo, nesta sede, descrições de actos internos de "consciência". Sendo assim, para podermos concluir que o agente sabia ou tinha a consciência específica de um determinado elemento do tipo[577], uma vez que não temos acesso ao seu mundo interior, *temos necessariamente que encarar o comportamento assumido no contexto da interacção*

[573] Cfr., *supra*, (3.2.1.) cap. I, parte II

[574] A comunicação cinestésica como comunicação através do corpo do agente, em Paul Ricouer, *O Discurso da Acção, op. cit.*, p. 61

[575] O sujeito que desvenda algo do seu interior perante os olhos de um público em Jürgen Habermas, *Fundamentação Linguística da Sociologia... op. cit.*, p. 284. Próximo, especialmente, Erving Goffman, *The Presentation of Self in Everyday Life, op. cit.*, pp. 1-9 (introdução).

[576] Assim, Tomás S. Vives Antón, *Fundamentos del Sistema Penal... op. cit.*, pp. 638 e ss. ("o carácter público do saber").

[577] Na verdade, estão também incluídos determinados conceitos normativos, como "documento" ou "coisa móvel alheia", reclamando um conhecimento, exteriorizado, do conteúdo essencial desses mesmos conceitos e não uma noção exacta dos mesmos. Cfr., *supra*, nota 570.

*descrita na narrativa processual dos factos,* entre outros importantes factores que podem ser reclamados pela natureza do caso concreto, como a personalidade e o passado do agente. Nesse aspecto, IGEBORG PUPPE faz referência à importância da valoração global de todas as circunstâncias que conduzam à atribuição ou negação da "consciência", dependendo da selecção daquilo que denomina "indicadores", reconhecíveis externamente, favoráveis ou contrários aos elementos conceptuais propostos pela noção de "dolo"[578].

A mera relação de detenção entre um agente e uma coisa móvel (p. ex., estupefacientes ou armas) permite sublinhar estas ideias[579]. Em termos estritamente normativos e teóricos, pode ser legítimo exigir que o agente tenha uma "consciência actual" da presença física e da natureza de uma determinada coisa na sua esfera de disponibilidade. Porém, em termos estritamente factuais, o elemento intelectual, que interliga subjectivamente o agente e a coisa, não será assegurado directamente por acesso à sua mente, mas indirectamente pelos tais "indicadores externos" relacionados, designadamente, com a "proximidade", a "propriedade", o "controlo exclusivo" ou o "passado recente", podendo ser avocados de forma individual ou combinados entre si. Pois a "consciência" da localização e da qualidade ou conteúdo da coisa está manifestada no facto de o agente ter sido encontrado (em flagrante delito) numa relação de proximidade física directa com a coisa (p. ex. sendo portador da coisa ou tendo a coisa à sua vista), no facto de a coisa se encontrar num espaço privado que é propriedade do agente, no facto de o agente controlar exclusivamente o contexto espacial específico onde a coisa se encontra (p. ex. num cacifo ou num armazém arrendado), no facto de estar comprovado que num passado recente a pessoa tinha essa ligação (p. ex. face à corroboração de testemunhas, impressões digitais, escutas telefónicas ou outras condutas incriminatórias que afastam a dúvida razoável), ou no facto de existirem também, juntamente, coisas pessoais do agente ou outros objectos, materiais ou equipamentos relacionados com a coisa detida em

[578] Ingeborg Puppe, "Perspectivas conceptuales del dolo eventual", *El Derecho Penal como Ciência..., op. cit.*, pp. 291-292 e 310-311

[579] Doravante, algumas ideias do nosso Pedro Sá Machado, *Crimes de Detenção e Detenção de Coisa Móvel no Direito Penal Português... op. cit.*

causa (p. ex. precursores de droga). Reitera-se a ideia de que *os estados de consciência são considerados a partir do exterior e não do ponto de vista de quem os experimenta, justamente porque é daquele modo que se apresentam e comprovam segundo as regras das narrativas processuais do factos*[580].

Por resolver fica um dos problemas anteriormente identificados: as proposições que constam na matéria de facto relativas à "consciência do agente" não são verdadeiras descrições de factos. Com a perspectiva a partir do exterior, em nenhum dos casos poderá haver uma descrição específica do que verdadeiramente se passou ou terá passado na "cabeça do agente" no momento ou nos vários momentos em que decidiu ou não actuar num ou noutro sentido. O que poderá haver, parece-nos, é uma qualificação dos comportamentos inseridos no contexto das interacções entre pessoas e com as coisas e animais, associando a "consciência" às manifestações externas e, assim, imputando "comportamentos conscientes". Uma qualificação realizada com base nas regras da experiência e no exame crítico e conjugado da prova.

Com efeito, estas "fórmulas" da prática judiciária inseridas na matéria de facto, embora mais próximas de um *juízo de imputação* do que de um juízo de facto – no sentido de que são *conclusivos* e não descritivos de factos, segundo a tal lógica "se «x» então «y»" –, estão sustentadas num processo de fundamentação ou motivação da decisão que conjuga todos os factores (*rectius*: meios de prova) que formam a convicção do terceiro observador-narrador – mormente, o magistrado judicial – quanto ao elemento intelectual do agente[581]. O mesmo juízo de imputação, por outro lado, implica também "direccionar a consciência" para certos elementos de um tipo de crime (p. ex., um tipo de conduta ou um tipo de resultado), o que só é possível através de um juízo de valor – e de uma pré-compreensão[582] – que antecipa a natureza jurídica dos factos de modo a preencher o elemento intelectual do dolo de um específico tipo de crime[583].

[580] Veja-se, na sociologia, Émile Durkheim, *As Regras do Método Sociológico, op. cit.*, p. 60.

[581] Cfr., *supra*, (3.2.2.) cap. I, parte I.

[582] Cfr., *supra*, (1.4.) cap. III, parte I.

[583] P. ex., no "Exemplo 5", como já salientámos, se entendêssemos que estava em causa um crime de abandono e não um crime de homicídio por omissão, a "consciência" referida na matéria de facto teria de estar direcionada para o tipo de crime de abandono.

O que fica dito permite caracterizar as proposições de facto onde constam os elementos intelectuais do agente como sendo *conclusões* de um processo de fundamentação e descoberta, racional e crítico, dos "comportamentos conscientes" que preenchem um tipo de crime. O agente tinha conhecimento "daquilo" porque o próprio confessou e não há razões para duvidar dessa versão dos factos na perspectiva do terceiro observador[584]; o agente tinha conhecimento de que um determinado resultado podia acontecer devido à natureza do comportamento assumido, sendo a sua interligação demasiado óbvia à luz das regras da experiência; ou o agente sabia "disto" porque as testemunhas, depondo de forma isenta e credível, viram os comportamentos a serem praticados, *in loco*, em flagrante delito, que apontam para esse mesmo conhecimento[585]. E muitos outros exemplos seriam possíveis, todos decorrentes da motivação da decisão de facto[586].

Resta perguntar, então, quando é que o agente não representa, em absoluto, a factualidade típica, agindo de forma *inconsciente*. Não seria possível dizer que uma pessoa que profere certas palavras é inconsciente em relação à natureza ofensiva das mesmas, ou que uma pessoa que se apodera de uma coisa não tem consciência que a própria não lhe pertence, e assim por diante em relação a outros casos?

Não havendo consciência, ou havendo suspeitas de inconsciência, o problema é imediatamente remetido para uma análise à luz da *negligência inconsciente*[587], como um *aliud* em relação ao dolo. Mas há outros casos em que se verifica um *erro sobre a factualidade típica*. O problema

[584] Como sucedeu no "Exemplo 2", tal como consta na motivação de facto. Mesmo em caso de confissão, os estados de consciência são apreciados e comprovados por terceiros.

[585] Como sucedeu no "Exemplo 3", tal como consta na motivação de facto.

[586] Veja-se o Ac. TRC de 25/01/2017, proc. n.º 2531/13.3TALRA.C1, com o seguinte sumário: "I – A intenção (no caso, de prejudicar a assistente), como subjetiva que é, cai no foro íntimo do agente. Pelo que, ou o mesmo confessa expressamente essa sua intenção ou a mesma terá que resultar, inferir-se, de algum modo, através de outro mecanismo que dê garantias ao julgador que a intenção do agente era num determinado sentido. II – Concluindo-se dos factos objectivos que a intenção dos arguidos visava a extinção da sociedade, dos mesmos não se pode intuir que tal extinção era para obstar ao pagamento da dívida à assistente.". Para outras decisões neste sentido, cfr., *supra*, nota 201.

[587] Cfr., *infra*, (3.2) cap. III, parte I.

mantém-se: admitindo que a única perspectiva apreensível pelo terceiro é, naturalmente, a perspectiva a partir do exterior, pergunta-se como se identificam as situações em que *não há uma coincidência entre a consciência do agente e a realidade dos factos, ou seja, em que há uma falsa ou falta de representação da realidade por parte do agente.* É que, nesses casos, efectivamente, para o terceiro observador, parece haver uma coincidência perfeita entre o que o agente sabe ou tem consciência e o que o agente está ou não a fazer – o tal fantasma dentro de uma máquina enquanto metáfora mecanicista.

A verdade é que, nos casos de erro sobre a factualidade típica, as proposições ou alegações processuais acerca do que se passa na cabeça do agente – neste caso, "ele não sabia que..."[588]– hão-de-se apoiar, em primeiro lugar, *na versão dos factos do próprio agente que são transmitidos à respectiva descrição e comprovação factual que traduz o erro.* Versão essa que deverá ser, da mesma forma, considerada a partir do exterior e comprovada, também, de acordo com todos os "indicadores externos" alegados que apontem nesse sentido – uma vez que, em princípio, não basta a confissão. A comunicação da representação errónea ou da falta de representação do agente será assim realizada através da narrativa das específicas circunstâncias de tempo e lugar que o levaram a agir de um modo "errado". Não há diferença em relação à forma de descrever o conhecimento correcto das circunstâncias de facto, pois o "erro" igualmente se irá afigurar como uma *categoria qualificativa* de comportamentos – e não descritiva de actos mentais – que se encontra devidamente fundamentada e comprovada no contexto do caso concreto. Apesar de tudo, a história do comportamento do agente, enquadrada em determinadas circunstâncias de facto, tem potencial para revelar o erro e transmitir uma "imagem" da falsa ou falta de consciência; sendo essa, afinal, a mesma história que os "indicadores" ou meios de prova vão contar.

[588] P. ex., o Ac. TRG de 09/01/2012, proc. n.º 98/10.3PTBRG.G1, na matéria dos factos provados, "... O arguido tal não sabia. Não sabia que não estava habilitado a conduzir e que ao fazê-lo incorria na prática de um crime", em relação à condução com carta de condução que se encontrava caducada.

Quando nos deparamos com a maioria dos casos práticos de escola em relação a certos tipos de erro – p. ex., erro sobre o processo causal, erro na execução ou erro sobre a pessoa ou sobre o objecto –, damos conta, pela forma como são formulados, que há indicadores externos determinantes para a existência do erro. O caso em que o agente, ao anoitecer, anda à caça na floresta, depara-se com qualquer coisa a mexer atrás de uns arbustos e dispara porque pensa tratar-se de um javali, quando, na verdade, se tratava de uma pessoa, transmite uma imagem de quem não está a identificar o alvo do disparo, sendo verosímil, dadas as circunstâncias, a consciência de quem "pensava ser um animal de caça e não uma pessoa". Ou o caso em que o agente, também ao anoitecer, se encontra numa barraca de tiro ao alvo num parque de diversões e dirige o tiro à garrafa mas acerta numa pessoa que está ao lado, errando assim na pontaria, transmite igualmente uma imagem de quem, naquelas circunstâncias, atingiu um alvo diferente daquele que representava mentalmente atingir. Como é evidente, para estes e outros casos de erro, não basta alegar, na matéria de facto, o estado privado de consciência: são sempre essenciais factos e circunstâncias de tempo e lugar que suportem ou exteriorizem a versão do mundo interior do agente, como os contextos sociais de quem, ao anoitecer, se encontra numa floresta no exercício legal da caça ou num parque de diversões a participar onerosamente num jogo que dá um prémio, sem qualquer motivo para atingir uma pessoa desconhecida.

Aqui chegados, deparamo-nos com uma questão mais próxima da dinâmica do processo penal do que da dinâmica dos elementos conceptuais propostos pela noção substantiva de "dolo", ainda que se encontrem interligadas. Naturalmente, o processo penal português, caracterizado como um modelo de estrutura acusatória integrada por um princípio da investigação, está fundado num sistema em que vigoram também princípios como a presunção da inocência, a plenitude das garantias de defesa e a fundamentação das decisões, enquanto instrumentos de controlo contra o poder arbitrário de "dizer os factos". Ora, nesse caso, a versão dos factos do próprio agente – se o próprio não se remeter ao silêncio – deverá ser tida em conta desde a fase do inquérito, admitindo que, no mais das vezes, havendo uma falsa ou falta de representação da realidade, não será evidente identificar o *erro* na perspectiva do terceiro observador. Mais importante ainda: compete à autoridade judiciária *indagar a existência do erro sempre que surjam mínimas suspeitas da possibilidade da sua existência*[589], e não apenas quanto tal seja alegado pelo próprio agente-arguido[590]. Isto para relembrar que o sistema que vigora no processo penal *não é um sistema de ónus da prova*, em que a acusação tem a possibilidade de converter uma daquelas proposições de facto relativas ao tipo subjectivo do crime em fórmulas pré-determinadas que simplesmente invertem o ónus da prova, bastando, para tal, alegar que o agente "tinha consciência" ou que "sabia" o que estava a fazer, de forma a obrigar a defesa a fazer prova do contrário.

### 3.1.2. Elemento volitivo

E o mesmo raciocínio poderia ser feito em relação à "vontade", caracterizada nos referidos exemplos com a proposição "agiu voluntariamente". Esta proposição, que se encontra usualmente inserida na matéria de facto, é semelhante em todos os casos e demonstra, com mais clarividência, a sua função qualificativa. O plano da vontade é mais um caso que tem por base a interpretação de todo contexto factual descrito processualmente, em que o agente toma ou não certas iniciativas. É a "atitude expressiva" – para utilizar palavras de J. Habermas[591] –, nas circunstâncias de tempo e lugar, que tem potencial para desvendar a própria vontade do agente. Voltamos à ideia de que existe uma certa comunicação cinestésica no mundo das interacções entre as pessoas e com as coisas e os animais.

Ao negarmos o conteúdo interno ao elemento volitivo do dolo procuramos explicá-lo a partir do comportamento descrito nas narrativas processuais, considerando *todos os elementos da matéria de facto*, inclusivamente aqueles que caracterizam o contexto social e a história pessoal do agente. Assim, não é o movimento corporal que é determinante para

[589] Aqui, evidentemente, considerando todos os diferentes critérios de objectividade e legalidade para o MP e independência e imparcialidade para o magistrado judicial, decorrentes dos próprios estatutos.

[590] No mesmo sentido, a propósito das causas de justificação, Jorge de Figueiredo Dias, *Direito Processual Penal*, 1.º vol., Coimbra: Coimbra Editora, 1981, p. 193.

[591] Jürgen Habermas, *Fundamentação Linguística da Sociologia... op. cit.*, p. 288 ("acções expressivas").

afirmar a "vontade", nem tão-pouco o mundo físico-químico, o mundo biológico ou o mundo psicológico, é antes o sentido do comportamento individual e concreto de um agente (visto como uma "referência identificante" (PAUL RICOUER)) no contexto do processo de interacção[592]. Porque não é uma "vontade física", uma figura física da vontade ou qualquer processo físico que nos dirá o sentido da vontade. Nem é, por outro lado, através do mundo psicológico da vontade – nos tais fluxos transitórios, neste caso, dos estados volitivos – que teremos acesso às representações do que o agente "queria". A "vontade", na realização concreta do direito, é uma categoria que se relaciona com toda a realidade processualmente descrita nas proposições de facto, deixando de ser uma categoria exclusivamente física, ou exclusivamente fechada no mundo interior ou nas representações mentais do agente[593].

O modo como a "vontade" é imputada a um comportamento pode ser exemplificável nas relações das pessoas com as coisas móveis. Quando é que se pode dizer que uma pessoa tem vontade de deter uma determinada coisa? O exemplo do sujeito que recebe na sua caixa de correio um pacote com uma quantidade substancial de estupefacientes, tendo sido informado do facto pelo telefone, é demonstrativo das dificuldades que podem surgir[594]. Numa perspectiva exclusivamente física, não só a coisa está inanimada num local, parada onde se a deixou, como também a vontade de detenção não está ainda manifestada externamente em qualquer movimento corporal (considerando, p. ex., que ainda não houve um contacto material com a coisa nem a abertura da caixa de correio desde então)[595]. Por outro lado, numa perspectiva exclusivamente mental, a vontade de detenção, traduzida na vontade de manter a coisa na esfera de disponibilidade, reconduz-se a um elemento intelectual não exterio-

[592] Cfr. lógica de Émile Durkheim, *As Regras do Método Sociológico, op. cit.*, p.67; e Jordão Horta Nunes, *Interacionismo Simbólico e Dramaturgia..., op. cit.*, pp. 28-29

[593] Considere-se Tomás S. Vives Antón, *Fundamentos del Sistema Penal... op. cit.*, pp. 267-272.

[594] Exemplo a partir de Ken Eckstein, *Besitz als Straftat*, Strafrechtliche Abhandlungen, band 133, Berlin: Duncker und Humblot, 2001, pp. 220-221.

[595] Uma "vontade" seguida da "consciência" da localização e da natureza da coisa. Para uma destrinça entre o elemento intelectual e o elemento volitivo da detenção, veja-se o nosso Pedro Sá Machado, *Crimes de Detenção e Detenção de Coisa Móvel no Direito Penal Português... op. cit.*, pp. 87-100

rizado, com a decisão de manter a coisa no mesmo local e de permanecer passivo em relação à mesma. Ora, admitindo que a primeira perspectiva, por si só, ainda não permite afirmar uma vontade e que a segunda não é acessível às descrições processuais dos factos, resta olhar para os "indicadores externos" da vontade de detenção da coisa – p. ex., a conversa que foi objecto de escuta telefónica, a busca que encontrou os estupefacientes na caixa de correio que faz parte da esfera exclusiva de controlo do agente, os antecedentes criminais do agente relacionados com esse tipo de crime, as relações intersubjectivas com outras pessoas ligadas ao consumo ou com ao tráfico, entre outros –, de forma a poder fundamentar e imputar a proposição "*o agente agiu livre e voluntariamente*". Será uma proposição que, embora não descreva factos, deverá estar motivada em todas as circunstâncias de facto alegadas que permitem realizar um juízo de valor nesse sentido.

No que diz respeito aos cinco exemplos acima referidos, parece-nos que os dois últimos – ligados de alguma forma à omissão – são os mais reveladores das *influências do elemento volitivo do dolo na matéria de facto*, em virtude de se direccionar a vontade para o preenchimento dos elementos de um tipo de crime específico. No "Exemplo 4", a proposição da matéria de facto refere que o agente agiu de *modo livre e deliberado* ao querer deixar as pessoas no local, sem ajuda, sem pedir ou se certificar que alguém chamava o socorro médico necessário, nem sinalizando o local do embate, a fim de minimizar riscos de novos acidentes. Constitui certamente uma "vontade qualificada" que decorre de um juízo de valor, apoiado na situação de facto e na antecipação da solução de direito, provindo do terceiro observador (aqui na veste de "acusador"). Em momento algum se exige que aquela "vontade" seja uma reprodução fiel do que aconteceu no foro interno do agente no caso concreto, pois *o narrador não é capaz de repetir, em proposições de facto, o que verdadeiramente sucedeu na perspectiva interior do agente*[596]. Já no "Exemplo 5", considerando as várias modalidades legais do dolo (directo, necessário ou eventual), a vontade está especialmente direcionada para a "morte" da progenitora – "*o arguido agiu de forma voluntária e consciente, tendo previsto a morte da sua mãe como resultado da ausência da*

[596] Cfr., nas teorias sociológicas da acção, Jürgen Habermas, *Fundamentação Linguística da Sociologia... op. cit.*, p. 139

*prestação de cuidados alimentares, nos termos expostos, aceitando e conformando-se com tal resultado"* –, ou seja, direccionada para um tipo de resultado previsto num crime específico, antecipando, de alguma forma, a solução de direito pretendida (até com referência à "conformação")[597]. Face a estes exemplos, parece que a relação entre os factos e o tipo subjectivo do crime é decisiva para determinar – e imputar – o sentido "volitivo" do comportamento do agente.

Uma questão de direito frequentemente debatida no plano volitivo diz respeito à clássica diferenciação entre dolo eventual e negligência consciente. Concordamos a propósito com A. Taipa de Carvalho quando se refere à importância jurídico-prática da distinção, sobretudo considerando que grande parte dos tipos de crime não punem a negligência e, nesse caso, uma decisão a favor da negligência consciente poderá ser uma decisão a favor da absolvição do agente-arguido[598]. Como é sabido, o CP português acaba por acolher a *teoria da conformação* ao utilizar expressamente o verbo "conformar" nas disposições legais relativas ao dolo eventual ("...actuar conformando-se...") e à negligência consciente ("sem se conformar"). Nesse caso, naturalmente, segue-se a pergunta: como é que a "conformação" está manifestada externamente no comportamento?

A resposta poderá não ser muito diferente daquela que caracteriza o próprio elemento volitivo na realização jurisdicional do direito. A "conformação" não é um mero estado psicológico em que o agente internaliza para si o risco que aceita correr, mas uma "atitude expressiva" enquadrada em certas circunstâncias espácio-temporais e histórico-sociais, cujo reflexo tem potencial para desvendar o risco tomado pelo agente. Aliás, como temos vindo a repetir sobejamente, esta é a única perspectiva que faz sentido para a narrativa dos factos no processo penal em que, inclusivamente, se dá todas as garantias de defesa ao próprio agente e

[597] Crítico acerca das "soluções de direito" na descrição dos factos, António Cortês, *Jurisprudência dos Princípios... op. cit.*, p. 344

[598] Com outras razões práticas e com menções teóricas propostas como critério de distinção, Américo Taipa de Carvalho, *Direito Penal, Parte Geral*, vol. II, Teoria Geral do Crime, Colecção Manuais, Porto: Publicações Universidade Católica, 2004, pp. 134-139. Na verdade, a teoria da conformação é vista como uma (teoria da) conformação com o risco de lesão de bens jurídicos.

oportunidade de expor a sua própria versão dos factos. Não se trata, em caso algum, de um *processo kafkiano*[599]. Mas também não significa que estejamos isentos de dúvidas na multiplicidade de casos possíveis da vida em sociedade.

O exemplo clássico do condutor que vê um sinal vermelho, representa a possibilidade de causar um acidente e, ainda assim, decide passar, provocando um acidente e matando uma pessoa, é suficientemente elucidativo. O elemento intelectual é igual para ambos os casos de dolo eventual ou negligência consciente: a representação de que é possível causar um acidente. O elemento volitivo irá variar, de outra forma, conforme o agente tome a sério (ou não) o risco de algo acontecer. Ora, como é que se comprova o elemento volitivo numa situação dessas[600]?

Desde logo, os indicadores externos podem ser determinantes para averiguar a atitude expressiva da "conformação" ou da "não conformação". Há circunstâncias de tempo e lugar que apontam para a veracidade da versão de alguém que não toma a sério o risco de colocar em perigo ou lesar bens jurídicos, p. ex. pelo facto de se tratar de uma reta com uma boa visibilidade ou pelo facto de o condutor se encontrar a circular de madrugada, numa altura em que aparentemente não se encontrava ninguém na estrada. Seria razoável, assim, pensar "nada vai acontecer depois de passar o sinal vermelho". Por outro lado, enquanto critério prático-jurídico para identificar uma "conformação", podem ser determinantes *os motivos* do agente que o levariam a conformar-se com o risco de colocar em perigo ou lesar bens jurídicos, neste caso, tão importantes como a integridade física ou a vida de uma terceira pessoa[601].

Portanto, actualmente, as proposições da matéria de facto que imputam a vontade ao agente – "o agente agiu voluntariamente" ou, no limite,

[599] Como aponta Maria Fernanda Palma, *Direito Penal, Parte Geral... op. cit.*, p. 145, em relação às "concepções puramente normativistas".

[600] Tais dificuldades estão bem expressas por Jorge de Figueiredo Dias, *Direito Penal: Parte Geral*, tomo I... *op. cit.*, p. 374, §48

[601] É uma posição assumida por Ingeborg Puppe, "Perspectivas conceptuales del dolo eventual", *El Derecho Penal como Ciência... op. cit.*, pp. 310 e ss. Entre nós, Maria Fernanda Palma, *Direito Penal, Parte Geral... op. cit.*, pp. 146 e ss., com referência à "motivação da ação". Cfr. ainda, sobre os "motivos", *supra*, notas 211, 212, 213, 214 e 215.

"o agente conformou-se com essa realização"[602] – estão sustentadas num processo de fundamentação-argumentação, racional e crítico, fortemente influenciado pela solução de direito que se pretende defender. Nos casos limite entre dolo eventual e negligência consciente, como é a teoria da conformação do risco que é adoptada pelos actuais pressupostos de direito, o que determina a "vontade" do agente em termos factuais é, justamente, a manifestação externa da "conformação" nos contornos do caso concreto, especialmente considerando o contexto em que o comportamento do agente é assumido e todos os indicadores externos que apontem nesse sentido.

### 3.1.3. Elemento emocional

Por fim, o elemento emocional do dolo, traduzido na consciência da ilicitude do agente e na respectiva fórmula, habitualmente levantada na matéria de facto, "*o arguido actuou sabendo que a sua conduta era proibida e punida pela lei penal*".

O que está agora em causa é a identificação de uma "atitude expressiva" de indiferença face aos valores tutelados pela lei penal[603], considerada como a terceira das proposições essenciais para o preenchimento dos elementos subjectivos do crime. Pergunta-se, nesta sede, se são realmente necessários factos ou comportamentos exteriorizados que determinem o seu preenchimento, e se, para além disso, os mesmos têm alguma relação com os factos ou comportamentos que preenchem os elementos do tipo subjectivo de ilícito.

E a resposta tem muito que ver com as diferentes *camadas de significado* que podem ter as proposições verdadeiramente descritivas de factos à luz dos pressupostos de direito penal. Efectivamente, a teoria do tipo de ilícito subjectivo, que inspirou a lei, distingue – por conveniência lógica, metodológica e analítica – os elementos intelectual e volitivo, reclamando a sua verificação factual. Mas, em termos estritamente fac-

[602] Como sucedeu com o referido "Exemplo 5" (aparência de homicídio por omissão de progenitor).

[603] Já não fazendo parte do dolo do tipo de ilícito, mas antes do dolo do tipo de culpa, segundo concepção de Jorge de Figueiredo Dias, *Direito Penal: Parte Geral*, tomo I... *op. cit.*, pp. 272-273, 350 e 529 e ss.

tuais, esses elementos, para além de se afigurarem fundamentais para a existência do ilícito, não se podem resumir exclusivamente a fórmulas pré-determinadas, ausentes de valor funcional, que simplesmente remetam para o mundo interior, pessoalíssimo e incomprovável do agente. E o mesmo, em princípio, se passa com o elemento emocional enquanto elemento do tipo de culpa[604]. É com base num *juízo de valor* sobre os factos descritivos e exteriorizados que se fundamenta a atitude interna pessoal do agente – p. ex., concluindo que o meio utilizado para causar a morte foi "insidioso", concluindo que a forma de actuar apresentou uma "frieza de ânimo", ou concluindo que o comportamento foi determinado por "avidez"[605]. Afinal, é com base em factos verdadeiramente descritivos que é possível valorar e alegar que o agente sabia que a sua conduta era proibida e punida pela lei penal. Eis, então, a posição até ao momento defendida de que *os factos interiores e pessoais são afirmados com base em factos exteriores e intersubjectivos*[606]. A mesma proposição descritiva da realidade exteriorizada pode ter um primeiro significado à luz do elemento intelectual, um outro significado à luz do elemento volitivo, assim como um terceiro significado e sentido à luz do elemento emocional, já em sede de culpa, aceitando que os três elementos dogmáticos têm diferentes condições de aplicação.

[604] Embora sejam alegadas, muitas vezes, sem qualquer outro facto verdadeiramente descritivo que as fundamente. Na prática, o Ac. TRG de 19/06/2017, proc. n.º 430/15.3GEGMR.G1, assume o seguinte entendimento: "A alegação de que a arguida sabia que a sua conduta era proibida e punida pela lei penal não é inócua e desnecessária, não passando de um protocolo ou fórmula pré-determinada acolhida pela prática judiciária, sem qualquer valor funcional. Ao contrário, a alegação da consciência da ilicitude, seja com a utilização daquela fórmula ou através da descrição mais objetiva desse facto da vida interior, corresponde à necessidade de descrever um dos elementos do tipo subjetivo, traduzido no dolo da culpa, o qual, segundo as modernas conceções dogmáticas da teoria do crime, defendidas entre nós por J. Figueiredo Dias, constitui uma categoria autónoma, relativamente ao dolo do tipo, ao passo que na conceção tradicional não se distinguia entre os elementos do tipo e os elementos do tipo de culpa.".

[605] Exemplos em Jorge de Figueiredo Dias, *Direito Penal: Parte Geral*, tomo I, *op. cit.*, p. 558 (§48)

[606] Próximo, Jochen Schneider/Ulrich Schroth, "Perspectivas da aplicação da norma jurídica...", *op. cit.*, p. 521

Repare-se bem no "Exemplo 1" (aparência de injúria no decurso de uma reunião), cuja narrativa se resume ao simples facto de a agente ter interrompido uma reunião e dito de forma agressiva a outrem, em voz alta, "tu pensas que mandas" "tu és desumana" e "tratas mal as funcionárias". É possível alegar, *com base no mesmo comportamento*, que a agente agiu, neste contexto, de forma "consciente", "livre e voluntária" e "bem sabendo que a sua conduta era punida e prevista por lei" – o que nos remete para a tal antecipação (ou pré-compreensão) da solução de direito através da alegação dos factos e "fórmulas" pertinentes. Por um lado, tais proposições, porque vinculadas aos próprios comportamentos, acabam por ser uma *expressão do contexto de interacção, nas circunstâncias de tempo e lugar, em que o agente assumiu um determinado comportamento.* Por outro, enquanto proposições que não estão depuradas da solução de direito, também são uma *expressão das exigências de normatividade jurídico-penal* (nesse caso, o direito penal substantivo), pois é pacífico que não há crime sem a alegação das mesmas.

### 3.2. Negligência

Os comportamentos considerados "negligentes" à luz dos pressupostos do direito vêm confirmar o que temos vindo a dizer quanto às proposições da matéria de facto que, antecipando a solução de direito, mais parecem ser juízos de imputação do que descrições de factos. Com efeito, na prática judiciária, qualquer matéria de facto com aparência de crime negligente dispõe, a certa altura, "agiu o arguido de forma desatenta e descuidada, agindo sem observar a prudência e diligência a que estava obrigado...", reproduzindo basicamente o que consta na lei penal a propósito da "negligência". É verdade que esta "fórmula" não deixa de se encontrar sustentada em factos que verdadeiramente descrevem uma situação da vida em sociedade, ou sustentada no processo de fundamentação da matéria de facto que avalia criticamente os indicadores externos (com base na prova ou nas regras da experiência), mas não deixa de ser produto de uma valoração e pré-compreensão do direito por parte do narrador. O mesmo narrador ou terceiro observador que, ao analisar o caso concreto, conclui que o comportamento do agente, em determinadas circunstâncias individuais-concretas, espácio-temporais e histórico-sociais, é um *comportamento descuidado.* Será essa a qualidade do comportamento que tem potencial para o converter em comportamento ilícito-típico[607].

É efectivamente o poder de análise do terceiro observador que é determinante para firmar a *negligência do agente*. É o observador que, numa perspectiva objectiva, aprecia o comportamento activo ou passivo do agente e *qualifica-o como sendo descuidado* à luz das mais diversas fontes do dever de cuidado[608]. O que será muito diferente da perspectiva interior psicológico-volitiva do agente, nos termos da qual, o próprio, ao actuar ou não actuar perante circunstâncias concretas da vida em sociedade, não acredita que "algo" vá acontecer ou, inconscientemente, não chega sequer a representar a possibilidade que "algo" possa acontecer. Noutro contexto, J. Habermas dá conta das diferentes perspectivas em causa: ao passo que o agente escolhe os meios de actuação que lhe parecem ser adequados em determinadas circunstâncias, já o observador, ao avaliar o comportamento de uma forma mais objectiva, dispõe de um saber empírico que lhe permite explicar a real ineficácia dos meios ou o insucesso dos fins perante as mesmas circunstâncias do caso concreto[609]. Parece-nos que é algo parecido que sucede com a narrativa da negligência.

Não há factos com aparência de crime que reclamem mais atenção por parte do espectador objectivo do que aqueles que se qualificam como negligentes. Até devido à própria caracterização das competências ou capacidades práticas e teóricas do agente, vistas na perspectiva intersubjectiva, a partir das quais é possível questionar se o agente concreto foi

[607] A violação do dever objectivo de cuidado como essência do tipo de ilícito negligente em Sónia Fidalgo, *Princípio da Confiança e Crimes Negligentes*, Coimbra: Edições Almedina, 2018, pp. 256 e ss., p. 259, p. 332 e pp. 337-338. Significa, também, o afastamento da teoria da imputação objectiva (ou teoria da criação do risco não permitido) como critério para determinar o tipo de ilícito negligente, defendido em Claus Roxin, *Derecho Penal, Parte General*, tomo I, *op. cit.*, pp. 1001 e ss.. Sobre o assunto, também, Álvaro da Cunha Gomes Rodrigues, *A Negligência Médica Hospitalar na Perspectiva Jurídico-Penal: estudo sobre a responsabilidade criminal médico-hospitalar*, Colecção Teses de Doutoramento, Coimbra: Edições Almedina, 2013, pp. 81 e ss. ("a violação do dever de cuidado objectivo como elemento estruturante do delito negligente ou a sua substituição pela criação do risco não permitido?")

[608] Uma valoração realizada em concreto na prática judicial porque efectivamente os deveres de cuidado "estão em contínuo e permanente desenvolvimento", tal como refere Sónia Fidalgo, *Princípio da Confiança e Crimes Negligentes... op. cit.*, p. 255.

[609] Jürgen Habermas, *Fundamentação Linguística da Sociologia... op. cit.*, p. 264

descuidado e se podia ou não prestar o cuidado devido[610]. Não há uma "autoavaliação" a esse respeito[611]. Para além do mais, estão presentes os deveres de cuidado reclamados pela lei ou pelas denominadas *leges artis*, consoante as mais diferentes actividades da vida em sociedade[612] – p. ex., circulação rodoviária, construção civil ou prática médico-hospitalar –, pois só assim se poderá seleccionar e descrever adequadamente os factos tipicamente relevantes com aparência de crime.

A matéria de facto dos crimes negligentes é, por isso, habitualmente dotada de uma linguagem suficientemente especializada que permita descrever, adequadamente, o contexto da interacção social em causa. Por exemplo, se estiver em causa a circulação rodoviária, em princípio teremos uma descrição cuidada do estado meteorológico, da hora, da via de trânsito, do local do "acontecimento disruptivo", do veículo conduzido pelo agente, das manobras realizadas ao volante, das manobras ou comportamentos não realizados ao volante (p. ex. "não buzinou") ou até do campo de visão dos intervenientes, ou seja, uma descrição de todas as circunstâncias determinantes para caracterizar o acidente e o comportamento do agente.

O facto com aparência de crime negligente está bem representado no exemplo do motorista de um veículo pesado de passageiros que iniciou

610 Sabendo que está aqui subjacente o problema dos "critérios concretizadores do cuidado devido" na medida da controvérsia entre a aplicação do critério generalizador, em que o dever de cuidado é determinado a partir do "homem médio", e a aplicação, em certos casos, do critério individualizador, em que o dever de cuidado é determinado considerando as "capacidades acima da média" ou as "capacidades especiais" do agente. Sobre este assunto, Sónia Fidalgo, *Princípio da Confiança e Crimes Negligentes... op. cit.*, pp. 262-270; e Álvaro da Cunha Gomes Rodrigues, *A Negligência Médica Hospitalar... op. cit.*, pp. 123-132.; ainda, sobre o cuidado nos crimes negligentes, José de Faria Costa, *O Perigo em Direito Penal... op. cit.*, p. 474-479.

611 Embora, como é evidente, o agente participante no processo penal forneça ou possa fornecer essas informações através da confissão.

612 Efectivamente, nas conclusões de Paula Ribeiro de Faria, *A Adequação Social da Conduta no Direito Penal: ou o valor dos sentidos sociais na interpretação da lei penal*, Colecção Teses, Porto: Publicações Universidade Católica, 2005, p. 1136, o que define o ilícito negligente é a violação de uma "regra extra-penal de cuidado que define critérios médios de previsibilidade e evitabilidade" para um determinado sector de actividade e, daí, as mais diversas fontes concretizadoras do dever de cuidado. Cfr., ainda, Sónia Fidalgo, *Princípio da Confiança e Crimes Negligentes... op. cit.* pp. 270 e ss.

uma manobra de marcha-atrás junto a uma escola, num local onde crianças se encontravam a jogar à bola, sem se certificar que o caminho estava livre e desimpedido, por não ter campo de visão, acabando por atropelar uma criança, causando-lhe, assim, a morte[613]. Ora, se admitirmos que está fora de questão a aparência de um crime doloso, o problema de adoptarmos a exclusiva perspectiva do agente está aqui implícito: *não há qualquer ligação entre os factos mentais que o levaram a assumir o comportamento praticado e os factos exteriores que abrangem o resultado "morte" da criança*[614]. Mais ainda: o "cuidado" e a "previsão", se os entendermos como factos exclusivamente mentais, simplesmente não estavam presentes[615]. O que o agente queria, simplesmente, era realizar a manobra de marcha-atrás para sair do local onde se encontrava. Por essa precisa razão, reclama-se a posição do observador objectivo: é através de uma perspectiva intersubjectiva, perante um público observador, que se efectua essa ligação entre factos mentais e factos exteriores e que o agente revela o seu comportamento descuidado perante os outros. Assim, também são relatados na matéria de facto os estados de atenção do agente nessa mesma perspectiva valorativa do terceiro: "não buzinou", "estava distraído", "não se apercebeu" ou "nada ouviu"[616]. São os "outros" que realizam esta ligação, colocando-se na posição do agente e dotando-se dos seus conhecimentos – se estiverem em causa capacidades acima da média – ou dos conhecimentos do "homem médio", com vista a descobrir os seus deveres de cuidado[617]. Daí a necessária caracterização da experiência do agente concreto no exercício da sua actividade: de acordo com a matéria de facto, apenas há uma semana realizava esse serviço de transporte diário, em substituição de um

[613] Ac. TRL de 03/08/2009, proc. n.º151/99.2PBCLD.L1-5

[614] Sabendo, também, que este é um problema caro para o finalismo de H. Welzel. Cfr., *infra*, (4) cap. IV, parte I. Tal como afirma, Paula Ribeiro de Faria, *A Adequação Social da Conduta no Direito Penal... op. cit.*, p. 1136, o vínculo da vontade do sujeito ao facto praticado é praticamente inexistente.

[615] Neste sentido, para os crimes por omissão negligentes, Gustav Radbruch, *El Concepto de Acción... op. cit.*, p. 165

[616] Como decorre da matéria de facto do mesmo Ac. TRL de 03/08/2009, proc. n.º 151/ 99.2PBCLD.L1-5

[617] Cfr. Ingeborg Puppe, "La construcción del delito" (trad. Nuria Pastor Muñoz) [orig. 2007], *in: El Derecho Penal como Ciência... op. cit.*, p. 196

colega doente e, para além disso, apenas tinha carta de condução que o habilitava a conduzir veículos pesados de passageiros há quatro anos[618]. A sua "inconsciência" ou, noutros casos, a sua "inconformação", é transmitida por via da imagem da sua referência identificante e da história do seu comportamento, narrada por quem está limitado às manifestações do mundo exterior que podem ser processualmente comprovadas e legalmente adquiridas. Não há narrativas de processos internos de "inconsciência" ou de "inconformação" – como uma "carta de confissão" – que, por si só, constituam uma negligência para efeitos jurídico-criminais.

## 4. Síntese e conclusões do capítulo

**i)** O processo de descoberta do comportamento ilícito-típico, no prisma da realização jurisdicional do direito, é efectivamente um "complexo casuístico de decisões concretas"[619], aberto aos mais diversos pressupostos. O primeiro não pode deixar de ser o próprio "comportamento" que é narrado e descrito através das regras do processo penal, enquadrado num determinado contexto individual-concreto, espácio-temporal e histórico-social, inicialmente seleccionado como relevante para existência de um crime, uma vez que envolve um momento da experiência social com aparente impacto para os interesses das pessoas e da sociedade. Na verdade, não há uma realidade puramente pré-jurídica dos comportamentos, num plano completamente depurado das formalidades legais que o processo penal dá aos factos, pois há disposições legais de natureza adjectiva que limitam a aquisição e o conhecimento da realidade intersubjectiva em sociedade. E não estamos apenas a falar dos métodos proibidos de prova, que vigoram no ordenamento jurídico português, cuja finalidade é a aquisição processualmente válida da matéria de facto – pondo na balança a tarefa de investigar e o respeito pelos direitos, liberdades e garantias pessoais, ou a busca da verdade e a protecção do indivíduo, enquanto antinomias próprias do sistema penal.

Primeiro, os comportamentos narrados numa queixa-crime ou numa denúncia fazem parte de *uma das possíveis perspectivas da realidade inter-*

[618] Como decorre da matéria de facto do mesmo Ac. TRL de 03/08/2009, proc. n.º 151/99.2PBCLD.L1-5

[619] Para utilizar palavras de António Castanheira Neves, *Teoria do Direito... op. cit.*, p. 37

*subjectiva* – considerando que cada narrador-observador pode ter uma diferente versão dos factos –, sendo previamente selecionados, num certo juízo de valoração, como matéria socialmente relevante com aparência de crime. A mesma matéria, depois, desagua no fluxo das diferentes fases processo penal e pode ser sujeita ao tratamento de diferentes observadores-narradores – acusação, defesa e decisão judicial –, até se firmar num plano processualmente válido que se afigura pré-típico (e não pré-jurídico). No capítulo primeiro já tivemos oportunidade de caracterizar a dinâmica das narrativas processuais dos factos. Tratam-se, pois, de "comportamentos" delimitados de acordo com um modelo publicista de estrutura acusatória, integrada por um princípio de investigação. Percebe-se, assim, a razão pela qual o modo de proceder dos operadores jurisdicionais da prática – como os funcionários de justiça, os OPC's, os advogados, os defensores e as autoridades judiciárias – não considerem um conceito pré-jurídico de "conduta", geral e abstracto, comum a todas as manifestações que surjam na realidade da vida em sociedade, enquanto pendulo para a teoria do crime, mas procurem uma noção de "comportamento" enquadrável na específica tipicidade das normas jurídico-penais em vigor (inclusive, no tipo de conduta e ou no tipo de resultado). Aliás, esses comportamentos são objecto de uma "selecção natural" – *rectius*, uma valoração – que determina o resultado do inquérito, por vezes com um desfecho prático que poderá passar por um processo de conciliação informal, outras vezes com uma homologação da desistência de queixa, quando estão em causa factos com aparência de crimes particulares e semi-públicos. Importante é reter a ideia de que, num plano prévio à qualificação jurídico-penal substantiva, os "comportamentos" são referências individuais e concretas ao plano intersubjectivo e *multiverso* da interacção entre as pessoas, animais e coisas, que decorrem do aspecto dinâmico das narrativas processuais dos factos, desde logo porque se afiguram aparentemente ilícitos-típicos e relevantes para o preenchimento dos elementos de um tipo de crime. O que nos remete, precisamente, para um segundo e importante pressuposto do processo de descoberta do comportamento típico: as próprias normas jurídico-penais.

As normas penais e a respectiva tipicidade são, com efeito, uma condição *si ne qua non* para a existência de um comportamento típico, por mais evidente que tal observação possa ser. Sobretudo porque falamos de direito penal, o valor do princípio da legalidade é indispensável para a segurança jurídica das decisões. No segundo capítulo debruçamo-nos sobre esse assunto. Essencial é ter presente que as normas jurídico-penais não são o único pressuposto para converter um comportamento num "comportamento ilícito-típico", mas apenas um dos pressupostos: *o comportamento ilícito-típico é uma conclusão de direito penal e não, exclusivamente, uma conclusão da tipicidade criminal.* O que é de alguma forma assegurado pelo facto de os pressupostos para a existência do crime não se encontrarem numa divisão estanque e imune aos movimentos da sociedade, exigindo sempre *uma contínua determinação.* São, pois, as situações da vida em sociedade relatadas a partir do processo penal que dão fecundidade à lei penal, e não o contrário. E por isso se afirma, com razão, que a leitura do texto da lei se modifica com novas experiências e ao longo da história da sua vigência.

De facto, a leitura do texto da lei, assim como o processo de conjugação dos pressupostos de direito penal, dependem do próprio sujeito intérprete chamado a resolver o problema do caso concreto. Aqui damos conta de uma "pré-compreensão" que se caracteriza por um "saber anterior", por uma experiência, quanto aos contextos sociais e quanto ao próprio direito penal, emanada de uma personalidade singela que dá o seu próprio cunho ao processo de qualificação dos factos. Esta é a melhor forma de "humanizar" as decisões, admitindo que há diferentes formas de pensar e de ser a todos os níveis, inclusivamente sujeitando a realização do direito a momentos de confusão, erro ou insuficiência – o que justifica, com naturalidade, a impugnação das decisões em sede de reclamação ou recurso. As autoridades judiciárias e, aliás, qualquer interveniente processual, não qualificam os comportamentos de forma automática e sempre com os mesmos resultados, aproveitando a lógica formal da matemática e dos cálculos meramente aritméticos. Bem pelo contrário, o processo de descoberta do comportamento típico avoca uma lógica material e um raciocínio prático-jurídico alargado, patente no momento da fundamentação de direito.

Assim, especialmente nas sentenças ou nos acórdãos, deparamo-nos com um processo de fundamentação – ou de justificação judicativo-decisória – que traduz o poder activo ou a atitude prática para renovar e actualizar o significado e o sentido típico ou atípico dos comportamentos. Perante o caso-problema, a autoridade judiciária procura fundamentar as soluções de qualificação através dos mais diversos argumentos e pressupostos de direito. Quanto a estes últimos, já referimos alguns: o sistema de orientação valorativa, a natureza dos princípios e das normas jurídico-penais, que incluem o princípio da legalidade, os tipos de crime, os bens jurídicos, os tipos de conduta e tipos de resultado; a posição da doutrina maioritária quanto aos problemas jurídicos e quanto ao conteúdo teórico dos conceitos que constam nas normas penais; o precedente jurisprudencial quanto à matéria em discussão; o próprio discernimento quanto ao conjunto da ordem jurídica – no caso, nacional, comunitária, europeia e internacional – e, também, quanto à própria sociedade onde os comportamentos são praticados, admitindo valores próprios que exigem certas e particulares ponderações empíricas enquadradas num momento histórico-social. Eis, então, o referido *raciocínio prático-jurídico alargado* que visa demonstrar, publicamente, os juízos mais aceitáveis e razoáveis que determinam ou não a tipicidade dos comportamentos.

A este propósito, não podemos ignorar a importância da doutrina e da jurisprudência para o processo de fundamentação das decisões jurisdicionais. Podem ser considerados como argumentos de autoridade e argumentos de precedente que constam em quase todas, senão todas, as fórmulas decisórias. Neste aspecto, são importantíssimos os trabalhos que visam dar soluções a problemas reais de índole prático-normativa, pois são esses os únicos que reclamam *o direito* num contexto concreto. Seja uma ponderação científica, seja jurisprudencial, a verdade é que vão sendo levantados e, de alguma forma, solucionados os problemas de qualificação de comportamentos ao longo da vigência de um tipo de crime, sabendo que há uma tendência para seguir a posição da doutrina maioritária e o sistema implementado de precedentes jurisprudenciais quanto à matéria de direito. Quem pretenda divergir de uma decisão de direito anterior, admitindo que estamos perante contornos fácticos semelhantes ou análogos, tem um verdadeiro ónus de "contra-fundamentação", o que caracteriza a própria dinâmica do processo de descoberta do comportamento ilícito-típico: *um processo em contínua determinação que se actualiza e renova não apenas perante diferentes situações da vida em sociedade, mas também perante novas ou diferentes abordagens doutrinárias ou jurisprudenciais*. A autoridade das decisões do Tribunal Constitucional, do TJUE e do TEDH não pode, a esse respeito, ser desqualificada.

**ii)** Posto isto, partindo do princípio que o processo de descoberta do comportamento ilícito-típico depende, essencialmente, deste conjunto de pressupostos – a "matéria prima" –, seguimos para uma análise mais centrada na própria tipicidade. O comportamento será típico porque se associa ao "tipo objectivo" e ao "tipo subjectivo" de um crime específico. O problema central, como verificámos, está na *conjugação destas categorias dogmáticas com a natureza da narrativa processual dos factos.* A realização concreta do direito penal passa precisamente por isso: conjugar o direito substantivo, o direito adjectivo e, dentro deste último, o direito probatório, de forma a dar a melhor solução ao caso concreto.

**iii)** No que concerne o tipo objectivo do crime, a primeira questão levantada – que até pode ser considerada preliminar – está relacionada com o conjunto de casos, "clássicos de escola", que são comummente considerados pela doutrina como situações em que não há "conduta" para o direito penal[620]. Por exemplo, os comportamentos dos animais, os comportamentos integrados na esfera das pessoas colectivas, as actuações condicionadas pela "força irresistível", os "movimentos reflexos", os casos de "sonambulismo" e os casos de "hipnotismo". Contudo, a nossa abordagem para este tipo de situações terá sempre que deslocar o eixo referencial do problema da existência ou inexistência de comportamentos, ao nível da matéria de facto, para o problema da tipicidade ou atipicidade, na perspectiva do tipo objectivo de um crime concreto. E isto porque, quanto a nós, os comportamentos efectivamente "existem" em termos factuais, mesmo considerados "inconscientes" ou "involuntários", desde que possam ser narrados e descritos pelo terceiro observador a partir do processo penal. A relevância jurídico-criminal desta posição assumida passa por acolher eventuais situações de legítima defesa, com-

[620] Casos esses que, com excepção dos que dizem respeito às pessoas colectivas, muito raramente chegam ao processo penal e às decisões de jurisprudência, tendo, por isso, uma importância prático-jurídica menor.

participação, responsabilidade civil, aplicação de medida de segurança e *actio libera in causa*, dependendo da natureza do caso concreto.

No que diz respeito aos animais a questão é algo diferente. Repare-se: um comportamento de um animal existirá sempre na sociedade dos homens a partir do momento em que possa afectar pessoas, coisas e outros animais, ou seja, a partir do momento em que possa afectar bens jurídicos protegidos pelo direito penal. Como poderá o direito penal defender que "não há" comportamentos socialmente relevantes? E aqueles casos em que um "animal de companhia" (p. ex. um "rottweiler" ou um "pit bull terrier") é incitado por uma pessoa a ofender a integridade física de uma outra pessoa? Coisa diversa é defender, tal como defendemos, que as condutas dos animais não têm nenhuma relevância ilícita-típica, logo ao nível do tipo objectivo, para efeitos de imputação de um crime ao próprio animal.

Quanto às pessoas colectivas, face à posição da própria lei penal portuguesa, não nos parece adequado afirmar que as pessoas colectivas não se podem afigurar um centro autónomo de imputação de "comportamentos". Temos hoje decisões de jurisprudência que fazem constar na matéria de facto, ademais, a "consciência" e a "vontade" da própria pessoa colectiva! Se é uma ficção de direito que se impõe na matéria de facto, essa é uma outra discussão que muito diz a respeito das influências do direito substantivo nas próprias narrativas processuais dos factos. Face ao modelo português de responsabilização criminal, uma pessoa colectiva tem capacidade, por si própria, para preencher os elementos objectivos de um tipo de crime.

Por sua vez, quando está em causa actuação de uma pessoa singular sob "força irresistível", sempre a questão chega ao processo penal, é devido ao facto de o corpo do agente (nesse caso, enquanto "massa mecânica") ter colocado em causa bens jurídicos protegidos pelo direito penal. O que nos permite recentrar a discussão para o eixo do tipo objectivo de um ilícito: será uma força que determinou uma atitude do agente com aparência de crime. Em qualquer fase do processo, aliás, até ao trânsito em julgado da decisão, é possível realizar *juízos de valoração* que incidam sobre o conceito de "força irresistível" ao nível da matéria de facto (p. ex., considerando os casos em que está em dúvida a resistibilidade ou irresistibilidade das forças físicas).

E o mesmo se poderia dizer em relação ao conceito de "movimentos reflexos" e a toda aquela zona fronteira onde se identificam "actos impulsivos", "reacções automáticas" "actos instintivos", "movimentos espontâneos", "reacções primitivas", "reacções explosivas" ou "reacções em curto circuito". A perspectiva publicista do processo penal é aqui, novamente, determinante. Os "movimentos reflexos" ou qualquer outro tipo de reacções não excluem o facto de se afigurarem socialmente perigosos ou danosos para os bens jurídicos protegidos pelo direito penal, motivando a notícia com aparência de crime. Caso contrário, que sentido teria a discussão para o direito penal?

Finalmente, os casos de sonambulismo e de hipnotismo, descritos na perspectiva do terceiro observador, a única aceitável no processo penal, obrigam a afirmar, com efeito, a existência de "comportamentos". É possível descrever as actuações de sonâmbulos e de pessoas hipnotizadas na sua relação com as outras pessoas, coisas e animais, assim como também é possível que se afigurem perigosas ou danosas para os bens jurídicos protegidos pelo direito penal. A solução de direito, em qualquer caso, passa por saber se estamos enquadrados na tipicidade – tipo objectivo ou tipo subjetivo? – ou, no limite, na culpa, considerando que há diferentes posições doutrinárias a respeito.

**iv)** Ultrapassada esta questão preliminar, centramo-nos na qualificação jurídico-penal dos comportamentos à luz do tipo objectivo dos *crimes de resultado*. E isto essencialmente para procurar responder à seguinte questão: devemos incluir o "tipo de resultado" no conceito de "comportamento ilícito-típico"?

A resposta não pode deixar de ser positiva. Com base em exemplos concretos, concluímos que os comportamentos não são criminalmente relevantes, na perspectiva do tipo objectivo do crime de resultado, quando não preenchem o tipo de resultado. Ou seja, por outras palavras, concluímos que os crimes de resultado reclamam uma noção de "comportamento ilícito-típico" que englobe também o tipo de resultado. Sendo assim, para este tipo de crimes, nunca será suficiente a descrição um mero comportamento na narrativa processual dos factos – p. ex., "ela disse", "ele apoderou-se" e "eles pintaram" – que preencha o tipo de conduta, será ainda necessário descrever um "resultado" que preencha o específico tipo de resultado previsto no crime. A questão aqui passa justamente por saber, por um lado, qual é a natureza desse "resultado" e, por outro, qual a sua ligação ao próprio comportamento do agente.

No que diz respeito à sua natureza, há casos em que o "resultado" que preenche o tipo de resultado, a ser descrito na narrativa dos factos, poderá transcender o mundo físico – como sucede na "ofensa à honra" ou nos "maus tratos psíquicos". Por isso é possível dizer que alguém, em termos factuais, se sentiu "humilhado" ou "enxovalhado". Noutros casos ainda, o "resultado" que preenche o tipo de resultado não é necessariamente o evento que determina a modificação exterior no mundo empírico dos factos, mas o evento que põe em perigo ou lesa o bem jurídico protegido pelo tipo incriminador – como poderá suceder na "subtracção" do crime de furto, em que a doutrina tende a exigir o gozo e a fruição das coisas móveis alheias, com um mínimo de tranquilidade, para haver consumação. Sendo assim, o tipo de resultado não se preenche apenas com a ideia de "resultado naturalístico", enquanto modificação ocorrida na realidade exterior distinta do comportamento, mas também com a ideia de "resultado normativo", enquanto afectação do bem jurídico concretamente protegido pelo tipo de crime. O que nos conduz para o problema da imputação de acordo com os pressupostos de direito penal.

Efectivamente, ainda que em termos factuais possa existir uma relação causal entre um comportamento e um resultado (comprovada pela ciência ou pelo saber empírico), isso *não significa que se traduza numa relação causal com relevância ilícita-típica para o direito penal*. O plano da relação causal estabelecida e comprovada pela narrativa processual dos factos não é o mesmo do plano da imputação estabelecido pela normatividade e pelos restantes pressupostos de direito. O primeiro decorre da fundamentação da matéria de facto, ao passo que o segundo decorre da fundamentação da matéria de direito. É na fundamentação da matéria de direito que se valoram os factos do caso concreto, inclusive os "comportamentos", os "resultados" e as "relações de causalidade", dando-lhes um significado e sentido próprios. Será também nessa mesma *dimensão processual das imputações* que se ponderam as teorias consideradas mais justas e razoáveis, à luz do caso concreto, para imputar resultados aos comportamentos – p. ex., a teoria da causalidade adequada e a teoria do risco proibido. De qualquer modo, o processo de descoberta do comportamento ilícito-

-típico, nos crimes de resultado, tem sempre como pressuposto a relação entre os comportamentos, os resultados, o tipo de conduta e o tipo de resultado – no geral, a relação entre os factos e os pressupostos de direito penal.

**v)** No que diz respeito aos crimes de omissão, o mesmo processo de descoberta também deve ser pensado a partir das duas principais perspectivas para a realização concreta do direito penal: a perspectiva da narrativa processual dos factos e a perspectiva da normatividade que, propriamente, comporta vários outros pressupostos de direito. O facto de alguém ter ou não ter actuado em determinadas circunstâncias faz parte do próprio discurso da primeira perspectiva, mas determinar se está em causa uma "omissão" já depende da segunda perspectiva. Isto significa que, sem prejuízo de a "omissão" se associar com naturalidade a uma "inactividade" ou uma "passividade", é possível vislumbrar uma "actividade" ou uma "iniciativa" como criminalmente relevantes para um tipo de crime omissivo. São as particulares características das narrativas processuais, ao descrever os acontecimentos na terceira pessoa gramatical, que permitem transmitir as imagens da vida intersubjectiva como se estivessem a ser assistidas por um público, afastando a ideia de que a "omissão" ocorre quando alguém "não está a fazer nada" perante "contexto nenhum" (*ex nihilo nihil*). Portanto, o processo de descoberta do comportamento ilícito-típico decorre, novamente, da relação entre todas as circunstâncias de facto narradas e todos os pressupostos de direito.

**vi)** Finalmente, a parte que respeita ao tipo subjectivo de crime, a que mais denota a estrutura reticular entre o direito substantivo, o direito adjectivo e, dentro deste último, o direito probatório. Efectivamente, os conceitos teóricos e substantivos de "dolo" ou "negligência" não parecem ser separáveis, pelo menos na realização concreta do direito penal, do problema da narrativa processual dos factos e dos limites da prova. E isto porque não é possível descrever fielmente o que se passou na primeira pessoa em termos do que, no caso concreto, foi interiormente "representado", "conformado", "querido", "sabido", "motivado", etc., nem tal seria completamente desejável para um processo penal de estrutura acusatória em que são salvaguardadas certas e determinadas garantias processuais de defesa dos arguidos. Assim, logo ao nível da matéria de facto, a perspectiva publicista do terceiro observador narra e descreve os acontecimentos sem ter acesso directo ao mundo interior ou subjectivo do agente. Na prática, associam-se as manifestações externas do comportamento, entre outros "indicadores externos" reconhecíveis, com certos e determinados estados mentais definidos a partir dos pressupostos de direito. É como se o agente mostrasse o "dolo" ou a "negligência" através da história do seu comportamento visto pelos outros, intersubjectivamente, na realidade social, empírica, acessível, racionalizável, comprovável e narrável processualmente. Reitera-se a ideia de que os estados intelectuais ou volitivos são considerados a partir do exterior e não do ponto de vista de quem os experimenta (não obstante a possibilidade de confissão), justamente porque é desse modo que se apresentam e comprovam segundo as regras das narrativas processuais dos factos. Só dessa forma podemos estar perante proposições de facto que se afigurem válidas para as garantias publicistas decorrentes da realização jurisdicional do direito penal, afastando algo de metafísico, arbitrário, não comprovável probatoriamente ou intolerável para o que deve ser hoje considerado processualmente válido.

Mesmo assim, esta forma de ver as coisas não está isenta de problemas. À partida porque a discussão que deveria ser *de direito,* qualificando os comportamentos como sendo "dolosos" ou "negligentes", parece estar antecipada em certas e determinadas proposições da matéria de facto especialmente direccionadas para o tipo subjectivo de um crime – até, por vezes, reproduzindo a própria lei. Falamos de proposições como "o arguido agiu livre e conscientemente...", "o arguido agiu com a intenção de...", "o arguido tinha consciência que tal conduta era proibida e punida por lei", "o arguido agiu de uma forma desatenta e descuidada, agindo sem observar a prudência e diligência a que estava obrigado e de que era capaz" –, mais próximas de um *juízo de imputação* do que de um juízo de facto, no sentido de que são conclusivas e não descritivas de factos. Sem estas proposições, poder-se-ia argumentar, não se verifica o preenchimento dos elementos subjectivos do tipo de crime. Será, então, que basta alegá-las, como se fossem fórmulas pré-determinadas, para cumprir com uma mera formalidade legal exigida pelo direito penal substantivo?

Na perspectiva do processo penal, tal seria inadmissível porque o sistema que actualmente vigora não é um sistema de ónus da prova em que a acusação procura alegar um facto, ainda para mais *conclusivo*, de modo a inverter o ónus da prova, obrigando a defesa a provar o contrário – ou seja, a provar que o agente "não tinha consciência", "não sabia" ou "tinha agido de forma atenta e cuidada", entre outras possibilidades. Antes compete às autoridades judiciárias indagar, com objectividade e legalidade ou imparcialidade e independência, o estado mental e volitivo do agente a partir de todos os dados exteriores disponíveis – e, também, a partir de uma eventual confissão do agente-arguido. Além do mais, mesmo que conclusivas, devem ser proposições sustentadas no processo de fundamentação ou motivação da decisão de facto que conjuga todos os factos e meios de prova – os tais "indicadores externos" – que formam a convicção do terceiro observador-narrador quanto aos elementos subjectivos do agente. Esse processo de fundamentação – presente e explícito, mormente, na fase da sentença – não é mais do que o processo de descoberta, racional e crítico, dos elementos de facto que preenchem os elementos subjectivos do crime.

Por outro lado, são efectivamente proposições ou fórmulas que negam o conteúdo interno ao "dolo" ou à "negligência", porque o narrador não é capaz de repetir, em proposições de facto, o que verdadeiramente sucedeu na perspectiva interior do agente em termos intelectuais ou volitivos no momento da prática dos factos – dada a infinidade dos "fluxos transitórios" dos estados de consciência e dos estados volitivos. Como temos vindo a defender, está afastada a representação exclusivamente fechada na mente do agente: o "dolo" e a "negligencia" deixam de ser categorias qualificativas de "representações mentais" ou de "processos internos" – como parece fazer crer a lei substantiva numa interpretação isolada das próprias disposições – e passam a ser categorias qualificativas de comportamentos descritos e enquadrados em certos contextos de interacção, vistos e comprovados na perspectiva intersubjectiva do terceiro observador.

Porém, uma perspectiva desta natureza não implica admitir que se tratam de categorias dogmáticas fundadas numa realidade exclusivamente física. Não é a "consciência física" ou a "vontade física", através de um qualquer "processo físico" ou movimento corporal manifestado exteriormente, que nos assegurará o sentido da consciência ou da vontade. Basta pensar no que ficou dito a propósito da actuação das pessoas colectivas. E, mesmo em relação às pessoas singulares, tal seria problemático ao ponto de, na perspectiva do terceiro, haver uma coincidência perfeita entre o que o agente está ou não a fazer (exteriormente) e o que o agente tem consciência ou vontade de fazer (interiormente), isto é, caindo na metáfora mecanicista de que o agente é um fantasma dentro de uma máquina. A realidade das pessoas não é, nem pode ser, uma realidade exclusivamente física (ou, se quisermos, físico-química, biológica, etc.). Há casos em que uma pessoa assume um determinado comportamento de forma *inconsciente* em relação a determinados pressupostos – o que nos remete, na verdade, para a negligência –, assim como há outros casos em que uma pessoa *não representa correctamente* a realidade dos factos, em termos mentais-psicológicos, e assume um comportamento nesse pressuposto, ou seja, na medida de uma falsa ou falta de representação da realidade. Quanto a estes últimos, são situações em que se entende que o agente actua com "erro", enquadrados no elemento intelectual do dolo. Questionamos, então, como é que se ultrapassam esses casos no âmbito da realização concreta do direito penal?

Quanto a nós, exactamente da mesma forma que os restantes comportamentos que são executados no pressuposto de que coincidem perfeitamente com os estados mentais e volitivos: são reivindicados processualmente através da apreciação crítica e conjugada dos meios de prova (ou indicadores externos), particularmente se estiver presente a versão dos factos do próprio agente (a confissão), nos termos da qual o terceiro-narrador comunica e procura comprovar as proposições de facto e indicadores externos que remetem para o seu mundo intelectual em estado de erro em relação à realidade. Apesar de tudo, a história do comportamento, enquadrado em determinadas coordenadas de tempo e lugar, tem potencial para revelar o erro sobre a factualidade típica e transmitir a "imagem externa da consciência" (ou da falsa ou falta de representação), sendo essa, afinal, a mesma história que os meios de prova (ou indicadores externos) vão contar.

Portanto, não é o movimento corporal ou a perspectiva exclusivamente física que é determinante para afirmar o "dolo" ou a "negligência". Assim como também não é determinante a perspectiva exclusivamente mental ou interna do agente. É antes o sentido do comportamento individual e concreto, *no contexto do processo de interacção*, com todos os indicadores externos presentes (como, p. ex., o local e a hora), que irá fundamentar as proposições de facto conclusivas acerca dos elementos subjectivos do agente.

Por outro lado ainda, é preciso sublinhar que não se trata de uma perspectiva exclusivamente objectivista – muito menos *kafkiana* –, porque são dadas, inclusive, garantias (constitucionais) de defesa ao próprio agente que tem oportunidade de expor a sua própria versão dos factos, expor a versão da sua "consciência" e "vontade", depois necessariamente comprovadas por terceiros num processo de avaliação-fundamentação-argumentação, racional e crítico. O mesmo terceiro observador – aqui, no mais das vezes, a autoridade judiciária – dispõe efectivamente dos meios de prova e de um saber empírico que lhe permitem descobrir, com uma certa objectividade, as ligações entre os factos exteriores e os elementos intelectuais e volitivos do agente.

Ninguém contesta que o agente, com a sua referência identificante, assume comportamentos, activos ou passivos, motivados por sentimentos, intenções, motivos, consciências, memórias, cuidados, conformações, vontades, etc. Mas as regras do processo penal devem ser sempre consideradas. Em certos casos, como quando há factos com aparência de crime negligente, é mesmo o terceiro-observador que se coloca na posição do agente, dotando-se dos seus próprios conhecimentos (quando são capacidades acima da média) ou dos conhecimentos do "homem médio", e procura os deveres de cuidado (considerando regras extra jurídico-criminais) mais adequados ao caso concreto – que também estão em *contínuo desenvolvimento*, nas diversas actividades da vida em sociedade –, podendo concluir que o agente "agiu de uma forma desatenta e descuidada, agindo sem observar a prudência e diligência a que estava obrigado e de que era capaz". Uma tal conclusão, antecipando de alguma forma a solução de direito, tem sempre subjacente a valoração de um comportamento que terá, aparentemente, violado um dever de cuidado com relevância ilícita-típica, estando em causa bens jurídicos protegidos pelo direito penal.

# Capítulo IV
# Teoria da conduta na doutrina do crime

## 1. A influência da doutrina alemã na teoria da conduta

A principal questão associada à teoria da conduta na doutrina do crime europeia-continental passa por *saber se um determinado facto pode ou não englobar uma "conduta" relevante para a noção de "crime"*. Perante diferentes respostas, fomos confrontados com diferentes conceitos de "conduta" ao longo da história da evolução da teoria do crime, na qual se destacam os conceitos causal-naturalístico, normativista, social, final e pessoal. As distintas teorias da conduta, consoante as perspectivas, procuraram arquitectar um *conceito pré-jurídico* de "conduta" que se autonomizasse como o primeiro pressuposto para existir crime e, ao mesmo tempo, que servisse de base unitária das restantes categorias dogmáticas da doutrina do crime – um "*supraconceito* comum". O objectivo seria cumprir determinadas funções[621]: uma *função de classificação*, de modo a abranger todas as formas de aparecimento do crime, designadamente as condutas activas, as condutas omissivas, as condutas dolosas e as condutas negligentes; uma *função de ligação*, de modo a abranger, sem antecipar ou pré-determinar, as categorias dogmáticas que compõe o sistema categorial-classificatório da doutrina do crime europeia-continental – tipicidade, ilicitude e culpa[622];

[621] Sobre as mesmas, Edmund Mezger, *Derecho Penal: Libro de Estudio, Parte General* (trad. Conrado A. Finzi), Buenos Aires: Editorial Bibliografica Argentina, 1958 [orig. 1955], p. 86; e Hans-Heinrich Jescheck/Thomas Weigend, *Tratado de Derecho Penal...op. cit.*, p. 234

[622] Com naturais variações, consoante a teoria do crime defendida. Para um enquadramento do estudo sistemático do crime em Portugal, e debruçando-se especialmente sobre a autonomia da categoria da punibilidade, é essencial a leitura das conclusões de Frederico de Lacerda da Costa Pinto, *A Categoria da Punibilidade na Teoria do Crime...* tomo I, *op. cit.*, pp. 496-499, com

e uma *função de delimitação*, adequada a excluir as condutas que não se afigurem relevantes para o direito penal. Todas as propostas receberam as suas próprias críticas, até que se cimentou uma outra teoria que vem simplesmente renunciar ao conceito pré-jurídico de "conduta" e colocar *a realização da tipicidade* no centro da noção geral de crime, reduzindo o *supraconceito* de "conduta" aos vários conceitos de conduta previstos nos tipos de crime (teoria da "conduta típica")[623]. A partir desta forma de ver as coisas é possível considerar outras concepções, como é o caso dos conceitos negativo, linguístico-significativo e internacional-penal. O problema associado à teoria da conduta na doutrina do crime passa então a ser outro: *o actual modelo sistemático de análise do crime reclama uma autonomia ou uma diluição do conceito de conduta?* Formulando a pergunta de outra forma: *a estrutura metodológica da doutrina do crime deve ou não abranger um primeiro momento autónomo de valoração, antes mesmo da tipicidade, centrado na noção de "conduta"?*

A resposta a esta pergunta redunda novamente na pluralidade de concepções teóricas acerca da noção de "conduta". Diríamos mesmo que é um dos problemas mais debatidos em artigos da especialidade escritos em revistas científicas e em manuais de direito penal influenciados e enquadrados na história europeia-continental da teoria do crime[624].

referência à contribuição de autores, entre outros, como Beleza dos Santos, Abel de Andrade, Cavaleiro de Ferreira e Eduardo Correia.

623 Para esta forma de ver as coisas, resta apenas uma função de delimitação.

624 O que, na verdade, se estende ao Brasil e à América Latina, manifestamente influenciados pela doutrina germânica. No que diz respeito à doutrina no Brasil, considere-se, quanto a esta matéria: Heleno Claudio Fragoso, *Conduta Punível*, Dissertação apresentada à Faculdade Nacional de Direito para a Livre Docência da Cadeira de Direito Penal, S. Paulo: José Bushatsky Editor, 1961; Cláudio Brandão, "Teorias da conduta no direito penal", *Revista de Informação Legislativa*, vol. 37, n.º 148, Brasília: Senado Federal, 2000; Fabio Roberto D'Avila, "O conceito de ação em direito penal. Linhas críticas sobre a adequação e utilidade do conceito de ação na construção teórica do crime", *Ensaios Penais em Homenagem ao Professor Alberto Rufino Rodrigues de Sousa* (org. Ney Fayet Júnior), Porto Alegre: Ricardo Lenz, 2003, pp. 279-304; Juarez Tavares, *Direito Penal da Negligência: uma contribuição à teoria do crime culposo*, 2.ª ed. revista e ampliada, Rio de Janeiro: Editora Lumen Juris, 2003, pp. 15-167; Fábio André Guaragni, *As Teorias da Conduta em Direito Penal... op. cit.*; Paulo César Busato, *Direito penal e Acção Significativa... op. cit.*; José Danilo Tavares Lobo, "Há espaço para o conceito de ação na teoria do delito do século XXI?", *Revista Liberdades*, n.º11, setembro-dezembro, Instituto Brasileiro

A bibliografia sobre o assunto é, por isso, imensurável e transversal à própria história do direito penal substantivo. Não obstante, há referências que são essenciais para uma orientação teórica, especialmente as referências à *doutrina alemã*, por ser, quanto a nós, a mais influente e a mais abundante nas diferentes propostas que foram surgindo sobre esta temática[625]. No capítulo precedente já introduzimos algumas[626], mas agora merecem especial referência as seguintes: A. F. BERNER, em meados do século XIX, com o manual *Lehrbruch des Deutchen Strafrechts*, ao defender o conceito de "conduta" como aquele que teria de ocupar o centro da construção básica da noção de crime[627]; H. LUDEN, no século XIX, ao realizar uma

de Ciências Criminais, 2012, pp. 51-68; e, ainda, Renato Gomes de Araujo Rocha, *Teorias da Conduta: antecedentes, tendências e impasses*, Rio de Janeiro: Revan, 2016.

No que concerne à doutrina mais difundida na América Latina, ficamo-nos por duas referências que nos parecem ser essenciais: Luis Jiménez de Asúa, *Principios de Derecho Penal: la ley y el delito*, 3.ª ed., Buenos Aires: Editorial Sudamericana, 1997, pp. 210-220; e Engenio Raúl Zaffaroni, *Tratado de Derecho Penal, Parte General*, tomo III, Buenos Aires: Ediar, 1996, pp. 43-163

625 Considere-se a importância de Anselm V. Feuherbach para a ciência do direito penal (veja-se, p. ex., o Código Penal Bávaro ou "Código de Feuerbach" de 1813), podendo ser a referência primeira do que proveio do séc. XIX em termos legislativos. Com uma resenha histórica do direito penal alemão, Hans Welzel, *Derecho Penal, Parte General* (trad. Carlos Fontán Balestra), Buenos Aires: Roque Depalma Editor, 1956, pp. 13-21; mais recentemente, é essencial a leitura de Thomas Vormbaum, *Historia Moderna del Derecho Penal Alemán... op. cit.*, com referência a Feuerbach, pp. 75-78, dedicando o capítulo 3 às tendências do séc. XIX (pp. 89-182), o capítulo 4 às transformações entre o séc. XIX e o séc. XX (pp. 183-210), o capítulo 5 aos acontecimentos do séc. XX (pp. 211-404) e, finalmente, o capítulo 6 à situação actual do direito penal (pp. 405-428); cfr., ainda, Winfried Hassemer, "La Ciencia Jurídico Penal en la República Federal Alemana" (trad. Hernán Hormazábal Malarée), *Anuario de Derecho Penal y Ciencias Penales*, tomo 46, n.º1, Madrid: Centro de Publicaciones, 1993, pp. 35-80, com referências ao depois da II guerra mundial (*v.g.* renascimento do direito natural), à dogmática das ciências do espírito (*v.g.*, teoria da acção final), à política criminal orientada pelas consequências (*v.g.*, protecção de bens jurídicos, prevenção intimidatória, etc.) e ao direito penal "funcionalista".

626 Cfr., *supra*, (1.6), cap. III, parte I.

627 Seguindo, aqui, Claus Roxin, *Derecho Penal, Parte General... op. cit.*, p. 196 e nota (8). Embora existam autores que considerem o trabalho de vários outros discípulos da filosofia de G.W. Friedrich Hegel para a elaboração de um conceito jurídico-criminal de conduta. Com referência a vários autores, entre os quais Abegg, Köstlin e, mais tarde, Meyer e Binding, cfr. Gustav Radbruch, *El Concepto de Acción... op. cit.*, pp. 117-120, notas (26), (27), (28), (29), (30), (31) e, especialmente, (32).

separação entre os conceitos de "conduta" e "tipicidade", bem como ao associar a "finalidade" ao conceito de "conduta", dando luz a uma teoria que mais tarde seria reclamada e desenvolvida por H. WELZEL[628]; F. V. LISZT, no final do século XIX, considerado um dos fundadores de um conceito causal-naturalista de "conduta", com o seu próprio *Lehrbruch des Deutschen Stranfrechts,* segundo o qual os "factos juridicamente relevantes" seriam as mudanças do mundo exterior apreciáveis pelos sentidos[629]; no início do século XX, G. RADBRUCH ao escrever que fundamental para a noção de crime não é o conceito de "conduta" mas a *realização da tipicidade*, como se denota no seu trabalho "Der Handlungsbegriff in seiner Bedeutung für das Strafrechtssystem"[630], inspirando o que se seguiu em termos da teoria da "conduta típica"; E. MEZGER, também no século XX, determinante para uma concepção normativista de "conduta" e para a introdução dos elementos subjectivos do ilícito, apresentou a ideia de que "o facto corresponde a um *valor* jurídico-penal *próprio*", ideia presente no seu manual, *Strafrecht – Ein Studienbuch*[631]; o próprio H. WELZEL, ainda no século XX, com vários trabalhos doutrinários, entre os quais *Das neue Bild des Strafrechtssystems. Eine Einfurhrung in die finale Handlun*, ao defender que a conduta humana tem um carácter "final" porque pode prever, dentro de

[628] Assim, crítico a propósito de H. Welzel não ter feito referência a H. Luden na sua obra, Kai Ambos, "100 años de la «teoria del delito» de Beling: ¿renacimiento del concepto causal de delito en el âmbito internacional?" (trad. Ana Garrocho Salcedo), *Revista Electrónica de Ciencia Penal y Criminología*, n.º 9, art. 5, 2007, p. 4. De qualquer forma, autores como Edmund Mezger, *Derecho Penal... op. cit.*, p. 90 e nota (1), e Engenio Raúl Zaffaroni, *Tratado de Derecho Penal, Parte General*, tomo III... *op. cit.*, pp. 67-68, encontram referência a uma "finalidade", p. ex., na filosofia de Aristóteles, S. Tomás ou Kant. De outra forma, como veremos, H. Welzel antes prefere associar a sua teoria a autores próximos da "psicologia do pensamento".

[629] Cfr., na tradução para o português do Brasil, Franz Von Liszt, *Tratado de Direito Penal Allemão*, vol. I, *op. cit.*, p. 193; e, consultamos ainda, Franz Von Liszt, *Tratado de Direito Penal Allemão* (trad. José Hygino Duarte Pereira), vol. II, Colecção História do Direito Brasileiro, Brasília: Senado Federal/Supremo Tribunal de Justiça, 2006 [orig. 1881].

[630] Cfr., na tradução para o castelhano, Gustav Radbruch, *El Concepto de Acción...op. cit.* [orig. 1904]. Ainda que se possa dizer que Ernst Beling teve um papel fundamental na concepção de um sistema que substitui o conceito de "conduta" pelo conceito de "realização do tipo", conforme o próprio Gustav Radbruch, *El Concepto de Acción...op. cit.*, p. 182

[631] Cfr., na tradução para o castelhano, Edmund Mezger, *Derecho Penal: Libro de Estudio, Parte General... op. cit.* [orig. 1955]

certos limites, as suas próprias consequências ("saber causal prévio")[632] – deslocando, definitivamente, o dolo para o tipo subjectivo do crime; num passado recente, H. H. Jescheck e Thomas Weigend são importantes referências ao assumir no seu manual, *Lehrbuch des Strafrechts, Allgemeiner Teil,* uma posição em torno de um conceito "social" de conduta, direccionado a todo o envolvente da realidade social e ao *socialmente relevante*[633]; também, G. Jakobs, num artigo de revista titulado "Der strafrechtliche Handlungsbegriff"[634], ao considerar a "conduta" como a objectivação da falta de reconhecimento da vigência da norma, enquanto algo "evitável", particularmente para os crimes de resultado – aproximando-se de uma concepção "negativa" de conduta; Claus Roxin, segundo o qual a conduta, enquanto base da teoria do crime, é uma expressão da personalidade em virtude do "centro anímico espiritual de acção do homem", tal como consta no seu próprio *Strafrecht, Allgemeiner Teil*[635]; por sua vez, Urs Kindhäuser e W. Hassemer, em diferentes formas, dão conta da relevância do significado da linguagem na teoria do crime[636]; e, ainda, Kai Ambos, autor da obra *Der Allgemeine Teil des Völkerstrafrechts: Ansätze*

[632] Cfr., na tradução para castelhano, Hans Welzel, *El Nuevo Sistema del Derecho Penal: uma introducción a la doctrina de la acción finalista* (trad. José Cerezo Mir), 2.ª reimp., Colección Maestros del Derecho Penal, n.º 4, Montevideo: Editorial BdeF, 2004 [orig. 1961], p. 41; cfr., ainda, Hans Welzel, *Derecho Penal, Parte General... op. cit.*, 1956

[633] Cfr., na tradução para castelhano em Hans-Heinrich Jescheck/Thomas Weigend, *Tratado de Derecho Penal: Parte General... op. cit.*, p. 239, com referências bibliográficas na nota (28).

[634] Cfr., na tradução para castelhano em Günther Jakobs, "El concepto jurídico-penal de acción" (trad. Manuel Meliá), *Revista Peruana de Ciencias Penales*, n.º 3, Enero-Junio, Lima: Editora Jurídica Grijley, 1994; cfr., ainda, Günther Jakobs, *Derecho Penal, Parte General: Fundamentos y Teoria de la Imputación* (trad. Joaquin Cuello Contreras/Jose Luis Serrano Gonzalez de Murillo), Madrid: Editorial Marcial Pons, 1995 [orig. 1991].

[635] Cfr., na tradução para castelhano em Claus Roxin, *Derecho Penal, Parte General*, tomo I... *op. cit.*, pp. 252 e ss.; cfr., ainda, a importante obra do autor, Claus Roxin, *Política Criminal y Sistema del Derecho Penal... op. cit.*, [orig. 1970].

[636] Ainda que o conceito "linguístico-significativo" de conduta esteja associado, como temos visto, ao espanhol Vives Antón, aqui damos conta de dois autores alemães que sublinham a importância da linguagem e do significado das palavras: Urs Kindhäuser, "Acerca del concepto jurídico penal de acción", *op. cit.*; e Winfried Hassemer, *Crítica al Derecho Penal de Hoy... op. cit.*

*einer Dogmatisierung*[637], com um diferente âmbito de aplicação, introduz um conceito amplo de "conduta" desenvolvido a partir da experiência e da história do *direito internacional penal*, considerando também o papel da Alemanha nas duas grandes guerras do século XX e nas consequências que daí advieram, não apenas para o Estado, como para certas pessoas individuais.

É evidente que o desenvolvimento do estado da arte alemão é fortemente influenciado pelo pensamento social, político, científico e filosófico que se impôs em cada uma das épocas em causa na Europa continental. A teoria da conduta na doutrina penal alemã, desde os meados do século XX, acaba assim por influir – mas com influências reciprocas – nas correntes dogmáticas de países como Itália[638], França[639], Espanha[640] e

[637] Cfr., na tradução para o português do Brasil, Kai Ambos, *A Parte Geral do Direito Penal Internacional: bases para uma elaboração dogmática* (trad. Carlos Eduardo Adriano Japiassú/Daniel Andrés Raisman), ed. brasileira reformulada e atualizada, São Paulo: Editora dos Tribunais, 2008

[638] De facto, com uma certa influência recíproca, visto que a *escola positiva italiana* dos finais do século XIX, inícios do século XX – representada por Cesare Lombroso (na "biologia criminal" – cfr. Cesare Lombroso, *O Homem Delinquente... op. cit.*), Enrico Ferri (na "sociologia criminal") e Raffaele Garofalo (na "criminologia") –, também influenciou o sentido doutrinário dos autores alemães, mesmo que em sentido contrário aos seus princípios. P. ex., Von Liszt foi um defensor da "escola clássica" alemã com a mesma intensidade que se afastava das posições da escola positiva italiana. Aliás, o prefácio do tradutor da obra Franz Von Liszt, *Tratado de Direito Penal Allemão*, vol. I, *op. cit.*, da autoria de José Hygino Duarte Pereira, escrito em 1898, chega a tal conclusão a partir das próprias palavras do penalista austríaco: "O direito penal nos ensina, disse elle no Congresso de Anthropologia criminal de Bruxellas, que a sociedade não póde punir senão o indivíduo que se fez culpado de um facto qualificado crime pela lei penal. O código penal protege a liberdade individual! Foi a revolução franceza que nos deu esta formula. Pois bem! Creio que si essa escola clássica do direito penal, que estuda não a criminologia, não a criminalidade, mas os artigos do código penal, que nos dá a definição dos delictos e crimes, viesse a desappaecer, teriamos sacrificado a liberdade individual aos interesses da sociedade" (pp. XXXIII-XXXIV).
Uma referência anterior, mas incontornável, será sempre Cesare Beccaria, *Dos Delitos e das Penas... op. cit.* [orig. 1766]. Para uma síntese das posições da doutrina italiana ao longo da história, com referência aos mais diversos autores de renome, Alessandro Baratta, "Filosofia e Diritto Penale. Note su alcuni aspetti dello sviluppo del pensiero penalistico in Italia da Beccaria ai nostri giorni", *Rivista Internazionale di Filosofia del Diritto*, Milano: Giuffrè, 1972, pp. 29-54. Para uma perspectiva mais recente da escola italiana de direito penal em relação à teoria da conduta, cfr. Ferrando Mantovani, *Diritto Penale: Parte Generale*, decima ed., MI: Wol-

Portugal[641]. São, também, numerosos os estudos influenciados pela teoria da conduta na doutrina alemã, descrevendo, de uma forma cronológica e sistemática, o percurso histórico-metodológico do conceito de "conduta" desde os finais do século XIX, altura em que surge o conceito causal--naturalístico, até às mais recentes teorias contemporâneas.

ters Kluwer Italia, 2017, pp. 119-135, com menções ao "princípio da materialidade" (*nullum crimen sine actione*), ao "princípio da subjectividade do facto" e ao "evento" (nas concepções naturalística e jurídica).

639 É evidente que a codificação penal de Napoleão e os valores da Revolução Francesa influenciaram o direito penal alemão e, não apenas, muito para além, toda a Europa, existindo, aqui também, uma influência recíproca. Basta pensar em figuras sonantes como, entre muitos outros, J.J. Rousseau, Voltaire ou J. P. Brissot, referenciados como autores com obras que contribuíram para o pensamento jurídico e para a história do direito penal. Sobre a evolução do direito penal francês, cfr. Jean Pradel, *Droit Pénal Général*, 21.ª ed., Paris: Éditions Cujas, 2016, pp. 71-111, com referências a nomes como Montesquieu, Beccaria, Napoleão, Bentham, Kant, J. De Maistre, A. De Tocqueville, Rossi, Lombroso, Ferri, Garofalo, von Liszt e, num passado mais recente, desde o início do século XX, Filippo Gramatica e Marc Ancel (doutrina da defesa social), MM. Levasseur e R. Saleilles. Finalmente, para uma perspectiva alemã do direito penal francês, com importantes referências bibliográficas, cfr. Kai Ambos, "*Observaciones a la doctrina francesa del hecho punible desde la perspectiva alemana*" (trad. Rodrigo González-Fuente Rubilar), *Indret Revista para el Análisis del Derecho*, n.º 3, Barcelona: Universitat Pompeu Fabra, 2008.

640 A influência alemã na doutrina espanhola está bem presente na monografia de Manuel Jaén Vallejo, *El Concepto de Acción en la Dogmática Penal*, Madrid: Editorial Colex, 1994, com referências bibliográficas substancialmente alemãs e espanholas. Tal como afirma Enrique Bacigalupo, *Derecho Penal, Parte General*, 2.ª ed. totalmente renovada y ampliada, Buenos Aires: Editorial Hammurabi, 1999, pp. 253-254, em Espanha essas influências são tão diversificadas que traduzem uma "notória falta de consenso teórico", o que leva os autores a defender, entre outras, a teoria finalista, o conceito causal ou a teoria social. Actualmente, há cada vez mais referências, em Espanha, ao *conceito significativo de acção*, o que mostra um diferente caminho algo afastado das concepções doutrinárias alemãs. Sobre este último conceito, cfr. Francisco Muñoz Conde/Mercedes García Arán, *Derecho Penal, Parte General*, 8.ª edición revista y puesta al día, Valencia: Tirant lo Blanch, 2010, pp. 217-219; e, especialmente, Tomás S. Vives Antón, *Fundamentos del Sistema Penal..., op. cit.*, pp. 221 e ss. ("una tesis alternativa: la concepción significativa de la acción").

641 Em Portugal, considere-se, em linhas mais gerais, Eduardo Correia, "A influência de Franz V. Liszt sobre a reforma penal portuguesa", *Boletim da Faculdade de Direito*, vol. XLVI, Coimbra: Universidade de Coimbra, 1970. Em especial, no que diz respeito à teoria da conduta na doutrina do crime portuguesa, cfr. *infra*, (10.) cap. IV, parte I.

Vamos procurar, de seguida, aprofundar as referências à teoria da conduta na doutrina alemã, tendo como objectivo retirar as suas principais lições, fazendo acrescer ao que ficou dito nos capítulos precedentes, particularmente se estivermos focados na elaboração de uma teoria da conduta com um compromisso prático e operativo subjacente à realização jurisdicional do direito penal.

## 2. Conceito "causal-naturalístico" de conduta (F. V. Liszt)

Os fundamentos "causais-naturalísticos" do conceito de conduta, alicerçados por F. V. Liszt[642], têm a vantagem de colocar o eixo referencial no princípio *cogitationis poenam nemo patitur* e na consequente conclusão de que *não há crime sem uma mudança operada no mundo exterior*[643]. Na clássica bipartição objectivo-subjectiva então vigente, estaríamos perante o lado objectivo do crime[644].

Esta é uma perspectiva que aproveita, de alguma forma, a narrativa processual dos factos. O espectador terceiro, que narra os acontecimentos, descreve sempre uma mudança operada no mundo exterior, seja a partir de um movimento corpóreo do agente (limitado à pessoa singular), sejam as próprias circunstâncias perante as quais o agente não assume movimento nenhum, admitindo a dinâmica das coordenadas espaço-tempo e a eventual existência de alterações externas distintas dos próprios comportamentos (ou seja, os chamados "resultados"). Como vimos,

[642] A importância de F. V. Liszt para a história da teoria do crime é incontestável, sendo essencial a leitura do prefácio de José Hygino Duarte Pereira, escrito em 1898, presente em Franz Von Liszt, *Tratado de Direito Penal Allemão*, vol. I, *op. cit.*, pp. XXIX-LXXVIII.

[643] Nas próprias palavras de Franz Von Liszt, *Tratado de Direito Penal Allemão*, vol. I, *op. cit.*, p. 193. Uma vez que a conduta é, assim, uma alteração "causal", Hans Welzel, *Derecho Penal, Parte General... op. cit.*, p. 45, considera mais adequado caracterizá-la como um conceito "causal" em vez de um conceito "naturalista".

[644] Um lado objectivo ao qual se juntava a ilicitude, enquanto mera contradição entre a norma e a conduta do agente. O lado subjectivo ficaria para a culpa, apoiada na ideia de imputabilidade e de imputação do resultado (culpa em sentido estrito), ou seja, uma culpa em sentido "psicológico" (o dolo dá-se quando o agente tem em vista o resultado), segundo Franz Von Liszt, *Tratado de Direito Penal Allemão*, vol. I, *op. cit.*, pp. 249-250 e 270 e ss. Como é sabido, a culpa enquanto "reprovação" ficaria para altura posterior na história, com a obra de Reinhard Frank, *Sobre la Estructura del Concepto de Culpabilidad* (trad. Gustavo Eduardo Aboso/Tea Löw), Colección Maestros del Derecho Penal, n.º1, Montevideo: Editorial BdeF, 2002 [orig. 1907].

o método da descrição dos factos em processo penal passa também por ser um método empírico de *observar e descrever* algo que acontece, afastando a imagem de alguém que não está a fazer nada perante contexto nenhum. O "nada" perante o "nada" não interessa certamente ao direito penal (*ex nihilo nihil*). Quando o agente assume uma atitude passiva, nada fazendo, alguma coisa terá que acontecer, nas circunstâncias de tempo e lugar, para justificar a abertura de inquérito e a consequente discussão criminal-substantiva. Se trouxéssemos à vida o "pensador" de A. RODIN, não haveria razão alguma para discutir, nesta sede, o seu comportamento: uma figura masculina que se encontra passivamente sentada numa pedra com o seu queixo pousado numa das suas mãos, transmitindo a imagem de quem está a pensar, nunca poderia motivar a abertura de inquérito, mesmo que naquele preciso momento, por hipótese, estivesse a planear a prática de um crime. Como não é possível aceder aos seus pensamentos, os seus pensamentos são irrelevantes para o direito penal – *cogitationis poenam nemo patitur*. Porque não interessa para a matéria de direito, não procuramos narrar um comportamento passivo enquadrado em contexto nenhum à luz dos interesses das pessoas e da sociedade. Aqui voltamos a reconhecer que há uma certa influência da matéria de direito na decisão de escolher e descrever a matéria de facto. O próprio F. V. LISZT, visto como alguém que deixava de fora as valorações jurídicas, chegava à seguinte conclusão[645]:

> "Omissão é, em geral, o não empreendimento de uma acção determinada e *esperada*. Omitir é verbo transitivo: não significa deixar de fazer de um modo absoluto, mas deixar de fazer alguma coisa, e, na verdade, o que era esperado (...) O direito só se ocupa com a omissão injurídica. Ela é injurídica, quando há um dever jurídico que obriga a obrar. *Non facere quod debet facere*, podemos dizer (...) de toda pessoa que incorre em omissão."

[645] Franz Von Liszt, *Tratado de Direito Penal Allemão*, vol. I, *op. cit.*, p. 208. É por essa razão que Hans-Heinrich Jescheck/Thomas Weigend, *Tratado de Derecho Penal... op. cit.*, p. 217 afirma, neste aspecto, quanto à omissão, que foram abandonados os fundamentos naturalísticos do conceito de conduta.

Se em relação à omissão o critério não seria decerto naturalístico, em relação à acção (em sentido estrito) F. V. LISZT acabava por entendê-la como "contracções dos músculos realizadas pela inervação dos nervos motores"[646]. Não é por mero acaso que, mais tarde, G. RADBRUCH vem defender a *tese da bipartição do sistema*, segundo a qual a acção (em sentido estrito) e a omissão *não* poderiam ser agregadas sob um *supraconceito* comum[647]. A conduta activa, sem pretensões de ser valorada, vista como um movimento muscular, foi sobejamente criticada pelas soluções que poderia trazer para os mais variados casos da vida em sociedade – sendo notório aquele exemplo das injúrias que seriam vistas e punidas como vibrações no ar e processos fisiológicos no sistema nervoso do ofendido[648]. Mas tais críticas não impedem, sempre que assim se justifique, o terceiro observador de realizar descrições de acontecimentos numa *perspectiva científico-naturalista ou física*. Por exemplo, a morte por disparo de uma arma:

> "(...) 7 – *A morte do referido BB deveu-se a traumatismo cervical por arma de fogo provocado por um dos projéteis da arma disparada pelo arguido, e que em concreto foi disparado da esquerda para a direita e com uma ligeira inclinação de cima para baixo, que penetrou a face lateral esquerda do pescoço, atravessou os tecidos moles imediatamente atrás da parede torácica e perfurou a porção inicial da traqueia imediatamente abaixo da epiglote com consequente entrada de sangue para a árvore respiratória, vindo a alojar-se nos músculos peitorais direitos*" (...)[649].

Diríamos que a principal lição a retirar do conceito causal-naturalístico decorre do seu potencial para afastar toda a especulação subjectiva e transcendental na comprovação da matéria de facto, influenciando, nesse sentido, a prova dos factos em processo penal. Como a ciência e o processo são ambos orientados para a persecução da verdade dos factos – de forma diferente, é certo –, *a verdade* será sempre uma importante

[646] V Franz Von Liszt, *Tratado de Direito Penal Allemão*, vol. I, *op. cit.*, p. 198.

[647] Gustav Radbruch, *El Concepto de Acción... op. cit.*, p. 171

[648] Crítico, Claus Roxin, *Derecho Penal, Parte General... op. cit.*, pp. 236-237

[649] Segmento da matéria de facto do Ac. STJ de 30/10/2014, proc. n.º 32/13.9JDLSB.E1.S1

condição de validez e aceitabilidade da decisão jurisdicional[650]. Já tivemos oportunidade de referir que os critérios científicos, especialmente considerando a prova pericial, têm potencial para dar um *fundamento empírico* às narrativas processuais dos factos, passando a ser um discurso sobre experiências da vida real e não sobre experiências religiosas, metafísicas ou ficcionais. Esta tendência científica associa-se precisamente ao pensamento do século XIX, em que se dá enfase a disciplinas como a matemática, a física, a química ou a biologia[651]. E veja-se bem que estamos a falar, neste caso, de "ciências exactas", ou seja, ciências que reclamam uma evidência que possa ser analisada segundo o método científico[652], contrariamente ao que sucede com as experiências subjectivas que "ouvem dizer" ou que podem levar a "falsas impressões" à luz de observações, descrições ou métodos não científicos (que incluem as chamadas "pseudociências")[653]. Por isso, talvez fosse seguro, no século XIX, encontrar a essência da conduta activa na "contracção dos músculos realizada pela inervação dos nervos motores", justamente porque seria uma explicação científica válida, mais propriamente uma explicação *física* válida do movimento corporal e da "vontade" do agente que "activava" o seu próprio comportamento[654]. Portanto, esta imagem *naturalística* dos factos, exterior e acessível ao observador, mesmo quando o agente "não se move", tem a valiosa vantagem de submeter a matéria de facto, quando possível, à exactidão das "ciências duras" que se associam a uma verdade

650 Neste sentido, Michele Taruffo, *La Prueba: artículos y conferencias* (compil. Nicolas Vera Alvarez), Santiago: Editorial Metropolitana, 2009, p. 87

651 P. ex., sobre o aspecto antropológico do livre arbítrio por influência de Charles Darwin, cfr. Hans Welzel, *El Nuevo Sistema del Derecho Penal... op. cit.*, pp. 134 e ss.

652 Resumindo à ideia de Manuel João Vaz Freixo, *Metodologia Científica: fundamentos, métodos e técnicas*, 5.ª ed., Colecção Epistemologia e Sociedade, Lisboa: Edições Piaget, 2018, p. 88, "a finalidade da actividade científica é a obtenção da verdade por intermédio da comprovação de hipóteses que, por sua vez, são pontes entre a observação da realidade e a teoria científica que explica a realidade. O método é o conjunto das actividades sistemáticas e racionais que, com maior segurança e economia, permite alcançar o objectivo – conhecimentos válidos e verdadeiros –, traçando o caminho a ser seguido, detetando erros e auxiliando as decisões do investigador.".

653 Cfr. Michele Taruffo, *La Prueba: artículos y conferencias... op. cit.*, p. 91

654 Sobre a "vontade", Franz Von Liszt, *Tratado de Direito Penal Allemão*, vol. I, *op. cit.*, pp. 193 e ss.

cientificamente demonstrada[655]. A partir daqui compreende-se por que razão Von Liszt já se debruçava sobre os problemas da "relação de causa e efeito" ou da "conexão causal" entre comportamentos e resultados para tentar explicar o problema da causalidade[656].

Todavia, uma concepção desta natureza, que visa reduzir a conduta e o criminalmente relevante ao positivismo naturalista das ciências exactas, tem a nítida desvantagem de converter o agente num ser que aparentemente actua *determinado pelas suas causas* – e não pelas suas próprias *finalidades*[657] –, contrariando desde logo um pressuposto de *liberdade de actuação* e remetendo para um certo *determinismo*[658]. Assim, no que diz respeito aos elementos subjectivos do agente, um conceito de conduta centrado nos acontecimentos naturais que acontecem no mundo empírico e exterior, aponta directamente para um problema recorrente: *os elementos intelectuais e volitivos do agente acabam por se confundir com o reflexo da própria conduta exterior* – tal como criticou, entre outros, H. Welzel[659]. Daí, também,

[655] Curiosamente eram chamadas de "ciências especulativas", conforme nota de tradutor da obra Franz Von Liszt, *Tratado de Direito Penal Allemão*, vol. I, *op. cit.*, p. XXXIV.

[656] Adoptando, de certa forma, uma "teoria das condições", com a sua própria fórmula: "... dá-se conexão causal entre o movimento corpóreo e o resultado, quando não se pode supor suprimido o movimento corpóreo sem que devesse deixar de ocorrer o resultado ocorrido (isto é, do modo por que de facto ocorreu). Si o nexo entre o movimento corpóreo e o resultado é assim necessário, dizemos que o movimento corpóreo é a causa do resultado, que este é o efeito daquele, isto é aplicamos a relação do movimento corpóreo e do resultado a categoria da causalidade". *In:* Franz Von Liszt, *Tratado de Direito Penal Allemão*, vol. I, *op. cit.*, p. 201

[657] Como acabou por fazer parte da concepção de H. Welzel, como veremos *infra*.

[658] Contrário a um "livre arbítrio" que nos remete para os progressos científicos realizados pela obra de Reinhard Frank, *Sobre la Estructura del Concepto de Culpabilidad... op. cit.* [orig. 1907], mais tarde entendidos como uma "capacidade de culpa" enquanto "livre determinação da vontade", tendo presente elementos intelectuais (conhecimento) e volitivos (voluntariedade), conforme Hans Welzel, *Derecho Penal, Parte General... op. cit.*, pp. 164-165. Para uma análise teórica, mais recente, do problema, é essencial a obra de Jorge de Figueiredo Dias, *Liberdade Culpa Direito Penal*, Colecção Coimbra Editora n.º 34, Coimbra: Coimbra Editora, 1976, segmentada da seguinte forma: "o livre arbítrio como fundamento da culpa", "a culpa jurídico-penal no contexto de uma culpa da vontade", "a liberdade pessoal (ético-existencial) como fundamento da culpa" e "a culpa jurídico-penal no contexto de uma culpa da pessoa".

[659] Segundo Hans Welzel, *Derecho Penal, Parte General... op. cit.*, p. 45, porque o dolo, na sua própria concepção, não deve ser um mero reflexo secundário da conduta exterior, mas o factor que antecipa mentalmente a conduta.

o facto de muito autores denominarem esta concepção como "mecânico--causalista" ou "físico-mecânica".

Por outro lado, toda esta teoria parece fundar a perspectiva de que as pessoas colectivas não podem, por si próprias, assumir comportamentos e ser responsabilizadas pela prática de crimes (*societas delinquere non potest*). Estaríamos, pois, limitados ao sensorialmente perceptível, *ao mundo do ser*, a partir do qual não será possível ficcionar a realidade que se apresenta perante os nossos sentidos – senão, pergunta-se, quais seriam os limites para essa ficção e quem teria legitimidade para os fixar?

## 3. Conceito "normativista" de conduta (E. Mezger) e realização do tipo (G. Radbruch)

Precisamente como forma de contrariar a mera observação e descrição "científico-natural" dos factos (o "ser"), procurou-se acrescentar elementos ditos "científico-espirituais" que permitissem estruturar um conceito de "conduta" de acordo com certos *juízos de valor* (o "dever-ser"), considerando primeiramente o conteúdo e as finalidades do direito penal[660]. E se a primeira perspectiva, focada no mundo exterior, pode ser aproveitada pela narrativa processual dos factos, a segunda perspectiva, representada agora por conceitos determinados normativamente, pode ser aproveitada pelo processo de qualificação jurídico-penal dos factos no âmbito da matéria de direito. Esta separação permite admitir que há uma perspectiva ulterior à descrição factual pretensamente "neutra" dos comportamentos, uma perspectiva fundada em *considerações e valorações* jurídico--criminais de base normativa – tal como já havia defendido E. MEZGER[661]. O conceito de conduta criminalmente relevante fica assim dependente do conteúdo das normas penais e dos tipos de crime.

Por exemplo, se um ordenamento jurídico se estrutura no sentido de que as pessoas colectivas não podem ser criminalmente responsabilizadas, valorando apenas as condutas das pessoas singulares no seu lugar, nesse caso teremos um conceito de "conduta" diferente e muito mais limitado do que sucederia se estivéssemos perante um modelo em que a

[660] Acerca das influências "neokantianas", com referências bibliográficas, Hans-Heinrich Jescheck/Thomas Weigend, *Tratado de Derecho Penal... op. cit.*, p. 220.

[661] Edmund Mezger, *Derecho Penal... op. cit.*, pp. 87-88

"conduta" poderia ser imputada à esfera de autonomia das pessoas colectivas. Nesse sentido, parece ter razão J. BAUMANN quando afirma que o conceito de "conduta" tem de assumir a forma de um conceito jurídico que tenha em conta o específico direito penal em causa[662]. Sendo *a conduta que realiza a tipicidade* – ou o ilícito-típico – o primeiro pressuposto para a existência do crime, sem dúvida, estamos mais próximos do princípio da legalidade criminal[663].

Este parece ser o contexto ideal para a prosperidade da teoria de G. RADBRUCH, afastando um conceito de conduta criminalmente relevante de base naturalística (provinda do "mundo externo"[664]) e firmando *a realização da tipicidade* como primeiro pressuposto para a existência de crime[665]. O elemento dogmático "tipicidade" passa a ser um ponto de referência para o juízo de valoração dos factos e dos comportamentos ao nível da matéria de direito, cumprindo, ao mesmo tempo, a sua função de garantia jurídico-criminal ("tipo de garantia"). A partir precisamente da tipicidade podemos ainda ultrapassar o mundo sensorial da realidade exterior, individual e concreta, narrada processualmente pelo terceiro observador. Podemos "normativizar" a realidade, criando *conceitos normativos* gerais e abstractos (como, p. ex., "documento" ou "coisa móvel alheia"), como também podemos reconhecer a "condição mental" de pessoas singulares ou colectivas, criando *conceitos subjectivos* que representem certas possibilidades da realidade intelectual e volitiva consideradas relevantes para o direito penal (como, p. ex., a "intenção" ou a "conformação")[666]. Por esse motivo, também, as normas jurídico-criminais não se cingem a um género de "naturalismo" que limita a existência

[662] Cfr. Jürgen Baumann, *Derecho Penal, Conceptos Fundamentales y Sistema: introducción a la sistemática sobre la base de casos*, Buenos Aires: Ediciones Depalma, 1973, p. 95 [orig. 1972]

[663] Veja-se raciocínio em Jürgen Baumann, *Derecho Penal, Conceptos Fundamentales y Sistema... op. cit.*, pp. 90-91

[664] Conceito que, ainda assim, era considerado por Edmund Mezger, *Derecho Penal... op. cit.*, p. 135

[665] Cfr. Gustav Radbruch, *El Concepto de Acción... op. cit.*, p. 182. Sobre as diferentes posições teóricas de Radbruch, primeiro mais próximas do causalismo e depois do "neokantismo", cfr. Renato Gomes de Araujo Rocha, *Teorias da Conduta... op. cit.*, pp. 40-46

[666] São algumas das vantagens apontadas a um conceito desta natureza em Claus Roxin, *Derecho Penal, Parte General... op. cit.*, pp. 198-199.

da realidade dos homens aos sinónimos do mundo físico. Pelo contrário, hoje as normas jurídico-criminais reclamam a comprovação de realidades que pressupõe um quadro de ciências que vai muito para além das ciências naturais ou físicas, admitindo também as conclusões da psicologia, da psiquiatria ou da neurologia[667]. E isto independentemente das notórias dificuldades em produzir prova dessa mesma realidade pressuposta jurídico-substantivamente.

No entanto, diferentemente do enfoque colocado na tipicidade, E. Mezger acaba por associar as características normativas e subjectivas à *ilicitude*, o que decorria do seu próprio entendimento, na altura, acerca da teoria do crime: a tipicidade não constituía um elemento autónomo ou independente do facto punível, sendo apenas uma forma de agregar os elementos dogmáticos fundamentais – a "acção típica", a "ilicitude típica" e a "culpa típica"[668]. Era na "ilicitude típica" – ou na "ilicitude tipificada" – que residia uma das principais lições associadas ao conceito "normativista" de conduta[669]. A ilicitude, pressuposta pela norma de valoração jurídico-criminal, tanto se podia referir à conduta externa ("objectiva") como à conduta interna ("subjectiva") do agente[670]. Significava isto que *o tipo legal de crime também se poderia referir à expressão da atitude interna e psíquica das pessoas*, passando definitivamente a ser considerado não apenas como uma expressão formal-externa de comportamentos, mas também como uma expressão dos "elementos subjectivos do ilícito"[671].

O próprio E. Mezger partia do pressuposto de que a convivência externa das pessoas era uma expressão da atitude interna das mesmas, ou seja, entendia que a "condição psíquica" era basicamente a origem da

[667] O que está presente em qualquer crítica ao positivismo que excluiu a psicologia ou a sociologia do quadro das ciências, conforme António Braz Teixeira, *Sentido e Valor do Direito... op. cit.*, p. 23

[668] Edmund Mezger, *Derecho Penal... op. cit.*, p. 80 e pp. 131-133

[669] Sobre o contributo e influência do "neokantismo" para a teoria do crime, veja-se a síntese de Thomas Vormbaum, *Historia Moderna del Derecho Penal Alemán... op. cit.*, pp. 242-245

[670] Edmund Mezger, *Derecho Penal... op. cit.*, p. 134

[671] Edmund Mezger, *Derecho Penal... op. cit.*, p. 135-136. A influência da teoria normativa da culpa de Reinhard Frank, *Sobre la Estructura del Concepto de Culpabilidad... op. cit.*, permitia, assim, conceptualizar um diferente sistema do crime.

conduta externa[672]. Nesse caso, admitindo que o tipo de crime não se restringe apenas aos factores do mundo exterior, são identificados os mais diversos elementos subjectivos na "ilicitude típica", não apenas os que estão implícitos nos elementos objectivos (numa "congruência"), como também os que ganham uma certa autonomia, considerando, p. ex., a natureza dos "crimes de resultado cortado".

Depois, a partir da "ilicitude típica", será possível realizar juízos de valoração acerca dos interesses dos indivíduos e da sociedade que provêm da matéria de facto, permitindo, por exemplo, qualificar uma causa de exclusão da ilicitude para quem actua sacrificando um interesse de menor valor a favor de um interesse mais importante ("o princípio da valoração dos bens"[673]) – dando, assim, um conteúdo "material" à ilicitude.

Nesta conjuntura, o conceito de conduta "normativista", especialmente o formulado por E. Mezger, acaba por não denegar a sua origem "realista" e "empírica"[674], traduzindo-se num conceito *causal-valorativo*. É em sede de matéria de direito que se procede a uma apreciação valorativo-normativa com base em elementos como a "ilicitude típica", visando compreender e valorar o sentido dos comportamentos, não apenas formalmente, como também materialmente, com juízos de ponderação que têm presente os interesses – ou bens jurídicos – protegidos pelos tipos de crime. Aí temos outro importante contributo desta concepção, ao conferir um conteúdo "material" à ilicitude, ao permitir realizar um juízo valorativo acerca dos comportamentos considerados socialmente perigosos ou danosos de acordo com as finalidades do direito penal[675].

A crítica fundamental a esta concepção, destacada a partir do *dever-ser* decorrente da tipicidade ou da "ilicitude tipificada", está presente na história do direito penal alemão dos meados do século XX[676]. Nesse horizonte, podemos formular as mais diversas perguntas: o que significa

[672] Edmund Mezger, *Derecho Penal... op. cit.*, p. 135-136

[673] Edmund Mezger, *Derecho Penal... op. cit.*, pp. 183 e ss. Sobre a a "ilicitude material" e a sua compreensão como "danosidade social", no fundo tendo presente os bens jurídicos protegidos pelo tipo de crime, veja-se Hans-Heinrich Jescheck/Thomas Weigend, *Tratado de Derecho Penal... op. cit.*, pp. 221-222

[674] Como está bem patente em Edmund Mezger, *Derecho Penal... op. cit.*, p. 87

[675] Com tal observação, Claus Roxin, *Derecho Penal, Parte General... op. cit.*, p. 199

[676] Cfr., *supra*, nota 625.

"dever-ser"? Podemos hierarquizar o "dever-ser"? Podemos, através das normas jurídico-criminais, estabelecer o que verdadeiramente deve-ser? Não se trata de um "dever-ser" dependente de uma ideologia política e da respectiva discricionariedade política? Quais são os limites ao "dever-ser"[677]?

## 4. Conceito "final" de conduta (H. Welzel)

Se é verdade que a partir do conceito "normativista" de conduta é possível reconhecer os elementos subjectivos do tipo de crime que dizem respeito às possibilidades intelectuais e volitivas do agente, olhando agora para o conceito "final" de conduta ainda mais clarividente fica esse reconhecimento, sobretudo considerando a introdução de novos conhecimentos da psicologia na explicação dos comportamentos que se inserem no mundo exterior e intersubjectivo. É o próprio H. WELZEL que explica as influências que o levaram a conceber uma teoria da conduta desta natureza[678]:

> "(...) No tendría, sin duda, ningún motivo para avergonzarme de que el origen de mi doctrina estuviera en la filosofía de Nicolai HARTMANN – si fuera cierto –. Este no es el caso, sin embargo. Las sugerencias para la formulación de la doctrina de la acción finalista no las recibí de N. HARTMANN, sino de la psicología del pensamento y la primera de ellas, precisamente, de la obra *Grundlagen der Denkpsychologie* (*Fundamentos de la psicología del pensamiento*) del filósofo, recién fallecido, Richard HONIGSWALD. Recibí también otras sugerencias de los trabajos de los psicólogos Karl BUHLER, Theodor ERISMANN, Erich JAENSCH, Wilhelm PETERS Y de los fenomenólogos P. F. LINKE y Alexander PFANDER, entre otros.
>
> Todos estos trabajos, que aparecieron en la década de 1920 a 1930, llevaron a cabo la ruptura con la antigua psicología mecanicista, de elementos y asociaciones y pusieron de manifiesto una forma de realización de los actos animicos que no era causal-mecánica. (...)"

[677] De alguma forma, já respondemos a esta pergunta quando nos debruçamos acerca dos limites à criminalização dos comportamentos, *supra*, cap. II, parte I.

[678] Cfr. Hans Welzel, *El Nuevo Sistema del Derecho Penal... op. cit.*, p. 28, no prefácio do autor à quarta edição.

É também de acordo com esta "ciência" que H. WELZEL vem defender que *os comportamentos são dirigidos finalisticamente* – ou seja, antecipados mentalmente e correspondentes a um processo de selecção de meios ou a um controlo do curso causal – e fazem parte da "esfera ontológica", recentrando o conceito de conduta para a realidade exterior onde o agente faz as suas escolhas[679]. Pois é nessa mesma realidade, previamente dada, onde se praticam os "comportamentos finais" e onde se inserem as denominadas "estruturas lógico-objetivas" (ou lógico-reais, não-subjectivas) que acabam por ser objecto de regulação jurídica[680]. O eixo referencial desloca-se, então, de um "normativismo", bem presente em E. MEZGER, para um certo "ontologismo"[681].

Uma concepção desta natureza parece acrescentar algo de imprescindível para a referida perspectiva do conceito "causal-naturalístico" de conduta, aproveitando a matéria de facto e as narrativas processuais dos factos, num plano prévio à regulação propriamente jurídica do direito penal substantivo: o agente não pode ser visto como uma massa que se comporta mecanicamente no mundo da convivência, porque o agente também é um "ente mental" com poder para antecipar, planear ou seleccionar os acontecimentos no plano interno, controlando as consequências possíveis do seu comportamento e dando-lhe um conteúdo "intencional". É aquela ideia de que a "consciência" pode estar integrada no próprio comportamento, como um "comportamento consciente", admitindo que a atitude, os gestos, o olhar, o tom de voz e todas as manifestações externas do agente são susceptíveis de transmitir informação sobre o seu mundo interior – as já referidas sensações cinestéticas. Sendo assim, mais do que um "movimento corporal voluntário", o terceiro observador também pode ver, em certos casos, um "exercício de uma actividade final" no comportamento de uma pessoa[682]. Com esta natureza intrinsecamente

[679] Cfr. Hans Welzel, *El Nuevo Sistema del Derecho Penal... op. cit.*, pp. 41-42

[680] Hans Welzel, *El Nuevo Sistema del Derecho Penal... op. cit.*, pp. 31-32 e nota (2) (prefácio do autor à quarta edição);

[681] Tal como afirma Engenio Raúl Zaffaroni, *Tratado de Derecho Penal*, tomo III... *op. cit.*, p. 33, a teoria finalista parte do princípio de que o conceito jurídico-penal de conduta se identifica com o "ôntico-ontológico".

[682] Cfr. Bernd Schünemann, "Introducción al razonamiento sistemático en Derecho Penal"..., *op. cit.*, pp. 54-56

"mental", "psicológica", "espiritual", etc. dos seres humanos, introduz-se agora um *nexo de finalidade* nos comportamentos exteriorizados que está para além de uma dimensão físico-naturalística[683].

Portanto, a essência do comportamento, segundo esta concepção, está na finalidade e não na causalidade[684]. Afastamos, definitivamente, o substrato mecanicista ou determinista da matéria de facto.

É evidente, por outro lado, que se podem justificar as críticas comummente associadas a uma concepção desta natureza: quando o agente não tem consciência de uma certa transformação do mundo, não se pode dizer, em simultâneo, que houve também uma antecipação mental ou um controlo do curso causal em relação a essa mesma transformação. Se voltarmos ao exemplo do motorista que iniciou uma manobra de marcha atrás junto a uma escola, num local onde algumas crianças se encontravam a jogar à bola, acabando por atropelar e matar uma delas, facilmente afirmamos que *o resultado não é antecipado mentalmente pelo agente*, não havendo qualquer "conduta final" em relação à morte da criança. Na verdade, H. WELZEL chegou a defender no seu manual que, nestes casos de negligência, a "conduta final" é irrelevante para o direito penal e não está prevista na tipicidade de forma concreta, sendo apenas relevante a conduta que produz consequências causais para os bens jurídicos protegidos[685]. Terá sido exactamente por essa razão, confrontados com este tipo de casos, que os autores "finalistas" procuraram, mais tarde, explicar a negligência de acordo com o objectivo pretendido pelo agente e não de acordo com o resultado produzido[686].

Sempre se diga que ao nível da *matéria de facto* devem estar descritas as "condutas finais" e as "condutas causais" do mesmo agente, pois, para a posterior qualificação do comportamento negligente, tanto é impres-

[683] Neste sentido, Engenio Raúl Zaffaroni, *Tratado de Derecho Penal*, tomo III... *op. cit.*, p. 65

[684] Neste sentido Santiago Mir Puig, *Derecho Penal: Parte General... op. cit.*, p. 192

[685] Hans Welzel, *Derecho Penal, Parte General... op. cit.*, pp. 43-44

[686] Neste sentido, de forma crítica, Claus Roxin, *Derecho Penal, Parte General... op. cit.*, p. 241. Toda esta problemática das diferentes posições que foram assumidas pelos autores finalistas, com referência, p. ex., a H. Welzel e a Stratenwerth, está bem explicada em Eduardo Correia, *Direito Criminal*, tomo I, *op. cit.*, pp. 245-248 ("II. A dogmática"). Ainda, para uma caracterização da concepção finalista no facto negligente, veja-se Sónia Fidalgo, *Princípio da Confiança e Crimes Negligentes... op. cit.*, p. 224 e ss.

cindível o facto de o motorista ter planeado e realizado a marcha atrás ("comportamento final"), como o facto de o motorista ter atropelado, entretanto, uma criança ("comportamento causal")[687].

E a mesma crítica poderia ser feita em relação aos casos em que o agente não actua perante determinadas circunstâncias de facto. Não parece haver um compromisso "finalístico" entre o agente que "nada faz" e o "resultado causal" das circunstâncias que se desenrolaram perante o próprio. Simplesmente – tal como analisa C. Roxin – o agente não dirige nenhum curso causal e não actua de um modo final[688]. E isto porque nos mantemos na dita "esfera ontológica" da finalidade, onde não há, nos casos de passividade do agente, relação causal entre o comportamento (que nada faz...) e o resultado[689]. Aliás, numa realidade pré-jurídica, não existe um dever em relação ao que deve ser feito, não existe uma expectativa normativa, pelo que a "omissão", tal como o direito penal a concebe, não existe na esfera ontológica, assumindo uma natureza marcadamente valorativa-normativa[690].

No que diz respeito à matéria de direito, o "novo" sistema de H. Welzel acaba necessariamente por refinar a valoração dos comportamentos com base na noção de tipicidade. Se a função do tipo é descrever a conduta em todos os seus elementos essenciais para a noção de crime, e se a conduta também é dotada de elementos subjectivos porque o agente é um "agente mental" que pode "actuar finalisticamente", então, o dolo terá de se firmar na tipicidade, mais propriamente no tipo subjectivo do crime[691]. Assim, o dolo, presente na tipicidade, passa a ser visto como uma forma de qualificar o comportamento exterior. Com esta teoria, não se

[687] Aqui estão presentes as "duas fases" da doutrina final: uma primeira em que o agente elege os meios ou antecipa o fim, e uma segunda em que o agente procede à execução do comportamento no mundo exterior.

[688] Claus Roxin, *Derecho Penal, Parte General... op. cit.*, p. 240, fazendo alusão novamente ao sistema bipartido de G. Radbruch.

[689] Aqui fica patente a importância do juízo de imputação próprio da perspectiva do direito.

[690] Embora possamos dizer que existem outro tipo de expectativas ou deveres, sejam de ordem moral, ética, social, religiosa, ou qualquer outra que imponha um sentimento de obrigatoriedade.

[691] Cfr. Hans Welzel, *El Nuevo Sistema del Derecho Penal... op. cit.*, p. 99: "El dolo es, sin duda alguna, um elemento del tipo, sin el cual no puede ser constatada la tipicidade del acontecer

pretende alterar a natureza de um comportamento que, inserido numa esfera ontológica, preexiste às normas penais substantivas; pretende-se, de outro modo, valorar negativamente o comportamento com base em elementos da tipicidade de um crime.

Note-se ainda que o conceito "final" de conduta, formulado nestes termos, é naturalmente incompatível com o poder de actuação das pessoas colectivas na esfera ontológica, visto que, elas próprias, não procedem à "antecipação mental", à "selecção dos meios" ou ao "controlo do curso causal".

## 5. Conceito "social" de conduta (H. H. Jescheck /T. Weigend)

Talvez a perspectiva mais relevante para caracterizar o enfoque da narrativa processual dos factos e dos comportamentos – e, portanto, a *matéria de facto* – seja a perspectiva social. Aquilo que é narrado pelo terceiro observador tem *relevância social* porque a narrativa é, ela própria, uma observação e uma descrição do que acontece no interior de uma sociedade concreta, considerando as relações entre as pessoas, com as coisas e os animais numa determinada época histórica[692]. Estamos a falar da comprovação de fenómenos que envolvem sempre um momento da experiência social, um reflexo da vida social, onde os interesses das pessoas e da própria sociedade se confrontam reciprocamente. É, por isso, na *relação do comportamento com o seu envolvente social* que encontramos o fundamento de uma concepção "social" – pelo menos a defendida por H. H. Jescheck/T. Weigend[693].

Esta perspectiva tem a vantagem de conceder relevância social à *passividade* do agente perante determinadas circunstâncias, de acordo com o que seria de esperar (expectativa social)[694], contrariamente a uma pers-

externo". No conceito causal-naturalístico, pelo contrário, o dolo estava associado à culpa. Cfr., *supra*, nota 644.

[692] Como já afirmava Caeiro da Matta, *Direito Criminal Português*, vol. II, *op. cit.*, pp. 125-126, tudo conduz a diferentes observações consoante os costumes e as necessidades colectivas, em determinadas épocas e sociedades.

[693] Cfr. Hans-Heinrich Jescheck/Thomas Weigend, *Tratado de Derecho Penal... op. cit.*, pp. 238-242, com referências bibliográficas nota (28).

[694] Cfr. Hans-Heinrich Jescheck/Thomas Weigend, *Tratado de Derecho Penal... op. cit.*, pp. 238-239

pectiva exclusivamente naturalística que se poderia centrar apenas na falta de movimento corpóreo, ou numa perspectiva exclusivamente ontológica em que não há actividade causal orientada finalisticamente. Da mesma forma, tem a vantagem de conceder relevância social à *imprudência* ou *descuido* do agente: quando o próprio assume um comportamento mas, interiormente, não se conforma com uma realização ou não chega sequer a representar a possibilidade de um facto se realizar, a perspectiva naturalística redunda na metáfora mecanicista, ao passo que na perspectiva finalística o agente não antecipa mentalmente, sequer, o curso dos acontecimentos; todavia, se admitirmos que o terceiro observador está inserido numa realidade social nos termos da qual estamos sempre perante comportamentos que têm potencial para afectar os interesses das pessoas e da sociedade – sublinhando a dimensão social dos bens jurídicos[695] –, então, é possível identificar a relevância social da negligência. Quem faz a ligação entre os supostos factos mentais e os factos exteriorizados é o espectador objectivo, dotando-se dos conhecimentos do homem médio ou do próprio agente, consoante o critério, nas circunstâncias do caso concreto.

Para se entender bem como se chegou até aqui é interessante mencionar que, primeiro, a descrição da conduta focou-se nas condições mais superficiais e aparentes (conceito causal-naturalístico), depois nas condições menos exteriores (conceito finalístico) e, finalmente, nas condições fundamentais para os interesses da vida colectiva (conceito social)[696]. Apesar disso, não deixamos de ter dificuldades no momento de definir os critérios extrajurídicos delimitadores do que se pode considerar socialmente relevante ou socialmente irrelevante para o terceiro observador na

[695] É inegável que os bens jurídicos têm uma dimensão social e que é esse o seu sentido funcional: proteger o "socialmente relevante". Cfr. Santiago Mir Puig, *Derecho Penal: Parte General... op. cit.*, pp. 174-175, interligando o conceito de bem jurídico à função política liberal.

[696] Utilizamos as palavras e fazemos uma analogia com o raciocínio de Caeiro da Matta, *Direito Criminal Português*, vol. II, *op. cit.*, p. 126; e, também, de Émile Durkheim, *As Regras do Método Sociológico... op. cit.*, p. 21, quanto às observações e experimentações, passando progressivamente das características mais exteriores e mais imediatamente acessíveis às menos visíveis e mais profundas.

narrativa processual dos factos[697]. Será socialmente inócua a narrativa de uma figura masculina que se encontra passivamente sentada numa pedra com o seu queixo pousado numa das suas mãos (como o "pensador" de A. Rodin...); mas poderá ser socialmente relevante a narrativa de alguém que, por exemplo, está a conduzir um veículo automóvel e tem um acidente, causando resultados materiais e imateriais, de diversa ordem, no mundo vivido em sociedade. Isto será assim nos casos mais evidentes.

Na verdade, *os acontecimentos considerados socialmente relevantes podem não se afigurar, simultaneamente, criminalmente relevantes.* Esse será, enfim, um problema adstrito à matéria de direito e não à matéria de facto, cujo objectivo é precisamente valorar jurídico-criminalmente os fenómenos que acontecem em sociedade, independentemente de se considerarem socialmente relevantes ou irrelevantes segundo critérios extra-jurídicos[698]. Nesse aspecto, o próprio H. Welzel acabou por associar a noção de tipicidade à noção de *adequação social*, considerando esta última como causa de exclusão (ou de negação) daquela primeira[699]: o conteúdo da tipicidade estaria muito para além de um sentido causal-exterior, em virtude de se referir e selecionar condutas que pertencem à vida em sociedade, pelo que a função da adequação social seria justamente excluir materialmente da tipicidade todos os comportamentos que se movem dentro da "normalidade" na ordem social estabelecida através da história[700].

[697] Para o direito penal, dada a sua própria natureza, a expectativa nasce da tipicidade, admitindo que a valoração social e a valoração jurídica estão numa "relação de dependência recíproca", podendo até a valoração jurídica determinar o que é ou não socialmente relevante. Cfr. Claus Roxin, *Derecho Penal, Parte General... op. cit.*, pp. 245-246; e Jorge de Figueiredo Dias, *Direito Penal: Parte Geral*, tomo I... *op. cit.*, pp. 255-256

[698] Critérios ditos morais, éticos, deontológicos, com base na "experiência", etc.

[699] Isto numa fase mais avançada da sua teoria, conforme Hans Welzel, *El Nuevo Sistema del Derecho Penal... op. cit.*, p. 84, nota (11), constando já consta na versão castelhana Hans Welzel, *Derecho Penal, Parte General... op. cit.*, pp. 63-66. Entre nós, Paula Ribeiro de Faria, *A Adequação Social da Conduta no Direito Penal... op. cit.*, p. 32, coloca as coisas nestes termos: "...a adequação social é sinónimo de normativização de acção, da concessão de um papel determinante ao desvalor da conduta, permitindo pensar o significado ético e social da actuação do agente face ao recorte da vida que o legislador quis abranger com o tipo legal de crime...".

[700] Assim, Hans Welzel, *El Nuevo Sistema del Derecho Penal... op. cit.*, pp. 84-88; e Hans Welzel, *Derecho Penal, Parte General... op. cit.*, pp. 63-66, com exemplos, p. ex., as lesões na prática do

Pergunta-se, porém, quais são os "limites normais" dos comportamentos praticados em sociedade[701]? Se o critério social da noção de conduta tem uma consistência pré-jurídica, quais são os fundamentos dos ditos critérios "ético-sociais" que regem o que pode ser considerado socialmente adequado[702]? Estamos ou não perante um juízo que nos remete, novamente, para um relativismo valorativo? Os "costumes", a "moral" ou as "máximas da experiência" podem ser fontes ou critérios para delimitar o que é socialmente relevante numa sociedade cada vez mais policêntrica e complexa[703]?

Para o direito penal serão socialmente relevantes, em geral e abstracto, todos comportamentos que ponham em causa os bens jurídicos protegidos pelos tipos de crime, mesmo naqueles casos em que pode não haver qualquer perigo concreto para determinados interesses das pessoas ou da sociedade. Isso significa, muito simplesmente, que o processo de tipificação das condutas e, em certos casos, dos resultados – considerando os tipos de conduta, os tipos de resultado, assim como a estrutura dos crimes de mera actividade e dos crimes de resultado[704] –, simboliza imediatamente a sua própria relevância social, em geral e abstracto, num dado momento histórico. Decorre, primeiro, de um juízo político-criminal que faz a selecção da relevância simultaneamente social-criminal das condutas. Depois, uma vez tipificadas, redunda numa *interdependência entre a valoração social e a valoração jurídico-criminal*[705], delimitando a "relevância social" dos acontecimentos através da própria delimitação do ilícito-

desporto quando são observadas as regras do jogo e tomadas as medidas de precaução, ou as lesões causadas por uma intervenção médica realizada de acordo com as *legis artis*.

[701] O próprio admite as "dificuldades" na interpretação em Hans Welzel, *El Nuevo Sistema del Derecho Penal... op. cit.*, p. 87: "las conductas socialmente adecuadas no son necessariamente ejemplares, sino conductas que se mantienen dentro de los limites de la liberdad de acción social. La determinacion de estos limites no es tarea fácil ...".

[702] Embora muitos autores façam referências a critérios "ético-sociais", não se sabendo quais são as bases ou fundamentos que guiam esses mesmos critérios. Veja-se, por exemplo, entre nós, Américo Taipa de Carvalho, *Direito Penal, Parte Geral... op. cit.*, pp. 40-47 com várias referências ao "ético-socialmente" reprovável ou imposto.

[703] Crítico a uma teoria que tende para a "nebulosidade" e "imprecisão", Engenio Raúl Zaffaroni, *Tratado de Derecho Penal*, tomo III... *op. cit.*, p. 120

[704] Cfr., *supra* (3.1.), cap. II, parte I

[705] Cfr., Claus Roxin, *Derecho Penal, Parte General... op. cit.*, p. 246.

-típico. Afasta-se, nestes termos, um conceito de "conduta" autónomo ou independente do princípio da legalidade criminal e dos pressupostos de direito penal.

Caso assim não se entenda, caso se entenda que é possível formular um conceito de conduta "social" de natureza pré-jurídica, independente das finalidades do direito penal, fica por circunscrever o horizonte axiológico (ou o tal critério extra-jurídico) a partir do qual se define, com segurança suficiente, a noção de "relevância social" ou de "socialmente adequado" – sob pena de se tornar em mais uma definição variável para o terceiro observador que pretende seleccionar e descrever os factos. Na verdade, um conceito "social" de conduta, à procura de uma orientação com certas referências valorativas (materiais ou formais), está mais próximo de um "normativismo" (E. Mezger) do que de um "ontologismo" (H. Welzel).

## 6. Conceito "negativo" de conduta (G. Jakobs)

Por sua vez, o conceito "negativo" de conduta, particularmente o formulado por G. Jakobs[706], dá uma diferente perspectiva no que diz respeito à qualificação dos comportamentos em sede de *matéria de direito*. Isto porque reúne os conceitos "normativo" e "social" de conduta e afasta as formulações "causal-naturalística" e "ontológica", como forma de qualificar os comportamentos[707]. O ponto de partida será então conjugar a realidade social com o direito penal[708]. Para tanto, o comportamento do

[706] Para outras "teorias negativas da acção", veja-se Renato Gomes de Araujo Rocha, *Teorias da Conduta... op. cit.*, pp. 129-142

[707] Cfr. Günther Jakobs, "El concepto jurídico-penal de acción", *op. cit.*, p. 69

[708] As influências de Niklas Luhmann estão bem presentes em Günther Jakobs, *Derecho Penal, Parte General... op. cit.*, p. 13, nota (11), na referência à "reafirmação da vigência da norma", com a citação da obra Niklas Luhmann, *Sociologia do Direito I* (trad. Gustavo Bayer), Coleção Biblioteca Tempo Universitário n.º 75, Rio de Janeiro: Edições Tempo Brasileiro, 1983 [orig. 1972]. Cfr., quanto a esta última, cfr. especialmente pp. 115-116, onde temos várias afirmações características da sua filosofia, p. ex.: "O direito produz congruência seletiva e constitui, assim, uma estrutura dos sistemas sociais."; "...o direito é concebido funcional e seletivamente..."; "Em sociedades mais desenvolvidas a correção de uma norma só pode ser documentada através da normatização também das formas de processamento das frustrações, através de sanções ou de garantias para a imposição de expectativas, pois é apenas por meio da intensão e da tentativa de impor-se a expectativa que o consenso subentendido pode ser convincentemente

agente é pensado como uma "expressão de sentido", isto é, uma *expressão de alguém que, actuando dentro da sociedade, produz individualmente um resultado evitável*, seja de forma dolosa, seja de forma negligente[709]. Passamos a explicar as características sociais-normativas desta concepção.

A vertente "social" da questão encontra-se na própria expressão do comportamento do agente, inserida num contexto social e vista como um *processo comunicativo*. Tal processo tem "receptores específicos" – que por nós têm sido denominados como "terceiros observadores" – responsáveis pelos juízos relevantes acerca do que é "comunicativamente relevante"[710]. Não se trata, portanto, de um "esquema individual de interpretação", mas de um "esquema social de interpretação" que introduz uma "referência objectiva" ao comportamento do agente[711]. Nesse caso, estamos afastados não somente daquelas perspectivas exclusivamente concentradas no processo mental e individual do agente – especialmente a formulada por H. Welzel, em que a conduta seria algo antecipado mentalmente e corresponderia a uma selecção de meios ou a um controlo do curso causal –, como também, por ser um "esquema social de interpretação", afastados da perspectiva físico-naturalista dada por F. V. Liszt, não estando em causa o enfoque na actividade corporal ou na falta de actividade corporal do agente. O que os receptores específicos procuram é atribuir – ou, melhor, "imputar" – uma expressão de sentido à atitude individual do agente que actua *dentro* da sociedade.

Segundo a concepção em apreço, determinante para o efeito dessa imputação é a vertente "normativa", isto é, o *não-reconhecimento da vigência de uma norma jurídico-criminal*. Não se trata de um problema de psicologia (aludindo ao "finalismo") ou de causalidade (aludindo ao "natura-

demonstrado a terceiros"; "Dessa forma a simples vigência da norma é suficiente para provocar sanções."; e, finalmente, "A sanção ao infrator do direito torna-se então o meio mais expressivo e institucionalmente privilegiado da manutenção de normas".

[709] Günther Jakobs, "El concepto jurídico-penal de acción", *op. cit.*, p. 81. O que parece valer apenas para os crimes de resultado.

[710] Günther Jakobs, "El concepto jurídico-penal de acción", *op. cit.*, p. 82, segundo o qual mesmo que o receptor terceiro tenha conhecimento do esquema de interpretação do agente, esse esquema não é determinante pelo facto de ser um "esquema individual".

[711] Günther Jakobs, "El concepto jurídico-penal de acción", *op. cit.*, pp. 82-83

lismo"), mas de um problema de *imputação jurídico-criminal*[712]. Somente a partir do ponto de vista do direito penal é que podemos encontrar o comportamento "socialmente inadequado"[713] – sublinhando, aqui também, a referida interdependência entre a valoração social e a valoração jurídico-criminal. Para o direito penal, apenas é importante a atitude do agente-pessoa perante a vigência de uma norma, pelo que uma actuação contrária às normas é justamente uma falta de reconhecimento da vigência da norma.

Portanto, nas próprias palavras de G. Jakobs, decisivo é o *não reconhecimento da vigência de uma norma que se produz através de uma expressão de sentido do comportamento de uma pessoa*[714]. O que introduz o sentido individual e negativo da imputação: a expressão de sentido do comportamento é uma expressão de sentido de uma pessoa que actua de forma *individualmente evitável* perante a vigência de uma norma[715]. Parece inclusivamente prestar obediência à lógica de que o agente deve "realizar o bem e evitar o mal"[716], admitindo que o preenchimento do conteúdo da norma vigente é sinónimo do "mal".

Por outra parte, uma das lições incontornáveis desta teoria é a forma como se ultrapassa a concepção naturalística de "pessoa física", composta por *corpo-mente*. Dentro do sistema social, não são apenas as pessoas singulares que actuam em seu nome e no seu interesse perante a vigência de uma norma, sendo cada vez mais evidente a importância da actividade das pessoas colectivas nos fluxos da economia e noutros interesses individuais e comuns na sociedade num determinado ordenamento jurídico[717].

[712] Por isso Claus Roxin, *Derecho Penal, Parte General... op. cit.*, p. 251, afirma que estamos mais próximos de um ponto de vista de imputação do que de um verdadeiro conceito de conduta. O agente é, assim, um "centro de imputação".

[713] Günther Jakobs, "El concepto jurídico-penal de acción", *op. cit.*, p. 98

[714] Günther Jakobs, "El concepto jurídico-penal de acción", *op. cit.*, pp. 88-89

[715] O conceito de *evitabilidade* é precisamente a razão pela qual esta concepção de conduta pode ser caracterizada como "negativa". Cfr. Günther Jakobs, "El concepto jurídico-penal de acción", *op. cit.*, pp. 87 e 90; e Günther Jakobs, *Derecho Penal, Parte General... op. cit.*, p. 173.

[716] Lógica presente em Rolf Dietruch Herzberg, "Reflexiones sobre la Teoria Final de la Acción", *op. cit.*, p. 8

[717] Para uma "breve nota histórica" da responsabilidade penal da pessoa colectiva, cfr. Susana Aires de Sousa, *Questões Fundamentais de Direito Penal da Empresa, op. cit.*, pp. 77-84

Sendo assim, procedendo a uma "determinação valorativa do sujeito da imputação", a noção de "pessoa", no contexto social, estende-se também às *pessoas colectivas*, compostas por *estatutos-órgãos*[718]. Alarga-se o centro de imputação à própria pessoa colectiva que não se organizou de modo a prevenir o crime, superando aqueles casos em que é difícil identificar a pessoa singular responsável pela prática de um facto devido à própria estrutura complexa e hierarquizada das empresas.

Repare-se que a teoria da conduta de G. JAKOBS é uma homenagem à sua própria visão *funcionalista* do direito penal, segundo a qual a legitimação material das normas jurídico-criminais (ou a sua *função*) reside na *protecção e na manutenção da vida em sociedade e do próprio ordenamento jurídico*, particularmente como um meio de garantir as expectativas essenciais das normas jurídico-constitucionais[719]. Este funcionalismo tem necessariamente a sua génese num normativismo, num sistema de valores ("dever-ser"), cujas expectativas normativas limitam os comportamentos das pessoas (singulares ou colectivas) – o bem jurídico-penal é a "vinculatoriedade prática à norma" ou a "validez fáctica da norma"[720] –, imprimindo, na verdade, uma certa deontologia (ético-formalista) ao modo de actuar em sociedade ("realizar o bem...").

## 7. Conceito "pessoal" de conduta (C. Roxin)

Já no que diz respeito ao conceito "pessoal", C. ROXIN[721] vem basicamente afirmar que a "conduta" é uma *manifestação da personalidade* do agente pelo facto de o mesmo se afigurar um "centro anímico espiritual"[722]. Com uma tal concepção fica definitivamente afastado o determinismo extremo que o conceito causal-naturalístico poderia conceder à figura do agente, visto nesse caso como uma massa mecânica que se move no espaço e no tempo

[718] Günther Jakobs, *Derecho Penal, Parte General... op. cit.*, p. 183

[719] Cfr. Günther Jakobs, *Derecho Penal, Parte General... op. cit.*, pp. 44-45; cfr., *supra*, nota 708.

[720] Günther Jakobs, *Derecho Penal, Parte General... op. cit.*, p. 58

[721] Não há dúvida que C. Roxin foi também uma figura determinante na história do direito penal continental-europeia mais recente, especialmente ao introduzir uma diferente perspectiva da relação entre o direito penal substantivo e a política criminal – muito devido à contribuição da sua obra escrita em 1970, *Kriminalpolitik und Strafrechtssystem* – aqui, com a tradução *Política Criminal y Sistema del Derecho Penal... op. cit.* Cfr., *supra*, (1.3.), cap. III, parte I.

[722] Cfr. Claus Roxin, *Derecho Penal, Parte General... op. cit.*, pp. 252 e ss.

sem qualquer razão anímico-espiritual. Bem pelo contrário, segundo o conceito "pessoal", há uma personalidade singela dentro dessa "massa", um mundo interior, que se pode manifestar exteriormente perante os outros[723]. É esse *alguém determinado*, na sua perfeita e inconfundível individualidade, que manifesta a sua distinta personalidade através do seu comportamento.

Parece incontornável afirmar que a manifestação da personalidade é algo pré-jurídico e, assim, anterior ao próprio processo penal e aos pressupostos substantivos de direito penal[724]. Contudo, a manifestação da personalidade não faz parte do mundo das ideias, não está presa no espaço da *cogitatio*, nem pode ser um "modo de ser" enclausurado dentro de si mesmo, limitado à perspectiva individual do agente – uma vez que essa é uma perspectiva privada e inacessível[725]. A personalidade terá de se manifestar perante os outros, na relação com os outros, em intersubjectividade. Por essa razão, C. Roxin, fiel ao seu próprio entendimento acerca da natureza funcional do direito penal, *procurou elaborar a teoria da conduta como um instrumento de valoração político-criminal*[726]. A lógica aproveita a perspectiva do terceiro observador[727]: a declaração, na terceira pessoa, de que o agente está ou não está a actuar, constitui, por si só, numa *valoração* em que se atribui a alguém o seu comportamento; assim – continuando o raciocínio do penalista alemão –, *o comportamento comporta um aspecto valorativo que não se traduz em algo empiricamente preexistente*, como pretendia, afinal, F. V. Liszt com a "causalidade" ou H. Welzel com o "finalismo"; *o comportamento existe porque se atribui esse comportamento a uma pessoa*, porque é algo que se atribui à "manifestação da sua personalidade". Para C. Roxin, portanto, apenas as manifestações da personalidade podem ser criminalmente relevantes. A partir daqui temos o fim político-criminal pretendido: ao afirmarmos, com base nessa valoração

[723] Por essa razão, o próprio processo penal concebe a maior das importâncias à "referência identificante" do agente. Cfr., supra, (2.2.) cap. I, parte I.

[724] Com a pretensão de se tratar de um conceito pré-jurídico, Claus Roxin, *Derecho Penal, Parte General... op. cit.*, pp. 256 e ss.

[725] Cfr., numa análise das ideias de Husserl ("a história transcendental da intersubjectividade"), Jürgen Habermas, *Fundamentação Linguística da Sociologia... op. cit.*, p. 68

[726] Claus Roxin, *Derecho Penal, Parte General... op. cit.*, pp. 217-218 e 252.

[727] Claus Roxin, *Derecho Penal, Parte General... op. cit.*, p 218

pré-jurídico-substantiva, que *não estamos* perante uma manifestação da personalidade, excluímos logo à partida todos os comportamentos que não se afiguram, sequer, juridicamente ou criminalmente relevantes – cumprindo, assim, uma função de delimitação importante para os princípios político-criminais.

Pois bem, admitindo que o comportamento se trata de uma manifestação da personalidade que tem efectivamente um reflexo no mundo exterior dos acontecimentos em sociedade – como, aliás, C. Roxin pretendeu –, levanta-se o problema seguinte: se estamos perante um conceito pré-jurídico, axiologicamente definido, quais são os critérios utilizados para determinar o que se trata de uma manifestação da personalidade e o que, em sentido oposto, não se trata?

Certamente que, perante um conceito desta natureza, dificilmente podemos admitir que uma "pessoa colectiva", como uma sociedade por quotas, tem uma "substância psíquico-espiritual" e manifesta a sua personalidade perante os outros[728]. E também será difícil afirmar que um animal de companhia, como um gato ou um cão, pode ter um substrato "psíquico-espiritual" que manifesta a sua personalidade – comparando, pelo menos, com uma pessoa singular[729]. Mas isso não significa que não possuam uma certa autonomia. É que, de facto, essa autonomia exterioriza uma certa *individualidade*, permitindo distinguir as diferentes pessoas colectivas e animais de companhia. Se essa "autonomia" e essa "individualidade" não são suficientes para traduzir uma "personalidade", nos termos da teoria de C. Roxin, nesse caso, um animal de companhia e uma pessoa colectiva nunca poderiam praticar uma conduta criminalmente relevante.

Não obstante, se estiverem presentes os actuais pressupostos de direito penal, particularmente os previstos no ordenamento jurídico português, as pessoas colectivas podem ser criminalmente responsabilizadas, com autonomia própria, independentemente de não lhes encontrarmos qualquer "substrato anímico-espiritual" num contexto pré-jurídico. E logo aí damos conta de um conceito pessoal de conduta com critérios

728 Claus Roxin, *Derecho Penal, Parte General... op. cit.*, p. 258, nega que os actos das pessoas colectivas se afigurem "acções".

729 Claus Roxin, *Derecho Penal, Parte General... op. cit.*, PG, pp. 258-260 (§55)

extra-jurídicos que podem muito bem *denegar a selecção e os critérios definidos juridicamente pelo legislador no âmbito da lei penal.* Será, nesse caso, um conceito de conduta *contra legem*?

Aqui está o problema subjacente a um conceito doutrinário de "conduta" que ambicione ser anterior e independente dos pressupostos de direito penal: a qualquer momento pode-se ver contrariado pela formulação legal realizada pelo legislador, pelo entendimento da autoridade judiciária que está vinculada ao princípio da legalidade criminal, pelos princípios de justiça que são ponderados na balança do caso concreto, por outra parte da doutrina que entenda de outra forma, ou, entre outros ainda, pelos precedentes e decisões jurisprudenciais. Arrisca-se, então, a realizar uma *justiça privada* acerca da natureza de um comportamento que, afinal, poderá ser considerado criminalmente relevante na realização jurisdicional do direito. E caso não se veja contrariada por estes pressupostos de direito, poderá ser contrariada pelo desenvolvimento da ciência pericial e dos conhecimentos empíricos acerca da forma como a personalidade se manifesta[730]. Qual é o fundamento extra-jurídico para se afirmar que um sonâmbulo ou uma pessoa hipnotizada não manifesta a sua personalidade? Como sabemos que a manifestação da personalidade não concorre em certos movimentos impulsivos ou reacções espontâneas? Quem é que tem competência para responder a estas perguntas e segundo qual critério? Mais: o que impede o terceiro observador de introduzir pressupostos metafísicos ou não científicos para identificar uma manifestação da personalidade? E se voltássemos ao caso Kamutukuleno em que várias pessoas garantem reconhecer a *manifestação da personalidade de uma pessoa falecida* que, segundo as mesmas, é dotada de um conteúdo psíquico-espiritual e pode comunicar e agir no mundo dos vivos? Quais são, afinal, os limites de um conceito pré-jurídico de conduta e quem os determina?

O problema parece o mesmo que levantámos a respeito da definição de "adequação social" ou de "relevância social". O narrador dos acontecimentos é o observador terceiro, qualquer outra pessoa distinta do pró-

[730] Nesse aspecto, Claus Roxin, *Derecho Penal, Parte General... op. cit.*, p. 265, afirma que o seu conceito acolhe a realidade da vida e é capaz de considerar os últimos conhecimentos da investigação empírica.

prio agente, que pode ou não reconhecer uma *manifestação da personalidade* segundo critérios que, afinal, não são intencionalmente jurídicos ou conformes aos mais dignos pressupostos que operam na realização jurisdicional do direito criminal.

## 8. Conceito "linguístico-significativo" de conduta (U. Kindhäuser/ W. Hassemer)

A introdução de ideias provindas da *filosofia da linguagem* – especialmente as ideias de L. Wittgenstein e J. Habermas[731] – permite pensar o conceito de "conduta" a partir da linguagem utilizada para exprimir o seu respectivo significado. E não apenas no que concerne a matéria de direito ou ao discurso jurídico-criminal, mas também quanto à matéria de facto ou ao discurso pretensamente descritivo de factos.

De antemão, podem existir múltiplas descrições linguísticas do mesmo comportamento, com diferentes terceiros observadores, abrindo a narrativa dos factos ao "renovado dizer" e às inúmeras formas de expressão acerca do que sucede no mundo em sociedade[732]. Ao espectador terceiro compete fazer uma narrativa empírico-descritiva dos factos da forma mais fiel possível, sem intenção de os modificar, tendo presente as regras probatórias impostas pelo processo penal. Na verdade, perante o mesmo acontecimento – e a partir dos mesmos meios de prova –, dois diferentes "espectadores" dificilmente realizam a mesmíssima narrativa dos factos utilizando as mesmas palavras. O que denota a *importância que a linguagem pode ter para a construção de uma realidade processualmente adquirida*. No parecer certeiro de Kai Ambos, "as palavras que empregamos não são meros reflexos da realidade mas uma expressão de como vemos as coisas, não são deduções lógicas a partir da estrutura de um mundo

[731] Temos vindo a utilizar bibliografia que presta homenagem à filosofia da linguagem, principalmente segundo: Jürgen Habermas, *Fundamentação Linguística da Sociologia... op. cit.*; Jürgen Habermas, *Teoria da Racionalidade e Teoria da Linguagem... op. cit.*; Umberto Eco, *Semiótica e Filosofia da Linguagem... op. cit.*; António Fidalgo/Anabela Gradim, *Manual de Semiótica... op. cit.;* José de Faria Costa, "O Direito Penal, a Linguagem e o Mundo Globalizado. Babel ou Esperanto Universal?", *op. cit.*; Maria Amélia Carreira das Neves, *Semiótica Linguística e Hermenêutica do Texto Jurídico... op. cit.*; e Tomás S. Vives Antón, *Fundamentos del Sistema Penal... op. cit.*

[732] Cfr., *supra*, (2.5), cap I, parte I.

previamente existente, mas construções humanas sobre a base de um consenso social"[733].

Podemos também verificar as implicações que uma descrição realizada na terceira pessoa pode ter em relação ao mundo subjectivo do agente, no âmbito da linguagem utilizada para traçar os seus aspectos conscientes e volitivos. Partindo de um exemplo dado por U. KINDHÄUSER, não será a mesma coisa dizer "Edipo matou um viajante teimoso na encruzilhada" e dizer "Edipo matou o seu pai Layo na encruzilhada", tendo como objecto de referência o mesmo comportamento[734]. Efectivamente, se Edipo não sabia que estava perante o seu pai, a segunda descrição não reproduz linguisticamente a sua atitude consciente[735]; aliás, com esta segunda narrativa, parece que Édipo sabia perfeitamente que estava perante o seu pai e que o matou conhecendo essa qualidade paterna. O problema da descrição de comportamentos que não coincidem com os estados interiores de consciência ou de vontade, é um problema que se resolve ao efectuar uma *separação cartesiana entre corpo e mente* nas proposições da matéria de facto. E, decerto, este exemplo de Édipo teria outro tratamento se o tivéssemos de transcrever para proposições de facto que pretendem ser processualmente válidas.

Em primeiro lugar, teria outro tratamento porque se trata de um exemplo que, embora pretenda descrever factos, tem uma natureza *conclusiva* de factos. Ou seja, em ambas as narrativas do exemplo de Édipo não estamos a descrever *o comportamento* do agente, estamos a descrever *o resultado* do comportamento do agente, com uma descrição conclusiva dos acontecimentos, neste caso focada na morte de uma pessoa. Seria diferente se estivesse descrito, por exemplo: "na encruzilhada, Édipo trocou umas palavras com um viajante e, no seguimento, deu-lhe uma pancada na cabeça, resultando daí a sua morte"; ou, também, "Édipo discutiu com o seu pai e, de seguida, deu-lhe um soco na cabeça, causando-lhe a morte".

[733] (tradução livre) Kai Ambos, "Dogmática jurídico-penal y concepto universal...", *op. cit.*, p. 9

[734] Urs Kindhäuser, "Acerca del concepto jurídico penal de acción", *op. cit.*, p. 19

[735] Neste sentido, Urs Kindhäuser, "Acerca del concepto jurídico penal de acción", *op. cit.*, p. 20

Em segundo lugar, teria outro tratamento porque ambas as narrativas dadas por U. KINDHÄUSER acabam por compreender Édipo como uma *unidade corpo-mente*, para o efeito pretendido do exemplo[736]. No processo penal, por razões de ordem metodológica e jurídico-substantiva, teríamos de formular proposições que separassem essa "unidade" que perfaz a pessoa. Ao nível da matéria de facto, as proposições que descrevem os acontecimentos deixam para o fim as referências ao mundo interno do agente[737], com as respectivas alusões à consciência, à vontade, à conformação, enfim, a qualquer manifestação interior que possa conceber o agente como uma *pessoa* que actua ou não actua em virtude da consciência, vontade, inconsciência e ou involuntariedade. Mais do que isso: as referências à "mente" do agente acabam por o conceber como alguém que tem uma personalidade e uma história de vida próprias. E, portanto, é possível – nesta realidade, e não apenas na ficção ou na mitologia – que uma pessoa esteja perante o seu próprio pai e não tenha conhecimento desse facto. Assim, se Édipo não tinha conhecimento de que o viajante com quem havia lutado era o seu próprio pai, teríamos de acrescentar uma proposição comunicativa que fizesse menção a esse estado de inconsciência perante a qualidade paterna. Até porque, essa proposição, por si só, teria de ser objecto de prova. Isto para dizer que é importante, para a realização concreta do direito, a forma como linguisticamente se descreve um facto. É importante a escolha adequada das palavras que representam os comportamentos das pessoas, sobretudo porque – como afirma U. KINDHÄUSER – o comportamento é, ele próprio, um "acto comunicativo" que poderá ser "portador de um sentido"[738]. Podemos também aludir ao *sentido que lhe pode ser conferido pela matéria de direito.*

Todo o comportamento descrito linguística e processualmente poderá ser dotado de um sentido relevante para a existência ou inexistência de

[736] Urs Kindhäuser, "Acerca del concepto jurídico penal de acción", *op. cit.*, p. 25, faz referência ao assunto.

[737] Em rigor, na prática, essas referências constam antes das proposições da matéria de facto que dizem respeito à caracterização sócio-económica do agente.

[738] Assim, Urs Kindhäuser, "La fidelidade al derecho como categoria de la culpabilidad" (trad. Percy García Cavero), *Pena y Culpabilidad en el Estado Democrático de Derecho* (org. Urs Kindhäuser/Juan Pablo Mañalich R.), Lima: ARA Editores, 2009, p. 92 [orig. 1995]

um crime. E para compreender o significado dos factos relatados processualmente, é necessário confrontá-los com alguma coisa, é essencial um *quadro de referência*. Será justamente esse o papel da ilicitude criminal, do princípio da legalidade – particularmente na sua vertente do princípio da tipicidade ou da determinabilidade – e dos restantes pressupostos de direito: *conferir um sentido ou significado jurídico-criminal aos factos processualmente descritos*. Com efeito, para apreender o significado dos comportamentos inseridos na vida diária em sociedade, uns mais simples e outros complexos, podemos pôr mão em diferentes ciências ou técnicas para encontrarmos diferentes explicações. Por isso são necessários *quadros de referência*, modelos de interpretação, que tomem em conta o significado desses acontecimentos[739]. Como vimos, com pretensões pré-jurídicas, o modelo "causal-naturalístico" centrava-se nos movimentos corporais, o modelo "finalista" centrava-se nos processos de selecção dos meios antecipados mentalmente, o modelo "social" centrava-se no considerado socialmente relevante e, ainda, o modelo "pessoal" na manifestação da personalidade do agente. De outra forma, fazendo acrescer elementos especificamente jurídico-criminais, o modelo "normativista" e o modelo "negativo" consideravam determinantes certos pressupostos jurídicos para qualificar os comportamentos. Ora, para o modelo "linguístico-significativo", tal como estes últimos, não existe um conceito de "conduta" independente dos elementos conceptuais do ilícito-típico e dos demais pressupostos para a existência do crime, porque são precisamente esses pressupostos que conferem uma expressão de sentido ao comportamento que, de outra forma, seria um *factum brutum*[740].

Na doutrina alemã, W. Hassemer foi um autor destacado no estudo da relação entre a linguagem e o direito penal. Do lado da matéria de direito, as normas jurídico-criminais estão igualmente vinculadas a uma linguagem e à sua melhor compreensão em virtude das exigências do princípio da legalidade criminal. Entre outras considerações, o penalista alemão coloca as coisas nestes termos: a tipicidade aparece normalmente revestida de uma linguagem correcta, não sendo reconhecível pelos seus

[739] Cfr. Umberto Eco, *Semiótica e Filosofia da Linguagem... op. cit.*, p. 55

[740] Com a mesma expressão, Urs Kindhäuser, "Acerca del concepto jurídico penal de acción", *op. cit.*, p. 31

erros linguísticos; *mas isso não assegura que estejamos perante uma lei justa*, visto que *uma linguagem correcta não produz necessariamente um direito correcto*[741]. No entanto – continuando o raciocínio do penalista alemão –, uma linguagem incorrecta pode excluir um direito correcto[742]. E aqui basta pensar no que uma linguagem incorrecta pode implicar na qualificação de um comportamento e no incumprimento da função do princípio da legalidade de proteger as pessoas de uma decisão surpresa[743].

Admitindo que as normas jurídico-criminais em vigor se encontram correctamente estruturadas ao nível linguístico, as palavras escolhidas pelo legislador influenciam, de certa forma, uma escolha da matéria de facto por parte do terceiro observador e uma decisão da matéria de direito por parte da autoridade judiciária, a favor da *segurança jurídica*[744]. São palavras gerais e abstractas com uma linguagem própria, com uma *metalinguagem*, com uma "metassemiótica" (UMBERTO ECO), caracterizada pela realidade do ordenamento jurídico em causa. E será também a partir desse quadro de referência, juntamente com outros pressupostos, que o cidadão identifica os comportamentos com relevância criminal e a autoridade judiciária terá margem para lhes conferir um significado jurídico-criminal. Eis, também, o que pode querer dizer "relação intersubjectiva de comunicação"[745]: o agente, com o seu comportamento, comunica algo; o terceiro observador, ao descrever esse comportamento, comunica algo; o legislador, ao regular determinados comportamentos através da lei, comunica algo; e a autoridade judiciária, ao tomar uma decisão quanto à natureza do comportamento do agente, confrontando a narrativa dos factos, a lei criminal e os restantes pressupostos de direito, comunica algo. Tudo depende, também, da linguagem-comunicação e da

[741] Winfried Hassemer, *Crítica al Derecho Penal de Hoy... op. cit.*, p. 27, segundo a lógica de que a lei não se confunde com o direito.

[742] Winfried Hassemer, *Crítica al Derecho Penal de Hoy... op. cit.*, pp. 27-28

[743] Winfried Hassemer, *Crítica al Derecho Penal de Hoy... op. cit.*, p. 35

[744] Até porque essas palavras, na verdade, têm um contexto político, social, económico e cultural próprios. A importância desse contexto em Kai Ambos, "Dogmática jurídico-penal y concepto universal...", *op. cit.*, p. 8

[745] Com essa expressão, Kai Ambos, "Dogmática jurídico-penal y concepto universal...", *op. cit.*, p. 9

respectiva atribuição de significados com base em certos e determinados quadros de referência de natureza jurídico-criminal.

## 9. Conceito "internacional penal" de conduta (Kai Ambos)

Com a Alemanha no centro de vários acontecimentos históricos que marcaram especialmente o século XX, foram sendo criados mecanismos de justiça penal no âmbito internacional que permitissem chamar à responsabilidade não apenas o próprio Estado, sujeito de direito internacional, como também as pessoas singulares envolvidas. O Tratado de Versalhes de 1919 e o Tribunal Militar de Nuremberga de 1946 são bons exemplos da forma como os comportamentos dos indivíduos passaram a ser um objecto *autónomo* de direito internacional, iluminando o *princípio da responsabilidade penal directa do indivíduo segundo o direito internacional*[746]. A partir daqui abriu-se a possibilidade de conceptualizar um conceito de "conduta" segundo os pressupostos de direito internacional penal[747].

Ora, a problemática de um conceito desta natureza começa com os próprios pressupostos de direito. Logo à partida porque há disposições legais de âmbito internacional que parecem alargar os quadros de referência escritos aos *quadros consuetudinários internacionais*[748]. É o que se poderá interpretar, tal como menciona KAI AMBOS, nos termos da CEDH[749], da DUDH[750] e do PIDCP[751]. Com esta desformalização, o *princípio da tipici-*

[746] Nestes termos, Kai Ambos, *A Parte Geral do Direito Penal Internacional... op. cit.*, pp. 42-43. No que diz respeito ao Tratado de Versalhes, pós I guerra mundial, está em causa o artigo 227.° que prevê a criação de Tribunal Internacional para o julgamento do Imperador germânico por "ofensa suprema contra a moral internacional e a autoridade sagrada dos Tratados".

[747] Para uma diferença entre direito penal internacional e direito internacional penal, cfr. Pedro Caeiro, *Fundamento, Conteúdo e Limites da Jurisdição Penal do Estado... op. cit.*, pp. 36-38

[748] Legalmente previstos como "princípios de direito", segundo interpretação de Kai Ambos, *A Parte Geral do Direito Penal Internacional... op. cit.*, pp. 44-45

[749] CEDH, art.° 7.° (princípio da legalidade), n.°2: "O presente artigo não invalidará a sentença ou a pena de uma pessoa culpada de uma acção ou de uma omissão que, no momento em que foi cometida, constituía crime segundo os princípios gerais de direito reconhecidos pelas nações civilizadas.".

[750] DUDH, art.° 11.°, n.° 2 "Ninguém será condenado por acções ou omissões que, no momento da sua prática, não constituíam acto delituoso à face do direito interno ou internacional (...)".

[751] PIDCP, art.° 15.°, n.° 2: "Nada no presente artigo se opõe ao julgamento ou à condenação de qualquer indivíduo por motivo de actos ou omissões que no momento em que foram come-

*dade ou da determinação dos comportamentos* acaba por ceder à insegurança de um quadro de referência não escrito, consuetudinário, colidindo com a natureza do princípio da legalidade criminal[752], incontornável no direito penal substantivo dos ordenamentos jurídicos internos da Europa continental[753]. O que nos remete para uma pergunta mais abrangente: quais são os limites ao costume, enquanto fonte de direito internacional penal, no âmbito da qualificação jurídico-criminal das condutas?

O costume, neste contexto, não se pode abrir a mundivisões religiosas, metafísicas ou moralistas, especialmente nos termos das concepções actuais de Estado de Direito[754]. Igualmente não poderá significar algo indeterminado ao ponto de haver dúvidas se faz parte ou não do costume internacional. A própria noção "clássica" de costume, como prática reiterada e prolongada aceite como direito[755], implica uma experiência

tidos eram tidos por criminosos, segundo os princípios gerais de direito reconhecidos pela comunidade das nações".

[752] Considerando que o direito consuetudinário denega pressupostos essenciais como a "reserva de lei" e a própria "índole normativo-jurídica", conforme entende António Castanheira Neves, *Digesta...*, vol. 1.º, op. cit., pp. 358-359 e nota (34). No entanto, tal como explica Jorge Miranda, *Curso de Direito Internacional Público*, 5.ª ed. revista e atualizada, Cascais: Princípia Editora, 2012, p. 44, no âmbito internacional, o costume, enquanto fonte de direito, explica-se pelas suas próprias circunstâncias, considerando sobretudo a ausência de uma autoridade central (para emitir as leis escritas...) e o seu efectivo contributo para o desenvolvimento de um direito autónomo de carácter internacional.

[753] Embora o ordenamento jurídico português se encontre aberto às normas de direito costumeiro internacional, em virtude da jurisdição dos tribunais portugueses no âmbito da aplicação da lei criminal, conforme estipula o art. 29.º, n.º 2, CRP: "o disposto no número anterior não impede a punição, nos limites da lei interna, por acção ou omissão que no momento da sua prática seja considerada criminosa segundo os princípios gerais de direito internacional comummente reconhecidos". Ainda assim, especial nota, neste âmbito, merecem os "limites da lei interna".

[754] Lembrando aqui o fenómeno "Kamutukuleno", em que a "feitiçaria" é um comportamento identificável e punível de acordo com um determinado sistema costumeiro em Angola. Cfr., *supra*, nota 123.

[755] No contexto do direito internacional público, cfr. Jorge Miranda, *Curso de Direito Internacional Público... op. cit.*, p. 46. Considere-se que existem autores que identificam um "costume de formação instantânea" de convicção generalizada, em virtude do desenvolvimento global da sociedade e de eventos que, de um momento para o outro, de forma espontânea, são susceptíveis de marcar essa mesma "sociedade global" – como sucede, p. ex., com ataques terroristas

histórica que decorra, neste caso, do próprio direito internacional penal. Daí a doutrina defender que o desenvolvimento do costume internacional, neste âmbito jurídico-criminal, tem a sua génese no direito de Nuremberga.

Não obstante o interesse teórico da discussão, pode-se dizer que a criação posterior de um Tribunal Penal Internacional veio comprimir e circunscrever, com a previsão jurídico-legal *escrita* de certos crimes, o espírito consuetudinário internacional em relação às condutas consideradas de maior gravidade para a paz, segurança e bem-estar da humanidade[756]. Falamos de "crimes de genocídio" (que incluem também ofensas graves à integridade física ou mental, medidas que impeçam nascimentos ou transferências de crianças[757]), "crimes contra a humanidade" (que incluem o homicídio, a escravidão, a deportação, a privação da liberdade física grave, a tortura, a violência no campo sexual, a perseguição de um grupo, o desaparecimento forçado de pessoas ou o *apartheid*[758]), "crimes de guerra" (que englobam as mais diversas condutas praticadas em caso de conflito internacional[759]) e do "crime de agressão"[760]. Para além do mais, como o próprio Estatuto de Roma prevê na disposição com a epígrafe "nullum crimen sine lege", nada afectará a tipificação de uma conduta como crime nos termos do direito internacional, independentemente do próprio Estatuto.

O que resta, então, nesta matéria, para o costume internacional penal[761]?

ou com questões ambientais. Sobre o assunto, elucidativo, Benjamin Langille, "It´s «Instant Custom»: How the Bush doctrine Became Law after the Terorist Attacks of September 11, 2001", *Boston College Internacional and Comparative Law Review*, vol. 26, issue 1, 2003.

[756] De acordo com o próprio preâmbulo do ERTPI. Em Portugal, cfr. a Lei n.º31/2004, de 22 de julho, que "adapta a legislação penal portuguesa ao Estatuto do Tribunal Penal Internacional, tipificando as condutas que constituem crimes de violação do direito internacional humanitário – 17.ª alteração ao Código Penal".

[757] Cfr. art. 6.º do ERTPI

[758] Cfr. art. 7.º do ERTPI

[759] Cfr. art. 8.º do ERTPI

[760] Cfr. art. 5.º, n.º2, do ERTPI

[761] O futuro pode reservar exactamente o que sucedeu em Nuremberga: não haver previsões escritas para punir certos comportamentos, praticados em determinadas circunstâncias, que

A experiência histórica da realização jurisdicional do direito internacional penal trouxe um conceito de "conduta" singelo em virtude de se encontrar inserido num contexto muito próprio. Basta pensar, também, na jurisprudência que decorreu das sentenças do Tribunal Militar de Nuremberga, do Tribunal Militar Internacional para o Extremo Oriente e dos Tribunais das Nações Unidas para a antiga Jugoslávia e para o Ruanda[762]. E é precisamente a partir deste âmbito, conjugado com as mais diversas fontes e pressupostos de direito[763], que Kai Ambos procurou elaborar as bases dogmáticas para aquele conceito.

Segundo o autor alemão, está aqui em causa um *conceito amplo de imputação*, a partir do qual se procede à valorização da conduta do agente não apenas de um ponto de vista *objectivo*, considerando a tipicidade e a ilicitude, como de um ponto de vista *subjectivo*, considerando o dolo e a culpa[764]. Parece que, de facto, estamos próximos não apenas do sistema clássico de F. V. Liszt, como, ao mesmo tempo, do sistema bipartido anglo-americano[765]. Ainda assim, as diferenças são notórias em vários aspectos.

No que diz respeito aos elementos objectivos[766], há toda uma experiência internacional – decorrente, sobretudo, das decisões daqueles tribunais – que incide sobre as várias formas de participação do agente no facto com relevância criminal[767], sobre a imputação de carácter norma-

possam reclamar clamorosamente por uma justiça penal orientada para a protecção da dignidade humana e dos direitos fundamentais das pessoas (assim hoje considerados...).

762 Cfr. Resoluções do CS de 1993 (S/RES/827) e 1994 (S/RES/995) e o Cap. VII da Carta das Nações Unidas.

763 Como as Convenções de Genebra ou a Convenção para a Prevenção e Repressão do crime de genocídio. No geral, cfr. art. 38.º do Estatuto TIJ.

764 Kai Ambos, *A Parte Geral do Direito Penal Internacional... op. cit.*, pp. 166 e 168.

765 Cfr., *supra*, nota 421.

766 Veja-se a tabela sistematizada em Kai Ambos, "Dogmática jurídico-penal y concepto universal de hecho punible", *op. cit.*, p. 21, onde se tornam mais nítidas as diferenças entre o sistema "clássico" do crime e o sistema que decorre, sobretudo, da jurisprudência internacional penal.

767 Autoria, coautoria, autoria mediata e participação em Kai Ambos, *A Parte Geral do Direito Penal Internacional... op. cit.*, pp. 192 e ss.

tivo[768], sobre as várias formas de ampliar a responsabilidade[769] e sobre as causas de exclusão da responsabilidade, substantivas[770] e processuais[771].

No que diz respeito aos elementos subjectivos, especialmente no Estatuto de Roma, dispomos de referências legais à "vontade" e ao "conhecimento", separando, também, o que diz respeito à conduta e o que diz respeito aos efeitos da conduta[772].

Todas as particularidades deste direito penal de índole internacional, que emana especialmente da experiência da jurisprudência internacional penal, permitem encontrar fundamentos próprios para uma elaboração dogmática própria, distinguindo-se, por isso mesmo, de todas as restantes concepções de "conduta" aqui analisadas. O direito internacional penal em nenhum momento prescindiu de procurar, para além da imputação factual, *uma imputação como pressuposto do ilícito*[773]. Mesmo que se afirme que estão presentes os pressupostos "clássicos" de natureza objectiva e subjectiva da responsabilidade criminal, convergindo com a maioria das outras concepções jurídicas, a verdade é que – repita-se – há diferenças suficientes e substanciais para admitirmos uma outra elaboração dogmá-

[768] A partir justamente dos processos de Nuremberga. Num primeiro nível a causalidade e num segundo nível a imputação. Veja-se Kai Ambos, *A Parte Geral do Direito Penal Internacional... op. cit.*, pp. 167-168

[769] Como através da responsabilidade do superior ou da tentativa. Cfr. Kai Ambos, *A Parte Geral do Direito Penal Internacional... op. cit.*, pp. 340 e ss.

[770] Erro de facto e erro de direito, exclusão da culpa (anomalia psíquica, embriaguez, etc.), legítima defesa, obediência devida, estado de necessidade. Assim, na previsão arts. 31.° e 32.° do Estatuto do TPI

[771] Imunidades, amnistias e perdões.

[772] Cfr. Kai Ambos, *A Parte Geral do Direito Penal Internacional... op. cit.*, p. 168. Cfr. art. 30.° (elementos psicológicos) do Estatuto do TPI: actua (I) intencionalmente (a) quem se propuser a adoptar uma conduta e (b) quem se propuser a causar um determinado efeito ou estiver ciente de que o mesmo terá lugar numa "ordem normal dos acontecimentos"; e actua (II) com conhecimento quem tiver consciência de que existe uma determinada circunstância ou de que um efeito irá ter lugar numa "ordem normal dos acontecimentos". Sobre a interpretação deste artigo, veja-se Kai Ambos, "Dogmática jurídico-penal y concepto universal de hecho punible", *op. cit.*, pp. 22-23, fazendo aqui incluir a imprudência ("recklessness") no sentido da "assunção consciente de um risco injustificado".

[773] Cfr. Kai Ambos, *A Parte Geral do Direito Penal Internacional... op. cit.*, pp. 165-166.

tica[774]. Uma particularidade de interesse teórico e prático será sempre o facto de este direito se desenvolver para além de um quadro de referência escrito – próprio dos princípios da legalidade, tipicidade e determinabilidade –, admitindo, também, um quadro de referência consuetudinário.

**10. Referências da teoria da conduta na doutrina do crime portuguesa**

Voltemo-nos agora para a teoria da conduta na doutrina do crime portuguesa.

Em certo momento do nosso estudo vimos que, especialmente a partir do século XVIII, o princípio romano *cogitationis poenam nemo patitur* passou a ser uma referência recorrente nos "corolários derivados da natureza e definição do delito" elencados pela doutrina portuguesa[775]. E assim terá sido, naturalmente, por força dos progressos do pensamento jurídico e de todos os factores sociais e históricos que para isso contribuíram. Se tivéssemos que elencar alguns factores, aqueles que nos parecem decisivos, escolheríamos *o racionalismo, a secularização e o humanismo*[776]. A autonomização *do racional* perante *o divino* levou a doutrina a afirmar que o direito penal apenas tem condições para tomar conhecimento do que é manifestado exteriormente, deixando para Deus o que se passa no interior do agente. Nesse sentido, no século XVIII, destaca-se *a razão* de Pascoal José de Mello Freire, não apenas por se afigurar uma razão que excluía a "simples cogitação" ou o "desejo de delinquir" das leis humanas, mas também pelo facto de ser uma *razão* que libertava o homem das feitiçarias, encantamentos ou predições do futuro[777]. Relembre-se que foi justamente Mello de Freire quem foi incumbido de projectar um diferente Código Criminal que superasse muitas das ideias presentes nas Ordenações (afonsinas, manuelinas e filipinas), próprias de um pensamento

[774] Essencial, Kai Ambos, *A Parte Geral do Direito Penal Internacional... op. cit.*, pp. 187-191

[775] Cfr., *supra*, nota 571.

[776] Veja-se Silvia Barona Vilar, *Proceso Penal desde la Historia, op. cit.*, p. 259. Para além da obra de L. Cabral de Moncada, *Filosofia do Direito e do Estado,* procurando uma síntese da história do pensamento jurídico, é essencial A. Santos Justo, *Nótulas de História do Pensamento Jurídico (história do direito), op. cit.*.

[777] Cfr. Pascoal José de Mello Freire, *Instituições de Direito Criminal Português... op. cit.*, pp. 59 (cogitação), p. 74 ("supersticiosas leis dos romanos"), 81 (feitiçarias...), 144 (cogitação no crime de furto).

jurídico-político medieval[778]. No século que se seguiu, com a aprovação do CP de 1852[779], muitos outros autores reproduziram essa mesma ideia de que as acções ou omissões haviam de ser "cousas externas", sendo de notar as obras de Levy Maria Jordão, *Commentario ao Codigo Penal Portuguez*, em 1853, e de F.A.F. Silva Ferrão, *Theoria do Direito Penal applicada ao Codigo Penal Portuguez*, em 1856.

Nessa altura, no entanto, ainda não encontrávamos uma construção sistemática do crime com os elementos próprios que hoje conhecemos, não fazendo parte das preocupações doutrinárias saber se a "conduta" poderia ser vista ou não como o primeiro pressuposto para a existência do crime. Na verdade, nem mesmo no início do século XX – quando já vigorava o CP de 1886 –, com importantes autores da escola de Coimbra, como foram Henriques da Silva ou Caiero da Matta, encontramos tal discussão no âmbito do conceito sistemático do crime. Os elementos constitutivos da infracção penal eram divididos, especialmente pelo primeiro, em (1) sujeito, (2) objecto ou vítima e (3) actos externos, partindo do princípio de que a manifestação exterior deveria reunir em si as condições materiais da incriminação exigidas pelo legislador[780]. As formas de aparecimento do acto exterior, por sua vez, eram divididas em actos, palavras, imagens ou omissões, sendo exigível, em qualquer caso, a prova material da infracção, ou seja, a *materialidade do facto*[781]. Caeiro da Matta vem depois destacar um outro elemento constitutivo cuja importância passou a ser incontornável para a teoria da conduta: (4) o

[778] No ano de 1789, embora nunca tenha entrado em vigor, cfr. Pascoal José de Mello Freire, *Ensaio do Codigo Criminal: a que mandou proceder a Rainha Fidelissima D. Maria I, op. cit.*, p. (v), na "prefação do editor.

[779] No seguimento de outras importantes fontes da história de direito português: a Constituição Portuguesa de 1822; o "Extracto de Projecto de Código de Delictos e Penas, e da Ordem do Processo Criminal", da autoria de José Maria Pereira Forjaz de Sampaio, datado em 1823; a Carta Constitucional de 1826; e o "Código Penal da Nação Portuguesa", enquanto projecto apresentado por José Manuel de Veiga, em 1837, que nunca entrou em vigor.

[780] Assim, Henriques da Silva, *Elementos de Sociologia Criminal e Direito Penal... op. cit.*, p. 249

[781] O que reflecte, também, a forma como a doutrina enredava o direito penal substantivo e o direito penal adjectivo. Cfr. Henriques da Silva, *Elementos de Sociologia Criminal e Direito Penal... op. cit.*, pp. 255-256

elemento "moral" (ou "laço moral")[782]. Com este elemento reclamava-se a compreensão e a vontade do agente, remetendo para os vários "graus da moralidade" (o "dolo" e a "culpa") e, também, para toda a problemática que confronta o "determinismo" e o "livre arbítrio" – muito próxima de uma discussão filosófica[783].

É preciso dizer que as influências da doutrina portuguesa, especialmente nesta que foi elencada, até ao início do século XX, emanavam sobretudo de França e Itália. Entre muitos outros, estão presentes nas obras portuguesas referências a nomes como C. Beccaria, Montesquieu e Brissot[784], A. Chauveau, Faustin Hélie e P. Rossi[785], Adolphe Prins[786] e Maurice Gand[787], C. Lombroso, E. Ferri e R. Garafalo[788].

Foi um pouco mais tarde, com estudos de Abel de Andrade e Cavaleiro de Ferreira[789], em Lisboa, e de Beleza dos Santos, em Coimbra, que começaram a surgir comentários às concepções penais alemãs

[782] Cfr. Caeiro da Matta, *Direito Criminal Português,* vol. II... *op. cit.*, p. 213

[783] Cfr. Caeiro da Matta, *Direito Criminal Português,* vol. II... *op. cit.*, pp. 280 e ss.

[784] Da "escola clássica". Referidos por Pascoal José de Mello Freire, *Ensaio do Codigo Criminal... op. cit.*, p. 2

[785] Referidos por Levy Maria Jordão, *Commentario ao Codigo Penal Portuguez...* tomo I, *op. cit.*, p. XVIII

[786] Referido por Henriques da Silva, *Elementos de Sociologia Criminal e Direito Penal... op. cit.*, p. 256, nota (1)

[787] Referido por Caeiro da Matta, *Direito Criminal Português,* vol. II... *op. cit.*, p. 204, nota (1), sobre os crimes de omissão.

[788] Da "escola positiva". Esta influência italiana está presente em Portugal, especialmente nos manuais do início do séc. XX, considerando, p. ex., Henriques da Silva, *Elementos de Sociologia Criminal e Direito Penal... op. cit.*, e Caeiro da Matta, *Direito Criminal Português,* vol. I e vol. II, *op. cit.* Sobre o assunto, aprofundadamente, cfr. António Manuel Hespanha, "A evolução da doutrina e do ensino do direito penal em Portugal...", *op. cit.*, pp. 474-479 (escola positivista) e 480-489 (influência em Portugal da escola positivista). Cfr., ainda, com suma importância para um enquadramento jurídico-penal no início do século XX, Caeiro da Matta, "Actuais tendências legislativas em matéria criminal", *Revista da Universidade de Coimbra,* vol. 111, Coimbra: Imprensa da Universidade de Coimbra, 1914, pp. 430-446

[789] Veja-se Manuel Cavaleiro de Ferreira, *Direito Penal Português, Parte Geral,* tomo I, 2.ª ed., Lisboa: Editorial Verbo, 1982, pp. 196-201 ("o facto voluntário").

surgidas a partir do final do século XIX, com especiais menções às ideias de F. V. LISZT, BELING, G. RADBRUCH e E. MEZGER[790].

Mais importante ainda para a teoria da conduta, quanto a nós, terá sido o contributo posterior de EDUARDO CORREIA, já com extensas referências à doutrina do crime alemã. Isso é patente não apenas na formulação da sua teoria do concurso em direito criminal[791], como também no seu próprio manual de direito criminal[792]. O repúdio a uma noção de conduta entendida num plano naturalístico puro, muito próxima de F. V. LISZT, partiu de elementos teóricos da omissão, da causalidade, da culpa e do concurso de crimes[793], cuja natureza não poderia permanecer estranha às valorações jurídico-criminais e à própria estrutura teleológica do direito penal[794]. E isso significava, também, para o mesmo autor, contestar uma concepção finalística de essência ontológica, defendida por H. WELZEL. O conceito de "acção" formulado por EDUARDO CORREIA assumiu, portanto, contornos distintos, sob especial influência de E. MEZGER, que não podemos deixar de referir.

Em primeiro lugar, porque estava em causa um conceito que pretendia servir de fundamento a toda a construção do crime, de forma a cumprir funções de ligação, classificação e delimitação[795]. Em segundo lugar, porque um mesmo conceito tinha a pretensão de conseguir um lugar sistemático localizado dentro da construção do crime, com autonomia própria, em momento anterior à tipicidade e à ilicitude[796]. E se até ao momento pouco ou nada divergia da construção finalista de H. WELZEL –, em terceiro lugar porque se tratava de um *conceito de conduta orientado por relações de sentido e de valor*, mesmo que fosse concebido, na sua essên-

[790] Aprofundadamente, sobre o pensamento de Abel de Andrade, Cavaleiro de Ferreira e Beleza dos Santos, com referências bibliográficas, veja-se Frederico de Lacerda da Costa Pinto, *A Categoria da Punibilidade na Teoria do Crime... op. cit.*, pp. 420-444.

[791] Aqui, cfr. Eduardo Correia, *A Teoria do Concurso em Direito Criminal... op. cit.*

[792] Aqui, cfr. Eduardo Correia, *Direito Criminal... op. cit.*

[793] Assim, Eduardo Correia, *Direito Criminal*, tomo I... *op. cit.*, pp. 199-203

[794] Cfr. Eduardo Correia, *Direito Criminal*, tomo I... *op. cit.*, pp. 206-210

[795] Cfr. Eduardo Correia, *Direito Criminal*, tomo I... *op. cit.*, pp. 231-232 (função de ligação e função de classificação), pp. 234-237 (função de delimitação).

[796] Cfr. Eduardo Correia, *Direito Criminal*, tomo I... *op. cit.*, pp. 232-233

cia, como um actuar em direcção a fins postos pela vontade[797]. O significado de uma tal posição, em termos dogmáticos, permitia superar problemas que oneravam a teoria finalista[798], especialmente os relacionados com a negligência: somente será possível interligar a acção finalista com um resultado exteriorizado que se afigure não mentalmente antecipado através das valorações do *ilícito-típico*, isto é, a negligência não se explica através de considerações subjectivas-finais, mas através de considerações normativo-valorativas[799].

No entanto, o próprio Eduardo Correia identificou o problema de assumir uma concepção desta natureza: um conceito de "conduta" que ambicione cumprir com uma função de ligação, de modo a abranger, sem antecipar, a tipicidade e a ilicitude, terá que se afigurar neutro perante valorações jurídico-criminais; o que não será possível, visto que essa valoração terá que existir nos crimes *negligentes* caso pretendamos interligar um determinado comportamento do agente a um determinado resultado não mentalmente antecipado; portanto, é a valoração baseada em conteúdos do ilícito-típico que permite determinar a materialidade da negligência[800]. Pelo contrário, nos crimes *dolosos* de resultado, essa ligação entre conduta e resultado pode ser explicada de forma subjectiva-final (ontológica), num momento pré-jurídico e, nesse caso, de uma forma neutra perante valorações jurídico-criminais.

Considerando toda esta problemática própria das concepções finalistas, às quais também já fizemos referência no âmbito da doutrina do crime alemã, foram naturalmente surgindo outras concepções, também em Portugal, centradas numa *noção de conduta enquanto negação de valores jurídico-criminais* – de forma a abranger condutas activas, omissivas, dolosas e negligentes. Para tal, a ilicitude teria de assumir um certo primado e, com isso, a noção de conduta teria que se integrar no próprio ilícito criminal. É precisamente esse o fundamento, actual, da teoria defendida por J. Figueiredo Dias – convergindo com ideias presentes em autores

[797] Assim, Eduardo Correia, *Direito Criminal*, tomo I... *op. cit.*, p. 245

[798] Com uma apreciação crítica, cfr., Eduardo Correia, *Direito Criminal*, tomo I... *op. cit.*, pp. 248 e ss.

[799] Como o próprio pondera em Eduardo Correia, *Direito Criminal*, tomo I... *op. cit.*, p. 248

[800] Eduardo Correia, *Direito Criminal*, tomo I... *op. cit.*, p. 248

como W. Gallas e G. Marinucci[801]–, ao reclamar a "necessidade de a teoria da acção ceder a primazia à teoria da realização típica do ilícito"[802]. São assim vários os conceitos de conduta tipicamente conformados a partir do ilícito-típico, cumprindo devidamente uma função de delimitação, em prejuízo de uma função de ligação. Por outras palavras: cumprindo com as finalidades do ilícito-típico ao excluir a incriminação de comportamentos irrelevantes, mas, ao mesmo tempo, sem autonomia para se afigurarem a base da construção sistemática do crime[803]. Em sentido algo próximo, colocando o *prius* na ilicitude, J. Faria Costa defende que a conduta jurídico-penalmente relevante é a conduta ilícita e que, por sua vez, a conduta ilícita é a conduta que viola a relação de cuidado-de-perigo[804].

Actualmente, na escola do Porto, com A. Taipa de Carvalho, surgem críticas essencialmente teóricas direccionadas à concepção de conduta defendida por J. Figueiredo Dias. Na sua forma de ver as coisas, uma vez que o princípio da adequação social – aprofundado, lembremo-nos, por H. Welzel[805] – assume um papel de critério valorativo-interpretativo que delimita o tipo legal do crime, existe um critério social de conduta com autonomia e consistência pré-típica, caso contrário não poderia funcionar, sequer, como critério interpretativo restritivo[806]. Segundo o mesmo autor, será uma contradição admitir a convivência entre o princípio da adequação social e a teoria da "realização do tipo", segundo a qual a conduta não tem autonomia ou consistência pré-jurídica. Depois, A. Taipa de Carvalho não concorda com a concepção conimbricense de que o *prius* reside no ilícito, uma vez que é *o próprio tipo legal* que alberga a ilicitude material da conduta e a tipificação legal dessa mesma conduta, sendo ambas componentes co-constitutivas. Dessa forma, continuando o raciocínio do autor, o tipo não se reduz à mera expressão formal-legal

801 Aqui, cfr. Giorgio Marinucci, *El delito como «acción»... op. cit.*, com referências bibliográficas pp. 16-17, notas (13) e (14).

802 Cfr. Jorge de Figueiredo Dias, *Direito Penal: Parte Geral*, tomo I... *op. cit.*, pp. 259-261

803 Cfr. Jorge de Figueiredo Dias, *Direito Penal: Parte Geral*, tomo I... *op. cit.*, pp. 260-261

804 Cfr. José de Faria Costa, *O Perigo em Direito Penal... op. cit.*, pp. 402 e ss., 420 e 427 e ss.; mais recentemente, em síntese, cfr. José de Faria Costa, *Noções Fundamentais de Direito Penal... op. cit.*, p. 198

805 Cfr., *supra*, nota 699.

806 Cfr. Américo Taipa de Carvalho, *Direito Penal, Parte Geral*, vol. II.. *op. cit.*, pp. 43-44

do ilícito penal, nem, como tal, à sua função de garantia[807]. Mais adiante, e entre outras considerações, também não concorda que a relevância social da omissão se fundamente na imposição jurídica de uma determinada conduta, considerando a própria "reprovação normativo-social da omissão da acção" como "condição pré-jurídica da relevância típica da omissão"[808]. Para finalizar, A. TAIPA DE CARVALHO defende um "conceito normativo-social de conduta" enquanto conceito pré-jurídico que desempenha adequadamente as ambicionadas funções de delimitação, ligação e classificação[809].

É evidente que, no geral, de uma forma ou de outra, os autores que se debruçam sobre problemas de direito penal substantivo acabam por estudar a localização dogmática do conceito de "conduta" (ou da "acção" em sentido lato) na construção sistemática da noção de crime. A partir da escola de Lisboa, poderíamos referenciar as considerações acerca da "acção" (em sentido lato) no manual de M. FERNANDA PALMA[810], o estudo aprofundado de PAULA RIBEIRO DE FARIA sobre a "adequação social da conduta no direito penal"[811], ou o estudo sobre "a tentativa nos crimes

[807] Cfr. Américo Taipa de Carvalho, *Direito Penal, Parte Geral*, vol. II.. *op. cit.*, pp. 45-46

[808] Cfr. Américo Taipa de Carvalho, *Direito Penal, Parte Geral*, vol. II.. *op. cit.*, pp. 46-47

[809] Cfr. Américo Taipa de Carvalho, *Direito Penal, Parte Geral*, vol. II.. *op. cit.*, p. 47

[810] Em Maria Fernanda Palma, *Direito Penal, Parte Geral... op. cit.*, p. 14, a autora afirma logo de início que "o crime é necessariamente uma ação, no sentido de um comportamento voluntário, dominado ou dominável pela vontade". Com esta afirmação parece que estamos mais próximos de uma concepção "clássica" de conduta defendida, outrora, por Manuel Cavaleiro de Ferreira, *Direito Penal Português...* tomo I, *op. cit.*, pp. 196-197, segundo o qual "...o que importa agora acentuar no que concerne à expressão «facto» é que à essência do crime pertence um acto exterior da vontade"; e, hoje em dia, próxima de autores como Germano Marques da Silva, *Direito Penal Português: Teoria do Crime*, Lisboa: Universidade Católica Editora, 2012, p. 62: "A acção, que constitui o suporte do tipo legal, é sempre um comportamento humano, constituído por um agir ou por um omitir, dominado ou dominável pela vontade e dirigido para a lesão ou para a exposição a perigo de lesão a um bem jurídico". Contudo, com uma exposição crítica e dialética – mais focada nos problemas inerentes aos pensamentos causalista e finalista –, Fernanda Palma parece pender para um conceito de acção enquanto produto da "compreensão da pessoa, do seu modo de entender o comportamento próprio e alheio", e como algo que pode ser evitado – remetendo, assim nos parece, para uma parte da concepção de G. Jakobs. Cfr. Maria Fernanda Palma, *Direito Penal, Parte Geral... op. cit.*, pp. 18-21, nota (4).

[811] Paula Ribeiro de Faria, *A Adequação Social da Conduta no Direito Penal: ou o valor dos sentidos sociais na interpretação da lei penal... op. cit.*

comissivos por omissão" de Teresa Quintela de Brito, entre muitos outros estudos. Assim como poderíamos referenciar, volvendo à escola do Porto, o estudo sobre "a legítima defesa" de A. Taipa de Carvalho, o estudo sobre as "posições de garantia na omissão impura" de André Lamas Leite, ou, também, o estudo sobre o "ilícito pessoal" de A. M. Almeida Costa[812]. Enfim, igualmente na escola de Coimbra surgiram, num passado recente, investigações que interessam e tocam nesta matéria, como a parte relativa ao "crime agravado pelo resultado" da autoria de Helena Moniz, relativa à "causalidade e imputação de resultados" da autoria de Susana Aires de Sousa[813], relativa ao "concurso de crimes" (ou ao "concurso de ilícitos") da autoria de Cristina Líbano Monteiro[814] e, também, relativa aos "crimes negligentes" da autoria de Sónia Fidalgo[815]. Decerto que qualquer tentativa de levantamento de estudos que relevam para esta matéria, pela sua própria imensidade, peca por defeito.

## 11. Síntese e conclusões do capítulo

**i)** A doutrina do crime alemã, aqui representada em traços largos[816], proporcionou uma multiplicidade de perspectivas que respondem de forma distinta à questão de saber se o actual modelo sistemático de análise do crime reclama uma autonomia ou uma diluição do conceito de conduta. Parece-nos que todas elas são importantes e acrescentam algo à discussão que se centra na realização jurisdicional do direito criminal, não se resumindo à polémica entre posições causalistas e finalistas. Vejamos bem os distintos prismas do problema.

[812] António Manuel de Almeida Costa, *Ilícito Pessoal, Imputação Objectiva e Comparticipação em Direito Penal*, tomo II... *op. cit.*

[813] Susana Aires de Sousa, *A Responsabilidade Criminal pelo Produto e o Topos Causal em Direito Penal: contributo para uma protecção penal de interesses do consumidor... op. cit.*, pp. 279 e ss.

[814] Cristina Líbano Monteiro, *Do Concurso de Crimes ao «Concurso de Ilícitos» em Direito Penal... op. cit.*

[815] Sónia Fidalgo, *Princípio da Confiança e Crimes Negligentes... op. cit.*

[816] Naturalmente, poderíamos fazer menção a outras referências da doutrina alemã. Com outras referências, veja-se o trabalho de Renato Gomes de Araujo Rocha, *Teorias da Conduta... op. cit.*, pp. 28-36

Os conceitos "causal-naturalístico" (F. V. LISZT) e "finalístico" (H. WELZEL) partem ambos de uma noção pré-jurídica de conduta, centrada na realidade exterior, cuja essência procura *a natureza, isenta de valorações, da realidade e dos comportamentos das pessoas*; mas com diferenças entre ambos: o finalismo ultrapassa uma dimensão puramente físico-naturalística e introduz elementos "mentais" ou "psicológicos" nos comportamentos, evitando olhar para o agente como uma entidade mecânica determinada pelas suas causas. Assim, quanto à narrativa dos factos, a descrição deixa de se focar nas condições mais superficiais ou aparentes e passa a considerar, também, as condições menos exteriores de um agente que actua, finalisticamente, dotado de consciência e vontade, com poder para antecipar mentalmente os acontecimentos, seleccionar os meios ou controlar os cursos causais. Eis, então, a diferença entre a perspectiva "naturalística" e a perspectiva que podemos denominar "ontológica"[817].

Dando um passo adiante, os conceitos "social" (H. H. JESCHECK /T. WEIGEND) e "pessoal" (C. ROXIN), mesmo partindo de uma noção pré-jurídica, pressupõem que a conduta comporta um importante *aspecto valorativo* que está para além de uma dimensão naturalística ou ontológica. O primeiro encontra consistência na relevância social dos comportamentos e no facto de o agente se encontrar inserido no envolvente social, enquanto o segundo na manifestação da personalidade do agente pelo facto de o mesmo se afigurar um "centro anímico espiritual". Será, em ambos os casos, um *conceito axiológico de conduta* que depende de certos juízos de valoração pré-jurídicos que determinem o que é socialmente relevante ou o que é uma manifestação da personalidade.

Precisamente porque há dúvidas em relação aos critérios extra-jurídicos utilizados para determinar um conceito valorativamente orientado de conduta em sede pré-jurídica, surgem conceitos, com diferentes identidades e conteúdos, que não prescindem de um *quadro de referência jurídico-criminal* para determinar a conduta criminalmente relevante. Circunscritos a esse âmbito, temos posições igualmente distintas.

Nos principais polos doutrinários temos os conceitos "normativista" (E. MEZGER) e "típico" (G. RADBRUCH) de conduta. O primeiro destaca

[817] Que assim se classifica, igualmente, pelas "estruturas lógico-objetivas" previamente dadas pela realidade, segundo teoria de H. Welzel.

as *valorações jurídico-criminais* de base normativa, assumindo, ainda assim, a origem natural-real dos comportamentos no mundo da experiência[818]; ao passo que o segundo tem como eixo referencial a tipicidade – a "realização típica" –, negando, definitivamente, a existência de um conceito autónomo de "conduta" em relação a esse pressuposto de direito penal. Seguem-se, depois, um conjunto de teorias que aproveitam ambas as formas de ver as coisas. De acordo com o conceito "negativo" (G. JAKOBS), uma conduta é uma expressão de uma pessoa que, actuando dentro da sociedade, não reconhece a vigência de uma norma jurídico-criminal. De acordo com o conceito "linguístico-significativo" (U. KINDHÄUSER/W. HASSEMER), o que confere uma expressão de sentido ao comportamento (descrito linguisticamente) são justamente os elementos conceptuais da tipicidade e dos demais pressupostos para a existência do crime (igualmente expressos linguisticamente), caso contrário estaríamos perante um *factum brutum*. E, ainda, de acordo com o conceito "internacional--penal" (KAI AMBOS), não há forma de prescindir dos pressupostos de direito concebidos ao longo da experiência histórica para determinar a noção de conduta, admitindo, inclusivamente, o contributo de um quadro consuetudinário internacional – pondo em causa o princípio da legalidade criminal na sua vertente da tipicidade ou da determinação das condutas.

**ii)** No que diz respeito ao cumprimento das funções de *classificação, ligação e delimitação*, atribuídas a um conceito de conduta que pretensamente servirá de base à teoria do crime, cada uma das concepções dotadas de uma tal ambição é objecto de críticas suficientemente fundamentadas. **(a)** O conjunto de teorias que defendem um conceito de conduta pré--jurídico que pretende ser isento de valorações, como é o caso dos conceitos "causal-naturalístico" (F. V. LISZT) e "finalístico" (H. WELZEL), não cumprem, desde logo, a *função de classificação*, de modo a abranger todas as formas de aparecimento do crime, especialmente no que diz respeito às condutas omissivas e às condutas negligentes, reclamando, elas próprias, algum tipo de valoração. Quanto à omissão, pergunta-se, como podemos

[818] Relembrando que E. Mezger mantinha um conceito "causalista" de conduta na sua base.

*saber o que uma pessoa deveria ter feito* ou *o que é esperado de uma pessoa* se não procedermos à valoração das circunstâncias de facto, em que a pessoa assume um determinado comportamento, à luz de um certo quadro de deveres? Na verdade, a omissão só existe face à identificação de um determinado *dever* (*non facere quod debet facere*), especialmente face a um *dever jurídico*, não se limitando à descrição de alguém que não faz nada em absoluto (*ex nihilo nihil*), mas a alguém que deixa de fazer alguma coisa segundo uma determinada perspectiva valorativa. Por esse motivo, G. Radbruch veio defender que a conduta omissiva pertencia necessariamente a uma dimensão diferente da conduta activa, o que determinaria uma bipartição do sistema quanto a esse aspecto, deitando por terra a pretensão de a "conduta" se tratar de uma *supraconceito* comum. Então, as perspectivas naturalísticas ou ontológicas podem até descrever e identificar devidamente uma conduta activa, mas dificilmente conseguirão descrever e identificar uma conduta omissiva sem procederem a uma certa valoração que está para além do que se passa nessa realidade do mundo exterior. E o mesmo poderia ser dito em relação às condutas negligentes. Para se poder afirmar que o agente assumiu um comportamento *descuidado*, é essencial proceder a uma valoração que reconheça as mais diversas fontes de cuidado que decorrem da vida em sociedade. Está para além da realidade naturalística, em que o agente aparentemente actua como uma massa mecânica ausente de elementos intelectuais ou volitivos[819], assim como está para além de uma realidade ontológica que decorra da perspectiva exclusiva de um agente que não chega, nessas situações, a antecipar finalisticamente o curso dos acontecimentos ou a conformar-se com os mesmos. Ou seja, a negligência supera uma perspectiva puramente externa-naturalística e também supera uma perspectiva puramente finalística-ôntica, reclamando uma perspectiva objectiva-valorativa que permita qualificar o comportamento assumido como sendo *descuidado* à luz de uma determinada fonte de cuidado.

Por outro lado, essas mesmas concepções, ao se cingirem às esferas naturalística ou ontológica, não cumprem devidamente uma *função de delimitação* perante eventuais normas de direito que possam admitir a

[819] Relembrando que, na concepção causal-naturalística, o dolo e a negligência eram entendidos como formas de culpa.

imputação de condutas na esfera das *pessoas colectivas*. Como é evidente, uma pessoa colectiva, como uma sociedade por quotas, não assume, por si só, comportamentos sensorialmente perceptíveis pelos outros, nem, tão-pouco, é dotada de um âmbito psicológico capaz de antecipar mentalmente ou controlar o curso causal dos acontecimentos. São sempre necessárias pessoas singulares compostas por corpo e mente. Mas isso não pode significar uma exclusão – ou, no caso, uma delimitação negativa – das condutas praticadas em nome e no interesse da pessoa colectiva, sobretudo quando não é possível identificar a pessoa singular que concretamente agiu como uma extensão da mesma, admitindo que são postos em causa interesses fundamentais das pessoas e da própria comunidade. Essas condutas devem ser identificadas de forma a censurar, por defeito da organização, a própria pessoa colectiva[820]. Novamente, à semelhança do que ficou dito para as condutas omissivas e negligentes, são necessárias valorações jurídico-normativas para a construção do considerado criminalmente relevante.

De outro modo ainda, especialmente no que concerne ao finalismo, pela forma como o próprio H. Welzel centra a sua teoria num "agente mental" que "actua finalisticamente" na esfera ontológica, parece haver uma pré-determinação ou antecipação do tipo subjectivo doloso, à revelia de uma *função de ligação*. Com efeito, para aqueles casos em que a "finalidade" é sinónimo de "dolo" no mundo dos acontecimentos[821], estamos perante um "dolo natural" – ou "dolo pré-típico", como lhe chama J. Figueiredo Dias – cujo conteúdo perde a sua imparcialidade e autonomia perante a tipicidade.

**(b)** Um segundo conjunto de concepções, representado pelos conceitos "social" (H. H. Jescheck /T. Weigend) e "pessoal" (C. Roxin), pro-

[820] É certo que a necessidade de identificar as condutas das pessoas colectivas não parte necessariamente do fundamento próprio do conceito de "conduta", mas do conceito de *culpa*: o defeito da organização tem de ser censurado, como culpa por defeito ("deficiente auto-organização"), para efeitos preventivos atinentes à finalidade do direito penal numa sociedade contemporânea. Cfr. Susana Aires de Sousa, *Questões Fundamentais de Direito Penal da Empresa... op. cit.*, pp. 91-92

[821] Como vimos, há casos em que o agente tem uma certa finalidade interior, mas, ao actuar, acaba por não ter consciência e ou vontade em relação a algo que acaba por acontecer exteriormente – afastando, assim, a ideia de que a "finalidade" é sempre sinónimo de "dolo".

cura superar estas dificuldades fazendo acrescer *pressupostos valorativos a um conceito pré-jurídico de conduta*. A "relevância social" do comportamento ou a "manifestação da personalidade", com diferentes fundamentos, permitiriam, em teoria, cumprir a *função de classificação* no que concerne aos crimes omissivos e negligentes. O conceito "social" tem potencial para valorar comportamentos de acordo com "expectativas sociais" ou "deveres sociais de cuidado", enquanto o conceito "pessoal" parte das "manifestações da personalidade" para abarcar todas as formas de aparecimento do crime.

Fica a dúvida: se estes são os postulados valorativos considerados decisivos para englobar todas as formas de aparecimento do crime em sede pré-jurídica, quem tem legitimidade para os definir e segundo quais critérios extra-jurídicos? Quem dirá o que é socialmente relevante ou adequado? Quem dirá o que é uma manifestação da personalidade? Com que competência e legitimidade? É a partir de critérios, p. ex., "éticos", "morais", "deontológicos", "filosóficos" ou "empíricos"? E se estiverem presentes outros critérios, p. ex., "religiosos", "metafísicos" ou "pseudocientíficos" (p. ex. com base na mediunidade ou no espiritismo)? Como se define, com consenso e segurança, o critério escolhido?

Não tenhamos dúvidas que um conceito de conduta pré-jurídico formulado axiologicamente nestes termos está sujeito a um *relativismo valorativo*. Sem um quadro de referência jurídico-criminal específico, cada espectador, numa sociedade cada vez mais policêntrica e complexa, pode valorar as "expectativas sociais", os "deveres sociais de cuidado" ou as "manifestações da personalidade" segundo critérios altamente variáveis em relação a um outro terceiro observador que pretenda seleccionar e descrever os mesmos ou diferentes comportamentos. Não parece haver consenso ou segurança suficiente num conceito de conduta que, aliás, nos poderá remeter para uma *justiça privada que decida no sentido da inexistência ou da irrelevância de um comportamento*, mas cuja natureza poderá ser, afinal, considerada criminalmente existente e relevante com base num ilícito-típico.

Tudo aponta, igualmente, para o incumprimento da pretensa *função de delimitação*. Qual é o fundamento extra-jurídico utilizado para afirmar que um sonâmbulo ou uma pessoa hipnotizada não manifesta a sua personalidade ou não actua de uma forma socialmente relevante? Como sabemos que a manifestação da personalidade não concorre em certos movimentos impulsivos ou reacções espontâneas? Como sabemos de antemão o que é incontrolável pela vontade e consequentemente socialmente irrelevante? O que falta para uma pessoa colectiva ser dotada de um "centro anímico espiritual" nos termos de uma concepção "pessoal"?

Na verdade, um conceito axiológico de "conduta" que ambicione ser anterior e independente dos pressupostos de direito penal pode muito bem *denegar as finalidades de um sistema de orientação valorativa que está dotado de importantes fundamentos jurídico-constitucionais, político-criminais e elementos típicos definidos juridicamente pelo legislador no âmbito da lei penal*. Poderá ser, portanto, um conceito *contra legem*. Mais: poderá ser um conceito contrário ao entendimento da autoridade judiciária que está vinculada ao princípio da legalidade criminal, contrário aos princípios de justiça que são ponderados na balança do caso concreto, contrário ao entendimento de outra parte da doutrina ou, ainda, contrário aos precedentes e decisões jurisprudenciais de instâncias com poderes vinculativos para a comunidade. E caso não se veja contrariada por estes pressupostos de direito, poderá ser pelo desenvolvimento da ciência ou por outros argumentos de facto que poderiam decorrer de uma discussão em sede processual penal, essa sim verdadeiramente legítima e com regras próprias para assegurar uma justiça conforme os princípios de um Estado de Direito – assegurando o contraditório, assegurando a presunção de inocência, assegurando a participação de peritos, assegurando limites probatórios aos comportamentos, e assim por diante.

Apesar do que fica dito, o conceito "social" de conduta não é visto como uma concepção absolutamente autónoma em relação aos pressupostos de direito criminal. Segundo a doutrina mais crítica, o conceito "social" de conduta apenas se pode delimitar a partir dos elementos valorativos do ilícito-típico, numa relação de dependência recíproca. De facto, o processo de tipificação das condutas gerais e abstractas que põem em perigo ou lesam os bens jurídicos simboliza imediatamente a sua própria *relevância social* num dado momento histórico. É um juízo político-criminal, legitimado pelo princípio democrático, que faz a selecção da relevância simultaneamente social-criminal das condutas, estabelecendo um horizonte que, depois, servirá como guia valorativo para os indivíduos de uma sociedade e para a própria autoridade judiciária. Redunda, então, na referida *interdependência entre a valoração social e a valoração jurídico-criminal*, em virtude da delimitação da "relevância social" ou da "adequação social" dos acontecimentos através da própria delimitação do ilícito-típico. Nestes termos, o conceito "social" de conduta nunca se poderia tratar de um verdadeiro conceito pré-jurídico.

(c) Precisamente por esse motivo, temos um conjunto de concepções que faz depender o conceito de "conduta" da específica valoração jurídico-criminal. O conceito normativista (E. MEZGER), a propósito, foi determinante para a conjugação entre o juízo causal-naturalístico e o juízo de valor jurídico-criminal de base normativa, dando contornos a um conceito *causal-normativo*. Esta forma de ver as coisas foi depois aprimorada, entre outras propostas, com o conceito "negativo" de conduta (G. JAKOBS), superando especialmente a parte que diz respeito ao causal-naturalismo, ao introduzir, em seu lugar, características *sociais* ao processo de interacção que emana da pessoa que actua *dentro* da sociedade – dando contornos a um conceito, digamos, *social-normativo*. Uma vez mais parece fazer sentido introduzir o elemento "social" na realidade exterior de onde originam os comportamentos. Tal perspectiva permite também ultrapassar a concepção naturalística de "pessoa física", composta por corpo-mente, admitindo que, dentro do sistema social, não são apenas as pessoas singulares que actuam em seu nome e no seu próprio interesse, sendo cada vez mais evidente a importância da actividade e do nome das pessoas colectivas, compostas por estatutos-órgãos, nos fluxos dos interesses das pessoas e da comunidade. Sendo assim, no contexto social, procedendo a uma "determinação valorativa do sujeito da imputação", *alarga-se a noção de "pessoa" às "pessoas colectivas"* – o que acaba por legitimar opções político-criminais de ordenamentos jurídicos como o português que afastam o princípio clássico *societas delinquere non potest*.

O conceito linguístico-significativo (U. KINDHÄUSER/W. HASSEMER), por seu turno, relembra a importância da linguagem no processo de comunicação dos factos e do direito, mostrando o comportamento como um "acto comunicativo" que poderá ser portador de sentido à luz dos pressupostos de direito penal. A questão da atribuição de significados através de um determinado quadro de referência permite afirmar com alguma certeza – como já havia concluído J. BAUMANN – que *os contornos da noção de conduta são fortemente influenciados pelo específico direito penal em causa*. O que é comprovado, decisivamente, pelo conceito "internacional penal" (Kai Ambos). Com efeito, o conceito "internacional penal" vem realçar a ideia de que o significado dos comportamentos varia ao longo do tempo e consoante o quadro de referência em causa. Neste âmbito é possível, inclusivamente, desafiar o princípio da legalidade criminal na sua vertente da tipicidade e fazer acrescer, teoricamente, quadros consuetudinários internacionais. Portanto, *são os pressupostos de direito penal* – reunidos para imputar uma conduta a uma pessoa e imputar um eventual resultado à conduta (no caso de estar em causa um crime de resultado) – *que alargam ou restringem a noção de comportamento criminalmente relevante.*

Diríamos que esta forma de pensar encontra o seu limite no conceito de "conduta típica" (G. Radbruch), cuja concepção acaba por prescindir do conceito "conduta" como base da teoria do crime e ceder à primazia da tipicidade para delimitar os comportamentos criminalmente relevantes. A *função de classificação* encontra-se implícita nas formas de aparecimento do crime tipicamente conformadas, restando, assim, uma *função de delimitação* a partir de um ilícito-típico concreto[822]. De fora fica, naturalmente, a *função de ligação* do conceito de conduta, uma vez que a mesma já se encontra, de acordo com esta teoria, absolutamente determinada na tipicidade.

O problema de assumirmos esta última posição está também subjacente à própria construção da teoria, uma vez que nos encontramos fechados na redoma formal da tipicidade, o que poderá remeter para um conceito positivista-legalista de conduta[823]. A história é chamada à colação para relembrar o que se passou, na Europa, no século XX: os interesses protegidos pelas normas jurídico-criminais, os "bens jurídicos" – que representam, na verdade, um *dever-ser* –, também podem ser estabelecidos com os conteúdos mais injustos e dictatoriais para a liberdade das pessoas, dependendo da própria discricionariedade dada ao legislador responsável pela ponderação axiológica desses mesmos interesses. Um sistema jurídico-criminal orientado funcionalmente neste sistema de valores plasmado na normatividade – próximo do entendimento de G. Jakobs –, tem a vantagem de procurar a ordem ou a segurança através

[822] Cfr. Jorge de Figueiredo Dias, *Direito Penal: Parte Geral*, tomo I, *op. cit.*, pp. 259-260

[823] Neste sentido, Américo Taipa de Carvalho, *Direito Penal, Parte Geral... op. cit.*, pp. 43-45

da "vinculatoriedade prática à norma" ou da "validez fáctica da norma", imprimindo uma certa deontologia ao modo de actuar em sociedade, mas tem a nítida desvantagem de se afigurar iminentemente acrítico em relação ao conteúdo das normas, em relação à expressão material da ilicitude, redundando num certo formalismo ou numa perspectiva ético-formalista[824].

**iii)** Nenhuma das críticas identificadas exclui as lições que daqui se podem retirar para a realização concreta do direito criminal.

Ao nível da matéria de facto, com vista à imputação dos factos, o conceito causal-naturalístico (F. V. Liszt) foi decisivo para introduzir o enfoque na realidade do mundo exterior, colocando o eixo referencial no princípio *cogitationis poenam nemo patitur* e assumindo o método empírico de *observar e descrever* os comportamentos que acontecem na realidade sensorialmente perceptível. A partir daqui pode ser demovida toda a especulação subjectiva e transcendental na observação e descrição dos factos, deixando de parte as mundivisões religiosas, metafísicas ou altamente ficcionais (na tal interpretação "mágica" da realidade), concedendo, ao mesmo tempo, um fundamento mais empírico e "científico" às narrativas que visam dar conta dos acontecimentos da vida em sociedade. Depois, o conceito "finalístico" (H. Welzel) vem de alguma forma completar esta perspectiva ao acolher a ideia de que o agente, mais do que um "ente mecânico" determinado pelas suas causas, é um "ente mental" com poder para antecipar, planear ou seleccionar os acontecimentos no plano interno, controlando as consequências possíveis e intencionais do seu comportamento. Foi assim introduzido um *nexo de finalidade* aos comportamentos exteriorizados que está para além de uma dimensão físico-naturalística, denegando o substrato mecanicista ou determinista da conduta humana. O agente deixa de ser visto como alguém determinado pelas suas causas e passa a ser, com livre arbítrio, determinado pelas suas próprias finalidades. O conceito "pessoal" (C. Roxin), mais tarde,

[824] É precisamente o que pretende evitar a concepção teleológica de Claus Roxin, embora ambas as concepções, material e formal, possam ser conciliáveis. Assim, Jorge de Figueiredo Dias, "A doutrina geral do crime em perspectiva sistemática", *Lusíada Revista de Ciência e Cultura*, Série de Direito, n.ºs 1-2, Porto: Universidade Lusíada Editora, 2010, pp. 36-37

procurou completar esta perspectiva ao conceber os comportamentos relevantes, mesmo os omissivos e os negligentes, como manifestações da personalidade de alguém dotado de um "centro anímico espiritual", visando finalidades politico-criminais de delimitação pré-jurídica. Por sua vez, com a mesma pretensão, mas com uma diferente perspectiva, o conceito "social" de conduta acabou por dar uma marcante caracterização à selecção valorativa da matéria de facto: como o agente está inserido no envolvente social, todos os comportamentos têm um contexto social e acontecem no interior de uma sociedade concreta numa determinada época histórica, onde os interesses das pessoas e da própria sociedade se confrontam reciprocamente; neste sentido, importante é observar e descrever o que pode ser considerado *socialmente relevante*. E, ainda, não se pode ignorar o contributo do conceito "linguístico-significativo" (U. KINDHÄUSER/W. HASSEMER) para a construção da realidade dos factos, uma vez que as palavras utilizadas para a descrever acabam por ser determinantes para a representar, admitindo que ao espectador terceiro compete fazer uma narrativa dos acontecimentos da forma mais fiel possível, sem intenção de os modificar.

Ora, vejamos bem as diferentes perspectivas: primeiro a observação e descrição dos factos focou-se nas condições exteriores mais superficiais e aparentes (conceito causal-naturalístico); depois nas condições que se manifestam no exterior mas que são interiores ao agente (conceitos "finalístico" e "pessoal"); posteriormente, também, nas condições exteriores enquadradas num determinado contexto social, contexto esse indispensável para representar os interesses dos indivíduos e da comunidade (conceito "social"); e, finalmente, nas condições linguísticas em que o terceiro observador procede à narrativa dos factos (conceito "linguístico-significativo"). *Nesta conjuntura, não pensamos que exista uma contradição necessária entre as diferentes concepções, bem pelo contrário, pensamos que se podem razoavelmente conciliar na realização jurisdicional do direito penal.*

No que diz respeito à matéria de direito propriamente dita, os conceitos "normativista" (E. MEZGER), "típico" (G. RADBRUCH), "negativo" (G. JAKOBS), "linguístico-significativo" (U. KINDHÄUSER/W. HASSEMER) e "internacional-penal" (KAI AMBOS), todos eles, acabam por se afigurar determinantes para admitir um *significado especificamente jurídico-criminal da realidade dos factos* – inclusivamente admitindo a responsabilidade das pessoas colectivas –, alargando ou restringindo os comportamentos criminalmente relevantes através dos pressupostos de direito. É notório que esses pressupostos são actualmente pensados muito para além da normatividade (E. MEZGER) ou da própria tipicidade (G. RADBRUCH), superando um positivismo legalista. Também não estará em causa, apenas, o não reconhecimento da vigência de uma norma jurídico-criminal, numa perspectiva ético-formal (G. JAKOBS). Hoje, os pressupostos, como temos vindo a defender, devem englobar, para além destes, outros que incluam *um sistema jurídico-criminal de orientação valorativa* (C. ROXIN), isto é, um sistema material que proteja subsidiariamente bens jurídicos com princípios de justiça (também de ordem jurídico-constitucional), com procedimentos de fundamentação-argumentação das decisões, com opiniões doutrinárias da "ciência jurídica", com posições jurisprudenciais dos tribunais nacionais, comunitários, europeus e internacionais[825], enfim, com um sentido de justiça vincado em determinados pressupostos de direito presentes na realidade de um certo ordenamento jurídico.

[825] Isto, especialmente, no enquadramento do ordenamento jurídico-português.

# PARTE II

# Fundamentos

# Capítulo I
# Matéria de facto

## 1. Origem processual-penal do conceito de "conduta"

A noção de "conduta", no âmbito da realização jurisdicional do direito criminal, começa por ser uma narrativa de um comportamento assumido por uma pessoa na vida em sociedade que aparentemente põe em causa interesses elementares dos cidadãos ou da comunidade. Esta visão pressupõe, naturalmente, a existência de um emissor da narrativa e de um receptor dessa mesma narrativa. Não se trata de uma pura construção do pensamento ou de um monólogo acerca do que possa ser, em termos gerais e abstractos, uma "conduta". Trata-se de alguém que comunica a outrem, em termos formais, um acontecimento que pretende ter uma validade histórico-concreta[826]. Um acontecimento que tem uma importante significação prática porque, em princípio, envolve um momento da experiência social com impacto os interesses das pessoas e da própria sociedade. Na verdade, o próprio *sistema* que vigora na vida em sociedade – pelo menos, em Portugal – está especialmente orientado para receber o relato deste tipo de situações. Estamos diante um sistema com orientações próprias se pensarmos, p. ex., na possibilidade que um indivíduo tem de se dirigir pessoalmente a uma esquadra da Polícia de Segurança Pública para apresentar uma queixa-crime, na possibilidade de enviar uma denúncia, por carta, ao Departamento de Investigação e Acção Penal ("DIAP"), ou na possibilidade de apresentar uma "queixa electrónica"[827]

[826] O primeiro momento da "questão-de-facto" em António Castanheira Neves, *Metodologia Jurídica: problemas fundamentais... op. cit.*, p. 163. Sobre a historicidade e temporalidade, cfr. L. Cabral de Moncada, *Filosofia do Direito e do Estado...* vol. 2.°, *op. cit.*, p. 87

[827] Cfr. Portaria n.° 1593/2007, de 17 de dezembro

que, depois, poderá ser remetida a outras entidades como a Polícia Judiciária, a Guarda Nacional Republicana ou o Serviço de Estrangeiros e Fronteiras. Só o facto de existirem fisicamente os edifícios onde se encontram estas autoridades em pessoa, ou o facto de existirem, efectivamente, espaços distintos onde é possível submeter ou enviar, por escrito, os relatos dos acontecimentos às autoridades públicas, traduz as *condições de eficácia* de um sistema ao qual se ligam, de forma estreita, a positividade e a territorialidade[828]. A partir daqui podemos falar em "autos de notícia" ou em "participações crime" como operações disponibilizadas pelo sistema público, pressupondo que há um receptor disponível que procura proceder à documentação dos acontecimentos, fazendo referência, entre outras possibilidades, a quem comunicou a ocorrência, à eventual data, hora e local da mesma, aos possíveis lesados e ofendidos, aos possíveis suspeitos conhecidos, às testemunhas, às coisas associadas e, ainda, à própria narrativa do conflito que descreve o acontecimento disruptivo. Aliás, cada auto de notícia, cada denúncia ou queixa-crime, cada aditamento, cada auto de apreensão, cada auto de declarações, enfim, cada documento inserido no sistema que procura reproduzir a situação histórico-concreta, encontra-se devidamente numerado-identificado e, por via de regra, subscrito pelos participantes e autuantes, isto é, pelos emissores e receptores da notícia-narrativa dos acontecimentos.

É neste contexto que a noção de "conduta" também deve ser pensada com um fundamento especificamente *sistémico*[829]. Os comportamentos, mesmo enquanto fenómenos reais ou empíricos de alguém que actua activa ou passivamente, não se resumem à sua dimensão ontológica ou naturalística, pois têm necessariamente de ser comunicados (linguisticamente) e descritos a partir de um "sistema aberto" que está em movimento, com pressupostos funcionais e orientações próprias. Uma coisa é o que verdadeiramente acontece – na tal dimensão do "ser", aqui indisponível –, outra coisa é aquilo que se comunica e descreve através dos

[828] Neste sentido, António Braz Teixeira, *Sentido e Valor do Direito... op. cit.*, pp. 160-163. A referência ao "sistema" provém de Gunther Teubner, *O Direito como Sistema Autopoietico* (trad. José Engrácia Antunes), Lisboa: Fundação Calouste Gulbenkian, 1993 [orig. 1989], p. 90

[829] Raciocínio doravante a partir de Gunther Teubner, *O Direito como Sistema Autopoietico... op. cit.*, pp. 88-92

procedimentos formais de natureza pública. Assim, adstrito às garantias legais e constitucionais, o conceito de "conduta" começa por estar limitado pelo próprio procedimento juridicamente estabelecido para promover, neste caso, a justiça criminal.

Com efeito, os comportamentos que ocorrem todos os dias nos fluxos da vida em sociedade não são conhecidos se não forem comunicados ao sistema. Ou seja: o direito penal não se realiza concretamente quando os factos não são processados pela respectiva ordem sistémica da jurisdição criminal do Estado[830]. Afinal, quantas pessoas assumiram certos comportamentos com eventual relevância criminal sem terem sido denunciados ou sequer conhecidos pelas autoridades ou pelos membros de uma comunidade? Na verdade, o conceito de conduta não se fecha numa redoma privatística onde é possível criar *critérios arbitrários e particulares de conhecimento*, chamando aqui à colação um passado distante ou o presente de certas comunidades indígenas inseridas em determinados países.

Por exemplo, o *sistema doméstico* podia pôr mão em critérios morais, metafísicos, ideológicos ou religiosos – no fundo, em critérios arbitrários – para identificar os comportamentos com relevância para serem punidos[831]. Da mesma forma, existem hoje populações indígenas que têm o seu próprio sistema para delimitar os comportamentos dos seus respectivos membros da comunidade[832]. Estamos a pensar sobretudo nos *sistemas costumeiros* relativamente consolidados que permitem identificar condu-

[830] Esta ideia remete para uma justiça criminal cuja eficácia apenas processa uma parte dos comportamentos com potencial para serem considerados criminalmente relevantes. Sobre este assunto, de forma crítica, William S. Laufer/Robert C. Hughes, "Justice Undone", *op. cit.*, pp. 10-15, pp. 17 e ss. e 54-55. Por isso concordamos com Aury Lopes Jr., *Fundamentos do Processo Penal... op. cit.*, pp. 67-68, quando afirma que os factos são "estatais" e encontram-se no domínio público, mesmo nos crimes particulares, considerando também que o Estado se substitui à ideia de "vingança privada".

[831] Basta pensar que, noutros tempos, na época dos romanos, era o "chefe de família" que exercia o seu "poder de punição doméstica" sem determinar a forma como conhecia ou comprovava os comportamentos que haveria de considerar como "crimes". Cfr. Teodoro Mommsen, *Derecho Penal Romano* (trad. P. Dorado), 2.ª ed., reimp., Bogotá: Editorial Temis, 1999 [orig. 1899], pp. 11 e ss., considerando que se tratava de uma punição complementária ao sistema público.

[832] A jurisdição penal fora do Estado ou de entidades não estatais em Pedro Caeiro, *Fundamento, Conteúdo e Limites... op. cit.*, pp. 50 e 67 e ss.

tas consideradas relevantes para os interesses culturais e substanciais dos grupos em causa. O exemplo já dado do caso "Kamutukuleno", ocorrido em território angolano, nos termos do qual certos indivíduos são acusados e condenados pela prática de comportamentos de feitiçaria devido às declarações de testemunhas que alegaram ter visto pessoas falecidas a trabalhar em lavras, é mais um reflexo do que está aqui em causa: *a noção de "conduta", em termos factuais, é variável consoante o sistema em causa e respectivos critérios utilizados ou previstos para a conhecer.*

Este fundamento sistémico é ignorado por quem procura uma noção de conduta em "terra de ninguém", desconsiderando as particularidades dos diferentes poderes públicos e da própria soberania do Estado onde o problema se coloca. Em Portugal, falamos numa jurisdição criminal específica que visa, também, proteger os direitos fundamentais das pessoas. As normas processuais penais, nesse aspecto, fazem parte de um *sistema garantista* que limita o conhecimento das condutas das pessoas na realidade intersubjectiva em sociedade. Isso significa que o nosso conceito de conduta, com um fundamento sistémico, apoia-se em *critérios de validade* com natureza e intenção jurídicas, especificamente legais e constitucionais. São critérios que inclusive têm décadas de desenvolvimento legislativo e que actualmente permitem avocar, logo à partida, o princípio geral da promoção processual nas suas vertentes da oficialidade, da legalidade do processo ou da estrutura acusatória, enquanto pressupostos que começam por demarcar os poderes públicos de cognição dos comportamentos das pessoas. O próprio ordenamento jurídico-criminal português permite ao cidadão ofendido tomar uma decisão livre acerca da apresentação de queixa-crime quando há indícios da prática dos crimes denominados particulares ou semi-públicos, estando no seu poder de disponibilidade accionar ou não o sistema público de comunicação de condutas com aparência de crime. No caso de a queixa crime não se formalizar, é como se o comportamento do agente-pessoa não fizesse parte da realidade que vale para o sistema jurídico-criminal. É o sistema de justiça criminal, com órgãos e procedimentos próprios, que se assume como destinatário das narrativas dos cidadãos acerca da realidade interactiva das pessoas, coisas e animais, sempre que estão em causa – pelo menos indiciariamente – os tais interesses elementares para as pessoas e comunidade que se encontram juridicamente protegidos.

O "processo penal da cognição" (Carnelutti) é uma garantia publicista do actual Estado de Direito em que vivemos[833]. Se existe uma teoria do conhecimento própria para o direito penal conhecer a realidade dos factos, essa teoria deve ser formulada a partir do processo penal. As proposições acerca da realidade que podemos considerar como verdadeiras e justificadas estão dependentes do processo penal: a abertura que temos ao mundo individual e concreto do crime é a abertura que o processo penal proporciona, justamente por se afigurar uma *fonte pública de conhecimento da realidade*. O processo penal dispõe dos seus próprios mecanismos para a compreensão e comunicação da realidade[834].

A questão probatória é mais um reflexo evidente de que o sistema público de justiça criminal enforma os seus próprios meios de cognição[835]. Toda a matéria de facto processualmente adquirida deve ser *comprovada* de acordo com os referidos critérios de validade de intenção especificamente jurídica, aludindo agora, p. ex., à exigência de fundamentação, aos meios de obtenção de prova, aos meios de prova, à livre apreciação da prova ou à presunção de inocência. E isto admitindo que o sistema de justiça criminal procura um equilíbrio entre o interesse público da descoberta dos comportamentos e a protecção dos direitos fundamentais das pessoas, precisamente porque não pretende ser um sistema privatístico e arbitrário segundo o qual vale tudo para descobrir e para comprovar a realidade. Eis mais uma razão válida para olhar para o conceito de conduta como algo adequado ao sistema em vigor, quer dizer, como algo desenvolvido a partir das orientações distintas e internas do sistema onde se pretende impor[836]. Não se trata de uma comprovação física, filosófica, sociológica, psicológica ou religiosa, entre tantas outras instâncias de conhecimento, trata-se de uma comprovação especificamente processual-penal, cuja natureza, não obstante, se pode estruturar numa conjugação multidisciplinar de conhecimentos. Sendo assim, o conceito

833 Presente está o "princípio do monopólio estadual da função jurisdicional".

834 Neste sentido em relação ao direito, Gunther Teubner, *O Direito como Sistema Autopoietico... op. cit.*, p. 94

835 Veja-se o segundo momento da "questão-de-facto" em António Castanheira Neves, *Metodologia Jurídica... op. cit.*, pp. 163-165

836 Nestes termos, Gunther Teubner, *O Direito como Sistema Autopoietico... op. cit.*, p. 90

de "conduta" também se encontra limitado pelo procedimento juridicamente estabelecido para comprovar a realidade dos factos.

Portanto, *a origem processual penal do conceito de conduta deve ser reconhecida*. Não faz sentido procurar os comportamentos das pessoas numa realidade que não possa ser dada como processualmente adquirida e válida. E isto porque o conceito de conduta não pode ser um conceito arbitrário, não pode ser um conceito privatístico, assim como não pode ser um conceito alienado dos seus próprios critérios de conhecimento e de comprovação. Deve começar por ser um conceito com afinidade pelo sistema público de justiça criminal que está em movimento e em constante desenvolvimento, enquanto "sistema aberto" (A. Kaufmann). Em definitivo, o conceito de "conduta" deve pressupor a existência de todas as condicionantes institucionais e processuais do direito penal[837], e não apenas condicionantes de ordem naturalística, geográfica, biopsíquica (ou pessoal), social ou cultural, entre muitas outras possíveis.

Partindo deste ponto de vista, estamos perante um "conceito de conduta" pré-típico, mas não pré-jurídico, com autonomia própria perante os restantes elementos do conceito sistemático do crime. Trata-se de um conceito cujo conteúdo tem por base a *matéria de facto* processualmente adquirida e válida. Nesse caso, é uma concepção muito diferente das que defendem um conceito de conduta com autonomia pré-típica e *pré-jurídica*, tal como resultou da análise dos conceitos "causal-naturalístico" (F. V. Liszt), "finalístico" (H. Welzel), "social" (H. H. Jescheck/T. Weigend) e "pessoal" (C. Roxin). Por outro lado, é nitidamente uma concepção diferente das que defendem um conceito de conduta determinado exclusivamente pela tipicidade – especialmente considerando o conceito de "conduta típica" (G. Radbruch) –, uma vez que também devem estar presentes, logo de início, pressupostos jurídico-penais-adjectivos relacionados com a aquisição processualmente válida da matéria de facto.

[837] Cfr. António Cortês, *Jurisprudência dos Princípios... op. cit.*, p. 159, em crítica às doutrinas de cariz jusnaturalista.

## 2. Plano valorativo a partir da instância processual e critério de selecção dos factos com base nos bens jurídicos protegidos

Se existe uma instância em que as pessoas procuram comunicar e comprovar determinados acontecimentos passados que eventualmente puseram em causa interesses das pessoas e da comunidade considerados relevantes num determinado contexto histórico-social, procurando chamar à responsabilidade o agente propulsor desses acontecimentos, essa instância nunca se apresentará estranha a juízos de valor. O conhecimento do comportamento do agente, condicionado pelo procedimento de justiça jurídico-criminal, implica sempre uma *selecção valorativa*. Não existem comportamentos histórico-concretos não valorados. Não existe um conceito de "comportamento natural" decorrente da vida em sociedade. O plano fáctico comunicado à instância processual é sempre um plano valorativo, segundo o qual *as pessoas seleccionam acontecimentos com base no que julgam ser importante*. Nesse caso, os valores e os comportamentos misturam-se. Aliás, a necessidade teórica de separar o mundo naturalístico--ontológico do mundo axiológico, de forma a dar uma consistência pré--valorativa à "conduta", é absolutamente insignificante para o discurso jurisdicional dos comportamentos das pessoas. Nenhum participante ou sujeito processual procura comunicar e descrever a verdadeira essência da realidade ou a ordem natural dos acontecimentos, sendo suficiente uma referência empírico-descritível, espácio-temporalmente localizada e processualmente válida. Especialmente porque os contornos dos comportamentos não se analisam *ex ante factum*, em momento anterior ao próprio caso concreto. A descrição dos acontecimentos é realizada *ex post* por um narrador ou terceiro observador, mesmo quando é o agente a proceder à comunicação do seu próprio comportamento – considerando a confissão –, o que implica um juízo *ex post* de valoração e selecção das ocorrências histórico-concretas.

O que se acaba de dizer remete para o facto de nos encontrarmos numa instância valorativa que serve não apenas a dimensão positiva do direito penal (em sentido lato) como também o carácter relacional ou intersubjectivo da realidade humana[838]. Mesmo admitindo que existe uma

[838] V. António Cortês, *Jurisprudência dos Princípios... op. cit.*, p. 163, em crítica às doutrinas de cariz jusnaturalista.

dimensão ontológica ou naturalística a partir da qual é possível proceder ao conhecimento das condutas, é essencial abrir o conceito a importantes pressupostos da praxis jurídico-social[839], como a comunicação-linguagem dos acontecimentos, a legalidade do procedimento criminal, a prova dos factos ou, ainda, o compromisso de protecção estadual de certos interesses das pessoas ou da comunidade. Ou seja: fazendo-o depender do plano valorativo do específico sistema em vigor. Estamos longe de um conceito de "conduta" depurado de juízos de valor e sustentado num objectivismo ontológico ou numa descrição perfeita de segmentos da realidade. É justamente o carácter relacional da vida em sociedade que permite descrever erradamente ou insuficientemente a realidade, fabricar ou manipular essa mesma realidade, assim como interpretar ou descrever a realidade através de diferentes personalidades, temperamentos ou capacidades, no que diz respeito aos participantes e sujeitos processuais que se assumem como sujeitos cognoscentes dos comportamentos. Em momento anterior deste estudo demos conta de que é possível, inclusivamente, o trânsito em julgado de certa matéria de facto equivocada quanto ao que "realmente sucedeu": isso só é possível em virtude de se tratar de uma instância aberta a falsos ou equivocados juízos acerca de um realidade histórico-concreta.

Tudo isto significa que não apenas estamos perante um sistema naturalmente imperfeito de conhecimento da realidade, como também perante um conceito de conduta concebido num espaço de intersubjectividade processual que admite um *multiverso* de perspectivas e narrativas acerca do mesmo acontecimento histórico-concreto. A visão monista e natural do "ser" está afastada da instância processual. O espaço processual não é, assim, um espaço de mundivisões singulares, não é um espaço unidimensional, assim como não é um espaço isento de valorações, bem pelo contrário, é um espaço de controvérsia que possibilita a pluralidade de perspectivas valorativas acerca de um pedaço de vida. Qualquer participante ou sujeito processual reproduz a realidade com o objectivo de ser uma representação aceite pelos outros, isto é, apresenta algo que está para além da subjectividade, apontando ao que os outros também podem

[839] Nessa referência, António Castanheira Neves, *Metodologia Jurídica... op. cit.*, p. 163

ver e comprovar, enquanto algo disponível e possível para todos. Isso viabiliza a evidência e a verificação, numa dimensão empírica, assim como facilita a persuasão, já numa dimensão do espírito[840]. A própria linguagem deve ter uma base comum, neutra e secular, abandonando as perspectivas de mundividência que se afigurem, digamos, *transcendentes*[841]. É o tal plano da constituição de um mundo idêntico e intersubjectivo – logo, mais objectivo – em que os sujeitos processuais procuram pôr-se de acordo sobre uma realidade histórico-concreta. Assim, a instância processual de conhecimento e comprovação dos factos e comportamentos está longe de se afigurar uma instância dictatorial, no sentido de se afigurar autocrática ou centrada na perspectiva de uma única pessoa, especialmente se considerarmos o *princípio do contraditório* e o *princípio da impugnação das decisões*, princípios inerentes ao próprio sistema de justiça criminal. Aos olhos da justiça criminal, a última decisão acerca da realidade dos factos concretos não prescinde do procedimento que possibilita a intersubjectividade, onde os participantes e sujeitos processuais falam uns com os outros e comprovam (com meios de prova) ou fundamentam argumentativamente a sua versão dos acontecimentos. E isso há-de mostrar uma realidade muito menos idealista do que se possa pensar, com abertura racional, axiológica e probatória suficiente para ter alguma correspondência com o que se passou em certas coordenadas do espaço-tempo num específico contexto histórico-social. Mais ainda, há-de mostrar uma realidade processualmente válida, suficientemente legítima e segura para satisfazer os interesses públicos de realização da justiça criminal contemporânea, não procurando a perfeição, a essência do "ser" ou algo definitivo.

Agora, podendo uma pessoa seleccionar e trazer para a instância processual um conjunto de factos que julga ser importante, fica por identificar o *critério utilizado para realizar a referida selecção valorativa*. O que

[840] Sobre alguns destes pressupostos e características das narrativas, cfr. Julian Baggini, *As Fronteiras da Razão... op. cit.*, pp. 148 e ss., nomeadamente: compreensibilidade, avaliabilidade, revogabilidade, convencimento, neutralidade em relação a interesses e, também, a prova.

[841] Sobre a maneira como estruturamos o diálogo de forma a chegar ao consenso, com o mínimo de conflito (em relação ao que aconteceu) e à luz de uma "neutralidade secular", Julian Baggini, *As Fronteiras da Razão... op. cit.*, p. 293

leva, afinal, uma pessoa a reconhecer a importância de uma situação histórico-concreta?

Por muito que ambicionemos olhar para esta selecção dos factos como algo afastado do mundo dos valores, como algo descomprometido de pré-compreensões sociais e jurídicas, ou como algo necessariamente imparcial, isento de interesses, paixões ou preconceitos[842], isso não será possível. Para determinar ou delimitar a *relevância* de um acontecimento ou de um comportamento concreto é preciso ter presente certas referências internas ao próprio sistema social e jurídico onde as pessoas estão inseridas. Se estivermos a falar da praxis jurídico-social portuguesa, no actual contexto histórico, o cidadão comum terá noção de que existem certos interesses elementares que são assimilados por outros co-cidadãos e pelo próprio Estado, como p. ex. a "integridade física", a "liberdade pessoal", a "autodeterminação sexual", a "propriedade" ou os "sentimentos religiosos"; assim como terá noção de que existem outros interesses *metaindividuais* que devem ser preservados, como é o caso do "ambiente", da "segurança pública", da "saúde pública" ou dos "impostos", ou seja, um conjunto de interesses que podem restringir os comportamentos das pessoas no que diz respeito, p. ex., à poluição da água, ao uso de armas, ao tráfico de estupefacientes ou ao registo das vendas comerciais. Tudo está relacionado, igualmente, com as diferentes gerações ou dimensões de direitos e deveres fundamentais que são reconhecidos num determinado contexto espácio-temporal na perspectiva constitucional[843].

Ora, o cidadão não ignora, ou não deve ignorar, todos esses interesses presentes na realidade intersubjectiva, porque é a vida em sociedade, com os mais diversos sistemas comunicativos, que permite identificá-los[844]. Cada sistema tem as suas próprias orientações, tem os seus próprios interesses, individuais e colectivos, considerados relevantes e cuja integridade importa preservar num certo momento histórico-social. Pois, decerto,

[842] Raymond Boudon, *O Relativismo... op. cit.*, pp. 92-93 ("o espectador imparcial")

[843] Cfr. José Carlos Vieira de Andrade, *Os Direitos Fundamentais... op. cit.*, pp. 22-27

[844] Uma importante fonte de informação ou de comunicação acerca dessas referências axiológicas é, cada vez mais, a *comunicação social*, sabendo que as redes sociais e o desenvolvimento intensivo das novas tecnologias que as promovem se afiguram de suma importância para a informação (mas, também, "contra-informação") que chega às pessoas.

não vivemos num *estado de natureza*[845]. O mundo denominado "natural" ou "ontológico" é inseparável da específica praxis jurídico-social orientadora, a partir da qual os cidadãos e as autoridades do Estado podem dar mais ou menos importância valorativa a certos comportamentos das pessoas. É nesse registo que os cidadãos e as autoridades assumem o papel de *terceiros observadores* ou de *narradores de acontecimentos*, precisamente em virtude dos seus poderes de cognição, valoração e comunicação da realidade intersubjectiva em sociedade, onde as pessoas interagem com outras pessoas, coisas e animais. Para além do mais, compete-lhes realizar esse juízo de valor porque *os interesses da vida em sociedade têm vários graus de importância e não se encontram todos ao mesmo nível*. Caso entendam que uma situação tem dignidade axiológica para ser participada criminalmente – através da queixa-crime ou da denúncia –, então accionam os mecanismos de justiça que se encontram positivados e publicamente disponíveis em sociedade. Aqui chamamos à colação os mais diversos actores da justiça penal: advogados-defensores, órgãos de polícia criminal, funcionários de justiça e autoridades judiciárias. Vão ser esses mesmos sujeitos que, depois, ao nível dos factos, permitem realizar um certo controle quanto ao critério da sua eventual relevância jurídico-criminal.

Será igualmente devido à natureza da selecção valorativa que a instância processual penal não se afigura apenas uma instância de acusação, pronúncia ou condenação de comportamentos, mas também o procedimento próprio para o arquivamento, a não pronúncia ou a absolvição. Isto é, os factos que alcançam a instância processual-penal e as suas diversas etapas procedimentais não são necessariamente relevantes em termos jurídico-criminais substantivos. A justiça do caso decidendo, na

[845] A pensar num "estado de natureza" em que os homens viviam sem leis, sem autoridade e sem governo, entregues a si próprios, mas que, por fim, procuraram fazer um pacto entre si em virtude das vantagens de viver em sociedade... Considerando, igualmente, diferentes concepções desta transição do "estado de natureza" para o "estado civilizado". Sobre o assunto, cfr. L. Cabral de Moncada, *Filosofia do Direito e do Estado*... vol. 1.º, *op. cit.*, com menção a pensadores clássicos como Hugo Grócio (séc. XVI), Tomás Hobbes (séc. XVI), John Locke (séc. XVI), J. J. Rousseau (séc. XVIII) e Kant (séc. XVIII). E, também, Jonathan Wolff, *Introdução à Filosofia Política* (trad. Maria de Fátima St. Aubyn), 2.ª ed., Colecção Filosofia Aberta, Lisboa: Gravida Publicações, 2011 [orig. 1996], pp. 17-54, com referência aos mesmos autores e à sua respectiva concepção de estado de natureza.

realização concreta ou jurisdicional do direito penal, também se faz com uma delimitação das normas e dos pressupostos *no sentido da inexistência do crime*. Eis as razões pelas quais temos vindo a insistir que os comportamentos começam por ter uma mera *aparência de crime*, mais concretamente uma aparência de crime particular, semi-público ou público, pelo menos até ao trânsito em julgado da decisão.

Esta imbricação entre a questão de facto e a questão de direito tem um significado muito singular para a noção de "conduta". Devido à forma como o sistema de justiça criminal funciona, devido à actual ordem das coisas em sociedade, os comportamentos são narrados e processualmente adquiridos porque *aparentam* colocar em causa interesses que são protegidos pelo direito penal. Não é apenas e exclusivamente porque são socialmente relevantes. Emerge assim a ideia de que a selecção valorativa dos factos realizada pelo terceiro observador é um juízo que, de alguma forma, antecipa o preenchimento dos pressupostos para a existência ou inexistência do crime – consoante, desde logo, estejamos a falar da acusação ou da defesa do agente-arguido. O mesmo deverá ser dito em relação à selecção e à relevância dos "resultados": cabe ao terceiro observador escolher, com o devido discernimento, aquele que é digno de atenção em virtude dos interesses jurídico-criminais tutelados, e que, ao mesmo tempo, está relacionado com o comportamento de uma pessoa[846]. Por isso existe uma instância pública de esclarecimento, vinculada a intenções jurídico-procedimentais, legais e constitucionais – um "processo penal" –, que procura dar certas garantias aos intervenientes que nela participam, com vista a comprovar a existência e a relação dos comportamentos com os resultados seleccionados ao nível da matéria de facto.

Devemos reter a seguinte ideia: o narrador dos factos não oferece um conjunto aleatório de proposições de facto porque a sua própria selecção implica um certo *sentido de desvalor* e uma pré-compreensão dos interesses em causa, sobretudo tendo noção de que esses interesses, na sociedade onde está inserido e no contexto histórico-social, podem ter correspondência com os bens jurídicos tutelados pelo direito penal. Está presente o

[846] Veja-se Marc Bloch, *Introdução à História... op. cit.*, p. 164, em relação à "tomada de consciência critica" da relação de causa-efeito e ao concurso de grande número de elementos determinantes.

*critério de selecção valorativa dos factos baseado nos bens jurídicos protegidos pelo direito penal.* Pelo contrário, parece-nos irrealista pensar que o terceiro observador é alguém imparcial porque realiza uma selecção de factos depurada de valores e de pré-compreensões, como se tivesse capacidade para determinar a "pura facticidade" e de realizar "juízos naturais" num plano naturalístico (F. V. Liszt) ou ontológico (H. Welzel), sem noção do pode ser ou não *ilícito*, ou sem noção dos mais valiosos interesses das pessoas e da comunidade que são tutelados pelo Estado onde se integra. Que tipo de selecção e de comunicação-descrição factual lograria realizar se não tivesse presente certas referências axiológicas da vida concreta em sociedade?

Por outra parte, com a pré-compreensão desses postulados valorativos de selecção, relativamente estabilizados e de natureza pública, acabamos por evitar um certo *relativismo valorativo* que levaria o terceiro observador a pôr mão em critérios mais ou menos arbitrários e de natureza privatística no momento de conhecer e atribuir relevância aos comportamentos das pessoas. Não tendo presente a "aparência do crime" ou os interesses tutelados pelo concreto direito penal em causa, corremos o risco de realizar selecções, valorações ou comprovações de comportamentos (e de resultados) que contrariam as finalidades político-criminais e os próprios mecanismos públicos previstos para o seu conhecimento. Os critérios decisivos não são os mais diversos critérios extra-jurídicos, os critérios decisivos são os critérios dependentes dos pressupostos do direito penal, que podem ou não englobar aqueles critérios extra-jurídicos.

Diga-se ainda que, em rigor, a "aparência do crime" deverá entender-se, na parte que temos desenvolvido, como uma *aparência da ilicitude criminal.* É a partir do "específico sentido de desvalor jurídico-penal" – para utilizar palavras de J. Figueiredo Dias[847] – que o terceiro observador irá identificar e valorar determinados factos individuais e concretos como sendo desconformes com os bens jurídicos protegidos por um determinado sistema jurídico-criminal. Trata-se de um juízo que, de certo modo, antecipa factualmente o âmbito do "criminalmente relevante" à luz dos interesses que foram postos em causa: a identificação e a valoração dos

[847] Cfr. especialmente Jorge de Figueiredo Dias, *Direito Penal: Parte Geral,* tomo I... *op. cit.,* pp. 267-268 (§54).

factos histórico-concretos estão decisivamente influenciados pela *ilicitude*, enquanto autênticos "indícios de ilicitude", havendo uma *estreita relação entre a matéria de facto levantada e a materialidade do ilícito*. Voltamos a sublinhar a ideia de que o levantamento da matéria de facto é realizado *ex post* por alguém que, em princípio, já tem um certo entendimento acerca dos postulados valorativos do sistema jurídico-criminal onde se insere. Caso não houvesse esta orientação com base na materialidade do ilícito ou dos interesses protegidos pelo direito penal, ou seja, caso não houvesse uma orientação valorativa especificamente jurídico-criminal, o conceito de "conduta" que verdadeiramente interessa para a realização concreta do direito penal poderia ter como base, ao nível da matéria de facto, os mais insignificantes pormenores – que eventualmente poderiam interessar a outras ciências ou a outro tipo de sistemas de "conhecimento" ou "crenças", como a antropologia, a sociologia, a filosofia ou a religião, mas cujos conteúdos não seriam idóneos a subsidiar um conceito de conduta com relevância especificamente jurídico-criminal.

Esta orientação valorativa é essencial para se proceder ao levantamento adequado da matéria de facto. Sem essa orientação, que acaba por ser um critério interpretativo-restritivo da matéria de facto – e, portanto, cumprindo uma *função de delimitação* –, resta uma infinidade de possibilidades, resta o referido *relativismo valorativo*. Ausentes dessa orientação intencionalmente jurídico-criminal, tudo pode ser considerado "socialmente relevante" (H. H. Jescheck/T. Weigend) ou uma "manifestação da personalidade" (C. Roxin), dependendo da arbitrariedade do juízo do terceiro observador ao aplicar os respectivos critérios "ético-sociais" ou "anímico-espirituais" de conhecimento. Não podemos concordar, portanto, com conceitos de "conduta" pré-jurídicos e autónomos que se encontrem completamente depurados dos pressupostos do processo penal e de uma pré-compreensão da materialidade do ilícito criminal. Na verdade, entregues à parcialidade e ao arbítrio dos critérios privatísticos – porque assim se podem considerar perante critérios publicísticos de direito penal –, seria possível avocar qualquer esfera pré-jurídica de conhecimento, valoração e comprovação de factos, com base nos mais diversos pressupostos, sejam de natureza costumeira, metafísica, sobrenatural, religiosa, ético-social ou anímico-espiritual... Sem quaisquer limites.

### 3. A separação cartesiana entre corpo e mente

Vimos que a descrição dos factos é realizada em proposições segmentadas que acabam por reflectir um juízo de valoração com base no critério da aparência do crime ou dos bens jurídicos tutelados pelo direito penal. Vimos também, desde o início do nosso estudo, que essa descrição é realizada na terceira pessoa gramatical, como se o acontecimento estivesse a ser observado publicamente, transmitindo uma determinada imagem e impressão do agente, do seu comportamento e dos eventuais resultados daí decorrentes – próximos de um interaccionismo dramatúrgico (E. GOFFMAN). Demos então conta de uma perspectiva intersubjectiva que tem necessariamente uma *natureza publicista*, em virtude de não se encontrar fechada dentro de si mesma numa "auto-referência directa" ou dependente de uma verificação exclusivamente privada. Esta natureza publicista, como é evidente, é um pressuposto directo da natureza do processo penal dos factos. Neste âmbito, não se descrevem os fenómenos mentalísticos a partir da primeira pessoa porque não há um acesso privilegiado à manifestação pretérita dos estados mentais ou volitivos do agente-arguido, independentemente da possibilidade de confissão dos factos. A confissão, aliás, também implica seleccionar e *recontar* uma experiência, tendo igualmente um carácter narrativo e valorativo dentro do mundo das possibilidades. O relato da inconsciência, da falta de vontade, da intenção, da conformação, dos motivos ou de qualquer outra manifestação do mundo interior ou subjetivo do agente, terá que se aliar aos "indicadores" ou circunstâncias externas que apontem para a veracidade do que se alega – p. ex. o local e a hora do facto, o contexto histórico-social de interacção ou, no geral, os meios de prova disponíveis –, afigurando-se uma confissão sujeita a juízos de comprovação por parte de terceiros. É certo que a confissão é a melhor forma de saber o que se passou na mente do agente, mas a actividade jurisdicional procura primeiramente o que foi manifestado exteriormente – segundo o princípio clássico *cogitationis poenam nemo patitur* –, tendo ou não força para corroborar com a versão do próprio agente. Portanto, não obstante a possibilidade de confissão, as categorias que dizem respeito ao mundo subjectivo do agente devem estar fundamentadas em manifestações externas, processualmente descritas e válidas, susceptíveis de transmitir informações sobre a sua consciência ou vontade. Falámos a propósito da "comunicação cinestésica", num dado contexto de interacção, com potencial para reflectir a personalidade e o estado mental, como se o agente desvendasse algo do seu interior perante os olhos de um público[848]. Mas também falámos daquelas situações em que pode haver uma falsa representação da realidade, ou seja, aqueles casos em que não há uma correspondência entre a consciência ou a vontade do agente e o seu comportamento manifestado perante os outros, contrariando as sensações cinestésicas[849]. Porque, efectivamente, o agente não pode ser pré-concebido pelo terceiro observador como uma massa mecânica ou como um fantasma dentro de uma máquina.

Sendo assim, o processo penal não pode denegar os *acontecimentos não observáveis que entendemos possíveis* (G. E. M. Anscombe) devido a demonstrações empíricas, técnicas ou científicas, especialmente no que toca às raízes do mundo interior-subjectivo das pessoas singulares. Afinal, são acontecimentos possíveis que assentam num certo reconhecimento mútuo das qualidades de "ser pessoa". A própria ciência contemporânea – p. ex., as neurociências – estuda os estados mentais de consciência e de vontade das pessoas, ou seja, as possibilidades da "mente", do "subjectivo" e do "interior". E o processo penal, aberto ao permanente e contínuo desenvolvimento, hoje assume o agente como alguém dotado desse conteúdo, alguém com poder para ter motivos, emoções, sentimentos, conhecimentos, crenças, entre muitas outras manifestações internas que o convertem *numa pessoa* com personalidade e individualidade próprias. Caso contrário, seria impossível haver comportamentos propulsionados por falsas representações da realidade, transtornos mentais transitó-

[848] Considerando igualmente todas as circunstâncias do caso concreto, inclusive anteriores (p. ex., os motivos, o historial médico ou o registo criminal) e posteriores (directamente ou indirectamente relacionadas) ao acontecimento disruptivo. A disposição do artigo 71.º do CP pode ser interpretada muito para além da sua finalidade no âmbito da determinação da medida da pena, podendo também ser pensado como uma disposição essencial para a interpretação da matéria de facto e, em especial, para a interpretação do estado de consciência e vontade do agente. Cfr., Paul Ricouer, *O Discurso da Acção... op. cit.*, p. 61 (comunicação cinestésica); e Jürgen Habermas, *Fundamentação Linguística da Sociologia... op. cit.*, p. 284 (os "olhos de um público")

[849] Ao nível do direito, p. ex., os denominados casos de erro sobre a factualidade típica.

rios ou permanentes, estados passionais, perdas de orientação espácio--temporal, alucinações, ilusões ópticas, enfim, qualquer ponto de partida "interior", "subjectivo" ou "mental" que entendemos possível mas não directamente observável.

O que acaba de ser dito parece contrariar aquela ideia de que a perspectiva do terceiro narrador é fundada no método empírico de observação e descrição dos factos, dentro dos limites da realidade sensorial do mundo exterior. Mas não há dúvida que *os estados de consciência e de vontade também podem ser considerados a partir do exterior e não apenas do ponto de vista de quem os experimenta*[850]. Esses mesmos estados, relacionados com o "interior", com o "subjectivo" ou com o "mental", podem ser considerados a partir do "exterior", do "objectivo" ou do "corpo", porque a partir do contexto do que é observável podemos retirar ilações em relação ao que não pode ser observado[851]. Não se trata de admitir que existe uma "dimensão metafísica" ou um "metaplano", uma vez que os estados de consciência e de vontade, enquanto categorias qualificativas de comportamentos, não transcendem o aparecer do fenómeno[852].

Apesar de estarmos perante uma perspectiva algo redutora do mundo subjectivo das pessoas, por se encontrar exposta de uma forma simples, reduzida a um campo meramente empírico-descritivo, a verdade é que esta é uma perspectiva conforme as garantias do processo penal da cognição. As actuais possibilidades probatórias não permitem ler a mente ou a vontade do agente no momento passado específico em que o mesmo decidiu ou não assumir um determinado comportamento[853]. Nem tal

[850] Neste sentido, as palavras intemporais de Émile Durkheim, *As regras do método sociológico... op. cit.*, p. 62 acerca do verdadeiro advento da psicologia científica: "só nasce... quando se chegou finalmente à concepção de que os estados de consciência podem e devem ser considerados do exterior e não do ponto de vista da consciência que os experimenta".

[851] Expressão correspondente ao "non-observational knowledge" pensado por G. E. M. Anscombe, *Intention... op. cit.*, pp. 13 e ss.

[852] Por isso, o "não observável" é um problema relacionado com o contexto. Como temos insistido, um contexto atribuído de forma individual-concreta, espácio-temporal, histórico--social, onde o agente se expressa frente a um público, na intersubjectividade, revelando, também, a sua dimensão biográfica, num todo dinâmico.

[853] Nem em termos científicos ou periciais, nem, em princípio, em termos processuais (pensemos, p. ex., nos métodos proibidos de prova ou no direito ao silêncio).

seria inteiramente desejável à luz de um poder público que não visa certamente punir fenómenos internos, nem à luz de um processo penal presumivelmente garante, dentro de certos limites, da integridade física e moral do agente, da intimidade da vida privada e do direito à não auto-incriminação. A verdade é que, dada a infinidade dos fluxos transitórios de consciência ou de vontade, o narrador não é capaz de repetir, em proposições de facto, o que verdadeiramente sucedeu na perspectiva interior do agente no momento da prática dos factos. E, como dissemos, mesmo que haja a confissão ou a perspectiva do próprio agente, não estamos a falar de condições psíquicas ou volitivas encapsuladas no seu interior, pois terão de se manifestar e corroborar, de alguma forma, no mundo acessível ao terceiro observador. Pois só assim poderá haver o tal juízo de comprovação pública.

Ora, mesmo circunscritos a uma perspectiva algo "limitada" dessa realidade interna das pessoas, por se encontrar comprovada a partir dos indicadores externos, no campo meramente empírico-descritivo – devido às garantias de processo penal em Estado de Direito –, faz aqui sentido adoptar um modelo tradicional de separação, na matéria de facto, entre corpo-mente, objectivo-subjectivo e exterior-interior. Diríamos que há mesmo uma exigência simultaneamente processual e substantiva de realizar essa separação. Esta dita separação entre corpo e mente facilita metodologicamente a disposição e a prova dos factos, mas também sublinha a ideia de que há uma certa selecção valorativa realizada com base numa pré-compreensão dos pressupostos substantivos para a existência do crime. Como ainda estamos a falar de matéria de facto, estão em causa proposições que elencam separadamente as várias camadas de uma ocorrência histórico-concreta, com distinções nítidas entre as circunstâncias espaço-tempo, a atitude física do agente e os seus estados de consciência e vontade. No que diz respeito à manifestação física do agente, pode estar em causa uma actividade ou uma passividade, consoante a narrativa descreva um movimento ou um não movimento. No que diz respeito aos estados que partem do interior do agente, é comum fazer referência a actos conscientes, inconscientes, voluntários ou involuntários, através de certas fórmulas pré-determinadas. Resta então aceitar que é desejável, em termos metodológicos, separar *corpo e mente* do agente a partir dos contornos da realidade comprovável processualmente[854], pressupondo juízos de fundamentação--argumentação-comprovação em relação ao observável e ao não observável entendido como possível.

Agora, não podemos negar que a selecção valorativa e a respectiva alegação da matéria de facto que procura preencher directamente os *elementos subjectivos* do crime é mais evidente do que a matéria de facto que procura preencher os restantes pressupostos dogmáticos, em virtude da forma como os mesmos "factos" do foro interior do agente são formulados na narrativa processual, reproduzindo basicamente o que consta na lei penal a propósito dos estados mentais ou volitivos que a própria lei entende possíveis. Oferecendo novamente os exemplos: "o arguido agiu livre e conscientemente..."; "o arguido agiu com a intenção de..."; "o arguido conformou-se com..."; "o arguido tinha consciência que tal conduta era proibida e punida por lei"; "o arguido agiu de uma forma desatenta e descuidada, agindo sem observar a prudência e diligência a que estava obrigado e de que era capaz".

Com efeito, temos vindo a referir que na prática judiciária são utilizadas determinadas fórmulas pré-determinadas, com natureza conclusiva, que dizem *directamente* respeito à consciência ou à vontade do agente, penhorando as palavras dos elementos subjectivos do crime que se entendem estar em causa no caso concreto. O que permite colher algumas ilações. A mais evidente já foi declarada: como o terceiro narrador não consegue reproduzir o que se passou na cabeça do agente no momento da prática dos factos, baseia-se em tudo o que foi manifestado exteriormente, parte do mundo empírico comprovável, de modo a retirar as suas próprias conclusões acerca do que não pode ser observado. Por isso, na prática, alegam-se primeiro os factos exteriores e depois os factos do mundo interior, como se estivéssemos perante o axioma "se «x» então «y»", concluindo os factos interiores com base nos factos exteriores. Ora, isso parece significar que estamos perante um "dolo implícito" ou uma "negligência implícita", resultantes do conjunto dos factos do mundo exterior, estando o narrador obrigado a cumprir uma mera formalidade

[854] Uma realidade multiversa (porque admite várias perspectivas), onde as pessoas interagem com as coisas e com os animais, e onde os interesses individuais, colectivos e da sociedade se confrontam reciprocamente.

substantiva ao alegar, de seguida, aquelas fórmulas pré-determinadas – que não são mais do que uma reprodução dos pressupostos jurídico-subjectivos para a existência do crime. Nesse caso, dada a natureza publicista do processo penal dos factos, é defensável afirmar que os elementos subjectivos do crime, em termos factuais, resultam da valoração crítica e conjugada dos factos exteriorizados que estão disponíveis ao terceiro espectador, porque apenas esses são comprováveis processualmente. Relembre-se: não obstante a possibilidade de confissão, não há prova do *fenómeno interno* do conhecimento, da representação ou da previsão das circunstâncias de facto que levaram o agente a assumir um determinado comportamento passivo ou activo, exigindo-se sempre uma exteriorização e uma comprovação na perspectiva de terceiros. E esse pressuposto probatório não pode ser ignorado e deve ser conjugado com o princípio *cogitationis poenam nemo patitur*[855].

Perante esta forma de ver as coisas, é mais evidente que essas fórmulas pré-determinadas, presentes na matéria de facto, representativas dos elementos subjectivos do crime, acabam por se afigurar *fórmulas conclusivas* e não descritivas de factos – até pela própria linguagem utilizada no processo comunicativo. Fórmulas conclusivas que sublinham a ideia de que existe efectivamente uma selecção valorativa e uma compreensão prévia dos pressupostos para a existência do crime por parte do terceiro narrador. Fórmulas conclusivas que desvendam o conteúdo implícito do dolo ou da negligência presente no conjunto dos factos manifestados exteriormente. Fórmulas conclusivas que, por via de regra, não se encontram devidamente fundamentadas num exame crítico e conjugado da prova – como terá de suceder, mormente, na decisão instrutória ou na fase da sentença –, porque em certas fases do processo bastam ser alegadas em proposições pré-determinadas, no seguimento da exposição dos factos do mundo exterior. Será o caso paradigmático da acusação, nos termos da qual, simplesmente, se elencam os factos e a prova que indiciam a prática de um crime, sem necessidade acrescida de proceder a uma fundamentação ou motivação que esclareça como é que o MP formou a sua convicção

[855] É precisamente a realização concreta ou jurisdicional do direito penal que reclama uma conjugação entre direito processual, direito probatório e direito substantivo.

em relação aos factos que directamente dizem respeito aos elementos subjectivos do ilícito.

Com efeito, na acusação, para descrever os elementos subjectivos – relacionados com o conhecimento e a vontade de o agente realizar as circunstâncias da factualidade que preenche um tipo legal de crime –, basta reproduzir aquelas fórmulas conclusivas, acolhidas na prática judiciária, reveladoras do conteúdo implícito do dolo ou da negligência. E isso levanta toda uma nova discussão perante a seguinte posição de jurisprudência presente e fixada no ordenamento jurídico português[856]:

> "A falta de descrição, na acusação, dos elementos subjectivos do crime, nomeadamente dos que se traduzem no conhecimento, representação ou previsão de todas as circunstâncias da factualidade típica, na livre determinação do agente e na vontade de praticar o facto com o sentido do correspondente desvalor, não pode ser integrada, em julgamento, por recurso ao mecanismo previsto no art. 358.° do Código de Processo Penal."

Uma decisão desta natureza parece apontar no sentido de que aquelas "fórmulas" devem ser inevitavelmente alegadas na acusação, de forma a preencher os pressupostos de natureza substantiva relacionados com os elementos subjectivos do crime, sob pena de não poderem ser aditadas numa fase posterior do processo. O que nos leva a questionar se não estamos perante uma injustificada *posição formalista* contrária à própria natureza de um processo penal que deve procurar a verdade material dos factos.

## 4. Comentário ao Acórdão do STJ n.° 1/2015 (de fixação de jurisprudência): para uma diferença entre "factos" e "fórmulas" ao nível dos elementos subjectivos do crime

Perante lições de autores como E. Mezger e, mais tarde, H. Welzel, vimos que a teoria do crime chegou à importante conclusão de que o tipo de ilícito também se deveria referir à atitude interna das pessoas, de forma a reconhecer a "condição mental" do agente no mundo exte-

[856] Ac. STJ de fixação de jurisprudência de 20/11/2014, proc. n.° 17/07.4GBORQ.E2-A.S1 (ou Ac. STJ n.°1/2015).

rior dos factos. Os elementos subjectivos passaram a ser um requisito do ilícito-típico – e não apenas da culpa – enquanto pressuposto essencial para a existência do crime. A partir de então, para existir crime, deveria existir uma congruência de elementos objectivos do ilícito com certos elementos subjectivos, como o dolo ou a negligência, e em certos casos até se destacavam no ilícito-típico elementos subjectivos com autonomia própria, como sucede nos denominados "crimes de resultado cortado". Estas foram lições que nos chegaram do século passado e que hoje permanecem perfeitamente válidas para noção de "crime". Por isso se exige logo ao nível da matéria de facto que estejam presentes manifestações do mundo interior do agente que se traduzam num dolo ("do tipo"), numa negligência ("do tipo") ou nos restantes elementos subjectivos de um crime (p. ex., considerando o "dolo da culpa" e os eventuais especiais elementos do tipo).

Primeiro problema: a alegação desses elementos subjetivos ao nível da matéria de facto implica produzir prova dos mesmos, porque a realização concreta do direito penal está vinculada a importantes princípios de processo penal. Segundo problema: devido justamente a esses princípios de processo penal, não é possível produzir prova desses estados subjectivos do agente de uma forma directa, pois, numa perspectiva intersubjectiva ou do terceiro observador, não é possível "ver" a consciência, a vontade, os motivos, os sentimentos, ou qualquer outra manifestação que decorra do interior do agente. Como afirmava de forma eloquente B. A. Sousa Pinto, "os homens não têm olhos que penetrem nos arcanos da consciência..."[857].

Não obstante, aquilo que podemos alegar quanto ao estado interior de uma pessoa pode ser devidamente comprovado com base no que se encontra efectivamente exteriorizado num determinado contexto, acrescendo aquela ideia de que não devemos denegar acontecimentos não observáveis que entendemos possíveis. Portanto, como também vimos ao longo do nosso estudo, estes dois problemas são superáveis. Mas surge um terceiro e decisivo problema: *como é que se descrevem em termos estrita-*

[857] Basílio Alberto de Sousa Pinto, *Lições de Direito Criminal Portuguez*, *op. cit.*, p. 38

*mente factuais os estados interiores do agente que preenchem os elementos subjectivos do crime?*

É a partir desta pergunta que faz sentido olhar para os fundamentos do acórdão referido em epígrafe. A decisão de fixação de jurisprudência aqui em causa partiu do princípio de que os seguintes elementos constitutivos, relativos ao crime de injuria, foram omitidos em fase de acusação e depois aditados em fase de sentença[858]:

- *"O arguido AA sabia que as expressões referidas eram aptas a atingir a honra e consideração do assistente e ainda assim quis dirigi-las ao mesmo, como fez."*
- *"O arguido AA agiu de forma livre, voluntária e consciente, ciente de que a sua conduta era proibida e punida por lei."*

Estes elementos foram considerados como "factos" que contêm a "totalidade do elemento subjectivo do tipo legal ("dolo do tipo") e ainda os elementos do denominado dolo da culpa ("tipo de culpa")"[859]. No seguimento, argumentou-se no seguinte sentido:

- A estrutura acusatória integrada por um princípio de investigação do processo penal determina que a acusação, porque também delimita o objecto do processo, deve conter todos os elementos constitutivos do tipo legal do crime[860]
- Entre esses elementos constitutivos encontram-se os elementos que dizem respeito ao dolo e à negligência[861].
- Os elementos subjectivos do crime costumam ser expressos na acusação por "fórmulas" em que se imputa ao agente "o ter actuado de forma livre, voluntária ou deliberadamente, conscientemente e sabendo que a sua conduta é proibida e punida por lei"[862].
- E o aditamento em fase de julgamento desses elementos constitutivos do tipo subjectivo do ilícito e, também, do tipo de culpa, con-

[858] Cfr. "9.1" do Ac. STJ n.º 1/2015
[859] Cfr. "9.1" do Ac. STJ n.º 1/2015
[860] Cfr. "10.1" do Ac. STJ n.º 1/2015
[861] Cfr. "10.2" do Ac. STJ n.º 1/2015
[862] Cfr. "10.2.3" do Ac. STJ n.º1/2015

substanciam uma alteração substancial dos factos porque equivale a "transformar uma conduta atípica numa conduta típica"[863].

No mesmo acórdão de fixação de jurisprudência, a certo momento, está subscrita a seguinte ideia com base em escritos de J. Figueiredo Dias:

> *"De forma alguma será admissível que os elementos do dolo, quando não descritos na acusação, possam ser deduzidos por extrapolação dos factos objectivos, com «recurso á lógica, à racionalidade e à normalidade dos comportamentos, de onde se extraem conclusões suportadas pelas regras da experiência comum».*
>
> *Tal equivaleria a conceptualizar o dolo como emanação da própria factualidade objectiva, ou como inerente a essa factualidade, um dolus in re ipsa, que o mesmo Autor que se vem citando repudia vivamente como ultrapassado, nos moldes das antigas "presunções do dolo". Isto, porém, não é impeditivo de «o juiz comprovar a existência do dolo através de presunções naturais (não jurídicas) ligadas ao princípio da normalidade ou da regra geral ou às chamadas máximas da vida e regras da experiência»"*[864].

A decisão aqui em causa parece querer dizer que os factos preenchedores dos elementos subjectivos do crime são essenciais e devem ser oportunamente alegados na acusação. Caso assim não se verifique, não será possível proceder a um aditamento desses mesmos factos em fases posteriores do processo penal, por implicar uma *alteração substancial* daqueles que delimitam o objecto do processo.

Uma tal decisão levanta algumas importantes questões que podem ser repensadas e discutidas, especialmente considerando a natureza dos "factos" que estão em causa.

A questão menos controvertida prende-se com a exigência de "factos" que manifestem os elementos subjectivos do ilícito (e da culpa) logo na fase da acusação. Parece evidente que o órgão acusador deve fazer uma alegação de *factos descritivos* que exprimam o estado subjectivo do agente no momento em que o próprio assume um determinado comportamento, sobretudo em virtude dos pressupostos criminais-substantivos

[863] Cfr. "11.2" do Ac. STJ n.º1/2015

[864] Cfr. "10.2.4" do Ac. STJ n.º1/2015

que fazem parte da lei penal portuguesa e que prestam homenagem, de alguma forma, às doutrinas de E. MEZGER e H. WELZEL. Mas a partir daqui ficam algumas perguntas por resolver. Podemos elencar algumas:

- Há ou não uma diferença entre os factos descritivos que têm potencial para manifestar os elementos subjectivos do crime (p. ex. "não buzinou", "estava distraído" ou "não se apercebeu") e as fórmulas que directamente reproduzem esses mesmos elementos (p. ex. "agiu sem observar a prudência e diligência a que estava obrigado e de que era capaz")?
- Tendo presente as limitações de ordem probatória conhecidas, como se pode garantir que essas "fórmulas" (p. ex., "o ter actuado de forma livre, voluntária ou deliberadamente, conscientemente e sabendo que a sua conduta é proibida e punida por lei") têm autonomia própria ao nível da matéria de facto?
- Ao aditarmos essas "fórmulas" relativas aos elementos subjectivos do crime em fases posteriores à acusação, estamos a aditar ao objecto do processo "novos factos", totalmente distintos da "factualidade objectiva", isto é, com uma natureza inovatória em relação aos mesmos?
- Como poderá o órgão acusador alegar essas "fórmulas", com objectividade e legalidade, respeitando princípios elementares como a presunção da inocência, sem antes proceder a uma análise do que foi efectivamente manifestado exteriormente?
- Depois, admitindo limitações probatórias e não tendo o órgão acusador de fundamentar essas "fórmulas" inseridas na matéria de facto – como deve suceder mormente em fase de sentença –, significa isso que basta alegá-las na acusação?
- Caso baste proceder à sua alegação, admitindo que essas proposições têm autonomia suficiente, não podemos dizer que se inverte o "ónus da prova" – como se estivéssemos perante um sistema probatório processual-civil?
- Ou seja, no seguimento, não ficará o agente-arguido com o ónus de produzir prova de que não agiu de forma livre, voluntária, deliberada, consciente ou não sabendo que a sua conduta era proibida e punida por lei?

Para um princípio de resposta, que vai ao encontro do que temos vindo a defender, é preciso começar por afirmar terminantemente que *os estados interiores do agente que preenchem os elementos subjectivos do crime não se manifestam através daquelas "fórmulas" que foram omitidas em fase de acusação, manifestam-se através da factualidade objectiva* que, no caso, se encontra processualmente descrita e faz parte do objecto do processo. O agente, naquele caso concreto, terá actuado com dolo porque *assumiu um determinado comportamento individual e concreto*, ou seja, porque terá chamado "mentiroso" e "aldrabão" a outrem. As proposições da matéria de facto restantes, aquelas que foram omitidas em fase de acusação, são proposições *conclusivas, qualificativas e sem autonomia própria*.

Em primeiro lugar, tratam-se de fórmulas *conclusivas* porque não descrevem, verdadeiramente, nenhum facto ou "pedaço de vida" histórico-social. Antes reproduzem requisitos legais ao nível dos elementos subjectivos que constam na lei penal (PG ou PE), fazendo inclusivamente referência a conceitos jurídico-criminais, estando mais próximas de uma proposição-conclusão de direito do que de uma proposição descritiva de factos.

Em segundo lugar, tratam-se de fórmulas *qualificativas* porque qualificam e incidem sobre os verdadeiros "factos" que cumprem, ao nível probatório, o princípio *cogitationis poenam nemo patitur*, num processo penal orientado por uma perspectiva intersubjectiva e publicista. São "fórmulas" que, devidamente fundamentadas, têm potencial para desvendar o *conteúdo implícito* do dolo ou da negligência – ou de qualquer outro elemento subjectivo do crime – subjacente às manifestações externas reproduzidas em proposições, essas sim, descritivas de factos. Ou seja, são fórmulas que não descrevem nenhum facto, mas esclarecem a natureza dos factos ao nível do estado subjectivo do agente: perante a factualidade objectiva, o agente "sabia..." e "queria..." ou o agente agiu "de forma livre", "consciente", "voluntária", "ciente de que...", etc.

Em terceiro lugar, devido justamente ao que fica dito, estas fórmulas conclusivas e qualificativas *não têm uma autonomia própria* – ou não são autonomizáveis – em relação aos factos que descrevem o comportamento do agente e as concretas circunstâncias de tempo e lugar. Não têm uma autonomia em relação aos factos realmente descritivos, dos quais dependem, nem têm uma autonomia em relação à forma como se procede à sua comprovação probatória (numa eventual "extensão da cognição").

Logicamente, só é possível declarar que o agente "*actuou*...de forma livre, voluntária ou deliberadamente, conscientemente e sabendo que a sua conduta é proibida e punida por lei", caso o agente tenha assumido uma determinada *actuação*. Remete para o que temos defendido desde o início do nosso estudo: não é possível comprovar os factos da realidade subjetiva do agente sem comprovar, primeiro e anteriormente, os factos da realidade objectiva que lhes sirvam de fundamento. Está presente, também aqui, uma necessária imbricação entre a matéria de facto e a prova dos factos – ou, melhor, o tratamento integrado do direito substantivo, do direito processual e, dentro deste último, do direito probatório.

Portanto, procurando responder sucintamente àquelas questões levantadas:

- as "fórmulas" que dizem directamente respeito aos elementos subjectivos do crime não têm uma autonomia própria em relação à factualidade objectiva porque visam qualificar essa mesma factualidade;
- nesse caso, *será a alegação e a comprovação da factualidade objectiva que preenche os elementos subjectivos do crime* e não a mera alegação de fórmulas pré-determinadas, conclusivas, qualificativas e sem autonomia própria;
- se tivéssemos de proceder ao aditamento dessas "fórmulas" em fase posterior à acusação, não teríamos de aditar "novos factos", com uma natureza inovatória, em virtude de se encontrarem numa relação de dependência com a factualidade objectiva;
- Reiterando: não é possível alegar essas "fórmulas" sem antes alegar o que se encontra manifestado exteriormente em "factos";
- não tendo o órgão acusador o dever de fundamentar expressamente as proposições da matéria de facto que reproduzem as "fórmulas", terá sempre que proceder a uma alegação verdadeiramente descritiva e devidamente comprovada da factualidade objectiva.
- não se pode dizer que estamos perante um sistema em que a acusação visa inverter o ónus da prova porque o MP está vinculado a critérios de legalidade e objectividade que o obrigam a investigar uma verdade material acerca dos "factos" descritivos que expressem os elementos subjectivos do crime;

- E o mesmo se dirá em relação à imparcialidade e independência do juiz (de instrução ou de julgamento) no decurso dos seus poderes de investigação dentro do objecto do processo.

Nesse sentido, a falta de descrição, na acusação, de certas "fórmulas" que remetem directamente para os elementos subjectivos do crime – considerando também que essas mesmas "fórmulas" nunca estariam devidamente fundamentadas porque não existe uma "motivação da matéria de facto" ao nível da acusação – deveria poder ser suprida em fases posteriores através do aditamento dessas mesmas "fórmulas" ao objecto do processo. Significa, igualmente, que esse aditamento consubstanciaria uma *alteração não substancial dos factos.*

Algumas notas adicionais justificam-se.

É essencial começar por esclarecer que uma tal solução deve valer tanto para os casos em que há uma completa omissão dessas "fórmulas", como para os casos em que há uma incompleta descrição do conteúdo dessas mesmas "fórmulas" no momento da acusação. *A maiori, ad minus.*

Depois, numa consideração mais geral, parece-nos que o processo penal não deve promover formalismos processuais desta natureza em prejuízo de uma verdade ou justiça material que visa proteger os mais valiosos bens jurídicos de uma sociedade. Mesmo havendo uma completa omissão da "fórmula" que traduz directamente os elementos subjectivos do crime em fase de acusação, isto é, na fase em que se delimita o objecto do processo, será um formalismo absolver um arguido da prática de um crime por inexistência de tais "fórmulas" – pré-determinadas, conclusivas, qualificativas e sem autonomia própria –, quando pode constar factualidade objectiva suficiente para se proceder, em fase processual posterior, à reprodução das mesmas. E isso não implica, sequer, pôr em causa o exercício do direito de defesa do agente-arguido. Basta pensar no regime da alteração *não substancial* dos factos descritos na acusação ou na pronúncia[865]. Além do mais, um aditamento dessas "fórmulas" em fase posterior à acusação, considerando a natureza do processo penal, não significa necessariamente que se trate de uma decisão desfavorável

[865] Cfr. art. 358.º do CPP

ao agente-arguido. Pode-se chegar à conclusão judicial de que os "factos", delimitadores do objecto do processo, afinal traduzem uma certa atitude inconsciente ou involuntária do agente, ou uma falta de consciência perante a lei, entre muitas outras possibilidades relacionadas com o mundo interior do agente – lembrando, nesse sentido, que há muitos crimes que não são puníveis a título de negligência. Porque estamos a falar de "fórmulas" e não de "factos", acabamos por concordar com as palavras finais presentes no voto vencido de Santos Cabral:

> "A solução que, em abstracto, conduz o acórdão de que se discorda implica que, perante a inépcia do acusador que omitiu a intenção de matar na acusação no homicídio, a solução legal seja da absolvição pura e simples o que é algo que, em nosso entender, apenas pode ser entendido à luz duma justiça preocupada com a forma e não com a procura da verdade material"

Por fim, sempre se diga que a própria descrição da "factualidade objectiva", ou seja, dos factos do mundo exterior, não deve ter uma natureza conclusiva. Será conclusivo afirmar que uma pessoa assumiu um determinado comportamento devido a uma "força irresistível", devido a "movimentos reflexos", por causa do "sonambulismo" ou por causa do "hipnotismo". É essencial descrever os factos que levam a esses juízos valorativos ou conclusivos, p. ex., a ocorrência de uma fortíssima lufada de vento, a luz ofuscante do sol, o facto de ser noite e de o agente aparentemente caminhar durante o sono, ou o facto de uma pessoa ter dado certas instruções ao agente que aparentemente lhe induziram num certo "estado de transe". Uma vez mais, "factos" não são "fórmulas". No seguimento, ao nível da fundamentação da matéria de facto, é importante discutir, consoante o caso concreto, a natureza (in)consciente ou (in)voluntária dos comportamentos: uma forte lufada de vento pode-se traduzir numa força irresistível e, consequentemente, num comportamento involuntário? A luz ofuscante do sol pode levar a um "movimento reflexo" e, consequentemente, a um comportamento involuntário? O facto de o agente estar a caminhar durante o sono pode traduzir um estado de sonambulismo e, consequentemente, um comportamento inconsciente? O facto de o agente receber instruções de outrem, dadas de uma maneira especial, pode resultar num "estado de hipnose" e, consequentemente, na prática de comportamentos inconscientes? Como se comprovam essas realidades não observáveis que decorrem do interior das pessoas? É com prova pericial e através de um perito? É com as regras de experiência e com um juízo judicial argumentativo?

Efectivamente, muitas destas questões podem ser trazidas ao processo penal, admitindo que os pressupostos para a existência do crime não implicam deixar de fora a narrativa dos comportamentos que podem ser considerados "inconscientes" ou "involuntários". O que hoje pode ser considerado uma "força irresistível" ou um "movimento reflexo", num determinado caso concreto, amanhã pode ser revisto à luz doutro entendimento ou doutra situação de vida em sociedade. O que hoje a ciência entende ser "sonambulismo" ou "hipnotismo" amanhã poderá entender de outra forma. Por isso é fundamental renovar e actualizar o significado dessas noções-conclusões para a consciência ou para a vontade das pessoas, numa instância aberta à avaliação científica (interdisciplinar), à verificação empírica e às próprias transformações da vida em sociedade. Essa instância, também aberta ao contraditório, será o processo penal sempre que os interesses postos em causa remetam para os bens jurídicos protegidos pelo direito penal. Portanto, poderá ser prematuro excluir esses "exemplos de escola" da discussão jurisdicional dos factos, muitas vezes teorizados como casos em que "não há conduta"[866].

## 5. Referência identificante e determinação valorativa da "pessoa"

Conforme se sublinhou, o plano processualmente válido dos factos é um plano com os seus próprios institutos, procedimentos, meios de comunicação, normas, princípios, enfim, um plano que representa um modelo público de cognição cuja natureza é dotada de intencionalidade especi-

[866] Coisa diversa está em saber se o comportamento é ou não criminalmente relevante e qual o enquadramento dogmático em causa, o que acaba por ser uma discussão de direito e não de facto. Como já fizemos referência, os casos de "força irresistível" podem ser considerados como casos em que não se verifica o preenchimento do tipo objectivo do crime, os casos de "movimentos reflexos" podem ser considerados como casos em que não se verifica o preenchimento do tipo subjectivo do crime, assim como os casos de "sonambulismo" ou de "hipnotismo" podem ser considerados como casos em que não se verifica o preenchimento de culpa (inimputabilidade por "anomalia psíquica transitória"). Tudo poderá depender da doutrina adoptada.

ficamente jurídica – não se tratando, portanto, de um plano pré-jurídico. O primeiro pressuposto para accionar esse plano é que se realizem selecções valorativas de "pedaços de vida", isto é, discernimentos que relacionam certos acontecimentos concretos da vida em sociedade com certos interesses considerados relevantes num dado contexto espácio-temporal e histórico-social. A partir de então temos alegações de factos axiologicamente determinados, porque, na prática, alguém realiza juízos de valor para identificar, seleccionar e descrever certos acontecimentos considerados importantes para a vida em sociedade – mesmo que, depois, não sejam assim considerados na realização jurisdicional do direito criminal. Não há terceiros observadores ou narradores imparciais ou isentos em relação aos interesses ou valores que derivam da própria sociedade onde se integram. As imagens dos factos passados são sempre dadas por alguém com uma pré-compreensão da práxis social e jurídica. E o mesmo sucede quanto está em causa a identificação da "pessoa" que está no centro do acontecimento disruptivo, no palco da vida.

Os discernimentos do terceiro observador acerca da realidade também se estendem à caracterização do agente que assume o comportamento que põe em causa determinados interesses das pessoas e da comunidade. O que faz todo o sentido se afastarmos, em definitivo, a ideia de que estamos perante uma massa mecânica que actua sem ter um passado histórico ou contextos pessoal e social próprios. Uma pessoa singular tem uma "referência identificante" (Paul Ricouer) pela sua aparência, pelo conjunto de coisas que transporta consigo, pelos dados pessoais e profissionais que disponibiliza ao público, pelo domínio espacial que frequenta, pelos seus grupos de amizade, pelo cumprimento de regras de interacção social, ou seja, por ser alguém determinável na sua individualidade. Essa mesma individualidade é concretizada no processo penal dos factos com o levantamento, designadamente, das condições familiares, sociais e económicas, dos eventuais laços com outros agentes, vítimas ou ofendidos, do estado de saúde físico e mental, do testemunho dos representantes da comunidade vizinha, ou dos antecedentes criminais[867], visto

[867] Repare-se: só o facto de existir um registo criminal de natureza pública é indicador de que as pessoas fazem parte de um sistema em vigor que está interessado em conhecer determinados comportamentos assumidos por todos aqueles que fazem parte desse mesmo sistema.

que tudo isso poderá ser importante para delinear a personalidade e o contexto que levou o agente a assumir um determinado comportamento na realidade intersubjectiva.

De outro modo, a determinação valorativa da "pessoa", realizada pelo terceiro narrador, também poderá englobar determinadas "ideações" – para utilizar uma expressão de ORLANDO DE CARVALHO. Assim sucede porque a vida em sociedade está para além da mera soma atomística das pessoas ou coisas físicas que a compõem. O exemplo paradigmático disso mesmo é o reconhecimento da existência de "pessoas colectivas". É uma existência complexa que está para além dos seus componentes físicos, como as instalações que dão corpo à sede, as coisas móveis que se encontram no seu interior ou as pessoas singulares que fazem parte integrante dessa entidade (como, p. ex., os gerentes, os sócios ou os trabalhadores). É uma existência que admite uma referência identificante através de sinais distintivos próprios, como a marca e o logotipo, ou de criações industriais, como a patente e o *design* dos produtos. No fundo, há igualmente uma dimensão incorpórea que autonomiza e individualiza uma pessoa colectiva e que a distingue das outras[868] – digamos que essa é a realidade não observável das pessoas colectivas. Para além disso, as pessoas colectivas, mesmo funcionalmente dependentes e ligadas a pessoas singulares, têm a sua própria estrutura organizativa, com órgãos e estatutos próprios, têm as suas próprias finalidades (ou objecto social) e são titulares de direitos e deveres que lhes permitem praticar actos em nome próprio. A existência de uma *pessoa determinada* ganha autonomia, com um certo papel dentro da sociedade e com uma atuação dentro de um determinado âmbito.

Voltamos à mesma ideia: não vivemos em estado de natureza, neste caso como se o triunfo dos valores do liberalismo económico e da revo-

[868] A dimensão incorpórea está assim definida nas palavras de Orlando de Carvalho, *Direito das Coisas (do direito das coisas em geral)*, Coimbra: Centelha, 1977, p. 181: "...ideações que uma vez saídas da mente e, por conseguinte, discerníveis, ganham autonomia em face dos meios que as sensibilizam ou exteriorizam e em face da própria personalidade criadora, justificando uma tutela independente da tutela da personalidade como da tutela dos meios ou objectos corpóreos que são o suporte sensível dessas mesmas ideações".

lução industrial nunca tivessem acontecido na Europa[869]. Como é sabido, especialmente as sociedades comerciais têm hoje uma influência importante no mercado de trabalho, no acesso aos consumidores de produtos e serviços, no mercado de valores mobiliários, no ambiente e, igualmente, nas contribuições fiscais para o Estado – só para elencar algumas. Essas pessoas colectivas têm um início, vão "existindo" e são identificáveis porque fazem parte da vida em sociedade enquanto não forem extintas[870]. Nesse aspecto, repita-se, uma pessoa colectiva é vista e destacada na sua individualidade sobretudo pelos seus sinais distintivos e pelos seus produtos ou serviços prestados às pessoas e à comunidade onde se integra, a partir dos quais é possível criar uma "ideação" que está para além das instalações físicas, das coisas ou das pessoas integradas. Em termos jurídico-processuais, a referência identificante é depois aprofundada com menções, p. ex., à denominação social, aos sócios-gerentes, ao número de matrícula ou ao capital social.

No confronto com a dicotomia corpo-mente da pessoa singular, é verdade que faz mais sentido afirmar que a pessoa colectiva se resume formalmente aos seus estatutos-órgãos. Mas não pode ser ignorado o facto de as pessoas colectivas terem necessariamente de actuar através de pessoas singulares, mesmo que estas últimas não sejam identificadas pelo terceiro observador – pois, efectivamente, as pessoas colectivas "não têm braços nem pernas". Em termos factuais, há um substrato psíquico-espiritual *implícito* na actuação das pessoas colectivas. Mais do que isso, como afirmámos, há toda uma dimensão corpórea e incorpórea (ou não observável) que determina valorativamente a pessoa colectiva como agente – acompanhando a posição de G. Jakobs[871]. A partir daí é possível ao terceiro observador atribuir comportamentos à esfera da mesma, como um

[869] Cfr. L. Cabral de Moncada, *Filosofia do Direito e do Estado...* vol. 2.°, *op. cit.*, pp. 204-223, com referências ao liberalismo, ao demo-liberalismo, ao Estado-de-direito de raiz liberal e à revolução industrial, entre outras. Cfr., também, Susana Aires de Sousa, *Questões Fundamentais de Direito Penal da Empresa... op. cit.*, pp. 15-19.

[870] Em Portugal, se fizermos referência à "Jerónimo Martins – SGPS, S.A.", à "EDP – Energias de Portugal, S.A.", à "Galp Energia, SGPS, S.A." ou à "PT Portugal – SGPS, S.A.", temos noção de que fazem parte da nossa "realidade" histórico-social enquanto organizações societárias que têm uma presença corpórea e incorpórea na comunidade.

[871] Günther Jakobs, *Derecho Penal, Parte General, op. cit.*, p. 183

"centro autónomo de imputação"[872]: é a pessoa colectiva que contrata os trabalhadores, paga os salários, as contribuições ou os impostos, comercializa determinado produto, disponibiliza determinado serviço, tem o lucro ou o prejuízo, e assim por diante. Sendo o seu nome que está em primeiro lugar, parece mesmo que é a pessoa colectiva, na perspectiva intersubjectiva, que tem consciência ou vontade de actuar de acordo com os seus interesses, ganhando "vida própria" no envolvente social. Esta possibilidade de "ficcionar" a actuação directa da pessoa colectiva depende ainda do método de observação e descrição dos factos que ocorrem em sociedade, não sendo uma pura construção do pensamento.

Por outro lado, estamos perante uma "ideação" que acaba por traduzir os fundamentos sistémico e axiológico da noção de "conduta". As pessoas colectivas são entidades que fazem parte do sistema da vida em sociedade, com uma presença corpórea e incorpórea integrada na jurisdição do Estado. Significa que este tipo de pessoa-agente está dependente dos pressupostos funcionais e das orientações do próprio sistema para poder "existir" com uma certa autonomia característica. Também as pessoas colectivas não podem ser procuradas, nem determinadas valorativamente, em "terra de ninguém", como se fosse possível ignorar as particularidades do ordenamento jurídico que legitima, formalmente, a sua "existência".

Nesta ordem de ideias, independentemente dos diferentes modelos de imputação do crime à pessoa colectiva, parece-nos possível e desejável levantar matéria de facto em termos processuais penais no sentido de que *é na esfera da própria pessoa colectiva que um determinado comportamento é assumido*, um comportamento individual-concreto, histórico-social e espácio-temporalmente localizado. E assim será enquanto a pessoa colectiva for juridicamente considerada uma "pessoa", com personalidade, e tiver capacidade juridicamente reconhecida para exercer os direitos e obrigações necessários à prossecução das suas próprias finalidades. Vimos o exemplo de uma descrição segundo a qual uma pessoa colectiva, em determinado período, apropriou-se de certas quantias retidas a título de cotizações que eram devidas à segurança social. Ao nível da matéria

[872] Para utilizar uma expressão presente em Jorge de Figueiredo Dias, *Direito Penal: Parte Geral*, tomo I... *op. cit.*, p. 299

de facto, em virtude da descrição realizada na terceira pessoa gramatical, faz sentido afirmar que é a própria pessoa colectiva que se apropria. Faz sentido porque a pessoa colectiva tem personalidade e capacidade reconhecidas no ordenamento jurídico português para, em nome próprio, de uma forma valorativamente determinada, assumir a obrigação de entregar à segurança social as quantias retidas a título de cotização. Talvez já não faça tanto sentido afirmar que a pessoa colectiva, na sua individualidade, tem capacidade para ter "consciência", "querer" ou agir "livremente", da mesma forma como uma pessoa singular. Nesse aspecto subjectivo, os comportamentos imputáveis à esfera da pessoa colectiva confundem-se com os comportamentos das pessoas singulares que se encontrem identificadas ou não[873].

De qualquer forma, enquadrando o problema na doutrina do crime, os conceitos "naturalísticos" (F. V. Liszt) e "ontológicos" (H. Welzel) de conduta, cujos elementos se restringem a uma realidade pré-jurídica, isenta de valorações e puramente "física", "causal", "mental" ou "psicológica", são insuficientes e inadequados para caracterizarem a esfera de actuação da pessoa colectiva. O terceiro espectador não irá vislumbrar qualquer "comportamento" de uma entidade colectiva na realidade exclusivamente sensorial, onde as mesmas "não têm braços nem pernas", nem tão-pouco numa dimensão exclusivamente "mental", onde não têm consciência e vontade próprias (ou "inteligência artificial") para antecipar mentalmente os acontecimentos. Por outro lado, ainda numa dimensão pré-jurídica, mas fazendo acrescer certos juízos de valoração – com vista a incluir actuações omissivas e negligentes –, dificilmente os comportamentos da pessoa colectiva são determináveis através da manifestação da sua personalidade, sobretudo porque ela própria não está dotada de um "centro anímico espiritual" (C. Roxin) com o mesmo conteúdo de uma pessoa singular. Mesmo admitindo essa hipótese, ficará por delimitar o critério *extra-jurídico* que nos diga quando é que a sua personalidade é efectivamente manifestada. E o mesmo poderíamos afirmar em relação ao "socialmente relevante" (H. H. Jescheck/T. Weigend). Fica por delimitar um critério que não se afigure altamente relativo e variável – como

[873] O que decerto reclama uma teoria do crime e um conceito sistemático do crime "especialmente" pensado para as pessoas colectivas.

nos parece ser, neste caso, um critério "ético-social" – que identifique e descreva, ao nível da matéria de facto, o poder de actuação "socialmente relevante" da pessoa colectiva. Resta, assim, o conjunto de concepções que fazem depender o conceito de "conduta" de um pano de fundo especificamente jurídico-criminal. A determinação valorativa dos comportamentos da pessoa colectiva ao nível da matéria de facto só é possível através de juízos de valoração e de critérios jurídicos, neste caso especificamente jurídico-criminais, porque são esses que unicamente interessam à realização concreta do direito penal. É certo que a pessoa colectiva tem uma certa presença na realidade da vida em sociedade (p. ex., prestando determinados serviços) e, ao mesmo tempo, no mundo "naturalístico" (p. ex. o edifício-sede, as coisas móveis, etc.) e "mental" (p. ex., a marca, os anúncios, etc.) das pessoas singulares, nas mais variadas formas; mas também é certo que a determinação valorativa dos "comportamentos" não se pode perder nos indeterminados fluxos da vida em sociedade e nos indeterminados critérios privatísticos de cognição das pessoas. Como estamos *à procura de factos relevantes para a existência do crime*, ou seja, como estamos à procura *do crime*, procurando identificá-lo e descrevê-lo em termos estritamente factuais – avocando, assim, "factualidade objectiva" –, é essencial ter presente um *quadro publicístico de referência intencionalmente jurídico-criminal*, não unicamente centrado em juízos de valor (E. Mezger), na tipicidade (G. Radbruch) ou numa vertente ético-formal (G. Jakobs), mas também centrado em pressupostos teleológico-materiais que considerem os interesses ou bens especificamente protegidos pelo direito penal. Dessa forma será possível determinar valorativamente o comportamento imputável à esfera da pessoa colectiva com relevância para a discussão especificamente jurídico-criminal, mesmo que depois, em termos jurídico-substantivos, ao nível do direito, no momento da sua qualificação, seja considerado criminalmente irrelevante.

## 6. Síntese para um conceito de "conduta" enformado por conteúdos jurídico-processuais (enquanto "comportamento processualmente definido")

Por tudo o que ficou exposto neste capítulo, a noção de "conduta" deve ter um enquadramento específico numa determinada fonte de conhecimento para encontrar os seus próprios fundamentos. Como está em causa a justiça criminal, estamos adstritos a todo um sistema público que vigora na vida em sociedade com os seus próprios procedimentos juridicamente estabelecidos para conhecer e comprovar os comportamentos das pessoas. Ora, como é evidente, esses mesmos procedimentos de natureza pública são activados em momento posterior aos acontecimentos que abalam os interesses das pessoas e da própria sociedade, implicando um juízo *ex post* de valoração e selecção das ocorrências disruptivas histórico-concretas. Tudo o que é comunicado ao sistema acaba por ser matéria de facto que representa um passado contingente e relativo[874], com a pretensão de se afigurar processualmente válido, num espaço de intersubjectividade e de controvérsia que admite uma multiplicidade de perspectivas e narrativas. A "realidade dos factos passados" é uma verificação crítica e conjugada da prova e, em último caso, uma decisão de *poder judicial* dentro do âmbito do objecto do processo – pelo menos aquela que passa pelo sistema público português de justiça criminal.

Contudo, pela própria natureza deste "passado histórico" que emana de uma fonte de conhecimento jurídico-processual, não vamos encontrar uma "realidade enquanto realidade" isenta de valorações. Aqui não vigora o "absoluto", aqui vigora o "possível", o "relativo", a "abertura" e a "revisão". Aqui vigoram possibilidades sujeitas a alterações e acréscimos. Com a perspectiva intersubjectiva ou do terceiro observador, haverá uma discursividade que procura descrever linguisticamente, dentro de certos limites lógicos, empíricos e processuais, o que a realidade comunicou, não de uma forma geral e abstracta, mas de uma forma individual-concreta e histórico-social, num determinado contexto de interacção entre pessoas, coisas e animais, sempre que estejam em causa determinados interesses protegidos pelo direito penal.

No mesmo sentido, não vamos encontrar uma representação da "conduta enquanto conduta", na sua objectividade absoluta ou de acordo com uma perspectiva "natural" ou "ontológica". Acabamos por concordar, nessa parte, com a seguinte ideia presente em autores como J. Habermas ou C. Roxin: a declaração na terceira pessoa de que o agente está ou não a actuar em determinadas circunstâncias, constituiu, só por si, uma

[874] Neste sentido, Tomás S. Vives Antón, *Fundamentos del Sistema Penal... op. cit.*, p. 867

*valoração* em que se atribuiu o comportamento a uma pessoa[875]. A partir desta atribuição que associa o agente a um comportamento – p. ex., "ele disse...", "ele apoderou-se", "ele pintou", "ele exigiu", "ela escreveu", "ela dirigiu-se", "ela ficou parada", "ela buzinou", "ela empurrou", "ele empunhou", etc. –, estamos perante um "comportamento processualmente definido". Mas não significa ainda que se afigure um comportamento ilícito-típico ao nível da matéria de direito, por muito que haja uma aparência de crime ou uma pré-compreensão dos pressupostos substantivos para a existência do crime.

Esta atribuição de comportamentos ao nível da matéria de facto está condicionada pelo sistema de justiça criminal em movimento e em constante desenvolvimento. Insistimos na ideia de que não estamos perante critérios extra-jurídicos de atribuição de comportamentos às pessoas. Como existe um procedimento próprio para os levantar e para os comprovar, não há comportamentos ou factos que se afigurem pré-jurídicos no modelo público de análise do crime. Toda a matéria de facto deve ser obtida de uma forma legal e válida jurídico-processualmente. Toda a matéria de facto deve ser juridificada, institucionalizada e sujeita a regras constitutivas[876], passando a ser um "acervo fáctico dos autos". E isto, repita-se, mesmo que essa matéria de facto conduza depois a um despacho de arquivamento, a um despacho de não pronúncia ou a uma decisão de absolvição. São garantias legais e constitucionais conferidas aos participantes e sujeitos processuais pela justiça criminal, mas, também, são garantias publicistas que variam de jurisdição para jurisdição. Isso ficou bem patente com a experiência histórica do conceito "internacional penal" de conduta (Kai Ambos). Entre nós, não há matéria de facto dada como provada judicialmente sem assegurar o contraditório, a presunção de inocência, a estabilidade do "objecto do processo", as regras legais na obtenção das provas ou ainda, p. ex., a eventual participação da ciência pericial, no conjunto de outras garantias ou princípios. Eis a juridificação

[875] Cfr. Jürgen Habermas, *Fundamentação Linguística da Sociologia... op. cit.*, pp. 31-32 ("comportamento versus acção); e Claus Roxin, *Derecho Penal, Parte General... op. cit.*, p. 218.

[876] Sobre este tipo de "factos" cuja existência apenas tem lugar na condição de terem sido construídos por regras, dando o exemplo do xadrez, Enrique Cáceres Nieto, "Epistemologia Jurídica Aplicada", *op. cit.*, pp. 2211-2212

axiológica da matéria de facto que decorre da discussão em sede processual penal, conforme um sistema público de orientação valorativa.

Portanto, estamos perante um *conceito jurídico e axiológico de conduta ao nível da matéria de facto*. Um conceito jurídico, mas ainda pré-típico. Um conceito axiológico, mas ainda sem as efectivas valorações de direito penal substantivo. Há outros aspectos cuja importância não podemos ignorar.

**i)** Em primeiro lugar, é preciso distinguir a "atribuição do comportamento" da "atribuição do resultado ao comportamento". Esta distinção faz sentido devido aos problemas de *causalidade* ao nível da matéria de facto. Assim sucede devido à selecção valorativa e atribuição de "resultados" ao agente, pelo que devem estar processualmente comprovadas as relações causais que interligam os comportamentos aos resultados na ordem espácio-temporal do caso concreto. Não basta alegar a "história causal"[877]. Depois, não se pode confundir esta primeira distinção com os problemas da "imputação do resultado à conduta" ao nível da matéria de direito, porque nem todas as relações causais se traduzem num juízo de imputação bem-sucedido. E mesmo a "atribuição do comportamento", por si só, não significa que esse mesmo comportamento se afigure, quanto à sua qualificação jurídica, ilícito-típico ou criminalmente relevante.

**ii)** Em segundo lugar, é preciso reiterar que a noção de "conduta", a este nível processual, no que diz respeito à matéria de facto, engloba comportamentos "involuntários" ou "inconscientes" que têm potencial para comprometer bens jurídicos protegidos pelo direito penal. Nas mais diversas interacções possíveis, tudo pode ser importante para discutir, posteriormente, se estamos perante uma involuntariedade que afasta o preenchimento do tipo objectivo (p. ex., nas situações de força irresistível ou de actos reflexos) ou perante uma inconsciência que afasta o preenchimento do tipo subjectivo ou da culpa (p. ex., nas situações de sonambulismo ou hipnotismo). Com esses e outros factos, já no âmbito

[877] O problema – como bem identifica Julian Baggini, *As Fronteiras da Razão... op. cit.*, pp. 116 e ss. – está em saber qual "circunstância causal" interessa enaltecer e descrever perante um determinado efeito. O mesmo autor acaba por admitir que o caminho sensato será aceitar as limitações inerentes ao enaltecimento das causas, visto que as circunstâncias podem ser extensas e incluir um grande número de eventos.

da matéria de direito, podemos fundamentar situações de *actio liberia in causa*, legítima defesa, comparticipação criminosa ou aplicação de medidas de segurança. Deixar de fora da discussão jurisdicional situações geralmente pré-concebidas como casos em que "não há conduta" ao nível da matéria de facto, como forma de atribuir uma *função de delimitação* ao conceito de "conduta", poderá ser contraproducente para o desenvolvimento da jurisprudência e do estado da ciência pericial em relação ao mundo da consciência e da vontade do agente-pessoa. Esta começa por ser uma questão adstrita à matéria de facto e não à matéria de direito. Aliás, a teoria da conduta não pode ser um elemento limitador para a decisão e a prova da matéria de facto. A doutrina até pode eleger uma posição médico-pericial em relação ao hipnotismo, ao sonambulismo ou aos actos reflexos (e afins), como forma de delimitar o que entende ser uma "conduta" em termos factuais, mas isso, como é evidente, não vincula a decisão jurisdicional perante o caso decidendo e não impede que um perito (no campo, p. ex., da neurologia) venha esclarecer em juízo o que judicialmente pode ser enquadrado, depois, ao nível do direito, em estados de consciência, vontade ou culpa. Cada decisão, em sede jurídico-processual, nesse aspecto, admite sempre novas ou diferentes conclusões fundamentadas acerca da natureza dos factos, num "sistema aberto" e em constante desenvolvimento.

E como não estamos circunscritos à esfera naturalística ou ontológica, vimos que o terceiro observador pode atribuir comportamentos à esfera autónoma das pessoas colectivas que têm presença material e incorpórea na vida em sociedade, sempre que estejam relacionados com a colocação em perigo ou com a lesão de interesses jurídico-criminalmente tutelados. É um erro pensar que a realização concreta do direito penal apenas se interessa pela conduta da pessoa singular, restringindo a analítica dos factos ao único agente a quem pode ser aplicada, especialmente, uma pena de prisão.

**iii)** Em terceiro lugar, admitindo que uma pessoa pode participar processualmente (com a denúncia ou a queixa-crime) qualquer tipo de situação da vida em sociedade, com a atribuição de comportamentos a outras pessoas – o que constitui, só por si, uma valoração –, cumpre-se a *função de classificação* atribuída à noção de "conduta". Ademais, especialmente com uma pré-compreensão dos interesses jurídico-sociais tutelados pelo direito penal do Estado, será possível narrar qualquer forma de aparecimento do crime, inclusivamente condutas pré-concebidas como omissivas ou negligentes, cuja natureza implica algum tipo de valoração que está para além do que é manifestado exteriormente. É possível alegar que uma pessoa não actuou mas deveria ter actuado, que actuou num certo sentido quando deveria ter actuado noutro, ou que actuou de uma forma descuidada em certas circunstâncias porque violou certos deveres de cuidado exigíveis em determinada actividade da vida em sociedade – p. ex., circulação rodoviária, construção civil ou prática médico-hospitalar. Este processo de valoração-atribuição só é possível porque o terceiro observador também faz parte da sociedade onde os comportamentos do agente são assumidos, tendo presente certas referências valorativas internas ao próprio sistema social e jurídico. Eis, novamente, os fundamentos sistémico e axiológico presentes.

Com efeito, a perspectiva que determina as formas de aparecimento do crime é sempre uma perspectiva que parte do exterior, uma perspectiva pública, disponível para todos, como se estivesse a ser assistida por uma plateia que, depois, poderá valorar, descrever e comprovar os acontecimentos. O terceiro observador não vive num estado natureza, vive num determinado contexto histórico-social, inserido num certo ordenamento jurídico. Por isso mesmo, estão implícitos, nesse mesmo contexto, certos postulados jurídicos conhecidos e divulgados publicamente[878]. Na verdade, o "saber empírico" do espectador contemporâneo não ignora que o agente se pode mover activamente numa dimensão que também é "físico-naturalística" (F. V. LISZT), assim como não ignora que o agente pode ser movido pelas suas próprias finalidades, com intenção, antecipando mentalmente a sua conduta ou os resultados da sua conduta (H. WELZEL). O que não exclui um juízo de valoração da sua parte. Até porque, de outra forma, o espectador contemporâneo sabe também que o agente pode ser movido por uma errada representação da realidade, nos casos em que carece de uma consciência plena das circunstâncias de facto que o levaram a agir num determinado sentido ou a causar um determinado resultado; sabe que o agente pode não antecipar mentalmente o

[878] Também será uma das funções do direito penal, dar a conhecer aos cidadãos o que é crime e o que não é crime, nos termos, também, de uma função de prevenção geral.

resultado ou o curso causal dos acontecimentos, manifestando um comportamento descuidado em certas e determinadas circunstâncias; bem como sabe que o agente pode não assumir nenhum tipo de movimento corporal, mantendo-se passivo ou estático, quando seria de exigir um comportamento activo nessas mesmas circunstâncias de tempo e lugar. E sabe isso tudo porque o próprio espectador reconhece o comportamento dos outros, por analogia, como uma possibilidade sua[879].

Note-se que, em qualquer uma das perspectivas que determinam as formas de aparecimento do crime, o terceiro observador não deixa de procurar as circunstâncias de facto a partir de uma dimensão de base "realista" e extraprocessual. Tanto assim é que a alegação dessa matéria de facto é sustentada em meios de prova vinculados ao "mundo físico-naturalístico" (p. ex., a prova pericial), ao "mundo mental do agente" (p. ex., as declarações do o arguido-agente) ou ao mundo social ou intersubjectivo (p. ex., a prova testemunhal). A observação e a descrição dos factos a partir do exterior incide sobre aquilo que é mais superficial ou visível e, também, sobre aquilo que *não é observável mas que é possível devido às suas evidências reconhecidas* (científicas, empíricas, técnicas, etc.). Basta pensar na metáfora dramatúrgica: o público está perante actores-agentes que, enquadrados num cenário e num enredo – representativos de contextos individuais-concretos, espácio-temporais e histórico-sociais –, transmitem muito mais do que a sua dimensão corpórea, manifestando também dimensões incorpóreas que comunicam algo sobre o seu estado mental ou volitivo, mesmo com o silêncio ou com a falta de movimento.

Por outro lado, a mesma *função de classificação* é mais facilmente cumprida com um processo comunicativo reorientado para o entendimento, com a possibilidade de utilizar uma linguagem suficientemente ampla e diversificada para englobar as possibilidades de aparecimento do crime na interacção entre homens, coisas e animais em sociedade, sem qualquer tipo de taxatividade. Aqui estamos evidentemente a pensar na linguagem utilizada na terceira pessoa gramatical para descrever os factos e comportamentos com aparência de crime no âmbito do processo penal.

[879] Trata-se de um reconhecimento intersubjectivo da condição física e mental do outro. Cfr. Paul Ricouer, *O Discurso da Acção... op. cit.*, p. 111; também Gustav Radbruch, *El Concepto de Acción... op. cit.*, pp. 154-155.

**iv)** No entanto, em quarto e último lugar, por muito que esta linguagem-comunicação das formas de aparecimento do crime procure estar depurada do seu significado jurídico-criminal, vimos que na prática utilizam-se "fórmulas" pré-determinadas que basicamente reproduzem a lei no que diz respeito à consciência ou à vontade do agente, como forma de revelar os conteúdos implícitos do dolo ou da negligência, presentes nos factos manifestados exteriormente. Isso significa que, em princípio, os pressupostos substantivos do crime encontram-se antecipados, especialmente o tipo subjectivo do crime, não se cumprindo com uma ambicionada *função de ligação* atribuível à noção de "conduta". Mais ainda, uma vez que o terceiro espectador realiza uma selecção valorativa de factos com um conhecimento interno do sistema social e jurídico onde se encontra inserido, acabam por se encontrar antecipados os pressupostos gerais para a existência ou inexistência do crime a partir dessa mesma selecção. Recorde-se que os narradores principais são os OPC, os funcionários de justiça, os advogados, os defensores ou as autoridades judiciárias. Dificilmente estaremos perante uma selecção valorativa de factos que se afigure imparcial perante o ilícito-típico e os restantes pressupostos de direito penal. Assim vamos ao encontro do critério da escolha dos factos com base na aparência do crime ou nos interesses tutelados pelo direito penal. É como se o acervo fáctico fosse seleccionado com zelo suficiente para interessar a uma futura decisão de direito favorável a quem procede à sua alegação. Por outras palavras: a narração fáctica que decorre dos diferentes momentos processuais pode ser vista como uma pré-compreensão do recorte especificamente jurídico que cada pressuposto de direito penal reclama para a existência ou inexistência do crime.

Um exemplo muito simples: havendo uma pré-compreensão de que não há crime de dano decorrente de um comportamento negligente, interessará à acusação deixar factualmente explícita a intenção do agente de causar um dano em coisa alheia ("o arguido actuou da forma descrita, com o intuito, concretizado, de danificar o veículo do assistente, apesar de saber que este não lhe pertencia e que contrariava, com tal conduta, a vontade do seu legítimo proprietário"[880]), ao passo que interessará à

[880] Como exemplo, a matéria de facto presente no Ac. TRP de 02/07/2018, proc. n.º 463/15.0PJRT.P1

defesa, sendo esse o caso, alegar factos que traduzam um comportamento descuidado[881].

Queremos com isto dizer que, em sede processual-penal, o rigor na alegação dos factos está muito relacionado com a correspondência com os pressupostos de direito, havendo um nexo de relação entre uma e outra matéria[882]. É a referida imbricação entre a questão de facto e a questão de direito. Na fase da sentença com certeza que já há uma compreensão judicial do que realmente está a ser discutido em termos jurídico-substantivos, admitindo que as proposições de facto seleccionadas e descritas com mais ou menos pormenor podem ser comunicáveis com a estratégia dos sujeitos processuais, especialmente com a acusação e a defesa. Se as coisas não forem assim, se não houver uma pré-compreensão e um critério de selecção que oriente para a identificação e descrição dos factos relevantes, o terceiro observador, em vez de simplificar, poderia identificar os mais ínfimos ou insignificantes pormenores – "...ir quase ao infinito..." – e gerar a confusão[883].

Um conceito de "conduta" cuja base factual procura antecipar a solução de direito parece de alguma forma "corrompido", é certo. Diríamos que só podem ser alegados factos descritivos com relevância para uma

[881] E o mesmo poderia ser dito, p. ex., em relação à alegação de comportamentos justificados, pensando nas causas de exclusão de ilicitude ou de culpa.

[882] Veja-se, p. ex., o sumário do Ac. TRE de 04/07/2015, proc. n.º 159/12.4IDSTB.E1: "I – A acusação (e a pronúncia) deve conter, ainda que de forma sintética, a descrição dos factos de que o arguido é acusado, efetuada discriminada e precisamente com relação a cada um dos atos constitutivos do crime, pelo que se hão-de mencionar todos os elementos da infração e quais os factos que o arguido realizou, sem imprecisões ou referências vagas. II – Não basta, pois, no caso concreto, uma referência genérica ao montante constante das duas declarações periódicas de IVA, sabido que é que o acusador não tem todas as facturas que preenchem aquele montante, e, mais do que isso, as que tem nem sequer chegam para atingir o limiar dos € 7.500 a partir do qual o facto passa a constituir crime. III – A consequência da declaração de nulidade da acusação, por violação do disposto no artigo 283º, nº 3, do C. P. Penal, é, não a remessa dos autos ao Ministério Público, para os efeitos que tiver por convenientes (como decidiu o despacho recorrido), mas antes o arquivamento dos autos."

[883] Tal como afirma Basílio Alberto de Sousa Pinto, *Lições de Direito Criminal Portuguez... op. cit.*, p. 49, "...se nós quizéssemos desafiar pelo miúdo todos os actos de que se pode compor o facto do delicto, teriamos de ir quasi ao infinito, e em lugar de o simplificarmos, produziriamos a confusão, porque, quando vamos atraz do optimo, perdemos o bom.".

decisão de direito substantivo. A enunciação dos factos é balizada com o direito penal à vista, considerando que o terceiro observador, sujeito processual, tem a vantagem de analisar as circunstâncias de facto depois de as mesmas acontecerem na vida em sociedade. No fundo, o incumprimento da *função de ligação* do conceito de "conduta", particularmente com a antecipação dos pressupostos ilícitos-típicos para a existência do crime através da selecção valorativa de certos e determinados factos e fórmulas, é uma forma de discutir comportamentos com uma determinada carga valorativa reconhecida em sociedade – e isto sem prejuízo de se qualificar, posteriormente, como sendo um "comportamento atípico" (ou não ilícito-típico) em termos jurídico-substantivos[884]. Será, além disso, uma forma de estarmos perante um critério minimamente seguro e consensual para activar a justiça criminal, um critério de base jurídica com vinculações legais e constitucionais – e não um critério de base "pessoal", "social", "filosófica", "religiosa", "metafísica" ou "pseudocientífica", entre tantos outros. Na verdade, caso não haja um comportamento com "aparência de crime" vertido na narrativa dos factos[885], não haverá igualmente um objecto do processo que justifique uma discussão em sede jurisdicional. Portanto, à custa do cumprimento da função de ligação, o conceito de conduta enformado por conteúdos jurídico-processuais acaba por cumprir uma importante finalidade político-criminal de *delimitação de comportamentos*.

[884] Ou, ainda, como um "comportamento justificado", admitindo uma causa de exclusão da ilicitude ou da culpa.

[885] Um comportamento com fundamento probatório, considerando também os "indícios suficientes" da prática de um crime, fazendo referência directa ao disposto no artigo 283.º do CPP.

# Capítulo II
# Matéria de direito

## 1. O comportamento processualmente definido como *objecto de valoração* dos pressupostos de direito penal

A partir do momento em que temos um comportamento processualmente definido na matéria de facto é possível proceder à sua valoração em termos jurídico-substantivos, atribuindo-lhe um significado. Este procedimento de valoração, como já alertava G. Radbruch, não serve para descobrir novos factos, mas somente para analisar factos já conhecidos[886]. Nenhum facto é, *a priori*, um "homicídio doloso", um "dano" ou uma "injúria". A finalidade do sistema substantivo de análise do crime não é verificar a validade das proposições de facto, não é descrever os factos, a finalidade é *dar um significado especificamente jurídico-criminal aos factos processualmente levantados no caso concreto*. Procura-se, então, atribuir significados a partir dos pressupostos de direito penal, considerando que esses pressupostos são autênticos vínculos formais e informais inseridos globalmente num sistema de orientação valorativa. O mais notório vínculo formal, em virtude da natureza do princípio da legalidade criminal, é a lei. Em Portugal, não podemos ignorar a importância que os poderes constitucionais de fiscalização das normas jurídico-criminais podem ter na realização concreta do direito penal. No geral, estamos perante uma relação entre direito penal substantivo, direito penal adjectivo e direito constitucional, o que traduz um triunvirato entre o sistema de análise do crime, o poder judicial e o garantismo jurídico-constitucional. Por seu turno, podemos considerar a opinião da doutrina como o mais notório

[886] Gustav Radbruch, *El Concepto de Acción... op. cit.*, p. 47

vínculo informal. Os manuais, os pareceres, os comentários ou as anotações, traduzem uma pretensão de dar soluções a problemas dogmáticos e de índole prático-judicativa. Mas é natural que a abordagem ao direito por parte da prática jurisdicional seja substancialmente diferente em relação à doutrina. Na realização concreta do direito penal, colocam-se situações de vida muito específicas porque envolvem um momento da experiência social que embate em interesses das pessoas e da própria sociedade. Isso obriga os actores da justiça criminal a pensar o direito a partir dos problemas do caso concreto, com um pensamento mais "aporético, casuístico ou tópico", quer dizer, com um *pensamento problemático*; diferente de uma tendência doutrinária mais "sistemática, generalizante a abstratizante", isto é, com um pensamento *sistemático*[887]. Trata-se de uma diferença no modo de proceder que está presente na teoria da conduta. Por via de regra, enquanto os primeiros partem directamente do tipo de conduta, do tipo de resultado e dos restantes pressupostos de direito penal, de forma a proceder à valoração dos comportamentos presentes na matéria de facto, os segundos partem directamente de uma construção pré-jurídica, geral e abstracta de "conduta", enquanto critério de existência de comportamentos[888]. Portanto, aqueles começam por perguntar se há ou não um "comportamento ilícito-típico", ao passo que estes questionam se há ou não uma "conduta", pensada como o primeiro pressuposto dogmático para a existência do crime.

Sempre que nos vemos perante este dilema lembramo-nos do pragmatismo do biólogo americano Edward O. Wilson perante os "grandes enigmas": o domínio do discurso não deve estar juncado com os destroços das teorias do conhecimento, nem os resultados de um tão longo período de intensa pesquisa teórica podem evoluir para um mundo abstracto em si próprio, sob pena de não existir uma "ciência" com aplicação prática[889]. Neste caso, uma ciência que, por um lado, se dirija à forma como os indi-

[887] Neste sentido, António Braz Teixeira, *Sentido e Valor do Direito... op. cit.*, p. 148; e Claus Roxin, *Derecho Penal, Parte General... op. cit.*, pp. 206-216

[888] Com a identificação deste problema, Tomás S. Vives Antón, *Fundamentos del Sistema Penal... op. cit.*, p. 272

[889] Cfr. Edward O. Wilson, *A Conquista da Terra... op. cit.*, pp. 17-18. No mesmo sentido, Umberto Eco, *Semiótica e Filosofia da Linguagem... op. cit.*, p. 10

víduos se vêem uns aos outros e como representam a realidade onde assumem os comportamentos; e, por outro, uma ciência que se dirija à qualificação dessa mesma realidade de acordo com pressupostos exclusivamente seus – ainda que abertos ao exterior e a outro conjunto de pressupostos, de uma forma interdisciplinar. Ora, essa ciência, como se trata de uma ciência de verificação e análise do crime, isto é, uma *ciência jurídica*[890], terá necessariamente que conjugar o processo penal, a partir do qual se representa a realidade cognoscível da vida em sociedade, com o direito penal material, a partir do qual é possível qualificar ou dar um significado a essa mesma realidade. Uma ciência, portanto, com a finalidade de assumir um plano de aplicação à realidade da vida em sociedade. Sendo assim, um princípio de resposta para esta questão principal – que está em saber se o actual modelo sistemático de análise do crime deve ou não abranger um primeiro momento autónomo de valoração, antes mesmo da ilicitude ou da tipicidade, centrado na noção de "conduta" – deve ser *pragmático e funcional*, e não filosófico e metateórico.

Na verdade, como já referimos, há um primeiro momento autónomo de valoração anterior à ilicitude ou à tipicidade que nos dá um *conceito axiológico e jurídico de conduta*. Se olharmos para a prática jurisdicional, a "conduta" começa por ser um problema relativo à matéria de facto e não à matéria de direito[891]. Enquanto matéria de facto, descrita e comprovada processualmente, estamos sempre perante um conceito jurídico de conduta em virtude da juridificação dos factos por via do processo penal. Os critérios doutrinários que procuram uma noção de "conduta" exclusivamente a partir de dimensões extra-jurídicas – como é o caso das dimensões de manifestação naturalística (F. V. Liszt), ontológica (H. Welzel),

[890] Cfr. referências à "ciência do direito" em João Baptista Machado, *Introdução ao Direito e ao Discurso Legitimador*, 13.ª reimp., Coimbra: Livraria Almedina, 2002, pp. 359 e ss. (o Direito tem uma dimensão científica mas não é uma ciência); Arthur Kaufmann, "A problemática da filosofia do direito ao longo da história", *op. cit.*, p. 118 (no contexto do positivismo jurídico-científico); L. Cabral de Moncada, *Filosofia do Direito e do Estado*, vol. 2.º, *op. cit.*, p. 74 (a ciência do direito não é uma ciência de pura contemplação, é uma ciência prática e normativa, destinada a influir sobre a vida dos homens); e, ainda, António Braz Teixeira, *Sentido e Valor do Direito... op. cit.*, pp. 21-23 (filosofia e ciência).

[891] Saber se estamos perante casos de "força irresistível", "movimentos reflexos", "sonambulismo" ou "hipnotismo", são questão relativas à matéria de facto.

social (H. H. Jescheck/T. Weigend) ou pessoal (C. Roxin) –, podem simplesmente não coincidir com uma noção "conduta" que se enforma a partir de um determinado sistema jurídico-criminal. Ao não coincidir com esta noção intencionalmente jurídica podem denegar-se importantes princípios e regras de Estado de Direito, tal como vimos no capítulo anterior.

No seguimento, a conduta processualmente definida é "objecto de valoração" da matéria de direito e não um "critério de valoração". A noção de conduta enformada por conteúdos jurídico-processuais, mesmo com uma essência intrinsecamente jurídica e levantada com base numa pré-compreensão dos pressupostos necessários para a existência do crime, não deve conter em si mesma um critério substantivo que antecipe uma conclusão de direito, justamente devido à sua natureza enquanto "matéria de facto"[892]. Por esse motivo, a noção de "conduta" e os critérios utilizados para a delimitar não se confundem com os critérios de valoração da matéria de direito.

Dando um passo adiante, é preciso vincar a diferença entre a perspectiva do *terceiro observador dos factos*, que levanta a matéria de facto, e a perspectiva do *intérprete do direito*[893] – ou "aplicador do direito" –, que torna compreensível o sentido desse contexto de vida em termos jurídico-criminais, com base, precisamente, nos diversos critérios de valoração disponíveis. O primeiro, o "terceiro observador", em virtude do sistema que vigora no ordenamento jurídico português, pode ser qualquer pessoa ou actor da justiça criminal, participante ou sujeito processual, ao transmitir ou descrever uma imagem do que se passou na vida em sociedade por via de proposições sequencialmente encadeadas e processualmente válidas. Essas proposições traduzem-se nas tais narrativas processuais que estão sustentadas em meios de prova. Já o segundo, o intérprete ou aplicador do direito, em última instância, será sempre o poder judicial (*narra mihi factum dabo tibi jus*). Apesar de os sujeitos processuais terem o dever de indicar as disposições legais, o dever de expor as conclusões de direito

[892] Por isso somos críticos no que diz respeito à antecipação, na prática jurisdicional, dos elementos do tipo subjectivo na matéria de facto através das referidas "fórmulas".

[893] Penhorando a lógica de Jürgen Habermas, *Teoria da Racionalidade e Teoria da Linguagem... op. cit.*, pp. 43-44

que hajam extraído da prova produzida ou, em geral, o dever de conhecer os pressupostos de direito penal, é ao poder judicial que compete *a última palavra* em relação ao sentido jurídico-criminal dos comportamentos[894]. É o juiz que assume o principal papel judicativo de "intérprete" em relação às normas jurídicas em causa – avocadas pelo objecto do processo –, especialmente em relação ao sentido de cada uma dessas normas à luz dos pressupostos de direito e dos contornos do caso concreto. Por isso já Cabral Moncada afirmava que "o juiz é assim, em muitos casos, mais um intérprete da vida do que um intérprete da lei"[895]. Em virtude do sistema que vigora em ordenamentos jurídicos como o português, é possível que as autoridades judiciais, independentes entre si, alcancem conclusões convergentes quanto à natureza jurídico-criminal das proposições de facto[896]. Basta pensar nas eventuais convergências, resultantes de um sistema aberto à impugnação, entre juiz de instrução e juiz de julgamento ou entre juiz de julgamento e juiz de recurso.

As normas jurídicas, como temos sublinhado, são apenas um dos critérios de valoração de intencionalidade substantiva disponíveis, havendo outros a considerar. Podem estar reunidos, designadamente, a pré-compreensão e a sensibilidade de quem procede a esse mesmo juízo, a ponderação dos bens jurídicos protegidos e dos mais diversos princípios de justiça, o processo de fundamentação-argumentação do direito, o conhecimento das diferentes decisões jurisprudenciais (nacionais, constitucionais, comunitárias, europeias e internacionais) que possam estar relacionadas com o caso concreto, ou o conhecimento da posição da doutrina relativamente aos problemas conceptuais e dogmáticos em causa. Uma valoração de direito que não tenha por base estes pressupostos afigurar-se-á, igualmente, contrária aos interesses do sistema de orientação valorativa e às próprias finalidades político-criminais presentes em Estado de Direito. Definitivamente, as proposições de facto e o comportamento processualmente definido não podem ser considerados "criminalmente relevantes" com base em critérios exclusivamente pré-jurídicos. São os

[894] Não obstante a existência de mecanismos alternativos de diversão processual. Cfr., supra...

[895] L. Cabral de Moncada, *Filosofia do Direito e do Estado*, vol. 2.°, *op. cit.*, p. 79

[896] Próximos da aplicação de uma "teoria da verdade como convergência" para a matéria de direito. Veja-se Arthur Kaufmann, *Filosofia do Direito... op. cit.*, pp. 420-424

critérios de valoração jurídico-criminais que estabelecem *as condições de possibilidade da significação,* porque todo o discurso dos factos processualmente definidos deve ser compreendido com uma específica significação, num espaço próprio de transformações de sentido[897]. A "acção", a "omissão", o "dolo" e a "negligência", entre outros conceitos jurídico-criminais, não são matéria de facto (ou "factos"), são significados que podemos identificar como tais a partir dos pressupostos de direito penal (e que pretendem ser "direito").

Ora, como temos vindo a reiterar, aquilo que é "criminalmente relevante" deriva certamente da realidade manifestada exteriormente (F. V. LISZT), deriva de um conjunto de pressupostos mentais ou psicológicos do agente (H. WELZEL), deriva inclusivamente de uma manifestação da sua personalidade (C. ROXIN), assim como deriva do que também pode ser considerado "socialmente relevante" (H. H. JESCHECK/T. WEIGEND), mas nenhum desses critérios, por si só ou em conjunto, nos dizem o que pode ser qualificado como "crime". Embora existam certamente referências "exteriores" de natureza ôntico-ontológica[898], axiológica ou ética[899] – porque, afinal, estamos a falar de um "sistema aberto" –, *nenhum desses pressupostos extra-jurídicos esclarecem o significado do crime.* Estamos assim mais próximos das posições centradas sobretudo em quadros de referência jurídico-criminal. Não apenas quadros de referência positivistas-legalistas, especialmente enfocados no normativismo (E. MEZGER), na vigência das normas (G. JAKOBS) ou na tipicidade do crime (G. RADBRUCH), mas também quadros de referência intencionalmente jurídicos, inseridos

[897] Aqui utilizando a lógica da teoria da significação da semióptica, especialmente em António Fidalgo/Anabela Gradim, *Manual de Semiótica... op. cit.*, p. 195: "Daí também que ache que a semiótica deve ter um cariz operacional, isto é, ensinar os estudantes a lidar com os signos, tal como a gramática de uma língua os ensina a lidar com as palavras, na formação e transformação de signos. A partir daí, mas só a partir daí, então sim pode-se e deve-se proceder a uma reflexão epistemológica da própria semiótica, entrar na semiótica enquanto teoria da semiótica.".

[898] Aqui no sentido de que existe "algo" independente do nosso pensamento que diz respeito ao "ser", numa determinada "ordem natural" – veja-se a ontologia (o "mundo como objectividade") em Arthur Kaufmann, "A problemática da filosofia do direito ao longo da história", *op. cit.*, pp. 37-38.

[899] Neste sentido, António Cortês, *Jurisprudência dos Princípios... op. cit.*, p. 163

num num sistema de orientação valorativa, que clarifiquem – repita-se – o significado jurídico-criminal dos acontecimentos e dos comportamentos processualmente levantados.

**2. Delimitações conceptuais para uma "teoria da conduta" na realização jurisdicional do direito penal: o "comportamento processualmente definido", o "comportamento ilícito-típico", o "tipo de conduta" e o "tipo de resultado"**

Reconhecendo o "comportamento processualmente definido" como objecto de valoração dos pressupostos de direito penal, parece-nos fundamental proceder agora a uma delimitação conceptual que o confronte com as noções de "comportamento ilícito-típico", "tipo de conduta" e "tipo de resultado", de acordo com os seguintes postulados:

- **i)** Nem todos os "comportamentos processualmente definidos" são "comportamentos ilícitos-típicos";
- **ii)** Todos os "comportamentos ilícitos-típicos" implicam preencher um "tipo de conduta";
- **iii)** Todos os "comportamentos ilícitos-típicos" que implicam preencher um "tipo de resultado" também implicam preencher um "tipo de conduta".

Com efeito, uma vez que os comportamentos processualmente definidos fazem parte da matéria de facto e não visam (idealmente) antecipar uma solução de direito, podemos estar perante um comportamento que se irá qualificar como *criminalmente irrelevante* ao nível de um específico ilícito-típico, ou seja, um comportamento que fundamenta uma decisão de arquivamento, não pronúncia ou absolvição, a favor do agente-arguido. Isto sublinha a ideia de que a realização concreta do direito penal também delimita comportamentos atípicos ou lícitos que, igualmente, por fim, transitam em julgado. Se admitirmos, pelo contrário, que esse mesmo comportamento preenche os elementos de um tipo legal de crime, sem estar presente nenhuma causa justificativa da ilicitude, então estaremos perante um "comportamento ilícito-típico". O comportamento ilícito-típico é basicamente um comportamento individual e concreto, processualmente válido, cujo sentido qualificativo, ao nível da matéria de direito, se considera preenchedor de todos os elementos típicos de um crime, sem existir uma exclusão da ilicitude. Por exemplo, o facto de uma pessoa se dirigir a outra, de forma agressiva, dizendo "tu és desumana", tendo consciência da natureza ofensiva dessas palavras, é um comportamento individual e concreto que pode ser considerado um "comportamento ilícito-típico" caso se julgue preenchedor dos elementos do crime de injúria. Mais concretamente, o comportamento ilícito-típico deve ser a realização do preenchimento de todos os elementos do tipo objectivo e do tipo subjectivo do ilícito que se entende estar em causa, assim como deve ser, em simultâneo, a não realização do preenchimento das causas de justificação da ilicitude. Significa que o comportamento processualmente descrito (p. ex. dizer "tu és desumana") poderá ser *atípico* por não preencher algum ou todos os elementos do tipo objectivo (p. ex. dirigir palavras ofensivas da sua honra), por não preencher algum ou todos os elementos subjectivos do tipo (p. ex., a consciência da natureza ofensiva das palavras), ou até por não preencher, sequer, nenhum dos elementos subjacentes à tipicidade de um crime. Fazendo acrescer outros factos, o comportamento processualmente descrito poderá ser *lícito* por preencher uma causa que exclua a ilicitude (p. ex., a legítima defesa)[900].

Portanto, faz sentido afirmar que nem todos os comportamentos processualmente definidos são comportamentos ilícitos-típicos. É óbvio que, perante o mesmo caso concreto, podem existir divergências qualificativas entre os diferentes actores da justiça criminal. Como não estamos perante cálculos meramente aritméticos, uns podem argumentar e fundamentar no sentido de que se trata de matéria criminalmente relevante e outros podem argumentar em sentido contrário – motivados, de qualquer forma, por uma lógica material suficiente dinâmica para considerar e ponderar bens jurídicos, normas, princípios, doutrinas, jurisprudências e outros pressupostos de direito penal –, assumindo o juiz uma última palavra a esse respeito.

Entre os elementos da tipicidade que devem ser preenchidos encontra-se o "tipo de conduta". O tipo de conduta é apenas um dos elementos normativos, essenciais para a existência do crime, concebidos para um número indefinido de casos concretos. Pela sua própria natureza geral e

[900] Cfr. art. 31.º do CP

abstracta, trata-se de uma "expressão unitária" (INGEBORG PUPPE) que se encontra indeterminada e aberta a partir da dimensão da normatividade. Vimos noutro segmento desta tese que o tipo de conduta está sempre presente e vinculado ao tipo incriminador, seja enquanto mera actividade objectivamente determinada na lei (p. ex., "oferecer", "transportar" ou "detiver"), seja de forma implícita no tipo de resultado (p. ex., "matar", "ofender" ou "prender"). Assim, todos os comportamentos processualmente definidos que sejam considerados ilícitos-típicos implicam preencher um tipo de conduta.

Por outro lado, considerando a técnica legislativa, todos os comportamentos ilícitos-típicos que implicam preencher um tipo de resultado também implicam preencher um tipo de conduta, mesmo nos crimes de resultado que se afiguram de execução livre (p. ex., o crime de homicídio). De facto, nos crimes de resultado, o tipo de conduta pode ser visto como um quadro de referência indeterminado e aberto a todos os possíveis comportamentos que causem o tipo de resultado, levantando o problema da imputação. O que se acaba de afirmar tem um outro significado dogmático importante para os referidos crimes: o comportamento processualmente definido só deverá ser considerado ilícito-típico caso preencha, inclusivamente, o tipo de resultado. Nesse caso, poderá exigir-se mais do que a comprovação de um comportamento ao nível da matéria de facto, poderá exigir também a comprovação de um certo *resultado*.

Para o direito penal, o agente não se insere apenas na realidade intersubjectiva através dos seus actos ou das suas palavras, sejam activos ou passivos, insere-se também através do que se considera ser o resultado dos seus comportamentos. O direito penal pode procurar mais do que o acto que imprime movimento a alguma coisa ou mais do que uma atitude passiva perante determinadas circunstâncias. O direito penal pode procurar as transformações do mundo e, ao mesmo tempo, procurar imputar essas transformações ao poder de actividade ou de passividade do agente. Nos crimes de resultado, a actividade ou a passividade, como início, correspondem apenas ao "facto do nascimento" – para utilizar as palavras de HANNAH ARENDT[901]. Ora, como a noção de comportamento ilícito-típico

[901] Cfr. Hannah Arendt, *A Condição Humana... op. cit.*, p. 226 (no contexto do segmento "24. A revelação do agente no discurso e na acção").

abrange, em certos casos, a verificação de um resultado, é essencial que esse mesmo resultado conste de alguma forma na matéria de facto. Já vimos em momento anterior deste estudo que se pode tratar, em certos casos, de algo que está para além de um "resultado naturalístico", ou seja, que está para além de uma alteração externa espácio-temporal distinta do comportamento. E vimos igualmente que pode estar para além de uma relação de causalidade, porque nem todas as relações de causalidade se afiguram ilícitas-típicas à luz de outros critérios de imputação (pondo mão, p. ex., na teoria do risco proibido).

Precisamente devido às exigências substantivas de direito penal, o comportamento processualmente descrito deve fazer parte de um conjunto complexo de proposições de facto interligadas entre si de um modo apropriado – uma articulação cronológica e histórica –, admitindo que são inicialmente seleccionadas como relevantes para a existência do crime. Depois, se esse conjunto de factos comporta ou não um comportamento ilícito-típico ou criminalmente relevante, essa é já uma questão de direito e não de facto. E isto porque a pré-compreensão dos pressupostos de direito penal, que está implícita na selecção valorativa dos factos, não garante a sua tipicidade e a sua ilicitude. Assim deverá ser num sistema de estrutura acusatória, em que o órgão que procede à selecção inicial dos factos com aparência de crime, delimitando o objecto do processo, não é o mesmo que procede à decisão definitiva da matéria de direito dentro desse mesmo âmbito. Presente está a referida diferença entre o papel do "terceiro observador" e o papel do "aplicador do direito", admitindo que, por via de regra, o primeiro procede à narrativa dos factos, enquanto o segundo tem a palavra final quanto à compreensão do seu sentido especificamente jurídico-criminal (*narra mihi factum dabo tibi jus*)[902].

Pois bem, parece que a noção de "conduta" começa por se resumir a um mero pressuposto *de facto* para a existência do crime. O ilícito-típico exige sempre um comportamento processualmente definido, é certo, mas também exige outros requisitos fácticos que estejam interligados a esse mesmo comportamento para o poder classificar como criminalmente

[902] Ainda que, como temos relembrado, o sistema do ordenamento jurídico-português se afigure algo mais complexo devido aos poderes de investigação do juiz de instrução e do juiz de julgamento dentro do objecto do processo.

relevante. Isso é manifesto, não apenas em relação ao "resultado", mas também em relação ao "objecto da conduta", enquanto requisito essencial para existir crime: há crime de homicídio quando se mata "outra pessoa", e não um ser vivo qualquer; há crime de furto quando se subtrai "coisa móvel alheia", e não uma coisa qualquer; ou há crime de devassa por meio de informática quando se mantiver um ficheiro de dados individualmente identificável referente a certos conteúdos de índole política, religiosa, filosófica, étnica ou privada, e não em relação a todo ou qualquer conteúdo. E todas essas questões podem ser discutidas, também, ao nível do direito. Afinal, os critérios que delimitam o substrato "criminalmente relevante" não decorrem da matéria de facto, decorrem da matéria de direito. Será em vão eliminar os pressupostos de direito penal da "teoria da conduta", especialmente a tipicidade e a ilicitude. Apenas a matéria de direito, ela própria, poderá recortar um sentido jurídico-substantivo à matéria de facto. Demos três exemplos muito concretos: o caso da professora que se dirige a uma educadora de infância e diz-lhe "tu pensas que mandas", "tu és desumana", "tratas mal as funcionárias", consideradas pelo tribunal de primeira instância como expressões típicas e com relevância criminal porque ofensivas da honra, contrariamente ao tribunal de segunda instância que as considerou atípicas e irrelevantes jurídico-criminalmente; o caso do sujeito que se "apodera" de três embalagens de desodorizante num supermercado e que é interceptado por elementos de segurança antes de passar a linha das caixas de pagamento, julgado em segunda instância como um comportamento preenchedor de uma tentativa de furto e não de um furto consumado, defendendo a tese de que o agente não logrou deter os bens com um mínimo de tranquilidade; e o caso de duas pessoas que pintaram uma certa frase numa parede de um viaduto público, causando prejuízos a uma entidade pública, julgado, todavia, como um comportamento atípico em virtude de não constar na matéria de facto qualquer um dos "resultados" pressupostos pelo crime de dano que estaria em causa – "destruir, no todo ou em parte, danificar, desfigurar ou tornar não utilizável...".

Decisivamente, a conduta processualmente comprovada, inserida em determinadas circunstâncias de facto, está dependente do direito penal substantivo para encontrar um certo significado intencionalmente jurídico. Excluindo o direito penal substantivo da equação, a matéria de facto levantada com base nas regras do processo penal e a consequente noção de "comportamento processualmente definido" não serve, sequer, os propósitos dos físicos, dos biólogos, dos historiadores ou dos filósofos, entre muitos outros, porque está exclusivamente pensada para servir os propósitos da justiça criminal no âmbito da realização concreta do direito penal.

### 3. *Critérios de valoração* utilizados para qualificar o comportamento processualmente definido: entre o tipo objectivo e o tipo subjectivo de ilícito

É tempo de tomar por princípio a forma como as proposições da matéria de facto podem ter diferentes camadas de significado consoante os diferentes pressupostos de direito penal, especialmente a partir dos elementos objectivos e subjectivos de um tipo de crime. Conforme temos vindo a defender, desde as fases mais prematuras do processo penal que já pode haver uma pré-compreensão do que está em causa em termos jurídico-criminais. Será todo um conhecimento *a priori* acerca dos pressupostos necessários para a existência do crime, variáveis de sistema para sistema e de pessoa para pessoa. Esses juízos valorativos fazem parte do raciocínio dos actores da justiça criminal, na sua prática corrente, sempre que deparados com situações da vida em sociedade que indiciariamente põem em causa interesses protegidos por esse mesmo direito penal. A própria realização de diligências com vista à obtenção da prova já supõe uma avaliação jurídico-normativa com base nos elementos dos tipos de crime. No terreno procuram-se "vestígios" (p. ex., nos exames), "indícios", "indícios da prática iminente de crime", comportamentos em "flagrante delito" (p. ex. nas revistas e buscas), "objectos que tiverem servido ou estivessem destinados a servir a prática de um crime" (p. ex. nas apreensões), "fundadas razões que está em causa um crime" (p. ex., na apreensão de correspondência) ou, também, dificuldades em obter prova quanto a certos e determinados tipos de crime (p. ex., nas escutas telefónicas). O raciocínio jurídico-criminal que relaciona factos com direito está sempre presente, ou seja, a antecipação da qualificação jurídica dos factos orienta o próprio processo penal da cognição dos factos.

Mesmo o *despacho de arquivamento* do MP, com o encerramento da fase do inquérito, não deixa de estar legalmente vinculado a um juízo de direito. E não estamos apenas a fazer referência a decisões de arquivamento com base na matéria de facto, por exemplo, face à controversidade da prova ou à falta de indícios da prática do crime, que obriguem a chamar à colação o princípio probatório *in dubio pro reo*. Estamos aqui a fazer referência a um acervo factual que, segundo um juízo de direito, não constitui relevância criminal porque, logo à partida, não preenche os pressupostos de um certo tipo de ilícito. A fundamentação da irrelevância criminal dos comportamentos individuais e concretos deve ter presente os elementos objectivos e subjectivos de um tipo de crime, fazendo alusão aos bens jurídicos protegidos e a outros pressupostos de direito penal, como são as interpretações da jurisprudência e da doutrina em relação a determinados segmentos típicos de um crime.

Com a *fase da acusação*, fixado o objecto do processo, os factos também devem encontrar-se enquadrados jurídico-criminalmente. É precisamente um dos requisitos da acusação indicar as disposições legais aplicáveis, imputando, perante a natureza da exposição factual, crimes previstos na lei[903]. Muito embora se trate de um juízo de direito que *não* se encontra devidamente fundamentado num processo de argumentação – como deverá estar no despacho de arquivamento, no despacho instrutório ou na fase da sentença –, é um juízo que tem uma relação muito estreita com a própria selecção dos factos, até pela linguagem utilizada para os descrever[904]. Não é por mero acaso que se seleccionam valorativamente determinadas proposições de facto e ignoram-se outras: é muito devido à pré-compreensão dos pressupostos necessários para a existência de um crime. Este raciocínio, que já adjectivámos de "corrompido", é um mal necessário para a compreensão da teoria da conduta na realização concreta do direito penal. O acervo fáctico dos autos está juridicamente qualificado desde a abertura do inquérito com a "notícia do crime" e continuará a sê-lo, ao longo do processo penal, até ao trânsito em julgado da decisão judicial. A existência de um instituto jurídico-processual como o "objecto do processo", em que se salvaguardam eventuais

[903] Fazendo referência, sendo esse o caso, às formas especiais do aparecimento do crime, à comparticipação criminosa, à forma tentada ou consumada e, também, ao concurso de crimes.
[904] Muitas vezes a linguagem é suficientemente "especializada" para nos remeter para um certo tipo de crime.

alterações substanciais dos factos descritos na acusação ou na pronúncia, impedindo a imputação ao agente-arguido de um crime diverso ou a agravação dos limites máximos das sanções aplicáveis, diz muito acerca da imbricação entre a matéria de facto e a matéria de direito. Não tenhamos dúvidas: a selecção e a descrição processual dos factos não está isenta de uma compreensão do seu sentido jurídico-criminal-substantivo. E o comportamento do agente processualmente definido na matéria de facto irá reflectir isso mesmo, uma pretensão de antecipar o *ilícito-típico* – e, por isso, com uma aparência de ilícito-típico – o que poderá levar ao incumprindo da ambicionada função de ligação do conceito de "conduta".

Apesar disso, na *fase da sentença*, as matérias, em princípio, encontram-se metodologicamente separadas de uma forma muito mais evidente. Por exemplo:

(1.) Factos;

(1.1.) factos provados com interesse para a decisão da causa (o que já constitui uma pré-compreensão do que está em causa jurídico-criminalmente);

(1.2.) factos não provados com interesse para a decisão da causa (o que também constitui uma pré-compreensão do que está em causa jurídico-criminalmente);

(1.3) fundamentação (ou motivação) da decisão de facto;

(2.) Direito;

(2.1.) enquadramento jurídico-penal;

(2.2.) determinação da pena;

(2.3) perda de objectos (p. ex.);

(3.) Parte cível;

(4) Decisão.

Esta organização, mais do que uma imposição jurídico-legal, é uma forma de a autoridade judicial realizar distinções nítidas entre matéria de facto e matéria de direito. É difícil pensar a realização concreta do direito penal sem essas distinções, por muito que uma e outra matéria se encontrem imbricadas. Na verdade, a selecção valorativa do comportamento individual e concreto do agente, processualmente definido na matéria de facto, e a sua respectiva qualificação jurídica, designadamente com base num tipo de crime gizado formalmente pelo legislador, fazem parte de um juízo eminentemente aporético. O momento da qualificação jurídica – acima, "(2.1) enquadramento jurídico-penal" – é um processo de comunicação-fundamentação-argumentação que visa determinar *o sentido jurídico-material* desse mesmo comportamento do agente. Mas trata-se de um sentido material que é constantemente actualizado e renovado de acordo com os pressupostos de direito penal, nos termos de um sistema aberto de orientação valorativa.

Na prática, o enquadramento jurídico-penal em fase de sentença encontra-se limitado pelo instituto do objecto do processo, especialmente num sistema de estrutura acusatória, o que obriga a uma ponderação judicial da qualificação jurídica realizada pelo sujeito processual que definiu o objecto do processo. Então, a fase da sentença é também uma sindicância da qualificação jurídica realizada em fases anteriores do processo penal[905]. Se, por exemplo, o agente vem acusado ou pronunciado pelo crime de homicídio qualificado, cumprirá ao juiz realizar uma análise do tipo de crime em causa, assumindo uma posição no que diz respeito aos seus respectivos elementos dogmáticos. Actualmente, em Portugal, será comum autonomizar o tipo de ilícito objectivo, o tipo de ilícito subjectivo, o tipo de culpa e as eventuais causas de exclusão da ilicitude e da culpa, o que obrigará, naquele caso-exemplo, a conjugar e a preencher o significado de "matar outra pessoa", eventualmente o significado de "tentativa", o significado de "dolo" (em qualquer das duas formas), o significado de "consciência da ilicitude" ou, ainda, havendo factos nesse sentido, o significado das respectivas causas de exclusão previstas nos tipos justificadores. Tudo irá depender da forma como se confrontam os factos com o sistema de análise do crime.

Querendo isolar um dos principais pressupostos formais para a existência do crime, a lei penal substantiva – a mesma lei que procura concepualizar e sistematizar a realidade da vida em sociedade, de forma a poder qualificá-la – ficamos perante uma autêntica pintura abstracta, muito diferente daquela que é possível obter através da sua conjugação com o processo penal dos factos (o "caso concreto") e com os restantes pressupostos de direito penal. Uma pintura que, ao representar uma unidade

[905] Como é sabido, em fase de recurso vigoram outros princípios limitadores, como é o caso do *princípio da proibição de reformatio in pejus*.

de possibilidades, se exprime através de uma gramática ecuménica, não comunicando conteúdos, mas formas, nem premissas, mas conclusões. Se isolarmos a lei penal substantiva, toda a pintura não passa disso mesmo, formas e conclusões de natureza geral e abstracta – p. ex., o "quem" dos crimes comuns, a "especial censurabilidade ou perversidade" do crime de homicídio qualificado, a "negligência" do homicídio por negligência, ou o "deixar de lhe prestar o auxílio necessário ao afastamento do perigo" da omissão de auxílio. A lei penal tem uma concepção própria e distinta acerca da forma como o mundo se apresenta, acerca da natureza do "mundo do crime", como se a percepção desse mundo só fosse possível através da compreensão dos seus conceitos abertos às múltiplas possibilidades do caso concreto. Nesse aspecto, tal como já pensava B. A. Sousa Pinto, as disposições legais não devem ser um tratado de teorias ou uma dissertação doutrinal, devem ser "regras de prática" que expressem, com poucas palavras, a "multidão de casos" que o legislador encerra numa determinada fórmula[906].

**A)** Como é sabido, em virtude do princípio da legalidade criminal, um dos critérios fundamentais para existir crime encontra-se na formulação do *tipo objectivo de ilícito*, a partir do qual se identifica, em geral e abstracto, quem pode ser o autor do crime, quais são os tipos de conduta e ou tipos de resultado contemplados – entre outros elementos típicos –, e quais são os bens jurídicos que podem ser ameaçáveis ou lesáveis pela actuação do agente. Tendo como pano de fundo essa formulação intencionalmente jurídica, os actores da justiça criminal não esquecem o seu "*quid* específico" quando vão à procura dos factos individuais e concretos. Há pelo menos três exemplos evidentes quanto a isso mesmo: a imputação de condutas à esfera das pessoas colectivas, os crimes omissivos e os crimes negligentes.

**i)** Com efeito, caso não exista um quadro de referência objectivado na lei que autonomize a *responsabilidade penal das pessoas colectivas* por infracções em matéria de terrorismo, ambiente, impostos ou corrupção, entre muitas outras, será inconclusivo alegar em termos factuais que, por exemplo, uma sociedade não entregou determinados valores à segurança

[906] Basílio Alberto de Sousa Pinto, *Lições de Direito Criminal Portuguez... op. cit.*, p. 47, no contexto da anotação à noção de "crime".

social num certo período e, no seguimento, os integrou no seu património, deles dispondo em seu proveito. Porque, sem um quadro de referência dessa natureza, é essencial saber qual ou quais pessoas singulares são responsáveis por esses comportamentos, admitindo que apenas elas, segundo uma perspectiva tradicional, actuam em termos psicofísicos e podem ser alvo de consequências jurídico-criminais.

A pessoa colectiva reclama um discurso especialmente jurídico-normativo para se afigurar um centro autónomo de imputação, isto é, para ser um possível agente do crime. A pessoa colectiva não teria vida própria no mundo do crime, nem o seu comportamento poderia ser "ficcionado" nos termos da matéria de facto – embora falemos de uma "ficção" com uma base "realista", dependente da observação do que acontece na vida em sociedade, diferente de uma pura construção do pensamento –, caso não houvesse uma lei jurídico-criminal com uma previsão nesse sentido. Ora, a pré-compreensão desse pressuposto é fundamental para reconhecer e descrever os factos que lhe pertencem, como actividade própria, reveladores da sua identidade única e distinta. Sem a pré-compreensão desse pressuposto, não seria possível associar a pessoa colectiva a um determinado comportamento – p. ex. "não entregou", "apropriou-se", "integrou no seu património", "obteve benefícios patrimoniais indevidos", etc. –, tornando-se apenas um feito de uma pessoa singular[907].

**ii)** Os *crimes omissivos* são mais um exemplo de que deve existir uma pré-compreensão do tipo objectivo do crime antes de se proceder à selecção valorativa dos factos, havendo uma relação de sentido com o ilícito-típico. O discernimento teórico-prático destes casos implica avocar e conjugar três brocardos latinos: *cogitationis poenam nemo patitur*, *ex nihilo nihil* e *non facere quod debet facere*. De facto, não são os pensamentos do agente que são constitutivos do crime, porque o crime não existe a partir do nada, o crime existe a partir de um comportamento que é esperado em determinadas circunstâncias, nos termos de um quadro de referência

[907] Com uma lógica análoga a Hannah Arendt, *A Condição Humana... op. cit.*, pp. 228-229, quando refere que os homens mostram quem são na acção e, por esse motivo, sem a revelação dos homens na acção, a acção perde o seu carácter específico e torna-se um acontecimento como outro qualquer.

normativo. Esta forma de ver a questão conjuga igualmente o processo penal dos factos com uma qualificação de direito penal substantivo.

Em primeiro lugar, os meros pensamentos não podem ser constitutivos de crime. Será uma exigência que está muito para além de uma interpretação isolada dos pressupostos substantivos do tipo objectivo do crime, sobretudo porque a perspectiva publicista que decorre do processo penal dos factos não permite o acesso directo ao mundo dos pensamentos do agente – nem faria sentido, de qualquer forma, estar perante um direito penal que pune fenómenos internos. Na perspectiva do terceiro espectador, se tudo permanece como estava antes, se não há como realizar uma ligação lógica entre o comportamento do agente e determinadas circunstâncias de tempo e lugar, não se pode anunciar um facto com relevância criminal[908]. Essa ligação lógica que deve existir nos crimes de omissão está presente nos seguintes dois exemplos: "...tinha embatido em uma ou em mais de uma delas [pessoas]...retomou a via de trânsito e prosseguiu a sua marcha..."; e "...ausentou-se da casa onde ambos viviam, tendo permanecido com uma cidadã de nacionalidade brasileira, que conheceu num bar, em casa de um conhecido, de quem se encontrava enamorado...". Como observava Caeiro da Matta, a materialidade dos crimes de omissão é constituída por todas as circunstâncias exteriores[909].

Em segundo lugar, o crime omissivo existe a partir da identificação de um comportamento que é esperado em determinadas circunstâncias de tempo e lugar. Nesse caso, torna-se essencial que o terceiro observador e narrador dos factos proceda a um determinado *juízo valorativo* acerca do comportamento esperado, que não é mais do que a narrativa da própria "omissão"[910]. Esses juízos constam, por via de regra, em proposições da matéria de facto que descrevem o que o agente deixou de fazer, ou seja, proposições que descrevem a passividade do agente perante determinadas circunstâncias. Por exemplo, naqueles casos acima descritos, "não parou" ou "deixou de alimentar".

[908] Próximo, Francesco Carnelutti, *Teoria General del Delito... op. cit.*, p. 62

[909] Caeiro da Matta, *Direito Criminal Português*, vol. II, *op. cit.*, pp. 225-226

[910] Nesse caso, um juízo de valoração que contraria os critérios naturalístico e ontológico defendidos por F. V. Liszt e H. Welzel.

Em terceiro lugar, os mesmos juízos valorativos que constam na matéria de facto são já um reflexo da pré-compreensão dos pressupostos do tipo objectivo de um crime omissivo – antecipando, de alguma forma, a materialidade do ilícito-típico. E isto porque o "comportamento esperado" reclama algum tipo de valoração, reclama um quadro de referência em relação ao que deveria ter sido feito, não decorrendo de uma mera descrição naturalística ou ontológica da atitude activa ou passiva efectivamente assumida pelo agente nas circunstâncias do espaço-tempo. Esse quadro de referência, em virtude de estar em causa o sistema de análise do crime, só pode ser um quadro intencionalmente jurídico. No caso de não existirem expectativas normativas nesse sentido, até se poderá afirmar que é irrelevante, em termos jurídico-criminais, o facto de o agente não parar o seu veículo com vista a socorrer uma pessoa, ou o facto de o agente não cuidar do seu progenitor segundo aquelas mesmas circunstâncias de tempo e lugar. Poderá haver uma expectativa social (ou moral, ou ética, ou cristã, etc.) de o fazer, mas certamente não haverá, nessa hipótese contemplada, uma expectativa jurídico-criminal[911]. A verdade é que não existe uma "omissão" com relevância criminal que se encontre a jusante dos pressupostos de direito penal, especialmente considerando os elementos do ilícito-típico, porque o dever em relação ao que deve ser feito decorre justamente dessa específica fonte que assume uma natureza marcadamente jurídico-valorativa.

**iii)** E o mesmo se pode afirmar em relação aos *crimes negligentes*, ainda na perspectiva do tipo objectivo de ilícito. A negligência começa por implicar uma descrição fáctica, realizada pelo terceiro espectador, especialmente centrada no efectivo comportamento do agente num certo contexto espácio-temporal. Por exemplo: "...iniciou uma manobra de marcha-atrás a fim de inverter a sua marcha e voltar ao mencionado arruamento principal... na sequência da manobra de marcha-atrás efectuada pelo arguido, o autocarro conduzido bateu com a parte lateral direita da retaguarda do veículo, no identificado T... considerando a manobra descrita...". No seguimento, a negligência implica realizar juízos de valoração,

[911] Nesse caso, uma expectativa jurídico-criminal que contraria os critérios axiológicos e não jurídicos defendidos por H. H. Jescheck, T. Weigend e C. Roxin.

focados em descrever os *comportamentos descuidados*[912]. Por exemplo: "não buzinou", "estava distraído" ou "não se apercebeu". Repare-se: enquanto o agente, na primeira pessoa, assumiu os comportamentos que entendeu mais ajustados ao seu estado de consciência e vontade naquelas circunstâncias de tempo e lugar, o terceiro observador procede à narrativa dos factos depois de os mesmos sucederem (portanto, *ex post*), permitindo avaliar a conduta do agente de uma forma mais objectiva, e dispondo até de um saber empírico que lhe permite identificar os cuidados que o agente – ou o homem médio – deveria ou poderia ter assumido mas que não assumiu[913]. É a tal perspectiva intersubjectiva perante a qual o agente revela o seu comportamento descuidado, transmitindo uma determinada imagem e impressão de si próprio aos outros. Com isto, o terceiro observador tende a antecipar o sentido material da incriminação negligente e dos respectivos deveres de cuidado no âmbito da matéria de facto. Apesar disso, não será difícil aceitar que os factos configuram uma incriminação do tipo negligente de acordo com o enquadramento jurídico-criminal que é realizado na fundamentação de direito, e não exclusivamente a partir do elenco da matéria de facto. A decisão de qualificação jurídica do comportamento processualmente definido será sempre um "círculo hermenêutico" (HEIDEGGER) entre a matéria de facto e a matéria de direito, num "vaivém" que tem a pretensão de descobrir o comportamento descuidado de natureza ilícita-típica[914].

**B)** Por outra parte, sob os termos do tipo subjectivo de ilícito, é comum fazer referência ao dolo do tipo, aos especiais elementos subjectivos e à negligência, admitindo a tese de que todo o ilícito criminal é igualmente um *ilícito pessoal*. Porém, há certamente algumas dificuldades práticas em concretizar essa ambição, especialmente ao conjugar direito penal substantivo, direito penal adjectivo e, dentro deste último, direito probatório. Se é o processo penal que nos põe em contacto com a realidade individual e concreta que importa considerar para a existência do

[912] Novamente, juízos de valoração que determinam a inadequação dos critérios naturalístico e ontológico defendidos por F. V. Liszt e H. Welzel.

[913] Com base em Jürgen Habermas, *Fundamentação Linguística da Sociologia... op. cit.*, p. 264

[914] Com menção expressa à "estrutura circular" e ao "círculo hermenêutico", António Braz Teixeira, *Breve Tratado da Razão Jurídica...* op. cit., pp. 50-51

crime, isso significa que a justiça criminal tem apenas à sua disposição o que é processualmente adquirido e comprovável, não ultrapassando a esfera das suas possibilidades – "os homens não têm olhos que penetrem nos arcanos da consciência..."[915]. A questão que se coloca é a seguinte: realiza-se a qualificação jurídica de uma proposição da matéria de facto que, por si só, tem tendência para reproduzir literalmente o conteúdo do tipo subjectivo do crime (as ditas "fórmulas"), ou, pelo contrário, realiza-se a qualificação jurídica de proposições da matéria de facto descritivas de comportamentos e acontecimentos manifestados exteriormente, com vista a encontrar os elementos do tipo subjectivo aí implícitos (*in re ipsa*)?

E para uma resposta não podemos deixar de remeter para o que referimos anteriormente: na prática jurisdicional, todas as proposições da matéria de facto que se afiguram de certa forma conclusivas (e não descritivas) quanto à matéria do tipo subjectivo do crime, são "fórmulas" que visam apenas deslindar o conteúdo implícito do dolo e da negligência presente nos factos que se afiguram descritivos (e não conclusivos)[916]. Não fará sentido, nesse caso, no momento do enquadramento jurídico-criminal, qualificar proposições de facto que expressamente antecipam a solução de direito[917]. Por outras palavras: o processo de qualificação jurídica em sede de direito incidirá sempre sobre os factos que se afigurem verdadeiramente descritivos.

Com esta forma de ver as coisas podemos reiterar uma importante consequência para a realização concreta do direito penal: o "dolo", a "negligência" e qualquer "especial elemento subjectivo" devem ser categorias *qualificativas* das circunstâncias de facto descritíveis e reconhecíveis a partir do exterior, nos termos de uma perspectiva intersubjectiva, e

[915] Justamente por essa razão, não se trata de uma "justiça absoluta", como já havia concluído Basílio Alberto de Sousa Pinto, *Lições de Direito Criminal Portuguez*, *op. cit.*, p. 38: "sendo a justiça absoluta tão extensa como temos visto, compreende os actos internos: somente Deus podia ser o executor d'ella, porque os homens não têm olhos que penetrem nos arcanos da consciência".

[916] No sentido de que o dolo é sempre *dolus in re ipsa*, Tomás S. Vives Antón, *Fundamentos del Sistema Penal... op. cit.*, p. 656; e José Luis González Cussac, *Dolus in re ipsa... op. cit.*, pp. 119 e ss.

[917] Veja-se, crítico em relação às antecipações de direito, António Cortês, *Jurisprudência dos Princípios... op. cit.*, p. 344

não categorias representativas de processos internos do agente, inacessíveis e não comprováveis pelo terceiro observador. Vejamos bem.

**i)** Para o *elemento intelectual* do dolo, faz pouco sentido qualificar uma proposição de facto que, pelo seu próprio conteúdo e linguagem, já atribui ao agente, p. ex., a "perfeita consciência" da natureza ofensiva de certas palavras, a consciência ("bem sabendo") de que certas coisas não lhe pertenciam, a consciência ("sabiam") de que estavam a desfigurar ou a danificar uma parede, a consciência ("consciente") de deixar outra pessoa sozinha num determinado local, sem ajuda e sem pedir ou se certificar que alguém chamava o socorro médico necessário, ou ainda a consciência ("sabia") que, ao não fornecer alimentação, poder-lhe-ia causar a morte. Nenhum dessas "fórmulas" tem autonomia para, nos seus próprios termos, isoladamente, preencher o tipo subjectivo do crime. Aliás, como é que podemos explicar o acesso directo ao estado cognitivo do agente quando deve estar em causa uma perspectiva intersubjectiva (o "carácter público do saber") e todo um conjunto de garantias de natureza processual que, em princípio, impedem a leitura da sua mente? E mesmo admitindo uma explicação, qual é a "teoria da mente" aplicável ao caso concreto que nos garante, excluindo os indicadores do mundo exterior, um agente dotado de uma "perfeita consciência" em relação ao que diz ou ao que faz? Parece contrariar directamente o princípio *cogitationis poenam nemo patitur* e a consequente conclusão de que não há crime sem uma manifestação exterior processualmente comprovável. Estas proposições da matéria de facto que reflectem "fórmulas do tipo subjectivo" não têm autonomia porque não narram verdadeiros acontecimentos da vida interior-subjectiva do agente, conforme já referimos. Estas proposições, dada a sua natureza conclusiva, só fazem sentido quando sejam lidas juntamente com as premissas de natureza descritiva que as fundamentem. Definitivamente, estas proposições apenas têm sentido num todo dinâmico, quando enquadradas num contexto individual-concreto, espácio-temporal e histórico-social, *convertendo o elemento intelectual num elemento contextual.*

O agente poderia ter "perfeita consciência" da natureza ofensiva de certas palavras porque as disse em voz alta e de forma agressiva em direcção a outra pessoa, perante outras pessoas e de forma a interromper uma reunião. O agente poderia saber que certas coisas não lhe pertenciam porque foi encontrado dentro de um supermercado com essas mesmas coisas, provenientes do mesmo supermercado, dentro dos seus bolsos, sem ter procedido ao seu respectivo pagamento. O agente poderia saber que estava a danificar ou a desfigurar a parede de um viaduto porque simplesmente procedeu à sua pintura. O agente poderia saber que estava a deixar uma pessoa sozinha e sem ajuda porque se encontrava junto à mesma, na berma da estrada, nesse mesmo local, onde retomou a via de trânsito e prosseguiu a sua marcha. Enfim, o agente poderia saber que a sua mãe, com quem residia, ia falecer caso não fosse assistida porque a mesma se encontrava acamada e incapacitada de se alimentar. Como notámos, o agente apenas "poderia" ter o estado cognitivo atribuído pelos outros, terceiros observadores, em virtude da interpretação intersubjectiva das circunstâncias de tempo e lugar desenhadas factualmente. Tudo como se os factos estivessem a ser assistidos por um público e transmitissem uma determinada imagem dos elementos intelectuais do agente. Sendo certo que se fossem alegados outros factos, com diferentes indicadores externos e contextuais, poderíamos fundamentar, de outro modo, um estado de inconsciência ou uma falta de representação em relação aos elementos constitutivos do tipo de crime em causa.

**ii)** No que diz respeito ao *elemento volitivo*, o raciocínio será o mesmo. Há proposições de facto conclusivas que não podem ser isoladamente qualificadas ou enquadradas jurídico-criminalmente porque nada adiantam acerca das evidências externas do estado volitivo do agente. Apenas afirmam de uma forma peremptória que o agente "agiu de forma livre e voluntária", "agiu voluntariamente", ou "conformou-se com tal resultado", remetendo para diferentes graus de vontade (ou de dolo) previstos na lei. É essencial recorrer, uma vez mais, às várias camadas de significado jurídico-substantivo que podem assumir as proposições de facto descritivas de comportamentos e acontecimentos. A qualificação jurídico-criminal só poderá incidir sobre essas mesmas proposições que traduzem a factualidade objectiva. Será a partir dos indicadores externos que delimitamos o estado volitivo do agente porque *o elemento volitivo é também um elemento contextual*. Vimos vários exemplos ao longo deste estudo. O mais expressivo será porventura a intenção de matar com uma arma: o instrumento utilizado, o número de lesões, a violência utilizada ou até a distância (no caso de se tratar de uma arma de fogo), são elucidativos da vontade concreta do agente perante o resultado comprovado. Pois não se trata de uma vontade genérica de cometer crimes, trata-se de uma vontade específica de realizar um resultado individual e concreto que preenche os elementos de um específico tipo de ilícito (e, daí, a referência ao "dolo do tipo"). Depois, com essas mesmas evidências ou indicadores externos do caso concreto, estamos em condições de encontrar, mesmo com as dificuldades práticas e teóricas que lhe são inerentes, uma distinção aceitável entre dolo eventual e negligência consciente.

**iii)** O *elemento emocional* ou a atitude de indiferença perante os valores tutelados pelo direito penal – ainda que, teoricamente, dizendo respeito ao tipo de culpa – também é alegado e isolado na matéria de facto através de uma fórmula pré-determinada com valor conclusivo. Novamente, é com base na narrativa processual dos factos verdadeiramente descritivos, e sobretudo não havendo factos investigados, alegados e comprovados em sentido contrário, que se chega à conclusão de que o agente assumiu um comportamento sabendo que a sua conduta era proibida e punida pela lei penal. Fica patente que a mesma proposição da matéria de facto descritiva pode ter várias dimensões ao nível penal-substantivo, várias camadas de significado jurídico-criminal, ou seja, pode ser objecto de diferentes juízos de valor com base em diferentes classificações de direito material.

**iv)** Os especiais elementos subjectivos não assumem uma diferente forma de compreensão na realização jurisdicional do direito. Como é sabido, teoricamente, enquanto o "dolo do tipo" faz convergir um elemento subjectivo do tipo com um elemento objectivo – numa "congruência" –, o especial elemento subjectivo encontra-se, por assim dizer, entregue a si mesmo, com perfeita autonomia no ilícito-típico. Porém, não é pelo facto de nos encontrarmos perante elementos "especiais" que se justifica uma alteração à forma de comprovar factualmente e qualificar juridicamente, na prática, a atitude interior do agente. Cada vez mais estamos próximos da ideia de que qualquer elemento do tipo legal, seja de natureza objectiva, seja de natureza subjectiva, é reconduzível a comportamentos ou acontecimentos indicadores que se encontram de alguma forma manifestados perante o espectador terceiro. Qualquer elemento do tipo que reclame, para existência do crime, atitudes pessoais internas ou do foro interior do agente tem, por isso mesmo, *uma conotação objectiva*. Não se trata de negar os processos internos que provocam a própria atitude comportamental activa ou passiva do agente, trata-se de aceitar que o tipo de crime e os seus respectivos elementos devem ser conjugados com a natureza do processo penal dos factos que se baseia no que a pessoa manifesta externamente num determinado contexto. As "especiais intenções" reclamadas por alguns tipos de crime, como a "intenção de apropriação" ou a "intenção de pôr em circulação", não devem ser lidas como intenções que se apresentam unicamente na mente do agente, isto é, como momentos internos do agente inacessíveis ao terceiro espectador. As "especiais intenções" devem ser lidas a partir dos indicadores externos e contextuais que ocorrem na realidade processualmente comprovável. Por essa razão, a qualificação jurídica realizada a partir dos especiais elementos subjectivos do tipo, também ela, incide sobre os factos que se afiguram verdadeiramente descritivos dos comportamentos. No fundo, qualquer elemento do tipo que diga respeito ao foro interno do agente deve ser lido a partir do que se encontra disponível aos outros, tal como temos vindo a afirmar, na perspectiva intersubjectiva ou publicista que é própria da natureza do processo penal.

**v)** Nada do que fica exposto excluiu a incontornável conclusão segundo a qual é possível deduzir os estados cognitivos e volitivos a partir da factualidade objectiva. A noção de "negligência" é o melhor exemplo disso mesmo. É a matéria de facto descritiva que permite desvendar o comportamento descuidado. Essas palavras que descrevem o exteriorizado estão dotadas de uma inevitável *conotação subjectiva* nas respectivas circunstâncias de tempo e lugar[918], por exemplo: "não buzinou", "estava desatento", "não conseguiu travar", "perdeu o controlo do veículo", "soltou o cão", "deixou que o animal contactasse com as crianças", "deixou o portão aberto" ou "não colocou o açaime". Nesse sentido – dando agora razão a I. Puppe – também as narrativas dos comportamentos do agente não descrevem factos puramente externos porque, eles próprios, são dotados de uma conotação subjectiva[919]. Como temos repetido ao longo

[918] Segundo Paul Ricouer, *O Discurso da Acção... op. cit.*, p. 110, o acto mental pode estar enunciado na própria linguagem, na correlação do "semântico" e do "psíquico".

[919] Segundo Ingeborg Puppe, "La construcción del delito", *El Derecho Penal como Ciência... op. cit.*, p. 193: "...a distinção entre tipo objectivo e tipo subjectivo é antinatural e, em rigor, irrealizável pelo facto de qualquer descrição de uma conduta que se possa utilizar no tipo objectivo

do nosso estudo, o agente não é uma massa mecânica, nem um fantasma dentro de uma máquina, é uma pessoa determinada, com um passado, com uma história, com uma personalidade singela e, em princípio, com vontade e consciência para assumir comportamentos activos ou passivos em determinadas circunstâncias.

Agora podemos dar um passo adiante nas nossas conclusões. Por um lado, os elementos do tipo legal de crime, mesmo os subjectivos, têm por referência tudo o que pode ser manifestado exteriormente e comprovado processualmente em enunciados de facto descritivos, assumindo, por isso, uma conotação mais objectiva. Por outro, aquilo que é manifestado exteriormente e narrado em proposições, serve de fundamento para deduzir, através de juízos de valor, o estado cognitivo e volitivo do agente, assumindo, por isso, uma conotação subjectiva. Noutras palavras ainda: a matéria de direito, mesmo quanto aos elementos subjectivos do ilícito, procura um fundamento do mundo exterior e intersubjectivo para a sua realização, ou seja, procura os indicadores externos e contextuais dos factos; por seu turno, a matéria de facto, particularmente as proposições de facto verdadeiramente descritivas, têm potencial para remeter, a partir do exterior, para estados cognitivos e volitivos do agente, entre outros estados interiores-subjectivos, assim valorados pelo terceiro observador com base num determinado contexto. Parece algo contraditório, mas conflui naquilo que chegámos a afirmar: não se podem comprovar os estados subjectivos interiores, mentais ou volitivos, sem comprovar, primeiro e anteriormente, os factos exteriores que lhes sirvam de fundamento.

## 4. O duplo juízo de valoração num sistema de justiça criminal axiologicamente orientado

Na realização jurisdicional do direito penal distingue-se a descrição dos comportamentos ao nível da matéria de facto da compreensão do seu sentido especificamente jurídico-criminal ao nível da matéria de direito. A primeira é da responsabilidade do terceiro espectador que ergue as narrativas processuais dos factos, a segunda está ao encargo do órgão jurisdicional ou aplicador do direito que procede à qualificação jurídica

tem uma conotação subjectiva" (tradução livre). Cfr., também, no mesmo artigo da autora, com ideia próxima, p. 206.

desses mesmos factos (*narra mihi factum dabo tibi jus*). Na verdade, estamos perante dois diferentes juízos de valoração ou, melhor, perante um *duplo juízo de valoração*: a narrativa dos factos implica sempre uma selecção valorativa, como vimos, sob determinadas condições jurídico-processuais; e o processo concreto de qualificação jurídico-criminal e de conhecimento do direito, por sua vez, também implica um juízo valorativo, com diferentes vínculos, formais e informais, agora de natureza jurídico-substantiva. São juízos que efectivamente estão vinculados a importantes pressupostos especificamente jurídicos de um determinado sistema axiologicamente orientado que visa realizar concretamente o direito penal.

Para ilustrar, retomemos o "Exemplo 4" intitulado "aparência de omissão de auxílio na estrada". Ao nível da matéria de facto, faz parte da descrição que o agente retomou a via de trânsito e prosseguiu a sua marcha depois de embater em uma ou mais pessoas. Primeiro, há um processo de selecção que considera esses factos como importantes para serem comunicados ao sistema, muito devido aos interesses das pessoas que estavam em causa e respectivos bens jurídicos. Há, de igual modo, uma comprovação processualmente válida da matéria de facto seleccionada, não se tratando de uma narrativa da ordem do imaginário, puramente ficcional ou sem uma base "realista", dentro daquilo que assim pode ser considerado em termos probatórios. Depois, ao nível do direito penal substantivo, há um determinado significado que pode ser atribuído ao comportamento do agente. Diríamos que se trata de uma *conduta activa*, uma vez que o agente embateu com o seu veículo em determinadas pessoas, ou seja, agiu activamente, assumindo "um *facere*", "um *agere*" ou um "movimento", como queiramos. Com essa conduta activa, ao embater em certas pessoas, terá ofendido a sua *integridade física*, interesse que se encontra juridicamente protegido no ordenamento jurídico-criminal português. Nesse aspecto, o juízo de valoração jurídico-criminal poderá ter presente os crimes contra a integridade física formulados pelo legislador. Com um olhar mais preciso, também diríamos que, naquelas mesmas circunstâncias, o agente, ao retomar a via de trânsito, deixou de prestar auxílio às pessoas que atropelou, ou seja, "não agiu", "não realizou uma acção" ou "não assumiu um movimento", quando deveria tê-lo feito ou quando seria exigível que o fizesse. Nesse caso, estamos perante uma *conduta omissiva* que comunica uma falta de solidariedade humana perante as pessoas que se encontravam numa situação de necessidade provocada pelo acidente[920]. Estão presentes, novamente, certos interesses jurídicos protegidos que, em geral e abstracto, o legislador acautelou.

Como é evidente, não é o terceiro observador, na matéria de facto, que anuncia expressamente que estamos perante uma conduta activa e um crime de ofensa à integridade física, ou perante uma conduta omissiva e um crime de omissão de auxílio. A matéria de facto apenas descreve os comportamentos de acordo com as regras processuais penais. Além disso, também não será o terceiro observador a decidir se estamos perante um eventual concurso efectivo de crimes entre a ofensa à integridade física e a omissão de auxílio, ou discutir se igualmente estamos ou não perante um concurso efectivo de crimes de ofensa à integridade física, visto que várias pessoas foram atropeladas. Quem procede à valorização especificamente jurídico-criminal, convocando todos os pressupostos substantivos do sistema, é o terceiro intérprete ou aplicador do direito. É o próprio que irá identificar concretamente as formas de aparecimento do crime dentro do objecto do processo.

As formas de aparecimento do crime são enformadas a partir desse mesmo sistema público de orientação intencionalmente jurídico-criminal. Os conceitos de "conduta activa" e "conduta omissiva", assim como os conceitos de "conduta dolosa" e "conduta negligente", são conceitos delimitadores e de natureza funcional porque servem uma determinada finalidade. São quadros de referência qualificativos ou classificatórios que servem intenções especificamente jurídico-criminais. Não são conceitos descritivos de factos. Não são distinções conceptuais no campo da filosofia, da sociologia, da filosofia política ou de qualquer outra disciplina extra-jurídica, porque essas não operam na classificação dos factos levantados jurídico-processualmente com vista à realização concreta do direito penal. Essas disciplinas, com especial pretensão para a teoria, não especificam as formas de aparecimento do crime. Podem declarar o que, na sua óptica, são "condutas activas" ou "condutas omissivas", "dolo" ou "negligência", mas nunca com uma declaração especificamente orientada para um desempenho eminentemente prático-normativo, tendo pre-

[920] Com este fundamento, Américo Taipa de Carvalho, "Artigo 200.º (Omissão de auxílio)", *in*: *CCCP*, Parte Especial, tomo I, Coimbra: Coimbra Editora, 1999, p. 846, §2

sente certas orientações valorativas formais e informais, servindo uma finalidade especificamente jurídico-criminal; antes servem outro tipo de finalidade, seja ela epistemológica, sociológica ou estritamente política. Ora, a realização concreta do direito penal está naturalmente depurada dessas finalidades, porque o seu objectivo é precisamente resolver problemas práticos relacionados com a existência ou a inexistência do crime, tendo por base uma "ciência" própria, com um método próprio e com pressupostos e fundamentos próprios. As formas de aparecimento do crime não fazem parte de uma ciência de "pura contemplação"[921], fazem parte de uma ciência prática e jurídico-normativa que clarifica e classifica as situações de facto de acordo com um sistema de orientação valorativa[922]. Isso quer dizer, muito simplesmente, que os comportamentos "activos", "omissivos", "dolosos" ou "negligentes" são qualificações que resultam de um juízo concreto de conhecimento do direito penal. Significa, numa perspectiva ampla, que se afiguram juízos que agregam o processual, o substantivo, o científico, o normativo, o quotidiano, entre outros elementos próprios de um discurso de justiça criminal[923].

Com efeito, temos vindo a afirmar reiteradamente que, num primeiro momento, ao nível da matéria de facto, trata-se de um juízo condicionado a um quadro amplo de vinculações legais e constitucionais, em virtude da natureza publicista do conhecimento e da comprovação da "realidade dos factos concretos". Aqui estão presentes princípios tão diversos como a oficialidade, a legalidade, a acusação, o contraditório, a suficiência, a investigação, a legalidade da prova, a publicidade ou, entre outros, a presunção de inocência. Depois, ao nível da matéria de direito, são juízos de qualificação especialmente vinculados à formulação abstracta do tipo legal de crime realizada pelo legislador, cuja natureza reclama precisamente uma intervenção prática do poder jurisdicional[924]. De uma forma

[921] Pensando bem nas palavras de L. Cabral de Moncada, *Filosofia do Direito e do Estado...* vol. 2.º, *op. cit.*, p. 74

[922] Já Gustav Radbruch, *El Concepto de Acción... op. cit.*, p. 55, escrevia que a ciência jurídica deve preparar o direito para a sua aplicação prática.

[923] Cfr. Arthur Kaufmann, "A problemática da filosofia do direito ao longo da história", *op. cit.*, p. 207

[924] Cfr. a determinação dogmática dos tipos em António Castanheira Neves, *Digesta...* vol. 1.º, op. cit., pp. 468-470

mais geral, o próprio tipo de crime está sujeito a determinados princípios de ordem valorativa que são concretamente fiscalizados pelos tribunais, pensando, p. ex., na dignidade do bem jurídico protegido, na intervenção mínima do direito penal (considerando o princípio da proporcionalidade) ou no princípio da legalidade criminal. Mais ainda, são juízos de qualificação vinculados a um sistema de orientação valorativa que se estrutura de modo a permitir garantias de recurso das decisões de primeira instância, garantias de fiscalização que promovem a conformidade da ordem jurídico-penal com os limites explícitos e implícitos de ordem jurídico-constitucional, assim como garantias de fiscalização que promovem a conformidade da ordem jurídico-penal nacional com os mandatos e princípios político-criminais comunitários, europeus e internacionais. Eis, novamente, a complexidade enredada de um sistema jurídico vinculado ao próprio conteúdo formal de Estado de Direito, uma vez que estão em causa os poderes institucionalizados dos tribunais no contexto do princípio da separação de poderes. Trata-se, aqui também, de uma *condição de eficácia* do sistema de orientação axiologicamente determinado que visa realizar concretamente a justiça criminal[925]. Será na experiência dos tribunais que se *vivifica* essa orientação, considerando, em termos procedimentais e operativos, pessoas concretas (individuais ou colectivas), interesses concretos (individuais, colectivos, públicos ou privados) e problemas jurídicos concretos na balança da justiça, todos relacionados com a existência ou inexistência de um crime. Será esse o papel do juízo jurisdicional, processual e prático: descobrir, de acordo com uma certa orientação do sistema, se houve ou não crime.

A importância deste raciocínio também não é meramente teorética. Permite-nos pensar o direito penal a partir da sua realização jurisdicional. No limite, seríamos tentados a concluir que *o verdadeiro e único "direito" de conteúdo jurídico-criminal, aquele que delimita concretamente a noção de "crime" e, consequentemente, a noção de "comportamento ilícito-típico", não existe para além do poder de decisão dos tribunais.* A união entre a teoria e a prática – a práxis – acontece exclusivamente nos tribunais. É nos tribunais, na sua prática quotidiana, que se realiza o direito penal e onde se desenvolve

[925] Cfr. António Braz Teixeira, *Sentido e Valor do Direito... op. cit.*, p. 156

o processo do seu conhecimento de acordo com uma certa orientação axiologicamente determinada, considerando todos os seus pressupostos. Parece que o direito penal e os seus "princípios de justiça" apenas ganham vida à luz do problema do caso individual e concreto, processualmente adquirido, que reclama uma decisão operativa de natureza jurisdicional. No fundo, parece que o direito penal somente se realiza através de um acto processualmente conformador, especialmente através de um acto de poder jurisdicional devidamente *fundamentado*. Pensemos nos actos do MP (p. ex. despacho de arquivamento), do JIC (p. ex., despacho de não pronúncia), do juiz de julgamento (p. ex. sentença parcialmente condenatória), dos juízes de recurso (p. ex. acórdão que concede parcial provimento a recurso), dos juízes do STJ (p. ex., o acórdão de fixação de jurisprudência), dos juízes do TC ou, também, dos juízes do TJUE e do TEDH. Mas se as coisas forem assim, estaremos perante um direito de conteúdo substancialmente jurisprudencial. "Direito penal" será sinónimo de "justiça penal", afigurando-se um "direito" em *sentido topológico*, exclusivo do local onde a justiça é prestada[926].

Caso retiremos os casos concretos (ou os "factos provados") e o procedimento processual de justiça (o "processo penal") da equação, o direito penal perde o seu conteúdo "real" e "histórico", passando a ser uma fórmula de conteúdo genérico[927]. Aliás, caso retiremos os tribunais da equação, ficamos, por um lado, com um direito penal *em sentido estritamente formal ou normativo*, e, por outro, com um direito penal *em sentido material*, isto é, como algo que pode ser definido como "crime" independentemente das definições gerais e abstractas dos tipos penais e das condições processuais[928]

Em relação ao direito penal *em sentido normativo*, a história do pensamento jurídico e a metodologia que chega aos dias de hoje diz-nos que "direito penal" está muito para além da "lei penal em vigor", sendo esta última um mero "quadro de referência" ou uma "matéria prima", entre outras existentes, a partir da qual é possível proceder à descoberta

[926] Sobre esta acepção, Paulo Ferreira da Cunha, *Filosofia do Direito... op. cit.*, p. 333

[927] Cfr. raciocínio em Fritjof Haft, "Direito e Linguagem", *op. cit.*, pp. 315-316

[928] Cfr. "direito" em sentido normativo e "direito" em sentido objectivo em Paulo Ferreira da Cunha, *Filosofia do Direito... op. cit.*, pp. 331-333

daquele primeiro. Porém, já no diz respeito ao direito penal *em sentido material*, nos termos do qual se procura "a própria realidade justa" ou a "natureza das coisas" relacionadas com a noção de "crime" – superando, assim, os pressupostos vinculativos de natureza positiva, como a lei penal em vigor ou o precedente jurisprudencial –, é um "direito" que faz parte das ambições que dizem directamente respeito ao sistema de orientação valorativa de índole político-criminal, sobretudo quando alusivo a um *sistema aberto ao desenvolvimento social, científico e jurídico*. Uma noção material de "direito penal" ou de um "direito" de conteúdo jurídico-criminal é imprescindível para caracterizar um "sistema aberto", não sendo uma fórmula vazia de construção teórica enquanto fundamentar discussões e decisões *político-criminais* e *jurídico-constitucionais* (de fiscalização) ao nível da criminalização de certas condutas, como sucede especialmente com matérias controversas relacionadas, p. ex., com a morte assistida, o aborto, o incesto, o lenocínio, o enriquecimento injustificado, o consumo de estupefacientes ou os maus tratos a animais de companhia.

Estamos agora em condições de avançar numa conclusão quanto à caracterização dos juízos de qualificação especificamente jurídico-criminais, particularmente aqueles realizados no processo de descoberta do comportamento ilícito-típico. São juízos prático-jurídicos porque não representam apenas uma tarefa teórica, representam também e sobretudo uma tarefa eminentemente prática. Aqui a função da prática não será promover problemas conceptuais centrados na definição de um *supraconceito* geral e pré-jurídico de "conduta". A função da prática será deslindar o significado especificamente jurídico-criminal de um comportamento individual, concreto e processualmente definido. Faz parte de uma ciência argumentativa, fundamentada, lógico-material, realizada por homens, com todos os defeitos e imperfeições que isso pode implicar. Procura-se qualificar ou dar um significado a um "pedaço de vida", representativo de uma realidade histórico-concreta, a partir de *quadros de referência intencionalmente jurídico-criminais*, abertos às transformações da vida em sociedade, abertos a referências exteriores ôntico-ontológicas, axiológicas e éticas, abertos à argumentação-fundamentação, abertos às transformações do próprio direito, num *espaço de transformações de sentido*. Esse espaço de transformações de sentido, a partir do qual é possível realizar um duplo juízo de valoração e encontrar o comportamento ilícito-

-típico (e, também, o comportamento atípico e lícito), tem necessariamente uma natureza publicista por se encontrar vinculado a pressupostos jurídico-legais, jurídico-constitucionais e informais de diversa natureza.

## 5. O comportamento ilícito-típico: primeiro a "ilicitude" e depois a "tipicidade"?

A teoria da conduta na realização concreta do direito penal também suscita importantes aspectos teóricos relacionados com a *ilicitude* e a *tipicidade* que não podemos ignorar. A pergunta central está relacionada com a fundamentação encontrada para converter, em termos jurídico-substantivos, um comportamento processualmente adquirido num *comportamento ilícito-típico*. Pergunta-se: ao colocarmos o "ilícito" num lugar primário em relação ao "típico", significa que a essencial conotação jurídico-criminal de um comportamento deriva da ilicitude? Por outras palavras: significa que *a ilicitude é o pressuposto dos pressupostos ao nível da matéria de direito*?

É preciso considerar que, antes mesmo de haver um juízo de direito no âmbito jurisdicional, há um juízo político-criminal de criminalização em cuja noção de *ilicitude criminal* é essencial para destacar determinadas condutas e ou resultados perante determinados bens jurídicos que se visam proteger. Nesse sentido, H.H. JESCHECK e THOMAS WEIGEND defendem que a "ilicitude material" é o ponto de orientação do legislador na elaboração dos tipos de crime[929].

Por exemplo, o consumo de certas drogas, dentro de certas quantidades, deixou de ser uma conduta objecto de um processo crime em Portugal, saindo da esfera de decisão dos tribunais e passando a ser uma contraordenação. Até então, o consumo de estupefacientes era considerado crime, *não devido à tipicidade ou à sua determinação legal*, mas devido à carga axiológica do bem jurídico que se pretendia proteger, num entendimento que valorizou especialmente a saúde pública e todos os efeitos nocivos e colaterais que o próprio consumo acarreta para a sociedade, independentemente da quantidade em causa. Essa valorização especificamente jurídico-criminal foi então relativizada e repensada, no balanço com outros

[929] Hans-Heinrich Jescheck/Thomas Weigend, *Tratado de Derecho Penal: Parte General... op. cit.*, p. 251

interesses, e decidiu-se *descriminalizar* os comportamentos de consumo quando estão em causa quantidades residuais, remetendo o problema, nesses casos, para o direito de mera ordenação social. No futuro, fruto de um diferente entendimento político-criminal, nada impede que se proceda a uma nova criminalização do consumo de quantidades pequenas de estupefacientes ou substâncias psicotrópicas de catálogo.

Nesse aspecto, tudo depende do juízo político-criminal em relação aos próprios bens jurídicos que se pretendem proteger, na balança com outros interesses individuais ou colectivos das pessoas ou da comunidade. A *formulação da norma de ilicitude criminal,* em termos gerais e abstractos, depende desse juízo, pois só assim, tendo presente todo esse balanço ou graduação de interesses, o legislador pondera a melhor forma de proteger o bem jurídico em causa: crime de dano ou crime de perigo, crime de execução vinculada ou crime de execução livre, crime de mera actividade ou crime de resultado, crime doloso ou crime negligente, crime público ou crime semi-público, entre outras possibilidades. Além do mais, se existem "tipos abertos", "exemplos-padrão" ou "normas penais em branco", devem-se muito à forma abrangente como se pretende proteger um bem jurídico através dessas técnicas legislativas características. Portanto, a forma como se tutela um bem jurídico está muito relacionada com o que se entende ser, em termos gerais e abstractos, *a conduta e ou o resultado ilícito para os bens jurídicos protegidos*[930]. Presente está uma noção de bem jurídico com objectivos críticos, materiais ou político-criminais, como forma de avaliar e determinar a criminalização[931], mas também, ao mesmo tempo, uma noção de "ilicitude material". A este nível, será uma noção de ilicitude que já contém em si mesma os *elementos subjectivos* da conduta, ou seja, *elementos pessoais* que já tomam em consideração a forma como o agente pode actuar, dolosa e ou negligentemente, em geral e abstracto, perante os interesses protegidos.

[930] Sendo certo que a ilicitude criminal também se caracteriza, como é sabido, pela escolha de certas penas e medidas de segurança: ao estarem associadas consequências jurídicas dessa natureza, há uma dissuasão geral – ou, melhor, uma prevenção geral – em relação à prática das condutas e ou resultados considerados ilícitos.

[931] Sobre o assunto, Juan Antonio Lascuraín, "Bem jurídico e objecto protegível"... *op. cit.*, pp. 717-718

No ordenamento jurídico português, em virtude das finalidades da determinação legal e do princípio da legalidade criminal, a ilicitude criminal encontra-se formalizada, por escrito, na *tipicidade*. As características específicas do tipo objectivo e do tipo subjectivo do crime são especialmente concebidas a pensar na protecção de bens jurídicos. Caso contrário, questiona-se, p. ex., por que razão o crime de "homicídio" não é um crime de execução vinculada? Por que razão o crime de "homicídio" é um crime público? Por que razão existe um crime de "homicídio por negligência"? Por que razão o mero perigo abstracto da condução de veículo em estado de embriaguez é considerado crime? E assim por diante...

A resposta às perguntas será sempre a mesma: a tipicidade parece ser uma consequência do juízo de ilicitude criminal do legislador. A autonomia ou a independência do conteúdo da tipicidade parece estar comprometida pelo conteúdo da ilicitude, havendo um *prius* desta em relação àquela. Será considerada, no limite, uma "ilicitude criminal tipificada", tal como entendia E. MEZGER.

Sempre se diga contudo que H. WELZEL era crítico em relação a esta forma de ver o problema devido à função autónoma ou independente que o próprio concedia à tipicidade, antes mesmo de um juízo de ilicitude e de culpa[932]. Para o autor alemão, a tipicidade permitia descobrir a relevância jurídico-criminal de um comportamento através da própria *descrição material* da conduta proibida ou criminalmente relevante[933]. E essa conclusão foi importante, como sabemos, para introduzir os elementos subjectivos da conduta ao nível da tipicidade, passando a ser uma descrição ainda mais completa, uma descrição que também permitia descobrir os comportamentos dolosos ou negligentes. Entre nós, A. TAIPA DE CARVALHO também foi crítico no que diz respeito à colocação da ilicitude num patamar anterior à tipicidade[934]. No decurso do nosso estudo temos igualmente salientado a *importância teórico-prática da tipicidade*, não limitada às finalidades da realização jurisdicional do direito penal: pensemos nos fins político-criminais de prevenção geral; pensemos na importância da "moldura semântica" para identificar, com meridiana clareza, o con-

[932] Hans Welzel, *El Nuevo Sistema del Derecho Penal... op. cit.*, pp. 80-81

[933] Hans Welzel, *El Nuevo Sistema del Derecho Penal... op. cit.*, p. 82

[934] Cfr. Américo Taipa de Carvalho, *Direito Penal, Parte Geral*, vol. II, *op. cit.*, pp. 45-46

junto de comportamentos que fazem parte da incriminação; pensemos na segurança jurídica e no limite garantístico mínimo que o elemento literal do discurso normativo, enquanto "quadro de referência", concede ao julgador perante o legislador ou concede ao cidadão perante as autoridades; pensemos, no geral, na importância do princípio da tipicidade como orientação valorativa pública que expressa as intenções de Estado de Direito, não apenas como um "Estado Democrático de leis", mas também como um "Estado de Direito material". E outros argumentos seriam possíveis. Aquele que mais vezes temos repetido está relacionado com o facto de a tipicidade não albergar apenas a incriminação, uma vez que também permite deduzir o que não é crime, delimitando, em termos gerais e abstractos, a *conduta permitida* – o próprio H. WELZEL assim concluía[935]. Na realização jurisdicional do direito penal, perante o caso concreto, isso poder-se-á exprimir em decisões de arquivamento, não pronúncia e absolvição.

Não obstante, mesmo reconhecendo as suas finalidades, é sempre possível questionar a natureza do conteúdo da tipicidade. A partir do conceito "internacional-penal" de conduta (KAI AMBOS) vimos que é viável identificar *quadros consuetudinários internacionais que enformam os conteúdos de uma ilicitude criminal*. Isso tem um significado muito simbólico: a ilicitude pode efectivamente assumir uma autonomia própria, com uma especial força prática, em dimensões não positivadas, onde os interesses das pessoas e da própria comunidade (local, nacional, internacional, etc.) se confrontam reciprocamente. Será uma ilicitude *criminal* devido à carga valorativa ou qualitativa dos interesses que são postos em causa[936]. Será uma ilicitude criminal devido ao seu valor ético-social, devido ao *ethos* social comunitário que lhe está subjacente num determinado contexto histórico-territorial. Para efeitos político-criminais, tudo indica que a essência da "ilicitude" é encontrada numa *dimensão material extra-típica*, surgindo espontaneamente ou reiteramente na vida de uma sociedade ou de uma comunidade através de certos acontecimentos que põe em perigo ou lesam certos interesses individuais ou colectivos considerados especialmente valiosos. Cumpre depois ao legislador, democraticamente

[935] Hans Welzel, *El Nuevo Sistema del Derecho Penal... op. cit.*, p. 80

[936] Veja-se Claus Roxin, *Derecho Penal, Parte General*, tomo I, *op. cit.*, p. 559

legitimado (sendo esse o caso), criminalizar certas condutas e ou resultados de forma a proteger esses interesses, interpretando e justificando, da melhor forma, a sua "natureza" perante o "sentimento colectivo". Certamente que todo esse juízo de ponderação, político-criminal, poderá ter diferentes conteúdos se compararmos diferentes sistemas ou ordenamentos jurídicos.

Podíamos desenvolver o exemplo dos "ataques do 11 de setembro de 2001" que *espontaneamente* desencadearam as mais variadas normas de natureza jurídico-criminal ou, também, o exemplo relacionado com o ambiente que *reiteradamente* formou um certo "sentimento de ilicitude" em relação a algumas condutas[937]. Mas um exemplo que já por si é suficiente elucidativo, em Portugal, encontra-se no Projecto de Lei n.º 475/XII, datado em 2013, que tinha como objectivo criminalizar os maus tratos a animais de companhia. Na exposição de motivos, referia-se que há uma necessidade de protecção da vida animal que reúne "um amplo e generalizado consenso" nas sociedades contemporâneas, sendo a "dignidade e o respeito atribuídos à vida animal" princípios integradores da política legislativa da UE; mais importante ainda, referia-se que "com estas novas tipificações criminais pretende-se garantir as exigências de prevenção geral, especial e de retribuição aceitáveis pela consciência social actual".

Este discurso político-criminal faz-nos lembrar de certo modo a "vontade geral" que se discute na filosofia política[938]. Ficam algumas perguntas por responder: qual é o significado de "consciência social actual"? E, para além disso, o que é um "amplo e generalizado consenso"? Entramos, novamente, num relativismo valorativo?

É possível argumentar que, até àquele momento, tratavam-se de sentimentos colectivos de *ilicitude criminal* em relação às condutas que, sem qualquer motivo, infligiam maus tratos físicos aos denominados "animais de companhia"[939]. No entanto, também é possível contra-argumentar e

[937] Cfr., *supra*, nota 755.

[938] Essencial, Jonathan Wolff, *Introdução à Filosofia Política... op. cit.*, pp. 116-126 e 131

[939] Veja-se Anabela Rodrigues, "Direito Penal e Constituição – o que resta do conceito de bem jurídico-penal?", *op. cit.*, pp. 151-152

questionar por que razão não se tratavam antes de sentimentos colectivos de *ilicitude contraordenacional*...

Na verdade, todas as matérias da zona controversa do criminalizável, isto é, num espaço onde há dúvidas em relação ao *sentido de desvalor jurídico-criminal* – p. ex., o consumo de certas drogas, o aborto, o incesto, a prostituição, o enriquecimento injustificado, a eutanásia ou, neste caso, os maus tratos a animais de companhia –, *são matérias controversas em relação à ilicitude criminal das condutas e ou dos resultados devido à ponderação dos valores que estão em causa num determinado contexto histórico-cultural de uma sociedade.* Como já tivemos oportunidade de observar, não está apenas em causa um juízo de natureza jurídica, está também em causa um juízo de natureza política. A discussão tem potencial para se prolongar até aos limites que devem existir à decisão legislativa criminalizadora, como p. ex. os limites de ordem jurídico-constitucional[940].

Ultrapassada esta questão, vamos admitir que a ilicitude criminal co-existe efectivamente com a tipicidade. Surgem então os casos concretos. Promove-se a realização jurisdicional do direito penal. Pergunta-se, neste âmbito, qual é o papel da "ilicitude" perante a "tipicidade" e, também, perante os factos concretos da vida em sociedade.

No âmbito da *matéria de facto*, como temos vindo a defender, o terceiro observador não se encontra num "estado de natureza" ou em "terra de ninguém". Nesse caso, qualquer pessoa, o "homem médio", terá noção de que existem certos e determinados interesses especialmente valiosos na sociedade onde se insere, interesses que se encontram protegidos pelo Estado. Ou seja, o terceiro observador terá sempre um certo *sentido de desvalor* em relação a certos comportamentos e resultados que sucedem na vida em sociedade. E esse sentido de desvalor não decorre directamente da noção de tipicidade, *esse sentido de desvalor decorre directamente da noção de ilicitude.* O cidadão comum pode até não conhecer os contornos literais da tipicidade de um crime, mas pode ter um importante "sentimento de ilicitude" – e não um "sentimento de tipicidade" – que permite destacar os factos relevantes sempre que são lesados ou postos em causa determi-

[940] Já respondemos, em capítulo próprio, quais são os limites à criminalização de condutas no âmbito do ordenamento jurídico português e no contexto jurídico-europeu e internacional, *supra* (2.) cap. II, parte I.

nados interesses publicamente conhecidos e considerados importantes por uma comunidade. A ilicitude, pela sua dimensão qualitativa, é uma espécie de "guia valorativo" para a identificação da matéria de facto criminalmente relevante, indo ao encontro do que se disse anteriormente a propósito da "aparência da ilicitude criminal" e do critério de selecção dos factos com base nos bens jurídicos protegidos. Sem um guia valorativo desta natureza não é possível ao terceiro observador reconhecer acontecimentos perturbadores ou ofensivos da vida em sociedade.

De resto, se a materialidade da ilicitude estivesse simplesmente reduzida ao conteúdo literal da tipicidade, levando a reproduzir a letra da lei, estaríamos perante matéria de facto conclusiva e não descritiva ("fórmulas" e não "factos").

Pensando agora na *matéria de direito*, a ilicitude deverá ser, da mesma forma, um guia valorativo. E isto sem prejuízo de a tipicidade reproduzir e garantir, com uma função de garantia, a natureza dessa ilicitude. Na verdade, caso a ilicitude remetesse simplesmente à sua qualidade positivista-legalista, enquanto mera vontade do legislador expressa na tipicidade, estaríamos perante uma *ilicitude formal*. Seria assim uma mera *conduta de desobediência* a uma norma penal do Estado, muito próximo do entendimento de G. Jakobs, assumindo aqui uma perspectiva objectivista. Para além da sua dimensão formal, como tem defendido a maioria da doutrina, a ilicitude criminal remete também a *elementos materiais e pessoais*.

Primeiro remete para um elemento material, pois são os interesses postos em perigo ou lesados *no caso concreto* que constituem a materialidade do ilícito. Voltamos àquela ideia de que a ilicitude expressa ou implícita na tipicidade é apenas uma ilicitude formal. C. Roxin refere que é a "ilicitude material" que admite interpretar um comportamento como sendo *socialmente adequado* à luz de um específico tipo de crime, sempre que o mesmo não ponha em perigo ou lese um bem jurídico protegido no caso concreto (utilizando, p. ex., o critério do risco proibido)[941]. A ilicitude assume, uma vez mais, uma certa dimensão extra-típica ou não positivista com suficiente autonomia, *coincidindo com o conteúdo material dos bens jurídicos*. Caso dependesse unicamente do teor literal da tipici-

[941] Claus Roxin, *Derecho Penal, Parte General*, tomo I, *op. cit.*, p. 560.

dade, isto é, caso dependesse de um mero juízo de subsunção, os comportamentos consideráveis socialmente adequados poderiam ser inevitavelmente considerados como *comportamentos típicos*. Havendo dúvidas a respeito da materialidade da ilicitude, basta atentar aos juízos de ponderação associados às *causas de justificação da ilicitude* e ao especial contributo de E. MEZGER para admitir um "princípio da valoração dos bens"[942].

Depois, no seguimento, a ilicitude remete para um elemento pessoal, indo ao encontro de uma noção de *ilicitude pessoal*[943]. Ou seja, trata-se de uma ilicitude que procura mais do que a parte externa do crime que traduz a perigosidade ou danosidade social, trata-se de uma ilicitude que também procura os *elementos pessoais do comportamento* do agente que fundamentem o sentido de desvalor. Nesta ordem de ideias, não basta haver um comportamento que coloque em perigo ou lese bens jurídicos protegidos (*desvalor de resultado*), é necessário ainda, consoante o caso, que se afigure um comportamento concretamente intencional ou descuidado (*desvalor de conduta*).

Estas breves considerações vão ao encontro do que temos defendido, pelo menos de uma forma implícita, a propósito da natureza da realização jurisdicional do direito penal: a essencial conotação jurídico-criminal não decorre exclusivamente da tipicidade ou dos seus elementos (como o tipo de conduta), porque a tipicidade é simplesmente um dos pressupostos *formais* do processo de descoberta do direito – um dos mais importantes, é certo, no âmbito do ordenamento jurídico português –, sendo imprescindível considerar outros que confiram uma dimensão mais *concreta* ao direito penal[944], como é o caso de uma noção de ilicitude dotada com elementos materiais e pessoais.

[942] Cfr., *supra*, referência da nota 673; e Claus Roxin, Política Criminal y Sistema del Derecho Penal... op. cit., pp. 77-80

[943] Não será essa a posição, p. ex., de Günther Jakobs, "El concepto jurídico-penal de acción"... *op. cit.*, pp. 93-94. Para um estudo aprofundamento acerca da ilicitude pessoal, veja-se António Manuel de Almeida Costa, *Ilícito Pessoal, Imputação Objectiva e Comparticipação em Direito Penal*, tomo II... *op. cit.*

[944] Neste sentido também conclui Cristina Líbano Monteiro, *Do Concurso de Crimes... op. cit.*, pp. 338-339

# Conclusão

Sob a perspectiva da realização jurisdicional do direito penal, há um conceito de "conduta" que assume um lugar sistemático dentro da teoria do crime com uma relativa autonomia em relação aos restantes pressupostos dogmáticos, em momento anterior à ilicitude ou à tipicidade. Trata-se de um conceito com conteúdos axiológicos e jurídicos que servem propósitos intencionalmente jurídico-criminais.

**i)** Um conceito desta natureza cumpre adequadamente com uma *função de classificação* porque é capaz de abranger todas as formas de aparecimento do crime. Isso deve-se muito à natureza do processo penal. As narrativas processuais dos factos implicam, elas próprias, juízos de valoração acerca dos acontecimentos da vida em sociedade. O comportamento do agente pode ter na sua raiz mais profunda uma realidade isenta de valorações, "naturalística" (F. V. Liszt) ou "ontológica" (H. Welzel), a mesma realidade que se apresenta ou emana perante todas as pessoas de uma forma incondicional, todavia, a identificação, a escolha e a comunicação de um pedaço dessa realidade implicam sempre um *juízo de valoração por parte de um terceiro observador*. Há juízos de valoração em relação a todas as formas de aparecimento do crime, mesmo os meros movimentos corporais, conscientes e voluntários, resultam de uma valoração que assim os identifique. Sem esse juízo valorativo teríamos que admitir a possibilidade de haver observações perfeitas e absolutas da realidade, de tal forma que seriam incontestáveis a todos os níveis, como se estivéssemos perante uma realidade completamente depurada da observação humana, não sujeita, p. ex., a equívocos, manipulações, interesses, diferentes personalidades ou diferentes formas de expressão. Sem esse juízo valorativo não seria possível, por outro lado, dar uma especial relevância a determinados comportamentos perante certos resultados. Não seria possível dar relevância, em termos objectivos, a um comportamento passivo de quem "nada faz" perante um certo acontecimento da vida em sociedade (conduta omissiva). Nem seria possível dar relevância, em termos subjectivos, à falta de conformação ou de consciência perante um determinado resultado (conduta negligente). Ora, essas ligações entre comportamentos e resultados apenas são possíveis, repita-se, devido à relevância que lhes é conferida pela perspectiva intersubjectiva do terceiro observador, com base numa determinada orientação valorativa do sistema jurídico-criminal, superando, definitivamente, perspectivas meramente naturalísticas ou ontológicas. Até porque o terceiro observador não vive em "terra de ninguém" ou num "estado de natureza". A narrativa dos factos é naturalmente realizada num momento *posterior* (*ex post*) aos próprios acontecimentos, permitindo concretizar uma selecção ponderada das ocorrências histórico-concretas consideradas importantes. E o próprio narrador já tem uma *pré-compreensão* (*ex ante*) da importância de certos interesses da sociedade onde se insere, permitindo identificá-los quando os mesmos são postos em perigo ou lesados pelos comportamentos das pessoas.

A função de classificação do conceito de "conduta" está assim directamente relacionada com a perspectiva do terceiro observador no âmbito do processo penal. Pode-se também argumentar que a função de classificação é viabilizada pelas livres possibilidades da narrativa processual dos factos: as formas de aparecimento do crime estão directamente dependentes da aquisição processualmente válida da matéria de facto. Na verdade, *tudo pode ser alegado desde que possa ser processualmente adquirido e devidamente comprovado*. Estamos agora a referir-nos à juridificação da matéria de facto e à respectiva sujeição às regras públicas e constitutivas do processo penal. A natureza da "conduta" que visa cumprir com uma função de classificação, de forma a englobar todas as formas de aparecimento do crime, está sujeita ao particular sistema de orientação valorativa que, no ordenamento jurídico português, assegura a oficialidade, o contraditório, a presunção de inocência, a estabilidade do objecto do processo, os meios de obtenção de prova, a impugnação, entre outras garantias ou princípios. Não se trata de um conceito com uma natureza pré-jurídica ou privatística. Esta conclusão é importante devido às pretensões doutrinárias de formular um conceito *pré-jurídico* de conduta. Para a realização jurisdicional do direito, o "socialmente relevante" (H. H. JESCHECK/T. WEIGEND), a "manifestação da personalidade" (C. ROXIN) e qualquer outro fundamento extra-jurídico que pretenda caracterizar as formas de aparecimento do crime, são fórmulas vazias de conteúdo caso não possam expressar narrativas de comportamentos processualmente válidos ao nível da matéria de facto.

**ii)** O mesmo conceito de "conduta" cumpre adequadamente uma *função de delimitação*. Mas não se trata de uma delimitação que separa, de uma forma definitiva, o que "é uma conduta" e o que "não é uma conduta", considerando aqueles exemplos clássicos de escola relacionados com actos reflexos, força irresistível, sonambulismo, hipnotismo, animais ou pessoas colectivas. Essa delimitação negativa não deve ser realizada à luz dos conteúdos jurídico-processuais da matéria de facto. As narrativas processuais podem descrever comportamentos "inconscientes" e "involuntários", comportamentos de animais e comportamentos associados à esfera de uma pessoa colectiva. Não deve haver uma delimitação negativa desse tipo de comportamentos, por um lado, porque os mesmos podem pôr em perigo ou lesar os bens jurídicos protegidos pelo direito penal. Por outro, não deve haver uma delimitação negativa porque, a qualquer momento, numa instância aberta ao desenvolvimento – seja social, científico-probatório ou jurídico –, pode-se chegar a uma diferente conclusão acerca da natureza dessas situações para uma noção de "conduta" que visa servir propósitos intencionalmente jurídico-criminais. Mais concretamente, a qualquer momento pode-se concluir que, afinal, o sonâmbulo e o hipnotizado podem agir de uma forma consciente ou voluntária, pode-se concluir que o agente não agiu sob força irresistível devido ao nível das forças exteriores que se fizeram sentir no caso concreto, ou pode-se também concluir que o agente não agiu de uma forma reflexa porque tinha vontade ou consciência suficientes. E isto porque o conceito de conduta deve ter conteúdos jurídico-processuais abertos não apenas às transformações dos conhecimentos da vida em sociedade, como também à fundamentação-argumentação, à produção de prova (p. ex. pericial) e à revisão-impugnação. Eis o cumprimento de uma função de delimitação realizada através dos próprios mecanismos do processo penal, num espaço público de transformações de sentido. Portanto, serão inadequados, novamente, todos aqueles conceitos de conduta que são formulados de modo a realizar uma delimitação rígida e inflexível em sede privatística ou pré-jurídica, afirmando de antemão que "não há conduta" em determinados casos, com base em critérios, p. ex., naturalísticos, ontológicos, anímico-espirituais ou ético-sociais.

Uma outra vertente da função de delimitação decorre daquela ideia de que a narrativa processual é naturalmente efectuada em momento posterior ao aparecimento dos factos (*ex post*) e de que o narrador já tem uma pré-compreensão (*ex ante*) dos valores ou interesses da sociedade onde está inserido. Isso permitirá ao terceiro observador – p. ex., sabendo que o sistema jurídico onde está inserido permite responsabilizar criminalmente as pessoas colectivas – identificar formas de aparecimento do crime que de outro modo seriam excluídas à luz de critérios pré-jurídicos. Será uma forma de delimitar comportamentos com uma determinada carga valorativa reconhecida em sociedade. Nesse aspecto, em princípio, há uma imbricação entre a função de delimitação e os quadros de referência jurídico-criminais, visto que os próprios comportamentos são narrados e carreados para o processo penal porque, desde logo, aparentam (em termos indiciários) colocar em perigo ou lesar interesses protegidos pelo direito penal. Encontra-se aí um importante "guia valorativo" que confere conteúdos axiológicos e jurídicos ao conceito de conduta, sem os quais poderíamos "ir quase ao infinito" na descrição dos pormenores relacionados com a realidade da vida em sociedade, uma vez perdidos no fluxo ininterrupto dos acontecimentos.

**iii)** Muito devido a esta última característica, própria da forma como o sistema de justiça criminal funciona, a noção de "conduta" enformada pelos conteúdos jurídico-processuais parece não cumprir adequadamente com uma ambicionada *função de ligação*. A narrativa processual dos factos, mesmo não pretendendo antecipar uma solução de direito, mesmo procurando descrever comportamentos individuais e concretos, tem potencial para perder a sua imparcialidade perante quadros de referência jurídico-criminais, especialmente perante o ilícito-típico. E isso é mais evidente em relação à forma como os elementos subjectivos do crime se exprimem na matéria de facto.

Com efeito, o rigor na identificação de um "pedaço de vida" perdido naquele fluxo constante de acontecimentos, está muito relacionado com uma pré-compreensão dos pressupostos de direito penal, havendo um nexo de relação ou imbricação entre a matéria de facto e a matéria de direito (num "círculo hermenêutico"). Os factos são escolhidos e alegados com vista a preencher pressupostos de direito penal substantivo, sendo importante observar e descrever o que se afigura criminalmente relevante[945]. Na verdade, a pré-compreensão da natureza criminal dos factos orienta o processo penal da cognição dos factos. A própria investigação é realizada com base no pressuposto de que existem "vestígios", "indícios", "indícios suficientes", "flagrante delito", "objectos que tiverem servido ou estivessem destinados a servir a prática de um crime", e assim por diante nos raciocínios que relacionam factos com direito. Depois, no momento da acusação, pronúncia ou condenação, consoante o caso, devem constar sempre os factos que constituem o crime, mesmo aqueles factos que remetem para a condição subjectiva do agente. A esse propósito, é preciso relembrar que as proposições da matéria de facto descritivas podem remeter, a partir do exterior, para acontecimentos não observáveis que entendemos possíveis devido a evidências empíricas, técnicas ou científicas, como sucede justamente com o estado interior-subjectivo do agente. Também é preciso relembrar que o problema do incumprimento da função de ligação do conceito de "conduta" está relacionado com a reprodução, ao nível da matéria de facto, dos elementos subjectivos do crime que constam na lei. Deixam de ser narrativas descritivas e passam a ser, em parte, narrativas conclusivas. Quanto a esse problema, tivemos oportunidade de olhar para a diferença entre "fórmulas" e "factos" a partir do comentário ao Acórdão do STJ n.º1/2015, sendo as primeiras meramente conclusivas e os segundos pretensamente descritivos. Especialmente com aquelas proposições de facto de natureza conclusiva, verifica-se uma pré-determinação ou antecipação do tipo subjectivo do crime, perdendo a sua imparcialidade perante o ilícito-típico.

**iv)** Ainda assim, voltando ao início, há uma relativa autonomia deste conceito de "conduta" perante os restantes pressupostos dogmáticos da noção sistemática de crime. A pré-compreensão dos pressupostos para a existência do crime ao nível da matéria de facto, a partir da qual se realiza

[945] Considerando certos critérios processuais de actuação: o MP está vinculado a critérios de legalidade e objectividade, e o juiz a critérios de independência e imparcialidade, num sistema em que se procura uma verdade material quanto à existência ou inexistência do crime.

uma selecção valorativa dos comportamentos, *não garante a sua ilicitude ou tipicidade ao nível da matéria de direito.* Isso também tem uma relação com a natureza do processo penal, admitindo que o sujeito acusador que procede à delimitação do objecto do processo com a respectiva alegação dos factos – que até pode ser um particular –, não é o mesmo sujeito julgador que procede à decisão definitiva do seu sentido jurídico-criminal. Portanto, nada impede que o conceito de "conduta" sirva os propósitos do arquivamento, do despacho de não pronúncia ou da sentença de absolvição, delimitando um comportamento jurídico-criminalmente irrelevante que não realiza o ilícito-típico mas que transita igualmente em julgado com os respectivos efeitos jurídicos.

Um conceito de "conduta" desta natureza não visa ser um *supraconceito comum.* Um conceito desta natureza visa ser *objecto de valoração* dos restantes elementos substantivos da noção sistemática de crime. Ao longo do nosso estudo procurámos caracterizar a forma como o ilícito-típico realiza essa valoração com base nos mais diversos pressupostos: bens jurídicos, normas jurídico-criminais, princípios de justiça, pré-compreensão do direito, fundamentação-argumentação, doutrina e precedente jurisprudencial, entre outros. O que daí se pode retirar é que as proposições da matéria de facto são qualificadas de acordo com pressupostos *abertos e contextuais* no âmbito de um sistema público de orientação valorativa. Não se trata de um processo matemático ou meramente aritmético de descoberta do comportamento ilícito-típico, admitindo também a possibilidade de coexistirem diferentes decisões qualificativas, devidamente fundamentadas, perante o mesmo caso concreto. Por essa razão, um conceito de "conduta" desta natureza, com suficiente consistência para ser um objecto de valoração qualificável de formas diferentes, não se encontra absolutamente determinado pelos conteúdos gerais e abstractos da normatividade. Não será assim um conceito que serve exclusivamente propósitos legalistas ou ético-formais (G. Jakobs), nem será um conceito que se exprime exclusivamente pela sua negação de valores jurídico-criminais presentes na tipicidade (G. Radbruch), visto que nem todos os comportamentos processualmente definidos realizam o ilícito-típico ou são criminalmente relevantes.

**v)** É altura de afirmar que, na realização jurisdicional do direito penal, ao conjugarmos direito substantivo, direito adjectivo e, dentro deste último, direito probatório, podemos identificar um *comportamento ilícito-típico* fundamentado na matéria de facto e na matéria de direito, admitindo que o processo penal estabelece as suas próprias regras quanto à forma como as pessoas podem conhecer e comprovar a realidade onde assumem os comportamentos, admitindo que o direito penal substantivo tem os seus próprios pressupostos, formais e informais, para qualificar os comportamentos, e admitindo, finalmente, objectivos práticos e operativos que visam renovar e actualizar o significado jurídico-criminal desses mesmos comportamentos processualmente adquiridos com base num sistema de orientação valorativa.

# BIBLIOGRAFIA CITADA

A. Santos Justo, *Nótulas de História do Pensamento Jurídico (história do direito)*, Coimbra: Coimbra Editora, 2005

Alberto Esteves Remédio, "Sobre o inquérito e o projecto de código de processo penal", *Jornadas de Processo Penal* (coord. Mário Torres), Cadernos da Revista do Ministério Público 2, Lisboa: Sindicato dos Magistrados do Ministério Público, 1987

Alessandro Baratta, "Filosofia e Diritto Penale. Note su alcuni aspetti dello sviluppo del pensiero penalistico in Italia da Beccaria ai nostri giorni", *Rivista Internazionale di Filosofia del Diritto*, Milano: Giuffrè, 1972

Álvaro da Cunha Gomes Rodrigues, *A Negligência Médica Hospitalar na Perspectiva Jurídico-Penal: estudo sobre a responsabilidade criminal médico-hospitalar*, Colecção Teses de Doutoramento, Coimbra: Edições Almedina, 2013

Américo Taipa de Carvalho, "Artigo 200.º (Omissão de auxílio)", *in*: *CCCP*, Parte Especial, tomo I, Coimbra: Coimbra Editora, 1999

Américo Taipa de Carvalho, *Direito Penal, Parte Geral*, vol. II, Teoria Geral do Crime, Colecção Manuais, Porto: Publicações Universidade Católica, 2004

Anabela Rodrigues, "Direito Penal e Constituição – o que resta do conceito de bem jurídico-penal?", *Homenagem ao Professor Doutor Germano Marques da Silva*, volume I, Lisboa: Universidade Católica Editora, 2020

André Klip, *European Criminal Law. An Integrative Approach*, Ius Communitatis Series, vol. 2, Antwep-Oxford-Portland: Intersentia, 2009

António Braz Teixeira, *Breve Tratado da Razão Jurídica*, Sintra: Zéfiro, 2012

António Braz Teixeira, *Sentido e Valor do Direito: Introdução à Filosofia Jurídica*, 4.ª edição, Lisboa: Imprensa Nacional-Casa da Moeda, 2010

António Castanheira Neves, "A crise actual da filosofia do direito no contexto da crise global da filosofia: tópicos para possibilidade de uma reflexiva reabilitação", Stvdia Ivridica 72, *Boletim da Faculdade de Direito*, Universidade de Coimbra: Coimbra Editora, 2003

António Castanheira Neves, *Apontamentos Complementares de Teoria do Direito* (sumários e textos), Coimbra: Universidade de Coimbra

António Castanheira Neves, *Digesta: escritos acerca do direito, do pensamento jurídico, da sua metodologia e outros*, vol. 1.º, Coimbra: Coimbra Editora: 1995

António Castanheira Neves, "Entre o «Legislador», a «Sociedade» e o «Juiz» ou entre «Sistema», «Função» e «Problema» – os modelos actualmente alternativos da realização jurisdicional do direito", *Boletim da Faculdade de Direito*, vol. LXXIV, Coimbra: Universidade de Coimbra, 1998

António Castanheira Neves, *Metodologia Jurídica: problemas fundamentais*, reimpressão, Studia Iuridica 1, Boletim da Faculdade de Direito, Universidade de Coimbra: Coimbra Editora, 2013

António Castanheira Neves, *Sumários de Processo Criminal* (1967-1968), Coimbra: Universidade de Coimbra, 1968

António Castanheira Neves, *Teoria do Direito*, Lições proferidas no ano lectivo de 1998-1999, Coimbra: Universidade de Coimbra, 1998

António Cortês, *Jurisprudência dos Princípios: ensaio sobre os fundamentos da decisão jurisdicional*, Lisboa: Universidade Católica Editora, 2010

António Damásio, *Ao Encontro de Espinosa: as emoções sociais e a neurologia do sentir*, Colecção Forum da Ciência, Mem Martins: Publicações Europa-América, 2003

António Fidalgo/Anabela Gradim, *Manual de Semiótica*, Portugal: Ubi, 2004/2005

António Manuel de Almeida Costa, *Ilícito Pessoal, Imputação Objectiva e Comparticipação em Direito Penal*, tomo II, reimp. Coimbra: Coimbra Editora, 2017

António Manuel Hespanha, "A evolução da doutrina e do ensino do direito penal em Portugal, C. 1800-C.1910", *in: Quaderni Fiorentini per la storia del pensiero giuridico moderno: principio di legalità e diritto penale* (per Mario Sbriccoli), tomo I, Milano: Giuffrè Editore, 2007

António Vanguerve Cabral, *Epilogo Juridico de Varios Casos Civeis, e Crimes Concernentes ao Especulativo, e Practico*, Lisboa: Officina Antonio Pedrozo Galram, 1729

Arthur Kaufmann, *Filosofia do Direito* (trad. António Ulisses Cortês), 4.ª edição, Lisboa: Fundação Calouste Gulbenkian, 2010 [título original: *Rechtsphilosophie*, 1997]

Arthur Kaufmann, "A problemática da filosofia do direito ao longo da história", *in:* AA.VV., *Introdução à Filosofia do Direito e à Teoria do Direito Contemporâneas* (trad. Marcos Keel/Manuel Seca de Oliveira), org. A. Kaufmann/W. Hassemer, 3.ª edição, Lisboa: Fundação Calouste Gulbenkian, 2015 [título original: *Einführung in Rechtsphilosophie und Rechtstheorie der Gegenwart*, 1994]

Ary de Almeida Elias da Costa, *Manual Elementar do Delegado do Procurador da República*, 2.ª edição (actualizada e aumentada), 1.º volume, Coimbra: Livraria Almedina, 1960

Aury Lopes Jr., *Fundamentos do Processo Penal: introdução crítica*, Lisboa: Rei dos Livros, 2016

Basílio Alberto de Sousa Pinto, *Direito Público Constitucional*, 1839-1840 (disponível em *https://www.fd.unl.pt/Anexos/Investigacao/1503.pdf*)

Basílio Alberto de Sousa Pinto, *Lições de Direito Criminal Portuguez: redigidas segundo as prelecções oraes*, Coimbra: Imprensa da Universidade, 1861

Benjamin Langille, "It´s «Instant Custom»: How the Bush doctrine Became Law after the Terorist Attacks of September 11, 2001", *Boston College Internacional and Comparative Law Review*, vol. 26, issue 1, 2003. Disponível em http://lawdigitalcommons.bc.edu/iclr/vol26/iss1/8

Bernd Schünemann, "Introducción al razonamiento sistemático en Derecho Penal", *in:* AA.VV. *El sistema moderno del Derecho penal: Cuestiones fundamentales*: estudios en honor de Claus Roxin en su 50.º Aniversario (trad. Jesús-Maria Silva Sánchez), Madrid: Editorial Tecnos, 1991 [título original: *Grundfragen des Modernen Strafrechtssystem*, herausgegeben von Bernd Schünemann, Berlin: Walter de Gruyter & Co., 1984]

Bertrand Russel, *Os Problemas da Filosofia* (trad. Desidério Murcho), reimp., Biblioteca de Filosofia Contemporânea, Lisboa: Edições 70, 2013 [título original: *The Problems of Philosophy*, 1912]

Blanca Mendoza Buergo, "La configuración del injusto (objectivo) de los delitos de peligro abstracto", *Revista de Derecho Penal y Criminologia*, 2ª Época, n.º 9, Bogotá: Universidad Externado de Colombia, 2002

Caeiro da Matta, "Actuais tendências legislativas em matéria criminal", *Revista da Universidade de Coimbra*, vol. 111, Coimbra: Imprensa da Universidade de Coimbra, 1914

Caeiro da Matta, *Direito Criminal Português*, vol. I, Coimbra: F. França Amado, 1911

Caeiro da Matta, *Direito Criminal Português*, vol. II, Coimbra: F. França Amado, 1911

Carlos Ribeiro da Silva Lopes, *Guia de Perícias Médico-legais*, 7.ª edição actualizada, Lisboa: Livraria Petrony, 1982

Célia Teixeira, "Epistemologia", *in:* AA.VV., *Filosofia: Uma Introdução por Disciplinas* (org. Pedro Galvão) Lisboa: Edições 70, 2012

Cesare Beccaria, *Dos Delitos e das Penas* (trad. José de Faria Costa), 4.ª edição, Lisboa: Fundação Calouste Gulbenkian, 2014 [título original: *Dei Delitti e Delle Pene*, Edição de Harlem, Livorno, 1766]

Cesare Lombroso, *O Homem Deliquente* (trad. Sebastião José Roque), Colecção Fundamentos de Direito, São Paulo: Ícone Editora, 2010 [título original: L'Uomo Delinquente, Milano, 1876]

Chaïm Perelman, *Lógica Jurídica: Nova Retórica* (trad. Vergínia K. Pupi), São Paulo: Martins Fontes, 1998 [título original: *Logique Juridique*, Paris: Éditions Dalloz-Sirey, 1979]

Ciro Grandi, "Il ruolo del parlamento europeo nell'approvazione dele direttive di armonizzazione penale", *Revista Italiana di Diritto e Procedura Penale*, fasc. 2, Aprile-Giugno, Milano: Giuffrè Editore, 2015

Cláudia Cruz Santos, *A Justiça Restaurativa: um modelo de reacção ao crime diferente da justiça penal: porquê, para quê e como?*, Coimbra: Coimbra Editora, 2014

Cláudio Brandão, "Teorias da conduta no direito penal", *Revista de Informação Legislativa*, vol. 37, n.º 148, out.-dez., Brasília: Senado Federal, 2000

Claus Roxin, *Derecho Penal, Parte General*, tomo I: Fundamentos, La estrutuctura de la teoria del delito (Traducción de Diego-Manuel Luzón Peña & Miugel Díaz y Garcia Conlledo/Javier de Vicente Remesal), Madrid: Editorial Civitas, 1997 [título original: *Strafrecht, Allgemeiner Teil*, Band I: Grundlagen. Der Aufbau der Verbrechenslehre. 2. Auflage Beck, München, 1994]

Claus Roxin, "O conceito de bem jurídico como padrão crítico da norma penal posto à prova" (trad. Susana Aires de Sousa), *Revista Portuguesa de Ciência Criminal*, ano 23, n.º 1, janeiro-março, Coimbra: Coimbra Editora, 2013

Claus Roxin, *Política Criminal y Sistema del Derecho Penal* (trad. Francisco Muñoz Conde), 2.ª ed., 1ª reimp., Colección Claves del Derecho Penal, vol. 2, Buenos Aires: Editorial Hammurabi, 2002 [título original: *Kriminalpolitik und Strafrechtssystem*, 1970]

Cristina Líbano Monteiro, *Do Concurso de Crimes ao «Concurso de Ilícitos» em Direito Penal*, reimp., colecção teses de doutoramento, Coimbra: Edições Almedina, 2018

Daniel Flore/Serge de Biolley, "Des Organes juridictionnels en matière pénale pour l'union européene", *Cahiers de droit europeen*, vol. 39, n° 5-6, Bruxelles: Bruylant, 2003

Donald Davidson, *Essays on Actions and Events*, second edition, Oxford: Clarendon Press: 2001

Douglas Husak, "Rethinking the act requirement", *Cardozo Law Review*, vol. 28:6, 2007

Edmund Mezger, *Derecho Penal: Libro de Estudio, Parte General* (trad. Conrado A. Finzi), Buenos Aires: Editorial Bibliografica Argentina, 1958 [título original: *Strafrecht – Ein Studienbuch*, 6.ª ed., 1955]

Eduardo Correia, "A influência de Franz V. Liszt sobre a reforma penal portuguesa", *Boletim da Faculdade de Direito*, vol. XLVI, Coimbra: Universidade de Coimbra, 1970

Eduardo Correia, *A Teoria do Concurso em Direito Criminal: Unidade e Pluralidade de Infrações – Caso Julgado e Poderes de Cognição do Juiz*, reimpressão, Coimbra: Livraria Almedina, 1983

Eduardo Correia, *Direito Criminal*, tomo I, reimp., Coimbra: Livraria Almedina, 1971

Eduardo Vera-Cruz Pinto, *O Futuro da Justiça*, Colecção O Futuro, Lisboa: Nova Veja e Autor, 2015

Edward O. Wilson, *A Conquista da Terra* (trad. José Vala Roberto), Lisboa: Clube do Autor, 2012

Edward O. Wilson, *Diversidade da Vida* (trad. Carlos Afonso Malferrari), São Paulo: Companhia das Letras, 1994

Elena M. Górriz Royo, "Primer Seminario: Lady Macbeth y la doctrina de la acción", *in:* AA.VV., *Acción Significativa, Comisión por Omisión y Dogmática Penal*, Valencia: Tirant lo Blanch, 2017

Émile Durkheim, *As Regras do Método Sociológico* (trad. Eduardo Lúcio Nogueira), 10.ª ed., Lisboa: Editorial Presença, 2007 [título original: *Les Régles de la Méthode Sociologique*, 1895]

Emilio Dolcini/Giorgio Marinucci, "Constituição e escolha dos bens jurídicos" (trad. José de Faria Costa), *RPCC*, ano 4, n.° 2, Coimbra: Coimbra Editora, 1994

Enrique Bacigalupo, *Derecho Penal, Parte General,* 2.ª ed. totalmente renovada y ampliada, Buenos Aires: Editorial Hammurabi, 1999

Enrique Bacigalupo, "Existem condições para um direito penal europeu?", *Revista Julgar,* n.º 6, set.-dez., Coimbra: Coimbra Editora, 2008

Enrique Bacigalupo, *Principios Constitucionales de Derecho Penal,* Buenos Aires: Editorial Hammurabi, 1999

Enrique Cáceres Nieto, "Epistemologia Jurídica Aplicada", *Enciclopedia de Filosofía y Teoría del Derecho* (org. Jorge Luis Fabra Zamora/Ezequiel Spector), vol. 3, Coleccione Doctrina Jurídica 712, Universidad Nacional Autónoma de México, Instituto de Investigaciones Jurídicas, 2015 (disponível em: https://archivos.juridicas.unam.mx/www/bjv/libros/8/3876/16.pdf)

Erving Goffman, *The Presentation of Self in Everyday Life,* Edinburgh: University of Edinburgh Social Sciences Research Centre, 1956

Esteban Mizrahi, *Los pressupostos filosóficos del derecho penal contemporâneo: conversaciones con Günther Jakobs,* Buenos Aires: Universidad Nacional de La Matanza, 2012

Euclides Dâmaso Simões, "Prova Indiciária (contributos para o seu estudo e desenvolvimento em dez sumários e um apelo premente)", *Revista Julgar,* n.º 2, Maio-Agosto, Coimbra: Coimbra Editora, 2007

Engenio Raúl Zaffaroni, *Tratado de Derecho Penal, Parte General,* tomo III, Buenos Aires: Ediar, 1996

F. A. F. da Silva Ferrão, *Theoria do Direito Penal: applicada ao Codigo Penal Portuguez,* vol. 1, Lisboa: Typographia Universal, 1856

Fábio André Guaragni, *As Teorias da Conduta em Direito Penal: um estudo da conduta humana do pré-causalismo ao funcionalismo pós-finalista,* 2.ª ed. revista e actualizada, Colecção Direito e Ciências Afins (coord. Alice Bianchini/Luiz Flávio Gomes/William Terra de Oliveira), vol. 2, São Paulo: Editora Revista dos Tribunais, 2009

Fabio Roberto D´Avila, "O conceito de ação em direito penal. Linhas críticas sobre a adequação e utilidade do conceito de ação na construção teórica do crime", *Ensaios Penais em Homenagem ao Professor Alberto Rufino Rodrigues de Sousa* (org. Ney Fayet Júnior), Porto Alegre: Ricardo Lenz, 2003

Fausto de Quadros, *Direito da União Europeia,* 3.ª edição, Coimbra: Edições Almedina, 2013

Ferrando Mantovani, *Diritto Penale: Parte Generale,* decima ed., MI: Wolters Kluwer Italia, 2017

Francesco Carnelutti, *Teoria General del Delito* (trad. Victor Conde), Colecção Tratados Fundamentales de Derecho Privado y Publico, vol. XX, Madrid: Editorial Revista de Derecho Privado, 1952 [título original: *Teoría General del Reato*, 1933]

Francesco Palazzo, "Direito Penal e Constituição na experiência italiana", *RPCC*, n.º 9, Coimbra: Coimbra Editora, 1999

Francis Fukuyama, *Our Posthuman Future: consequences of the biotechnology revolution*, London: Profile Books, 2003

Francisco Muñoz Conde/Mercedes García Arán, *Derecho Penal, Parte General*, 8.ª edición revista y puesta al día, Valencia: Tirant lo Blanch, 2010

François Martineau, *Tratado de Argumentação Jurídica* (trad. Jorge de Abreu), Lisboa: Tribuna da História, 2006 [título original: *Petit Traité d'Argumentation Judiciaire*, Paris: Éditions Dalloz, 2004]

Franz Von Liszt, *Tratado de Direito Penal Allemão* (trad. José Hygino Duarte Pereira), vol. I, Colecção História do Direito Brasileiro, Brasília: Senado Federal/Supremo Tribunal de Justiça, 2006 [título original: *Lehrbuch des Deutschen Stranfrechts*, 1881]

Franz Von Liszt, *Tratado de Direito Penal Allemão* (trad. José Hygino Duarte Pereira), vol. II, Colecção História do Direito Brasileiro, Brasília: Senado Federal/Supremo Tribunal de Justiça, 2006 [título original: *Lehrbuch des Deutschen Stranfrechts*, 1881]

Frederico de Lacerda da Costa Pinto, *A Categoria da Punibilidade na Teoria do Crime*, tomo I, colecção teses de doutoramento, Coimbra: Edições Almedina, 2013

Fritjof Haft, "Direito e Linguagem", *in:* AA.VV., *Introdução à Filosofia do Direito e à Teoria do Direito Contemporâneas* (trad. Marcos Keel/Manuel Seca de Oliveira), org. A. Kaufmann/W. Hassemer, 3.ª edição, Lisboa: Fundação Calouste Gulbenkian, 2015 [título original: *Einführung in Rechtsphilosophie und Rechtstheorie der Gegenwart*, 1994]

G. E. M. Anscombe, *Intention*, second edition, Cambridge-Massachusetts-London-England: Harvard University Press, 1963

Giorgio Marinucci, *El delito como «acción»: crítica de un dogma* (trad. José Eduardo Sáinz-Cantero Caparrós), monografías jurídicas, Madrid: Marcial Pons, 1998

Günter Ellscheid, "O problema do direito natural. Uma orientação sistemática", *in:* AA.VV., *Introdução à Filosofia do Direito e à Teoria do Direito Contemporâneas* (trad. Marcos Keel/Manuel Seca de Oliveira), org. A. Kaufmann/W. Hassemer, 3.ª edição, Lisboa: Fundação Calouste Gulbenkian, 2015 [título original: *Einführung in Rechtsphilosophie und Rechtstheorie der Gegenwart*, 1994]

Günther Jakobs, *Derecho Penal, Parte General: Fundamentos y Teoria de la Imputación* (trad. Joaquin Cuello Contreras/Jose Luis Serrano Gonzalez de Murillo), Madrid: Editorial Marcial Pons, 1995 [título original: *Strafrecht Allgemeiner Teil. Die Grundlagen und die Zurechnungslehre*, 2.ª ed. Berlin: Walter de Gruyter & Co, 1991]

Günther Jakobs, "El concepto jurídico-penal de acción" (trad. Manuel Meliá), *Revista Peruana de Ciencias Penales*, n.º 3, Enero-Junio, Lima: Editora Jurídica Grijley, 1994

Gunther Teubner, *O Direito como Sistema Autopoietico* (trad. José Engrácia Antunes), Lisboa: Fundação Calouste Gulbenkian, 1993 [título original: *Recht Als Autopoietisches System*, 1989]

Gustav Radbruch, *El Concepto de Acción: y su importância para el sistema del derecho penal* (trad. José Luis Guzmán Dalbora), Colección Maestros del Derecho Penal, n.º 36, Montevideo/Buenos Aires: Editorial Bdef, 2011 [título original: *Der Handlungsbegriff in seiner Bedeutung für das Strafrechtssystem. Zugleich ein Beitrag zur Lehre von der rechtswissenchaftlichen Systematik*, J. Guttentag Verlagsbuchhandlung, Berlín, 1904]

Gustav Radbruch, *Filosofia do Direito* (trad. L. Cabral e Moncada), Colecção *Studium*, 6.ª edição, reimpressão, Coimbra: Arménio Amado, 1997 [título original: *Rechtsphilosophie*, Berlín, 1932]

Gustav Radbruch, "Sobre el Sistema de la Teoría del Delito" (trad. José Luis Guzmán Dalbora), *Revista Electrónica de Ciencia Penal y Criminologia*, n.º 12-r1, 2010 [título original: "Zur Systematik der Verbrechenslehre", *Beiträge zur Strafrechtswissenschaft. Festgabe für Reinhard von Frank zum 70.* Geburtstag, August Hegler, 2 vols., Mohr, Tübingen, 1930, t. I, pp. 158-173]. Disponível em http://criminet.ugr.es/recpc/12/recpc12.html

Hannah Arendt, *A Condição Humana* (trad. Roberto Raposo), Lisboa: Relógio D'Água Editores, 2001 [título original: *The Human Condition*, 1958]

Hans-Heinrich Jescheck/Thomas Weigend, *Tratado de Derecho Penal: Parte General* (trad. Miguel Olmedo Cardenete), 5.ª ed. renovada y ampliada, Granada: Editorial Comares, 2002 [título original: *Lehrbuch des Strafrechts*, All. Teil. 5 vollständig neubearb. und. erw. Aufl., Berlin: Dunker & Humblot, 1996]

Hans Welzel, *Derecho Penal, Parte General* (trad. Carlos Fontán Balestra), Buenos Aires: Roque Depalma Editor, 1956

Hans Welzel, *El Nuevo Sistema del Derecho Penal: uma introducción a la doctrina de la acción finalista* (trad. José Cerezo Mir), 2.ª reimp., Colección Maestros del Derecho Penal, n.º4, Montevideo: Editorial BdeF, 2004 [título original: *Das neue Bild des Strafrechtssystems. Eine Einführung in die finale Handlungslehre,* 1961]

Helena Moniz, "Neurociências e Direito Penal: novos e velhos problemas", *Revista Jurídica Luso-Brasileira,* ano 1, n.º2, Lisboa: CIDP da FDUL, 2015

Heleno Claudio Fragoso, *Conduta Punível,* Dissertação apresentada à Faculdade Nacional de Direito para a Livre Docência da Cadeira de Direito Penal, S. Paulo: José Bushatsky Editor, 1961

Henriques da Silva, *Elementos de Sociologia Criminal e Direito Penal,* lições do anno lectivo de 1905-1906 na 14.ª cadeira da Faculdade de Direito na Universidade de Coimbra, Coimbra: Imprensa da Universidade, 1905

Hugh MacCann, "Volition and Basic Action", *Philosophical Review,* vol. 83, 1974

Ingeborg Puppe, "La construcción del delito" (trad. Nuria Pastor Muñoz), *in: El Derecho Penal como Ciência: método, teoria del delito, tipicidad y justificación* (coordinación Nuria Pastor Muñoz), Colección: Estudios y debates en Derecho Penal, n.º 9, Montevideo/Buenos Aires: Editorial Bdef, 2014 [título original: "Der Aufbau des Verbrechens", *Festschrift für Harro Otto zum 70,* Geburtstag am 1 April 2007, pp. 389-402]

Ingeborg Puppe, "Naturalismo y normativismo en la dogmática jurídico-penal moderna" (trad. Nuria Pastor Muñoz), *in: El Derecho Penal como Ciência: método, teoria del delito, tipicidad y justificación* (coordinación Nuria Pastor Muñoz), Colección: Estudios y debates en Derecho Penal, n.º 9, Montevideo/Buenos Aires: Editorial Bdef, 2014 [título original: "Naturalismus und Normativismus in der modernen Strafrechtsdogmatik", GA 1994, pp. 297-318]

Ingeborg Puppe, "Perspectivas conceptuales del dolo eventual" (trad. Ramón Ragués), *in: El Derecho Penal como Ciência: método, teoria del delito, tipicidad y justificación* (coordinación Nuria Pastor Muñoz), Colección: Estudios y debates en Derecho Penal, n.º 9, Montevideo/Buenos Aires: Editorial Bdef, 2014 [título original: "Begriffskonzeptionen des dolus eventualis", *Goltdammer's Archiv für Strafrecht,* 2006, pp. 65-79]

Ingeborg Puppe, "Sobre el uso de definiciones en el derecho. Definiciones creativas, o por qué los juristas disputan sobre conceptos" (trad. Pablo Sánchez-Ostiz), Colección: Estudios y debates en Derecho Penal, n.º 9, Montevideo/Buenos Aires: Editorial Bdef, 2014 [título original: "Vom Umgang mit Definitionen in der Jurisprudenz. Kreative Definitionen oder warum sich Juristen über Begriffe streiten", Dornseifer (et al.), *GS Armin Kaufmann*, 1981, pp. 15-34]

Jaime Nogueira Pinto, "Fascismo", *in:* AA.VV., *Polis Enciclopédia Verbo da Sociedade e do Estado*, vol. 2, 2.ª ed. revista e actualizada, Lisboa/S. Paulo: Editorial Verbo, 1998

Jean Pradel, "Droit penal européen et droits pénaux nationaux", *Revue Pénitentiaire et de Droit Pénal*, n.º1, janvier-mars, Paris: Éditions Cujas, 2015

Jean Pradel, *Droit Pénal Général*, 21.ª ed., Paris: Éditions Cujas, 2016

Jerome Bruner, "The Narrative Construction of Reality", *Critical Inquiry*, vol. 18, n.º1, Chicago: The University of Chicago Press, 1991

Jesús-Maria Silva Sánchez, *Consideraciones sobre la Teoria del Delito*, Buenos Aires: Ad-Hoc, 1998

J. J. Gomes Canotilho/Vital Moreira, *Constituição da República Portuguesa Anotada*, vol. I, 4.ª edição revista, Coimbra: Coimbra Editora, 2007

J.J. Gomes Canotilho/Vital Moreira, *Constituição da República Portuguesa Anotada*, vol. II, 4.ª ed. revista, Coimbra: Coimbra Editora, 2010

João Baptista Machado, *Introdução ao Direito e ao Discurso Legitimador*, 13.ª reimpressão, Coimbra: Livraria Almedina, 2002

João Conde Correia, "O papel do Ministério Público no regime legal da mediação penal", *Revista do Ministério Público*, ano 28, n.º 112, out-dez, Lisboa: Sindicato dos Magistrados do Ministério Público, 2007

Joaquim José Caetano Pereira e Sousa, *Classes dos Crimes: por ordem systematica, com as penas correspondentes, segundo a legislação actual*, Lisboa: Regia Officina Typografica, 1803

Jochen Schneider/Ulrich Schroth, "Perspectivas da aplicação da norma jurídica: determinação, argumentação e decisão", *in: AA.VV., Introdução à Filosofia do Direito e à Teoria do Direito Contemporâneas* (trad. Marcos Keel/Manuel Seca de Oliveira), org. A. Kaufmann/W. Hassemer, 3.ª ed., Lisboa: Fundação Calouste Gulbenkian, 2015 [título original: *Einführung in Rechtsphilosophie und Rechtstheorie der Gegenwart*, 1994]

Jonathan Wolff, *Introdução à Filosofia Política* (trad. Maria de Fátima St. Aubyn), 2.ª ed., Colecção Filosofia Aberta, Lisboa: Gravida Publicações, 2011 [título original: *An Introduction to Political Philosophy*, Oxford University Press, 1996]

Jordão Horta Nunes, *Interacionismo Simbólico e Dramaturgia: a sociologia de Goffman*, Metodologia e Teoria Social, Goiânia: Editora UFG, 2005

Jorge de Figueiredo Dias, *Acordos sobre a Sentença em Processo Penal: o "fim" do Estado de Direito ou um novo "princípio"?*, Porto: Ordem dos Advogados Portugueses – Conselho Distrital do Porto, 2011

Jorge de Figueiredo Dias, "A doutrina geral do crime em perspectiva sistemática", *Lusíada Revista de Ciência e Cultura*, Série de Direito, n.ºs 1-2, Porto: Universidade Lusíada Editora, 2010

Jorge de Figueiredo Dias, "Artigo 163.º (Coacção sexual)", *in*: *CCCP*, Parte Especial, tomo II, Coimbra: Coimbra Editora, 1999

Jorge de Figueiredo Dias, *Direito Penal: Parte Geral*, tomo I: Questões Fundamentais, a Doutrina Geral do Crime, 2.ª edição, reimp., Coimbra: Coimbra Editora, 2011

Jorge de Figueiredo Dias, *Direito Penal Português: Parte Geral*, tomo II: as consequências jurídicas do crime, Lisboa: Editorial Notícias, 1993

Jorge de Figueiredo Dias, *Direito Processual Penal*, 1.º vol., Coimbra: Coimbra Editora, 1981

Jorge de Figueiredo Dias, *Liberdade Culpa Direito Penal*, Colecção Coimbra Editora n.º34, Coimbra: Coimbra Editora, 1976

Jorge de Figueiredo Dias, "O «Direito Penal do bem jurídico» como princípio jurídico-constitucional: da doutrina penal, da jurisprudência constitucional e das suas relações", *in:* XXV *Anos de Jurisprudência Constitucional Portuguesa: Colóquio comemorativo do XXV aniversário do Tribunal Constitucional*, Coimbra: Coimbra Editora, 2009

Jorge de Figueiredo Dias, "Os novos rumos da política criminal e o direito penal português do futuro", *Revista da Ordem dos Advogados*, ano 43, vol. I, janeiro--abril, Lisboa, 1983

Jorge de Figueiredo Dias/Manuel da Costa Andrade, *Criminologia: o homem delinquente e a sociedade criminógena*, 2.ª reimpressão, Coimbra: Coimbra Editora, 1997

Jorge Miranda, *Curso de Direito Internacional Público*, 5.ª ed. revista e atualizada, Cascais: Princípia Editora, 2012

José Carlos Vieira de Andrade, *Os Direitos Fundamentais na Constituição portuguesa de 1976*, 4.ª edição (reimp.), Coimbra: Edições Almedina, 2010

José Cerezo Mir, "Los delitos de peligro abstracto en el âmbito del derecho penal del riesgo", *Revista de Derecho Penal y Criminologia*, 2.ª Época, n.º 10, Bogotá: Universidad Externado de Colombia, 2002

José da Cunha Navarro de Paiva, *Tratado Theorico e Pratico das Provas no Processo Penal*, Coimbra: Livraria Portugueza e Estrangeira: 1895

José Danilo Tavares Lobo, "Há espaço para o conceito de ação na teoria do delito do século XXI?", *Revista Liberdades*, n.º 11, setembro-dezembro, Instituto Brasileiro de Ciências Criminais, 2012

José de Faria Costa, "Artigo 180.º (Difamação)", *in*: *CCCP*, Parte Especial, tomo I, Coimbra: Coimbra Editora, 1999

José de Faria Costa, "Artigo 203.º (Furto)", *in*: *CCCP*, Parte Especial, tomo II, Coimbra: Coimbra Editora, 1999

José de Faria Costa, *Direito Penal Especial. Contributo para uma sistematização dos problemas "especiais" da Parte Especial*, reimp., Coimbra: Coimbra Editora, 2007

José de Faria Costa, "Diversão (Desjudiciarização) e Mediação: Que Rumos?", *BFDC*, vol. LXI, Coimbra: Universidade de Coimbra, 1985

José de Faria Costa, *Noções Fundamentais de Direito Penal (fragmenta iuris poenalis)*, 3.ª edição, Coimbra: Coimbra Editora, 2012

José de Faria Costa, "O Direito Penal, a Linguagem e o Mundo Globalizado. Babel ou Esperanto Universal?", *in:* AA. VV., *Direito Penal e Política Criminal no Terceiro Milênio: Perspectivas e Tendências* (org. Fabio Roberto D´Avila), Porto Alegre: Edipucrs, 2011

José de Faria Costa, *O Perigo em Direito Penal (contributo para a sua fundamentação e compreensão dogmáticas)*, reimp., Coimbra: Coimbra Editora, 2000

José de Faria Costa "O princípio da igualdade, o direito penal e a constituição", *Revista de Legislação e de Jurisprudência*, ano 141, n.º 3974, Coimbra: Coimbra Editora, 2012

José Luis González Cussac, *Dolus in re ipsa* (trad. Luiza Borges Terra/Paulo César Busato), *Revista Justiça e Sistema Criminal*, vol. 7, n.º 13, Curitiba: FAE Centro Universitário, 2015

José Manso Rainho, "Prova testemunhal: prova-rainha ou prova mal-dita?: algumas considerações ajurídicas acerca da prova testemunhal", comunicação apresentada no âmbito da celebração do 8.º aniversário do Tribunal da Relação de Guimarães, 2010. Disponível: https://www.trg.pt/ficheiros/estudos/mansorainho_provatestemunhal.pdf

Juan Antonio Lascuraín, "Bem jurídico e objecto protegível" (trad. Pedro Sá Machado), *in:* AA.VV., *Estudos em Homenagem ao Prof. Doutor Manuel da Costa Andrade*, vol. I, Boletim da Faculdade de Direito, Coimbra: Instituto Jurídico, 2017

Juarez Tavares, *Direito Penal da Negligência: uma contribuição à teoria do crime culposo*, 2.ª ed. revista e ampliada, Rio de Janeiro: Editora Lumen Juris, 2003

Julian Baggini, *As Fronteiras da Razão: um céptico racional num mundo irracional* (trad. Daniela Moura Soares), Lisboa: Gravida Publicações, 2019

Jürgen Baumann, *Derecho Penal, Conceptos Fundamentales y Sistema: introducción a la sistemática sobre la base de casos*, Buenos Aires: Ediciones Depalma, 1973 [título original: *Grundbegriffe und System des Strafrechts. Eine Einführung in die Systematik an Hand von Fällen*, 4.ª ed., 1972]

Jürgen Habermas, *Fundamentação Linguística da Sociologia* (trad. Lumir Nahodil), Obras Escolhidas de Jürgen Habermas, vol. I, Lisboa: Edições 70, 2010

Jürgen Habermas, *Teoria da Racionalidade e Teoria da Linguagem* (trad. Lumir Nahodil), Obras Escolhidas de Jürgen Habermas, vol. II, Lisboa: Edições 70, 2010

Karl Larenz, *Metodologia da Ciência do Direito* (trad. José de Sousa e Brito/José António Veloso), Lisboa: Fundação Calouste Gulbenkian, 1978 [título original: *Methodenlehre der Rechtswissenschaft*, 2.ª edição, 1969]

Kai Ambos, "100 años de la «teoria del delito» de Beling: ¿renacimiento del concepto causal de delito en el âmbito internacional?" (trad. Ana Garrocho Salcedo), *Revista Electrónica de Ciencia Penal y Criminología*, n.º 9, art. 5, 2007. Disponível em: http://criminet.ugr.es/recpc/09/recpc09.html

Kai Ambos, *A Parte Geral do Direito Penal Internacional: bases para uma elaboração dogmática* (trad. Carlos Eduardo Adriano Japiassú/Daniel Andrés Raisman), ed. brasileira reformulada e atualizada, São Paulo: Editora dos Tribunais, 2008

Kai Ambos, "Dogmática jurídico-penal y concepto universal de hecho punible" (trad. Rafael Alcácer Guirao), *Política Criminal*, vol. 3, n.º 5, 2008. Disponível em http://politcrim.com/2008-volumen-3-numero-5/

Kai Ambos, "*Observaciones a la doctrina francesa del hecho punible desde la perspectiva alemana*" (trad. Rodrigo González-Fuente Rubilar), *Indret Revista para el Análisis del Derecho*, n.º 3, Barcelona: Universitat Pompeu Fabra, 2008. Disponível em https://indret.com/observaciones-a-la-doctrina-francesa-del-hecho-punible-desde-la-perspectiva-alemana/

Ken Eckstein, *Besitz als Straftat*, Strafrechtliche Abhandlungen, band 133, Berlin: Duncker und Humblot, 2001

Klaus Tiedemann, "Constitucion y derecho penal" (trad. Luis Arroyo Zapatero), *Revista Española de Derecho Constitucional*, año 11, n.º 33, Madrid: Centro de Estudios Políticos y Constitucionales, 1991

L. Cabral de Moncada, *Filosofia do Direito e do Estado*, reimpressão, vol. 1.º, 2.ª ed., reimp., Parte Histórica, Coimbra: Coimbra Editora, 1955

L. Cabral de Moncada, *Filosofia do Direito e do Estado*, reimpressão, vol. 2.º, Doutrina e Crítica, Coimbra: Coimbra Editora, 1966

Levy Maria Jordão, *Commentario ao Codigo Penal Portuguez*, tomo 1, Lisboa: Typographia José Baptista Morando, 1853

Luigi Ferrajoli, "Constitucionalismo principialista y constitucionalismo garantista", *Doxa Cuadernos de Filosofía del Derecho*, n.º 34, Madrid: Marcial Pons Ediciones Jurídicas y Sociales, 2011

Luís Filipe Pires de Sousa, "A valoração da prova pericial", *Revista Portuguesa do Dano Corporal*, ano XXV, n.º 27, Coimbra: Imprensa da Universidade de Coimbra, 2016

Luis G. Motta, "Análise Pragmática da Narrativa: Teoria da Narrativa como Teoria da Ação Comunicativa", *in:* AA. VV., *Narrativa e Media: géneros, figuras e contextos* (ed. e org. Ana Teresa Peixinho/Bruno Araújo), Coimbra: Imprensa da Universidade de Coimbra, 2017

Luis Jiménez de Asúa, *Principios de Derecho Penal: la ley y el delito*, 3.ª ed., Buenos Aires: Editorial Sudamericana, 1990

Luís Portela, *Ser Espiritual: da evidência à ciência*, 26.ª edição, Lisboa: Gravida Publicações, 2018

Luiz Regis Prado, *Curso de Direito Penal Brasileiro*, vol. 1, Parte Geral, 9.ª ed., São Paulo: Editora Revista dos Tribunais, 2010

Luzia Bebiana de Almeida Sebastião, "Os Problemas Penais do Sul e o Pluralismo Cultural", *Revista Portuguesa de Ciência Criminal*, ano 23, n.º 4, Coimbra: Coimbra Editora, 2013

Mafalda de Faria Blanc, *Introdução à Ontologia*, 2.ª edição, Colecção Pensamento e Filosofia, n.º16, Lisboa: Instituto Piaget, 2011

Manuel Cavaleiro de Ferreira, *Direito Penal Português, Parte Geral*, tomo I, 2.ª ed., Lisboa: Editorial Verbo, 1982

Manuel da Costa Andrade, "Constituição e Legitimação do Direito Penal", *in:* AA. VV., *Diálogos Constitucionais Brasil/Portugal* (org. António J. Avelãs Nunes/N. de Miranda Coutinho), Rio de Janeiro: Editora Renovar, 2004

Manuel da Costa Andrade, *Sobre as Proibições de Prova em Processo Penal*, reimpressão, Coimbra: Coimbra Editora, 2013

Manuel João Vaz Freixo, *Metodologia Científica: fundamentos, métodos e técnicas*, 5.ª ed., Colecção Epistemologia e Sociedade, Lisboa: Edições Piaget, 2018

Manuel Jaén Vallejo, *El Concepto de Acción en la Dogmática Penal*, Madrid: Editorial Colex, 1994

Marc Bloch, *Introdução à História* (trad. Maria Manuel Miguel/Rui Grácio), Colecção Saber, 3.ª edição, Mem Martins: Publicações Europa-América, 1976

Maria Amélia Carreira das Neves, *Semiótica Linguística e Hermenêutica do Texto Jurídico*, 2.ª edição revista e aumentada, Colecção Direito e Direitos do Homem, n.º25, Lisboa: Instituto Piaget, 2012

Maria Augusta Babo, "Considerações sobre a máquina narrativa", in: AA. VV., *Narrativa e Media: géneros, figuras e contextos* (ed. e org. Ana Teresa Peixinho/ Bruno Araújo), Coimbra: Imprensa da Universidade de Coimbra, 2017

Maria Fernanda Palma, "Conceito material de crime e reforma penal", *Anatomia do Crime*, n.º 0, julho-dezembro, Coimbra: Edições Almedina, 2014

Maria Fernanda Palma, *Direito Constitucional Penal*, Coimbra: Edições Almedina, 2011

Maria Fernanda Palma, *Direito Penal, Parte Geral: a teoria geral da infração como teoria da decisão penal*, 3.ª ed. Lisboa: AAFDL Editora, 2017

Maria João Antunes, "Direito Penal, direito processual penal e direito da execução das sanções privativas da liberdade e jurisprudência constitucional", *Revista Julgar*, n.º 21, Coimbra: Coimbra Editora, 2014

Maria João Antunes, *Medida de Segurança de Internamento e Facto de Inimputável em Razão de Anomalia Psíquica*, Coimbra: Coimbra Editora, 2002

Massimo Donini, *Il volto attuale dell'illecito penale: la democrazia penale tra differenziazione e sussidarietà*, Quaderni di diritto penale comparato, Internazionale ed europeo, Milano: Giuffre Editore, 2004

Max Aub, *Crimes Exemplares* (trad. Abel Prazer), Lisboa: Antígona 1982

Michel Foucault, *A Verdade e as Formas Jurídicas* (trad. Roberto Machado/Eduardo Morais) 3.ª edição, Rio de Janeiro: NAU Editora, 2002 [título original: *La vérité et les formes juridiques*, Conferências de Michel Foucault na PUC-Rio de 21 a 25 de maio de 1973]

Michel Foucault, *Vigiar e Punir. Nascimento da Prisão* (trad. Pedro Elói Duarte), Lisboa: Edições 70, 2013 [título original: *Surveiller et Punir. Naissance de la prison*, Éditions Gallimard, 1975]

Michele Taruffo, *La Prueba: artículos y conferencias* (compil. Nicolas Vera Alvarez), Santiago: Editorial Metropolitana, 2009

Michele Taruffo, "Narrativas Processuais" (trad. Nuno de Lemos Jorge), *Revista Julgar*, n.º 13, Janeiro-Abril, Coimbra: Coimbra Editora, 2011

Michio Kaku, *A Física do Impossível: uma exploração científica do mundo dos fasers, campos de forças, teletransporte e viagens no tempo* (trad. Luís Leitão), 2.ª edição, Lisboa: Editorial Bizâncio, 2014

Michio Kaku, *O Futuro da Mente: a demanda científica para compreender, aperfeiçoar e reforçar o poder da mente* (trad. Fernanda Barão/Isabel Fernandes), Lisboa: Editorial Bizâncio, 2014

Minor E. Salas, "Ni Roxin Ni Jakobs: ¿necesita la dogmática jurídica otro repertorio más de fórmulas vacías?", *Doxa Cuadernos de Filosofía del Derecho*, n.º 38, Madrid: Marcial Pons Ediciones Jurídicas y Sociales, 2015, pp. 347-373

Mireille Delmas-Marty, "Cours: Un Pluralisme Ordonné", *Études Juridiques Comparatives et Internationalisation du Droit*, 2005

Mireille Delmas-Marty, *Por um direito comum* (trad. Maria Prado Galvão), São Paulo: Martins Fontes, 2004

Niklas Luhmann, *Sociologia do Direito I* (trad. Gustavo Bayer), Coleção Biblioteca Tempo Universitário n.º 75, Rio de Janeiro: Edições Tempo Brasileiro, 1983 [título original: *Rechtssoziologie* 1, Rowohlt Taschenbuch Verlag GmbH, Reinbek bei Hamburg, 1972]

Nicola Abbagnano, *História da Filosofia* (trad. Conceição Jardim/Eduardo Lúcio e Nuno Valadas), vol. 12, 4.ª edição, Lisboa: Editorial Presença, 2001

N. W. Barber, "Legal Pluralism and the European Union", *European Law Journal*, vol. 12, n.º 3, Oxford: Blackwell Publishing, 2006

Orlando de Carvalho, *Direito das Coisas (do direito das coisas em geral)*, Coimbra: Centelha, 1977

Pascoal José de Mello Freire, *Ensaio do Codigo Criminal: a que mandou proceder a Rainha Fidelissima D. Maria I.*, Lisboa: Typ. Maigrense, 1823

Pascoal José de Mello Freire, *Instituições de Direito Criminal Português* (trad. Miguel Pinto de Menses), *Boletim do Ministério de Justiça*, n.ºs 155-156, 1966 [título original: *Institutiones Iuris Criminalis Lusitani*, Lisboa, 1784]. Disponível em https://www.fd.unl.pt/Anexos/Investigacao/1012.pdf

Paul H. Robinson, "Should the Criminal Law Abandon the Actus Reus-Mens Rea Distinction?", *Action and Value in Criminal Law*, Oxford: Clarendon Press, 1993

Paul Ricouer, *Da Metafísica à Moral* (trad. Sílvia Menezes), Colecção Pensamento e Filosofia, n.º 28, Lisboa: Instituto Piaget, 1997

Paul Ricouer, *O Discurso da Acção* (trad. Artur Morão), reimpressão, Biblioteca de Filosofia Contemporânea, 8, Lisboa: Edições 70, 2014 [título original: *Le Discours de L'Action*, 1977]

Paul Ricouer, *O Justo ou a Essência da Justiça* (trad. Vasco Casimiro), Colecção Pensamento e Filosofia, n.º 10, Lisboa: Instituto Piaget, 1997

Paula Ribeiro de Faria, *A Adequação Social da Conduta no Direito Penal: ou o valor dos sentidos sociais na interpretação da lei penal*, Colecção Teses, Porto: Publicações Universidade Católica, 2005

Paula Ribeiro de Faria, "Artigo 143.º (ofensa à integridade física simples)", *in CCCP*, Parte Especial, tomo I, Coimbra: Coimbra Editora, 1999

Paulo César Busato, *Direito penal e Acção Significativa: análise da função negativa do conceito de ação em direito penal a partir da filosofia da linguagem*, 2.ª ed. revista e ampliada, Rio de Janeiro: Editora Lumen Juris, 2010

Paulo de Sousa Mendes, *Causalidade Complexa e Prova Penal*, Lisboa: Edições Almedina, 2018

Paulo Ferreira da Cunha, *A Constituição do Crime: da substancial constitucionalidade do direito penal*, Argumentum 10, Coimbra: Coimbra Editora, 1998

Paulo Ferreira da Cunha, *Filosofia do Direito: fundamentos, metodologia e teoria geral do direito*, 2.ª ed. revista, actualizada e desenvolvida, Coimbra: Edições Almedina, 2013

Pedro Caeiro, *Fundamento, Conteúdo e Limites da Jurisdição Penal do Estado: o caso português*, Coimbra: Coimbra Editora, 2010

Paulo Pinto de Albuquerque, *Comentário do Código Penal: à luz da Constituição da República e da Convenção Europeia dos Direitos do Homem*, Lisboa: Universidade Católica Editora, 2008

Pedro Sá Machado, "A mediação penal-restaurativa e o processo penal-consensual: uma discussão acerca da verdade a partir da Lei n.º 21/2007, de 12 de Junho", *in Os Novos Atores da Justiça Penal* (coord. Maria João Antunes, Cláudia Cruz Santos, Cláudio do Prado Amaral), Coimbra: Edições Almedina, 2016

Pedro Sá Machado, *Crimes de Detenção e Detenção de Coisa Móvel no Direito Penal Português: problemas terminológicos, dogmáticos e politico-criminais*, Colecção Teses M6, Coimbra: Instituto Jurídico da Faculdade de Direito da Universidade de Coimbra, 2016

Pedro Sá Machado, "Dano e violência doméstica em concurso efectivo de crimes? (Comentário ao Acórdão do Tribunal da Relação de Coimbra de 09 de janeiro de 2017)", *Revista Portuguesa de Ciência Criminal*, ano 27, n.º 3, setembro-dezembro, Coimbra: Coimbra Editora, 2017

Pedro Sá Machado, "Detenção de coisa móvel na doutrina do crime", *Revista do Ministério Público*, ano 38, n.º 151, jul.-set., Lisboa: Sindicato dos Magistrados do Ministério Público, 2017

Pedro Sá Machado, "Dos limites à política criminal no contexto jurídico-penal português: algumas questões fundamentais", *in:* AA. VV., *Direito Penal e Constituição: diálogos entre Brasil e Portugal* (org. Maria João Antunes/Fabio Roberto D'Avila/Cláudia Cruz Santos/Nereu Giacomolli), Boutique Jurídica, Cdg Edições e Publicações, 2018

Pedro Sá Machado, "Limites Legais da Mediação Penal «De Adultos» em Portugal", *in Os Novos Atores da Justiça Penal* (coord. Maria João Antunes, Cláudia Cruz Santos, Cláudio do Prado Amaral), Coimbra: Edições Almedina, 2016

Pedro Sá Machado, "Sigilo Bancário e Conhecimentos de Investigação em Processo Penal (anotação ao Acórdão do Tribunal da Relação do Porto de 19 de Fevereiro de 2014)", *Revista Portuguesa de Ciência Criminal*, ano 24, n.º 1, janeiro-março, Coimbra: Coimbra Editora, 2014

Pedro Sá Machado, "Supremo Tribunal Federal, racionalidade jurídica e garantias processuais penais", *Revista Julgar online*, março, 2018. Disponível em http://julgar.pt/supremo-tribunal-federal-racionalidade-juridica-e-garantias-processuais-penais/

Peter Brooks, "Narrative in and of the Law", *in:* AA. VV., *A Companion to the Narrative Theory* (ed. James Phelan/Peter J. Rabinowitz) Oxford: Blackwell Publishing, 2005

R. A. Duff, "Strict Responsibility, Moral and Criminal", *The Journal of Value Inquiry*, n.º 43, Springer Science, 2009

Raymond Boudon, *O Relativismo* (trad. António Alfredo), Trajectos 76, Lisboa: Gravida Publicações, 2009

Reinhard Frank, *Sobre la Estructura del Concepto de Culpabilidad* (trad. Gustavo Eduardo Aboso/Tea Löw), Colección Maestros del Derecho Penal n.º 1, Montevideo: Editorial BdeF, 2002 [título original: *Über den Aufbau des Schuldbegriffs*, edição de Alfred Töpelmann, Giessen, 1907]

Renato Gomes de Araujo Rocha, *Teorias da Conduta: antecedentes, tendências e impasses*, Rio de Janeiro: Revan, 2016

Robert Alexy, "Epílogo a la teoria de los derechos fundamentales" (trad. Carlos Bernal Pulido), *Revista Española de Derecho Constitucional*, año 22, n.º 66, Madrid: Centro de Estudios Políticos y Constitucionales, 2002

Roberto E. Kostoris, "Processo Penale, Diritto Europeo e nuovi paradigmi del pluralismo giuridico postmoderno", *Revista Italiana di Diritto e Procedura Penale*, Fasc. 3, Luglio-Settembre, Milano: Giuffre Editore, 2015

Rolf Dietruch Herzberg, "Reflexiones sobre la Teoria Final de la Acción" (trad. Sergi Cardenal Montraveta), *Revista Electrónica de Ciencia Penal y Criminologia*, n.º 10, 2008

Santiago Mir Puig, *Bases Constitucionales del Derecho Penal*, Biblioteca Básica de Derecho Penal y Ciencias Penales, Madrid: Iustel, 2011

Santiago Mir Puig, *Derecho Penal: Parte General*, 10.ª edición actualizada e revisada, Barcelona: Editorial Reppertor, 2015

Silvia Barona Vilar, *Proceso Penal desde la Historia: desde su origen hasta la sociedad global del miedo*, Valencia: Tirant lo Blanch, 2017

Sónia Fidalgo, *Princípio da Confiança e Crimes Negligentes*, Coimbra: Edições Almedina, 2018

Susana Aires de Sousa, *A Responsabilidade Criminal pelo Produto e o Topos Causal em Direito Penal: contributo para uma protecção penal de interesses do consumidor*, Coimbra: Coimbra Editora, 2014

Susana Aires de Sousa, "Neurociências e Processo Penal: verdade *ex machina?*", *in:* AA.VV., *Estudos em Homenagem ao Prof. Doutor Manuel da Costa Andrade*, vol. II, Boletim da Faculdade de Direito, Coimbra: Instituto Jurídico, 2017

Susana Aires de Sousa, "Prova indireta e dever acrescido de fundamentação da sentença penal", *Homenagem ao Professor Doutor Germano Marques da Silva*, volume IV, Lisboa: Universidade Católica Editora, 2020

Susana Aires de Sousa, *Questões Fundamentais de Direito Penal da Empresa*, reimp., Coleção Monografias, Coimbra, Edições Almedina, 2019

Susana Aires de Sousa/Inês Fernandes Godinho/Pedro Sá Machado, "Artigo 2.º – Organizações Terroristas", in: *Terrorismo: Legislação Comentada, Textos Doutrinais* (org. José Aroso Linhares/Maria João Antunes), Coimbra: Instituto Jurídico, 2019

Susana Cadilha/Sofia Miguens, "Filosofia da Acção", *in:* AA.VV., *Filosofia: Uma Introdução por Disciplinas* (org. Pedro Galvão) Lisboa: Edições 70, 2012

Teodoro Mommsen, *Derecho Penal Romano* (trad. P. Dorado), 2.ª ed., reimp., Bogotá: Editorial Temis, 1999 [título original: *Römisches Strafrecht*, 1899]

Teresa Quintela de Brito, *A Tentativa nos Crimes Comissivos por Omissão: um problema de delimitação da conduta típica*, Coimbra: Coimbra Editora, 2000

Thomas Vormbaum, *Historia Moderna del Derecho Penal Alemán* (trad. Carlos Elbert), Valencia: Tirant Lo Blanch, 2018

Tomás S. Vives Antón, *Fundamentos del Sistema Penal: acción significativa y derechos constitucionales*, 2.ª ed., Valencia: Tirant lo blanch, 2011

Tomás S. Vives Antón, "Primer Seminario: Lady Macbeth y la doctrina de la acción", *in:* AA.VV., *Acción Significativa, Comisión por Omisión y Dogmática Penal*, Valencia: Tirant lo Blanch, 2017

Ulrich Schroth, "Hermenêutica filosófica e jurídica", *in: AA.VV., Introdução à Filosofia do Direito e à Teoria do Direito Contemporâneas* (trad. Marcos Keel/Manuel Seca de Oliveira), org. A. Kaufmann/W. Hassemer, 3.ª ed., Lisboa: Fundação Calouste Gulbenkian, 2015 [título original: *Einführung in Rechtsphilosophie und Rechtstheorie der Gegenwart*, 1994]

Umberto Eco, *Semiótica e Filosofia da Linguagem* (trad. Maria de Bragança), Colecção Teoria das Artes e Literatura, n.º7, Lisboa: Instituto Piaget, 2001

Urs Kindhäuser, "Acerca del concepto jurídico penal de acción" (trad. Orlando Humberto de La Vega Martins), *Cuadernos de Derecho Penal*, n.º 7, Bogotá: Universidad Sergio Arboleda, 2012

Urs Kindhäuser, "La fidelidade al derecho como categoria de la culpabilidad" (trad. Percy García Cavero), *Pena y Culpabilidad en el Estado Democrático de Derecho* (org. Urs Kindhäuser/Juan Pablo Mañalich R.), Lima: ARA Editores, 2009 [título original: "Rechtstreue als Schuldkategorie", ZStW 107, 1995]

Werner Maihofer, "El Derecho Natural como Derecho Existencial" (trad. Luis G. San Miguel), *Anuario de Filosofía del Derecho*, IX, 1962

William S. Laufer/Robert C. Hughes, "Justice Undone", *American Criminal Law Review*, vol. 58, 2020. Disponível em *https://ssrn.com/abstract=3611042*

Winfried Hassemer, *Crítica al Derecho Penal de Hoy: norma, interpretación, procedimiento; límites de la prisión preventiva* (trad. Patricia S. Ziffer), 2.ª ed., 1.ª reimp., Buenos Aires: Ad-Hoc, 2003

Winfried Hassemer, "La Ciencia Jurídico Penal en la República Federal Alemana" (trad. Hernán Hormazábal Malarée), *Anuario de Derecho Penal y Ciencias Penales*, tomo 46, n.º1, Madrid: Centro de Publicaciones, 1993

Winfried Hassemer, "Sistema jurídico e codificação: a vinculação do juiz à lei", *in:* AA.VV., *Introdução à Filosofia do Direito e à Teoria do Direito Contemporâneas* (trad. Marcos Keel/Manuel Seca de Oliveira), org. A. Kaufmann/W. Hassemer, 3.ª edição, Lisboa: Fundação Calouste Gulbenkian, 2015 [título original: *Einführung in Rechtsphilosophie und Rechtstheorie der Gegenwart*, 1994]

**Jurisprudência citada**

Acórdão do Tribunal de Justiça da União Europeia de 15 de julho de 1964, proc. n.º 6/64 (órgãos jurisdicionais nacionais devem salvaguardar o direito comunitário)

Acórdão do Tribunal de Justiça da União Europeia de 22 de outubro de 1987, proc. n.º 314/85 (incompetência dos órgãos jurisdicionais nacionais)

Acórdão do Tribunal Constitucional n.º 144/2004, proc. n.º 566/2003 (crime de lenocínio)

Acórdão do Tribunal Constitucional n.º 179/2012, proc. n.º 182/12 (enriquecimento ilícito ou injustificado)

Acórdão do Tribunal Constitucional n.º 377/2015, proc. n.º 658/2015 (enriquecimento ilícito ou injustificado)

Acórdão do Supremo Tribunal de Justiça de 20/03/2003, processo n.º 03P1677 (homicídio por omissão)

Acórdão do Supremo Tribunal de Justiça de 10/04/2013, proc. n.º 224/06.7 GAVZL.C1.S1(acordos sobre sentença)

Acórdão do Supremo Tribunal de Justiça de 30/10/2014, proc. n.º 32/13.9JDLSB. E1.S1 (causalidade)

Acórdão do Supremo Tribunal de Justiça de 13/11/2014, proc. n.º 249/11.0PECBR. C1.S1 (crime de mera actividade/crime de resultado)

Acórdão do Tribunal da Relação de Coimbra de 20/05/2009, proc. n.º 3404/ 06.1TAVIS.C1 (crime de dano)

Acórdão do Tribunal da Relação de Coimbra de 16/02/2011, proc. n.º 16/ 10.9PTFIG.C1 (tipo de conduta "condução")

Acórdão do Tribunal da Relação de Coimbra de 27/02/2013, proc. n.º 292/ 10.7GAMGL.C1 (acordos sobre sentença)

Acórdão do Tribunal da Relação de Coimbra de 25/01/2017, proc. n.º 2531/ 13.3TALRA.C1 (factos objectivos e intenção do agente)

Acórdão do Tribunal da Relação de Coimbra de 05/04/2017, proc. n.º 75/ 13.2GTCBR.C1 (omissão de auxílio)

Acórdão do Tribunal da Relação de Coimbra de 08/11/2017, proc. n.º 60/ 16.2GCSCD.C1 (demonstração probatória do dolo)

Acórdão do Tribunal da Relação de Évora de 04/07/2015, proc. n.º 159/12.4IDSTB. E1 (nexo de relação entre a matéria de facto e a matéria de direito)

Acórdão do Tribunal da Relação de Guimarães de 06/10/2004, proc. n.º 1245/04-1 (demonstração probatória do dolo)

Acórdão do Tribunal da Relação de Guimarães de 28/01/2008, proc. n.º 2416/07-2 (desistência de queixa condicionada)

Acórdão do Tribunal da Relação de Guimarães de 09/01/2012, proc. n.º 98/10.3 PTBRG.G1 (erro sobre circunstâncias de facto do tipo de crime)

Acórdão do Tribunal da Relação de Guimarães de 19/06/2017, proc. n.º 430/15.3GEGMR.G1

Acórdão do Tribunal da Relação de Lisboa de 05/06/2007, proc. n.º 2534/2007-5 (desistência de queixa condicionada)

Acórdão do Tribunal da Relação de Lisboa de 03/08/2009, proc. n.º 151/99.2PBCLD.L1-5 (crime negligente)

Acórdão do Tribunal da Relação de Lisboa de 11/12/2018, proc. n.º 364/14.4T9SNT.L1-3 (responsabilidade penal da pessoa colectiva)

Acórdão do Tribunal da Relação do Porto de 16/05/2012, proc. n.º 5017/10.4TAMTS.P1 (crime de furto)

Acórdão do Tribunal da Relação do Porto de 10/05/2017, proc. n.º 124/13.4 GBOAZ.P1 (ofensa corporal simples por negligência causada por um cão de raça rottweiler)

Acórdão do Tribunal da Relação do Porto de 10/01/2018, proc. n.º 1073/14.4 GBPNF.P1 (crime de injúria)

Acórdão do Tribunal da Relação do Porto de 02/07/2018, proc. n.º 463/15.0PJRT.P1 (crime de dano)

Acórdão do Tribunal da Relação do Porto de 28/11/2018, proc. n.º 626/13.2TAAGH.P1(os factos na decisão instrutória)

# ÍNDICE